GRUNDRISSE DES RECHTS

Rüthers/Stadler · Allgemeiner Teil des BGB

W0072520

Allgemeiner Teil des BGB

von

Dr. Bernd Rüthers

em. o. Professor an der
Universität Konstanz
vormals Richter am Oberlandesgericht

seit der 11. Auflage fortgeführt von

Dr. Astrid Stadler

o. Professorin an der
Universität Konstanz

18., überarbeitete Auflage 2014

C.H.BECK

www.beck.de

ISBN 978 3 406 66843 2

© 2014 Verlag C. H. Beck oHG
Wilhelmstraße 9, 80801 München
Druck und Bindung: Druckerei C. H. Beck, Nördlingen
(Adresse wie Verlag)

Satz: Thomas Schäfer, www.schaefer-buchsatz.de

Gedruckt auf säurefreiem, alterungsbeständigem Papier
(hergestellt aus chlorfrei gebleichtem Zellstoff)

Vorwort

Der Bitte von *Bernd Rüthers,* das von ihm begründete Werk ab der 11. Auflage zu übernehmen, bin ich sehr gerne nachgekommen. Das bewährte didaktische Konzept ist auch in den Neuauflagen beibehalten worden, ebenso wie ein Grundanliegen des Werkes, die politische Gestaltungsfunktion des Privatrechts und seine weltanschaulichen Wertungsgrundlagen Studienanfängern und Examenskandidaten nahe zu bringen. In didaktischer Hinsicht sind die Fälle mit schwerpunktbezogener Lösung jeweils ergänzt um eine optisch hervorgehobene Lösungsskizze, die es vor allem Studienanfängern erleichtern soll, den richtigen Aufbau und die korrekte Abfolge der Prüfung eines Falles zu erlernen.

Wer heute Rechtswissenschaft studiert, muss sich darauf einstellen, dass sich das Bürgerliche Recht im Laufe seines beruflichen Lebens möglicher Weise im Zuge der Harmonisierung des Europäischen Zivilrechts verändern wird. Lange Zeit unterlag das Bürgerliche Gesetzbuch vorwiegend im Verbraucherschutzrecht Einflüssen der europäischen Rechtssetzung. Die Diskussion um ein „Europäisches Zivilgesetzbuch" oder zumindest ein „Europäisches Vertragsrecht" sollte schon dem Studienanfänger ein Anlass sein, die Rechtsinstitute des deutschen Rechts durchaus rechtsvergleichend zu hinterfragen. Vor diesem Hintergrund enthalten einige Kapitel auch einen kurzen vergleichenden Abschnitt über die Rechtslage im europäischen Ausland und Hinweise, wie die Vorschläge zur Harmonisierung im sog. Draft Common Frame of Reference aussehen. Diese Hinweise sind jedoch notwendigerweise kurz gefasst und sollen vor allem die Neugier auf das ausländische Recht und die Rechtsvergleichung wecken. Grundkenntnisse auf diesem Gebiet sind für das Rechtsverständnis und die Flexibilität junger Juristinnen und Juristen im fortschreitenden Harmonisierungsprozess innerhalb Europas unabdingbar.

Für die 18. Auflage wurde der gesamte Text aktualisiert und neue Rechtsprechung und Literatur eingefügt. Insbesondere wurde die Neufassung zahlreicher BGB-Vorschriften infolge der Umsetzung der Verbraucherrechte-Richtlinie, die zum Juni 2014 in Kraft getreten ist, berücksichtigt. Schon in der Vorauflage wurden ergänzende Literaturhinweise eingefügt für Examenskandidatinnen und -kandidaten, die sich mit einzelnen Fragen noch vertieft auseinandersetzen möchten.

Den Mitarbeitern meines Lehrstuhls danke ich für eine kritische Durchsicht, insbesondere sei aber zahlreichen Leserinnen und Lesern für wichtige Anregungen gedankt. Hinweise jeder Art zur Verbesserung des Lehrbuchs sind stets willkommen.

Konstanz, im Juni 2014   *Astrid Stadler*

Inhaltsverzeichnis

3. Kapitel. Methode der Fallbearbeitung

4. Kapitel. Rechtsobjekte

5. Kapitel. Rechtssubjekte und Rechtsfähigkeit

Abkürzungsverzeichnis

EGV	Vertrag zur Gründung der Europäischen Gemeinschaft (Amsterdamer Fassung – 1997)
Einf.	Einführung
EinigungsV	Einigungsvertrag
EnWG	Energiewirtschaftsgesetz
ERA	Europäische Rechtsakademie Trier
Erg.	Ergebnis
etc.	et cetera
e. V.	eingetragener Verein
evtl.	eventuell
EU	Europäische Union
EuGH	Europäischer Gerichtshof
EVO	Eisenbahn-Verkehrsordnung (v. 1938)
EWIV	Europäische Wirtschaftliche Interessenvereinigung
EWG	Europäische Wirtschaftsgemeinschaft
EWGV	Vertrag zur Gründung der Europäischen Wirtschaftsgemeinschaft von 1957
EzA	Entscheidungssammlung zum Arbeitsrecht
FamFG	Gesetz über das Verfahren in Familiensachen und in den Angelegenheiten der freiwilligen Gerichtsbarkeit
FamRZ	Zeitschrift für das gesamte Familienrecht
f.	folgende (Rn., Seite usw.)
FernabsFinDienst-RiLi	Richtlinie 2002/65/EG über den Fernabsatz von Finanzdienstleistungen an Verbraucher
FernAbsG	Fernabsatzgesetz
FernUSG	Fernunterrichtsschutzgesetz
ff.	folgende (Rn., Seiten usw.)
FG	Festgabe
FGG	Gesetz über die Freiwillige Gerichtsbarkeit
Fn.	Fußnote
FormAnpG	Gesetz zur Anpassung der Formvorschriften des Privatrechts und anderer Vorschriften an den modernen Rechtsgeschäftsverkehr v. 13.7.2001
FS	Festschrift
G	Gesetz
GBl.	Gesetzblatt
GBO	Grundbuchordnung
GbR	Gesellschaft bürgerlichen Rechts
GebrMG	Gebrauchsmustergesetz
gem.	gemäß
GeschMG	Geschmacksmustergesetz
GG	Grundgesetz für die Bundesrepublik Deutschland

GmbH .... Gesellschaft mit beschränkter Haftung
GmbHG .... GmbH-Gesetz
grds. .... grundsätzlich
griech. .... griechisch
GVG .... Gerichtsverfassungsgesetz
GWB .... Gesetz gegen Wettbewerbsbeschränkungen

Halbs. .... Halbsatz
HausTWG .... Haustürwiderrufsgesetz
HGB .... Handelsgesetzbuch
h. L. .... herrschende Lehre
h. M. .... herrschende Meinung
hrsg. .... herausgegeben
Hrsg. .... Herausgeber

i. d. R. .... in der Regel
i. E. .... im Einzelnen; im Ergebnis
i. d. F. .... in der Fassung
InsO .... Insolvenzordnung
i. S. d. .... im Sinne des (der)
it., italien. .... italienisch
i. V. m. .... in Verbindung mit

JA .... Juristische Arbeitsblätter
JArbSchG .... Jugendarbeitsschutzgesetz
JR .... Juristische Rundschau
Jura .... Juristische Ausbildung
JurA .... Juristische Analysen
JuS .... Juristische Schulung
JZ .... Juristen-Zeitung

KAGG .... Gesetz über Kapitalanlagegesellschaften
K. B. .... Law Reports, King's Bench (englische Entschei-
                            dungssammlung)
KG .... Kammergericht, Kommanditgesellschaft
KGaA .... Kommanditgesellschaft auf Aktien
KO .... Konkursordnung
krit. .... kritisch
KSchG .... Kündigungsschutzgesetz
KunstUrhG .... Kunsturhebergesetz

LadschlG .... Ladenschlussgesetz
LArbG .... Landesarbeitsgesetz
LG .... Landgericht

LM .... Lindenmaier-Möhring, Nachschlagewerk des Bun-
                              desgerichtshofs
lt. .... laut

MarkenG .... Gesetz über den Schutz von Marken und sonstigen
                              Kennzeichen
MDR .... Monatsschrift für Deutsches Recht
MHRG .... Gesetz zur Regelung der Miethöhe
MitbestG .... Mitbestimmungsgesetz
MittBayNot .... Mitteilung der Bayerischen Notarkammer
MMR .... MultiMedia und Recht
Mot. .... Motive zum Entwurf eines Bürgerlichen Gesetzbu-
                              ches
MünchKomm .... Münchener Kommentar (vgl. Schrifttumsverzeichnis)
m. Nachw. .... mit Nachweisen
m. w. N. .... mit weiteren Nachweisen
n. F. .... neue Fassung

NJW .... Neue Juristische Wochenschrift
NJW-RR .... NJW-Rechtsprechungs-Report
Nr. .... Nummer
NZA .... Neue Zeitschrift für Arbeitsrecht
NZA-RR .... NZA-Rechtsprechungsreport

OHG .... Offene Handelsgesellschaft
OLG .... Oberlandesgericht
OLGZ .... Entscheidungen der Oberlandesgerichte in Zivilsa-
                              chen
OR .... Obligationenrecht (Schweiz)

PartGG .... Gesetz über Partnerschaftsgesellschaften Angehöriger
                              Freier Berufe
PatG .... Patentgesetz
PBefG .... Personenbeförderungsgesetz
PflVG .... Pflichtversicherungsgesetz
port. .... portugiesisch
PostG .... Postgesetz
ProstG .... Gesetz zur Regelung der Rechtsverhältnisse der
                              Prostituierten

Q. B. .... Law Reports, Queen's Bench (englische Entschei-
                              dungssammlung)

RAG .... Reichsarbeitsgericht
RBerG .... Rechtsberatungsgesetz

RGV .... Rechtsgutverletzung
Rn. .... Randnummer
Reg. .... Regierung
RelKEG .... Gesetz über die religiöse Kindererziehung
RG .... Reichsgericht, Rechtsgeschäft
RGZ .... Entscheidungen des Reichsgerichts in Zivilsachen
RPfleger .... Der Rechtspfleger (Zeitschrift)
Rs. .... Rechtssache

s. .... siehe
S. .... Seite, Satz
SchiffsRG .... Schiffsregistergesetz
SigG .... Gesetz über Rahmenbedingungen für elektronische
                       Signaturen
Slg. .... Sammlung (der Rechtsprechung des EuGH)
sog. .... sogenannt
StGB .... Strafgesetzbuch
StPO .... Strafprozessordnung
str. .... streitig
st. Rspr. .... ständige Rechtsprechung
StVO .... Straßenverkehrsordnung
S V .... Sachverhalt

TKG .... Telekommunikationsgesetz
TMG .... Telemediengesetz
TPG .... Transplantationsgesetz
TSG .... Tierschutzgesetz
TVG .... Tarifvertragsgesetz
TzWrG .... Teilzeitwohnrechtegesetz

u. a. .... unter anderem
UKlaG .... Gesetz über Unterlassungsklagen bei Verbraucher-
                       rechtsund anderen Verstößen
UmwG .... Umwandelungsgesetz
UrhG .... Urheberrechtsgesetz
Urt. .... Urteil
usw. .... und so weiter
u. U. .... unter Umständen
UWG .... Gesetz gegen den unlauteren Wettbewerb

v. .... vom, von
Var. .... Variante
VerbrKrG .... Verbraucherkredit-Gesetz
Verbraucherrechte-
RiLi .... Verbraucherrechte-Richtlinie

VersR	Versicherungsrecht
vgl.	vergleiche
vol.	volume
Vorauss.	Voraussetzung(en)
VRR	Verkehrsrechtsreport
VVG	Versicherungsvertragsgesetz
VwGO	Verwaltungsgerichtsordnung
Wdh.	Wiederholung
WE	Willenserklärung
WEG	Gesetz über das Wohnungseigentum und das Dauer-wohnrecht
WG	Wechselgesetz
WiB	Wirtschaftsrechtliche Beratung (Zeitschrift)
1. WiKG	1. Gesetz zur Bekämpfung der Wirtschaftskriminalität
WiStG	Wirtschaftsstrafgesetz
WM	Wertpapiermitteilungen
WRP	Wirtschaft in Recht und Praxis
ZAkDR	Zeitschrift der Akademie für Deutsches Recht
z. B.	zum Beispiel
ZEuP	Zeitschrift für Europäisches Privatrecht
ZGB	Zivilgesetzbuch (DDR, Schweiz)
ZGS	Zeitschrift für das gesamte Schuldrecht
ZHR	Zeitschrift für das gesamte Handelsrecht und Wirt-schaftsrecht
Ziff.	Ziffer
ZIP	Zeitschrift für Wirtschaftsrecht
ZNotP	Zeitschrift für die notarielle Praxis
ZPO	Zivilprozessordnung
ZRP	Zeitschrift für Rechtspolitik
ZVG	Zwangsversteigerungsgesetz
Zwischenerg.	Zwischenergebnis

Paragrafen ohne Gesetzesangabe sind solche des BGB.

Schrifttumsverzeichnis und Überblick über die Lehrbuchliteratur zum Allgemeinen Teil

Bamberger/Roth ...... *Bamberger/Roth,* Beck´scher Online-Kommentar zum BGB

Baur/Stürner .... *Baur/Stürner,* Sachenrecht, 18. Aufl., 2009

Bitter .... *Bitter,* BGB – Allgemeiner Teil, 2. Aufl., 2013

Boecken .... *Boecken,* BGB – Allgemeiner Teil, 2. Aufl., 2012

Bork .... *Bork,* Allgemeiner Teil des Bürgerlichen Gesetzbuchs, 3. Aufl., 2011

Brehm .... *Brehm,* Allgemeiner Teil des BGB, 6. Aufl., 2008

Brehm, Fälle und
Lösungen .... *Brehm,* Fälle und Lösungen zum Allgemeinen Teil des BGB, 3. Aufl., 2011

Brox/Walker,
Allgemeiner Teil des
BGB .... *Brox/Walker,* Allgemeiner Teil des BGB, 37. Aufl., 2013

Brox/Walker,
Allgemeines Schuld-
recht .... *Brox/Walker,* Allgemeines Schuldrecht, 38. Aufl., 2014

Brox/Walker .... *Brox/Walker,* Besonderes Schuldrecht, 38. Aufl., 2014

Brox, Erbrecht .... *Brox,* Erbrecht, 26. Aufl., 2014

Denkschrift .... Denkschrift zum Entwurf eines Bürgerlichen Gesetzbuches, 1896

Diederichsen .... *Diederichsen,* Der Allgemeine Teil des Bürgerlichen Gesetzbuches für Studienanfänger, 5. Aufl., 1984

*Enneccerus/Nipper-
dey* .... *Enneccerus/Nipperdey,* Allgemeiner Teil des Bürgerlichen Rechts, 15. Aufl., 1959

Erman/*Bearbeiter* .... *Erman,* Handkommentar zum Bürgerlichen Gesetzbuch, 13. Aufl., 2011

Esser/Schmidt .... *Esser/Schmidt,* Schuldrecht, Bd. 1: Allgemeiner Teil, Teilbd. 1, 8. Aufl., 1995

Esser/Weyers .... *Esser/Weyers,* Schuldrecht, Bd. 2: Besonderer Teil, Teilbd. 1, 8. Aufl., 1998

Faust, Allgemeiner
Teil .... *Faust,* Bürgerliches Gesetzbuch Allgemeiner Teil, 4. Aufl., 2014

Fezer .... Klausurenkurs zum BGB, Allgemeiner Teil, 9. Aufl., 2013

Fikentscher/Heine-
mann .... *Fikentscher/Heinemann*, Schuldrecht, 10. Aufl., 2006
Flume .... *Flume*, Allgemeiner Teil des Bürgerlichen Rechts,
                              2. Bd: Das Rechtsgeschäft, 4. Aufl., 1992
Fritzsche .... *Fritzsche*, Fälle zum BGB Allgemeiner Teil, 4. Aufl.,
                              2012
Gernhuber/Coester-
Waltjen .... *Gernhuber/Coester-Waltjen*, Lehrbuch des Familien-
                              rechts, 6. Aufl., 2010
Hirsch .... *Hirsch*, Der Allgemeine Teil des BGB, 7. Aufl., 2012
Hübner .... *Hübner*, Allgemeiner Teil des Bürgerlichen Gesetz-
                              buches, 2. Aufl., 1996
Jauernig/*Bearbeiter* .. *Jauernig*, Bürgerliches Gesetzbuch mit Erläuterungen,
                              15. Aufl., 2014
Köhler, Allgemeiner
Teil .... *Köhler*, BGB Allgemeiner Teil, 37. Aufl., 2013
Köhler, PdW, Allge-
meiner Teil .... *Köhler*, BGB – Allgemeiner Teil, Prüfe Dein Wissen,
                              26. Aufl., 2011
Larenz/Wolf .... *Larenz/Wolf*, Allgemeiner Teil des Bürgerlichen
                              Rechts, 10. Aufl., 2012
Leenen .... *Leenen*, BGB Allgemeiner Teil: Rechtsgeschäftslehre,
                              2011
Leipold .... *Leipold*, BGB I: Einführung und Allgemeiner Teil,
                              7. Aufl., 2013
Lindacher/Hau .... *Lindacher/Hau*, Fälle zum Allgemeinen Teil des
                              BGB, 5. Aufl., 2010
Löhnig .... *Löhnig*, Erbrecht, 2. Aufl., 2010
Löwisch/Neumann .. *Löwisch/Neumann*, Allgemeiner Teil des BGB,
                              7. Aufl., 2004
Marburger .... *Marburger*, Klausurenkurs BGB – Allgemeiner Teil,
                              8. Aufl., 2004
Medicus, Allgemeiner
Teil des BGB .... *Medicus*, Allgemeiner Teil des BGB, 10. Aufl., 2010
Medicus/Petersen,
Bürgerliches Recht .. *Medicus/Petersen*, Bürgerliches Recht, 24. Aufl., 2013
Mot. I, II .... Motive zu dem Entwurf eines Bürgerlichen Gesetz-
                              buches, Bd. 1 und 2, 1888
MünchKomm/*Bear-*
beiter .... Münchener Kommentar zum Bürgerlichen Gesetz-
                              buch, Bd. 1, 6. Aufl., 2012
MünchKomm-HGB/
Bearbeiter .... Münchner Kommentar zum Handelsgesetzbuch,
                              Bd. 1, 3. Aufl., 2010
Mugdan I .... *Mugdan*, Die gesamten Materialien zum Bürgerlichen
                              Gesetzbuch, Bd. 1, 1899

Palandt/*Bearbeiter* ... *Palandt*, Bürgerliches Gesetzbuch, 73. Aufl., 2014
Pawlowski .... *Pawlowski*, Allgemeiner Teil des BGB, Grundlehren
                         des Bürgerlichen Rechts, 7. Aufl., 2003
Prütting/Wegen/
Weinreich, ... BGB, Kommentar, 9. Aufl., 2014
Schack .... *Schack*, BGB-Allgemeiner Teil, 14. Aufl., 2013
Soergel/*Bearbeiter* ... *Soergel*, Kommentar zum Bürgerlichen Gesetzbuch,
                         13. Aufl., 1999 ff.
Staudinger/*Bearbei-*
ter .... *Staudinger*, Kommentar zum Bürgerlichen Gesetz-
                         buch, 13. Aufl., 1995 ff.
v. Tuhr .... *v. Thur*, Der Allgemeine Teil des Deutschen Bürgerli-
                         chen Rechts, 1910/18
Werner .... *Werner*, Fälle mit Lösungen für Anfänger im Bürger-
                         lichen Recht, Bd. 1, 12. Aufl., 2008 (13. Aufl. erscheint
                         im August 2014)
Westermann, Sachen-
recht .... *Westermann*, BGB-Sachenrecht, 12. Aufl., 2012
Wörlen .... *Wörlen*, BGB AT: Einführung in das Recht und All-
                         gemeiner Teil des BGB, 13. Aufl., 2014
E. Wolf .... *E. Wolf*, Allgemeiner Teil des Bürgerlichen Rechts,
                         3. Aufl., 1982
Wolf/Wellenhofer ..... *Wolf/Wellenhofer*, Sachenrecht, 28. Aufl., 2013

Literaturhinweise zum Recht anderer Staaten (Auswahl)

Adomeit/Frühbeck ... *Adomeit/Frühbeck*, Einführung in das spanische
                         Recht, 3. Aufl., 2007
Graf von Bernstorff   *Graf von Bernstorff*, Einführung in das englische
                         Recht, 3. Aufl., 2005
Dübeck .... *Dübeck*, Einführung in das dänische Recht, 1996
Ferid/Sonnenberger   *Ferid/Sonnenberger*, Das französische Zivilrecht,
                         Bd. 1/1. Einführung und Allgemeiner Teil, 2. Aufl.,
                         1994
Guimezanes .... *Guimezanes*, Introduction au droit français, 2. Aufl.,
                         1999
Henrich/Huber .... *Henrich/Huber*, Einführung in das englische Privat-
                         recht, 3. Aufl., 2003
Kindler .... *Kindler*, Einführung in das italienische Recht, 2. Aufl.,
                         2008
Kötz .... *Kötz*, Europäisches Vertragsrecht, Bd. 1, 1996
Lyall .... Lyall, An Introduction to British Law, 2. Aufl., 2002
Mincke .... *Mincke*, Einführung in das niederländische Recht,
                         2002

Ranieri .... *Ranieri,* Europäisches Obligationenrecht, Lehr- und Textbuch, 3. Aufl., 2009

Riesenhuber .... *Riesenhuber,* Europäisches Vertragsrecht, 2. Aufl., 2006

Reimann .... *Reimann,* Einführung in das US-amerikanische Privatrecht, 2. Aufl., 2004

Zweigert/Kötz .... *Zweigert/Kötz,* Einführung in die Rechtsvergleichung, 3. Aufl., 1996

1. Kapitel. Begriff und Bedeutung des Bürgerlichen Rechts

§ 1. Begriff des Bürgerlichen Rechts

I. Bürgerliches Recht und Privatrecht

1. Die Einteilung der Gesamtrechtsordnung

Die Gesamtrechtsordnung besteht aus verschiedenen Teilen mit 1
unterschiedlichen Aufgaben. Man unterscheidet das Öffentliche
Recht, das Strafrecht und das Zivilrecht; jeder Teil lässt sich wiederum in verschiedene Rechtsgebiete aufteilen, z. B. in Staatsrecht,
Verwaltungsrecht oder Sozialrecht als Teilgebiete des Öffentlichen
Rechts oder das Arbeitsrecht, Handelsrecht oder Bürgerliche Recht
als Teile des Zivilrechts. Die Zuordnung eines rechtlich zu beurteilen-
den Sachverhaltes zu einem dieser Gebiete entscheidet auch darüber,
welcher Zweig der Gerichtsbarkeit für die Entscheidung eines daraus
entstehenden Rechtsstreits zuständig ist. So gehören nach § 13 GVG
alle bürgerlichen Streitigkeiten vor die ordentlichen Gerichte.[1] Hingegen eröffnet § 40 Abs. 1 VwGO in allen öffentlich-rechtlichen
Streitigkeiten nicht verfassungsrechtlicher Art den Verwaltungs-
rechtsweg, falls keine spezielle gesetzliche Rechtswegregelung besteht.

2. Bürgerliches Recht und Privatrecht

Der Begriff „Bürgerliches Recht" ist dem römischen *ius civile* (da- 2
her auch „Zivilrecht") nachgebildet. Es handelt sich um den Teil des
Privat- oder Zivilrechts, der allgemein und für jedermann gilt. Es regelt die Rechtsbeziehungen der Bürger untereinander nach den Prinzipien der Gleichberechtigung und der Selbstbestimmung (etwa im
Gegensatz zum öffentlichen Recht). Die Geltung des Bürgerlichen
Rechts hängt nicht von der Zugehörigkeit zu einem bestimmten

---

1 Die Bezeichnung „ordentliche Gerichte" ist geschichtlich bedingt; durch sie wurde zunächst der einzige der gesetzlichen „Ordnung" entsprechende Rechtsweg eröffnet.

Stand oder einer Personengruppe ab. Hauptsächlich sind die Rechtssätze im Bürgerlichen Gesetzbuch (BGB) zusammengefasst. Daneben waren im Laufe der letzten Jahre zahlreiche Nebengesetze getreten, wie das AGBG (Gesetz zur Regelung Allgemeiner Geschäftsbedingungen), das HausTWG („Haustürwiderrufsgesetz"), das VerbrKrG (Verbraucherkreditgesetz) oder das FernAbsG (Fernabsatzgesetz). Im Zuge der zum 1. Januar 2002 in Kraft getretenen Reform des Schuldrechts durch das sog. Schuldrechtsmodernisierungsgesetz[2] wurden diese Nebengesetze in das BGB integriert.

Dem Bürgerlichen Recht stehen einige („Sonderprivatrechte") gegenüber, welche nur für bestimmte Personen oder Regelungsmaterien Anwendung finden. So ist z. B. das **Handelsrecht** ein Sonderprivatrecht der Kaufleute (heute wird dieser Begriff vielfach von dem etwas unpräzisen Begriff des „Unternehmens" oder „Unternehmers" verdrängt), das Arbeitsrecht ein Sonderprivatrecht für die Rechtsbeziehungen zwischen Arbeitnehmern und Arbeitgebern, das Wirtschaftsrecht ein spezielles Recht für die gewerbliche Wirtschaft oder das Immaterialgüterrecht ein Sonderprivatrecht für Urheberrechte und gewerbliche Schutzrechte (Patente, Markenzeichen etc.). Die Grenzen zum öffentlichen Recht sind dabei teilweise fließend, so haben das Arbeits- und Wirtschaftsrecht neben den privatrechtlichen auch öffentlich-rechtliche Bestandteile.

3   Teilweise wird das **Verbraucher- oder Verbraucherschutzrecht** heute aufgrund der besonderen sozialökonomischen Rolle des Verbrauchers ebenfalls als eigene Regelungsmaterie angesehen[3] bzw. ein Sonderrecht für Verbraucher gefordert. Dies ist jedoch verfehlt. Zwar entspricht die Verhandlungsposition des Verbrauchers oft nicht der Grundidee des BGB von der Gleichheit der Rechtssubjekte, notwendige Korrekturen müssen aber nicht einem eigenen Rechtsgebiet zugewiesen werden.[4] In vielen Fällen ist der „jedermann", an den sich das Vertragsrecht des BGB wendet, „Verbraucher" (s. die Definition in § 13 BGB). Schutz muss daher für typische Situationen möglicher Benachteiligung gewährt werden und sich nicht an einem – notwendigerweise – sehr allgemein gehaltenen Verbraucherbegriff orientie-

---

2 BGBl. I 2002 S. 41–352 (Neufassung des BGB); BGBl. I 2001 S. 3137–3232 (Gesetz zur Modernisierung des Schuldrechts).
3 Z. B. *Reich/Micklitz*, Verbraucherschutz in der BRD, 1980, Rn. 19; *Joerges*, Verbraucherschutz als Rechtsproblem, 1981, S. 123 ff.
4 *Dauner-Lieb*, Verbraucherschutz durch Ausbildung eines Sonderprivatrechts für Verbraucher, 1983; *Koch*, Verbraucherprozeßrecht, 1990, S. 128 f.

ren. Zu Recht war der Gesetzgeber schon vor dem Schuldrechtsmodernisierungsgesetz dazu übergegangen, gemeinsame Grundregelungen zum Verbraucherrecht wieder in das BGB aufzunehmen. Allein aus Gründen der Übersichtlichkeit hätte es sich angeboten, im Zuge der Schuldrechtsreform die oben genannten Nebengesetze, die überwiegend dem Verbraucherschutz dienen, *nicht* in das BGB zu integrieren. Das gilt etwa für das – nicht nur Verbraucher schützende – AGBG, das sich systematisch nur schlecht mit der Struktur des BGB in Einklang bringen ließ (s. § 21 Rn. 3a).

Das Bürgerliche Recht ist mithin **Teilgebiet des Privatrechts,** 4 gleichzeitig bildet es aber dessen Grundlage und Kernbereich. Die übrigen Privatrechtsgebiete lehnen sich in ihren speziellen Ausformungen an die im BGB enthaltenen Kerninstitute und Grundregeln auch dort an, wo sie für besondere Interessenlagen ergänzende oder abändernde Regelungen treffen (s. z. B. § 157 BGB u. § 346 HGB; §§ 145 ff. BGB u. § 362 HGB; §§ 164, 167, 173 BGB u. §§ 48 bis 58 HGB). Die Vorschriften des BGB über Willenserklärungen, Rechts- und Geschäftsfähigkeit oder die Stellvertretung haben für das gesamte Privatrecht Bedeutung. Gründliche Kenntnisse des Allgemeinen Teils des BGB sind daher für das Verständnis der Sonderprivatrechte unerlässlich.

Die Unterscheidung zwischen Bürgerlichem Recht als Teil des Privat- oder Zivilrechts einerseits und dem Privatrecht selbst wird, entgegen der Forderung nach einem eindeutigen juristischen Sprachgebrauch, nicht immer sorgfältig beachtet. Dies ist teilweise historisch damit zu erklären, dass beide Begriffe früher zusammenfielen.

Neben dem immer stärkeren Einfluss des **Europarechts** (s. § 2 5 Rn. 17 ff.) ist das Privatrecht vor allem durch eine Entwicklungsrichtung gekennzeichnet, welche durch zunehmende Abspaltung und Verselbständigung von Teilrechtsgebieten die Einheit des Zivilrechts gefährdet. Beispiele sind das Familienrecht, das Arbeitsrecht, das Gesellschaftsrecht und das Wirtschaftsrecht sowie das Verbraucherschutzrecht. Der Zersplitterungsprozess wird vollends deutlich, wenn für die verselbständigten Rechtsgebiete eigene Verfahrensarten wie im Familienrecht oder gar Gerichtsbarkeiten wie im Arbeitsrecht begründet werden. Hinzu kommt, dass die herkömmliche Unterscheidung zwischen Privat- und Öffentlichem Recht in den verselbständigten Gebieten teilweise keine Geltung mehr beanspruchen kann. Es entwickeln sich eigenständige Disziplinen mit gemischten zivil- und öffentlich-rechtlichen Elementen wie im Wirtschaftsrecht.

II. Das Bürgerliche Gesetzbuch

Schrifttum: *Schlegelberger*, Abschied vom BGB, 1937; *Schulte-Nölke*, Die schwere Geburt des Bürgerlichen Gesetzbuches, NJW 1996, 1705 ff.; *Stürner*, Der hundertste Geburtstag des BGB – nationale Kodifikation im Greisenalter?, JZ 1996, 741 ff.

6   Das Bürgerliche Gesetzbuch (BGB) wurde 1896 vom Reichstag verabschiedet. Es trat am 1. Januar 1900 in Kraft. Mit zahlreichen Änderungen[5] hat es bis heute fünf verschiedenen Verfassungssystemen (Kaiserreich, Weimarer Republik, Nationalsozialismus, Bundesrepublik Deutschland und bis 1975 auch der DDR) als zivilrechtliche Kodifikation gedient. Das BGB brachte nach Jahrhunderten der Rechtszersplitterung des Bürgerlichen Rechts die Rechtseinheit für das damalige Deutsche Reich und ergänzte die für den Handel wichtige Angleichung, die bereits mit der Allgemeinen Deutschen Wechselordnung (1848) und dem Allgemeinen Deutschen Handelsgesetzbuch (1861) begonnen hatte. Die Rechtseinheit mit der DDR ging mit dem Inkrafttreten des Zivilgesetzbuchs der DDR 1975 verloren, das Familienrecht war bereits 1965 im Familiengesetzbuch der DDR abweichend geregelt worden. Durch Art. 2 und 4 des Staatsvertrages zwischen der DDR und der Bundesrepublik über die Schaffung einer Währungs-, Wirtschafts- und Sozialunion vom 18. Mai 1990[6] und durch Art. 8 des Einigungsvertrages zwischen der DDR und der Bundesrepublik Deutschland über die Herstellung der Einheit Deutschlands vom 31. August 1990[7] ist die Rechtseinheit – mit Modifikationen und Befristungen – wieder hergestellt. Das BGB gilt damit wieder in ganz Deutschland und hat sich gegen die Beseitigungsversuche zweier totalitärer Systeme behauptet.

7   Dem Gesetzgebungsverfahren zum BGB war eine lange Kontroverse über die „Berufung" der Epoche zum Erlass eines einheitlichen deutschen bürgerlichen Gesetzbuches vorausgegangen.[8] Erst 1874, nachdem das Reich durch eine Verfassungsänderung die Gesetzgebungskompetenz für das gesamte bürgerliche Recht erlangt hatte,

---

5 Die bislang gravierendste Änderung stellt die Modernisierung des Schuldrechts zum 1.1.2002 dar.
6 BGBl. II S. 537.
7 BGBl. II S. 889.
8 Vgl. *Thibaut* und *v. Savigny*, „Über die Notwendigkeit eines allgemeinen bürgerlichen Rechts für Deutschland" und „Vom Beruf unserer Zeit für Gesetzgebung und Rechtswissenschaft", hrsg. von *Jacques Stern* (1914), Neudruck 1950.

konnte das Gesetzgebungsverfahren beginnen. 1888 hatte die vom
Bundesrat berufene (erste) juristische Sachverständigenkommission
einen ersten Entwurf mit ausführlicher Begründung erarbeitet (sog.
„Motive", 5 Bände). Nach lebhafter und kontroverser Diskussion
(dem Entwurf wurde vorgeworfen er sei „undeutsch" und „unso-
zial") erarbeitete eine interdisziplinär besetzte zweite Kommission
zwischen 1890 und 1895 einen zweiten Entwurf (veröffentlicht zusammen mit den Beratungen als sog. „Protokolle", 7 Bände). Eine
vom Bundesrat überarbeitete dritte Version wurde vom Reichstag
mit einigen wichtigen Änderungen verabschiedet. Mit den drei Ent-
würfen, den Motiven, Protokollen und der Denkschrift, die dem
Reichstag zur Beschlussfassung vorlag, liegt umfangreiches Material
zur Entstehungsgeschichte des BGB vor, das bei der Auslegung und
Gesetzesanwendung wichtige Hilfe leistet. Es gibt Auskunft darüber,
was die an der Gesetzgebung Beteiligten mit den einzelnen Vorschriften gewollt haben.

Der zunehmende Einfluss europarechtlicher Vorgaben verändert
das systematische Gefüge des BGB erheblich (s. § 2 VII, Rn. 17 ff.).

III. Die Stellung des Allgemeinen Teils im BGB und im Privatrecht

Übersicht 1:   8

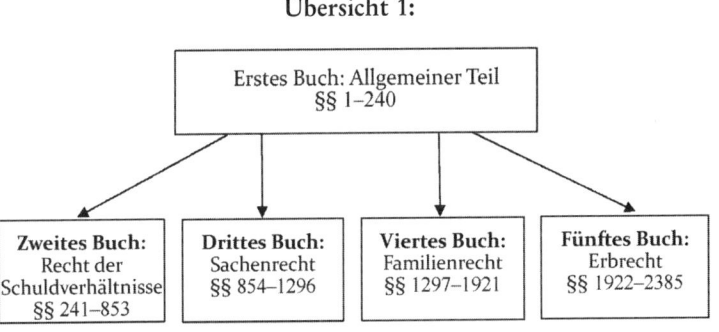

Das BGB ist in fünf Bücher gegliedert. Im ersten Buch, dem Allge-   9
meinen Teil, hat der Gesetzgeber allgemeine Rechtsbegriffe und Regeln dargestellt, die der einheitlichen Gestaltung des gesamten Bürgerlichen Rechts dienen. Sie sind sozusagen **vor die Klammer
gezogen"** und gelten grundsätzlich auch für die folgenden Bücher

des BGB ebenso wie für privatrechtliche Nebengesetze (diese Methode findet sich teilweise auch innerhalb der folgenden Bücher wie etwa im Schuld- und Sachenrecht, vgl. den 1.–6. Abschnitt des zweiten Buchs sowie z. B. den Abschnitt „Besitz" im Sachenrecht). Dabei sind im Wesentlichen die Elemente zusammengestellt worden, die allen rechtlich bedeutsamen Erklärungen und Handlungen gemeinsam sind, wenngleich die Interessenlage in den verschiedenen Rechtsgebieten nicht überall gleich ist.

So kommt es überall vor, dass man sich bei dem, was man tut und sagt, irrt. Die Folgen des Irrtums müssen aber im Wechselrecht (Art. 17 WG) anders geregelt werden als bei gewöhnlichen Verträgen (§§ 119 ff. BGB) und wieder anders bei der Eheschließung (§§ 1313 ff. BGB) oder bei Testamenten (§§ 2078 ff. BGB). Die Regeln des Allgemeinen Teils können demnach durch Spezialregelungen *(leges speciales)* verdrängt werden.

10   Das BGB weicht mit diesem aus der Pandektenwissenschaft des 19. Jahrhunderts hervorgegangenen Allgemeinen Teil, der elementare Rechtsinstitute, die in allen weiteren Büchern wiederkehren, vorab behandelt, von anderen großen europäischen Zivilrechtskodifikationen ab. Weder der französische *Code Civil* (1804), noch das Schweizerische Zivilgesetzbuch (ZGB, 1907) oder das Allgemeine Bürgerliche Gesetzbuch Österreichs (ABGB, 1811) kennen Vergleichbares. Mitunter ist diese Regelungssystematik – ebenso wie die bisweilen abstrakte Begriffsbildung des BGB („Rechtgeschäft", „Verfügung", „Willenserklärung") – als Ausdruck eines übertriebenen Hangs zur Abstraktion kritisiert und für seine mangelnde Bürgernähe im Gegensatz zu anderen europäischen Gesetzbüchern gegeißelt worden.[9] Sicher erschließen sich die Rechtsinstitute des Allgemeinen Teils und seine systematischen Zusammenhänge dem juristischen Laien und Studienanfänger nicht ohne Weiteres. Der Aufbau des BGB verfolgt gesetzgebungstechnische, nicht aber pädagogische oder lerntechnische Gesichtspunkte. Das Gesetzeswerk sollte möglichst knapp und klar gefasst, Wiederholungen vermieden werden. Der vom Allgemeinen zu konkreteren Regelungen fortschreitende Aufbau bereitet zu Beginn des Studiums Schwierigkeiten. Das Studium des Allgemeinen Teils steht am Anfang, weil dieser u. a. die für alle übrigen Rechtsgebiete unerlässlichen Regelungen über Willenserklärungen und

---

9 *Kötz*, Einführung in die Rechtsvergleichung, 3. Aufl., 1996, § 11 II. Interessanterweise enthält auch der 2008 veröffentlichte Entwurf eines Gemeinsamen Referenzrahmens für das Europäische Vertrags- bzw. Zivilrecht (s. hierzu § 2 VII 3) einen allgemeinen Teil zur Rechtsgeschäftslehre (Buch 2, Kap. 1–9).

Rechtsgeschäfte enthält (Übersicht 1). Dabei stellt er mit seinen Begriffen und Regelungen quasi den Gipfel der gesetzgebungstechnischen Verallgemeinerung dar. Das erschwert dem Anfänger den Zugang. Gleichwohl darf man die bis ins einzelne durchdachte Dogmatik des Allgemeinen Teils nicht gering schätzen; sie trägt entscheidend zur Klarheit und Prägnanz der gesetzlichen Regelung und einer verlässlichen Begriffsbildung (etwa im Gegensatz zum französischen *Code Civil*) bei. Inhaltlich sind die Allgemeinen Lehren der Vertrags- und Rechtsgeschäftslehre daher heute vielfach auch im Ausland rezipiert, finden ihren Niederschlag jedoch eher in der Lehrbuchliteratur als in der gesetzlichen Systematik.[10]

Dem Allgemeinen Teil folgen das Schuldrecht und das Sachenrecht; **11** im vierten und fünften Buch das Familien- und Erbrecht. Insbesondere die Unterscheidung zwischen Schuld- und Sachenrecht ist nicht nur gesetzgebungstechnisch, sondern für die gesamte Privatrechtsordnung fundamental. So ist im Schuldrecht geregelt, welche **Verpflichtungen** man eingehen, welche Ansprüche man kraft Vertrages erwerben kann. Es geht also um die Rechtsbeziehungen der am Vertrag oder Schuldverhältnis beteiligten Personen untereinander. Aus dem Sachenrecht ergibt sich (unter anderem), wie diese Verpflichtungen und Ansprüche durch Rechtsänderung mit Wirkung gegenüber jedermann **vollzogen** werden. Das Sachenrecht regelt damit vornehmlich die Rechtsposition im Verhältnis von Personen zu bestimmten Gegenständen.

Wer ein Auto beim Händler kauft und es vereinbarungsgemäß später abholen möchte, hat nach Abschluss des Kaufvertrages zunächst nur einen Anspruch „auf das Auto", d. h. der Händler ist nur verpflichtet, dem Kunden den Wagen zu übergeben und daran Eigentum zu verschaffen (so der Wortlaut von § 433 Abs. 1 S. 1 aus dem Schuldrecht). In den Rechtsbeziehungen des Händlers zur Sache selbst hat sich (noch) nichts geändert, er ist auch nach Abschluss des Kaufvertrages noch Eigentümer geblieben. Erst wenn er seine Vertragspflicht erfüllt und dem Kunden das Auto übereignet (s. § 929 S. 1 aus dem Sachenrecht), wechselt das Eigentum am Fahrzeug und der Kunde kann

12

---

10 Vgl. die Nachweise bei *Kötz* (Fn. 9), § 11 II. Bezeichnenderweise setzen auch die Versuche, das Vertragsrecht für die Rechtswissenschaft und den Rechtsunterricht auf europäischer Ebene aufzuarbeiten, bei den allgemeinen Lehren des Rechtsgeschäftes und des Vertrages an, s. *Kötz*, Europäisches Vertragsrecht I, 1996; ebenso die von der Kommission für Europäisches Vertragsrecht (sog. Lando-Kommission nach ihrem Vorsitzenden Prof. *Ole Lando*) vorgelegten „Principles of European Contract Law" 1998, abgedruckt bei *Basedow*, Europäische Vertragsrechtsvereinheitlichung und deutsches Recht, Archiv für die civilistische Praxis (Sonderveröffentlichung), 2000.

fortan beliebig damit verfahren (§ 903). Vor der Übereignung nach § 929 S. 1 kann der Händler den Wagen z. B. noch wirksam an einen Dritten verkaufen und übereignen; er macht sich gegenüber seinem ersten Kunden „nur" schadensersatzpflichtig. Auch diese konsequente Trennung zwischen vertraglicher (schuldrechtlicher) Verpflichtung und sachenrechtlicher Erfüllung (Verfügung) ist eine Besonderheit des deutschen Rechts (sog. Trennungs- und Abstraktionsprinzip). Nach französischem Kaufrecht erwirbt der Käufer beispielsweise im Regelfall schon mit Abschluss des Kaufvertrages das Eigentum an der Kaufsache. Im täglichen Leben ist der Unterschied oft nicht bemerkbar, weil Verpflichtung und Erfüllung beim Kauf über die Ladentheke ohnehin zeitlich zusammenfallen. Bei komplizierteren wirtschaftlichen und rechtlichen Verträgen ist die rechtliche (häufig auch die zeitliche) Trennung von Schuld- und Sachenrecht äußerst hilfreich; Einzelheiten § 16 Rn. 9 ff.

IV. Geltungsbereich des BGB

1. Räumlicher Geltungsbereich

13   Wenn es gilt, einen konkreten zivilrechtlichen Fall zu lösen, kann es durchaus zweifelhaft sein, ob das BGB zur Anwendung kommt. Grundsätzlich erstreckt sich der Geltungsbereich deutscher Gesetze zunächst einmal auf reine Inlandssachverhalte. Infolge einer zunehmenden internationalen Verflechtung wirtschaftlicher und persönlicher Beziehungen haben auch Juristen mehr und mehr Fälle mit Auslandsberührung zu lösen. Dann muss vorab in einem ersten Schritt geklärt werden, ob überhaupt deutsches Recht angewendet werden darf oder ob nicht das Recht eines anderen Staates zum Zuge kommt.

14   **Beispiel:** Fahrradhändler F in München bezieht einen Teil der von ihm angebotenen Räder von einem französischen Lieferanten L; zu seinem Kundenkreis gehört u. a. auch K aus Bregenz (Österreich), der bei F ein Rennrad bestellt. Kommt es zum Streit zwischen den Beteiligten, so darf weder die Vertragsbeziehung F–L noch diejenige zwischen F und K einfach nach deutschem Recht beurteilt werden, in Betracht kommt ebenso die Anwendung französischen bzw. österreichischen Kaufrechts bzw. eine Beurteilung nach vereinheitlichtem Recht, dem sog. UN-Kaufrecht oder CISG (Wiener Übereinkommen über Verträge über den internationalen Warenkauf vom 11.4.1980[11]).

---

11 BGBl. 1989 II S. 588. Die wichtigsten Rechtsquellen zum internationalen Recht, soweit es für das Zivilrecht von Belang ist, finden sich bei *Jayme/Hausmann*, Internationales Privat- und Verfahrensrecht, 15. Aufl. 2010.

Ob auf den Sachverhalt deutsches oder ausländisches Privatrecht 15
zur Anwendung kommt, bestimmt sich für den deutschen Richter
nach den Regeln des **Kollisionsrechts** oder **Internationalen Privatrechts**. Diese sind grundsätzlich im Einführungsgesetz zum Bürgerlichen Gesetzbuch (EGBGB) kodifiziert. Sie bestimmen den räumlichen Anwendungsbereich des Privatrechts. Die Bezeichnung
Internationales Privatrecht ist für den Anfänger wie für Nichtjuristen
verwirrend, da es in diesem Rechtsgebiet nicht – wie man auf den ersten Blick vermuten könnte – um die rechtsvergleichende Darstellung
verschiedener Privatrechtsordnungen oder um überstaatliche („internationale") Regelungen geht. Vielmehr geben die sog. Kollisionsnormen in allen Fällen mit Auslandsberührung dem Rechtsanwender
eine verbindliche Auskunft darüber, welche Privatrechtsordnung er
seiner Beurteilung zugrunde legen muss. Jeder Staat kennt im Prinzip
seine eigenen solchermaßen „wegweisenden" Normen. Daher wäre es
sehr misslich, wenn etwa ein deutsches Gericht aufgrund „seines"
deutschen Kollisionsrechts auf den oben geschilderten Beispielsfall
französisches Recht anwenden würde, ein mit einem Rechtsstreit aus
demselben Vertrag befasstes Gericht in Frankreich aber nach den entsprechenden französischen Regeln deutsches Recht (oder umgekehrt). Dankenswerter Weise sind die europäischen Vereinheitlichungsbemühungen auf dem Gebiet des Kollisionsrechts bereits sehr
viel weiter gediehen als bei der Angleichung des Sachrechts, d. h. der
materiellrechtlichen Normen. Die wichtigsten Bereiche des Kollisionsrechts, nämlich die Regeln über das auf vertragliche Schuldverhältnisse[12] und das auf außervertragliche Schuldverhältnisse anwendbare Recht[13], sind seit 2007 bzw. 2008 in Europa vereinheitlicht und
finden sich in den sog. „Rom I" und Rom II"-Verordnungen der Europäischen Union.[14] Auf Einzelheiten kann hier nicht näher eingegangen werden.[15]

---

12 Verordnung (EG) 593/2008 über das auf vertragliche Schuldverhältnisse anwendbare
Recht („Rom I"), ABl. EG L 177, 17.6.2008.
13 Verordnung (EG) 864/2007 über das auf außervertragliche Schuldverhältnisse anzuwendende Recht („Rom II"), ABl. EG L 199, 31.7.2007.
14 S. hierzu das Gesetz zur Anpassung der Vorschriften des internationalen Privatrechts
an die Rom II-Verordnung vom 10.12.2008, BGBl. 2008 S. 2401.
15 Vgl. hierzu die Lehrbücher zum Internationalen Privatrecht etwa *Kropholler*, Internationales Privatrecht, 6. Aufl. 2006; *Kegel/Schurig*, Internationales Privatrecht, 9. Aufl.,
2004.

2. Sachlicher und zeitlicher Geltungsbereich

16   Mit Inkrafttreten des BGB zum 1.1.1900 haben die privatrechtlichen Vorschriften der Landesgesetze ihre Wirkung verloren, soweit nicht ausdrücklich im BGB selbst oder in Art. 55, 56–152 EGBGB etwas anderes bestimmt ist (s. auch Art. 31 GG, der heute den Vorrang des Bundesrechts vor Landesrecht normiert). Soweit das EGBGB in den genannten Vorschriften noch auf fortgeltendes Landesrecht verweist, hat dieses jedoch praktisch seine Bedeutung weitgehend verloren.[16]

17   **Merke:** Die Unterscheidung des Bürgerlichen Rechts bzw. allgemeiner des Privatrechts von anderen Rechtsgebieten hat praktische Bedeutung für die Wahl des richtigen Rechtsweges bei Streitigkeiten. Das BGB, dessen Entstehungsgeschichte bis in das Jahr 1874 zurückreicht, gilt allgemein und für jedermann im Privatrechtsverkehr. Es ist Kern des Privatrechts. Der Allgemeine Teil des BGB hat für das gesamte BGB und das Privatrecht grundlegende Bedeutung. In ihm sind die wichtigsten Rechtsinstitute auf hohem Abstraktionsniveau geregelt.

§ 2. Privatrecht und politisches System

Schrifttum: *Müller,* Juristische Methodik und politisches System, 1976; *Raiser,* Grundgesetz und Privatrechtsordnung, 1967; *Rüthers/Fischer/Birk,* Rechtstheorie, 7. Aufl., 2013, S. 27 ff.; *Rüthers,* Die unbegrenzte Auslegung, 6. Aufl., 2005; *ders.,* Arbeitsrecht und politisches System, 1973, 14 ff.; *F. Wiethölter,* Privatrecht als Gesellschaftstheorie? FS Raiser, 1974, S. 645 ff.; *Zöllner,* Die politische Rolle des Privatrechts, JuS 1988, 329 ff.

I. Privatrecht und Industriegesellschaft

1   Die entwickelte Industriegesellschaft ist der sozialökonomische Nährboden des heutigen Privatrechts. Die Industrialisierung hat die Güterproduktion, auch den Handel und die Dienstleistungen in einem vorher kaum vorstellbaren Umfang mechanisiert und automatisiert. Alle Industriegesellschaften tendieren zu immer größeren Orga-

---

16 Seit dem Beitritt der ehemaligen DDR zur Bundesrepublik am 3. Oktober 1990 gilt das BGB auch für die neuen Bundesländer (Art. 8 EinigungsV; Art. 230 Abs. 2 EGBGB). Ausführliche Übergangsregelungen für Rechtsverhältnisse, für die vor dem Beitritt das Recht der DDR anwendbar war und auf die hier nicht eingegangen wird, finden sich in Art. 230 ff. EGBGB.

nisationseinheiten in Produktion, Handel und Dienstleistungsgewerbe. Die **wachsenden Unternehmenseinheiten** erzwingen den Auf- und Ausbau zunehmend komplizierter Regelungs- und Leistungsstrukturen. Abhängige Arbeit ist für die große Mehrheit der Bevölkerung in Industriegesellschaften eine vorgegebene, nur bedingt veränderbare Existenzgrundlage.

Zugleich schaffen die wachsenden Unternehmenseinheiten neue soziale Machtverteilungs- und Entscheidungsprobleme im technisch-ökonomischen wie im gesellschaftlich-politischen Bereich. Die sozialen Machtkonzentrationen müssen in die Wirtschaftsordnung (z. B. Wettbewerbs- und Kartellrecht) und die Staatsverfassung integriert werden, wenn die verfassungsgesetzlich geregelte Gewaltenbalance erhalten bleiben soll. Im Verhältnis Anbieter – Verbraucher bedarf es besonderer Regeln, um das Verhandlungsungleichgewicht zu neutralisieren. So entstehen auch im Privatrecht aus der technologischen, ökonomischen und gesamtgesellschaftlichen Entwicklung ständig neue **Regelungszwänge** für Gesetzgebung und Rechtsprechung. Die Initiative geht dabei immer weniger vom nationalen Gesetzgeber und mehr und mehr von der Europäischen Union aus. Sie besitzt weit reichende Kompetenzen zur Rechtssetzung, insbesondere für alle Rechtsgebiete, die direkt oder mittelbar den ungehinderten Waren- und Dienstleistungsverkehr zwischen den Mitgliedstaaten betreffen. Hierzu gehören aber auch Angelegenheiten des Verbraucherschutzes, die justizielle Zusammenarbeit und die Rechtsangleichung im Zivilverfahrensrecht.

Der Industrialisierungsgrad einer Gesellschaft wirkt nicht nur auf das Wirtschafts- und Arbeitsleben, sondern auf alle wichtigen sozialen Lebensbereiche und damit das gesamte Privatrecht ein. Er prägt wichtige Daseinsformen wie die Städteentwicklung, den Verkehr, den privaten und öffentlichen Bildungsbereich, die Freizeitgestaltung (vgl. etwa die Regeln des Reisevertragsrechts), den Umweltschutz, das Nachbarrecht und vieles mehr.

Die Fortentwicklung der Industriegesellschaft zur „**Informations-** **gesellschaft**" hat mit dem Eintritt in das 21. Jahrhundert neue, sich rasant entwickelnde Kommunikationsformen hervorgebracht. Vertragsabschlüsse über das World Wide Web (Internet) sind heute alltäglich. Sie bringen neue Rechtsprobleme mit sich, die sich nicht mehr allein auf nationaler Ebene lösen lassen. Ein im wahrsten Sinne des Wortes grenzenloser Markt für Anbieter und Nachfrager bedarf Regelungsmechanismen, die ebenfalls grenzüberschreitend greifen.

Viele Fragen, die in diesem Zusammenhang auftauchen, lassen sich mit den Rechtsfiguren des Allgemeinen Teils des BGB lösen, was dessen Zeitlosigkeit und Flexibilität beweist. Die besonderen Gefahren von Vertriebs- und Absatzmethoden via Fernkommunikation haben auch den europäischen Gesetzgeber auf den Plan gerufen, der den Mitgliedstaaten z. B. durch die EG-Fernabsatzrichtlinie und die „E-Commerce-Richtlinie" einen Mindestschutz für den Verbraucher vorschreibt, gleichzeitig aber auch den elektronischen Rechtsverkehr fördert. S. auch Rn. 19.

II. Privatrecht als Steuerungsinstrument

3   Privatrecht ist, wie alles Recht, ein Mittel zur Gestaltung der Gesellschaft und des Staates. Das Privatrecht ist also ein untrennbarer Bestandteil des politischen und sozialen Systems eines Staates, ein materialer Baustein der Verfassungsordnung. Diese Einsicht in die politische Substanz und Funktion des Privatrechts setzte sich in der deutschen Wissenschaft und Praxis nur zögernd durch. Eine **Privatrechtsangleichung** in größeren Wirtschaftsräumen wie der Europäischen Union kann deshalb auch nur allmählich und schrittweise verlaufen. Viele Normen sind tatsächlich ein Stück verfestigten politischen Gestaltungswillens und so in das nationale Gesamtrechtssystem eingebettet, dass sie sich nicht ohne Weiteres herauslösen und im Zuge der Rechtsangleichung inhaltlich verändern lassen, ohne dass dies weiterreichende Konsequenzen für andere Rechtsbereiche hat. So lässt sich etwa das Insolvenzrecht innerhalb der Europäischen Union inhaltlich kaum angleichen, solange nicht auch im Bereich der dinglichen Sicherheiten für Gläubiger eine Annäherung erzielt ist. Solange die Mitgliedstaaten hier noch sehr unterschiedliche Formen der Absicherung von Gläubigern kennen (Eigentumsvorbehalt, Sicherungsübereignung, registrierte Pfandrechte etc.) und auch unterschiedliche Vorrechte im Konkursfall für Fiskus, Arbeitnehmer etc., ist bei grenzüberschreitenden Verfahren eine Gleichbehandlung aller Gläubiger – ein Kerngedanke des Insolvenzrechts – nur schwer zu verwirklichen.

Die grundlegenden Institutionen des Privatrechts (Rechtsfähigkeit, Privatautonomie, Eigentum) sind ihrer Idee nach auf **Freiheit und Gleichheit** aller Privatrechtspersonen gerichtet. Sie speichern die Erfahrung inhumaner Rechtsperversionen in verschiedenen Epochen der Rechtsgeschichte. Sie sind in der dogmatischen Form, wie sie sich im BGB darbieten, quasi kristalline Verdichtungen des Freiheitsstrebens und des Gleichheitsgedankens auf dem Hintergrund dieser geistesgeschichtlichen Entwicklung.

Wegen der systembezogenen politischen Verflechtungen und der 4 freiheitlich orientierten dogmatischen Eigensubstanz kommt dem Privatrecht eine wichtige **rechtspolitische Gestaltungsaufgabe** zu. War sie traditionell noch bis vor wenigen Jahrzehnten originäre Aufgabe des nationalen Gesetzgebers, so ist dies mit dem fortschreitenden wirtschaftlichen Zusammenwachsen der Europäischen Union mehr und mehr auf die **Institutionen der EU** übergegangen, die heute für einen großen Teil der Rechtssetzung auch im Privatrecht direkt oder mittelbar verantwortlich zeichnen. Wenig Beachtung hat dabei bislang der damit einhergehende Verlust des Demokratieprinzips gefunden. Das unmittelbar demokratisch legitimierte Europäische Parlament spielt bei den Rechtssetzungsakten der EU in der politischen Praxis gegenüber Rat und Kommission oft nur eine untergeordnete Rolle.

III. Die systemgebundene Dienstfunktion des Privatrechts

Schrifttum: *Hattenhauer,* Die Akademie für Deutsches Recht, JuS 1986, 680 ff.; *Heck,* Der Allgemeine Teil des Privatrechts, Ein Wort der Verteidigung, AcP 146 (1941), 1 ff.; *Rüthers,* Die unbegrenzte Auslegung, 6. Aufl., 2005.

Die Verschränkung und Einbindung des Privatrechts in das jewei- 5 lige politische System lässt sich vielfältig geschichtlich belegen. Das Bürgerliche Gesetzbuch im Spiegel der unterschiedlichen Auslegungen, die es im Laufe seiner Geltung erfahren hat (Kaiserreich, Weimarer Republik, NS-Zeit, DDR, Bundesrepublik), ist ein Beweis sowohl für die politische Substanz wie auch für die systemspezifische „Dienstfunktion" des Privatrechts.

1. Nationalsozialistisches Zivilrecht

Die Rechtslehre im Nationalsozialismus wollte das „römisch- 6 rechtliche" BGB durch ein nationalsozialistisch geprägtes „Volksgesetzbuch" ablösen. Der Allgemeine Teil des BGB wurde durch eine reichseinheitliche Studienordnung aus den Vorlesungsplänen der

Universitäten gestrichen. Besonders heftige Angriffe richteten sich gegen abstrakte Allgemeinbegriffe wie Willenserklärung, Rechtsgeschäft und Vertrag, die als nicht genügend „konkret" und „völkisch" galten. In einer voreiligen Grabrede nahm der Staatssekretär Schlegelberger 1937 in Berlin feierlich „Abschied vom BGB". Die Akademie für Deutsches Recht, vor allem ein Professorengremium, arbeitete von 1939–1943 an einer neuen, auf den NS-Staat zugeschnittenen Privatrechtskodifikation, die allerdings nicht mehr Gesetz wurde.

Das neue Volksgesetzbuch sollte den Punkt 19 des Parteiprogramms der NSDAP erfüllen: „Wir fordern Ersatz für das der materialistischen Weltordnung dienende römische Recht durch ein deutsches Gemeinrecht." Ziel des Abschieds vom BGB war die Überwindung der liberalistischen „Entartung des Freiheitsgedankens in einen übersteigerten Individualismus und Materialismus. Diesem Liberalismus tritt der Pflicht- und Gemeinschaftsgedanke entgegen: Gemeinnutz geht vor Eigennutz".[1] Damit wurde erneut das Parteiprogramm zur Rechtsquelle erhoben. Ein völkisches (rassegemäßes) Gemeinschaftsrecht der „Volksgenossen deutschen Blutes" sollte geschaffen werden. Im Entwurf eines Volksgesetzbuches für den Nationalsozialismus von 1942 hieß es in Grundregel 9, jeder Volksgenosse dürfe „seine Habe eigenverantwortlich innerhalb der volkswirtschaftlichen Zweckbestimmung nutzen und in diesen Grenzen auch darüber verfügen ...". Die Grundregeln 1 und 7 lauteten: „Oberstes Gesetz ist das Wohl des deutschen Volkes" und „Erste Pflicht jedes Volksgenossen ist, seine Kräfte für die Volksgemeinschaft voll einzusetzen". Da der Entwurf nicht Gesetz wurde, hat der NS-Gesetzgeber das BGB fortbestehen lassen. Die Auslegung wurde jedoch in allen weltanschaulich bedeutsamen Fragen der NS-Ideologie angepasst.[2]

2. Sozialistisches Zivilrecht

7   Auch in der DDR blieben große Teile des BGB zunächst in Kraft. Endgültig wurde es erst durch das neue Zivilgesetzbuch von 1975 (ZGB) abgeschafft. Zuvor waren bereits das Arbeitsgesetzbuch 1961 (ersetzt 1977) und das Familiengesetzbuch 1965 in Kraft getreten. Das ZGB bedeutete für die DDR zunächst den Abschied von der zivilrechtlichen Rechtseinheit mit der Bundesrepublik Deutschland, den sie ihrem Selbstverständnis als erster sozialistischer Staat auf deutschem Boden schuldete. Das ZGB war gekennzeichnet durch einen Inhaltswandel des Begriffs Zivilrecht im Sozialismus, wie er in der DDR aufgefasst wurde. Das Zivilrecht wurde als ein staatliches

---

1 *H. Lange*, Liberalismus, Nationalismus und bürgerliches Recht, 1933, Vorwort.
2 *Rüthers*, Die unbegrenzte Auslegung, 6. Aufl., 2005, S. 216 ff.; vgl. etwa *RAG ARS* 26, 125, 135; RGZ 150, 1, 4.

Lenkungsinstrument im Dienst gesamtgesellschaftlicher Zwecke verstanden.

Das ZGB begnügte sich mit 480 Vorschriften (das BGB enthält ca. 5 mal so viele Paragrafen). Das ging in erster Linie auf die Gesetzgebungstechnik zurück, neu zugeordnete Rechtsgebiete zu verselbständigen und durch eigenständige Gesetze „auszulagern" (Arbeitsrecht, Familienrecht, Vertragsrecht). Das Zivilrecht wurde radikal beschränkt auf die Rechtsbeziehung zwischen Bürgern bzw. zwischen Bürgern und (volkseigenen) Betrieben. Aufbaumäßig wurde auf einen Allgemeinen Teil verzichtet; an die Stelle der formalorientierten, auf Fachjuristen ausgerichteten Gesetzgebungsrationalität des BGB sollte die Lebensnähe und der reale Zusammenhang sozialer Sachverhalte treten.

Bereits die Präambel des ZGB brachte die dominante Dienstfunktion des ZGB und seine Aufgabe beim „Aufbau des Sozialismus" in der DDR zum Ausdruck. Bürger und Betriebe waren danach verpflichtet, ihre wechselseitigen Beziehungen „in Wahrnehmung der ihnen obliegenden gesellschaftlichen Verantwortung zu gestalten". Der Grundsatz für die Stellung der DDR-Bürger im Zivilrecht basierte auf der verbindlichen marxistisch-leninistischen Staatsideologie. So lautete § 6 ZGB: „Die Rechte und Pflichten der Bürger in den zivilrechtlichen Beziehungen werden durch die sozialistischen gesellschaftlichen Verhältnisse bestimmt, die auf der Macht der Arbeiterklasse, dem sozialistischen Eigentum an den Produktionsmitteln und der Leitung und Planung der Volkswirtschaft durch den sozialistischen Staat beruhen".

Die Bürger wurden also auch mit ihren subjektiven bürgerlichen Rechten ganz in die sozialistische Gesellschaftsordnung eingebunden. Deren Zweck, Ziel und Interessen hatten Vorrang vor subjektiv-zivilrechtlichen Rechten. Die Gewährleistung eines unantastbaren Bereiches privater Rechtsausübung war dem sozialistischen Zivilrecht unbekannt.

IV. Die Schutzfunktion des Privatrechts

Jede Rechtsordnung gilt und wirkt im Rahmen bestimmter sozialer 8 und politischer Gegebenheiten, also innerhalb eines konkreten politischen Systems. Darüber hinaus hat die Rechtsordnung in jedem Staat die Aufgabe, das **Faustrecht zu verdrängen,** also Verfahren zur friedlichen und rechtsförmlichen Austragung von Interessenkonflikten bereitzustellen. Auf diese Weise schützt das Privatrecht die bestehende, rechtlich normierte Zuordnung der Rechtsgüter und die Entscheidungsbefugnisse. Jede Rechtsordnung ist in diesem Sinne „konservativ" in einem ideologie- und systemneutralen Sinne.

9   Das geltende Privatrecht erfüllt eine zweifache Schutzfunktion. Es schützt nicht nur das berechtigte „Haben" im Sinne eines **Bestandsschutzes** (vgl. §§ 858 ff., 903, 985, 1004, 823 Abs. 1), sondern auch das „Erwerben können" (**Erwerbsschutz**). Weil die freie Entfaltung der Persönlichkeit einen Grundwert unserer Verfassung bildet (Art. 2 Abs. 1 GG), ist es mindestens genauso wichtig, dass das Privatrecht jedem die Möglichkeit gibt, am allgemeinen Austausch von Gütern und Leistungen teilzunehmen und so Vermögenswerte zu erwerben. Das geschieht meist dadurch, dass die Erwerbserwartungen anderer geschmälert werden (Wettbewerb). Diesen Zwecken, dem Erwerbsschutz und dem Schutz des Wettbewerbs, dient auch die Privatautonomie – ein zentraler Grundsatz des Privatrechts (s. hierzu § 3 Rn. 1 ff.).

Dadurch, dass die Rechtsordnung das Erreichte schützt, gibt sie zugleich einen Anreiz, Vermögensgüter zu erwerben. Das Nebeneinander von Bestandsschutz und Erwerbsschutz erzeugt ein Spannungsverhältnis im Privatrecht, das der liberalen Wettbewerbsgesellschaft eine besondere Dynamik verleiht.

V. Privatrecht unter dem Grundgesetz

1. Die liberal-individualistische Wertgrundlage und das Sozialstaatsprinzip

10   Im Gegensatz zu den vorgenannten Beispielen aus politischen Systemen mit einer für jeden Bürger verbindlichen Staatsideologie beruhen das BGB und das gesamte Privatrecht der Bundesrepublik auf einer **liberal-individualistischen, pluralen Wertgrundlage.** Tragende Säulen dieses Ordnungssystems sind die allgemeine Rechtsfähigkeit, die Privatautonomie, das Privateigentum und der Sozialstaatsgrundsatz. Sie wirken als beherrschende Prinzipien auch prägend und begrenzend auf die ständige Fortbildung des Privatrechts durch Gesetzgebung und Rechtsprechung. Eine Rechtsangleichung über nationale Grenzen hinweg kann deshalb auch nur gelingen, wenn diese Rahmenbedingungen („Koordinaten") in den jeweiligen Staaten übereinstimmen.

Das **Sozialstaatsprinzip** bezeichnet das „Wächteramt" des libera- 11
len Verfassungsstaates über die gesellschaftliche Entwicklung im au-
ßerstaatlichen Bereich. Der Staat ist „Mächtigster auch im Sozialen"
und trägt Verantwortung dafür, dass die gesellschaftliche Entwicklung an den demokratischen Idealen von Freiheit und Gleichheit orientiert bleibt. Das Privatrecht ist Gestaltungsinstrument zu diesem
Zweck.

2. Verfassungsnormen mit Privatrechtsbezug

Das ordnungspolitische Grundkonzept des Privatrechts ist im 12
Grundgesetz verankert. Die das Privatrecht prägenden Verfassungs-
prinzipien sind vor allem:
– die Unantastbarkeit der Menschenwürde (Art. 1 GG);
– die Vertrags- und Wettbewerbsfreiheit als Bestandteil der Entfaltungsfreiheit des Art. 2 Abs. 1 GG;
– das Recht auf Leben und körperliche Unversehrtheit, Art. 2 Abs. 2
  GG;
– der Gleichheitsgrundsatz, Art. 3 Abs. 1 GG;
– die Meinungs- und Pressefreiheit, Art. 5 Abs. 1 GG;
– der besondere Schutz von Ehe und Familie, Art. 6 Abs. 1 GG;
– die Vereinigungsfreiheit, Art. 9 Abs. 3 GG;
– die Berufsfreiheit, Art. 12 GG;
– die Gewährleistung von Privateigentum und Erbrecht, Art. 14 GG;
– das Demokratie- und Sozialstaatsprinzip, Art. 20 GG.

3. Die Zuordnung von Verfassungsrecht und Privatrecht

Die Übersicht zeigt: Das Grundgesetz ist nicht „privatrechtsneut- 13
ral". Es legt als höherrangiges Recht die Grenzen fest, innerhalb derer
der einfache Gesetzgeber sein Gestaltungsermessen bei der Fortbildung der Privatrechtsordnung ausüben kann. In der Rangfolge gehen
die privatrechtsbezogenen Entscheidungen der Verfassung den ein-
fachgesetzlichen Normen des BGB vor.
Andererseits ist auch das Privatrecht nicht „verfassungsneutral".
Die Relationen zwischen Verfassungsrecht und Privatrecht erschöp-
fen sich nicht in dem Vorrang des Verfassungsrechts. Die Rechtsgeschichte zeigt, dass sich beide Gebiete gegenseitig intensiv beeinflussen und wechselseitig die Rechtsfortbildung antreiben. So war und ist
etwa die Konkretisierung der „sonstigen Rechte" in § 823 (eine
Norm aus dem Recht der unerlaubten Handlungen) für das sog.

„Allgemeine Persönlichkeitsrecht" und das „Recht am Unternehmen" stark verfassungsrechtlich geprägt (Art. 1, 2 GG einerseits, Art. 12, 14 GG andererseits).

Wegen des **Vorrangs der Verfassung** könnte es scheinen, als sei das Privatrecht durch die einschlägigen Grundrechtsbestimmungen stark festgelegt. Dieser Eindruck wäre falsch. Die Grundrechte sind vielfach allgemein formuliert und mit unbestimmten, generalklauselartigen Rechtsbegriffen durchsetzt. Erst die Konkretisierung der Verfassungsbegriffe durch Gesetzgebung und Rechtsprechung gibt ihnen ihren endgültigen Inhalt.

4. Die sog. Drittwirkung der Grundrechte im Privatrecht

14   Für die Durchsetzung der höherrangigen Verfassungsnormen im Privatrecht entsteht ein im Detail sehr streitig diskutiertes Problem: Gelten die Grundrechtsbestimmungen im Privatrecht unmittelbar und verdrängen entgegenstehende Privatrechtsnormen oder wirken sie nur als Auslegungsrichtlinien im Rahmen der zivilrechtlichen Generalklauseln (z. B. §§ 138, 157, 242, 315, 826) auf private Rechtsbeziehungen? In der Diskussion werden gleiche Ergebnisse teilweise mit unterschiedlichen juristischen Begründungskonstruktionen gerechtfertigt. Die heute ganz überwiegende Ansicht geht von einer nur **mittelbaren Wirkung der Grundrechte** im Privatrecht aus. Die Grundrechte wirken also über die Generalklauseln.

15   **Beispiel:** Buchhändler B weigert sich, dem bärtigen Kunden K einen „Schönfelder" zu verkaufen mit der Begründung, Bartträger würden ohnehin nur schlechte Juristen, das wisse er aus seinem letzten Prozess. Kann K verlangen, dass ihm ein Schönfelder verkauft wird?
Wäre B unmittelbar an die Grundrechte gebunden, könnte sich K auf eine Verletzung von Art. 3 Abs. 1 GG berufen (Gleichheitssatz). Dasselbe würde etwa dann gelten, wenn sich der Jugendliche J entscheidet, die X ins Kino einzuladen, nicht aber deren Freundin Y. Y könnte verlangen, auch eingeladen zu werden. Grundrechte sind primär staatsgerichtete Abwehrrechte des Bürgers. Im Verhältnis der sich gleichberechtigt gegenüber tretenden Privatrechtssubjekte passt eine unmittelbare Grundrechtsgeltung nicht. Dies zeigt sich schon daran, dass sich sowohl B als auch J ihrerseits auf die freie Entfaltung ihrer Persönlichkeit (Art. 2 Abs. 1 GG) berufen können. Grob gesagt wirken die Grundrechte nur dann mittelbar in Privatrechtsbeziehungen ein, wenn einer der Beteiligten eine „staatsähnliche" starke Monopolstellung oder Verhandlungsposition hat. Wäre B der einzige Buchhändler weit und breit, könnte man seine Weigerung, mit K einen Vertrag über den „Schönfelder" abzuschließen, möglicherweise als sittenwidrige Schädigung im Sinne der Generalklausel

des § 826 betrachten. Einzelheiten unten § 3 Rn. 10 ff.; mit verschiedenen Richtlinien zur Antidiskriminierung hat der europäische Gesetzgeber inzwischen erheblich in das Prinzip der Vertragsfreiheit eingegriffen. Sie wurden durch das Allgemeine Gleichbehandlungsgesetz 2006 in nationales Recht umgesetzt, s. unten § 3 Rn. 12a.

VI. Privatrecht und Wirtschaftsordnung

Das Privatrecht ist (auch) das Recht der Wirtschaftsordnung. Das **16** zeigen die eingangs genannten „Sonderprivatrechte" wie etwa das Wettbewerbs-, Handels-, Gesellschafts-, Wertpapierrecht, das Arbeits-, Versicherungs-, Bank- und Börsenrecht. Es prägt damit wesentliche Grundzüge der Wirtschaftsverfassung der Bundesrepublik und erfüllt eine wichtige rechtspolitische Gestaltungsaufgabe.[3] Auch hier ist die verfassungsgesetzliche Grundlegung („Wirtschaftsverfassung")[4] untrennbar verbunden mit der privatrechtlichen Ausgestaltung. So umfasst die grundgesetzliche Garantie des Privateigentums (Art. 14 GG) auch das Recht, dieses Eigentum auf dem Markt mit den Rechtsformen des Privatrechts anzubieten und nachzufragen.[5]

VII. Privatrecht und Europarecht

1. Instrumentarium des EU-Rechts zur Rechtsangleichung[6]

Wenn man dem Privatrecht wie gezeigt die Funktion zuschreibt, **17** einen verbindlichen Rahmen für die private und wirtschaftliche Betätigung des einzelnen festzulegen, so bleiben im Zeitalter der Europäisierung oder gar Globalisierung der Wirtschaft, aber auch der privaten Lebensverhältnisse, entsprechende Einflüsse auf das ursprünglich rein nationale Recht nicht aus. Die notwendige Angleichung rechtlicher Vorschriften in einem zusammenwachsenden Wirtschaftsraum verläuft auf verschiedenen Ebenen. Neben dem klassischen Instrument des Staatsvertrages, der innerhalb Europas heute keine große Rolle mehr spielt, steht die **Rechtssetzungstätigkeit der Europä-**

---

3 *Rüthers,* Arbeitsrecht und politisches System, 1973, S. 14 ff.
4 Einzelheiten 12. Aufl., Rn. 32–34.
5 BVerfGE 24, 367, 389.
6 Hierzu *Herdegen,* Europarecht, 12. Aufl., 2010, § 19; *Hobe,* Europarecht, 6. Aufl., 2011, § 20.

ischen Union[7] (vor dem Vertrag von Lissabon der Europäischen Gemeinschaft). Die Kernbereiche des Privatrechts galten noch bis in die
1980er Jahre als ein vom Einfluss eben dieser „europäischen Rechtssetzung" weitgehend unberührtes Gebiet. Hauptrechtssetzungsin-
strument der Europäischen Union ist neben der **EU-Verordnung**[8],
die nur für wenige Bereiche eine geeignete Rechtsform darstellt, die
Richtlinie.[9]

18   **EU-Richtlinien** sind nicht unmittelbar gegenüber dem Bürger
oder in ihrem Verhältnis untereinander anwendbares Recht. Sie geben
lediglich den Mitgliedstaaten rechtlich **verbindliche Regelungsziele**
vor, die dann – regelmäßig binnen vorgegebener Fristen – in nationales Recht umzusetzen sind. Die Wahl von Form und Mittel der Umsetzung ist Sache der nationalen Gesetzgeber. Die Richtlinien der EU
sind dabei von sehr unterschiedlicher, aber tendenziell zunehmender
Detailliertheit, so dass teilweise nur wenig Spielraum für die Umsetzung bleibt. Sie sind damit innerhalb der Europäischen Union das
wichtigste Instrument zur Rechtsangleichung (Harmonisierung) geworden. Nach der Rechtsprechung des für die Auslegung insoweit
zuständigen Europäischen Gerichtshofs folgen aus der Richtlinie alleine für die EU-Bürger untereinander weder Rechte noch Pflichten
– sie entfalten keine sog. horizontale Wirkung.[10] Versäumt der Mit-
gliedstaat allerdings die Umsetzungsfrist, kann sich der einzelne gegenüber dem Staat unter bestimmten Voraussetzungen unmittelbar
auf die Richtlinie berufen (sog. vertikale Wirkung).[11]

2. Verbraucherschutz

19   Außer den klassischen Gebieten des Wirtschafts- und Wettbewerbsrechts nahm sich die Europäische Union vor allem der Harmonisierung des Verbraucherschutzes an. Seit Beginn der 1980er Jahre entfal-
tete die Europäische Kommission eine rege Tätigkeit auf diesem
Gebiet. Der Vertrag über die Europäische Union von Maastricht
(1992) hat den Verbraucherschutz als Zielsetzung im Primärrecht der
Gemeinschaft festgeschrieben. Noch auf der Grundlage von Art. 95

---

7 Grundlegend *Böhm*, Grundlagen und Rechtsquellen der Euopäischen Union, Teil 1,
   JA 2008, 838 ff.; vgl. zur rechtlichen Struktur der Europäischen Union vor und nach
   dem Vertrag von Lissabon *Hobe*, Europarecht, 6. Aufl., 2011, § 6.
8 EU-Verordnungen beruhen auf Art. 288 AEUV; sie sind in allen Teilen verbindlich
   und gelten in den Mitgliedstaaten unmittelbar.
9 Grundlage ist Art. 288 Abs. 3 AEUV.
10 *EuGH* in der Rs. Faccini Dori./. Recreb, Slg. 1994 I, 3325 ff., 3355 ff.
11 S. Einzelheiten bei *Herdegen*, Europarecht, 12. Aufl., 2010, § 8 Rn. 45 ff.

EGV sind zahlreiche Richtlinien in verschiedenen verbraucherschutz-relevanten Gebieten erlassen und umgesetzt worden. In diesen Zu-sammenhang gehörten vor allem das HausTWG, das VerbrKrG, das TzWrG und das FernAbsG, die als nationale Gesetze unmittelbar aus den Vorgaben des europäischen Rechts entstanden waren und damit in ihrem Kern in allen Mitgliedstaaten dieselben Regelungen enthalten. Im Zuge der notwendigen Umsetzung einer weiteren Richtlinie, der sog. Verbrauchsgüterkauf-Richtlinie, wurden diese sondergesetzli-chen Regelungen zum 1. Januar 2002 weitgehend in das BGB über-nommen. Je nach dem von der Richtlinie belassenen Spielraum blieben aber teilweise durchaus beachtliche Unterschiede. Dies war aber auch darauf zurückzuführen, dass die Richtlinien im Bereich des Verbrau-cherschutzes regelmäßig nur einen **Mindeststandard** vorgaben, die Mitgliedstaaten daher also durchaus strengere Regelungen zum Schutz des Verbrauchers im Zuge der Umsetzung treffen konnten. In den letzten Jahren fand eine lebhafte Diskussion darüber statt, ob die Richtlinien der EU in diesem Bereich künftig auf eine **Vollharmoni-sierung** ausgerichtet sein sollen, d. h. den Mitgliedstaaten einen Stan-dard vorgeben sollen, von dem nicht mehr „nach oben" abgewichen werden darf. Dies würde gerade im Verbraucherschutz die Gefahr mit sich bringen, dass das europäische Schutzniveau möglicherweise abgesenkt wird und Staaten, die bislang in ihrer Umsetzung ver-braucherfreundlicher waren als das Richtlinienrecht, Abstriche im Verbraucherschutz in Kauf nehmen müssten.[12] Politisch gilt es dies ab-zuwägen gegenüber einem durch einheitliches Verbraucherrecht er-leichterten Zugang zum Binnenmarkt. Mit der bis zum Juni 2014 in nationales Recht umzusetzenden Verbraucherrechte-Richtlinie[13] wer-den sich wichtige Teile des BGB ändern, da die Unterscheidung zwi-schen Haustürgeschäften und Fernabsatzverträgen weitgehend ent-fällt. Die §§ 312–321k, 355–361 werden insoweit neu gefasst.

Die Verbraucherschutzpolitik der Europäischen Kommission hat 20 damit nach und nach einen erheblichen Einfluss auch auf grundle-gende Rechtsinstitute des nationalen Rechts gewonnen. Mit der Um-setzung der EG-Richtlinie über den Verbrauchsgüterkauf und -ga-

---

12 Ausgelöst wurde die Diskussion durch einen Richtlinienvorschlag der EU-Kommis-sion zur einer Verbraucherrechte-Richtlinie vom 8.10.2008 (KOM [2008] 614 endg.); aus der umfangreichen Lit. hierzu s. nur *Jud/Wendehorst* (Hrsg.), Neuordnung des Verbraucherprivatrechts in Europa, 2009; *Howells/Reich*, The current limits of Euro-pean harmonization in consumer contract law, ERA Forum, Vol. 12 April 2011.
13 Richtlinie 2011/83/EU vom 25.10.2011, ABl. EU L 304 vom 22.11.2011, S. 64.

rantien von 1999[14] verband der deutsche Gesetzgeber eine grundsätzliche **Modernisierung des deutschen Schuldrechts** und berücksichtigte dabei auch die Arbeit einer bereits in den 1980er Jahren eingesetzten deutschen Expertengruppe (sog. Schuldrechtskommission). Damit hat das BGB kurz nach seinem 100-jährigen Jubiläum grundlegende Veränderungen im Allgemeinen und Besonderen Schuldrecht erfahren.

3. Europäisches Zivilgesetzbuch?

21   Über die fortschreitende Rechtsangleichung durch das Europäische Recht hinaus wird seit vielen Jahren immer wieder – vor allem vom Europäischen Parlament – die rechtspolitische Forderung nach einem (einheitlichen) „Europäischen Zivilgesetzbuch" oder doch zumindest nach einem „Europäischen Vertragsrecht" erhoben.[15] Beträchtliche inhaltliche Differenzen im Zivilrecht der Mitgliedstaaten, Sprachprobleme, vor allem aber auch die Einbindung des Privatrechts in die jeweilige Gesamtrechtsordnung – man vergleiche nur die oben aufgezeigten Zusammenhänge zwischen deutschem Privat- und Verfassungsrecht – haben die anfängliche Euphorie für ein solches Kodifikationsprojekt inzwischen gebremst.[16] Viele präferieren die Suche nach schrittweise zu verwirklichenden und langfristig angelegten Regelungsmodellen. Die Einsicht, dass rechtskulturelle Unterschiede mit einem durchaus identitätsstiftenden Charakter erhaltenswert und im Sinne eines „Wettbewerbs der Rechtsordnungen" sinnvoll sind, sprechen gegen eine Rechtseinheit um jeden Preis und für ein Modell der „Einheit in der Vielfalt". Ein Aktionsplan der EU-Kommission vom Oktober 2004 sah vor, in einem sogenannten Referenzrahmen (Common Frame of Reference) mit der Formulierung allgemeiner Prinzipien des Vertragsrechts sowie des Kauf- und Dienstleistungsrechts zu beginnen.[17] Rechtsform und Funktion eines solchen Referenzrahmens hatte die Kommission dabei zunächst nicht näher bestimmt. In

---

14 EG-Richtlinie 1999/44 vom 25.5.1999, ABl. EG L 171 S. 12 vom 7.7.1999.
15 Vgl. die Forderungen des Europäischen Parlaments 1989 und 1995 (ABl. EG C 158 S. 400–401), ZEuP 1995, 669.
16 Zur grundlegenden Kritik vgl. *Legrand,* Antivonbar, Journal of Comparative Law 2006, 13 ff.; *Sonnenberger,* JZ 1998, 982, 988 weist darauf hin, dass die Notwendigkeit eines europäischen Zivilgesetzbuches bislang nicht erwiesen ist.
17 *Lando,* RIW 2005, 1; *Staudenmayer,* EuZW 2005, 103; rechtsvergleichende Vorarbeiten leistet die Study Group on a European Civil Code unter Vorsitz von v. Bar (s. www.sgecc.net) sowie die sog. Acquis Group (European Research Group on Existing EC Private Law, s. www.acquis-group.org). Ausführlich zur Entstehung und Konzeption *Ernst,* AcP 208 (2008), 248 ff.

der Diskussion wurde vielfach für ein optionales Instrument plädiert,[18] das den Vertragsparteien, aber auch nationalen Gesetzgebern und der Europäischen Gemeinschaft selbst bei Reformprojekten eine unverbindliche Hilfestellung in Form eines „Modellgesetzes" an die Hand geben könnte. Die von der Kommission eingesetzte Study Group (eine Gruppe internationaler Wissenschaftler aus verschiedenen EU-Staaten) legte im Frühsommer 2008 ihren Entwurf für einen Gemeinsamen Referenzrahmen vor (Draft Common Frame of Reference – DCFR).[19] Er geht weit über den eigentlichen Auftrag der Study Group hinaus, einen Regelungsvorschlag für das Vertragsrecht vorzulegen. Herausgekommen ist eher ein Entwurf für ein Europäisches Zivilgesetzbuch, das ergänzt wird durch die Arbeiten der sog. Acquis-Group, deren Aufgabe es war, das vorhandene Gemeinschaftsprivatrecht (hauptsächlich im Bereich des Verbraucherschutzes[20]) zu sichten und Harmonisierungsvorschläge zu machen. Seit die Vorschläge publiziert sind und teilweise sehr kritisch[21] diskutiert werden, hat die Europäische Kommission zunächst angekündigt, dass sie auf keinen Fall ein verbindliches Europäisches Vertrags- oder Zivilgesetz anstrebe, auch von einem Modellgesetz war nicht mehr die Rede. Für Ersteres fehlt es nach derzeitiger Rechtslage auch an einer Kompetenzgrundlage im EG-Vertrag. Sollte der Text nach zwischenzeitlicher Einschätzung lediglich den Organen der Gemeinschaft als „Werkzeugkasten" dienen bei der Erarbeitung neuer Richtlinien und Verordnungen, drehte sich der politische Wind mit der Aufnahme der Arbeit durch die neu gewählte Europäische Kommission 2010 erneut. Die zuständige Kommissarin Viviane Reding verschrieb sich dem ehrgeizigen Ziel, wenigstens die Regeln des Vertragsrechts aus dem Draft Common Frame of Reference schnell zu verarbeiten und so zuzuschneiden, dass sie als optionales Regelwerk, als sog. „28. Vertragsrecht" von Vertragsparteien ihrem Vertrag zugrunde gelegt werden

---

18 S. etwa jüngst *Leible*, BB 2008, 1469 m. N.
19 Der Text ist bislang nur in englischer Sprache veröffentlicht, s. *von Bar/ Clive/ Schulte-Nölke u. a.* (Hrsg.), Draft Common Frame of Reference, Interim Outline Edition, 2008.
20 S. die bei *Magnus* (Hrsg.), Europäisches Schuldrecht, München 2002 abgedruckten Richtlinien und Verordnungen (dreisprachig).
21 Insbesondere von *Eidenmüller/Faust/Grigoleit/Jansen/Wagner/Zimmermann*, JZ 2008, 529 ff., die auf viele Inkonsistenzen, Wiederholungen und die gefährliche Fülle von Generalklauseln und allgemeinen Rechtsbegriffen hinweisen, welche der Rechtssicherheit abträglich wären; s. auch *Ernst*, AcP 208 (2008), 248 ff.; *Stadler*, JZ 2010, 380 ff.

können. Ein erster Vorschlag wurde im Mai 2011 veröffentlicht.[22] In jedem Fall liegt mit dem DCFR ein beeindruckendes Werk zur europäischen Rechtsvergleichung vor, welches das gesamte Schuldrecht und Teile des Sachenrechts erfasst. Nur das Immobiliarsachenrecht sowie das Familien- und Erbrecht blieben infolge zu großer nationaler Unterschiede (noch) ausgeklammert. Aufgrund heftiger politischer Kontroversen reduzierte die EU das Projekt des DCFR 2011 auf ein Gemeinsames Europäisches Kaufrecht (GEK), das den Vertragsparteien als optionales (freiwillig wählbares) Instrument zur Verfügung stehen soll, um ihre vertragliche Beziehung zu regeln.[23] Zuletzt wurde der Anwendungsbereich der zu erwartenden Richtlinie über das GEK drastisch reduziert auf Verträge, die im Internet geschlossen werden. Das Europäische Parlament hat einem entsprechenden Vorschlag im Februar 2014 zugestimmt.[24]

22   Der Gedanke eines gemeineuropäischen Privatrechts hat damit grundlegende rechtsvergleichende (Vor-)Arbeiten hervorgebracht, die neben der Harmonisierung durch das europäische Sekundärrecht langfristig eine zweite Säule für eine Rechtsangleichung oder Teilvereinheitlichung bilden können. Neben dem nun im Mittelpunkt des Interesses stehenden Gemeinsamen Europäischen Kaufrechts und dem Entwurf des Gemeinsamen Referenzrahmens sind vor allem die Arbeiten der sog. *Lando*-Kommission[25] von Bedeutung, die 1995 und 1998 in einer umfassenden Untersuchung *Principles of European Contract Law* vorgelegt wurden.[26] Diese enthalten ebenso wie die für internationale Handelsverträge gedachten „Grundregeln" des Unidroit-Instituts[27] detaillierte Regeln über das Zustandekommen von Verträgen und befassen sich damit mit der hier darzustellenden Materie. Sie waren in weiten Teilen auch Grundlage der Arbeit der Study Group für den DCFR. Letztlich sei noch darauf hingewiesen, dass in einem nicht unwesentlichen Bereich – nämlich für internatio-

---

22 http://ec.europa.eu/justice/policies/consumer/docs/explanatory_note_results_feasibility_study_05_2011_en.pdf
23 Entwurf der Europäischen Kommission vom 11.1.2011, KOM (2011) 635 endgültig.
24 Oral P7_TA-PROV(2014)0159 – der Text ist auf der Website des Europäischen Parlaments abrufbar.
25 Die Kommission für Europäisches Vertragsrecht arbeitete seit 1980 unter dem Vorsitz von Professor *Ole Lando.*
26 Hierzu *Summers,* Unification of Private Commercial Law, ZEuP 1999, 201 ff.; *Kramer,* Die Gültigkeit der Verträge nach den Unidroit-Principles, ZEuP 1999, 209 ff.
27 Es handelt sich um ein unabhängiges Institut mit Sitz in Rom *(Institut international pour l'unification du droit privé),* das sich die Entwicklung internationaler Abkommen vor allem im Handelsrecht zum Ziel gesetzt hat.

nale Kaufverträge mit Ausnahme sog. Konsumentenverträge – mit dem sog. **UN-Kaufrecht**[28] bereits auf staatsvertraglicher Grundlage Einheitsrecht geschaffen ist, das Regeln für das Zustandekommen von Verträgen und für den Fall der Vertragsverletzung enthält. Das UN-Kaufrecht hatte nicht nur Einfluss auf die Vorschläge der oben erwähnten Schuldrechtskommission, es hat auch die Reform des deutschen Schuldrechts beeinflusst.

Unter diesen Vorzeichen kann ein Lehrbuch zum Allgemeinen Teil des BGB nicht mehr nur aus der nationalen Perspektive heraus geschrieben werden. Die bei den Ausführungen zu grundlegenden Rechtsfiguren aufgenommenen rechtsvergleichenden Hinweise sind daher nicht nur als „bunte Garnitur" zum examensrelevanten Stoff zu verstehen. Wer sich heute die Regelungen des Allgemeinen Teils aneignet (oder aneignen muss), wird diese sicher nicht sein ganzes Berufsleben lang mehr in der hier dargestellten Weise anwenden können. Je früher man sich daher mit den europäischen Einflüssen vertraut macht, umso leichter fallen Einsicht und Verständnis für bevorstehende Änderungen. Die notwendigerweise kurz gehaltenen rechtsvergleichenden Anmerkungen sollen also vor allem die Neugier auf andere Rechtsordnungen wecken.

Merke: Privatrecht ist ein Instrument zur Gestaltung des gesellschaftlichen und politischen Systems und damit Bestandteil der öffentlichen Gesamtordnung des Staates bzw. einer Staatengemeinschaft. Es schützt, wie alles Recht, die bestehende, rechtlich normierte Zuordnung der Rechtsgüter und Entscheidungsbefugnisse. Das Privatrecht beruht auf den weltanschaulich geprägten Wertgrundlagen des jeweiligen Gemeinsystems. Diese Prinzipien sind im deutschen Grundgesetz verankert und führen zu einer wechselseitigen Beeinflussung von Verfassungs- und Privatrecht. Aufgrund der wirtschaftsordnenden Funktion des Privatrechts ist es in weiten Teilen heute von der Rechtssetzungstätigkeit der Europäischen Gemeinschaft betroffen. Ein starker europäischer Einfluss vor allem aufgrund sog. EG-Richtlinien ist nicht nur auf dem Gebiet des Verbraucherschutzes zu verzeichnen, er erfasst zunehmend auch grundlegende Rechtsinstitute des BGB. Dies führt zu einer schrittweisen Rechtsangleichung (Harmonisierung) innerhalb der Mitgliedstaaten der Europäischen Union.

23

---

28 Das UN-Kaufrecht basiert auf einem völkerrechtlichen Vertrag („Wiener UN-Übereinkommen über Verträge über Verträge über den internationalen Warenkauf" vom 11.4.1980), der seit 1991 für die Bundesrepublik in Kraft getreten ist und inzwischen im Verhältnis zu 56 Staaten gilt. Nach dem englischen Titel *(Convention on Contracts for the International Sale of Goods)* findet sich auch oft die Abkürzung CISG. Das CISG ist aus Arbeiten der UNCITRAL-Kommission, einer Unterkommission der Vereinten Nationen *(United Nations Commission on International Trade Law)* hervorgegangen – daher auch die häufig anzutreffende Bezeichnung „UN-Kaufrecht".

§ 3. Privatautonomie und Vertragsfreiheit

Schrifttum: *Flume,* Rechtsgeschäft und Privatautonomie, FS 43. DJT 1960 I, S. 135 ff.; *Geißler,* Die Privatautonomie im Spannungsfeld sozialer Gerechtigkeit, JuS 1991, 617 ff.; *Paulus/Zenker,* Grenzen der Privatautonomie, JuS 2001, 1 ff.; *Petersen,* Die Privatautonomie und ihre Grenzen, Jura 2010, 184 ff.; *Rittner,* Der privatautonome Vertrag als rechtliche Regelung des Soziallebens, JZ 2011, 269 ff.; *Singer,* Vertragsfreiheit, Grundrechte und der Schutz des Menschen vor sich selbst, JZ 1995, 1133 ff.

I. Begriff und Geltungsbereich der Privatautonomie

1   **Fall 1:** V und K, zwei Arbeitskollegen, verhandeln über den gebrauchten VW-Golf des V. V sagt: „Du kannst den Wagen für € 2.500,– haben." K sagt: „Einverstanden! Ich komme morgen mit dem Geld und nehme das Auto mit." Am nächsten Tag teilt V dem K mit, der Autohändler H habe ihm – V – angeboten, den Wagen für € 3.000,– in Zahlung zu nehmen. V weigert sich, K den Wagen zu übergeben. Muss V dem K den Golf zum vereinbarten Preis überlassen? → Rn. 3.

2   Das BGB basiert auf den Gedanken des **Liberalismus** und räumt dem Individuum eine starke, vom Staat möglichst wenig beeinflusste Stellung ein. Es anerkennt, dass jeder Mensch sich aus eigenem freien Entschluss und Willen rechtlich verpflichten und durch verantwortungsbewusst abgegebene Willenserklärungen seine privaten Rechtsbeziehungen gestalten kann. Dies gilt nicht nur für den Abschluss von Rechtsgeschäften wie Kauf- oder Mietverträgen, sondern auch für das Familien- und Erbrecht, etwa die Entscheidung eine Ehe einzugehen, ein Kind zu adoptieren oder ein Testament zu verfassen. Diesen Grundsatz nennt man Privatautonomie.

> **Privatautonomie** ist die Freiheit des Einzelnen, seine privaten Rechtsbeziehungen eigenverantwortlich und frei zu gestalten.

Die Privatautonomie ist im BGB nicht ausdrücklich geregelt, sie wird vorausgesetzt (s. § 311 Abs. 1). Sie beherrscht das gesamte Privatrecht. Der Grundsatz wird vom Grundgesetz anerkannt und in einzelnen Erscheinungsformen konkretisiert. So folgen beispielsweise die Vertragsfreiheit aus Art. 2 Abs. 1 GG, die Eheschließungsfreiheit aus Art. 6 GG und die Eigentums- und Testierfreiheit aus Art. 14

GG. Die Privatautonomie ist ein wesentliches Unterscheidungsmerkmal bei der Abgrenzung des Privatrechts zu anderen Rechtsgebieten. Im Bereich des Öffentlichen Rechts steht es dem Einzelnen in der Regel nicht frei, ob er Verbindlichkeiten auf sich nehmen will. So ist die Verpflichtung, Steuern zu zahlen, unabhängig vom Willensentschluss der Bürger; ebenso muss ein Kind im schulpflichtigen Alter eingeschult werden, ob die Eltern bzw. das Kind wollen oder nicht.

Lösung Fall 1 (Rn. 1): Was der gesunde Menschenverstand nahe legt, gebietet auch die Rechtsordnung. V muss, da er sich privatautonom verpflichtet hat, den Wagen für € 2.500,– an K übereignen. Diese Antwort ist richtig, aber juristisch noch unbrauchbar. Im Streitfall braucht K bzw. der Richter, der über den Fall zu entscheiden hat, eine gesetzliche Grundlage (s. Einzelheiten zum Fallaufbau § 10 Rn. 8 f.). Hier greift **§ 433 Abs. 1 S. 1** ein. Danach ist V als Verkäufer unter der Voraussetzung, dass er einen Kaufvertrag geschlossen hat, verpflichtet, dem Käufer an der gekauften Sache das Eigentum zu verschaffen und sie ihm zu übergeben. V und K haben hier durch ihr Einigsein über Kaufsache und Kaufpreis einen solchen Vertrag geschlossen. Beide waren dabei frei, sich am Markt zu orientieren und zu entscheiden, ob, an wen bzw. von wem und zu welchem Preis sie verkaufen bzw. kaufen wollen. Dies ist Ausdruck ihrer Privatautonomie bzw. Vertragsfreiheit. Haben sich die Beteiligten jedoch einmal durch Abschluss eines Kaufvertrages gebunden, so ist ihnen die Erfüllung der eingegangenen Verpflichtung(en) nicht mehr freigestellt. Es gilt der Grundsatz: Verträge sind zu halten (pacta sunt servanda). V muss daher trotz des besseren Angebots von H nach § 433 Abs. 1 S. 1 dem K den Wagen zum vereinbarten Preis überlassen.

3

II. Die Vertragsfreiheit

1. Inhalt

Der Beispielsfall hat einen wichtigen Unterfall der Privatautonomie **4** gezeigt: die Vertragsfreiheit. Soweit es um den Abschluss von Verträgen geht, gewährt die Privatautonomie dem Einzelnen das Recht, frei am Wettbewerb teilzunehmen und selbst die Bedingungen festzusetzen, unter denen er Waren oder Dienstleistungen anbieten oder nachfragen will. Jeder kann – wenn auch zunehmend gesetzlich eingeschränkt (s. Rn. 12a) – im Grundsatz frei darüber entscheiden, *ob* und *mit wem* er einen Vertrag abschließen will. Diese Komponente wird **Abschlussfreiheit** genannt. Ihr korrespondiert die Beendigungsfreiheit – soweit die Parteien sich einig sind, können sie einen einmal geschlossenen Vertrag auch wieder aufheben. Die zweite wichtige Komponente ist die **Gestaltungs- oder Inhaltsfreiheit.** Danach ist es den Parteien freigestellt, *was* sie miteinander vereinbaren. So konnten V und K im Fall 1 frei aushandeln, ob K den Wagen kaufen oder vielleicht nur mieten will und zu welchem Preis er ihn ggf. erwerben möchte. Die Parteien müssen sich dabei nicht an die im Besonderen Teil des BGB umschriebenen Vertragstypen (z. B. Kauf, Miete, Leihe) halten. Vielmehr ergibt sich aus §§ 311, 241, dass Schuldverhältnisse jeglichen Inhalts begründet werden können, soweit dies nicht gegen zwingendes Recht verstößt. Es handelt sich um Verträge „sui generis" (eigener Art). So ist ein heute im täglichen Leben weit verbreiteter Vertrag wie der Leasingvertrag im BGB eher nur am Rande erwähnt (§ 506 Abs. 2), aber nicht ausführlich geregelt. Weiterer Bestandteil der Privatautonomie ist die **Formfreiheit.** Entgegen landläufiger Meinung sind Verträge nicht nur dann verbindlich, wenn sie schriftlich oder in anderer Form geschlossen sind. Grundsätzlich ist auch die nur mündliche Einigung bindend, soweit nicht das Gesetz oder die Vereinbarung der Parteien etwas anderes bestimmt.

> **Vertragsfreiheit** ist ein Unterfall der Privatautonomie und umfasst drei Elemente: **Abschlussfreiheit** (ob und mit wem wird ein Vertrag geschlossen?), **Gestaltungsfreiheit** (welchen Inhalt hat der Vertrag?) und **Formfreiheit** (kein Zwang, Verträge schriftlich oder in sonstiger Form abzuschließen).

2. Vertrag und Markt: die rechtspolitische Zielsetzung

5   Der Begriff des „Vertrags" hängt mit dem wirtschaftlichen Phänomen „Markt" eng zusammen. Märkte können nur funktionieren, wenn Verträge geschlossen werden können. Die Vertragsfreiheit als wesentliches Element der durch die Privatautonomie gewährleisteten rechtlichen Befugnisse des Einzelnen und die marktwirtschaftliche Ordnung sind also eng miteinander verbunden. Privatautonomie bzw. Vertragsfreiheit sind die Grundlagen des **wirtschaftlichen Wettbewerbs.** Die Gewährleistung der Vertragsfreiheit im geltenden Recht hat daher zwei Gründe: Zum einen soll sie als Mittel für einen angemessenen Interessenausgleich durch frei ausgehandelte Austauschverträge dienen. Zum anderen sind frei disponierende Wirtschaftssubjekte am besten in der Lage, die Wirtschaftsgüter rationell zu produzieren und zu verteilen. So gesehen dienen die scheinbar

spröden und abstrakten Regeln über den rechtstechnischen Vertragsabschluss und die Vertragserfüllung einer möglichst ungehinderten
Bedürfnisbefriedigung der Bürger im Rahmen einer marktwirtschaftlichen Ordnung.

III. Die Grenzen der Vertragsfreiheit

Freilich können Privatautonomie und Vertragsfreiheit nicht 6
schrankenlos gewährt werden. Gesetzliche Einschränkungen sind
notwendig, weil die Gestaltung privater Rechtsverhältnisse nicht unbeschränkt den Rechtsgenossen überlassen werden kann. Die Vertragsfreiheit kann ihre Aufgaben nur erfüllen, wenn das Kräftever-
hältnis zwischen den Teilnehmern am Rechtsverkehr (Markt)
ausgewogen ist. Schon wegen der realen wirtschaftlichen und intellektuellen **Ungleichheiten** muss es zwingende, d. h. unabdingbare
Rechtsvorschriften zum Schutz der Schwächeren oder Leichtsinnige-
ren geben. Andernfalls würde die schrankenlose Privatautonomie der
Stärkeren zur rechtlichen und wirtschaftlichen Unfreiheit der Schwächeren führen. Die Vertragsfreiheit muss also gegen die Vertragsfreiheit geschützt werden. Dieser Grundsatz wird in Einzelvorschriften
ausdrücklich gesetzlich bestätigt. Nur so ist zu verhindern, dass die
Vertragsfreiheit durch die Übermacht eines Vertragspartners zum
Nachteil der unterlegenen Seite missbraucht werden kann. Andernfalls würde nicht nur der Schwächere benachteiligt, sondern die mit
der Vertragsfreiheit angestrebte freiheitliche Selbstregulierung der Interessen am Markt vereitelt.

1. Wettbewerbsrecht

Beispiel: Der mächtige Ölkonzern O schließt mit dem einzigen regionalen 7
Transportunternehmen T einen Vertrag über Öltransporte zwischen Produk-
tionsgebiet und Verladehafen zu einem bestimmten Preis. Zugleich setzt O
eine Vertragsklausel durch, wonach T mit dem Ölkonkurrenten K nur zum
doppelten Transportpreis abschließen darf.

Das Beispiel zeigt, dass ein starkes Machtungleichgewicht der Ver- 8
tragsparteien den stärkeren Partner in Versuchung führen kann, die
Vertragsfreiheit mit den Mitteln der Vertragsfreiheit einzuschränken
oder gar zu beseitigen. Schutz hiergegen bieten vor allem die Regelungen des Wettbewerbsrechts. Das Machtungleichgewicht alleine gefährdet die Vertragsfreiheit allerdings noch nicht. Ein Warenhaus ist

in der Regel gegenüber seinen Kunden wirtschaftlich mächtiger. Trotzdem sind bei funktionierendem Wettbewerb die mit den Warenhäusern geschlossenen Kaufverträge problemlos. Der Wettbewerb reguliert dabei nicht nur den Preis, sondern auch die sonstigen Vertragsbedingungen. Gewährt Warenhaus A kostenlose Lieferung („frei Haus") bei größeren Bestellungen, während sein Konkurrent B keinen oder keinen kostenfreien Zustelldienst anbietet, so kann der informierte Kunde sich für A entscheiden. Der Wettbewerb ist also ein Mittel, mit dem Machtunterschiede der Vertragsparteien ausgeglichen werden können. Mit den Regeln des europäischen Kartellrechts (Art. 101, 102 AEUV und zahlreiche EU-Verordnungen) bzw. mit dem deutschen Gesetz gegen Wettbewerbsbeschränkungen (GWB) versuchen die Europäische Union und der nationale Gesetzgeber mit verschiedenen Instrumenten, die Vertragsfreiheit und den Wettbewerb gegen die Gefahren und Übergriffe zu schützen, die von marktmächtigen wettbewerbsfeindlichen „Privatrechtssubjekten" ausgehen können.

2. Abschlussfreiheit, Kontrahierungszwang und Abschlussverbote

a) Kontrahierungszwang.

Schrifttum: *Hackl*, Vertragsfreiheit und Kontrahierungszwang im deutschen, im österreichischen und im italienischen Recht, 1980; *Kilian*, Kontrahierungszwang und Zivilrechtssystem, AcP 180 (1980), 47 ff.

9   **Fall 2:** A, Redakteur einer Lokalzeitung und häufig scharfer Kritiker der Aufführungen des Stadttheaters, möchte sich eine Karte für die nächste Aufführung des Stadttheaters kaufen. An der Vorverkaufskasse weigert sich die Kassiererin K, der A bekannt und wegen seiner Kritik unsympathisch ist, dem A eine Karte zu verkaufen.[1] → Rn. 12.

10   Wenn der Staat zum Schutz der Vertragsfreiheit in die Vertragsfreiheit eingreift, so muss das Instrumentarium der staatlichen Eingriffe sich der jeweiligen Machtausübung anpassen. Marktbeherrschende Unternehmen werden durch **zwingendes Wettbewerbsrecht** kontrolliert, das beispielsweise Preisabsprachen unter den Anbietern verbietet und sanktioniert. Damit wird ihre inhaltliche Gestaltungsfreiheit eingeschränkt. Wie Fall 2 zeigt, muss das Gesetz in bestimmten Fällen gegebenenfalls mit einem **Kontrahierungszwang** reagieren,

---

1 So ähnlich der Sachverhalt in RGZ 133, 388 ff.

d. h. mit der rechtlichen Verpflichtung zum Abschluss von Verträgen.[2] Das stellt einen gewichtigen Eingriff in die Freiheit eines Anbieters dar, selbst zu entscheiden, mit wem er Verträge abschließt. Dieser ist nur ausnahmsweise gerechtfertigt, wenn es der Schutz der „vertragssuchenden" Partei gebietet. Dies ist regelmäßig dann der Fall, wenn die **Monopolstellung** eines Unternehmens verhindert, dass der an einem Vertrag Interessierte auf andere Anbieter ausweichen kann und wenn es sich um ein für die Grundversorgung wichtiges Gut handelt. Für die öffentlich-rechtlichen **Monopolbetriebe** und die ihnen gleichgestellten privaten Unternehmen ergibt sich daher der Zwang, einen Vertrag abzuschließen aus spezialgesetzlichen Vorschriften (z. B. in § 22 PBefG für Beförderungsunternehmen, für Energieversorgungsunternehmen aus § 17 EnWG; weitere Bsp. in Übersicht 2 Rn. 21). Für Theaterbetriebe fehlt es jedoch an einer einschlägigen gesetzlichen Regelung.

Der Kontrahierungszwang kann sich nicht nur unmittelbar aus gesetzlichen Regelungen, sondern auch mittelbar aus einer Schadensersatzpflicht gem. § 826 ergeben. Darauf ist bereits im Zusammenhang mit der mittelbaren Drittwirkung von Grundrechten hingewiesen (§ 2 Rn. 14).

Auf den ersten Blick erscheint § 826 als Grundlage für einen Kontrahierungszwang untauglich, lautet doch die dort angeordnete Rechtsfolge auf Ersatz des entstandenen Schadens. Dennoch zieht die Rechtsprechung diese Vorschrift zu Recht als Anspruchsgrundlage heran. Schadensersatz zu leisten bedeutet, dass der ohne die schädigende Handlung bestehende Zustand (wieder) herzustellen ist (dies ergibt sich aus § 249 S. 1). Ist die Weigerung im konkreten Fall, einen Vertrag zu schließen, daher als sittenwidrige Schädigung im Sinne von § 826 anzusehen (tatbestandliche Voraussetzung), so besteht die Herstellung des geschuldeten Zustandes im Abschluss des Vertrages bzw. der Gewährung der dann geschuldeten vertraglichen Leistung (Rechtsfolge).

Der Begriff der **sittenwidrigen Schädigung** bedarf der Konkretisierung. Grundsätzlich entspricht es der Vertragsfreiheit, auch ohne Angabe von Gründen oder aus völlig subjektiven und unsinnigen Gründen den Abschluss eines Vertrages zu verweigern. Aus der Monopolstellung alleine kann eine Verpflichtung, mit jedermann Verträge abzuschließen, nur dann abgeleitet werden, wenn es sich um **11**

---

2 Davon zu unterscheiden ist der Fall, wenn das Gesetz anordnet, dass jemand in einen bereits bestehenden Vertrag eintritt, wie dies etwa in § 566 oder § 613a BGB vorgesehen ist. Da hier nur für einen bereits bestehenden Vertrag der Vertragspartner ausgewechselt wird, geht es nicht im eigentlichen Sinne um einen Kontrahierungszwang, s. aber *Boecken*, Allgemeiner Teil, Rn. 258.

eine Einrichtung handelt, die von einem Hoheitsträger in privatrechtlicher Form betrieben wird. Aus der Grundrechtsbindung des Hoheitsträgers folgt dann ein Diskriminierungsverbot (Art. 3 GG), das es verbietet, ohne sachlichen Grund, den Vertragsabschluss mit einzelnen Personen abzulehnen. Ein rein privates Unternehmen mit Monopolstellung unterliegt – vorbehaltlich sondergesetzlicher Regelung – einem Kontrahierungszwang aus § 826 nicht schon deshalb, weil es für den Lebensbedarf notwendige Produkte oder Leistungen anbietet. Auch der einzige Supermarkt am Ort muss nicht mit jedermann Verträge schließen. Sittenwidrig wird die Weigerung jedoch, wenn sie einen **Monopolmissbrauch** darstellt, etwa weil der Abschluss des Vertrages willkürlich und ohne sachlichen Grund verweigert wird. Der Kontrahierungszwang erfasst unter diesen Voraussetzungen nicht nur die Anbieter von unmittelbar lebenswichtigen Gütern, sondern öffentliche Versorgungsleistungen im weitesten Sinne. Hierzu gehört auch der Zugang zu kulturellen, sozialen und sportlichen Angeboten bzw. Veranstaltungen. Damit können die Voraussetzungen eines Kontrahierungszwangs, die in der Literatur durchaus kontrovers diskutiert werden, freilich nur sehr allgemein umschrieben werden. Im Einzelfall bleibt dem Richter die schwierige Aufgabe zu entscheiden, ob ein Monopol vorliegt (regionale Abgrenzung? Ausweichen auf ähnliche Produkte möglich und zumutbar?) und ob die ggf. vorgebrachten Gründe sachlich gerechtfertigt sind (darf eine Lokalzeitung den Abdruck einer Anzeige einer bestimmten politischen Partei oder Richtung verweigern?[3]).

12   **Lösung Fall 2 (Rn. 9):** Aus § 826 kann sich ein Anspruch auf Abschluss des Vertrages für K nur ergeben, wenn die zwei soeben genannten Voraussetzungen vorliegen. Das Stadttheater muss eine Monopolstellung für eine öffentliche Versorgungsaufgabe innehaben. Das trifft zu. Ferner muss der Vertragsabschluss in sittenwidriger Weise, also willkürlich bzw. ohne vernünftigen Grund verweigert worden sein. Auch dies trifft zu. Die öffentliche Kritik an den Theateraufführungen gehört zu den Aufgaben der Lokalpresse und ist Ausdruck der Meinungsfreiheit des A, sie ist vom Stadttheater hinzunehmen. Hinzu kommt, dass A seiner Aufgabe als Theaterkritiker nur nachkommen kann, wenn er die Aufführung selbst gesehen hat. Er hat daher einen Anspruch, dass mit ihm ein Vertrag geschlossen wird. Anders wäre es, wenn ihm der Verkauf einer Karte mit der Begründung verweigert wird, die Vorstellung sei ausverkauft und aus feuerpolizeilichen Gründen (Höchst-

---

3 Hierzu *BVerfG* NJW 1976, 1627; *AG Rendsburg* NJW 1996, 1004.

zahl zugelassener Zuschauer) dürfe man A auch nicht „zusätzlich", etwa auf einem Stehplatz, an der Aufführung teilnehmen lassen.

b) Antidiskriminierungsvorschriften im Privatrecht.

Schrifttum: *Lobinger,* Vertragsfreiheit und Diskriminierungsverbote, Privatautonomie im modernen Zivil- und Arbeitsrecht, in Isensee (Hrsg.), Vertragsfreiheit und Diskriminierung, 2007, 99 ff.; *Repgen,* Antidiskriminierung – die Totenglocke des Privatrechts läutet, in Isensee (Hrsg.), Vertragsfreiheit und Diskriminierung, 2007, 11 ff.; *Thüsing/von Hoff,* Vertragsschluss als Folgenbeseitigung, Kontrahierungszwang im zivilrechtlichen Teil des Allgemeinen Gleichbehandlungsgesetzes, NJW 2007, 21 ff.

aa) Zielsetzung von Europäischen Richtlinien und Allgemeinem Gleichbehandlungsgesetz. Besonders problematisch sind Fälle, in denen der Vertragsschluss z. B. aus Gründen verweigert wird, die dem Diskriminierungsverbot des Art. 3 GG widersprechen. Obwohl sich Art. 3 GG als Abwehrrecht gegen staatliche Diskriminierung richtet und nur ausnahmsweise im Privatrecht mittelbare Wirkung entfaltet, hat inzwischen das Europarecht ein Diskriminierungsverbot im Privatrecht verankert. Diese Ansätze verfolgen das Ziel, der sozialen Ausgrenzung bestimmter Bevölkerungsgruppen entgegenzuwirken und für ein tolerantes und gedeihliches Zusammenleben zu sorgen. Diesem politischen Anliegen ist an sich nichts entgegenzusetzen. Entscheidend ist jedoch, ob man insoweit auf einen demokratischen Aufklärungsprozess setzt oder – im Hinblick auf letztlich wenige echte Diskriminierungsfälle – durch rechtlichen Zwang eine Freiheitsbeschränkung aller in Kauf nimmt. Der Europäische Gesetzgeber erließ 2000–2004 vier EG-Richtlinien zum Schutz vor Diskriminierung,[4] deren Brisanz von den Mitgliedstaaten teilweise wohl nicht oder nicht rechtzeitig erkannt wurde. In Deutschland wurden sie mit dem Allgemeinen Gleichbehandlungsgesetz vom August 2006[5] nach erheblicher Überschreitung der Umsetzungsfristen in nationales Recht implementiert. Die Richtlinien wenden sich einerseits gegen die Benachteiligung in Beschäftigung und Beruf wegen Religion oder Weltanschauung, Behinderung, Alter und sexueller Ausrichtung

12a

---

4 Umzusetzen waren vom deutschen Gesetzgeber die folgenden Richtlinien: Richtlinie 2000/43/EG v. 29.6.2000 („Antirassismusrichtlinie"), Richtlinie 2000/78/EG v. 27.11. 2000 (Rahmenrichtlinie für Beschäftigungsverhältnisse), Richtlinie 2002/73/EG v. 23.9.2002 („Genderrichtlinie"), Richtlinie 2004/113/EG v. 13.12.2004 („Gleichbehandlungsrichtlinie").
5 BGBl. I S. 1897.

(Richtlinie 2000/78/EG) bzw. wegen des Geschlechts (Richtlinie 2002/73/EG), andererseits allgemein gegen Benachteiligung im gesamten öffentlichen und privaten Bereich aufgrund von Rasse und ethnischer Herkunft (Richtlinie 2000/43/EG) bzw. Geschlecht (Richtlinie 2004/113/EG). Die beiden erstgenannten Richtlinien betreffen in erster Linie das Arbeitsrecht, während die beiden letztgenannten ganz allgemein den Privatrechtsverkehr regeln und hinsichtlich der genannten Merkmale insbesondere den diskriminierungsfreien Zugang zu Gütern, Dienstleistungen und Wohnraum gewährleisten sollen. Der deutsche Gesetzgeber hat sich nach wechselvoller Gesetzgebungsgeschichte[6] für die Umsetzung in einem eigenen Gesetz entschieden, das den Versuch unternehmen musste, zwei gegenläufige Grundsätze zu vereinbaren: den Schutz vor Diskriminierung als allgemeines Menschrecht einerseits, die Gewährung anderer Grundrechte und Freiheiten wie der Privatautonomie andererseits.[7] Im Ergebnis sind Regelungen entstanden, die vor allem im Arbeitsrecht für Unternehmen erheblichen Aufwand und Kosten verursachen und im allgemeinen Zivilrecht zahlreiche Abgrenzungsprobleme mit sich bringen. Dabei wird zu Recht kritisiert, dass der Gesetzgeber teilweise sogar über die Vorgaben der Richtlinien hinausgegangen ist. Erst im Umsetzungsprozess und damit zu spät wurde erkannt, dass man sich bereits auf europäischer Ebene hätte kritischer mit den Richtlinien auseinandersetzen müssen. Die mit dem AGG Gesetz gewordene Regelung bleibt in einigen Punkten hinter früheren Gesetzentwürfen zurück, die zu bis dahin kaum vorstellbaren Eingriffen in die Vertragsfreiheit geführt hätten. Danach wäre es beispielsweise nicht mehr ohne Weiteres möglich gewesen, dass der Vermieter einer Wohnung eine Familie mit Kindern gegenüber einem kinderlosen Homosexuellen hätte bevorzugen können oder jemand – ohne Angabe von Gründen! – berechtigt gewesen wäre, seinen Gebrauchtwagen lieber an eine Studentin als an einen Rentner zu verkaufen. Mit dem liberalen Verständnis einer pluralistischen Gesellschaft ist dies nicht vereinbar. Im Gegensatz zum Staat besteht nach dem Grundgesetz für den einzelnen Bürger gerade das Recht, seine privaten vertraglichen Beziehungen ohne Angabe von Gründen oder selbst nach völlig unsachlichen Gesichtspunkten zu re-

---

6 Zum Ganzen *Korell,* Jura 2006, 1 ff.
7 Hierzu *Jestaedt,* Diskriminierungsschutz und Privatautonomie, in: P. Huber (Hrsg.), Der Sozialstaat in Deutschland, 2005, 298 ff.; *Neuner,* Diskriminierungsschutz durch Privatrecht, JZ 2003, 57 ff.

geln. Genau dies bildet den Kern einer freiheitlichen Gesellschaft und die Grundidee der Privatautonomie. Aufgrund massiver Kritik in Wissenschaft und Öffentlichkeit wurde der damalige Vorschlag zurückgezogen.[8] Das AGG konnte jedoch nur die gröbsten Eingriffe in die Privatautonomie verhindern und man kann darüber streiten, ob und wie viel von der Vertragsfreiheit als grundlegendem Element der Privatautonomie nach Inkrafttreten des AGG übrig bleibt.[9] Jedenfalls wird sie durch das AGG erheblich umgestaltet, so dass in einigen Bereichen keine freie – im Sinne von „willkürliche" – Wahl des Vertragspartners mehr möglich ist. Der Zwang, nach sachlichen Gründen zu differenzieren und für die getroffene Entscheidung überhaupt eine Begründung angeben zu müssen, tastet den Kern der Vertragsfreiheit an.

bb) Die Regelungen des AGG.

Fall 3: Die aus Jamaika stammende dunkelhäutige T mit schulterlangen Rastalocken möchte in der Chemischen Reinigung des X eine Jacke zur Reinigung bringen. Zu ihrer Überraschung erklärt ihr X, der sich als Vertreter der NPD im Gemeinderat schon wiederholt geringschätzig über den hohen Anteil von Ausländern in seinem Ort geäußert hat, vor allen anderen Kunden, er könne die Jacke nicht entgegennehmen. Er befürchte, dass diese wegen der Haartracht der T mit Kopfläusen infiziert sei, welche auch die Kleidung anderer Kunden befallen könnten. T weist erfolglos daraufhin, dass es mit ihrer Kleidung bei X in der Vergangenheit noch nie dergleichen Probleme gegeben habe und bestreitet energisch, Kopfläuse zu haben (was den Tatsachen entspricht). Dennoch bleibt ihr schließlich nichts anderes, als ihre Jacke in der erheblich weiter entfernt gelegenen Reinigung des Y abzugeben (zusätzliche Fahrtkosten: 4,60 €), der für dieselbe Leistung auch noch 3 € mehr verlangt. Sie möchte nach dem AGG Ersatz dieser Mehrkosten von X und eine Absicherung, dass X sie künftig nicht wieder zurückweist. → Rn. 12 d.

12b

Das AGG besteht aus vier Abschnitten, von denen der erste (Allgemeine Teil) Zielsetzung und Anwendungsbereich des Gesetzes umschreibt. Besondere Bedeutung kommt dabei den in § 2 AGG aufgezählten Diskriminierungsgründen zu. Der 2. Abschnitt (§§ 6–18 AGG) trifft besondere Regelungen für den Schutz von Beschäftigten vor Benachteiligung und gehört damit in das hier nicht näher zu behandelnde **Arbeitsrecht**. Für das allgemeine Zivilrecht sind im 3. Ab-

---

8 Vgl. *Adomeit,* NJW 2002, 1622; *Neuner,* JZ 2003, 57 ff.; *Globig,* ZRP 2002, 529; *Picker,* JZ 2003, 540 ff.
9 Jauernig/*Jauernig,* Vorbem. AGG Rn. 4.

schnitt Benachteiligungsverbote und Sanktionen geregelt. Der 4. Abschnitt betrifft die Rechtsdurchsetzung und enthält die besonders brisante Beweislastregelung des § 22 AGG.[10] Danach genügt es, wenn eine angeblich benachteiligte Partei Indizien für eine Diskriminierung vorträgt. In diesem Fall muss der Gegner, also beispielsweise die Partei, welche einen Vertragsschluss verweigert hat, beweisen, dass sie dabei nicht diskriminierend, sondern mit einem sachlichen Grund („vernünftig") gehandelt hat. Dies führt in der Praxis dazu, dass für die von ihrer Vertragsfreiheit Gebrauch machende Partei die Obliegenheit entsteht, ihr Verhalten zu begründen und hierfür Beweise vorzuhalten. Besonders im Arbeitsrecht bedeutet dies für Einstellungs- und Bewerbungsverfahren einen großen Aufwand und ein hohes Prozessrisiko.[11]

Die Regelung des § 19 AGG verbietet bei der Begründung, Durchführung oder Beendigung von Schuldverhältnissen eine Benachteilung nach Rasse, ethnischer Herkunft, Geschlecht, Religion, Behinderung, Alter oder sexueller Identität (ausgenommen ist die in § 1 genannte Weltanschauung[12]). Um die Vertragsfreiheit nicht völlig auszuhöhlen, beschränkt sich das Diskriminierungsverbot jedoch (1.) auf sog. **Massengeschäfte**, bei denen der Vertragsschluss typischerweise ohnehin ohne Ansehen der Person zu vergleichbaren Bedingungen in einer Vielzahl von Fällen erfolgt und (2.) auf **privatrechtliche Versicherungsverhältnisse** (mit Ausnahmen in § 20 Abs. 2 AGG). § 19 Abs. 2 AGG verbietet außerdem eine Diskriminierung nach Rasse oder ethnischer Herkunft bei den in § 2 Abs. 1 Nr. 5–8 genannten Schuldverhältnissen betreffend Sozialschutz, soziale Vergünstigungen, Bildung, Zugang zu Versorgung mit Gütern und Dienstleistungen, die der Öffentlichkeit zur Verfügung stehen, einschließlich Wohnraum. Massen- oder Vielfachgeschäfte im Sinne von § 19 Abs. 1 AGG sind dabei typischerweise der Kauf im Warenhaus, der Erwerb einer Kinokarte (kein Kaufvertrag, sondern Werkvertrag mit zusätzlichen mietvertraglichen Elementen!) oder das Einstellen des Pkw in einem Parkhaus. Ob ein solches Vielfachgeschäft vorliegt, bestimmt sich dabei aus der Sicht des **Anbieters,** so dass der Kauf eines Gebrauchtwagens beim Kfz-Händler nunmehr anderen Regeln un-

---

10 Zu deren Auslegung s. *LAG Köln* NZA-RR 2008, 622.
11 S. hierzu *Windel,* Beweisprobleme des AGG im Schuldrechtsverkehr, ZGS 2007, 60.
12 Die Herausnahme erfolgte erst im Rechtsausschuss, weil man befürchtete, extremistische Gruppen könnten sich sonst künftig leichter Zugang zu öffentlichen Einrichtungen verschaffen, aufschlussreich BT-Drs. 16/2022, S. 28.

terliegt als der Kauf vom privaten Vorbesitzer.[13] § 20 Abs. 1 AGG gestattet eine **Abweichung vom Diskriminierungsverbot** bei Vorliegen sachlicher Gründe, für die in Abs. 1 S. 2 Regelbeispiele genannt
sind, ohne sauber zwischen der fehlenden Tatbestandsverwirklichung
(keine Verletzung des Benachteiligungsverbotes, Abs. 1 S. 1) und einem Rechtfertigungsgrund (s. Überschrift: Zulässige unterschiedliche
Behandlung) zu unterscheiden. Aufgrund der Regelbeispiele erlaubt
Nr. 1 (Gefahrenabwehr), dass z. B. der Zugang zum Kletter- oder
Hochseilgarten nur Volljährigen gestattet wird bzw. körperlich Behinderte ausgeschlossen werden; Nr. 2 (Schutz der Intimsphäre und
persönlichen Sicherheit) macht weiterhin besondere Öffnungszeiten
einer Sauna nur für Frauen[14] möglich und Beschränkungen des Zugangs zu Frauenhäusern ebenfalls nur für Frauen (und Kinder); nach
Nr. 3 darf ein Museum beispielsweise einen ermäßigten Seniorentarif,
ein Gastwirt einen verbilligten Kinder- oder Seniorenteller anbieten,
obwohl dies andere Altersgruppen benachteiligt. Zu beachten ist dabei, dass § 20 Abs. 1 AGG diese Ausnahmen für das Diskriminierungsmerkmal der Rasse oder ethnischen Herkunft *nicht* zulässt.[15]

Im **Fall 3** (Rn. 12b) könnte ein Verstoß gegen das Benachteiligungsverbot
(Merkmal: Rasse, ethnische Herkunft) nach §§ 1, 19 Abs. 1 AGG vorliegen.
Der Abschluss von Verträgen in der Reinigung (Werkvertrag, § 633) ist ein ty-
pisches Vielfachgeschäft aus der Sicht des X und fällt daher unter § 19 Abs. 1
Nr. 1 AGG. Unklar ist im Sachverhalt (wie wohl in den meisten derartigen
Fällen), aus welchen Gründen X tatsächlich den Vertragsschluss ablehnte.
Häufig wird eine verdeckte Diskriminierung vorliegen. Sollte X im Prozess
eine Benachteiligung wegen der Rasse bzw. ethnischen Herkunft der T bestreiten, so muss T nur beweisen, dass eine unterschiedliche Behandlung und
ein Diskriminierungsmerkmal in ihrem Fall vorlag. Dass es einen Kausalzu-
sammenhang zwischen dem Diskriminierungsmerkmal „Rasse" und der Un-
gleichbehandlung gibt, muss sie hingegen nicht beweisen. Gemäß § 22 AGG
genügt es, wenn sie hierfür (nur) Indizien vortragen und beweisen kann. Im
Hinblick auf die öffentlichen Bemerkungen des X im Gemeinderat wird ihr
dies hier wohl gelingen. Da X in der Vergangenheit jedoch offenbar anstandslos Verträge mit T geschlossen hat, könnte ein Gericht aber auch Zweifel haben, ob dies ein geeignetes Indiz ist. Dies zeigt schon, wie schwierig die Be-
weissituation an sich, aber vor allem in Fällen ohne solche Anhaltspunkte ist.
Kann T nicht wenigstens Indizien nach § 22 AGG zur Überzeugung des Gerichts vorzutragen, bleibt ihre Klage erfolglos.

---

13 Jauernig/*Jauernig*, § 19 AGG Rn. 4.
14 Begründung Regierungsentwurf S. 43, 44.
15 Hierzu zu Recht kritisch Jauernig/*Jauernig*, § 20 AGG Rn. 6.

Gelingt ihr dies, wäre es an X zu beweisen, dass er andere Gründe für die Ablehnung hatte. Auf § 20 Abs. 1 Nr. 1 AGG kann sich X hier nicht berufen. Diese Vorschrift würde zwar eine Haftung wegen einer an sich diskriminierenden Benachteiligung ausschließen, wenn dadurch Gefahren für andere vermieden werden (Gesundheits- bzw. Eigentumsgefährdung durch Läusebefall fremder Kleidung), allerdings gilt § 20 AGG gerade nicht bei Benachteiligungen wegen der Rasse – dem einzigen Diskriminierungsmerkmal, das vorliegend in Betracht kommt. Diskriminierungen wegen der Rasse sind grundsätzlich nicht zu rechtfertigen. X ist also darauf angewiesen, die auf § 22 AGG gründende tatsächliche Vermutung zu widerlegen, dass die ethnische Herkunft der T bei der Ablehnung überhaupt eine Rolle spielte. Dies könnte gelingen, wenn er beweisen kann, dass er andere Gründe hatte, z. B. grundsätzlich von Personen mit Kopfläusebefall oder mit „Rastas" wegen der Verseuchungsgefahr keine Kleidungsstücke annimmt – Haartracht und Kopfläusebefall sind nämlich für sich genommen keine nach §§ 1, 19 AGG verbotenen Unterscheidungsmerkmale. Da objektiv betrachtet T keine Kopfläuse hat, wird X dieser Beweis jedoch nicht gelingen.

Zu beachten ist, dass es sich hier wohl nicht um einen Fall der mittelbaren Benachteiligung nach § 3 Abs. 2 AGG[16] handelt, denn selbst mit einem kategorischen Ausschluss aller Kunden mit einer Rasta-Haartracht oder mit Kopfläusen wäre nicht automatisch eine Diskriminierung nach § 1 AGG verbunden, da es durchaus auch Europäer mit Rastalocken gibt. Vorliegend ist daher von einer versteckten, aber unmittelbaren Diskriminierung nach §§ 1, 3 Abs. 1 AGG wegen der ethnischen Herkunft auszugehen.

Für **Mietverträge über Wohnraum** regelt § 19 Abs. 3 AGG eine Ausnahme, die weiterhin eine soziale Wohnungspolitik erlaubt und § 19 Abs. 5 S. 1 und S. 2 AGG enthält Lockerungen, für den Fall der besonderen Nähebeziehung zwischen dem Vermieter bzw. seinen Angehörigen und dem Mieter (gemeinsame Nutzung auf demselben Grundstück). Für diesen Fall hat der Gesetzgeber also anerkannt, dass ggf. auch „unvernünftige" Gründe und persönliche Abneigungen oder Vorlieben die Entscheidung über Abschluss oder Beendigung eines Mietvertrages beeinflussen dürfen. § 19 Abs. 5 S. 3 stellt eine Regel für die Auslegung des Massengeschäftes gem. § 19 Abs. 1 Nr. 1 AGG bei Vermietungen auf. Ein solches soll in der Regel erst vorliegen, wenn der Vermieter mehr als 50 Wohnungen vermietet.[17]

---

16 Grundsätzlich erfassen §§ 1, 19 AGG auch solche mittelbaren Benachteiligungen, bei denen ein neutrales Kriterium nur vorgeschoben wird. Der Betroffen hat dann aber die Möglichkeit nachzuweisen, dass das vorgeschoben neutrale Kriterium die Andersbehandlung durch ein rechtmäßiges Ziel sachlich rechtfertigt und ein angemessenes und erforderliches Mittel darstellt (§ 3 Abs. 2, letzter Halbs. AGG). Im Einzelnen ist unklar, welche Fallkonstellationen unter diese Norm fallen.
17 Fraglich ist, ob diese Regelung noch richtlinienkonform ist, vgl. *Wagner/Potsch*, JZ 2006, 1085, 1098.

Bei Verstößen gegen das Gebot einer diskriminierungsfreien Ent- **12c**
scheidung sieht § 21 **Beseitigungs-, Unterlassungs-** (Abs. 1 S. 1 und
2) und – soweit die Verletzung durch den Benachteiligenden zu vertreten war – auch **Schadensersatzansprüche** vor (Abs. 2). Sie müssen
innerhalb von zwei Monaten geltend gemacht werden. Streitig ist, ob
sich aus dem Beseitigungsanspruch des § 21 Abs. 1[18] oder aus dem
Schadensersatzanspruch des Abs. 2 (im Sinne einer Naturalrestitution, § 249) auch ein Anspruch auf Abschluss des gewünschten Vertrages herleiten läst (**Kontrahierungszwang**[19]). Anders als die Rechts-
folgenvorschrift des arbeitsrechtlichen Abschnitts, § 15 Abs. 6 AGG,
schließt § 21 AGG dies nicht ausdrücklich aus. Nach Wortlaut und
Systematik fällt es daher schwer, diese (von den Richtlinien nicht geforderte!) Folge abzulehnen.[20] Gegen einen Kontrahierungszwang
spricht zwar die Gesetzgebungsgeschichte,[21] leider kommt diese Absicht aber nun nicht mehr hinreichend im Gesetz zum Ausdruck, wie
überhaupt vieles handwerklich ungenau und widersprüchlich ist.
Auch wenn man den Kontrahierungszwang rechtspolitisch wegen
des weitgehenden Eingriffs in die Vertragsfreiheit für sehr fragwürdig
hält bzw. auch an seiner Effektivität zweifeln mag,[22] wird die Rechtsprechung ihn umsetzen müssen.

Im **Fall 3 (Rn. 12b)** kommen nach der Aufgabenstellung Ansprüche auf
Unterlassung in Betracht (T möchte sicherstellen, dass sie künftig von X
nicht mehr abgewiesen wird) sowie Ansprüche auf Ersatz des materiellen
Schadens (Fahrtkosten und Mehrkosten der Reinigung bei Y). Wegen der
durch die Begründung des X erfolgten Bloßstellung vor den anderen Kunden wäre grundsätzlich auch an einen immateriellen Schadensersatz nach
§ 21 Abs. 2 S. 3 zu denken („Schmerzensgeld"). Hiernach ist in Fall 3 jedoch
nicht gefragt. Zu beachten ist, dass für den Anspruch auf eine Geldentschä-
digung nach § 21 Abs. 2 S. 3 streitig ist, ob auch dieser Anspruch ein Ver-

18 So *Thüsing/von Hoff*, NJW 2007, 21 ff.; *Bauer/Göpfert/Krieger*, Allgemeines Gleichbehandlungsgesetz, 2007, § 21 Rn. 6; *Wagner/Potsch*, JZ 2006, 1085, 1098 f.; a. A.
   Jauernig/*Jauernig*, § 21 AGG Rn. 3.
19 Ausführlich *Thüsing/von Hoff*, NJW 2007, 21 ff.; *Wagner/Potsch*, JZ 2006, 1085,
   1098.
20 Palandt/*Ellenberger*, Einf v § 145 Rn. 8; abl. aber Jauernig/*Jauernig*, § 21 AGG Rn. 3
   und 8; ebenso *Brox/Walker*, Allgemeiner Teil des BGB, Rn. 75. Auch der Entwurf des
   Gemeinsamen Referenzrahmens für ein Europäisches Vertragsrecht (s. oben § 2 VII
   3) verzichtet in Ch. 2 (Non-discrimination) auf einen Kontrahierungszwang.
21 Vgl. *Thüsing/von Hoff*, NJW 2007, 21, 22.
22 Nach h. M. entfällt der Kontrahierungszwang, wenn der ursprünglich intendierte
   Vertrag z. B. wegen Unmöglichkeit gar nicht mehr erfüllt werden könnte (§ 275
   BGB). Beispiel: der Vermieter hat die betreffende Wohnung inzwischen schon an einen anderen Interessenten vermietet oder der Verkäufer über die Sache verfügt, vgl.
   Armbrüster, KritV 2005, 46; *Thüsing/von Hoff*, NJW 2007, 21, 25.

schulden voraussetzt. Dies wird unter Hinweis auf die Gesetzesbegründung und systematisch mit dem Argument verneint, § 21 Abs. 2 S. 2 AGG sei nur auf den Anspruch aus § 21 Abs. 2 S. 1 anwendbar. Das ist weder nach der Gesetzessystematik noch vom Ergebnis her haltbar. S. 3 lässt sich auch nur im Sinne einer Klarstellung von § 253 BGB lesen, wonach als Schaden auch ein Nichtvermögensschaden in Betracht kommt. Dessen Ersatz im Gegensatz zum Vermögensschaden verschuldensunabhängig zu gewähren, ist widersprüchlich und nicht angemessen.[23]

Da T nicht auf einem Vertragsschluss besteht, sondern die Jacke schon bei Y reinigen ließen, sind Ansprüche auf Beseitigung (§ 21 Abs. 1 S. 1 AGG) und auf Abschluss eines Reinigungsvertrages aus § 21 Abs. 1 S. 1 oder Abs. 2 AGG i. V. m. § 249 BGB im konkreten Fall nicht zu prüfen. Auch Ansprüche aus allgemeinem Deliktsrecht (z. B. wegen einer Persönlichkeitsrechtsverletzung, s. § 21 Abs. 3 AGG) wären nach der Fallfrage nicht zu prüfen.

Lösungsskizze Fall 3 (Rn. 12b):

A. T → X auf Schadensersatz in Höhe von € 7,60 aus **§ 21 Abs. 2 S. 1 AGG**

    I. Verletzung des Benachteiligungsverbots aus § 19 Abs. 1 AGG

        1. Vorliegen eines Massengeschäftes i. S. d. § 19 Abs. 1 Nr. 1 Var. 1 AGG (+)

        2. objektive Benachteiligung (+), T wurde im Gegensatz zu anderen Kunden abgewiesen

        3. aus einem der in § 19 Abs. 1 AGG aufgezählten Gründen

            a) hier Benachteiligung aufgrund der ethnischen Herkunft denkbar

            b) § 22 AGG: T trägt vor, X habe schon mehrfach seine Fremdenfeindlichkeit im Gemeinderat zum Ausdruck gebracht. Sie ist Ausländerin, und damit liegen Indizien für eine Benachteiligung aus diesem Grund vor. X müsste daher beweisen, dass er aus anderen Gründen, etwa aus Sorge um die Gesundheit anderer Kunden die Reinigung der Jacke abgelehnt hat. Mangels objektiver Gefährdungslage (T hat keine Kopfläuse) wird ihm dies nicht gelingen (eine allgemeine Vermutung, dass Rastalocken Kopfläuse mit sich bringen gibt es nicht).

            c) mithin Benachteiligung aus Gründen der ethnischen Herkunft (+)

        4. kein Ausschluss nach § 20 AGG (+), da bei Benachteiligung wegen ethnischer Herkunft/Rasse keine Rechtfertigung vorgesehen

---

23 Vgl. statt vieler Jauernig/*Jauernig*, § 21 AGG Rn. 9; *Maier-Reimer*, NJW 2006, 2577, 2581 und *Wagner/Potsch*, JZ 2006, 1085, 1091, 1098 jeweils unter Berufung auf die Gesetzesmaterialien, BT-Drs. 16/1780, S. 38, wonach tatsächlich das Erfordernis des Vertretenmüssens nur für den materiellen Schaden gelte.

5. Zwischenergebnis: Verletzung des Benachteiligungsverbots (+)

II. Vertretenmüssen, § 21 Abs. 2 S. 2 AGG (+)
   Das Vertretenmüssen ist nicht von T zu beweisen; Beweislastum-
   kehr gem. § 21 Abs. 2 S. 2 AGG: X müsste sich entlasten.
   Schaden und Kausalität

III. T kann von X 4,60 € als Ersatz der zusätzlich notwendig gewordenen Fahrtkosten und 3,– €, die als Reinigungsmehrkosten entstanden sind, verlangen. Beides beruht auf dem von X zu Unrecht abge-
   lehnten Vertragsschluss.

B. T → X auf Unterlassung künftiger Benachteiligungen wegen ihrer Rasse/
ethnischen Herkunft aus **§ 21 Abs. 1 S. 2 AGG**

I. Verstoß gegen das Benachteiligungsverbot des § 19 Abs. 1 AGG (+),
   s. o. (A. I.)

II. Vertretenmüssen ist nicht erforderlich
   Wiederholungs-/Erstbegehungsgefahr (+),

III. da T offenbar häufig Kunde von X ist und auch künftig dort Kleider
   reinigen lassen möchte. Wegen der bereits erfolgten Beeinträchtigung wird Wiederholungsgefahr vermutet. Zudem ist die Reinigung
   des X die Stammreinigung der T. Insofern ist zu befürchten, dass X
   sich erneut weigern wird, Kleidungsstücke der T zu reinigen.

Ergebnis: X wird verpflichtet, die T bei künftigen Besuchen seiner Reinigung nicht mehr mit wegen ihrer ethnischen Herkunft abzuweisen.

c) **Abschlussverbote.** Wo ausnahmsweise Kontrahierungszwang   13
besteht, zwingt das Gesetz also in bestimmten Fällen jemanden, einen
Vertrag abzuschließen, obwohl er dies nicht möchte. Auch der umge-
kehrte Fall ist denkbar. Obwohl sich die Parteien einig sind und einen
Vertrag schließen möchten oder entsprechende Erklärungen sogar
schon abgegeben haben, untersagt das Gesetz den Vertragsabschluss.
Soweit das Verbot sich gerade auf die Auswahl eines bestimmten Vertragspartners bezieht, ist die Vertragsfreiheit – mit wem soll ein Vertrag geschlossen werden – eingeschränkt. Möchte das Zeitungsunter-
nehmen Z etwa seine Zeitungen morgendlich von den Jugendlichen
A, B und C austragen lassen, die alle erst 12 Jahre alt sind, so verbieten §§ 2 Abs. 1, 5 Abs. 1–3 JArbSchG den Abschluss entsprechender
Verträge auch wenn A, B und C sowie deren Eltern damit einverstanden sind. Der Schutz von Kindern unter 13 Jahren genießt hier Vorrang vor der Vertragsfreiheit. Mit älteren Personen könnte Z einen
Vertrag mit gleichem Inhalt u. U. abschließen. Allgemeiner bringt
§ 134, auf den noch einzugehen ist, eine solche Einschränkung zum
Ausdruck: Verträge, deren Abschluss gegen ein gesetzliches Verbot

verstößt, sind unwirksam. Dabei kann das gesetzliche Verbot sich nicht nur gegen die Person des Vertragspartners, sondern auch gegen den Vertragsinhalt oder die Umstände seines Abschlusses richten (hierzu unten § 26 Rn. 4 ff.).

3. Gestaltungsfreiheit und Inhaltskontrolle

14   **Fall 4:** K kauft bei V eine neue Waschmaschine. Der schriftlich formulierte und von K unterschriebene Kaufvertrag enthält im „Kleingedruckten" eine Klausel, wonach sich K verpflichtet, für einen vierteljährlichen Wartungsdienst der Waschmaschine, den V anbietet, € 200,– im ersten Jahr nach Kauf zu bezahlen. Die Zahlung soll unabhängig davon sein, ob K die Serviceleistung des V tatsächlich abruft oder nicht. K hat diesen Teil des Vertrages, bevor er unterschrieb, nur flüchtig gelesen und ist sehr überrascht, als ihm nach Jahresfrist die Rechnung des V über € 200,– ins Haus flattert. Muss er bezahlen? → Rn. 18.

15   **a) Grenzen der Gestaltungsfreiheit und Inhaltskontrolle nach allgemeinen Grundsätzen.** Inhaltliche Gestaltungsfreiheit räumt das Gesetz den Parteien nur bei schuldrechtlichen Verträgen ein. Im **Sachen-, Familien- und Erbrecht** hingegen ist die Gestaltungsfreiheit erheblich eingeschränkt. Die Parteien können im Interesse der Rechtssicherheit nicht „neue" dingliche Rechtspositionen vertraglich schaffen oder andere als vom Gesetz vorgegebene Güterstände im Eherecht vereinbaren. Es besteht ein sog. **Typenzwang,** d. h. die Vertragsparteien müssen sich an den vom Gesetz zur Verfügung gestellten dinglichen Rechten und „Vertragstypen" orientieren. Im **Schuldrecht** haben dagegen die im Besonderen Teil (§§ 433–808a) normierten Verträge nur Leitbildfunktion. Die Parteien sind nicht gehindert, Mischformen oder völlig andere Vertragstypen zu vereinbaren (§§ 241, 311 Abs. 1). Auch soweit sie sich an den gesetzlichen Leitbildern orientieren, ist ihnen die vertragliche Ausgestaltung im Einzelnen weitgehend überlassen. Nur wenige gesetzliche Vorschriften sind unabdingbar (zwingend) oder unterliegen einer Inhaltskontrolle. Vielmehr überlässt das Gesetz es wiederum dem freien Spiel der Kräfte in den Vertragsverhandlungen, worauf sich die Parteien einigen.

Dabei haben die Vertragsparteien nicht in allen, aber in bestimmten Punkten regelmäßig gegensätzliche Interessen. So mag zwar im Fall 3 grundsätzliche Einigkeit bestehen, dass K eine Waschmaschine kaufen, V eine verkaufen möchte. Im Normalfall wird K die Waschma schine aber zu Vertragskonditionen erwerben wollen, die für ihn günstig sind, insbesondere also zu einem möglichst niedrigen Preis. Für V gilt umgekehrt, dass er einen möglichst hohen Kaufpreis erzielen möchte. Die Vertragsfreiheit als Regulierungsinstrument sozialer Abläufe kann im Idealfall eine Art Richtigkeitsgewähr oder zumindest Richtigkeitschance übernehmen: Der von den Parteien ausgehandelte Vertragsinhalt ist der für beide vertretbare Kompromiss. Dies gilt aber wiederum nicht mehr, wenn eine Vertragspartei ihre Verhandlungsposition einseitig zu Lasten der anderen ausnutzt oder gar beide Parteien zum Nachteil eines Dritten zusammenwirken. Hier muss die Rechtsordnung Vorkehrungen zum Schutz der schwächeren Vertragspartei bzw. des Dritten treffen. So ist es ein selbstverständlicher und daher nicht ausdrücklich normierter Grundsatz, dass **Verträge zu Lasten Dritter** nicht möglich sind. K und V könnten keinen wirksamen Kaufvertrag des Inhalts schließen, dass V die gekaufte Waschmaschine an K zu übereignen und zu liefern habe, die Kaufpreiszahlungspflicht dafür jedoch den Nachbarn D des K treffen soll. Vertragliche Verpflichtungen können nur für Personen begründet werden, die selbst am Vertragsabschluss beteiligt sind; wenn D „von seinem Glück" nichts weiß und der Regelung nicht zustimmt, ist er nicht zur Zahlung verpflichtet. Insoweit sind der Phantasie und Gestaltungsfreiheit der Parteien also Grenzen gesetzt (den umgekehrten Fall – D wird durch einen von K und V geschlossenen Vertrag begünstigt – toleriert das Gesetz hingegen, da die Rechtsposition des D nur verbessert, nicht verschlechtert wird, lies § 328). Auch Verträge, deren Inhalt **gegen Interessen der Allgemeinheit** verstoßen, lässt das Gesetz nicht zu. Dies kommt allgemein in den Generalklauseln der §§ 134, 138 (s. unten § 26 Rn. 1 ff.) zum Ausdruck, aber auch in zahlreichen spezialgesetzlichen Regelungen.

b) Allgemeine Geschäftsbedingungen und Formularverträge. 16 Im Fall 3 sind weder Dritte noch die Allgemeinheit durch den Vertragsinhalt beeinträchtigt, sondern allein der von der zusätzlichen Zahlungspflicht überraschte K. Man könnte K darauf verweisen, er habe schließlich den Vertrag so unterschrieben und müsse sich an seiner Erklärung festhalten lassen. Eine **vertragliche Inhaltskontrolle** ist jedoch notwendig, um wirtschaftliche, intellektuelle oder psychologische Nachteile einer Vertragspartei auszugleichen. Sog. Allgemeine Geschäftsbedingungen (AGB) werden häufig vom Verwender eingesetzt, um durch vorformulierte Bedingungen in einer Vielzahl von Fällen einen ihm günstigen Vertragsinhalt durchzusetzen. Sie spielen im Wirtschaftsleben eine herausragende Rolle und haben das Grundmodell des unter gleichberechtigten Parteien frei ausgehandelten Vertrages – das Idealmodell des BGB – aus dem realen Rechts- und Wirtschaftsleben weitgehend verdrängt. Weite Bereiche des Waren- und Dienstleistungsverkehrs werden teilweise ausschließlich über durch AGB **standardisierte Verträge** organisiert. Das hat verschiedene Gründe. Die Unternehmen wollen ihren Geschäftsverkehr für eine Vielzahl gleicher oder ähnlicher Geschäftstypen rechtstechnisch, aber auch unter wirtschaftlichen Gesichtspunkten vereinfachen und rationalisieren. AGB haben daher Auswirkungen auf Preisgestaltung und Wettbewerb der Unternehmen. Ihre einheitliche Verwendung in einer Branche durch mehrere oder gar alle Wettbewerber bedeutet eine starke Einschränkung des Wettbewerbs („Konditionenkartelle"). Bei einem im Übrigen funktionierenden Wettbewerb unter den Anbietern oder Nachfragern kann es ansonsten bedenkenfrei sein, wenn Teile der Vertragsbedingungen von einer Partei einseitig festgesetzt werden. So wird etwa im Einzelverkauf vieler Markenartikel im Laden auch nicht über den Preis wirklich verhandelt, ohne dass deshalb die Vertragsfreiheit gefährdet wäre.

17   Allerdings ist der Verwender von AGB regelmäßig bestrebt, seine Rechtsstellung im Vertrag zu Lasten des Vertragspartners zu verbessern und Risiken des Vertrages soweit als möglich auf den anderen Teil abzuwälzen. Die Vertragsfreiheit und ihre ordnungspolitische Steuerungsaufgabe geraten vollends in Gefahr, wenn der Verwender von AGB sein wirtschaftliches Übergewicht und seine Verhandlungsposition ausnutzt, den anderen Teil wider Treu und Glauben (§ 242) zu **benachteiligen.** Umfangreiche, unübersichtliche und schwer verständlich formulierte Allgemeine Geschäftsbedingungen werden vom Kunden häufig nur flüchtig oder gar nicht zur Kenntnis genommen – darauf setzt der Verwender gelegentlich. Auch die sorgfältige Lektüre der AGB hilft dem Kunden häufig nicht. Ihre Ablehnung oder der Versuch, einzelne Punkte abzuändern, führt nicht selten zum Scheitern des Vertragsabschlusses. Die Vorschriften über Allgemeine Geschäftsbedingungen (§§ 305–310) suchen hier zu helfen. Sie stellen einerseits strenge Anforderungen an die **Einbeziehung** solcher vorformulierter Vertragsbedingungen (§§ 305–305c) und unterwerfen sie zudem einer **richterlichen Inhaltskontrolle** (§§ 307–309). Damit wird das Vertragsrecht des BGB in wesentlichen Punkten geändert, um den Kernbereich der Privatautonomie gegen wirtschaftliche und

soziale Übermacht der Verwender von AGB zu schützen. Einzelheiten hierzu s. § 21.

> **Lösung Fall 4 (Rn. 14):** K muss den von V geforderten Betrag nur dann   18
> bezahlen, wenn er sich hierzu wirksam vertraglich verpflichtet hat (§§ 241,
> 311). V kann sein Zahlungsbegehren nur auf die entsprechende Klausel sei-
> ner AGB stützen. Unterstellen wir an dieser Stelle einmal, dass es sich um
> AGB im Sinne des § 305 Abs. 1 handelt und die Voraussetzungen des § 305
> Abs. 2 für die Einbeziehung vorlagen, so scheitert die Klausel hier dennoch
> an der Regelung des § 305c Abs. 1. „Ungewöhnliche" Klauseln sind solche,
> mit denen der Vertragspartner vernünftigerweise nicht zu rechnen braucht.
> Mit einer atypischen Erweiterung der Pflichten des Käufers wie im vorlie-
> genden Fall musste K nicht rechnen. Wer einen Gegenstand kauft, muss
> nicht darauf gefasst sein, dass ihm ein Wartungsdienst und dessen Vergütung
> ohne entsprechende Gegenleistung aufgezwungen werden. Aus dem zuletzt
> genannten Grunde wäre die Klausel auch nach § 307 Abs. 1, 2 zu beanstan-
> den. Soweit kommt die Prüfung jedoch nicht, da die Klausel aufgrund der in
> § 305c Abs. 1 angeordneten Rechtsfolge gar nicht Vertragsbestandteil wird!
> S. Rn. 17, § 21 Rn. 30.

4. Formfreiheit und Formpflicht

Die Freiheit, Verträge ohne Einhaltung einer bestimmten Form zu   19
schließen, ist im deutschen Recht im Gegensatz zu vielen Nachbarrechtsordnungen[24] nicht ausdrücklich normiert, sie folgt vielmehr
nur aus einem Umkehrschluss aus § 125.[25] Aber auch dieser Aspekt
der Vertragsfreiheit wird vielfach gesetzlich durchbrochen. In vielen
Fällen gebietet es der Schutz der Vertragsparteien vor Übereilung
oder die wirtschaftliche und rechtliche Tragweite des Rechtsgeschäftes, dass es einer bestimmten Form unterworfen wird. Das Gesetz
kennt verschiedene Abstufungen der Formpflicht von der **bloßen
Schriftlichkeit** bis zur **notariellen Beurkundung** (Einzelheiten s.
§ 24 Rn. 7 ff.). Die Beteiligten sollen durch die Notwendigkeit, die
Vertragsbedingungen schriftlich zu formulieren oder sich der notariellen Beratung zu unterziehen, auf die Bedeutung des Vorgangs hin-

---

24 S. Art. 11 des Schweizer Obligationenrechts (OR); § 883 des österreichischen ABGB;
   Art. 1325 No. 4 des italienischen *Codice civile* (Cc) oder Art. 3:39 des niederländischen *Burgerlijk Wetboek* (BW).
25 Der Entwurf eines Gemeinsamen Referenzrahmens für das Europäische Vertragsrecht – DCFR – (s. oben § 2 VII 3) normiert in Ch. I Book II, 1–107 ebenfalls ausdrücklich die Formfreiheit des Vertragsschlusses und verweist in Absatz 2 auf „parti-
   cular rules", die Gegenteiliges anordnen können. Dass auch die Parteien sich auf ein
   Formerfordernis einigen können, folgt aus Ch. I, Book II, 1–102 Abs. 2.

gewiesen bzw. **gewarnt** werden. Damit wird in vielen Fällen auch
eine jedermann erkennbare Trennlinie zwischen dem Stadium der
Vertragsverhandlungen und dem Vertragsabschluss gezogen. In anderen Fällen dient die gesetzlich angeordnete Form **Beweiszwecken** im
Interesse der Parteien oder Dritter (vgl. § 566) bzw. erfolgt im öffentlichen Interesse der **Rechtsklarheit** wie bei Grundstücksgeschäften
und Rechtsgeschäften, die den Personenstand betreffen (Eheschließung, Adoption, Vaterschaftsanerkennung etc.). In der Realität greifen die Vertragsparteien auch ohne gesetzliche Anordnung häufig zur
Schriftform, um späteren Streitigkeiten oder Unklarheiten vorzubeu-
gen.

20   **Merke:** Die Vertragsfreiheit als Ausfluss der Privatautonomie ist ein
Grundelement der Privatrechtsordnung. Frei ausgehandelte Austauschverträge bewirken eine möglichst vollständige und ungehinderte Bedürfnisbefriedigung der Bürger im Rahmen einer marktwirtschaftlichen Ordnung.
Sie dienen also neben der individuellen Freiheit der Bürger auch anderen
rechtspolitischen Zielen. Die Vertragsfreiheit unterteilt sich in Abschluss-,
Gestaltungs- und Formfreiheit. Sie kann durch staatliche und private Eingriffe eingeschränkt werden. Die wirtschaftliche Chancengleichheit am
Markt ist durch Monopolisten und marktbeherrschende Unternehmen gefährdet. Hiergegen sollen das europäische und deutsche Wettbewerbsrecht
sowie ein in Einzelgesetzen normierter Kontrahierungszwang Schutz bieten.
In Ausnahmefällen kann auch aus § 826 ein Zwang zum Vertragsschluss hergeleitet werden. Eine inhaltliche Kontrolle von Verträgen sehen §§ 134, 138
und, soweit es sich um Allgemeine Geschäftsbedingungen und Formularverträge handelt, §§ 305–310 vor.

Übersicht 2: Vertragsfreiheit   21

	Abschlussfreiheit	Gestaltungsfreiheit	Formfreiheit
Inhalt	Freie Entscheidung, ob und mit wem Vertrag geschlossen wird	Freie Gestaltung des Vertragsinhalts, gesetzliche Vertragstypen als „Leitbilder"	Grundsatz des formfreien (also auch mündlichen) Vertragsabschlusses
gesetzl. Regelung	Prämisse des Gesetzgebers, keine ausdrückl. Regelung, aber Art. 2 I GG	§§ 241, 311	keine ausdrückliche Regelung, Umkehrschluss aus § 125
Durchbrechungen	**Abschlussgebote = Kontrahierungszwang** • kraft gesetzlicher Spezialregelung z. B. § 17 EnWG,[26] § 3 Postdienstleistungsverordnung (PDLV), § 22 PBefG, § 5 II PflVG, § 23 SGB XI (f. Pflegeversicherung) • aus § 826 bei Monopol oder monopolähnl. Stellung für öffentliche Versorgungsleistungen und fehlendem sachlichen Ablehnungsgrund des Anbieters **Abschlussverbote** (z. B. § 5 JArbSchG für Arbeitsverträge m. Kindern) **Diskriminierungsfreie Entscheidung gem. AGG** (str., ob Kontrahierungszwang gem. AGG)	Allg. Einschränkungen • zwingende gesetzl. Verbote wie § 134 und § 309 sowie • richterliche Inhaltskontrolle nach §§ 138, 242, §§ 307, 308 Keine Gestaltungsfreiheit, sondern **Typenzwang** gilt im Sachen-, Familien- und Erbrecht	**Gesetzliche Formvorschriften** • z. B. §§ 311b Abs. 1 S. 1, 518, 550 S. 1, 766, 780, 781 **Vereinbarter (gewillkürter) Formzwang** • § 125 S. 2

---

26 S. hierzu *BGH* NJW-RR 2005, 1426.

2. Kapitel. Das subjektive Recht

§ 4. Der Begriff des subjektiven Rechts

Schrifttum: *Rüthers/Fischer/Birk*, Rechtstheorie mit juristischer Methodenlehre, 7. Aufl., 2013, Rn. 63 ff.; *Rüthers*, Die unbegrenzte Auslegung, 6. Aufl., 2005, S. 336 ff.

I. Subjektives und objektives Recht

1   Die Rechtsordnung enthält nicht nur Rechtsregeln, denen das gesellschaftliche Zusammenleben unterworfen ist. Sie verleiht zugleich dem Einzelnen die Rechtsmacht, seine Interessen zu befriedigen, also eine einklagbare Rechtsposition. Die Summe aller objektiv für jedermann geltenden Rechtsnormen (Gesetze, Verordnungen, Satzungen, ungeschriebenes Gewohnheitsrecht)[1] nennt man **objektives Recht,** die für den Einzelnen daraus folgende Rechtsposition **subjektives Recht.** So regelt § 433 objektiv das Rechtsverhältnis des Kaufs und gewährt subjektiv dem Käufer das Recht auf Übereignung der Kaufsache, dem Verkäufer das Recht auf Zahlung des vereinbarten Kaufpreises. Das subjektive Recht hat ebenso wie die Rechtsfähigkeit (§ 14 Rn. 2 ff.) eine spezifische Wertungsgrundlage. In den Grenzen der Privatrechtsordnung wird dem Träger des subjektiven Rechts, dem sog. Rechtssubjekt, eine von seiner Stellung in der Gemeinschaft unabhängige Herrschaftsmacht eingeräumt. Dadurch werden die freie Willensbetätigung des Einzelnen sowie der rechtliche Schutz seiner Interessen gewährleistet.

> **Objektives Recht** sind die für jedermann geltenden Normen des Rechts. Unter einem **subjektiven Recht** versteht man die dem Einzelnen verliehene Rechtsmacht, seine Interessen zu befriedigen und notwendigenfalls einzuklagen. Jedes subjektive Recht muss sich aus dem objektiven Recht ergeben.

---

1 S. Art. 2 EGBGB.

II. Subjektives Recht, Anspruch und Forderung

Die Fülle und Vielgestaltigkeit der dem Einzelnen zustehenden Be- **2** rechtigungen wird unter dem Begriff des subjektiven Rechts zusammengefasst (s. Rn. 1). Man versteht darunter nicht nur einzelne Befugnisse des Rechtssubjekts, sondern im umfassenden Sinne die Rechtsstellung, aus der sich diese Einzelbefugnisse ergeben. Das subjektive Recht ist daher nicht gleichbedeutend mit dem „Anspruch". Dieser räumt dem Inhaber ganz konkret das Recht ein, von einem anderen ein Tun oder Unterlassen zu verlangen (s. die Definition in § 194). Der einzelne **Anspruch** ist nur ein Ausschnitt aus der durch das subjektive Recht insgesamt verliehenen Rechtsmacht. So ergibt sich aus der subjektiven Rechtsstellung „Eigentum" eine Vielzahl von einzelnen Ansprüchen und Rechten. Der Eigentümer kann etwa gemäß § 1004 von einem „Störer" verlangen, dass er Beeinträchtigungen unterlässt. Er kann die Herausgabe der Sache vom Besitzer fordern (§ 985) und wenn sein Eigentum verletzt wurde, kann er vom Verantwortlichen Schadensersatz nach § 823 Abs. 1 verlangen. Er hat ferner das Recht, sein Eigentum im Rahmen der sozialstaatlichen Gebundenheit (Art. 14 Abs. 2, 20 Abs. 1 GG, § 903 BGB) zu nutzen.

Von dem im Allgemeinen Teil des BGB definierten **Anspruch** (§ 194, beachte die Klammerwirkung, der Begriff gilt daher grundsätzlich im ganzen BGB) ist die „Forderung" zu unterscheiden (s. z. B. § 241). Unter **Forderung** versteht man einen Anspruch aus dem Bereich des **Schuldrechts**, d. h. aus dem Zweiten Buch des BGB. So ist etwa der Anspruch des Verkäufers auf Zahlung des Kaufpreises nach § 433 Abs. 2 eine Forderung, nicht hingegen der Anspruch auf Herausgabe aus § 985, der außerhalb des Schuldrechts, im Sachenrecht, normiert ist. Nach § 241 heißt der Inhaber der Forderung Gläubiger, der Verpflichtete Schuldner, beide Begriffe werden aber in einem allgemeineren Sinne auch bei Ansprüchen verwendet.

Subjektives Recht ist die dem Einzelnen kraft Gesetzes zustehende Rechtsmacht, seine Interessen zu befriedigen. **Anspruch** ist – als Teil einer subjektiven Rechtsstellung – das Recht, von einem anderen ein Tun oder Unterlassen zu verlangen (Legaldefinition in § 194 Abs. 1, 1. Halbs.). Als **Forderungen** bezeichnet man schuldrechtliche Ansprüche.

§ 5. Arten subjektiver Rechte

1   Subjektive Rechte lassen sich u. a. nach ihrem Inhalt bzw. nach ihrem Wirkungskreis unterteilen. Praktisch bedeutsam ist die Einteilung in **absolute** und **relative** Rechte. So sind nur die absoluten Rechte nach § 823 Abs. 1 gegenüber Eingriffen von jedermann geschützt. **Absolute Rechte** sind solche, die gegenüber jedermann wirken. Sie sind daher auch von jedermann zu achten und können von jedermann verletzt werden. Demgegenüber bestehen **relative Rechte oder Forderungsrechte** nur innerhalb eines bestimmten Rechtsverhältnisses zwischen bestimmten Personen. Sie können deshalb nur von diesen, nicht dagegen von Dritten verletzt oder geltend gemacht werden. Zu den relativen Rechten gehören insbesondere Ansprüche, ferner Gestaltungsrechte (ohne die Aneignungsrechte) und die sog. Gegenrechte. Im Überblick ergibt sich folgendes Bild:

2   **Übersicht 3: Subjektive Rechte**

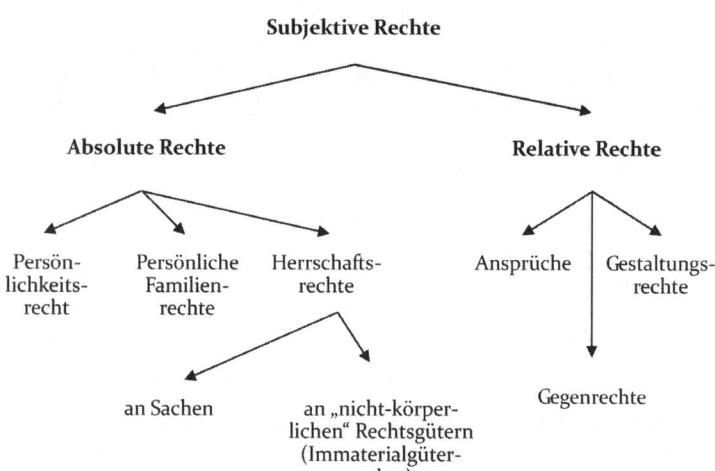

I. Absolute Rechte

1. Persönlichkeitsrecht

Das zentrale subjektive Recht des Einzelnen ist das allgemeine Per- 3
sönlichkeitsrecht. Man versteht darunter das Recht auf Achtung und
Entfaltung sowie Nichtverletzung („Integrität") der Persönlichkeit.
Es muss in einem freiheitlichen politischen System umfassend ge-
währt sein. In der Bundesrepublik Deutschland ist es in Art. 1
Abs. 1 und Art. 2 Abs. 2 GG verfassungsrechtlich geschützt.
Im BGB ist das allgemeine Persönlichkeitsrecht nicht ausdrücklich
und umfassend geregelt. Das BGB schützt nur Teilbereiche wie die
Rechtsfähigkeit (§ 1), das Namensrecht (§ 12), sowie Leben, Körper,
Gesundheit und Freiheit (§ 823 Abs. 1). Das Recht am eigenen Bilde
ist in §§ 22 ff. Kunsturhebergesetz (KunstUrhG) partiell geschützt.
Rechtsprechung und Lehre haben in dem Fehlen eines umfassenden
gesetzlichen Schutzes der Persönlichkeit vor allem nach Inkrafttreten
des Grundgesetzes eine **Gesetzeslücke** des BGB gesehen. Sie wurde
durch die rechtsfortbildende Rechtsprechung des Bundesgerichtshofs
seit den 1950er Jahren richterlich ausgefüllt.[1] Inzwischen ist das **allgemeine Persönlichkeitsrecht** als „sonstiges Recht" im Sinne von § 823
Abs. 1 anerkannt. Der Schutz gilt entsprechend auch für juristische
Personen.[2] S. § 14 Rn. 15 f.; Einzelheiten hierzu gehören in das Deliktsrecht.

2. Persönliche Familienrechte

Mit dem allgemeinen Persönlichkeitsrecht eng verwandt sind die 4
persönlichen Familienrechte. Sie unterscheiden sich von ihm dadurch,
dass sie die personenrechtliche Beziehung zu einer anderen Person
gegenüber der Allgemeinheit schützen. Ihr absoluter Charakter zeigt
sich in der Ausschließungswirkung gegenüber Dritten. So gibt das **elterliche Personensorgerecht** (§§ 1626 ff.) dem oder den Sorgeberechtigten das ausschließliche Recht, ihr Kind zu erziehen, seinen Aufenthalt zu bestimmen etc. Auch der **räumlich-gegenständliche Bereich
der Ehe** (Ehewohnung) ist als absolut geschützte Rechtsposition an-

---

1 Grundlegend BGHZ 13, 334; 26, 349; 35, 363; 50, 133; BVerfGE 30, 173.
2 *BGH* NJW 1986, 2951.

erkannt.[3] Im Innenbereich (Eltern-Kind, Ehepartner) lassen sich familienrechtliche Beziehungen nicht als dingliche Herrschaftsrechte
einordnen. Sie werden von der Rechtsordnung nicht als Herrschaftsrechte, sondern im Dienste des Persönlichkeitsschutzes verliehen. Die
Qualität der Person, ihr Anspruch auf Achtung und Entwicklung ihrer Persönlichkeit (Art. 1, 2 GG) schließen eine Stellung als Rechtsobjekt auch in familienrechtlichen Beziehungen aus. Die persönlichen
Familienrechte sind eng an die Person des Berechtigten gebunden
und als sog. **höchstpersönliche** Rechte weder übertragbar, noch ver-
zicht- oder vererbbar. Sie unterliegen besonderen Pflichtbindungen
und sind daher als eine spezielle personenrechtliche Ausprägung subjektiver Rechte anzusehen.

3. Herrschaftsrechte

5   **a) Herrschaftsrechte an Sachen.** Typischer Fall eines Herrschafts-
rechts sind die absoluten Rechte an Sachen (§ 90) – sog. **dingliche
Rechte** – wie das **Eigentum** (§ 903) oder das Pfandrecht (§§ 1204,
1113). Sie verleihen dem Berechtigten eine umfassende (Eigentum)
oder beschränkte Rechtsmacht (Hypothek, Nießbrauch, Pfandrecht
– sog. **beschränkte dingliche Rechte**), auf ein Rechtsobjekt einzuwirken oder darüber zu verfügen. Die Schranken der Rechtsmacht
ergeben sich aus dem Gesetz, aus vertraglichen Vereinbarungen oder
aus kollidierenden Rechten Dritter. Das Eigentum als dingliches
Recht ist zu unterscheiden vom **Besitz,** der juristisch nur die tatsächliche Sachherrschaft über eine Sache, keine Rechtsbeziehung, umschreibt. Im alltäglichen Sprachgebrauch werden dagegen Eigentum
und Besitz oft synonym verwendet. Der Besitz ist nach h. M. kein
dingliches Recht – also kein Herrschaftsrecht –, wird aber in einigen
Beziehungen vom Gesetz in ähnlicher Weise geschützt (vgl. §§ 859,
861 ff., 1007). Einzelheiten gehören in das Sachenrecht.

6   **b) Herrschaftsrechte an Immaterialgütern.** Herrschaftsrechte
können sich auch auf „nicht-körperliche" Rechtsgüter beziehen. In
einer modernen Industriegesellschaft besteht die Möglichkeit, geisti-
ges Eigentum zu „materialisieren" und zu „vervielfältigen". Damit
ergibt sich eine neue Gruppe von Rechtsobjekten, die Immaterialgüterrechte genannt wird. Der Begriff der Immaterialgüterrechte um-

---

3 BGHZ 34, 80, 87; 35, 304; Jauernig/*Teichmann*, § 823 Rn. 90; s. allgemein *Gernhuber/
Coester-Waltjen*, § 17 Rn. 10 ff.

fasst (geistige) Urheberrechte im engeren Sinne und gewerbliche Schutzrechte (z. B. Patent- und Markenrechte). Sie sind alle sondergesetzlich geregelt (z. B. im UrhG, PatentG, MarkenG, GebrMG, GeschMG). Regelmäßig gewährt ihnen der Gesetzgeber nur einen zeitlich begrenzten Schutz. So erlischt etwa das Urheberrecht 70 Jahre nach dem Tod des Urhebers (§ 64 UrhG).

II. Relative Rechte

1. Ansprüche

Hauptbeispiel für relative, also nur zwischen bestimmten Personen 7 wirkende Rechte, sind Ansprüche (s. § 4 Rn. 2). Sie können sich aus vertraglichen oder gesetzlichen Schuldverhältnissen (s. Übersicht 4 Rn. 11), aus familienrechtlichen Beziehungen, aber auch aus Herrschaftsverhältnissen (z. B. § 985) ergeben. Der Inhaber eines absoluten Rechts (z. B. des Eigentums) kann mittels des Anspruchs seine Rechtsposition gegenüber dem jeweiligen konkreten Störer durchsetzen.

2. Gestaltungsrechte

In vielen Fällen räumt das Gesetz dem Einzelnen die Möglichkeit 8 ein, auf eine bestehende Rechtslage **einseitig einzuwirken** und sie zu verändern. Haben K und V beispielsweise einen Kaufvertrag über den Gebrauchtwagen des V geschlossen und stellt sich später heraus, dass V den K arglistig über Eigenschaften des Fahrzeuges getäuscht hat, kann K den Kaufvertrag durch eine einseitige Anfechtungserklärung rückwirkend beseitigen (§§ 142, 123; Einzelheiten zur Anfechtung § 25). Die Ausübung eines solchen Gestaltungsrechts erfolgt regelmäßig durch Erklärung gegenüber dem jeweiligen Geschäftspartner. Sie kann in unterschiedlicher Weise auf das Rechtsverhältnis einwirken. So kann dieses rückwirkend wegfallen wie im Fall der Anfechtung (§ 142 Abs. 1), für die Zukunft entfallen (wie bei der Kündigung eines Arbeitsverhältnisses), sich ab Wirksamwerden der Erklärung in ein Rückgewährschuldverhältnis umwandeln (§§ 346 ff.) oder inhaltlich konkretisiert werden wie bei der einseitigen Bestimmung der Gegenleistung (s. § 315). Gestaltungsrechte können sich unmittelbar aus dem Gesetz ergeben oder vertraglich vereinbart werden (§ 346). Die Abgabe einer Gestaltungserklärung untersteht in besonderem Maße dem Gebot der **Rechtsklarheit,** da sie ohne Mitwirkung des Erklärungsgegners auf dessen Rechtsstellung einwirkt. So muss etwa die Kündigung eines Arbeitsverhältnisses eindeutig und unmissverständlich zum Ausdruck gebracht werden (nach § 623 schriftlich!).[4] Zur Bedingungsfeindlichkeit von Gestaltungsrechten s. § 20 Rn. 12 f.

3. Gegenrechte

9   Gegenrechte sind den Gestaltungsrechten verwandt. Durch ihre Geltendmachung wird ebenfalls auf die Rechte anderer eingewirkt. Sie sind im Gesetz insbesondere als sog. **Leistungsverweigerungsrechte (Einreden)** geregelt. Beispiele finden sich in §§ 214 Abs. 1 (Verjährung), 273, 320 (Zurückbehaltungsrecht). Im Gegensatz zu den Gestaltungsrechten sind sie schwächer; sie hindern die **Durchsetzbarkeit** eines Rechts, ohne es zu vernichten oder umzuwandeln. Mitunter wird der Begriff des Gegenrechts im Fallaufbau aber auch in einem weiteren Sinne verwendet und umfasst dann nicht nur Einreden, sondern auch Einwendungen gegen einen einmal entstandenen Anspruch. Einzelheiten s. unten §§ 8, 9.

III. Rechtsverhältnisse

10   Eng verknüpft mit den Kategorien des objektiven und subjektiven Rechts ist der Begriff des „Rechtsverhältnisses" bzw. „Schuldverhältnisses" (vgl. § 241). Rechtsverhältnisse ergeben sich aus den Regeln des objektiven Rechts (§ 4 Rn. 1). Es handelt sich um **rechtliche Sonderverbindungen** zwischen zwei oder mehr Personen einerseits oder einer bzw. mehrerer Personen und einer Sache andererseits. Der wichtigste Unterfall der rechtlichen Sonderbeziehung zwischen Personen ist neben den familienrechtlichen Personenverhältnissen das „Schuldverhältnis" auf vertraglicher oder gesetzlicher Grundlage. Leider ist die Terminologie des BGB auch in diesem Punkt nicht einheitlich. Man muss zwischen dem **„Schuldverhältnis" im weiteren** und **im engeren Sinne** unterscheiden. Ersteres umfasst die Gesamtheit der aus einer Sonderverbindung erwachsenden Rechte und Pflichten. In diesem Sinne sind § 241 und § 273 Abs. 1 sowie die Überschrift vor § 433 „Einzelne Schuldverhältnisse" zu verstehen. „Schuldverhältnis" im engeren Sinne ist dagegen nur ein Ausschnitt aus der gesamten Rechtsbeziehung, das Recht auf eine ganz bestimmte Leistung. Dies

---

4 *Brox/Rüthers/Henssler*, Arbeitsrecht, 18. Aufl., 2010, Rn. 425.

ist wiederum gleichbedeutend mit einem Anspruch bzw. einer Forderung, die wir soeben als typische relative Rechte kennen gelernt haben. § 362 etwa verwendet diesen engen Begriff.

Das Schuldverhältnis im weiteren Sinne umfasst ggf. mehrere Ansprüche bzw. Forderungen, so dass die Beteiligten – je nachdem, auf welchen Anspruch man sich bezieht – sowohl Schuldner als auch Gläubiger sind. So ist in dem Schuldverhältnis „Kaufvertrag" der Käufer einerseits Schuldner (nämlich der Kaufpreisforderung aus § 433 Abs. 2), andererseits Gläubiger des Anspruchs auf Übereignung und Übergabe der Kaufsache aus § 433 Abs. 1 S. 1.

Übersicht 4:   11

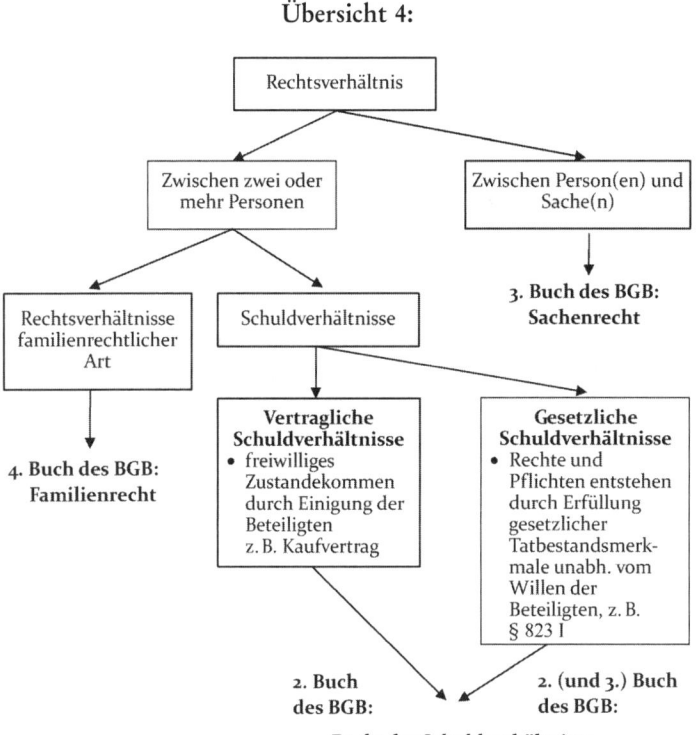

Rechtsverhältnis

Zwischen zwei oder mehr Personen

Zwischen Person(en) und Sache(n)

Rechtsverhältnisse familienrechtlicher Art

Schuldverhältnisse

3. Buch des BGB: Sachenrecht

4. Buch des BGB: Familienrecht

Vertragliche Schuldverhältnisse
- freiwilliges Zustandekommen durch Einigung der Beteiligten z. B. Kaufvertrag

Gesetzliche Schuldverhältnisse
- Rechte und Pflichten entstehen durch Erfüllung gesetzlicher Tatbestandsmerkmale unabh. vom Willen der Beteiligten, z. B. § 823 I

2. Buch des BGB:

2. (und 3.) Buch des BGB:

Recht der Schuldverhältnisse

§ 6. Erwerb und Übergang subjektiver Rechte

I. Erwerb und Erlöschen subjektiver Rechte

1 · Subjektive Rechte können grundsätzlich **rechtsgeschäftlich** übertragen werden oder **kraft Gesetzes** auf einen anderen übergehen. Die Erfordernisse für einen wirksamen Übertragungsakt sind für die einzelnen subjektiven Rechte unterschiedlich geregelt. Für die Eigentumsübertragung sind, je nachdem ob es sich um bewegliche Sachen oder Grundstücke handelt, §§ 929 ff. oder §§ 873, 925 heranzuziehen. Die Übertragung von Forderungen und anderen Rechten ist in §§ 398, 413 geregelt. Beim Erwerb subjektiver Rechte unterscheidet man zwischen **abgeleitetem (derivativem)** und **ursprünglichem (originärem) Erwerb.**

1. Abgeleiteter Erwerb

2   Der abgeleitete Erwerb beruht in der Regel auf einer **Verfügung** des Rechtsvorgängers. Der Erwerber erlangt seine Berechtigung als Rechtsnachfolger aufgrund eines rechtsgeschäftlichen Übertragungsaktes. Im Regelfall muss hinzukommen, dass der Veräußerer auch zur Übertragung des Rechts berechtigt war (zu Ausnahmen s. §§ 932 ff., 892 f.). Mit dem Übertragungsakt geht das Recht, so wie es beim Rechtsvorgänger bestand, auf den Erwerber über. Das bedeutet, dass grundsätzlich auch alle Belastungen, die auf dem übertragenen Recht bzw. der dem Recht unterliegenden Sache ruhen, auf den Erwerber übergehen (Ausnahmen sind in §§ 936, 892 f. geregelt).

Beispiele: V verkauft und übereignet seinen Gebrauchtwagen an K (§ 929 S. 1 regelt hier die Übereignung der beweglichen Sache). Damit geht das subjektive Recht „Eigentum" von V auf K über, K ist neuer Eigentümer des Wagens, das Eigentum des V erlischt.

A verkauft und übereignet sein Grundstück mit Ferienhaus am Bodensee an den B (die Übereignung unbeweglicher Sachen richtet sich nach §§ 873, 925). Nachdem B als neuer Eigentümer im Grundbuch eingetragen ist, stellt er fest, dass das Grundstück zur Sicherung einer Darlehensforderung des X gegen A mit einer Hypothek (Grundpfandrecht) zugunsten des X belastet ist. Hier kann sich X trotz des Eigentumswechsels am Grundstück von A auf B aufgrund der Hypothek aus dem Grundstück befriedigen (z. B. die Zwangsversteigerung betreiben, s. § 1113 Abs. 1 i. V. m. § 1147), wenn A das Darlehen nicht vereinbarungsgemäß zurückzahlt. B hat das Grundstück mitsamt der dinglichen Belastung erworben. Um solche unliebsamen Überraschungen zu vermeiden, sieht das Beurkundungsgesetz (BeurkG) vor, dass der Notar (zum Formzwang des Grundstückskaufs s. § 311b Abs. 1) sich über den aktuellen Grundbuchinhalt informieren und die Kaufvertragsparteien darüber belehren muss (§§ 21 Abs. 1, 17 Abs. 1 BeurkG).

Der Erbschaftsanfall (§ 1922) ist ebenfalls ein abgeleiteter Erwerb. **3** Das wird besonders deutlich, wenn die Erbfolge vom Erblasser testamentarisch verfügt ist, gilt aber auch bei gesetzlicher Erbfolge. Im Gegensatz zu den eben geschilderten Übertragungsvorgängen rein rechtsgeschäftlicher Art wird der Erbe nicht nur in Bezug auf ein bestimmtes subjektives Recht **(Einzelrechtsnachfolge)** Rechtsnachfolger des Erblassers, er tritt vielmehr in sämtliche Rechte und Pflichten des Verstorbenen ein **(Gesamtrechtsnachfolge**, § 1922 Abs. 1). Zu Einschränkungen bei höchstpersönlichen Rechten s. Rn. 6.

Beispiel: Der alleinstehende E ordnet in seinem Testament an, dass seine Nachbarin N seine Alleinerbin sein soll (§ 1937). Mit dem Tod des E (§ 1922) erwirbt N das gesamte Aktivvermögen des E, tritt aber auch in alle seine Verbindlichkeiten (Schulden!) ein (§§ 1922, 1967). War E beispielsweise Eigentümer eines Grundstückes, so wird mit seinem Tod N Eigentümerin, ohne dass es der Auflassung oder Eintragung des Erwerbs im Grundbuch nach §§ 873, 925 bedürfte. Allerdings sollte man das Grundbuch alsbald berichtigen, damit es wieder den wahren Eigentümer ausweist. Wenn der Nachlass überschuldet ist, sollte N rechtzeitig die Erbschaft ausschlagen (§§ 1942, 1944), um ihre Erbenstellung „los zu werden".

Der abgeleitete Erwerb kann auf einem rechtsgeschäftlichen Über- **4** tragungsakt beruhen (Beispiele Rn. 2) oder auf gesetzlicher Anordnung. Beim rechtsgeschäftlichen Erwerb kann grundsätzlich nur ein einzelnes Recht übertragen werden. Die Gesamtrechtsnachfolge ist dagegen immer ein Fall des gesetzlichen Erwerbs. Auch wenn die Erbfolge kraft Testamentes oder Erbvertrags – also durch Rechtsgeschäft (§ 16 Rn. 1 ff.) – angeordnet ist, vollzieht sich der Übergang kraft gesetzlicher Anordnung (§ 1922). Rechtsgeschäftlich bestimmt wird im Testament oder Erbvertrag lediglich, *wer* Rechtsnachfolger wird. Ähnliche Fälle der Gesamtrechtsnachfolge (Universalsukzession) liegen vor, wenn das Vermögen eines Unternehmens, beispielsweise einer Aktiengesellschaft, durch Verschmelzung oder Umwandlung in toto auf ein anderes übergeht (z. B. die Regelungen im UmwG).

2. Originärer Erwerb

5   Beim originären Erwerb entsteht das Recht in der Person des Erwerbers neu. Sein Erwerb gründet sich nicht auf die Rechtsinhaberstellung eines früheren Berechtigten, sondern auf einen gesetzlichen Zuordnungstatbestand. Ein originärer Erwerb kraft Rechtsgeschäftes ist daher ausgeschlossen. Wer originär erwirbt, erlangt das Recht deshalb regelmäßig frei von Belastungen durch Rechte Dritter.

> **Beispiel:** A verliert seine Armbanduhr. B findet die Uhr und meldet den Fund bei der zuständigen Stelle (§ 965). Ein Jahr später erfährt A von dem Fund und verlangt unter Berufung auf sein Eigentum die Uhr von B heraus. A hat hier keinen Anspruch aus § 985 gegen B, denn er ist nicht mehr Eigentümer der Uhr. Nach § 973 Abs. 1 hat der Finder B nämlich Eigentum an der Uhr kraft Gesetzes erworben; das Eigentum des A ist damit erloschen. Wem dieses Ergebnis „ungerecht" erscheint, lese § 977. § 985 ist nicht die einzige Anspruchsgrundlage, die für A in Betracht kommt. Der Gesetzgeber hat sich nur aus Gründen der Rechtsklarheit für einen Eigentumserwerb des Finders und damit den Ausschluss von § 985 nach Fristablauf entschieden. Der Finder darf die Sache aber nicht endgültig behalten, sondern muss sie nach § 977 i. V. m. § 812 Abs. 1 S. 1, 2. Var. an A zurückübereignen (oder u. U. Wertersatz leisten).

II. Grenzen der Übertragbarkeit

6   Subjektive Rechte sind stets an ein Rechtssubjekt (§ 14 Rn. 1 ff., § 15) gebunden. Bei den Vermögensrechten (beispielsweise Eigentum, Forderungsinhaberschaft) ist diese Bindung jedoch nicht so eng, dass sie mit dem Rechtssubjekt „stehen und fallen". Sie bestehen in der Regel unabhängig von der Person des Berechtigten und erlöschen demnach auch nicht bei einem Wechsel des Rechtsinhabers. Das ist bei **höchstpersönlichen Rechten** anders. Hier ist die Rechtsmacht so eng mit der persönlichen Rechtsstellung verknüpft, dass das Recht nur von dem Rechtsinhaber selbst ausgeübt werden kann. Es ist deshalb unübertragbar und erlischt mit dem Tod des Rechtsträgers.

> **Beispiele:** Die elterliche Sorge erlischt mit Tod der Eltern bzw. des Sorgeberechtigten; Rechte und Pflichten aus der Ehe enden mit dem Tod eines Ehepartners. Auch das Persönlichkeitsrecht erlischt grundsätzlich mit dem Tod des Rechtsträgers und ist nicht vererblich. Allerdings anerkennen Rechtsprechung und Lehre im Hinblick auf die Wertentscheidung von Art. 1 GG – die Würde des Menschen erlischt nicht mit Tod! – auch noch nach dem Tod einen gewissen fortwirkenden Schutz vor ehrverletzenden oder verfälschenden Dar-

stellungen (sog. postmortaler Persönlichkeitsrechtsschutz).[1] Für das Recht am eigenen Bild ist dies in §§ 22 f. KunstUrhG ausdrücklich normiert. Die entsprechenden Rechte können von den Angehörigen (nicht den Erben!) geltend gemacht werden, allerdings nehmen sie dabei kein eigenes Recht wahr, sondern das Interesse des Verstorbenen. Dogmatisch ist diese Konstruktion nur schwer zu erklären, denn ein von seinem Rechtssubjekt losgelöstes subjektives Recht kann es genau genommen nicht geben. Der Bundesgerichtshof beruft sich auf eine allgemeine Rechtspflicht zur Achtung der Menschenwürde Verstorbener – damit gibt es ausnahmsweise eine Pflicht, der kein Recht korrespondiert.[2]

§ 7. Die Grenzen des subjektiven Rechts

Schrifttum: *Gernhuber,* § 242 BGB – Funktionen und Tatbestände, JuS 1983, 764 ff.; *Hohmann,* § 242 BGB und unzulässige Rechtsausübung in der Rechtsprechung des *BGH,* JA 1982, 112 ff.; *Teichmann,* Venire contra factum proprium – Ein Teilaspekt rechtsmissbräuchlichen Handelns, JA 1985, 497 ff.

I. Rechtsgeschäftliche Beschränkungen

Innerhalb der von der Privatautonomie gezogenen Schranken steht   1
es jedem Rechtsinhaber frei, ihm zustehende Rechte rechtsgeschäftlich zu begrenzen. So kann sich etwa der Eigentümer einer Sache einem anderen gegenüber verpflichten, die Nutzung seines Eigentums durch den anderen zu dulden.

Beispiel: Eigentümer E räumt dem N ein Wegerecht über sein Grundstück ein (§ 1090). V vermietet seine Ferienwohnung für vier Wochen an M (§ 535).

II. Gesetzliche Grenzen – Rechtsmissbrauch

Wer rechtsmissbräuchlich handelt, macht formal von einem ihm   2
zustehenden Recht Gebrauch. Jeder Rechtsnorm, auf die sich das rechtlich relevante Verhalten stützt, liegt jedoch eine bestimmte Interessenlage und Zweckrichtung zugrunde. Daraus ergeben sich inhaltliche Geltungsgrenzen, an denen jede Rechtsausübung zu messen ist. Kriterien für diese Kontrolle sind u. a. die Generalklauseln der

---

1 BGHZ 50, 133 – Mephisto; 107, 384 – Nolde; sehr weitgehend *BGH* JZ 2000, 1056 („Marlene Dietrich") mit Anm. *Schack,* S. 1060 ff.
2 Vgl. *Brox/Walker,* Erbrecht, Rn. 16.

§§ 138, 242. So wird auch ein subjektives Recht nur im Rahmen seiner rechtsethischen und sozialen Funktion rechtlich geschützt. Es besteht eine durch die Gesamtrechtsordnung vorgegebene **Sozialbindung subjektiver Rechte.** Die Ausübung eines subjektiven Rechts ist daher unzulässig, wenn sie gegen das Schikaneverbot (§ 226[1]), gegen Treu und Glauben (§ 242) oder die guten Sitten (§§ 138, 826) verstößt. Die Regelung des § 226 hat dabei geringe praktische Bedeutung, da es selten gelingt nachzuweisen, dass die Schädigungsabsicht das einzige Motiv des Handelnden ist. Neben zahlreichen Einzelvorschriften gegen eine missbräuchliche Ausübung von subjektiven Rechten (vgl. z. B. §§ 320 Abs. 2, 323 Abs. 5 S. 2, 905 S. 2, 1353 Abs. 2, 1666), hat vor allem die Vorschrift des § 242 eine wichtige **Schrankenfunktion,** die weit über den konkreten Wortlaut der Vorschrift hinausreicht.

Beispiel: Privatmann P hat für sich die Marke „E-Classe" als Schutzrecht nach dem Markengesetz registrieren lassen, ohne einen ernsthaften Benutzerwillen für diese Marke zu haben. Vielmehr hofft P darauf, dass ein weltbekannter Automobilhersteller, der schon bislang für seine verschiedenen Wagentypen (A-Klasse, C-Klasse) ähnliche Bezeichnungen benutzt, auch diese für seine neue Produktserie nutzen will. Aufgrund der vorrangigen Registrierung durch P wäre dies nicht mehr möglich. P könnte gegen andere Nutzer der Marke auf Unterlassung klagen. Diesen markenrechtlichen Unterlassungsanspruch, den das Schutzrecht dem P eigentlich gegenüber anderen Nutzern der Marke gibt, beabsichtigt er sich dann abkaufen zu lassen. P möchte die Markenregistrierung also nicht als wettbewerbsrechtlichen Schutz nutzen, sondern daraus lediglich „Kapital schlagen". In diesem Fall nutzt P die ihm formal zustehende Rechtsposition rechtsmissbräuchlich.[2]

3   § 242 regelt also entgegen seinem – nach h. A. zu eng formulierten – Wortlaut nicht nur die Art und Weise der Leistungsbewirkung. Auch die Ausübung bestehender Rechte wird begrenzt. Die Regelung wird heute als ein das gesamte materielle Recht und Verfahrensrecht beherrschender Grundsatz verstanden. Neben der hier im Vordergrund stehenden Schrankenfunktion hat § 242 nach h. A. auch die Funktion, Schuldverhältnisse zu konkretisieren und zu ergänzen **(Ergänzungsfunktion),** sowie ihre Abwicklung ggf. unter Redlichkeits-

---

1 Nach der Entscheidung des *AG Hamburg* (Urt. v. 31.10.2007, Az 46 C 50/07, Juris), stellt es keine unzulässige Schikane dar, wenn der Vermieter dem Mieter die Aufstellung eines Kaminofens nicht gestattet. Die Grenze des Schikaneverbots ist erst erreicht, wenn die Ausübung eines Rechts nur den Zweck hat, einem anderen Schaden zuzufügen. Im vorliegenden Fall sah das AG in der Verweigerung nur die Vorenthaltung einer „Annehmlichkeit", keine Schadenszufügung.
2 *BGH* NJW-RR 2001, 975.

gesichtspunkten zu korrigieren (**Korrekturfunktion** – z. B. in Gestalt der Figur des Wegfalls der Geschäftsgrundlage, § 313). Einzelheiten hierzu gehören in das Allgemeine Schuldrecht. Für die inhaltliche Konkretisierung ist nicht nur auf die namentlich genannte „Verkehrssitte" abzustellen, es sind vielmehr auch die allgemein in der Gesellschaft anerkannten **objektiven Werte** zu berücksichtigen. Die subjektive Bewertung durch den Rechtsanwender spielt keine Rolle. Die Vorschrift ist damit ein „Einfallstor" für die Wertordnung des Grundgesetzes und Ausdruck der **mittelbaren Drittwirkung von Grundrechten** (s. § 2 Rn. 14). Zu § 242 in seiner Schrankenfunktion sind von der Rechtsprechung einzelne Fallgruppen gebildet worden. Danach kann die Rechtsausübung in folgenden Fällen unzulässig sein:

1. Widersprüchliches Verhalten (venire contra factum proprium)

Ein Unterfall der unzulässigen Rechtsausübung, genauer des widersprüchlichen Verhaltens, ist die **Verwirkung.** Hat der Gläubiger durch sein tatsächliches Verhalten gegenüber dem Schuldner bei diesem den Eindruck erweckt, er werde sein Recht nicht mehr ausüben, und ist ein längerer Zeitraum verstrichen, in dem er tatsächlich untätig bleibt, so wird er durch das schutzwürdige Vertrauen des anderen Teils an der Durchsetzung seines Rechts gehindert. Dies gilt insbesondere dann, wenn der Schuldner sich in seinen Vermögensdispositionen bereits darauf eingestellt hat, nicht mehr belangt zu werden. Die Verwirkung kann gerade dann eintreten, wenn die Forderung noch nicht verjährt ist (hierzu § 9 Rn. 4 ff.). Sie ist nicht wie die Verjährung an feste Fristen geknüpft, zum Zeitmoment muss in jedem Fall das „Vertrauensmoment" hinzukommen.

Beispiel: Mieter M hat nach dem Mietvertrag eine monatliche Miete von € 700,– zu bezahlen. Da ihm die Miete zu hoch erscheint, zahlt er mit dieser Begründung monatlich jeweils € 100,– weniger. Vermieter V reagiert auf diese einseitige Herabsetzung der Mietzahlung zunächst nicht. Erst nach knapp drei Jahren klagt er den Differenzbetrag ein. Wenn bei M der schutzwürdige Eindruck entstanden war, V sei mit der „Minderung" einverstanden, ist der Nachzahlungsanspruch des V verwirkt.

Verwirkungsfälle waren schon in der Vergangenheit selten. Mit Herabsetzung der regelmäßigen Verjährungsfrist von dreißig auf drei Jahre (§ 195) seit 1.1.2002 hat das Rechtsinstitut der Verwirkung

weiter an praktischer Bedeutung verloren, weil sich der Schuldner
schon sehr viel früher auf Verjährung berufen kann.

Widersprüchliches und damit treuwidriges Verhalten liegt allgemein vor, wenn die Rechtsausübung mit dem Vorverhalten des Berechtigten in einem Widerspruch steht. So versagt der BGH etwa zu
Recht demjenigen, der einen anderen in einer gefährlichen Situation
zur Hilfe bittet, wenn der Helfer dabei verletzt wird und Ersatz verlangt, den Einwand des Mitverschuldens (§ 254), das darin bestehen
soll, dass er der Bitte Folge leistete.[3] Auch ein Werkunternehmer,
der vereinbart, eine Bauleistung „ohne-Rechnung" zu erbringen
(und damit Umsatzsteuer zu sparen), kann sich bei einer mangelhaften Bauleistung gegenüber den Gewährleistungsansprüchen des Bestellers nicht auf die Gesamtnichtigkeit des Vertrages nach § 139 berufen (nichtig ist in diesem Fall nach § 134 nur die Ohne-Rechnung-
Abrede).[4]

2. Unredliches Verhalten

5   Seinem Wortlaut entsprechend regelt § 242 natürlich auch die red-
liche Erfüllung von Verbindlichkeiten. Der Schuldner muss berechtigte Interessen des Gläubigers beachten und umgekehrt.

Beispiel: Schuldner S klingelt am Fälligkeitstag morgens um 3 Uhr bei seinem Gläubiger G, um eine Geldschuld zu begleichen. Eine solche Leistung
„zur Unzeit" ist unredlich.[5] G kann sie zurückweisen, ohne in Annahmever-
zug zu geraten (§§ 293 ff.).

Hat der Betroffene sein Recht durch eine eigene Pflichtverletzung
erlangt, so darf er es nicht zum Nachteil des Betroffenen ausüben.
Dabei genügt es, wenn der Rechtserwerb objektiv rechtswidrig war;
Verschulden ist nicht erforderlich.

Beispiel: Gläubiger G hat für die Schuld des S eine selbstschuldnerische
Bürgschaft des B erlangt (§§ 765, 771, 773 Abs. 1 Ziff. 1). In diesem Fall darf
G nicht einerseits den S selbst veranlassen, nicht zu zahlen, um daraufhin B
aus der Bürgschaft in Anspruch zu nehmen.[6]

---

3 *BGH* NJW 2005, 421.
4 *BGH* NZM 2008, 496 (zur rechtlichen Behandlung von Schwarzarbeiterverträgen s.
§ 26 Rn. 9.
5 Palandt/*Grüneberg,* § 242 Rn. 22.
6 S. hierzu *BGH* NJW 2004, 3779: der Gläubiger hatte selbst den wirtschaftlichen Zu-
sammenbruch des Schuldners herbeigeführt.

3. Fehlen eines schutzwürdigen Eigeninteresses an der Rechtsausübung

Macht der Berechtigte einen Anspruch geltend, so wird das vom **6** Gesetz nicht zuletzt deshalb gebilligt, weil er das Geleistete in der Regel auch behalten darf. Ist er jedoch verpflichtet, die Sache bzw. das Geleistete alsbald wieder zurückzugeben, so stellt sein Leistungsbegehren eine unzulässige Rechtsausübung dar *(dolo agit, qui petit, quod statim redditurus est)*.

Beispiel: K und V haben sich zunächst nur über den Abschluss des Kaufvertrages über das Fahrrad des V geeinigt (§ 433), die Kaufsache ist mangels eines Übertragungsaktes nach § 929 S. 1 noch nicht in das Eigentum des K übergegangen. Wenn K nun vor dem vereinbarten Termin zur Übergabe das unverschlossen vorgefundene Fahrrad des V einfach mitnimmt, stünde V an sich der Herausgabeanspruch des Eigentümers gegen den Besitzer (K) nach § 985 zu (außerdem §§ 823, 861, 1007). Durch das eigenmächtige Ansichnehmen seitens K sind die Voraussetzungen für einen rechtsgeschäftlichen Eigentumsübergang nach § 929 S. 1 natürlich nicht erfüllt. Ebenso ist fraglich, ob man dem K schon ein Recht zum Besitz (§ 986) zubilligen kann, wenn er sich den Besitz eigenmächtig verschafft hat. Ein Herausgabeanspruch wäre daher gegeben. Dennoch wäre die Ausübung des Rechts seitens des V unredlich, ist er doch – jedenfalls wenn der vereinbarte Zeitpunkt für die Übergabe inzwischen gekommen ist – aufgrund der vertraglichen Vereinbarung nach § 433 Abs. 1 S. 1 ohnehin verpflichtet, dem K das Fahrrad zu übereignen. Ein Beharren auf seinem Herausgabeanspruch wäre daher rechtsmissbräuchlich (dem sog. possessorischen Herausgabeanspruch aus § 861 kann dies jedoch wegen § 863 nicht entgegen gehalten werden).

§ 8. Die eigenmächtige Durchsetzung des subjektiven Rechts

Schrifttum: *Braun*, Subjektive Rechtfertigungselemente im Zivilrecht?, NJW 1998, 941 ff.; *Conrad/Koranyi*, Die „hypothetische Einwilligung" im Zivil- und Strafrecht vor dem Hintergrund des neuen § 630 h BGB, JuS 2013, 979; *Schreiber*, Die Rechtfertigungsgründe des BGB, Jura 1997, 29 ff.

I. Grundsatz

Wer sein Recht durchsetzen will, muss sich grundsätzlich staatli- **1** cher Hilfe bedienen. Der Schutz subjektiver Rechte ist von der

Rechtsordnung den staatlichen Gerichten zugewiesen. Das staatliche Monopol der Rechtsverwirklichung umfasst sowohl die Entscheidungs-, als auch die Vollstreckungsbefugnis. Wenn der Verpflichtete einen Anspruch nicht freiwillig erfüllt, bleibt dem Anspruchsinhaber nichts anderes übrig, als die Erfüllung gerichtlich zu erzwingen. Das gerichtliche Verfahren teilt sich dabei in ein sog. **Erkenntnisverfahren** und einen **Vollstreckungsabschnitt.** Im Erkenntnisverfahren entscheidet das Gericht darüber, ob der geltend gemachte Anspruch überhaupt besteht. Bejahendenfalls wird ein Urteil zugunsten des Klägers erlassen. Die einschlägigen Verfahrensregeln finden sich in der Zivilprozessordnung (ZPO). Wenn trotz des Gerichtsurteils der Schuldner seiner Verpflichtung noch immer nicht nachkommt, wird der Anspruch unter Zuhilfenahme staatlicher Vollstreckungsorgane (z. B. Gerichtsvollzieher) zwangsweise durchgesetzt (Einzelheiten finden sich im 8. Buch der ZPO). Eine eigenmächtige Rechtsverfolgung durch den Rechtsinhaber („Faustrecht") ist dadurch im Interesse des Rechtsfriedens weitgehend verdrängt worden.

II. Ausnahmen

2 Unter bestimmten Voraussetzungen lässt die Rechtsordnung die eigenmächtige Verteidigung gegen Angriffe auf das subjektive Recht zu und gestattet die **eigenmächtige** Rechtsverwirklichung, d. h. die Durchsetzung eines Anspruchs.

1. Notwehr und Notstand

3 **Fall 5:** E überrascht den Einbrecher X in seinem Weinkeller. Als E durch die Kellertür kommt, zückt X ein Springmesser. E zieht schnell eine Spätlese aus dem Regal und zertrümmert die Flasche auf dem Kopf des X. X will später von E Ersatz seiner Arztkosten. Zu Recht? → Rn. 5.

Die Verletzung eines fremden Rechts ist unter den Voraussetzungen der Notwehr (§ 227) oder des Notstandes (§ 228, § 904) gerechtfertigt. § 227 greift ein, wenn der Angriff von einem Menschen ausgeht, während § 228 die von Sachen ausgehenden Gefahren betrifft.

4 **a) Notwehr.** Notwehr ist diejenige Verteidigung, welche erforderlich ist, um einen **gegenwärtigen rechtswidrigen Angriff** von sich oder einem anderen (Nothilfe) abzuwehren. Die Notlage setzt einen

Angriff auf ein beliebiges rechtlich geschütztes Interesse voraus. Er muss bereits begonnen haben und noch andauern („gegenwärtig"). Die Notwehrhandlung muss objektiv erforderlich sein, wobei unter mehreren gleich geeigneten Abwehrmaßnahmen das mildeste Mittel zu wählen ist. Zudem muss die Verteidigungshandlung nach der Rechtsprechung von einem **Verteidigungswillen** (str.) getragen und darf nicht rechtsmissbräuchlich sein.[1]

Auch gegen einen Angriff auf geringwertige Rechtsgüter darf man sich mit den erforderlichen Mitteln zur Wehr setzen. Allerdings darf nach h. L. kein unerträgliches Missverhältnis zwischen dem angegriffenen Rechtsgut und dem durch die Notwehr beeinträchtigten Rechtsgut des Angreifers bestehen. Sonst wäre die Notwehrhandlung ein Rechtsmissbrauch. So darf der querschnittsgelähmte Hauseigentümer nicht mit einem Gewehr auf Kinder schießen, die aus seinem Kirschbaum Kirschen stehlen.

> **Lösung Fall 5 (Rn. 3):** X kann sich möglicherweise auf die Anspruchs-   5
> grundlage des § 823 Abs. 1 berufen. Die Tatbestandsmerkmale „wer" den
> „Körper" „eines anderen" „verletzt", sind durch den Schlag des E mit der
> Weinflasche gegeben. X ist durch die Arztkosten hieraus ein Vermögens-
> schaden entstanden. Zweifelhaft ist die Voraussetzung „rechtswidrig". E
> durfte den X verletzen, wenn er in Notwehr gehandelt hat. § 227 gibt die ge-
> wünschte Rechtsfolge: „Handlung ist nicht widerrechtlich". Dann müssten
> die Voraussetzungen einer Notwehrsituation vorliegen. Ein gegenwärtiger
> Angriff des X ist gegeben, weil X mit dem Messer auf E losging. E „vertei-
> digt" sich, denn er hat nicht angefangen, sondern wurde von X angegriffen.
> „Erforderlich" war die Handlung des E, der kein milderes Mittel zur Verfü-
> gung hatte, um den Angriff des X abzuwehren. Ein Dulden oder eine Flucht
> waren unzumutbar. Somit war die Verletzung durch E nicht rechtswidrig,
> also hat X keinen Schadensersatzanspruch gegen E aus § 823 Abs. 1.

Sind die Voraussetzungen des § 227 nicht gegeben, so ist der Ein-   6
griff in das fremde Rechtsgut rechtswidrig. Allerdings kann es ausnahmsweise für die Schadensersatzpflicht (§ 823 Abs. 1) am Verschulden fehlen, wenn der Handelnde ohne Sorgfaltsverstoß irrtümlich an
eine Notwehrlage glaubte **(Putativnotwehr).** Das Gleiche gilt, wenn
er infolge Verwirrung, Furcht oder Schrecken das erforderliche Maß
der Verteidigung überschreitet **(Notwehrexzess).**

---

1 Zu Recht krit. *Braun,* NJW 1998, 941 ff.

b) Notstand

7   **Fall 6:** A kehrt nach einem Spaziergang in der Gartenwirtschaft des B ein. Dort wird er von dessen Hofhund angegriffen, der sich von der Kette losgerissen hat. A ergreift den Regenschirm eines am Nebentisch sitzenden Gastes G und schlägt auf den Hund ein. Schirm und Hund nehmen dabei Schaden.

a) Darf G den A daran hindern, ihm den Regenschirm wegzunehmen?

b) Kann G von A Schadensersatz für den zerstörten Schirm verlangen?

c) Kann B von A Schadensersatz (Kosten für tierärztliche Behandlung) verlangen?

d) Kann A von B Schadensersatz verlangen? → Rn. 9.

8   Das BGB unterscheidet zwischen dem **Verteidigungsnotstand** (defensiver Notstand, § 228) und dem **Angriffsnotstand** (aggressiver Notstand, § 904). Bei § 228 geht die Gefahr von der Sache aus, die bei der Gefahrenabwehr beschädigt oder zerstört wird. Es fehlt an einem rechtswidrigen Angriff im Sinne von § 227, da die Gefahr nicht vom willentlich gesteuerten Verhalten eines Angreifers ausgeht (dies läge vor, wenn im Fall 5 der B seinen Hund absichtlich auf den A hetzt!). In den Fällen des § 904 wird auf eine Sache eingewirkt, von der gerade keine Gefahr ausgeht.

Den beiden Vorschriften ist gemeinsam, dass sie zur Abwendung einer Gefahr Eingriffe in fremdes Eigentum erlauben und auf dem Gedanken der **Güterabwägung** beruhen. Gem. § 228 ist die Verteidigung zulässig, wenn die Beschädigung oder Zerstörung der Sache (s. §§ 90, 90a) zur Abwendung der Gefahr erforderlich und der Schaden nicht außer Verhältnis zur Gefahr steht. Dagegen sind Handlungen im Angriffsnotstand nach § 904 nur ausnahmsweise rechtmäßig, nämlich dann, wenn die Einwirkung zur Abwendung der gegenwärtigen Gefahr notwendig und der drohende Schaden in Vergleich zu dem aus der Einwirkung dem Eigentümer entstehenden Schaden unverhältnismäßig groß ist.

9   **Überlegungen zu Fall 6 (Rn. 7):**
Frage a): G könnte sich gegenüber A auf § 1004 berufen und Unterlassung der Benutzung des Schirms verlangen. Trotz des Wortlautes findet § 1004 Abs. 1 auch dann Anwendung, wenn eine erstmalige Beeinträchtigung (nicht eine wiederholte) unmittelbar bevorsteht. Allerdings ist der Anspruch nach Abs. 2 ausgeschlossen, soweit eine Duldungspflicht des Eigentümers, hier des G, besteht. Auf § 228 kann sich A insoweit nicht berufen, denn er nimmt den Schirm nicht, um eine *von diesem* drohende Gefahr abzuwenden. Nicht der Schirm droht, sondern der Hund. Hier hilft die Gegennorm (zu § 1004)

des § 904 S. 1. Die Einwirkung des A auf den Schirm dient der Abwendung der gegenwärtigen Gefahr „Hund"; sie ist notwendig und der drohende Schaden – Verletzung des A durch Hundebiss – im Verhältnis zur Zerstörung des Schirms unverhältnismäßig groß. Also hat G keinen Anspruch auf Unterlassung gegen A; A darf den Schirm zur Abwehr verwenden.

Frage b): G könnte von A Schadensersatz aus der Anspruchsgrundlage des § 904 S. 2 verlangen. Die Voraussetzungen nach S. 1 liegen wie soeben geprüft vor, daher ist A zum Ersatz des beschädigten Schirms verpflichtet. Daneben kann sich G nicht auf § 823 Abs. 1 als weitere Anspruchsgrundlage berufen, denn trotz der zweifellos gegebenen Eigentumsverletzung (Schirm) durch eine Handlung des A (Einschlagen auf den Hund), fehlt es an der Rechtswidrigkeit seines Tuns. § 904 S. 1 erlaubt ja wie gesehen gerade, dass A in dieser Ausnahmesituation den fremden Schirm beschädigt. Deswegen hat der Gesetzgeber in § 904 S. 2 eigens eine Anspruchsgrundlage für den betroffenen Eigentümer vorgesehen.

Frage c): B könnte von A Schadensersatz aus § 823 Abs. 1 verlangen, wenn dessen Voraussetzungen vorliegen. A hat den Hund des B (Eigentum an Sache, § 90a) verletzt und hieraus ist dem B ein Vermögensschaden in Form der Behandlungskosten entstanden. Fraglich ist, ob A rechtswidrig gehandelt hat. Sie ahnen es bereits: nunmehr greift § 228 ein (Voraussetzungen genau durchprüfen!), denn die von A abgewehrte Gefahr geht vom Hund aus. Er ist daher nicht zum Schadensersatz verpflichtet.

Frage d): Diese Frage ist an dieser Stelle noch schwer zu beantworten. § 823 Abs. 1 kommt als Anspruchsgrundlage für A nicht in Betracht, denn er hat weder eine Eigentums-, noch eine Körperverletzung erlitten (der beschädigte Schirm gehörte dem G!). Sein Schaden besteht darin, dass er dem G einen neuen Schirm bezahlen muss. Dies ist ein reiner Vermögensschaden, der von § 823 Abs. 1 nicht erfasst wird. Auch eine Haftung des B als Tierhalter i. S. v. § 833 würde eine Verletzung der dort abschließend genannten Rechtsgüter voraussetzen. Rechtsprechung und Lehre haben jedoch eine andere Anspruchsgrundlage entwickelt, die sich inzwischen auch ausdrücklich aus dem Gesetz ergibt: §§ 280 Abs. 1, 311 Abs. 2 (sog. culpa in contrahendo – c. i. c.). Hier betrat A das Lokal des B, um mit ihm einen Vertrag zu schließen. Auch wenn es soweit noch nicht gekommen ist, treffen den B bereits in diesem Stadium der Vertragsanbahnung („vorvertragliche") Pflichten, seine Gäste vor Schäden zu bewahren. B musste daher dafür Sorge tragen, dass der Hund eingesperrt bleibt oder wieder eingefangen wird. Ein Vertretenmüssen (§ 276: Vorsatz oder Fahrlässigkeit) des B muss nach der Fassung von § 280 Abs. 1 S. 2 nicht der A beweisen; vielmehr müsste B darlegen, dass der Hund ohne sein Verschulden frei herumlief (sorgfältiges Anketten, regelmäßige Kontrolle). Gelingt ihm dies nicht, muss er dem A den Vermögensschaden (neuer Schirm für G) ersetzen.

2. Selbsthilfe

10 **Fall 7:** D stiehlt das Auto des A.

a) A kommt hinzu und will den D daran hindern, mit seinem Wagen davon zu fahren.

b) A sieht den D drei Tage später auf einem Parkplatz mit seinem Wagen.

c) A sieht drei Tage später wie X, der den Wagen inzwischen von D erworben hat, einsteigen möchte.

D und X sind nicht bereit, mit A zur Polizei zu gehen. A will daher die Autoschlüssel gewaltsam an sich nehmen. Darf er das? → Rn. 12.

11 Die Selbsthilfe nach §§ 229 ff. hat drei Voraussetzungen: Der Berechtigte muss einen Anspruch haben, obrigkeitliche Hilfe darf nicht rechtzeitig zu erlangen sein und ohne sofortiges Eingreifen muss die Gefahr bestehen, dass die Durchsetzung des Anspruchs vereitelt oder erschwert wird. Die Selbsthilfe ist nur unter diesen engen Voraussetzungen zulässig, weil hier ausnahmsweise die eigenmächtige, gewaltsame Durchsetzung eines Anspruchs zugelassen wird. Wenn die Voraussetzungen gegeben sind, darf der Berechtigte eine Sache wegnehmen, zerstören oder beschädigen, um zu verhindern, dass sein Anspruch vereitelt oder gefährdet wird. Er darf den Verpflichteten, der fluchtverdächtig ist, festnehmen oder seinen Widerstand gegen Handlungen, die dieser zu dulden verpflichtet ist, gewaltsam brechen. Die irrtümliche Vorstellung, zur Selbsthilfe berechtigt zu sein, wird vom Gesetz nicht geschützt. Wer daher zur Selbsthilfe greift, tut dies auf eigene Gefahr. Er ist dem Verletzten gem. § 231 zum Schadensersatz verpflichtet, wenn die Voraussetzungen nach § 229 nicht vorlagen. Neben den allgemeinen Selbsthilfemaßnahmen nach §§ 229, 230 sind die Rechte des Besitzers aus den §§ 858, 859 (Einzelheiten zu diesem „Besitzschutz" gehören in das Sachenrecht) und des Vermieters nach § 562b zu beachten.

12 **Lösung Fall 7 (Rn. 10):**

Variante a): A darf sich nach § 859 Abs. 1 i. V. m. § 858 gegen den drohenden Besitzentzug durch D mit Gewalt zur Wehr setzen. D verübt „verbotene Eigenmacht" im Sinne von § 858, denn er stört den Besitz des A an seinem Wagen ohne – hier sogar gegen – dessen Willen. Dies muss sich A nicht gefallen lassen. § 859 Abs. 1 ist eine spezielle Notwehrregelung für den Besitz und ist – wie § 227 – nur anwendbar, solange ein gegenwärtiger Angriff gegeben ist.

Variante b): Im Gegensatz zu a) ist nunmehr die Besitzentziehung durch D bereits abgeschlossen (§ 859 Abs. 1 kommt daher nicht mehr in Betracht). A ist zwar noch Eigentümer des Wagens, aber D ist jetzt Besitzer (§ 854). Auch § 859 Abs. 2 hilft dem A in dieser Situation nicht, denn er hat den D nicht auf frischer Tat ertappt, sondern erst nach drei Tagen. A hat gegen D „nur noch" schuldrechtliche Ansprüche auf Rückgabe des gestohlenen Wagens (z. B. aus §§ 985, 823 Abs. 1 und 2, 861); diese müsste er an sich gerichtlich durchsetzen. Nach § 229 darf er ausnahmsweise Selbsthilfe verüben, denn obrigkeitliche Hilfe zur Durchsetzung seiner Ansprüche ist nicht greifbar (anders, wenn ein Polizist in der Nähe wäre) und ohne sofortiges Eingreifen würde D mit dem Wagen so schnell wie möglich davon fahren. Der Herausgabeanspruch wäre vereitelt bzw. erheblich erschwert, weil er den D nicht mehr identifizieren kann. Also gestattet das Gesetz, dass A den Besitz des D an Wagen und Schlüssel seinerseits stört. A handelt nicht in „verbotener Eigenmacht" im Sinne von § 858, weil das Gesetz die Störung gestattet. Deshalb darf sich D auch nicht unter Berufung auf § 859 seinerseits mit Gewalt gegen den A zur Wehr setzen.

Variante c): Hier ist nicht nur der Aufbau, sondern auch das Ergebnis gleich wie in Var. b. Zweifelhaft ist nur, ob dem A auch wirklich ein Anspruch auf den Wagen gegen X zusteht. §§ 823 und 861 kommen nicht in Betracht, weil X den Wagen nicht selbst gestohlen hat. Dem A verbleibt jedoch der Herausgabeanspruch aus § 985. Er hat sein Eigentum nicht durch die Veräußerung des D an X verloren. Auch wenn X gutgläubig war (§§ 929, 932) und vom Diebstahl nichts wusste, hindert § 935 seinen Eigentumserwerb. Im Sachenrecht werden Sie dazu Näheres erfahren. Also muss auch X die Wegnahme von Schlüssel und Wagen dulden.

§ 9. Verjährungs- und Ausschlussfristen

Schrifttum: *Blasche*, Aktuelle Probleme des Verjährungsrechts, Jura 2009, 481 ff.; *Mansel/Budzikiewicz*, Einführung in das *neue* Verjährungsrecht, Jura 2003, 1 ff.; *Zimmermann*, „… ut sit finis litium", JZ 2000, 853 ff. (rechtsvergleichend).

I. Bestehen und Durchsetzbarkeit von Ansprüchen

Fall 8: E hat vom Malerbetrieb des M in seiner Wohnung kleinere Reno-   1
vierungsarbeiten durchführen lassen. Zu seinem Erstaunen erhält er zunächst keine Rechnung, fragt aber nicht nach. Als ihm M Jahre später eine Rechnung schickt, zahlt E. Von seiner Tochter, die Jura studiert, erfährt er

danach, dass der Anspruch verjährt gewesen sei und fordert das Geld von M zurück. Zu Recht? → Rn. 3.

2   Nicht jeder bestehende Anspruch kann sofort und zeitlich unbegrenzt durchgesetzt werden. Die Verwirklichung eines Anspruchs setzt voraus, dass er
1. entstanden,
2. nicht wieder untergegangen,
3. rechtlich durchsetzbar ist.

Die Geltendmachung von Ansprüchen ist zeitlich in zweierlei Richtungen begrenzt. Fehlt die Fälligkeit der Forderung (§ 271), so kann sie vom Gläubiger **noch nicht** geltend gemacht werden. Ist der Anspruch dagegen verjährt, so kann er **nicht mehr durchgesetzt** werden, wenn sich der Schuldner auf die Einrede beruft. Die Existenz des Anspruchs entscheidet nicht nur über die Frage, ob er durchsetzbar ist, sondern auch darüber, ob der Gläubiger eine bereits erbrachte Leistung behalten darf. Wird z. B. auf einen aufschiebend bedingten Anspruch (s. § 20 Rn. 5) geleistet und tritt die Bedingung nie ein, so ist der Anspruch zu keiner Zeit existent gewesen. Die Leistung des Schuldners ist ohne Rechtsgrund erfolgt, er kann sie nach § 812 Abs. 1 S. 1, 1. Var. (es handelt sich um eine wichtige Anspruchsgrundlage!) zurückfordern. Die Leistung auf einen bestehenden, aber nicht durchsetzbaren Anspruch berechtigt hingegen nur unter bestimmten Voraussetzungen (§ 813 Abs. 1 S. 1) zur Rückforderung gem. § 812 Abs. 1 S. 1, da hier der Rechtsgrund vorhanden war.

3   **Lösung Fall 8 (Rn. 1):** Eine Rückforderung des E nach § 812 Abs. 1 S. 1, 1. Var. kommt nur in Betracht, wenn die tatbestandlichen Voraussetzungen vorliegen. E hat „etwas" – nämlich den geschuldeten Werklohn – an M „geleistet" (= bewusste, zweckgerichtete Vermögensmehrung). Allerdings erfolgte die Leistung nicht „ohne rechtlichen Grund", denn M und E hatten einen wirksamen Vertrag geschlossen, aufgrund dessen E nach erbrachter Renovierungsleistung durch M zur Zahlung verpflichtet war. Unterstellen wir einmal, die Auskunft, die Forderung des M sei zwischenzeitlich verjährt gewesen, war richtig. E hätte deshalb die Zahlung verweigern können, § 214 Abs. 1. Zur Rückforderung der erbrachten Leistung ist er aber nicht berechtigt, selbst dann nicht, wenn er in Unkenntnis seines Leistungsverweigerungsrechts bezahlte, § 214 Abs. 2. Das Gesetz zieht hier die Konsequenz daraus, dass der Anspruch infolge der eingetretenen Verjährung nicht „erlischt" – erst recht nicht der geschlossene Vertrag selbst –, sondern lediglich seine Durchsetzbarkeit einbüßt. § 214 Abs. 2 ist eine Sonderregelung zu § 813 Abs. 1 S. 1 – so ausdrücklich § 813 Abs. 1 S. 2.

II. Die Verjährung

1. Gegenstand und Zweck

Grundsätzlich sind alle vertraglichen und gesetzlichen Ansprüche 4
der Verjährung unterworfen (§ 194 Abs. 1). Unverjährbar sind allerdings neben den familienrechtlichen Ansprüchen des § 194 Abs. 2
die Ansprüche aus Rechten, die im Grundbuch eingetragen sind
(§ 902), der Anspruch auf Berichtigung des Grundbuchs (§ 898) und
einige weitere Ansprüche (z. B. §§ 758, 924, 1138, 2042 Abs. 2).

Das Gesetz begrenzt die Durchsetzbarkeit von Ansprüchen also 5
durch Zeitablauf. Es fördert damit die **Rechtssicherheit** und den
Rechtsfrieden. Die mögliche Verjährung soll die Abwicklung der
Rechtsgeschäfte beschleunigen. Längere Untätigkeit des Gläubigers
erschwert oftmals die Klärung der Rechtslage und kann den Schuldner, der nicht (mehr) mit seiner Inanspruchnahme rechnet, in **Beweis-
not** bringen (ansonsten müssten etwa Quittungen unbegrenzt aufbe-
wahrt werden, um im Zweifel nachweisen zu können, dass man
bereits bezahlt hat!). Die Verjährung schützt auf diese Weise Parteien
und Gerichte davor, Zeit und Arbeit für Prozesse zu verwenden, deren richtige Entscheidung u. U. nicht mehr gewährleistet ist. Die zeitliche Begrenzung der Durchsetzbarkeit von Ansprüchen ist daher ein
wichtiges Bedürfnis des Rechtsverkehrs. Der Schuldner kann mit der
Verjährungseinrede aber auch wohl begründete Ansprüche pauschal
abwehren – der Gläubiger zahlt also einen hohen Preis für die ge-
wonnene Rechtssicherheit. Dies ist ihm nur deshalb zumutbar, weil
er es in der Hand hat, seinen Anspruch rechtzeitig geltend zu machen
(s. bereits § 7 Rn. 4, die Überlegungen zur Verwirkung). Neben
Rechtssicherheit und **Rechtsfrieden** kann das Verjährungsrecht – jedenfalls im Bereich des Gewährleistungsrechts – eine weitere Funktion erfüllen. Durch die Länge der Verjährungsfristen für Ansprüche,
die dem Kunden wegen Mängeln der Ware oder von Dienst- bzw.
Werkleistung zustehen, kann der Gesetzgeber in gewisser Weise
Qualität und Markt steuern.[1] Übersteigt die Verjährungsfrist nämlich die voraussichtliche oder vertraglich vorausgesetzte Lebensdauer
des Produktes, besteht auf Anbieterseite kein oder wenig Anreiz, Bil-
lig- und Verschleißware zu produzieren. So wurde im Zuge der Neu-

---

1 *Mansel* in: Mansel/Budzikiewicz, Das neue Verjährungsrecht, 2002, § 1 Rn. 47 m.
Nachw.

ordnung des Kaufgewährleistungsrechts zum 1. Januar 2002 die Verjährung der Ansprüche des Käufers einer **beweglichen Sache** wegen eines Sach- oder Rechtsmangels (s. § 437) von früher sechs Monaten (§ 477 a. F.) auf zwei Jahre erhöht (§ 438 Abs. 1 Nr. 3).[2] Für **Bauwerke** beträgt die Verjährungsfrist fünf Jahre (§ 438 Abs. 1 Nr. 2).

2. Neukonzeption des Verjährungsrechts durch das Schuldrechtsmodernisierungsgesetz

6   a) **Verjährungsfristen und Verjährungsbeginn.** Im Zuge der Schuldrechtsmodernisierung wurde zum 1. Januar 2002 auch das gesamte Verjährungsrecht des BGB neu geregelt. Die Verjährungsregeln alter Fassung (§§ 195–225 a. F.) hatten tatsächlich gravierende Mängel. Die gesamte Materie war in zu vielen verstreuten Vorschriften mit unterschiedlichsten Fristen geregelt. Die Regelverjährung von dreißig Jahren (§ 195 a. F.) wurde zu Recht einerseits als zu lang empfunden; andererseits war sie von zahlreichen Ausnahmetatbeständen durchbrochen, so dass die Gesamtregelung wenig übersichtlich war. Neben der Vereinfachung der gesetzlichen Regelung war daher vor allem die Herabsetzung der regelmäßigen Verjährung, die wieder zentrale Bedeutung erlangen sollte, primäres Reformziel. Nach § 195 beträgt die regelmäßige Verjährung heute drei Jahre. Wegen dieser drastischen Fristverkürzung musste der Gesetzgeber damit gleichzeitig ein **subjektives System** für den **Beginn der Verjährungsfrist** einführen. Hätte man am früheren Prinzip des Verjährungsbeginns mit objektiver **Entstehung** des Anspruchs festgehalten, wäre in vielen Fällen nicht zu vermeiden gewesen, dass ein Anspruch schon verjährt ist, bevor der Gläubiger von ihm überhaupt wusste bzw. seinen Anspruchsgegner kennt. Dies ist namentlich bei Schadensersatzansprüchen von Bedeutung, wenn der Geschädigte den Verletzen nicht sofort identifizieren kann. Nach der Neuregelung in § 199 beginnt die Verjährungsfrist des § 195 daher erst zu laufen mit Schluss des Jahres, in dem der Anspruch entstanden ist *und* der Gläubiger von den anspruchsbegründenden Umständen sowie der Person des Schuldners Kenntnis hat oder ohne grobe Fahrlässigkeit Kenntnis hätte erlangen können. Der Verjährungsbeginn ist damit – verkürzt ausgedrückt – **kenntnisabhängig.** Im Interesse der Rechtssicherheit und des Rechtsfriedens (s. oben Rn. 5) darf die Verjährung aber auf diese

---

2 Einzelheiten hierzu bei *Mansel* (Fn. 1), Fn. 47 ff.

Weise nicht ad infinitum hinausgeschoben werden. § 199 Abs. 2–5 treffen daher eine Regelung für **kenntnisunabhängige Höchstfristen:** für Ansprüche, die nicht auf Schadensersatz gerichtet sind, beträgt diese zehn Jahre ab Entstehung des Anspruchs (§ 199 Abs. 4), für Schadensersatzansprüche wegen Verletzung des Lebens, des Körpers, der Gesundheit oder Freiheit hingegen dreißig Jahre ab Begehung der haftungsauslösenden Handlung (§ 199 Abs. 2). Sonstige Schadensersatzansprüche verjähren ebenfalls längstens nach zehn Jahren (§ 199 Abs. 3).

Die Differenzierung lässt sich anhand eines Verkehrsunfalls verdeutlichen, bei dem der Verursacher X unerkannt flüchten kann. Wenn der geschädigte Autofahrer A dabei an seinem Wagen Totalschaden erleidet und er selbst erhebliche Gesundheitsschäden davon trägt, so beginnt die Verjährung seiner Ansprüche grundsätzlich nicht, bevor er nicht auch den Verursacher namentlich kennt, denn ohne Angabe von Namen und Adresse kann A keine Schadensersatzklage gegen X erheben. Wird der X erst zwölf Jahre nach dem Unfall durch Zufall noch ermittelt, so sind Schadensersatzansprüche des A wegen der Eigentumsverletzung am Wagen (z. B. nach § 823 Abs. 1) durch Ablauf der kenntnisunabhängigen Höchstfrist von zehn Jahren nach § 199 Abs. 3 Nr. 1 verjährt. „Entstanden" war der Anspruch nämlich schon in dem Augenblick, in dem alle Anspruchs begründenden Tatbestandsvoraussetzungen – hier nach § 823 Abs. 1 – erfüllt waren, also unmittelbar mit dem Unfall selbst. Wegen der durch die Körperverletzung entstandenen Schäden kann A hingegen noch gegen den X vorgehen (§ 199 Abs. 2), da seit dem Unfall noch keine dreißig Jahre vergangen sind.

b) Vertragsfreiheit im Verjährungsrecht und Verjährungsablauf. Das neue Verjährungsrecht hat auch die Vertragsfreiheit erweitert: § 202 Abs. 2 setzt lediglich eine Höchstgrenze von dreißig Jahren für solche Verlängerungen der Verjährungsfrist. Erleichterungen, d. h. vertraglich vereinbarte Verkürzungen der Verjährungsfrist sind ohne Einschränkung möglich. Sondervorschriften gelten jedoch aus Gründen des Verbraucherschutzes für den Verbrauchsgüterkauf (§ 475 Abs. 2) und im Reisevertragsrecht (§ 651 m). Ist eine entsprechende Vereinbarung in Allgemeinen Geschäftsbedingungen enthalten, sind § 309 Nr. 7a, 7b, 8a, 8b zu beachten. 7

III. Verjährungsfristen und ihre Prüfung

8   **Fall 9:** Ende August 2010 zieht Mieter M aus seiner Mietwohnung aus und bleibt die letzte Miete für den Monat August schuldig. V bemerkt dies erst Anfang Dezember 2013. Als M sich auf telefonische Nachfrage und Mahnung zu zahlen weigert, beantragt V kurz vor Weihnachten beim zuständigen Amtsgericht einen Mahnbescheid (s. hierzu §§ 688 ff. ZPO), der M am 29. Dezember 2013 zugestellt wird. Kann er von M noch Zahlung der Miete für August 2010 verlangen? → Rn. 9.

9   Die vom Gesetz vorgesehene **regelmäßige Verjährungsfrist** beträgt drei Jahre (§§ 195, 199). Sie gilt für alle Ansprüche, die sich aus dem BGB ergeben, soweit nicht eine gesetzliche Sonderregelung eingreift (z. B. §§ 196, 197, 438 Abs. 1, 479, 634a Abs. 1 Nr. 1, 2, 651g, 852). Für Ansprüche außerhalb des BGB können §§ 195, 199 kraft gesetzlicher Verweisung zur Anwendung kommen. Im Fallaufbau ist daher zunächst zu klären, welche Verjährungsfrist im konkreten Fall gilt. Sodann ist der in §§ 199–201 unterschiedlich geregelte **Beginn der Verjährungsfrist** festzulegen, um dann zu berechnen, wann die Frist endet. Dabei ist zu beachten, dass durch bestimmte Ereignisse der Fristablauf **gehemmt** sein kann (§§ 203–211) oder die Frist sogar neu zu laufen beginnt (**Neubeginn,** § 212). Für die Berechnung gelten §§ 186–193.

> **Lösung Fall 9 (Rn. 8):** Anspruchsgrundlage für V ist § 535 Abs. 2. Seine Tatbestandsmerkmale können vorausgesetzt werden. M beruft sich auf Verjährung (§ 214 Abs. 1). Der Anspruch auf rückständige Mietzahlung verjährt mangels gesetzlicher Sonderregelungen nach §§ 195, 199. Die Verjährungsfrist beträgt also drei Jahre. Ausgehend vom Zeitpunkt der Entstehung des Anspruchs (August 2010) und den dem V bekannten Umständen einschließlich der Person des M beginnt die Frist gemäß § 199 Abs. 1 am 31. Dezember 2010 (24 Uhr) zu laufen oder anders ausgedrückt am 1. Januar 2011 um 0 Uhr. Verjährung tritt also am 31. Dezember 2013 (24 Uhr) ein. Die Zustellung des Mahnbescheides am 29. Dezember 2013 konnte daher den Ablauf der Verjährungsfrist nach § 204 Abs. 1 Nr. 3 noch hemmen. Wenn V das Verfahren weiter betreibt (§ 204 Abs. 2), kann er daher von M Zahlung verlangen.

IV. Hemmung und Neubeginn der Verjährungsfrist

1. Wirkung

In bestimmten Situationen schützt das Gesetz den Gläubiger vor 10
dem Eintritt der Verjährung. Die Neufassung der Verjährungsvor-
schriften misst dabei der sog. **Verjährungshemmung** größere Bedeutung bei als das alte Recht. Eine Reihe von Tatbeständen, die früher
zu einer Unterbrechung und damit zu einem Neubeginn der Frist
führten, hat nun nur noch hemmende Wirkung. Von den Unter-
brechungsfällen des alten Rechts ist mit neuer Bezeichnung („**Neubeginn der Verjährung**") nur § 212 geblieben. Bei der Verjährungshemmung wird der Zeitraum, für den ein gesetzlicher
Hemmungsgrund vorliegt, nicht in die Verjährungsfrist eingerechnet
(§ 209). Mit anderen Worten: Die Verjährungsfrist **verlängert** sich
um diesen Zeitraum. Stärker wirkt hingegen § 212. In den dort genannten Fällen (Anerkenntnis, Vollstreckungshandlung) beginnt die
– noch nicht abgelaufene – Verjährungsfrist **neu zu laufen.** Der bis
dorthin verstrichene Zeitraum bleibt also außer Betracht. Bei der Berechnung der Frist ist zu beachten, dass § 199 nicht gilt. Ihr Lauf beginnt unmittelbar mit der Beendigung des unterbrechenden Ereignisses. Da gemäß § 187 der Tag, an dem das fristauslösende Ereignis
eintritt, nicht mitgerechnet werden darf, läuft die neue Verjährung
mit dem auf das Anerkenntnis oder die Vollstreckungshandlung folgenden Tag.

2. Hemmungsgründe

§§ 203–208 nennen gesetzliche Hemmungsgründe. Daneben finden 11
sich Hemmungstatbestände in §§ 497 Abs. 3 S. 3, 771 S. 2 sowie in
wenigen Regelungen außerhalb des BGB.[3]
Praktisch bedeutsam sind neben dem Hemmungsgrund der
schwebenden Verhandlung (§ 203) und der nachträglichen Stundungs-
vereinbarung (§ 205) vor allem die in § 204 genannten Gründe. Zu beachten ist, dass es danach für eine Hemmung der Verjährungsfrist
grundsätzlich nicht genügt, wenn der Schuldner zur Leistung aufge-

---

3 Zur Annahme einer Verjährungshemmung beim Wechsel politischer Systeme und einem besonders krassen Beispiel (Eheanfechtung wegen jüdischer Abstammung des
   Ehepartners) vgl. *Rüthers,* Die unbegrenzte Auslegung, 6. Aufl., 2005, S. 155 ff.

fordert wird. Im Fall 8 (Rn. 8, 9) genügt daher die telefonische „Mahnung" des M im Dezember 2013 nicht. Die Wirkung des § 209 tritt nur ein, wenn eine **gerichtliche Geltendmachung** erfolgt (z. B. § 204 Abs. 1 Nr. 1, 2, 3, 5, 6, 9) oder der Versuch unternommen wird, außergerichtlich eine Einigung vor einer Gütestelle oder einem Schiedsgericht zu erzielen (§ 204 Abs. 1 Nr. 4, 11). Ist das Klageverfahren mit einem rechtskräftigen Urteil abgeschlossen, entfällt die hemmende Wirkung sechs Monate später (§ 204 Abs. 2). Für den rechtskräftig festgestellten Anspruch läuft aber schon mit Rechtskraft der Entscheidung eine neue – 30-jährige – Verjährungsfrist, auch wenn er zuvor einer kürzeren Verjährung unterlag (§ 197 Abs. 1 Nr. 3). Auf die Hemmung der alten Frist gemäß § 204 Abs. 2 kommt es daher in den Fällen des § 197 Abs. 1 Nr. 3–5 nicht mehr an. Dies kommt im Gesetz leider nicht deutlich zum Ausdruck. Die neue Frist kann wiederum, z. B. durch Vollstreckungshandlungen des Gläubigers (§ 212 Abs. 1 Nr. 2), gestoppt werden (s. oben Rn. 9 und sogleich Rn. 11a).

3. Neubeginn der Verjährungsfrist

11a   Der Gläubiger soll über die „Hemmungsfälle" hinaus einen besonders starken Schutz vor dem Verjährungseintritt erfahren, wenn er vom Schuldner an der gerichtlichen Geltendmachung – die zur Hemmung führen würde – gehindert wird, weil dieser zu erkennen gibt, dass er den Anspruch gar nicht bestreitet. Für diesen Fall sieht § 212 Abs. 1 Nr. 1 vor, dass mit einem solchen sog. **Anerkenntnis** (nicht notwendigerweise ein Schuldanerkenntnis nach § 781) die alte Verjährungsfrist endet und sie neu zu laufen beginnt. Es genügt ein tatsächliches Verhalten des Schuldners, aus dem der Gläubiger schließen kann, dass der Schuldner das Bestehen des Anspruchs anerkennt. Abschlags- und Zinszahlung oder Sicherheitsleistung sind gesetzliche Beispiele. Darüber hinaus tritt die Wirkung des § 212 ein, wenn der Gläubiger **Vollstreckungshandlungen** beantragt (Abs. 1 Nr. 2) und die Vollstreckungsmaßnahmen vereinfacht gesagt auch durchgeführt werden (s. die Ausnahmeregelungen in Abs. 2 und 3).

V. Die Verjährung als Einrede

12   Wird der Schuldner wegen einer verjährten Forderung belangt, so darf er sich nicht passiv verhalten. Die Verjährung berechtigt ihn, die

Leistung zu verweigern, § 214 Abs. 1. Auf den Bestand des Anspruchs hat dies keinen Einfluss (s. Fall 7 Rn. 1, 3). Deshalb muss der Schuldner sich auf sein Verweigerungsrecht (**„Einrede"**) berufen. Erhebt daher der Schuldner im Prozess die Einrede nicht, so wird er zur Leistung verurteilt. Das Gericht prüft nicht von Amts wegen, ob Verjährung eingetreten ist. Sehr streitig ist, ob das Gericht nach § 139 ZPO den Schuldner, der sich bislang nicht auf die Verjährung berufen hat, auf diese Möglichkeit hinweisen darf. Nach h. A. darf es dies nur, wenn der Schuldner wenigstens ansatzweise in dieser Richtung vorgetragen hat („die Angelegenheit ist doch schon so lange her, muss ich wirklich noch bezahlen?"). Praktisch wichtig ist die Regelung des § 216. Danach kann der Gläubiger zwar nach Eintritt der Verjährung nicht mehr die vereinbarte Leistung fordern, sofern ihm aber eine Sicherheit für die geschuldete Leistung eingeräumt wurde, kann er sich trotz Verjährung aus dieser Sicherheit befriedigen.

VI. Ausschlussfristen

Gestaltungsrechte (z. B. Anfechtung, Kündigung, Rücktrittsrechte 13 s. § 5 Rn. 8) unterliegen, da es sich nicht um Ansprüche handelt, nicht der Verjährung. Für sie gelten gleichwohl zeitliche Begrenzungen. Sie können nur innerhalb bestimmter gesetzlicher oder vertraglich vereinbarter Fristen geltend gemacht werden (vgl. z. B. §§ 121, 124, 350, 626 Abs. 2).

Merke: Das subjektive Recht ist die dem Einzelnen von der Rechtsord- 14 nung verliehene, geschützte, d. h. grundsätzlich einklagbare Rechtsposition. Der einzelne Anspruch oder eine einzelne Forderung sind ein Ausschnitt aus der durch das subjektive Recht verliehenen Rechtsmacht. Die absoluten (Persönlichkeits-, Herrschaftsrechte) unterscheiden sich von den relativen Rechten (Forderungsrechten) dadurch, dass sie gegenüber jedermann wirken und von jedermann verletzt werden können.

Relative Rechte wirken nur innerhalb eines bestimmten Rechtsverhältnisses unter den daran beteiligten Personen („Relativität der Schuldverhältnisse").

Gestaltungsrechte wirken einseitig, aber unmittelbar auf ein Recht ein. Leistungsverweigerungsrechte (z. B. Verjährung) nehmen dem Recht des Gegners seine rechtliche Durchsetzbarkeit. Subjektive Rechte können mit Ausnahme höchstpersönlicher Rechte rechtsgeschäftlich auf einen Rechtsnachfolger übertragen werden (abgeleiteter Erwerb). Sie können auch in der Person des Erwerbers neu entstehen (originärer Erwerb). Bei der rechtsgeschäftlichen Übertragung gilt der Grundsatz der Einzelnachfolge (Singularsukzession). Eine Gesamtnachfolge (Universalsukzession) findet nur kraft besonderer gesetzlicher Anordnung statt (z. B. § 1922: Erbfolge).

Subjektive Rechte unterliegen rechtsgeschäftlichen und gesetzlichen Beschränkungen. Gesetzliche Schranken sind entweder ausdrücklich normiert oder ergeben sich aus dem Verbot des Rechtsmissbrauchs. Rechtsmissbräuchlich ist eine Rechtsausübung, wenn sie gegen den Grundsatz von Treu und Glauben (§ 242) oder gegen die guten Sitten (§§ 138, 826) verstößt. Die Verwirkung ist ein Unterfall der unzulässigen Rechtsausübung.

Schutz und Durchsetzung subjektiver Rechte sind der staatlichen Gerichtsbarkeit vorbehalten. Der Selbstschutz wird im Gesetz nur in Ausnahmefällen zugelassen. So darf man bei Notwehr (§ 227) oder Notstand (§§ 228, 904) zum Schutz des eigenen Rechts subjektive Rechte anderer verletzen. Unter engen Voraussetzungen ist auch die Selbsthilfe gestattet (§§ 229 ff., 859).

3. Kapitel. Methode der Fallbearbeitung

Schrifttum: *Eltzschig/Wenzel*, Die Anfängerklausur im BGB, 3. Aufl. 2007; *Linhart*, Das System der Anspruchsgrundlagen, Einwendungen und Einreden in der Zivilrechtsklausur, JA 2006, 266 ff; *Schwab/Löhnig*, Falltraining im Zivilrecht – ein Übungsbuch für Anfänger, 5. Aufl. 2012.

§ 10. Subsumtionstechnik und Aufbau einer Falllösung

I. Rechtsstaat und zivilrechtliche Anspruchsgrundlage

In Klausuren, Hausarbeiten und – nicht weniger wichtig – in der 1
täglichen Praxis des Anwalts oder Richters geht es regelmäßig darum,
auf einen konkreten Sachverhalt (der zwischen den Beteiligten in der
Praxis überdies meist streitig ist) Rechtsnormen anzuwenden. Regelmäßig steht dabei die Frage im Mittelpunkt, ob aus dem Lebenssachverhalt für die Beteiligten Ansprüche oder Forderungen erwachsen.
Wenn etwa K und V einen Kaufvertrag geschlossen haben, V aber
gleichwohl nicht bereit ist, den Kaufgegenstand dem K wie vereinbart
zu übereignen und zu übergeben, muss K sich gegebenenfalls gerichtlicher Hilfe bedienen (staatliches Gewaltmonopol, § 8 Rn. 1). Weil die
Bundesrepublik Deutschland ein **Rechtsstaat** ist (Art. 20 GG), darf
der Richter nicht nach eigenem Gutdünken über den geltend gemachten Anspruch entscheiden. Er darf einen freien Bürger dieses
Staates nur zu etwas zwingen (hier den V zur Erfüllung seiner vertraglichen Verpflichtung), wenn es dafür eine **gesetzliche Grundlage**
gibt. Rechtsnormen, welche die Zivilgerichte berechtigen, Zwang gegen einen Bürger im Interesse eines anderen Bürgers anzuordnen
oder auszuüben, heißen **Anspruchsgrundlagen.** Sie sind für Rechts-
anwälte und Richter bzw. alle Rechtsanwender Dreh- und Angel-
punkt eines jeden Falles. Deshalb stehen sie auch für das juristische
Studium im Mittelpunkt der Fall-Lösungstechnik.

Neben dieser rechtsstaatlichen Notwendigkeit erfüllt die An- 2
spruchsgrundlage für die weitere Prüfung des Falles eine elementare
Funktion und steht daher **am Anfang jeder Prüfung.** Die An-

spruchsgrundlage gibt dem Rechtsanwender nicht nur Antwort auf die Frage, **ob** er eine Partei zu etwas zwingen darf, sondern auch auf die weitere Frage, **unter welchen Voraussetzungen** eine Verpflichtung, etwas zu tun oder zu unterlassen, für die Partei entsteht. Für die weitere Prüfung des Anspruchs muss daher immer anhand der gesetzlichen Grundlage (Anspruchsgrundlage) ermittelt werden, welche Voraussetzungen diese aufstellt (Tatbestandsmerkmale) und ob sie im konkreten Fall erfüllt sind (Subsumtion). Die Aufgabe des Rechtsanwenders besteht also einmal in der Arbeit am Gesetzestext (Auffinden von Anspruchsgrundlagen, „Herauslesen" der tatbestandlichen Voraussetzungen und der Klärung ihrer rechtlichen Bedeutung) und im zweiten Schritt darin, die im Gesetz regelmäßig abstrakt und allgemein formulierten Tatbestandsmerkmale (z. B. „Körperverletzung" in § 823 Abs. 1) auf den konkreten Fall zu übertragen, zu subsumieren (A gibt dem B eine kräftige Ohrfeige = Körperverletzung?).

3   **Anspruchsgrundlagen** sind im Gesetz leicht an ihrem Aufbau und ihrem Wortlaut zu erkennen. Die Vorschrift muss Formulierungen enthalten wie „... ist verpflichtet", „... hat Anspruch auf ..." oder einen ähnlichen Ausdruck. Die Vorschrift umschreibt einerseits die Voraussetzungen des Anspruchs (= Tatbestand) und knüpft daran eine Rechtsfolge, wie etwa § 433 Abs. 1 S. 1:

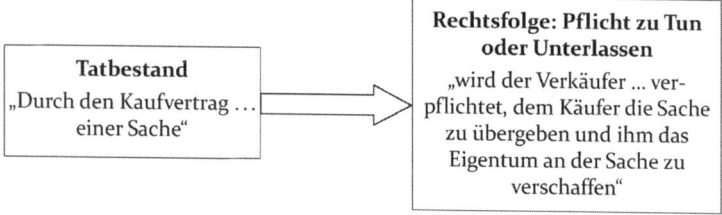

Zunächst neigt der Studienanfänger[1] dazu, angesichts des Umfangs des BGB an der Frage, wo man denn eine Anspruchsgrundlage auffinde, zu verzweifeln. Hilfreich ist die Legaldefinition des Anspruchs in § 194. Eine Anspruchsgrundlage liegt nur vor, wenn die Rechtsfolge der in Betracht kommenden Norm darin besteht, dass jemand von einem anderen ein Tun oder Unterlassen verlangen kann. Die Suche nach Anspruchsgrundlagen zu lehren, ist ein Ziel des Jurastu-

---

1 Alle Geschlechtsbezeichnungen, die in der männlichen Form verwendet werden, umfassen selbstverständlich auch die jeweils weibliche Form.

diums, aber nicht primär Aufgabe eines Lehrbuchs zum Allgemeinen Teil des BGB, denn dort finden sich die wenigsten Anspruchsgrundlagen. Bei der Lösung unserer Beispielsfälle bekommen Sie daher die Anspruchsgrundlage immer „frei Haus" geliefert. Sie werden also im Laufe der Lektüre die wichtigsten Anspruchsgrundlagen kennenlernen, müssen allerdings in Kauf nehmen, gelegentlich durch das ganze BGB „gehetzt" zu werden.

Typische Anspruchsgrundlagen, die in den vorangegangenen Fällen schon eine Rolle gespielt haben, sind etwa § 433 Abs. 1 S. 1, § 433 Abs. 2, § 535 Abs. 2, § 985, § 812 Abs. 1 S. 1, 1. Var. Wenn Sie sich die Mühe machen, diese nochmals nachzulesen, werden Sie feststellen, dass sie alle nach dem oben skizzierten Aufbauschema konstruiert sind.

II. Prüfung der Anspruchsgrundlage

In Sachverhalten im Leben und in Prüfungen spielen regelmäßig 4 mehrere Personen eine Rolle, meist ist auch nicht nur ein Anspruch zu prüfen, sondern verschiedene oder gar alle Ansprüche unter den Beteiligten („Wie ist die Rechtslage?"). Daher muss die eigentliche Prüfung mit der Konkretisierung der zu beantwortenden Frage beginnen. Diese lautet immer zunächst abstrakt:

> **Wer will was von wem?**

Anhand des Sachverhaltes ist dann zu klären, ob etwa nach Ansprüchen des Käufers gegen den Verkäufer auf Übereignung der Kaufsache, nach dem Zahlungsanspruch des Verkäufers gefragt ist oder ob – wie in Fall 7 (§ 9 Rn. 1) – ein Beteiligter eine erbrachte Leistung zurückfordert. Dabei dürfen Sie aus Gründen der Klarheit immer nur Ansprüche zwischen **zwei Personen** prüfen.

In einem weiteren Schritt ist dann die richtige Anspruchsgrundlage 5 für das betreffende Begehren im Gesetz zu finden. Hierfür müssen Sie bei den in Betracht kommenden Anspruchsgrundlagen die Rechtsfolgenseite mit dem vergleichen, was laut Sachverhalt gefordert wird. Für den Kaufpreiszahlungsanspruch des Verkäufers wäre etwa § 433 Abs. 2 nach der angeordneten Rechtsfolge eine denkbare Anspruchsgrundlage, wohingegen § 985 oder § 823 Abs. 1 ausscheiden, weil sie etwas anderes anordnen („Herausgabe einer Sache", „Schadensersatz"). Somit lässt sich die Fallfrage zunächst abstrakt um ein weiteres Element ergänzen

> **Wer will was von wem woraus?**

und dann konkret für den zu prüfenden Sachverhalt formulieren:

> **Kann K („wer") von V („wem") Übereignung und Übergabe der Kaufsache („was") aus § 433 Abs. 1 S. 1 („woraus") verlangen?**

Der Einstieg in die Falllösung muss in einem Gutachten – und ein solches ist bei Klausuren und Hausarbeiten grundsätzlich anzufertigen – immer mit einer Frage beginnen oder **hypothetisch formuliert** sein („K könnte von V möglicherweise aus § 433 Abs. 1 S. 1 Übereignung und Übergabe des Pkw verlangen"). Die Antwort muss dann schrittweise erarbeitet werden. Nur wenn alle Tatbestandsmerkmale der aufgefundenen Anspruchsgrundlage im konkreten Fall erfüllt sind, tritt die entsprechende Rechtsfolge ein. Im Fall des § 433 Abs. 1 und Abs. 2 ist jeweils nur ein Tatbestandsmerkmal, das des „Kaufvertrags", zu prüfen; andere Anspruchsgrundlagen können sehr viel mehr Tatbestandsmerkmale aufweisen.

6   Anspruchsgrundlagen enthalten grundsätzlich eine sehr **allgemein formulierte** Situationsbeschreibung. Der Gesetzgeber trägt damit der Tatsache Rechnung, dass er nicht für jeden Einzelfall eine eigene Regelung treffen kann – das Gesetz wäre dann notwendigerweise nicht nur unübersichtlich, sondern auch lückenhaft –, vielmehr möglichst abstrahieren muss. Viele Tatbestandsmerkmale sind dabei auch für den juristischen Laien ohne Weiteres verständlich (z. B. „Körperverletzung"), andere müssen erst definiert werden, bevor man entscheiden kann, ob sie im konkreten Lebenssachverhalt gegeben sind (wann liegt etwa ein „Kaufvertrag" vor?). Den Vorgang des Vergleichens von abstrakt formulierten Tatbestandsmerkmalen und vorgegebenem Lebenssachverhalt nennt man **Subsumtion**. Das Subsumieren ist kein reiner Akt der Erkenntnis, sondern auch eine wertende Entscheidung. Dies fällt dann nicht so sehr auf, wenn es sich um ein einfaches Tatbestandsmerkmal handelt, über dessen Inhalt weitgehend Einigkeit besteht. In vielen Fällen ist jedoch die Entscheidung innerhalb und außerhalb der Juristenwelt heftig umstritten. Schematisch gestaltet sich die Prüfung wie folgt:

1. **Schritt:** Anspruchsgrundlage (AGL) wird anhand der gewünschten Rechtsfolge ausgewählt und Fallfrage (wer will was von wem woraus?) konkret formuliert.

2. **Schritt:** Prüfung der einzelnen Tatbestandsmerkmale (TBM)

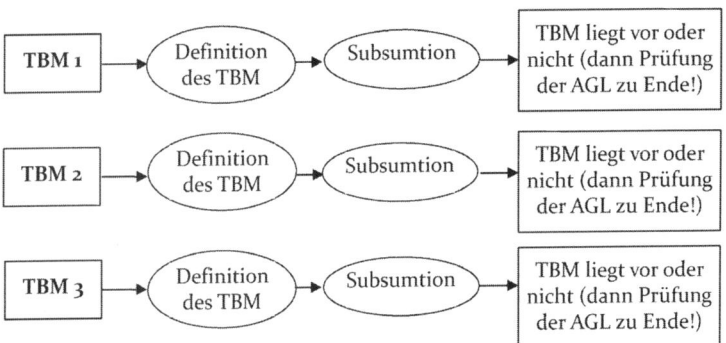

3. **Schritt:** Beantwortung der Fallfrage im positiven Sinne, wenn alle Tatbestandsmerkmale vorliegen, in negativem Sinne, wenn es auch nur an einer Voraussetzung fehlt.

Das Prüfungsschema ist nicht nur auf Anspruchsgrundlagen anwendbar, es gilt vielmehr für alle Normen, die unter bestimmten Voraussetzungen eine Rechtsfolge anordnen, auch wenn diese nicht in der Gewährung eines Anspruchs besteht. In vielen Fällen wird es sich auch als notwendig erweisen, bei der Prüfung eines einzelnen Tatbestandsmerkmals auf Vorschriften außerhalb der Anspruchsgrundlage zurückzugreifen. Sie werden alsbald kennen lernen, dass die für § 433 wichtige Frage, ob ein Kaufvertrag vorliegt, nur unter Rückgriff auf die Regeln der Willenserklärung und der Einigung (§§ 104ff., 145ff.) beantwortet werden kann. Diese Vorschriften sind dann nach demselben Schema (TBM-Definition-Subsumtion) im Rahmen der Voraussetzungen der Anspruchsgrundlage zu prüfen.

III. Aufbau einer Falllösung

Meist wird es in Klausuren und Hausarbeiten nicht mit der Prüfung einer Anspruchsgrundlage bewenden. Dies ist regelmäßig nur der erste Schritt, der darüber Auskunft gibt, **ob** der geltend gemachte **Anspruch überhaupt entstanden** ist. Das BGB kennt eine Vielzahl von Gründen, warum ein entstandener Anspruch nachträglich wieder untergegangen sein kann (sog. **rechtsvernichtende Einwendungen**) oder nicht durchgesetzt werden kann (**Einreden**, s. das Beispiel der Verjährung, § 9 Rn. 12). Wenn der zu prüfende Sachverhalt hierfür Anhaltspunkte gibt, schließt sich die Prüfung dieser Einwendungen und Einreden an die Prüfung der Anspruchsgrundlage an. Erst dann können Sie zu einer abschließenden Antwort kommen, ob der geltend gemachte Anspruch dem Gläubiger wirklich zusteht.

9   Manchmal gibt es auch **mehrere Anspruchsgrundlagen**, die für ein und dasselbe Begehren (Schadensersatz oder Herausgabe einer Sache) in Betracht kommen. In einem Gutachten dürfen Sie – wie auch der Rechtsanwalt bei der Prüfung eines Falles oder der Vorbereitung einer Klage – dann nicht nur *eine* Anspruchsgrundlage prüfen und sich bejahendenfalls damit begnügen. Eventuell gelingt es Ihnen ja nicht, die Voraussetzungen dieser Norm im Prozess auch zu beweisen! Daher sind grundsätzlich alle in Betracht kommenden Anspruchsgrundlagen in vollem Umfang zu prüfen (natürlich nur solche, die von ihrer Rechtsfolge her das gewünschte Ziel verwirklichen!).

Zu den Beispielsfällen, auf die hier im Weiteren zurückgegriffen wird, werden Sie künftig im Text meist nur kurze Ausführungen zu dem konkreten inhaltlichen Problem finden. Dieses wird sich häufig auf einen kleinen Ausschnitt beschränken und hat u. U. mit der Anspruchsgrundlage nur mittelbar etwas zu tun. Damit Sie sich jeweils vergewissern können, wie der Beispielsfall „klausurmäßig" aufgebaut und behandelt werden müsste, ist am Ende des Abschnittes stichwortartig eine Lösungsskizze dargestellt. Das Ergebnis der Subsumtion kann dabei oft nur mit einem (+) oder (–) dargestellt werden. Dies entspricht den Vorarbeiten, die Sie in einer Klausur oder Hausarbeit zumindest gedanklich leisten müssen, bevor Sie anfangen, Ihr Gutachten auszformulieren. Im Anhang finden Sie zusätzlich einen Klausurfall, der Ihnen zeigen sollen, wie eine vollständig ausformulierte Bearbeitung aussehen kann.

4. Kapitel. Rechtsobjekte

§ 11. Die Rechtsobjekte – Begriff und Arten

I. Begriff

Der Begriff **Rechtsobjekt** wird als Gegenbegriff zum Rechtssub- 1
jekt (natürliche und juristische Personen) verwendet. Nach dem
BGB gibt es – entsprechend dem Freiheitsbegriff des Liberalismus –
keine Rechte am Menschen, sondern nur Rechte des Menschen an
Gütern, deren Inbegriff das Eigentum als umfassendes Herrschaftsrecht (§ 903) darstellt. Rechtsobjekt ist alles, was vom Menschen **beherrschbar** ist und ihm von der Rechtsordnung so **zugeordnet** werden kann, dass sein Wille für das zugeordnete Objekt entscheidend
ist. Rechtsobjekte sind also insbesondere bewegliche und unbewegliche Sachen (Grundstücke) und Rechte. Einzelheiten der Beziehung
Person-Sache sind im Dritten Buch des BGB geregelt. Hier sollen
nur einige Grundzüge aufgezeigt werden, für Details ist auf die sachenrechtliche Literatur zu verweisen.

II. Sachen

1. Allgemeine Merkmale

Sachen i. S. d. BGB sind nur körperliche Gegenstände, die vom 2
Menschen beherrschbar sind, § 90. Körperlichkeit bedeutet räumliche
Ausdehnung, Festigkeit ist nicht erforderlich. So werden auch Flüs-
sigkeiten und Gase als körperliche Sachen aufgefasst, soweit sie in Be-
hältern eingeschlossen und damit beherrschbar sind. Keine Sachen
i. S. v. § 90 sind dagegen nach der Verkehrsauffassung Elektrizität,
Licht- und Schallwellen. Höchst streitig ist die Sacheigenschaft von
Computersoftware. Die Rechtsprechung behandelt zumindest die
auf einem körperlichen Datenträger gespeicherte Software (Diskette,
CD-ROM) *wie* eine „bewegliche Sache" oder „Ware".[1] Das Pro-

---

1 BGHZ 102, 135, 144; *BGH* NJW 1993, 2437; BGHZ 109, 101; zum Streit vgl. *Müller-
Hengstenberg*, NJW 1994, 3128 ff.

gramm an sich stellt nur einen bestimmten elektromagnetischen Zustand dar und hat deshalb mangels Verkörperung selbst keine Sacheigenschaft.[2] Als Sache wird nach der Verkehrsauffassung nur eine **Einzelsache** bezeichnet, die aber kein organisches Ganzes sein muss
(Geldstück), sondern auch zusammengesetzt sein kann aus einfachen
und wesentlichen Bestandteilen (s. § 93), die das rechtliche Schicksal
der Einzelsache teilen (z. B. Kfz). Auch **Sacheinheiten**, bei denen die
einzelnen Bestandteile wirtschaftlich wie rechtlich vernachlässigens-
wert sind, fallen unter den Sachbegriff (z. B. Kartenspiel, eine Tüte
Zucker). Dagegen sind **Sachgesamtheiten**, die wirtschaftlich, nicht
aber rechtlich zusammengehören wie z. B. eine Münzsammlung,
eine Viehherde oder ein Unternehmen (s. unten § 13 Rn. 1) in ihrer
Gesamtheit nicht Sache i. S. v. § 90 und können daher auch nicht „in
toto" nach § 929 S. 1 übereignet werden. Vielmehr muss jeder Bestandteil (= Einzelsache) selbständig übertragen werden.

3   Seit der Einführung von § 90a S. 1 (1990) sind **Tiere** keine Sachen
mehr. Sie werden allerdings nach § 90 S. 3 entsprechend den Vorschriften für Sachen behandelt, wenn nichts anderes bestimmt ist
(eine solche anderweitige Bestimmung enthält etwa § 251 II 2). Die
Vorschrift ist ein Beispiel für die Umetikettierung eines unverändert-
ten Rechtszustandes aufgrund veränderten Zeitgeistes.[3]

4   Keine Sache ist der **Körper** des lebenden Menschen. Getrennte
Körperteile gewinnen nur dann Sacheigenschaft, wenn die Trennung
endgültig ist (Haare, Organspende zur Fremdverwendung) und keine
„spenderbezogene" Verwertung vorgesehen ist (wie z. B. bei der Ei-
genblutspende).[4] Die menschliche **Leiche** wird zwar als (herrenlose,
d. h. niemandem gehörende) Sache anzusehen sein, ist aber nach
h. M. dem Rechtsverkehr entzogen, so dass die Sacheigenschaft in ihrer wichtigsten Funktion nicht zum Tragen kommt. Ausnahmen werden in den Grenzen des § 138 für sog. Anatomieverträge gemacht.
Das Transplantationsgesetz (TPG) von 1997 ermöglicht auch Verfü-

---

2 Sehr zweifelhaft daher in seiner Aussage *BGH* NJW 2007, 2394, der einen Mietvertrag
über Software, die auf einem fremden Computer gespeichert war, bejahte (vgl. den
Wortlaut von § 535 I „Mietsache"). Er erkannte der Software generell Sachcharakter
zu, nur weil sie speicherbar ist, obwohl im konkreten Fall nicht das Speichermedium
mit der Software Vertragsgegenstand war, sondern alleine die Software. Der Vergleich
mit einem Buch verfängt nicht, denn auch hier käme man nicht auf die Idee, dem Text
– losgelöst – Sacheigenschaft zuzusprechen! Krit. daher zu Recht die Anm. von *Rede-
ker*, NJOZ 2008, 2917.
3 S. hierzu auch *Steding*, JuS 1996, 962.
4 Lesenswert *BGH* NJW 1994, 127 zur (fehlenden) Sacheigenschaft tiefgefrorenen Sper-
mas.

gungen zu Lebzeiten über Körperteile und **Organe** auf den Todesfall des Spenders (§ 3 Abs. 1 Nr. 1 TPG).

Für die rechtliche Behandlung spielt die Einteilung in **bewegliche** 5 und **unbewegliche** Sachen eine erhebliche Rolle. Bewegliche Sachen werden nach anderen Regeln übereignet oder belastet (§§ 929 ff., 1204 ff.) als unbewegliche Sachen (§§ 873, 925, 1090, 1094, 1105, 1113). Auch die Zwangsvollstreckung richtet sich nach anderen Vorschriften (§§ 803 ff. ZPO einerseits, §§ 864 ff. ZPO andererseits). Wie Grundstücke werden auch größere Schiffe behandelt, die in Seeschiffs- bzw. Binnenschiffsregister eingetragen sind.

2. Objektverbindungen – Bestandteile und Zubehör

Im Interesse der Rechtsklarheit geht das BGB beim Sachbegriff 6 von der Einzelsache aus. Aus Zweckmäßigkeitsgründen ist gleichwohl die Anerkennung der **wirtschaftlichen Einheit** als rechtliches Ganzes erwünscht. Dem tragen die Regelungen über **Bestandteile** (§§ 93 ff.) und **Zubehör** (§§ 97, 98) Rechnung, indem sie verschiedene Rechtsobjekte zu einem Rechtsobjekt zusammenfassen (§ 93) oder zu einer losen Einheit verbinden (§§ 95 f., 97). **Wesentliche Bestandteile** sind bei beweglichen Sachen nur gegeben, wenn durch die Trennung der abgetrennte oder der zurückbleibende Bestandteil zerstört oder im Wesen verändert wird (auf die zuvor bestehende „zusammengesetzte" Sache kommt es also nicht an!). § 94 erweitert den Begriff für unbewegliche Sachen. Durch § 95 erfolgt eine Einschränkung des Begriffs der wesentlichen Bestandteile. Die nur vorübergehend mit einem Grundstück oder einer Sache verbundenen Gegenstände bleiben rechtlich selbständig. Insoweit wird die Wertung des § 94 nach objektiven Umständen in § 95 durch subjektive Merkmale ersetzt.

Beispiele: Das auf einem Grundstück errichtete Gebäude ist wesentlicher Bestandteil des Grundstücks (§ 94). Beide haben daher notwendigerweise dasselbe rechtliche Schicksal. Haus und Grundstück können nicht getrennt veräußert werden. Mit der Übertragung des Grundstückseigentums geht auch das Gebäude in das Eigentum des Erwerbers über. Hingegen ist der Serienmotor eines Kfz nicht wesentlicher Bestandteil nach § 93, da er problemlos durch einen neuen ersetzt werden kann (weder Motor noch „Restwagen" sind durch die Trennung zerstört!). Daher ist ein getrenntes rechtliches Schicksal möglich. Eigentümer E kann den Motor an A, den „Restwagen" an B veräußern. Veräußert E hingegen ohne abweichende Vereinbarung das Kfz insgesamt an den C, so ist selbstverständlich der Wagen mit allen seinen wesentlichen und unwesentlichen Bestandteilen gemeint. Dies ergibt die Auslegung des Vertrages – im Zweifel soll C ja einen fahrtüchtigen Wagen erhalten. Abweichendes wäre

ausdrücklich zu vereinbaren. Für sog. Zubehörstücke stellt das Gesetz eine
entsprechende Vermutung ausdrücklich auf, s. §§ 311c, 926. „Im Zweifel"
(d. h. ohne abweichende Vereinbarung der Parteien) ist also mit dem Wagen
auch das Autoradio als typisches Zubehörstück mitverkauft, mit dem Bauernhof auch das Vieh im Stall und die notwendigen Gerätschaften.

Zubehörstücke sind grundsätzlich rechtlich selbständig. Kraft ge-
setzlicher Anordnung teilen sie jedoch in vielen Fällen das rechtliche
Schicksal der Hauptsache. Besondere Bedeutung hat die Regelung
des Zubehörs auch für die Kreditsicherung. Eine Hypothek oder
Grundschuld erfasst neben dem Grundstück und seinen wesentlichen
Bestandteilen grundsätzlich auch Zubehörstücke (§§ 1120 ff.).

3. Vertretbare und unvertretbare Sachen

7   Das Gesetz unterscheidet weiterhin vertretbare und unvertretbare
bewegliche Sachen. Nach § 91 sind nur solche Sachen vertretbar, die
im Verkehr nach Zahl, Maß oder Gewicht bestimmt zu werden pfle-
gen, also z. B. Obst, Wein, Bücher, Geldscheine und andere serienmä-
ßig hergestellte Waren. Unvertretbar sind Sachen, die individuell cha-
rakterisiert und nicht ohne Weiteres gegen eine Sache derselben
Gattung ausgetauscht werden können wie Kunstwerke oder Modell-
kleider.[5] Die Unterscheidung hat einerseits im Fall der Zerstörung für
die Art des Schadensersatzes Bedeutung (bei unvertretbaren Sachen
kommt nur Geldersatz in Betracht), aber auch für den Abschluss
von Verträgen. So kann ein Darlehen nur über Geld (§§ 488 ff.) oder
vertretbare Sachen (§ 607) geschlossen werden. Wenn man anderen
die Nutzung unvertretbarer Sachen überlassen will, muss man sie
vermieten (§ 535), verpachten (§ 581) oder verleihen (§ 598). Wichtig
ist die Unterscheidung auch für die Abgrenzung von Werklieferungsvertrag und Kaufvertrag (§ 651 S. 3).

4. Verbrauchbare und unverbrauchbare Sachen

8   Auch diese Unterscheidung bezieht sich nur auf bewegliche Sachen, § 92. Rechtlich als „verbrauchbar" gelten auch solche Sachen,
deren bestimmungsgemäßer Gebrauch in der Veräußerung liegt
(z. B. Geld). Praktische Bedeutung hat die Unterscheidung beim
Nießbrauch (§ 1030) und sonstigen Nutzungsrechten.

---

5 Die Unterscheidung erfolgt nach rein objektiven Kriterien. Das Begriffspaar ist nicht
  zu verwechseln mit der Stück- und Gattungsschuld, das sich am Parteiwillen orientiert. Hierzu Einzelheiten bei *Brox/Walker*, Allgemeines Schuldrecht, § 8 Rn. 1 ff.

III. Rechte

Rechte sind Rechtsobjekte, weil sie einem Rechtssubjekt zugeord- 9
net werden können. Der Sprachgebrauch ist oft unscharf. Wenn von
einer Verfügung über eine Sache gesprochen wird, ist die Verfügung
über das Eigentum (also ein Recht) an der Sache gemeint. Gegenstand
der Verfügung ist das Recht (hier das Eigentum), das ist etwas anderes als die Sache selbst (etwa das Kfz). Auch die relativen Rechte sind
Rechtsobjekte. So hat der Inhaber einer Forderung eine dem Sach-
eigentümer vergleichbare Stellung – er kann die Forderung z. B.
übertragen, belasten oder „benutzen" (= einziehen). Zu den Arten
von Rechten s. bereits § 4 Rn. 1 ff.

IV. Nutzungen und Früchte

Das BGB unterscheidet die Erträge von Rechtsobjekten in Nut- 10
zungen und Früchte. Die Vorschriften der §§ 99–103 beziehen sich
sowohl auf Sachen als auch auf Rechte. Anwendungsfälle sind etwa
der Nießbrauch und die Pacht. Nach § 1030 ist der Nießbraucher berechtigt, die Nutzungen der Sache zu ziehen. Nach § 581 Abs. 1 S. 1
darf der Pächter die Sache nicht nur gebrauchen, sondern – im Gegensatz zum Mieter – auch ihre Nutzungen („Genuss der Früchte")
ziehen.

Oberbegriff ist der der Nutzungen, § 100. Er umfasst sowohl die
Gebrauchsvorteile, also natürliche Vorteile, wie sie der Gebrauch einer Sache gewährt (z. B. das Fahren mit einem Kfz), als auch die
Früchte. Das BGB kennt zwei Arten von Früchten, nämlich **Sach-
und Rechtsfrüchte**, § 99.

Unmittelbare Sachfrüchte sind die Erzeugnisse einer Sache, z. B.
Erzeugnisse und Nachwuchs bei Vieh (Milch, Eier, Ferkel). Zu den
Erzeugnissen gehört auch die bestimmungsgemäße Ausbeute einer
Sache (Sand, Kies, Kohle). Sachfrüchte bleiben bis zu ihrer Trennung
wesentlicher Bestandteil der Muttersache, § 94 Abs. 1 S. 1. **Mittelbare
Sachfrüchte** sind die Erträge einer Sache, also etwa die Gegenleis-
tung für die Gebrauchsüberlassung oder Fruchtziehung – Miet- und
Pachtzinsen, § 99 Abs. 3.

Unmittelbare Rechtsfrüchte (§ 99 Abs. 2) sind die bestimmungs-
gemäßen Erträge eines Rechtes, z. B. die landwirtschaftlichen Erzeugnisse, die als Frucht eines Nießbrauchs- oder Pachtrechts ge-

wonnen werden. Diese können demnach gleichzeitig unmittelbare Sach- und Rechtsfrüchte sein. **Mittelbare Rechtsfrüchte** sind die Erträge aus der rechtsgeschäftlichen Überlassung der Nutzung einer Sache oder eines Rechts, z. B. der Mietzins, den der Hauptmieter durch die Untervermietung der Sache erzielt.

11   Überblicksmäßig lassen sich Gegenstände und Sachen im Rechtssinne wie folgt einteilen:

Übersicht 5:

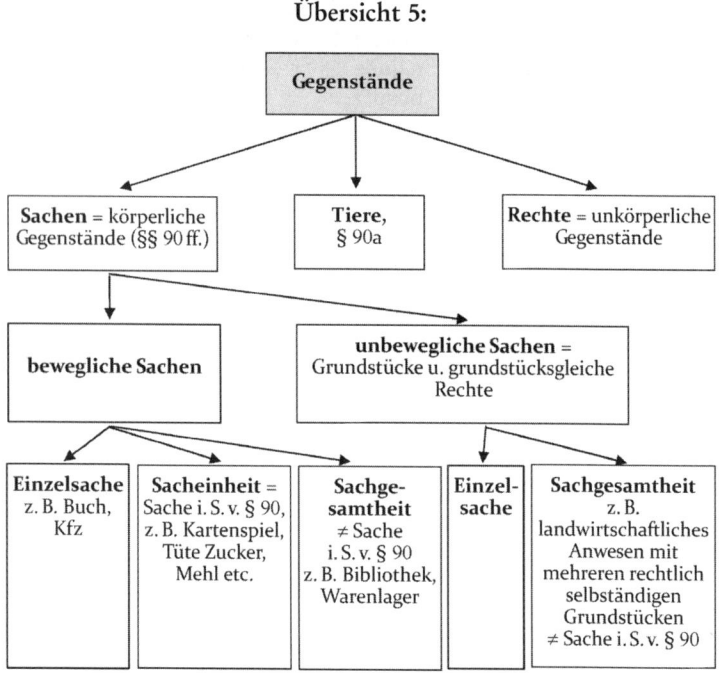

§ 12. Das Vermögen

1   Der Allgemeine Teil des BGB definiert den Vermögensbegriff nicht, obwohl er sowohl im Bürgerlichen Recht (vgl. z. B. §§ 311b Abs. 3, 1365, 1626, 1922) als auch in der Zwangsvollstreckung gegen den Schuldner und in der Insolvenz (§ 1 InsO) eine erhebliche Rolle spielt.

> Das **Vermögen** ist die begriffliche Zusammenfassung (Summe) der geld-
> werten Rechte, die einer bestimmten Person zustehen. Es besteht aus einzel-
> nen absoluten und relativen Rechten.

Das Vermögen im Rechtssinne besteht aus den **Rechten** der Person
an Rechtsobjekten, nicht aus den einzelnen Vermögensobjekten
(Rechten und Sachen) selbst, also z. B. aus dem Eigentum an einer Sache, nicht aus den Sachen selbst bzw. aus den Forderungen, nicht aus
den daraus geschuldeten Gegenständen. Der rechtliche und der wirtschaftliche Vermögensbegriff sind also nicht in allen Punkten identisch. Zum Vermögen im Sinne des BGB zählen nur die Aktiva. Die
Passiva (Verbindlichkeiten) werden als Belastungen des Vermögens
verstanden (s. § 1967 für den Erbfall).

Das Vermögen ist rechtlich nicht Verfügungsgegenstand. Alle zum   2
Vermögen gehörenden Gegenstände (genauer: die Rechte an diesen
Gegenständen) müssen einzeln übertragen werden. Es ist aber **Haf-**
tungsobjekt. Das Vermögen einer Person unterliegt in seinem jeweiligen Bestand dem Zugriff ihrer Gläubiger. Ein selbständiges Recht
am Vermögen kennt die Rechtsordnung nicht. Deshalb ist die Verletzung „des Vermögens" auch nicht als Beeinträchtigung eines „sonstigen Rechts" i. S. v. § 823 Abs. 1 anerkannt. Es kann im Einzelfall jedoch nach § 823 Abs. 2 i. V. m. §§ 263, 266 StGB oder § 826
geschützt sein.

§ 13. Das Unternehmen

I. Begriff

Das Unternehmen ist eine wirtschaftliche **Zweckeinheit** – eine Ver-   1
mögenseinheit –, zu der bewegliche und unbewegliche Sachen sowie
Rechte aller Art gehören können.[1] Es kann in verschiedenen Rechtsformen betrieben werden (z. B. als Einzelunternehmen oder als Kapi-
tal- oder Personengesellschaft). Das BGB hat von der Existenz und
der Bedeutung der Wirtschaftsunternehmen in einer Industriegesellschaft lange Zeit nur am Rande Kenntnis genommen. Einen Rechtsbegriff des Unternehmens, der für diese wirtschaftliche Einheit als
rechtliche Klammer wirkt und das Unternehmen zu einem einheitlich

---

1 Zum Unternehmensbegriff im Gesellschafts-, insbesondere im Aktienrecht, *Eisen-*
hardt, Gesellschaftsrecht, 14. Aufl., 2009, Rn. 835 ff.

beherrschbaren Rechtsobjekt macht, gibt es nicht. Die wirtschaftliche
Einheit löst sich, wenn sie nicht in einer gesellschaftsrechtlichen Form
betrieben wird – aus der Sicht des BGB – in eine Anzahl von zusam-
mengefassten und miteinander verbundenen Sachen und Rechten auf.

2   Das BGB definiert in § 14 den Begriff des „Unternehmers". Es
handelt sich danach um eine natürliche oder juristische Person
(hierzu unten §§ 14, 15) oder eine rechtsfähige Personengesellschaft,
die bei Abschluss eines Rechtsgeschäftes in Ausübung ihrer gewerbli-
chen oder selbständigen beruflichen Tätigkeit handelt. Im Mittelpunkt der Definition steht damit weniger das Unternehmen als wirtschaftliche Einheit, als vielmehr der Unternehmensträger. Eingefügt
wurde die Vorschrift, um den Begriff des Unternehmers, der vor allem in zahlreichen Verbraucherschutzvorschriften dem des „Verbrauchers" gegenübergestellt wird, an zentraler Stelle festzulegen. Indi-
rekt ist damit zwar das Unternehmen als faktische Einheit
anerkannt, gleichwohl wird es rechtlich nur in wenigen Punkten als
Gesamtheit behandelt.

II. Rechtliche Anerkennung

3   Als faktische Einheit wird das Unternehmen in mehrfacher Hinsicht von der Rechtsordnung anerkannt, geschützt und bestimmten
Verhaltensregeln unterworfen.

1. Das Unternehmen kann als Ganzes **verkauft** werden. Dies ist deshalb möglich, weil der Bestimmtheitsgrundsatz nur für sachenrechtliche Verfügungsgeschäfte gilt, nicht hingegen für bloße Verpflichtungsgeschäfte (zur Unterscheidung s. § 16 Rn. 9 ff.). Je nach
der Rechtsform, in der das Unternehmen betrieben wird, folgt der
Vollzug des Kaufvertrages dann unterschiedlichen Regeln. Beim
Einzelunternehmen müssen die Vermögensgegenstände einzeln
übertragen werden. Bei Gesellschaften erfolgt eine Übertragung
der Gesellschaftsanteile.

2. Das Recht am eingerichteten und ausgeübten Gewerbebetrieb wird
nach h. L. als „sonstiges Recht" i. S. d. § 823 Abs. 1 geschützt. Damit ist das Unternehmen als solches zum rechtlich anerkannten
Schutzobjekt geworden.

3. Im Wettbewerbs-, Kartell- und Aktienrecht sind die Unternehmen
als selbständige Rechtsobjekte anerkannt und bestimmten Verhal-
tensgeboten unterworfen (s. §§ 15 ff. AktG, §§ 1, 14 ff. GWB).

4. Im Arbeitsrecht ist das Unternehmen als Rechtsobjekt ebenfalls anerkannt. Das geschieht z. B. durch die verschiedenen Arten von unternehmensbezogenen Mitbestimmungsrechten nach dem Betriebsverfassungsgesetz sowie den Einzelregelungen zur Mitbestimmung der Arbeitnehmer in der Unternehmensverfassung. Das Arbeitsrecht unterscheidet weiterhin zwischen Unternehmen und Betrieb (vgl. §§ 47 Abs. 1, 106 ff. BetrVG).

Merke: Das Vermögen ist die Summe der geldwerten Rechte, die einer 4 Person zustehen. Es kann nicht als Ganzes übertragen werden. Das Vermögen ist Haftungsobjekt. Es unterliegt mit Ausnahme der unpfändbaren Gegenstände dem Zugriff der Gläubiger in Zwangsvollstreckung und Insolvenzverfahren.

Das Unternehmen ist eine organisatorische Einheit, die einem wirtschaftlichen oder ideellen Zweck dient und zu der bewegliche und unbewegliche Sachen sowie Rechte gehören können. Von der Rechtsordnung wird das Unternehmen als faktische Einheit in mehrfacher Hinsicht anerkannt. Es kann u. a. als Ganzes Gegenstand eines Kaufvertrages sein, die Übertragung muss jedoch für die einzelnen Rechtsobjekte getrennt erfolgen.

5. Kapitel. Rechtssubjekte und Rechtsfähigkeit

§ 14. Die natürliche Person als Rechtssubjekt

Schrifttum: *Hähnchen,* Der werdende Mensch – die Stellung des Nasciturus im Recht, Jura 2008, 161 ff.; *Lehmann,* Der Begriff der Rechtsfähigkeit, AcP 207 (2007), 226 ff.; *Pawlowski,* Rechtsfähigkeit im Alter?, JZ 2004, 13 ff.; *Schack,* Weiterleben nach dem Tode – juristisch betrachtet, JZ 1989, 609 ff.; *Stürner,* Die Unverfügbarkeit ungeborenen menschlichen Lebens und die menschliche Selbstbestimmung, JZ 1990, 709 ff.

1   Das BGB kennt als Träger von subjektiven Rechten (= Rechtssubjekt) natürliche und juristische Personen. Die entsprechenden Regelungen sind zu Recht ganz an den Beginn des Allgemeinen Teils gestellt (§§ 1–14 für natürliche Personen; §§ 21–89 für juristische Personen). Dabei war dem Gesetzgeber des BGB die Rechtsträger-Eigenschaft des **Menschen** so selbstverständlich, dass er in § 1 nur eine Regelung zum Beginn der Rechtsfähigkeit getroffen, auf eine entsprechende Grundaussage aber verzichtet hat. Aus § 1 folgt jedoch die Prämisse des Gesetzgebers, dass der Mensch als natürliche Person rechtsfähig ist und damit Träger von Rechten und Pflichten sein kann. Die Erfahrung der jüngeren deutschen Geschichte – auch in Gesetzgebung, Rechtsprechung und rechtswissenschaftlicher Literatur nach 1933 – lehrt, dass die allgemeine und uneingeschränkte Rechtsfähigkeit des Menschen wesentliche Voraussetzung einer humanen Rechtskultur ist. Die Person bzw. Persönlichkeit erfährt über die Grundregelung der Rechtsfähigkeit hinaus innerhalb und außerhalb des BGB mannigfachen Schutz. Die Verfassung schützt in Art. 1 und 2 GG als unverzichtbare Grundrechte die Würde des Menschen und die freie Entfaltung der Persönlichkeit. Neben den natürlichen Personen sind die **juristischen Personen** Rechtsträger. Ihnen kommt Rechtsfähigkeit allerdings nicht „von Natur aus", sondern nur kraft eines staatlichen Verleihungsaktes zu (s. § 15 Rn. 4).

I. Die Rechtsfähigkeit

1. Begriff und Bedeutung

Das Gesetz trennt deutlich zwischen der grundsätzlichen Fähig- 2
keit, Träger von Rechten und Pflichten zu sein (Rechtsfähigkeit) und
der Möglichkeit, durch eigenes Handeln solche Rechte zu erwerben
oder Pflichten einzugehen.[1] Im rechtsgeschäftlichen Bereich umschreibt der Begriff der **Geschäftsfähigkeit** die Handlungs- bzw.
Teilnahmefähigkeit der Rechtssubjekte (§§ 104 ff., hierzu § 23
Rn. 4 ff.). Für unerlaubte Handlungen kommt mit dem Begriff der
Deliktsfähigkeit zum Ausdruck, ob und unter welchen Voraussetzungen jemand für sein Tun oder Unterlassen haftungsrechtlich verantwortlich ist (s. §§ 827, 828). Beide Begriffe lassen sich unter dem
Stichwort „Handlungsfähigkeit" zusammenfassen, das allerdings
vom Gesetz selbst nicht verwendet wird. Wie noch zu zeigen sein
wird, knüpft die Handlungsfähigkeit im Gegensatz zur Rechtsfähigkeit an die Möglichkeit des Einzelnen an, sein Tun steuern und dessen Folgen erkennen zu können. Rechtsfähigkeit kommt dagegen
nach § 1 jeder Person unabhängig von Alter, Reifegrad, Intelligenz
oder Einsichtsfähigkeit zu. Auch der Säugling kann – kraft gesetzlicher Regelung oder durch Handeln seiner Eltern – schon Rechte erwerben. Die Ehemündigkeit richtet sich im Prinzip nach der allgemeinen Geschäftsfähigkeit (s. §§ 1303 Abs. 1, 1304). § 1303 Abs. 2
sieht eine Ausnahme vor, wenn ein Ehepartner volljährig, der andere
wenigstens 16 Jahre alt ist. Eine weitere besondere Art der Geschäftsfähigkeit für das Erbrecht normieren §§ 2229, 2275 Abs. 1 – die sog.
Testierfähigkeit. Danach kann ein Jugendlicher, der das 16. Lebensjahr vollendet hat, selbständig ein Testament errichten, einen Erbvertrag jedoch erst mit 18 Jahren als Erblasser abschließen (Ausnahme:
§ 2275 Abs. 2).

> **Rechtsfähigkeit** ist die Fähigkeit, Träger von Rechten und Pflichten zu
> sein.
> Unter **Geschäftsfähigkeit** versteht man die Fähigkeit, durch eigene Wil-
> lenserklärungen Rechtsfolgen herbeizuführen.

---

1 A. A. *Fabricus*, Relativität der Rechtsfähigkeit, 1963, 44: Rechtsfähigkeit als Fähigkeit
sich rechtserheblich zu verhalten. *Lehmann*, AcP 207 (2007), 226 weist zu Recht darauf hin, dass damit die Unterscheidung zur Delikts- und Geschäftsfähigkeit verloren
geht.

Deliktsfähigkeit ist die Fähigkeit, durch eigenes Tun oder Unterlassen Pflichten zu begründen.

Ehemündigkeit ist die Fähigkeit, eine Ehe schließen zu können.

Testierfähigkeit ist die Fähigkeit, selbständig ein Testament zu errichten oder als Erblasser einen Erbvertrag zu schließen.

3   Mensch im Sinne von § 1 ist jedes lebende Wesen, das von einem Menschen abstammt. Diese Formulierung erscheint auf den ersten Blick formal, fast tautologisch. Der Schein trügt. Erst die uneingeschränkte Rechtsfähigkeit macht den Menschen juristisch – als Rechtssubjekt – existent. Nur dadurch können ihm Rechte und Pflichten zugeordnet werden, kann er sich aus eigenem Recht gegen Rechtsverletzungen wehren. Nur wer rechtsfähig ist, wird im gesellschaftlichen und wirtschaftlichen Leben vom Rechtsobjekt zum Rechtssubjekt. Sie ermöglicht dem Menschen erst die aktive und verantwortliche Teilhabe am Rechtsverkehr.

Jede andere Umschreibung (etwa: Mensch ist jedes „vernunftbegabte Wesen" oder „jedes Mitglied der Rechtsgemeinschaft") gefährdet diese elementare Schutzwirkung der Rechtsfähigkeit und öffnet die Tür für Einschränkungen. Die Behandlung politisch, religiös oder rassistisch Verfolgter in totalitären Staaten oder auch die Tötung vermeintlich „lebensunwerten" Lebens in Gegenwart und Vergangenheit zeigen die Risiken anderer (scheinbar „inhaltlicher") Bestimmungsmerkmale des Menschseins. Auch der Mensch mit schwersten Missbildungen oder völlig fehlenden Anzeichen menschlicher Intelligenz ist rechtsfähig im Sinne von § 1.

4   **Fall 10:** Der etwas exzentrische Erblasser E hinterlässt bei seinem Tod ein formgültiges Testament, in dem er unter anderem bestimmt:

„Ich bin von der Menschheit enttäuscht. Alleinerbe soll das einzige lebende Wesen sein, das mich nie enttäuscht hat, mein Schäferhund Sento." Einzig überlebender Verwandter ist ein Neffe N, der wissen möchte, ob er trotz des Testamentes gesetzlicher Erbe seines Onkels geworden ist. (Ohne Lösungsskizze)

5   Ein Testament, das etwas rechtlich Unmögliches anordnet, ist unwirksam. In einem solchen Fall tritt an die Stelle der (unwirksamen) testamentarischen Verfügung die gesetzliche Erbfolge (§§ 1924ff., § 1937). Um erben zu können, muss man – wie bei jeder Teilnahme am Rechtsverkehr – rechtsfähig sein, also die Fähigkeit haben, Träger von Rechten und Pflichten zu sein. Weil auf Tiere die Vorschriften

über Sachen entsprechend anwendbar sind (§ 90a S. 3), sind sie
Rechtsobjekte und nicht Rechtssubjekte. Sie können daher nur Gegenstand, nicht aber Träger von Rechten sein. Folglich ist **in Fall 10**
das Testament des E unwirksam. N ist damit Erbe geworden (§ 1922
Abs. 1 i. V. m. § 1925). Der Wille des Erblassers ist aber nicht völlig
unbeachtlich. Im Wege der Auslegung (s. § 2084) kann die nichtige
Einsetzung des Hundes als Erben in eine Auflage (§ 1940) für den gesetzlichen Erben umgedeutet werden, den Hund gut zu versorgen.

2. Rechtsfähigkeit im Nationalsozialismus – Rechtsfähigkeit und politisches System

Indem § 1 die Rechtsfähigkeit jedes Menschen voraussetzt, verarbeitet das   6
BGB geschichtliche Erfahrungen. Früher war die Rechtsfähigkeit abhängig
von bestimmten „Mitgliedschaften". Sklaven, Neugeborene, Geisteskranke,
Fremde und Frauen hatten keine oder nur beschränkte Rechtsfähigkeit. Wer
geächtet und damit friedlos oder vogelfrei war, verlor seine Rechtsfähigkeit.[2]
Wer ihn tötete, vernichtete – rechtlich gesehen – eine herrenlose Sache! Im
Nationalsozialismus gelangte man zu einer „selektiven Rechtsfähigkeit" durch
folgende Definition:

„Rechtsgenosse ist, wer Volksgenosse ist. Volksgenosse ist, wer deutschen
Blutes ist."

und weiter

„Rechtsstandschaft also besitzt, wer artgleich ist, ständisch in die Arbeits-
front des schaffenden Volkes eingegliedert ist und die überlieferten Werte
und Güter der Nation achtet".[3]

Damit waren z. B. Juden, welche die deutsche Staatsbürgerschaft besaßen,
aber nach der rassistischen Lehre des Nationalsozialismus nicht „artgleich",
nicht „deutschen Blutes" waren, nicht voll rechtsfähig. Man konnte sie –
rechtstechnisch problemlos – unter „Sonderrecht" stellen. Sie konnten damit
nicht mehr am Geschäftsverkehr teilnehmen; Verträge mit ihnen brauchten
nicht gehalten zu werden. Sie konnten nicht erben, durften keine Grundstücke
erwerben etc. Auf die gleiche Weise konnten alle, die nicht „arbeitsam" waren
und die „überlieferten" Güter der Nation nicht achteten, d. h. die nicht im
nationalsozialistischen Sinn gesinnungstreu waren, vom Rechtsverkehr ausgeschlossen werden. Die Änderung eines unscheinbar aussehenden privatrechtlichen Grundbegriffs, nämlich der Rechtsfähigkeit, gab damit ein wirkungsvolles
Mittel zum Terror gegen vermeintliche oder wirkliche innenpolitische Gegner.

Diese Beispiele machen deutlich, dass die Regelung der Rechtsfähigkeit das
Bild vom Menschen widerspiegelt, das der Rechtsordnung zugrunde liegt. Da-

---

2 Frankreich kennt etwa eine allgemeine und gleiche Rechtsfähigkeit seit der Mitte des
  19. Jahrhunderts, nachdem 1848 in den französischen Kolonien die Sklaverei, 1854
  der „bürgerliche Tod" *(mort civil)* als Folge lebenslanger Freiheitsstrafen abgeschafft
  wurde.
3 Hierzu *Rüthers*, Die unbegrenzte Auslegung, 6. Aufl., 2005, S. 323 ff.

rin sind notwendig ethische und sittliche Wertungen eingeschlossen. Mit der ungeteilten Rechtsfähigkeit, die § 1 dem Menschen zuerkennt, spricht die Vorschrift eine prinzipielle Anerkennung und eine elementare Rechtsschutzgarantie der Gleichheit und Würde des Menschen aus. Das bisweilen noch anzutreffende Bewusstsein von der vermeintlich unpolitischen Qualität des Privatrechts behindert die Einsicht in die instrumentale Rolle einer unpolitisch verstandenen und betriebenen Privatrechtswissenschaft.

3. Beginn und Ende der Rechtsfähigkeit

7   **Fall 11:** Autofahrer A fährt fahrlässig auf dem Zebrastreifen die hochschwangere Fußgängerin F an. Dabei wird der Fetus verletzt. Das vier Wochen später geborene Kind K hat als Folge des Unfalls einen missgebildeten rechten Arm. Kann K von A Schadensersatz verlangen? → Rn. 10.

8   **a) Beginn der Rechtsfähigkeit.** Nach dem klaren Wortlaut von § 1 beginnt die Rechtsfähigkeit des Menschen mit Vollendung der Geburt. Dies würde für Fall 11 bedeuten, dass K, der im Zeitpunkt der maßgeblichen Verletzungshandlung von A noch nicht geboren war, durch das Verhalten von A keine eigenen Rechte (z. B. Schadensersatzansprüche nach § 823 Abs. 1) erwerben konnte. War der Embryo im **Zeitpunkt der Schädigung** noch nicht Rechtsträger, so müsste man daraus eigentlich folgern, dass er nur als Bestandteil des Körpers seiner Mutter verletzt und geschützt wäre. Die Mutter hat aber denjenigen Schaden, den das Kind geltend macht (z. B. Schmerzensgeld für eventuelle Schmerzen und als Ausgleich für die Entstellung, schlechtere Ausbildungs- und Verdienstmöglichkeit in der Zukunft), nicht als eigenen Schaden erlitten. Man kann dem Kind auch nicht dadurch helfen, dass man argumentiert, es habe nach der Geburt, also nach Erwerb der Rechtsfähigkeit im Sinne von § 1, den Schaden erlitten. Entscheidend ist der Zeitpunkt der schädigenden Handlung des A und hier fehlte es an der Rechtsfähigkeit des K.[4] Mithin wäre die körperliche Integrität des K noch ungeschützt.

Dennoch entscheidet die Rechtsprechung den Beispielsfall heute zugunsten des K und gewährt einen Schadensersatzanspruch.[5] Die eindeutige Regelung des § 1 steht dem auf den ersten Blick entgegen (Wortlautinterpretation). Allerdings lässt sich aus einigen anderen

4 So auch noch *BGH* JZ 1951, 758.
5 BGHZ 8, 243 (Lues-Erkrankung); 58, 48 (Verkehrsunfall); 93, 351 (Schockschaden); zur Vertragshaftung s. BGHZ 86, 241, 253; zur Frage der Zuwendung an den noch nicht Erzeugten s. BGHZ 86, 240, 253; 129, 297, 305.

Vorschriften des BGB selbst herleiten, dass der Gesetzgeber die Regelung des § 1 für unzureichend gehalten hat. So wird beispielsweise in §§ 844 Abs. 2 S. 2, 1777 Abs. 2, 1923 Abs. 2, 2043, 2108 Abs. 1 und 2178 der bereits gezeugte, aber noch nicht geborene Mensch (sog. **Nasciturus**) als geschütztes Rechtssubjekt anerkannt.

Im **Fall 10** (Rn. 4) hätte der E also statt seines Hundes das noch ungeborene Kind seines Neffen als Erbe einsetzen können. Selbst wenn E noch vor der Geburt des Kindes gestorben wäre, hätte dieses aufgrund der ausdrücklichen Vorschrift des § 1923 Abs. 2 Erbe sein können.

Der zivilrechtliche Schutz des Nasciturus wird durch die „Fern- 9
wirkung" des § 218 StGB gestützt (Argument aus der Einheit der Rechtsordnung).[6] Es handelt sich dabei jedoch jeweils um Ausnahmevorschriften, die nicht ohne Weiteres auf den Beispielsfall übertragbar sind. Sie können daher allenfalls ihrem Rechtsgedanken nach herangezogen werden. Methodisch spricht man von einer Analogie. **Analogie** bedeutet die Anwendung von Grundgedanken einer Gesetzesvorschrift auf eine vom Gesetzgeber nicht geregelte, aber gleich zu bewertende Interessenlage. Zu bedenken ist ferner, dass § 1 im Lichte der **Wertungen des Grundgesetzes** auszulegen ist. Wollte man den Embryo aus dem Schutzbereich der Rechtsfähigkeit herausnehmen, so wäre dies mit der durch das Grundgesetz geschützten Würde und Entfaltungsfreiheit des Menschen nicht vereinbar (Art. 1, 2 GG).[7] Das ungeborene Kind ist bei Verletzungen, die zu fortdauernden Körperschäden führen, nicht weniger schutzwürdig als das bereits geborene Kind. Im Ergebnis wird daher über die gesetzlich normierten Ausnahmefälle hinaus die Rechtsfähigkeit des Menschen auf den Nasciturus vorverlagert. Rechte können allerdings nur unter der Voraussetzung erworben werden, dass der Embryo später lebend zur Welt kommt.

---

6 Dies bedeutet aber nur, dass Widersprüche dort zu vermeiden sind, wo sie nicht sachlich gerechtfertigt sind. Dies gilt sicher für den Schutz an sich, den die Rechtsordnung einem Rechtssubjekt zuerkennt. Hingegen kann für die Frage, ab wann für den Nasciturus von einer „Erzeugung" ausgegangen werden kann (Befruchtung der Eizelle oder erst sog. Nidation, d. h. Einnisten der befruchteten Eizelle in der Gebärmutter), aus guten Gründen im Strafrecht anders als im Zivilrecht entschieden werden.
7 BVerfGE 39, 1.

10   **Lösungsskizze Fall 11 (Rn. 7):**
K → A auf Schadensersatz aus § 823 Abs. 1 (= Anspruchsgrundlage)?
Voraussetzung ist, dass die folgenden Tatbestandsmerkmale der Anspruchsgrundlage erfüllt sind:
1. Verletzungshandlung des A („wer... verletzt"): Anfahren der F, daher (+)
2. Rechtsgutsverletzung (= RGV) des K („Körper... eines anderen"): Ein
   Rechtsgut des K kann nur verletzt sein, wenn er im Zeitpunkt der Verletzung schon Rechtsträger war. Nach dem oben Gesagten ist K als Nasciturus in Rechtsanalogie zu den §§ 844 Abs. 2 S. 2, 1777 Abs. 2, 1923
   Abs. 2, 2043, 2108 Abs. 1 und 2178 schon als rechtsfähig anzusehen (Vorverlagerung der Rechtsfähigkeit) und es darf deshalb auch nicht argumentiert werden, sein Körper sei nie unverletzt gewesen, daher liege keine
   Verletzung durch den A vor, (+)
3. Kausalität der Handlung für RGV: ohne Anfahren der F wäre K unverletzt geblieben, (+)
4. Rechtswidrigkeit („widerrechtlich"): A kann sich nicht auf Rechtfertigungsgründe berufen, daher (+)
5. Verschulden („vorsätzlich oder fahrlässig"): A hat fahrlässig gehandelt
   (§ 276), daher (+)
6. Schaden: SV schweigt dazu, aber soweit K in seiner Erwerbsfähigkeit später behindert ist und daher Vermögenseinbußen erleidet, die er ohne die
   Behinderung nicht haben würde, ist A ersatzpflichtig (vgl. §§ 842, 843).
7. Kausalität der RGV für den Schaden („des daraus entstehenden ..."): (+)

Ergebnis: K kann von A Ersatz der ihm entstandenen und noch entstehenden Schäden verlangen.

11   Andere europäische Rechtsordnungen entscheiden ähnlich: auch **Frankreich** kennt eine Vorverlagerung der grundsätzlich mit der Geburt einsetzen-
den Rechtsfähigkeit (allerdings abhängig von der „Lebensfähigkeit" des Kindes) auf das pränatale Stadium (passive Schenkungs-, Erbfähigkeit,
Berechtigung zum Schadensersatz).[8] Dasselbe gilt für Italien, s. Art. 11 Abs. 2
CC und Art. 462 Abs. 1 CC.[9]

12   **b) Ende der Rechtsfähigkeit. aa) Juristischer Begriff des „Todes".**
In §§ 1, 1922 wird vorausgesetzt, dass die Rechtsfähigkeit untrennbar
mit dem Leben verbunden ist. Sie endet daher mit dem **Tod**.[10] Infolge
des medizinisch-technischen Fortschritts bei der Intensivbehandlung
ist die Frage, ab welchem Zeitpunkt der Mensch tot ist, nicht mehr so
einfach zu beantworten. Teilweise wird grundsätzlich auf den **Ge-**

---

8 Einzelheiten bei *Ferid/Sonnenberger,* Rn. 1 D 104 ff.
9 Vgl. *Kindler,* § 9 Rn. 2 ff.
10 Das Versterben wird im Sterberegister eingetragen, s. §§ 31 ff. Personenstandsgesetz
(PStG).

hirntod („Null-Linie" im EEG) abgestellt;[11] andere wollen den Tod prinzipiell mit dem **Herz-Kreislauf-Tod** gleichsetzen und nur, soweit eine Herz-Lungen-Maschine zum Einsatz kommt, den früher eintretenden Hirntod als maßgeblich erachten. Mit der Regelung des **Transplantationsgesetzes** von 1997 versucht der Gesetzgeber eine Gratwanderung („der Spender soll so tot wie möglich, das Spendeorgan so lebendig wie möglich sein"). Dort wird auf den Tod nach dem aktuellen medizinisch-wissenschaftlichen Stand Bezug genommen (§§ 3 Abs. 1 Nr. 2, 16 Abs. 1 S. 1 Nr. 1 TPG), § 3 Abs. 2 Nr. 2 TPG stellt dabei auf den Hirntod ab, nur ausnahmsweise ist der irreparable Herz-Kreislauf-Stillstand maßgebend (§ 5 Abs. 1 S. 1 und S. 2 TPG).[12] Abzulehnen sind Versuche, den Todesbegriff funktional in einen Handlungs- und einen Feststellungsbegriff aufzuspalten, je nachdem, ob es darum geht, ob noch Hilfsmaßnahmen geboten, Organentnahmen schon zulässig sind (Handlungsbegriff), oder ob z. B. für das Erbrecht ein Zeitpunkt für den zweifelsfrei eingetretenen Tod fixiert werden muss (Feststellungsbegriff).[13] Für eine solche Differenzierung besteht kein Bedürfnis, im Gegenteil muss durch eine möglichst klare Regelung verhindert werden, dass der Erbfall und damit ggf. die Erbfolge durch ein Hinauszögern etwa des Herz-Kreislauf-Todes manipuliert werden kann.[14]

bb) Verschollenheit.

Besteht aus anderen als medizinischen Gründen **Unsicherheit über den Tod** einer Person – etwa weil ihr Aufenthalt längere Zeit unbekannt ist und keine Nachricht von ihr vorliegt (§ 1 Abs. 1 VerschG) – gibt das sog. Verschollenheitsgesetz von 1951 die Möglichkeit, den Verschollenen durch Gerichtsbeschluss für tot erklären zu lassen. Dies hatte in der Nachkriegszeit vergleichsweise praktische Bedeutung, als über das Schicksal zahlreicher Kriegsteilnehmer Ungewissheit bestand. Heute spielt vor allem noch die sog. Luft- und Seeverschollenheit bei Flugzeugabstürzen und Schiffsunglücken eine Rolle, wie die Tsuniami-Katastrophe in Südostasien 2004 gezeigt hat, aber auch die Verschollenheit infolge von Naturkatastrophen. Die Todeserklärung schafft aber nur eine **widerlegbare Vermutung** dafür, dass der für tot   13

---

11 So etwa *OLG Frankfurt a. M.* NJW 1997, 3099, 3100; *Brox/Walker,* Allgemeiner Teil des BGB, Rn. 709; *Boecken,* Allgemeiner Teil, Rn. 86..
12 Hierzu *Deutsch,* NJW 1998, 777, 778.
13 In diesem Sinne *Westermann,* BGB Allgemeiner Teil, bis zur 5. Aufl., § 2 I 1; ähnlich *Medicus,* Allgemeiner Teil des BGB, Rn. 1052, der für Rechtsfähigkeit und Erbfolge immer auf den zuletzt in Betracht kommenden Zeitpunkt abstellen möchte, wohingegen wegen der Eilbedürftigkeit von Transplantationen dort ein früherer Todeszeitpunkt gerechtfertigt sei.
14 So auch *Schack,* Rn. 19.

Erklärte in dem gerichtlich genannten Zeitpunkt gestorben ist (im Fall der Seeverschollenheit wird z. B. auf den Untergang des Schiffes abgestellt, § 9 VerschG). Seine Rechtsfähigkeit bleibt, für den Fall, dass er noch lebt, von dieser Erklärung unberührt. Sie wird erst mit dem realen Tod beendet. Die vermutete Rechtslage verschafft aber den Erben eine Verfügungsmöglichkeit über das Vermögen des für tot Erklärten.

Im Erbrecht hat in manchen Fällen die sog. **Kommorientenvermutung** (aus dem Latein.: *cum* – mit und *morire* – sterben) des § 11 VerschG Bedeutung: Lässt sich von mehreren Verstorbenen oder für tot Erklärten nicht nachweisen, dass der eine den anderen überlebt hat, so wird vermutet, dass sie gleichzeitig gestorben sind. Kommen beispielsweise Eheleute bei einem Autounfall ums Leben und greift die Vermutung nach § 11 VerschG ein, so schließt sie aus, dass sich die Eheleute gegenseitig beerben, denn dies würde zwangsläufig voraussetzen, dass einer der Ehepartner den anderen – wenn auch nur kurz – überlebt hätte.[15]

14   **cc) Postmortale Rechte.** Mit dem Tod endet die Rechtsfähigkeit – alle Rechte und Pflichten des Erblassers gehen nach § 1922 auf den oder die Erben über (**Gesamtrechtsnachfolge**). Das Erlöschen der Rechtsträgerschaft bezieht sich nicht nur auf Vermögensrechte, selbstverständlich entfällt mit dem Tod einer Person auch der Rechtsträger für Nichtvermögensrechte wie das Persönlichkeitsrecht. Dass diese Rechte in gewissem Umfang dennoch über den Tod hinaus Schutz erfahren (sog. **postmortales Persönlichkeitsrecht**), obwohl sie ihre Anbindung an das Rechtssubjekt verloren haben, rechtfertigt sich aus dem Gedanken einer allgemeinen Rechtspflicht, die Würde Toter zu respektieren (s. bereits oben § 6 Rn. 6). Ausdrücklich normiert ist das postmortale Recht am eigenen Bilde in § 22 S. 3 und 4 KunsturhG.

II. Schutz der Persönlichkeit

Schrifttum: *Bücking,* Internet-Domains – Neue Wege und Grenzen des bürgerlich-rechtlichen Namensschutzes, NJW 1997, 1886 ff.; *Ehmann,* Zur Struktur des Allgemeinen Persönlichkeitsrechts, JuS 1997, 193 ff.; *J. Hager,* Der Schutz der Ehre im Zivilrecht, AcP 196 (1996), 168 ff.; *ders.,* Persönlichkeitsschutz gegenüber Medien, Jura 1995, 566 ff.; *Pils,* Ein neues Kapitel bei der Abwägung zwischen Pressefreiheit und Persönlichkeitsrecht? JA 2008, 852 ff.; *Schmieder,* Name – Firma – Titel – Marke: Grundzüge des Rechts an der Bezeichnung, JuS 1995, 119 ff.; *Wankel,* Der Schutz der Persönlichkeit bei

---

15 S. hierzu *Brox/Walker,* Allgemeiner Teil des BGB, Rn. 709.

künstlerischen Werken, NJW 2006, 578. Einzelheiten finden sich in der deliktsrechtlichen Literatur.

Selbstbestimmung und Achtung der Personen werden durch **Per-** 15
sönlichkeitsrechte geschützt, die wie die Rechtsfähigkeit grundsätzlich jedem Menschen zukommen. Auf sie ist bereits als höchstpersönliche, d. h. nicht übertragbare **absolute Rechte** hingewiesen (§ 6
Rn. 6). Der heute geläufige Begriff des allgemeinen Persönlichkeitsrechts ist dem BGB noch fremd. Zur Zeit der Ausarbeitung des
BGB hatte man nur daran gedacht, den **Namen** als Teil des Persönlichkeitsrechts ausdrücklich zu schützen (§ 12). Später, als Missbrauch und Gefahren der Fotographie und Reproduktionstechniken
für die Persönlichkeitssphäre deutlicher zu Tage traten, kam das
1907 in Kraft getretene Kunsturhebergesetz hinzu, welches das
Recht am eigenen Bilde gegen unerlaubte Eingriffe schützt. Man unterteilt heute die Persönlichkeitsrechte in gesetzlich ausdrücklich geregelte **besondere Persönlichkeitsrechte** (wie z. B. das Recht am eigenen Namen und am eigenen Bilde, teilweise wird auch der
Komplex des Schutzes personenbezogener Daten hierzu gerechnet)
und das allgemeine Persönlichkeitsrecht, das seinen Schutz bislang
ausschließlich über die Auslegung als „sonstiges Recht" im Sinne
von § 823 Abs. 1 erfährt. Versuche, das allgemeine Persönlichkeitsrecht im Gesetz zu verankern und insbesondere gegen Medienüber-
griffe explizit zu schützen, sind politisch 1959, 1967 und 1974 ge-
scheitert.[16]

1. Namensrecht

§ 12 schützt den Namen als **äußeres Kennzeichen** einer Person. Er 16
dient der Unterscheidung von anderen Personen; das Namensrecht
ist als besonderes Persönlichkeitsrecht ein absolutes subjektives
Recht. Nach seiner ursprünglichen Bedeutung schützt § 12 nur den
bürgerlichen Namen (Geburts-, Familien-, Ehenamen) **natürlicher
Personen** (Vornamen sind mangels Unterscheidungskraft nur ausnahmsweise von § 12 erfasst[17]). Der Schutz wird heute nach überwiegender Ansicht ausgeweitet auf Pseudonyme, Decknamen, Künstler-
namen, Namen juristischer Personen des Privat- und Öffentlichen
Rechts sowie politischer Parteien, die Firma (vgl. § 17 HGB), Be-

---

16 Ausführlich hierzu *Stürner*, Rechtsschutz gegenüber Medien, Gutachten für den 58.
   Deutschen Juristentag 1990, A 61 ff.
17 *BGH* NJW 1983, 1184 (Uwe Seeler – „Uwe").

zeichnungen für bestimmte Einrichtungen wie Restaurants, unter denen sie im Rechtsverkehr bekannt sind, aber auch auf den sog. *Domain*-Namen im Internet („http://www.heidelberg.de").[18] Das Markenrecht schützt darüber hinaus sog. Marken, geschäftliche Bezeichnungen und geographische Herkunftsangaben (s. § 1 MarkenG).

17   Geschützt wird der Name in § 12 nur gegen **Namensbestreitung** und gegen die unbefugte **Namensanmaßung**. Im zuerst genannten Fall wird einer Person die Benutzung des Namens ausdrücklich oder konkludent streitig gemacht.

> **Beispiele:** Die Gemeinde X hat ihrem Gemeindenamen einen Zusatz hinzugefügt, der Verwechslungen mit ähnlichen Ortbezeichnungen ausschließen soll. Sie kann jetzt von der Deutschen Bahn verlangen, dass diese in ihren Fahrplänen auch den neuen Namen korrekt verwendet.[19]
> Der Vorgesetzte V weigert sich, seine Angestellte A nach deren Eheschließung mit ihrem neuen Ehenamen anzusprechen. A hat hier nach § 12 Anspruch darauf, dass V dies künftig unterlässt und sie korrekt anspricht.

Eine Namensanmaßung liegt vor, wenn jemand einen fremden Namen unbefugt für sich oder einen Dritten benutzt. Den eigenen Namen darf man selbstverständlich auch dann verwenden, wenn er leicht zu Verwechslungen führt.

> **Beispiele:** Peter Müller schreibt regelmäßig unter Verwendung des Namens seines Nachbarn Claudius Sonnentau Leserbriefe, die in der Lokalzeitung veröffentlicht werden und mit deren politischer Aussage sich Sonnentau überhaupt nicht in Verbindung gebracht sehen möchte. Er kann Müller auf Unterlassung verklagen.
> Ein Softwareunternehmen, das sich mit Informationstechnologie befasst und eine Datenbank über den Rhein-Neckar-Raum ins Internet stellen möchte, hat sich von der zuständigen Stelle den bislang nicht vergebenen Domain-Namen „heidelberg.de" zuordnen lassen. Hier kann die Stadt Heidelberg die Verwendung dieser Bezeichnung untersagen (str.).[20]

18   Hingegen wird die **Verunglimpfung** oder das **Verulken** eines Namens („Lusthansa" statt „Lufthansa"[21] oder BMW-Aufkleber mit dem Text „Bums mal wieder"[22]) nach h. A. nicht von § 12 erfasst, da

---

18 *OLG Hamm* NJW-RR 1998, 909; *OLG Stuttgart* NJW-RR 1998, 1341; *LG Mannheim* NJW 1996, 2736; zum Ganzen *Petersen*, Namensrecht und domain-Namen, Jura 2007, 175 ff.
19 Vgl. *BVerwG* NJW 1974, 1207.
20 *LG Mannheim* NJW 1996, 2736.
21 *OLG Frankfurt a. M.* NJW 1982, 648.
22 BGHZ 98, 94.

weder ein Bestreiten noch ein Verwenden des (korrekten) Namens vorliegt. Hier kann man je nach Fall allenfalls an eine Verletzung des allgemeinen Persönlichkeitsrechts des Namensträgers oder des Rechts am Unternehmen denken. Auch die öffentliche Nennung eines fremden Namens verletzt das Namensrecht des Betroffen nicht, wenn kein Bestreiten oder Anmaßen vorliegt, der Namensträger sich vielmehr „nur" durch den Kontext der Veröffentlichung beeinträchtigt fühlt.

Beispiel: Universitätsprofessor X wird aufgrund unzureichender journalistischer Recherche in der Lokalzeitung unter voller Nennung seines Namens zu Unrecht der sexuellen Belästigung einer Studentin beschuldigt. X kann gegen den verantwortlichen Redakteur nicht nach § 12 vorgehen, sein Namensrecht ist nicht verletzt. Allerdings liegt eine rechtswidrige Verletzung seines allgemeinen Persönlichkeitsrechts nach § 823 Abs. 1 vor. Wenn der Bericht mit einem Archivbild des Professors „garniert" war, stellt dies außerdem eine Verletzung des Rechts am eigenen Bilde nach §§ 22, 23 KunstUrhG dar.

§ 12 schützt den Namen daher nur in einem – wenn auch wichtigen **19**
– Ausschnitt. Als Rechtsfolge knüpft die Vorschrift an die Verletzungshandlung einen **Beseitigungs-,** bei Wiederholungsgefahr einen **Unterlassungsanspruch.** Letzteres wird von Rechtsprechung und Lehre im Interesse effektiven Rechtsschutzes ausgedehnt auf die Fälle der drohenden Erstbegehung einer entsprechenden Verletzungshandlung (so auch die h. M. zur Parallelvorschrift des § 1004 Abs. 1 S. 2). Außerdem ist das Namensrecht als „sonstiges Recht" nach § 823 Abs. 1 anerkannt, so dass bei Eintritt eines Vermögensschadens infolge einer schuldhaft begangenen Namensrechtsverletzung auch **Schadensersatz** verlangt werden kann. Wer unberechtigt, aber ohne Verschulden einen fremden Namen z. B. gewerblich nutzt, muss das hierdurch **„Erlangte"** nach § 812 Abs. 1 S. 1, 2. Var. (sog. Eingriffskondiktion) an den Namensträger **herausgeben.**

Beispiel: A betreibt in einer kleineren Universitätsstadt seit langem einen sehr erfolgreichen Pizza-Lieferservice unter dem Namen „Subito". B möchte diese Tatsache für sich ausnutzen und eröffnet unter demselben Namen ebenfalls einen Pizza-Service mit Hausbelieferung. Tatsächlich bestellen einige Stammkunden des A, die nur einen flüchtigen Blick in das Telefonbuch geworfen haben, „versehentlich" bei B. Da die Pizza von B ihnen nicht die Qualität bieten kann, die sie von A gewohnt waren und sie die Verwechslung zunächst nicht erkennen, wenden sie sich für einige Zeit enttäuscht lieber entsprechender Tiefkühlkost zu und bestellen auch nichts mehr bei A. Hier ist A aufgrund des vorsätzlichen Namensmissbrauchs durch B eine beträchtliche Vermögenseinbuße entstanden (Bestellung bei B, Verzicht auf weitere

Bestellungen, „Rufschädigung" durch schlechte Qualität), die er nach § 823 Abs. 1 ersetzt verlangen kann. Allerdings muss er im Prozess nachweisen, dass und in welcher Höhe ihm ein Schaden entstanden ist. Das Verfahrensrecht hilft hier zwar unter bestimmten Voraussetzungen (Schadensschätzung nach § 287 ZPO), dennoch nutzt dem A allein die Behauptung eines entsprechenden Sachverhaltes ohne konkrete Anhaltspunkte (z. B. Kunden als Zeugen) nichts.

2. Recht am eigenen Bild

20   Aus historischen Gründen ist der Bildnisschutz nicht im BGB, sondern im KunstUrhG geregelt. § 22 KunstUrhG bestimmt, dass „Bildnisse" **nur mit Einwilligung** der Abgebildeten verbreitet oder veröffentlicht werden dürfen. Allerdings sind in § 23 KunstUrhG eine Reihe von Ausnahmen von diesem Grundsatz genannt, die teilweise unmittelbar einleuchten. So wäre es für die Arbeit der Medien kaum hinnehmbar, wenn sie den Bundeskanzler oder sonstige im Mittelpunkt des öffentlichen Interesses stehende Politiker vor jeder Veröffentlichung um ihre Einwilligung bitten müssten. Einwilligungsfrei sind daher u. a. „Bildnisse aus dem Bereiche der Zeitgeschichte" (§ 23 Abs. 1 Nr. 1 KunstUrhG) und Bilder, auf denen Personen nur als „Beiwerk neben einer Landschaft oder sonstigen Örtlichkeit" erscheinen (§ 23 Abs. 1 Nr. 2 KunstUrhG).[23] Auch in diesen Fällen kann aber das **berechtigte Interesse** des Abgebildeten einer Veröffentlichung entgegenstehen (§ 23 Abs. 2 KunstUrhG). Aufnahmen, welche die engste **Privatsphäre** („eigene vier Wände") oder gar den **Intimbereich** berühren, dürfen daher auch von noch so berühmten Persönlichkeiten der Zeitgeschichte nicht ohne deren Einverständnis veröffentlicht werden. Die gesetzliche Regelung und ihre Handhabung in der Rechtspraxis müssen hier den notwendigen Ausgleich zwischen Persönlichkeitsrechtsschutz einerseits und legitimem Berichterstattungs- und Informationsinteresse der Medien und der Öffentlichkeit andererseits finden.

21   § 23 Abs. 1 Nr. 1 KunstUrhG ist ein gutes Beispiel für die Interpretationsbedürftigkeit einer Norm und deren zeitlichen Wandel. Die seit vielen Jahren h. A. in Rechtsprechung und Lehre differenziert für Bildnisse der Zeitgeschichte nach dem Bekanntheitsgrad und damit dem Informationsbedürfnis der Öffentlichkeit. Sog. **absolute Personen der Zeitgeschichte** (aktive Politiker, Schauspieler, Spitzensportler) müssen danach nur ausnahmsweise ihre Einwilligung zur Veröffentlichung erteilen, wohingegen Personen, die nur im

---

23 Zu Einzelheiten s. § 23 Abs. 1 Nr. 1–4 KunstUrhG.

Zusammenhang mit einem ganz bestimmten zeitgeschichtlichen Ereignis vorübergehend einen gewissen Bekanntheitsgrad erreicht haben (sog. **relative
Personen der Zeitgeschichte**) nur Veröffentlichungen in Zusammenhang mit
dem betreffenden Ereignis hinnehmen müssen und dies nur in bestimmtem
zeitlichen Rahmen. Ob diese Unterscheidung noch zeitgemäß ist oder ob
man nicht angesichts eines zunehmend aggressiver werdenden Sensationsjour-
nalismus auch absoluten Personen der Zeitgeschichte einen besseren Schutz
gewähren muss, wird heute lebhaft diskutiert.[24] Bildveröffentlichungen von
offiziellen Auftritten müssen jedenfalls hingenommen werden. Nach Ansicht
des Bundesverfassungsgerichts gilt dies aber auch für Aufnahmen, die allein
das (in der Öffentlichkeit gelebte) Privatleben betreffen („Caroline von
Hannover"). Auch insoweit bestehe ein verfassungsrechtlich **geschütztes Berichterstattungsinteresse,** um einem Informationsbedürfnis in (Teilen) der
Bevölkerung nachzukommen.[25] Dem hat der Europäische Gerichtshof für
Menschenrechte (EGMR) widersprochen. Anders als das Bundesverfassungsgericht sieht er kein anerkennenswertes Berichterstattungsinteresse, wenn es
sich um Veröffentlichungen durch die Boulevardpresse ohne echten Beitrag
zu einer Diskussion von allgemeinem Interesse handelt.[26] Fotos und Artikel,
welche nur zur Befriedigung der Neugierde publiziert werden sollen, rechtfertigen keinen Eingriff in das (öffentlich gelebte) Privatleben Prominenter. Einen größeren Schutz billigen auch die deutschen Verfassungsrichter jedoch
den **Kindern Prominenter** zu, die nicht zwangsläufig selbst absolute Personen der Zeitgeschichte sind.[27]

Vom KunstUrhG nicht erfasst ist das **bloße Anfertigen** eines   22
„Bildnisses". Anerkanntermaßen kann diese Lücke geschlossen werden durch einen Rückgriff auf das allgemeine Persönlichkeitsrecht
des BGB.[28] Auch nennt das KunstUrhG selbst nur einige Sanktionen
für eine rechtswidrige Veröffentlichung (Strafbarkeit, Anspruch auf
Vernichtung). Für Ansprüche auf Schadensersatz oder Unterlassung
ist erneut auf §§ 823, 1004 zurückzugreifen.

---

24 *BGH* NJW 2007, 1981 und 1977 hat das Kriterium letztlich bereits aufgegeben, vgl.
   Teichmann, NJW 2007, 1917 ff.; krit. *Engels/Jürgens,* NJW 2007, 2517 ff.
25 *BVerfG* NJW 2000, 2190; ebenso bereits BGHZ 131, 332.
26 Lesenswert *EGMR* JZ 2004, 1015 mit zust. Anm. *Stürner,* 1018 ff.; str. ist allerdings,
   in welchem Maße deutsche Gerichte unmittelbar an Entscheidungen des EGMR gebunden sind. Das Bundesverfassungsgericht hält an seiner Linie fest und betonte erst
   unlängst wieder, dass es allein Sache der Presse sei, nach publizistischen Kriterien die
   Berichterstattung zu gestalten; auch die reine Unterhaltung sei von Art. 5 GG geschützt, vgl. *BVerfG* NJW 2008, 1793. Ein Abwägungskriterium ist jedoch, ob die
   Bilder heimlich oder in belästigender Weise aufgenommen wurden.
27 *BVerfG* NJW 2000, 2191.
28 *OLG Hamm* JZ 1988, 308.

3. Das allgemeine Persönlichkeitsrecht

23   Die Entwicklung des Allgemeinen Persönlichkeitsrechts ist stark verfassungsrechtlich geprägt (s. oben § 2 Rn. 10 ff.) und kann heute insoweit als abgeschlossen betrachtet werden, als ein solches Recht als „sonstiges Recht" generell anerkannt ist und unter den Schutz von § 823 Abs. 1 fällt. In der umfangreichen Rechtsprechung der letzten 50 Jahre haben sich **Fallgruppen** herausgebildet, die unterschiedliche Aspekte der Persönlichkeit schützen: Ehrverletzungen, Eindringen in den Privatbereich, Weitergabe persönlicher Daten oder Informationen, Fixieren des nicht öffentlich gesprochenen Wortes, Verfälschung von Zitaten, Verfälschung des Lebensbildes in der Öffentlichkeit,[29] unbefugte Kommerzialisierung durch Benutzung von Namen bzw. Bildern. Schwierigkeiten bereitet bis heute die genaue Abgrenzung des Schutzbereiches, den das Persönlichkeitsrecht gewährt. Des Weiteren muss im Rahmen von § 823 Abs. 1 jeweils anhand des Einzelfalles sorgfältig geprüft und mittels **Interessenabwägung** festgestellt werden, ob die Verletzung des Persönlichkeitsrechts rechtswidrig oder durch schutzwürdige Belange des Eingreifenden gerechtfertigt ist (z. B. wenn er in Ausübung seiner Presse-, Meinungs- oder Kunstfreiheit handelt, vgl. Art. 5 GG).[30] Einzelheiten hierzu gehören zum **Deliktsrecht** als Teil des Besonderen Schuldrechts.[31]

§ 15. Juristische Personen

1   **Fall 12:** V möchte zwei Hausgrundstücke an die Wohnbauaktiengesellschaft „W-AG" verkaufen, mit deren Vorstand er einen notariell beurkundeten Kaufvertrag abschließt (§ 311b Abs. 1). Wer wird, wenn auch die Auflassung (§ 925) erklärt ist, als neuer Eigentümer ins Grundbuch eingetragen? (ohne Lösungsskizze)

---

29 Besonders problematisch ist in diesem Zusammenhang die Frage, inwieweit die Kunstfreiheit (Art. 5 Abs. 3 S. 1 GG) in filmischen oder literarischen Werken einen Eingriff in das Persönlichkeitsrecht rechtfertigen kann. Sie hat wiederholt das Bundesverfassungsgericht beschäftigt, s. nur die Entscheidung im Fall „Esra", *BVerfG* NJW 2008, 39; sowie die Beschlüsse v. 11.12.2007, Az. 1 BvR 350/02 und 1 BvR 403/02 (BeckRS 2008, 31428).
30 Ausführlich *Larenz/Canaris,* Lehrbuch des Schuldrechts, Bd. 2, Halbbd. 2, Besonderer Teil, 13. Aufl., 1994, § 80 (insb. sub V).
31 *Brox/Walker,* Besonderes Schuldrecht, 8. Kapitel, §§ 40–46.

I. Begriff und Bedeutung der Juristischen Person

Neben den natürlichen Personen sind weitere Rechtsträger die sog. **2**
juristischen Personen. Hierunter versteht man Personenvereinigun-
gen oder rechtlich verselbständigte Zusammenfassungen von Vermö-
genswerten, denen die Rechtsordnung eine **eigene Rechtsfähigkeit**
zuerkennt.

Die Schaffung der Rechtsfigur der juristischen Person ist ein wichtiger Beitrag des Rechts zur Organisation komplexer gesellschaftli-
cher Beziehungen und Gebilde. Diese „Erfindung" dient dem Zweck,
einen **selbständigen juristischen Zuordnungspunkt** für Rechte und
Pflichten zu schaffen, die nicht einer natürlichen Person zugeordnet
sind. Auf diese Weise können Zusammenschlüsse von Personen zu
den verschiedensten Zwecken rechtlich als selbständige Träger von
Rechten und Pflichten organisiert werden, eine für den modernen
Rechtsverkehr unerlässliche Voraussetzung. Über das „Wesen" der
juristischen Person gibt es zahlreiche Theorien, die jedoch von gerin-
ger praktischer Relevanz sind und daher an dieser Stelle nicht vertieft
werden sollen.[1] Eine besondere Art der juristischen Person bilden die
rechtsfähigen Stiftungen des Privatrechts (§§ 80–86). Die Stiftung ist
kein Zusammenschluss von Personen. Das BGB ermöglicht hier die
rechtliche Verselbständigung und Zweckbindung eines dem Stif-
tungszweck gewidmeten Vermögens.

II. Arten

Unterschieden werden juristische Personen des privaten Rechts **3**
und solche des öffentlichen Rechts.

---

1 Hierzu *Larenz/Wolf,* § 9 Rn. 6 ff.; *Medicus,* Allgemeiner Teil des BGB, Rn. 1104.

Übersicht 6:[2]

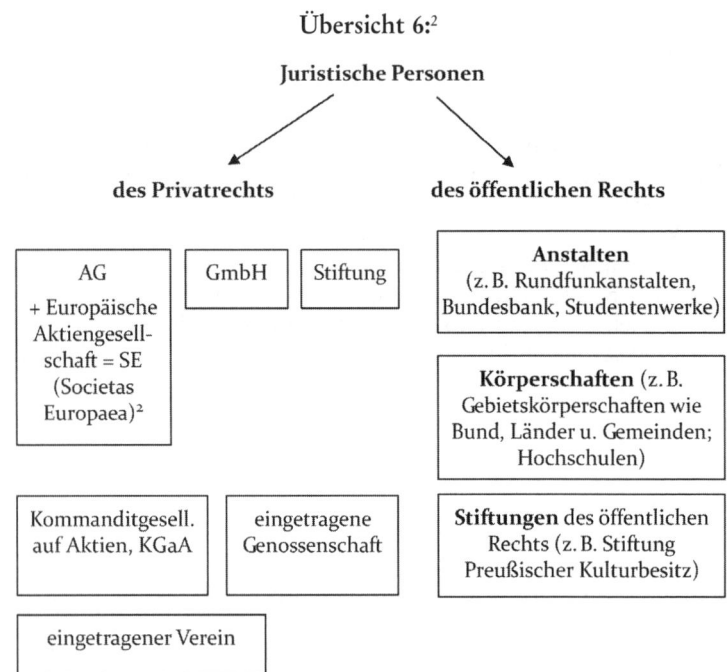

Juristische Personen

des Privatrechts

des öffentlichen Rechts

AG + Europäische Aktiengesell- schaft = SE (Societas Europaea)[2]	GmbH	Stiftung

Anstalten (z. B. Rundfunkanstalten, Bundesbank, Studentenwerke)

Körperschaften (z. B. Gebietskörperschaften wie Bund, Länder u. Gemeinden; Hochschulen)

Kommanditgesell. auf Aktien, KGaA	eingetragene Genossenschaft

Stiftungen des öffentlichen Rechts (z. B. Stiftung Preußischer Kulturbesitz)

eingetragener Verein

III. Erwerb der Rechtsfähigkeit

4   Während der Mensch mit der Geburt durch sein Menschsein rechtsfähig wird, muss die Rechtsfähigkeit den juristischen Personen privaten Rechts durch einen **staatlichen Hoheitsakt** verliehen werden. Das geschieht etwa beim nichtwirtschaftlichen, sog. Idealverein durch die Eintragung ins Vereinsregister (§ 21), beim wirtschaftlichen Verein durch staatliche Verleihung (§ 22), bei den Kapitalgesellschaften wie Aktiengesellschaft (AG) oder der Gesellschaft mit beschränkter Haftung (GmbH) durch Eintragung ins Handelsregister (vgl. § 41

---

2 Die SE ist eine auf Europarecht (EG-Verordnung 2157/2001 vom 8.10.2001 ABl. EG L 294 S. 1 vom 10.11.2001) beruhende Handelsgesellschaft mit eigener Rechtspersönlichkeit; Einzelheiten bei *Braun*, Jura 2005, 150 ff. Daneben gibt es aufgrund der Verordnung 2137/1985 ABl. EG L 199 S. 1 die sog. Europäische Wirtschaftliche Interessenvereinigung (EWIV), eine Personengesellschaft mit Rechtspersönlichkeit, die für die grenzüberschreitende Zusammenarbeit konzipiert wurde. Sie muss aus mindestens zwei Mitgliedern aus verschiedenen Mitgliedstaaten bestehen..

Abs. 1 S. 1 AktG: „Vor Eintragung in das Handelsregister besteht die Aktiengesellschaft als solche nicht").

Im **Fall 12a)** (Rn. 1) kann also die W-AG ohne Weiteres als neue Eigentümerin im Grundbuch eingetragen werden; sie ist als juristische Person des Privatrechts rechtsfähig und wird aufgrund von Auflassung und Eintragung der Grundstücksübertragung im Grundbuch (§§ 873, 925) selbst Eigentümerin des Grundstücks. Dies zeigt auch die damit verbundene Vereinfachung für den Rechtsverkehr. Ohne eigene Rechtsfähigkeit der AG müssten alle (!) deren Mitglieder (= Aktionäre) als Eigentümer ins Grundbuch eingetragen werden.

Daneben gibt es eine Reihe von Personenzusammenschlüssen (Gesellschaften), bei denen die Beteiligten zwar ein gemeinsames Ziel verfolgen, das durch den Zusammenschluss entstandene „Gebilde" aber rechtlich nicht in der Weise verselbständigt ist, dass ihm eine eigene, von den Mitgliedern unabhängige Rechtsfähigkeit zukäme. Personenzusammenschlüsse ohne eine solche Rechtsfähigkeit können nicht als Rechtsträger auftreten. Hierzu zählt nach der Konzeption des BGB-Gesetzgebers die Gesellschaft bürgerlichen Rechts (GbR), die in den §§ 705 ff. geregelt ist, sowie der nicht eingetragene Verein (§ 54), außerhalb des BGB die Personenhandelsgesellschaften des HGB offene Handelsgesellschaft (OHG, §§ 105 ff. HGB) und Kommanditgesellschaft (KG, §§ 161 ff. HGB), sowie die für freiberuflich Tätige zur Verfügung stehende Partnerschaftsgesellschaft nach dem PartGG von 1994. Keine juristische Person ist auch die durch EG-Verordnung ins Leben gerufene Gesellschaftsform der EWIV[3] (Europäische Wirtschaftliche Interessenvereinigung) für grenzüberschreitende Zusammenschlüsse; sie spielt in der Praxis bislang keine große Rolle (zur Europäischen Aktiengesellschaft s. Rn. 4).

Bei der GbR schafft zwar der Gesellschaftsvertrag eine enge rechtliche Beziehung zwischen den Vertragsschließenden, die Gesellschaft als solche wird jedoch nach dem Gesetz nicht verselbständigt. Hier entsteht lediglich ein **Sondervermögen** (Gesamthandsvermögen), welches vom Privatvermögen der beteiligten Gesellschafter zu unterscheiden ist. Streitig ist im Gesellschaftsrecht allerdings seit vielen Jahren, ob nicht auch der GbR eine **Teilrechtsfähigkeit oder relative Rechtsfähigkeit** zuzuerkennen ist, wie sie für die Personenhandelsgesellschaften OHG und KG gesetzlich vorgegeben ist (§§ 124, 161 Abs. 2 HGB). Nach diesen Vorschriften können OHG und KG unter ihrer Firma Rechte erwerben und Verpflichtungen eingehen. Sie wer-

---

3 EG-Verordnung 2137/1985 vom 25.7.1985 ABl. EG L 199 S. 1 vom 31.7.1985; hierzu *Müller-Gugenberg*, NJW 1989, 1449.

den daher auch als „juristische Teilperson" bezeichnet. Praktische Bedeutung hat diese Überlegung bei der GbR u. a. für die Frage, ob Verbindlichkeiten der GbR als solche der Gesellschafter zu behandeln sind oder ob es sich um Gesellschaftsschulden, also um solche der GbR selbst, handelt. Nach der gesetzgeberischen Konzeption fehlt es an jeder Rechtsfähigkeit der GbR[4] (Umkehrschluss aus §§ 161 Abs. 2, 123 HGB), dennoch hat die Rechtsprechung[5] jedenfalls die nach außen tätige GbR („Außengesellschaft") für rechts- und parteifähig erklärt und der OHG und KG insoweit gleichgestellt.[6] Zur juristischen Person wird sie damit jedoch noch nicht. Diese Zwischenposition – rechtsfähige Gesellschaft, ohne gleichzeitig juristische Person zu sein – spiegelt sich nun auch in der Regelung von § 14 Abs. 2 wieder. Die Rechtsprechung zur Rechtsfähigkeit der (Außen-) GbR entgegen einer klaren gesetzlichen Konzeption wirft eine Reihe noch ungelöster Folgeprobleme auf, die vor allem darauf beruhen, dass es für die GbR – im Unterschied zu OHG und KG – keine Publizität von Gesellschaftern und Vertretungsbefugnis über das Handelsregister gibt.[7]

7   **Merke:** Natürliche Personen werden mit der Vollendung der Geburt (§ 1), juristische Personen durch staatlichen Hoheitsakt rechtsfähig. Entgegen dem Gesetzeswortlaut gibt es beim gezeugten, aber noch nicht geborenen Kind Vorwirkungen der Rechtsfähigkeit. Die zivilrechtliche Figur der allgemeinen und gleichen Rechtsfähigkeit jedes Menschen ist ein wichtiger Grundbaustein einer humanen Rechtsordnung. Grundlegenden zivilrechtlichen Schutz erfährt das Persönlichkeitsrecht des Menschen im Übrigen durch das allgemeine Persönlichkeitsrecht als „sonstiges Recht" im Sinne von § 823 Abs. 1 und speziell normierte besondere Persönlichkeitsrechte (z. B. Namensrecht, Bildnisschutz, Datenschutz). Es handelt sich um absolut geschützte Rechtsgüter.
Die Rechtsfähigkeit juristischer Personen ist eine Errungenschaft entwickelter Rechtskultur. Sie dient dazu, Personenzusammenschlüsse und rechtliche organisierte Vermögensmassen selbständig am Rechtsverkehr teilnehmen zu lassen.

---

4 So im Grundsatz auch *BGH* NJW 1998, 2904; zum Ganzen *Eisenhardt*, Gesellschaftsrecht, 14. Aufl., 2009, Rn. 70 ff.
5 Grundlegend *BGH* NJW 2001, 1056; NJW 2002, 1207; krit. *Stürner*, JZ 2003, 44.
6 Für einzelne Fragen die Rechtsfähigkeit bereits bejahend *BGH* NJW 1997, 2754; *BFH* NJW 1987, 920.
7 Zu Recht krit. zur Gewährung von Rechtsfähigkeit durch richterlicher Rechtsfortbildung *Lehmann*, AcP 207 (2007), 226, 233. Zur sog. Grundbuchfähigkeit der GbR s. *BGH* NJW 2004, 3632; NJW 2006 3716; *OLG Stuttgart* NJW 2008, 304; *Wagner*, ZNotP 2007, 2414 und nunmehr die Reaktion des Gesetzgebers in § 899a BGB und § 47 Abs. 2 Grundbuchordnung (GBO).

6. Kapitel. Das Rechtsgeschäft

§ 16. Begriff und Arten von Rechtsgeschäften

I. Begriff

Der Begriff des Rechtsgeschäfts baut auf dem der Willenserklärung 1 auf. In den Motiven zum ersten Entwurf des BGB heißt es:

„Rechtsgeschäft im Sinne des Entwurfs ist eine Privatwillenserklärung, gerichtet auf die Hervorbringung eines rechtlichen Erfolges, der nach der Rechtsordnung deswegen eintritt, weil er gewollt ist."

Wesentlich für das Bewirken einer Rechtsfolge ist demnach subjektiv die **Willenserklärung** (hier ausführlich § 17 Rn. 1 ff.) und objektiv die **Gewährleistung der Rechtsfolge** durch die Rechtsordnung. Zur Vornahme eines Rechtsgeschäftes gehört zumindest *eine* Willenserklärung. Eine solche Erklärung reicht jedoch nur bei einseitigen Rechtsgeschäften (z. B. der Errichtung eines Testaments oder einer Auslobung – vgl. § 657!) aus. Einseitige Rechtsgeschäfte, die nur aus einer Willenserklärung bestehen, sind auch die sog. Gestaltungsrechte (s. bereits § 5 Rn. 8). Wenn also beispielsweise der A sein Arbeitsverhältnis mit U frist- und formgerecht zum 30.9. des Jahres kündigt, so beendet diese einseitige Willenserklärung die schuldrechtliche Beziehung zwischen A und U. Willenserklärung und Rechtsgeschäft sind identisch.

Das Beispiel zeigt, dass außer dem Merkmal der Willenserklärung 2 für ein *wirksames* Rechtsgeschäft **weitere Erfordernisse** bestehen können. So bestimmt etwa § 568 Abs. 1, dass die Kündigung eines Mietverhältnisses über Wohnraum der Schriftform bedarf. Eine nur mündlich erklärte Kündigung – etwa anlässlich eines Streites mit dem Vermieter im Hausflur – wäre unwirksam. Das gleiche gilt für Arbeitsverhältnisse gem. § 623. Ein ordentliches Testament muss nach § 2231 entweder durch die Niederschrift eines Notars oder durch eine eigenhändig geschriebene (also Handschrift!) und unterschriebene Erklärung des Erblassers (§ 2247 Abs. 1) errichtet werden. Hier bedarf das wirksame Rechtsgeschäft neben der bloßen Willenserklärung auch noch der Einhaltung einer **besonderen Form** (hierzu § 24).

Durch Willenserklärungen bzw. Rechtsgeschäfte können alle im Rahmen der Privatautonomie regelbaren Rechtsfolgen herbeigeführt werden. Die daraus erforderliche Artenvielfalt macht eine formale Systematisierung erforderlich (Rn. 4 ff.).

3   Die deutliche Differenzierung zwischen dem Rechtsgeschäft als Oberbegriff einerseits und Willenserklärungen als deren Konstruktionselement andererseits unterscheidet das deutsche Recht vom romanischen und anglo-amerikanischen Rechtskreis. Schon in der deutschen Rechtswissenschaft des 19. Jahrhunderts (insbes. *Carl Friedrich von Savigny*) rückte die Theorie von der Willenserklärung in das Zentrum der Rechtsgeschäftslehre. Auf ihr beruht in wesentlichen Teilen die Klammerfunktion des Allgemeinen Teils des BGB mit seinem hohen Abstraktionsniveau (s. bereits oben § 1 Rn. 10). Wenn das Rechtsgeschäft bisweilen als „Artefakt" oder „Irrlicht" bezeichnet wird, das übertriebener „Abstraktionslust der Pandektenlehre" entstamme und neben dem (Austausch-)Vertrag eine überflüssige Kategorie darstelle,[1] so übersieht dies die Vorteile dogmatisch klarer Strukturen. Sie müssen auf die wirtschaftliche Bedeutung einzelner Rechtsfiguren weniger Rücksicht nehmen, weil diese sich ohnehin jederzeit ändern kann, gewährleisten aber gleichzeitig, dass das Gesetz „zeitlos" bleibt, denn ein feingliedriges System kann auf neue Gestaltungsherausforderungen flexibler reagieren als eines mit „gröberem Raster". Insbesondere die französische Rechtsgeschäftslehre kennt keinen so **hohen Abstraktionsgrad** (Begriffe des *Code Civil* wie *acte* oder *actes juridiques* können je nach Sachzusammenhang dort unterschiedliche Bedeutung haben!). Der *Code Civil* stellt – wie das englische Recht – den **Vertrag als Prototyp** des Rechtsgeschäftes ganz in den Mittelpunkt und regelt dort auch allgemeine Fragen wie die Geschäftsfähigkeit oder Folgen von Willensmängeln, die das deutsche Recht im allgemeinen Zusammenhang mit Willenserklärungen behandelt (s. §§ 104 ff. und §§ 116 ff.).[2] „Fernwirkungen" der deutschen Rechtsgeschäftslehre finden sich z. B. im griechischen, portugiesischen und niederländischen Recht, wo die (Willens-)Erklärung als eigenständiges Element geregelt wird.[3]

1 *Rittner*, JZ 2011, 269, 271 mit Nachw.
2 Zu einem aufschlussreichen Systemvergleich zwischen BGB und *Code Civil* insoweit s. *Ferid/Sonnenberger*, Rn. 1 F 4 ff.
3 Vgl. hierzu mit ausländischen Gesetzesbeispielen *Ranieri*, S. 46 ff.

II. Ein- und mehrseitige Rechtsgeschäfte

1. Einseitige Rechtsgeschäfte

Zu den einseitigen Rechtsgeschäften zählen das Testament und die 4
Auslobung (§ 657) sowie Gestaltungsgeschäfte (Kündigung, Anfechtung, Aufrechnung). Sie enthalten im Gegensatz etwa zum Vertrag
die Willenserklärung nur **einer Person** und unterliegen den allgemeinen, für Rechtsgeschäfte geltenden Grundsätzen. Die Auslobung hat
über den Fall, dass jemand durch öffentliche Bekanntgabe demjenigen, der einen verlorenen Gegenstand zurückbringt, eine Belohnung
verspricht, auch sonst praktische Bedeutung etwa in Form des
Preisausschreibens (§ 661). Der BGH hat zu Recht auch sportliche
Wettkämpfe, bei denen Preise verliehen werden, als eine einseitige
Auslobung (Preisausschreiben) qualifiziert.[4] Bei einseitigen Rechtsgeschäften gelten allerdings häufig Sonderbestimmungen, um trotz ihrer Einseitigkeit die notwendige Rechtssicherheit zu gewährleisten
(s. etwa §§ 111, 174, 180, 1367). Die wichtige Untergruppe der einseitigen Rechtsgeschäfte, die **Gestaltungsrechte,** beruhen auf der Berechtigung des Erklärenden, durch einseitigen Akt ein Rechtsverhältnis zu begründen, zu ändern oder aufzuheben (Einzelheiten § 5
Rn. 8).

2. Mehrseitige Rechtsgeschäfte

Mehrseitige Rechtsgeschäfte bestehen ihrer Struktur nach aus mehr 5
als einer Willenserklärung, es handelt sich um **Verträge.** Sie erfordern
mindestens zwei Willenserklärungen (WE).

Beispiele: M und V werden sich darüber einig, dass M bei V ein möbliertes
Zimmer für drei Monate mietet. Mit dem Austausch der entsprechenden Erklärungen ist ein Mietvertrag zustande gekommen (zwei WE).
A tut sich mit drei Studienkollegen zusammen und gründet die H-Band,
um an Wochenenden gegen Entgelt bei Veranstaltungen aufzutreten und Musik zu machen. Hier handelt es sich um die Gründung einer Gesellschaft
(§ 705), die durch WE aller Beteiligten – hier vier – zustande kommt.

Hiervon zu unterscheiden ist die inhaltlich ausgerichtete Frage, ob 6
aus dem Rechtsgeschäft auch **mehrseitige bzw. wechselseitige Ver-**

---

4 Lesenswert auch wegen der daraus resultierenden Haftungsfolgen *BGH* NJW 2011,
139.

pflichtungen entstehen. So ist die Schenkung z. B. ein typisch mehrseitiges Rechtsgeschäft. Wie jeder Vertrag kommt sie zustande durch
zwei Willenserklärungen – hier von Schenker und Beschenktem. Eine
Willenserklärung nur des Schenkers genügt nicht, der Beschenkte
muss das Angebot auch annehmen. Inhaltlich betrachtet handelt es
sich aber um ein nur einseitig verpflichtendes Rechtsgeschäft. Nur
für den Schenker folgt aus dem Vertrag eine Verpflichtung, nicht für
den Beschenkten. Der Kaufvertrag ist dagegen ein Beispiel für ein
mehrseitiges Rechtsgeschäft (zwei Willenserklärungen erforderlich),
das auch inhaltlich mehrseitige, ja sogar gegenseitige („synallagmati-
sche") Verpflichtungen enthält. Der Verkäufer verpflichtet sich nur
deshalb zur Übereignung der Kaufsache, weil der Käufer seinerseits
die Zahlungsverpflichtung eingeht – und umgekehrt (s. hierzu die
Übersicht 7 Rn. 35).

> **Beispiel:** Juraprofessorin P aus Konstanz musste ihre Segelleidenschaft in-
> folge großer Arbeitsbelastung längere Zeit hintanstellen. Ihr ohnehin schon
> veraltetes Segelboot ist in dieser Zeit durch Witterungseinflüsse ziemlich he-
> runtergekommen und kaum noch segeltüchtig. Um sich Renovierungsarbeiten
> bzw. eine teure Entsorgung zu sparen, macht P dem Studenten H, der – wie P
> weiß – gerne segelt, ein Schenkungsangebot. H schaut sich das Boot an und
> lehnt angesichts des Zustandes und der zu investierenden Arbeit dankend ab.
> Hier ist kein Schenkungsvertrag zustande gekommen (s. zur Formpflicht des
> Angebots unten § 24 Rn. 4). Da es einer Annahme des Beschenkten für das
> Zustandekommen des Vertrages bedarf, kann niemand einem anderen unlieb-
> same Geschenke „aufdrängen". Bei vorteilhaften Geschenken wird allerdings
> häufig die Annahmeerklärung des Beschenkten sich konkludent aus den Um-
> ständen ergeben (hierzu § 17 Rn. 3).

7   Die **Abgrenzung** zwischen Schenkungen (bei denen häufig die in
§ 518 vorgeschriebene Form nicht eingehalten wird), einseitigen Versprechen nach Art einer Auslobung und entgeltlichen Verträgen eigener Art fällt allerdings im Einzelfall nicht immer leicht. Dies liegt unter anderem daran, dass das BGB im Rahmen der Vertragsfreiheit den
Parteien gestattet, über die vom Gesetz zur Verfügung gestellten „ty-
pisierten" Verträge hinaus, Leistung und Gegenleistung frei festzulegen.

> **Beispiel:** V ist Vorsitzender des Sportvereins S und dessen Hauptsponsor. Er
> verspricht dem Trainer (T) der Ringermannschaft des Vereins 5.000 Euro, für
> den Fall, dass die Mannschaft in diesem Jahr Deutscher Meister wird. Die
> Mannschaft gewinnt die Meisterschaft, dennoch verweigert V die Zahlung an T.[5]

---

5 Sachverhalt nach *BGH* JZ 2009, 1120.

Ordnet man die Zusage des V als ein von T angenommenes Schenkungsversprechen ein, das hier noch an den Eintritt einer Bedingung („Gewinn der Deutschen Meisterschaft") nach § 158 Abs. 1 (hierzu unten § 20 II) geknüpft wäre, scheiterte ein Anspruch des T an der Formnichtigkeit des Schenkungsvertrages nach §§ 518 Abs. 1, 125.[6] Auch eine wirksame Auslobung kommt nicht in Betracht, da V die Prämie nicht öffentlich „ausgelobt", sondern nur gegenüber dem T zugesagt hatte.[7] § 657 erfordert nach h. M. eine „öffentliche" Ankündigung, die an einen individuell nicht bestimmten Personenkreis gerichtet sein muss.[8] Der BGH ist im vorliegenden Fall von einem entgeltlichen Vertrag V-T ausgegangen und hat ein (formbedürftiges) Schenkungsversprechen des V verneint. Die 5.000 Euro seien als Entgelt anzusehen für die zusätzlichen Bemühungen des T, die sich im Gewinn des Meistertitels manifestieren sollten. Grundsätzlich ist eine solche Auslegung möglich, denn im Zuge der Vertragsfreiheit sind auch Vereinbarungen zulässig, wonach sich jemand nicht zu einer bestimmten Tätigkeit verpflichtet (die zusätzlichen Bemühungen des T wären nicht einklagbar gewesen; er konnte, musste sie aber nicht erbringen). Diese Tätigkeit kann aber (ggf. zusammen mit einem bestimmten Erfolg) konditional mit dem Entstehen des Anspruchs auf die Zuwendung als Anreiz verknüpft werden. Zu erörtern wäre im vorliegenden Fall allerdings noch gewesen, wie sich die Zusage des V zu dem ohnehin schon bestehenden Dienst- bzw. Arbeitsvertrag des T mit dem Verein verhielt. Man konnte auch annehmen, dass die Prämie eine besondere Belohnung für eine entweder ohnehin schon (dem Verein) geschuldete oder eine zusätzliche Trainerleistung sein sollte.

Zu den strukturell mehrseitigen Rechtsgeschäften gehören ferner die **Beschlüsse.** Der Beschluss ist die körperschaftliche Willensäußerung einer Personengemeinschaft (Verein, Gesellschaft). Im Gegensatz zum Vertrag bindet er nicht nur die daran beteiligten Personen, sondern darüber hinaus alle Mitglieder der betreffenden Personengemeinschaft, soweit sie durch die Satzung an Beschlüsse gebunden ist. **8**

Beispiel: Der Sportverein „SC Mühldorf e. V." beruft satzungsgemäß eine Mitgliederversammlung ein und wählt mit der Mehrheit der erschienenen Mitglieder einen neuen Vorstand (§§ 26 Abs. 1, 27 sowie § 32). An die Wahl sind auch die in der Versammlung nicht anwesenden und daher nicht mitstimmenden Vereinsmitglieder gebunden, wenn die Versammlung ordnungsgemäß einberufen und die Wahl satzungsgemäß durchgeführt wurde (§ 58 Nr. 3 und 4).

---

6 So das *OLG München* NJW 1983, 759 in einem ganz ähnlichen Fall.
7 Insoweit weiterführende Überlegungen und Lit.hinweise bei *Kleinschmidt,* JZ 2009, 1121.
8 Jauernig/*Mansel,* § 657 Rn. 4.

III. Verpflichtungs- und Verfügungsgeschäfte

9   **Fall 13:** V verkauft dem K seinen gebrauchten BMW am 5. Mai für
€ 3.000,–. Da V das Auto im Mai noch selbst benötigt, K es vor allem für
eine Urlaubsreise im Juli erwerben will, vereinbaren sie, dass das Auto und
der Kaufpreis am 5. Juni übergeben werden sollen. Am 1. Juni bietet D dem
V für den Wagen € 3.500,–. V willigt ein, behält aber den Wagen noch. K
fragt, ob er dennoch von V noch „den Wagen" verlangen kann? → Rn. 14.

Fall 14: A geht wie immer morgens auf dem Weg zur Arbeit am Zeitungs-
kiosk des B vorbei und erwirbt eine Tageszeitung. Er legt einen 5-Euro-
Schein auf die Theke und bekommt € 4,– zurück, steckt das Geld samt Zeitung ein und geht seines Weges. Wie viele Rechtsgeschäfte wurden bei diesem Vorgang abgeschlossen? (ohne Lösungsskizze, s. aber → Rn. 13)

1. Das Verpflichtungsgeschäft

10   V und K haben im Fall 13 einen Kaufvertrag abgeschlossen (§ 433).
Dieser Vertrag ist formfrei, d. h. die mündliche Absprache ist gültig.
Nach § 433 Abs. 1 S. 1 ist der Verkäufer V *verpflichtet*, dem Käufer K
das Auto zu übereignen und zu übergeben. Der Kaufvertrag begründet also schuldrechtliche Pflichten zwischen Verkäufer und Käufer.
Er ist ein **Verpflichtungsgeschäft.** Durch das Verpflichtungsgeschäft
wird eine Rechtspflicht, regelmäßig eine Leistungspflicht begründet.
Es entsteht dadurch ein vertragliches Schuldverhältnis, das „abgewickelt", d. h. erfüllt werden muss.

Das Verpflichtungsgeschäft allein ist kein abgeschlossener wirtschaftlicher
Vorgang, wie Fall 13 zeigt. Die Erfüllung des Kaufvertrages steht hier noch
aus. Weder hat V den Kaufpreis erhalten, noch ist K bereits durch den Kaufvertrag Eigentümer des Autos geworden. Das Auto steht noch im Eigentum
des V; das Geld gehört noch dem K. Beides muss erst noch übereignet werden
(s. § 929), damit der Kaufvertrag erfüllt ist. Hierfür bedarf es weiterer Rechtsgeschäfte, sog. Verfügungsgeschäfte. Erst die Übereignung der Kaufsache und
des Kaufpreises bewirkt den mit dem Kaufvertrag erstrebten Austausch von
Waren und Geld, also den Eigentümerwechsel.

Der Abschluss des Kaufvertrages und die Erfüllung des Kaufvertrages sind also verschiedene Rechtsgeschäfte. Zu den Verpflichtungsgeschäften zählen alle schuldrechtlichen Verträge, so vor allem die gesetzlichen Vertragstypen des Besonderen Schuldrechts, s. hierzu die
Übersicht 7 Rn. 36.

2. Das Verfügungsgeschäft

a) **Funktionen des Verfügungsgeschäftes.** Die Übereignung einer 11
beweglichen Sache nach § 929 ist ein Verfügungsgeschäft. Verfügungsgeschäfte sind solche Geschäfte, durch die ein Recht unmittelbar **übertragen, aufgehoben, belastet** oder **inhaltlich verändert**
wird. Verfügender ist bei Übertragungsgeschäften wie § 929 aber nur
der Veräußernde, nicht der erwerbende Teil. Der Erwerber „verfügt"
nicht über die Sache und muss deshalb zum Beispiel auch nicht ver-
fügungsberechtigt sein (hierzu unten Rn. 25). Die Übereignung der
Kaufsache bewirkt, dass das Eigentum vom Verkäufer auf den Käufer
übergeht. Mit dieser Verfügung (Übereignung) erfüllt der Verkäufer
seine Pflicht aus dem zugrunde liegenden Kaufvertrag. Solange der
Verkäufer diese Pflicht nicht erfüllt hat, besteht der Anspruch aus
dem Verpflichtungsgeschäft (§ 433 Abs. 1 S. 1) fort.

Im **Fall 13** (Rn. 9) hat V seine Verpflichtung aus dem Kaufvertrag gegenüber
K noch nicht erfüllt. Es hat noch keine Übereignung des Wagens an K stattgefunden. K kann daher von V noch aus § 433 Abs. 1 S. 1 Übereignung und
Übergabe des BMW verlangen. Die Eigentumsübertragung ist dem V auch
nicht in irgendeiner Weise unmöglich geworden, etwa durch das Rechtsgeschäft mit D. Auch mit D hat V nur ein Verpflichtungsgeschäft abgeschlossen,
aber noch keine Übereignung des Wagens an D vorgenommen. V ist daher
noch Eigentümer und kann den Wagen an K übereignen. Allerdings hat V
sich selbst in eine schwierige Lage gebracht. Er hat zwei wirksame Kaufverträge über ein und dieselbe Sache abgeschlossen und schuldet damit K und D
Übereignung des Wagens. Natürlich kann er diese Verpflichtung nur gegenüber *einem* der beiden Käufer erfüllen. Das BGB gestattet den Abschluss eines
zweiten Kaufvertrages über dieselbe Sache. Es gilt auch nicht etwa das Prioritätsprinzip, so dass nur der zuerst geschlossene Vertrag wirksam wäre. V
macht sich allerdings demjenigen Käufer gegenüber (K oder D), an den er
den Wagen nicht übereignen kann, weil er ihn bereits an den anderen nach
§ 929 S. 1 übereignet hat, schadensersatzpflichtig (§§ 433 Abs. 1 S. 1, 275
Abs. 1, 280, 281, 283). Vgl. auch unten Rn. 25 f. zur Verfügungsmacht.

> **Verfügung** ist ein Rechtsgeschäft, durch das ein Recht unmittelbar über-
> tragen, aufgehoben, belastet oder inhaltlich verändert wird.

b) **Die wichtigsten Verfügungsgeschäfte.** Die wichtigsten Ver- 12
fügungsgeschäfte sind die **Übereignung beweglicher Sachen**
(§§ 929 ff.) bzw. von **Grundstücken** (§§ 873, 925) sowie die **Abtretung von Forderungen** (§§ 398 ff.). Während für die Abtretung allein
die Einigung zwischen altem und neuen Gläubiger (Inhaber der Forderung) ausreicht, stellen §§ 929 ff. und §§ 873, 925 noch weitere Vo-

raussetzungen für die wirksame Übertragung auf. Für bewegliche Sachen kommt nach § 929 S. 1 ihre Übergabe, für Grundstücke die Eintragung im Grundbuch (§ 873) hinzu. Beides soll den Übertragungsakt nach außen kundbar machen (sog. **Publizität**). Im Interesse der Klarheit der sachenrechtlichen Verhältnisse soll der Eigentümerwechsel an einen Umstand geknüpft werden, der für den Rechtsverkehr erkennbar ist. Dieses Prinzip erfährt zwar bei beweglichen Sachen einige Durchbrechungen, gilt aber für Grundstücke grundsätzlich. Das BGB hat systematisch konsequent die Frage, wie das Eigentum an beweglichen oder unbeweglichen Sachen übertragen wird, nicht im Zusammenhang mit dem Kaufvertrag geregelt. §§ 433 ff. sind Bestandteil des Schuldrechts, da sie sich mit Fragen der aus dem Schuldverhältnis erwachsenden Rechte und Pflichten befassen. Hingegen ist der Eigentumswechsel ein **sachenrechtliches Problem** und gehört daher in das Dritte Buch des BGB. Dies wird leicht verständlich, wenn man sich zusätzlich klar macht, dass der Kaufvertrag zwar ein typischer und häufiger Grund für die Eigentumsübertragung ist, es aber eine ganze Reihe anderer schuldrechtlicher oder sonstiger Gründe gibt, das Eigentum zu übertragen (z.B. Schenkungsvertrag, testamentarisches Vermächtnis, Einbringen eines Gegenstandes in eine Gesellschaft).

Zur vollständigen Abwicklung eines Kaufgeschäftes samt den Erfüllungsgeschäften sind demnach mehrere Verträge erforderlich:
– der Kauf als Verpflichtungsgeschäft (§ 433)
– die Übereignung der Kaufsache nach §§ 929 ff. als Verfügungsgeschäft
– die Übereignung des Kaufpreises, die sich jedenfalls bei Barzahlung ebenfalls nach §§ 929 ff. richtet (Geldstücke und -scheine sind bewegliche Sachen in diesem Sinne) als weiteres Verfügungsgeschäft.

13   Im **Fall 14** (Rn. 9) bedeutet dies folgendes: A und B haben hier ein Kaufgeschäft über eine Tageszeitung abgewickelt. Anders als im Fall 13 liegt jetzt zwischen dem Abschluss des Kaufvertrages (Verpflichtungsgeschäft) und den Erfüllungsgeschäften kein großer zeitlicher Abstand, denn A möchte die Zeitung sofort mitnehmen, B sofort „sein" Geld. Rechtlich macht es keinen Unterschied, ob diese Vorgänge zeitlich versetzt oder gleichzeitig vorgenommen werden. Auch bei einem zeitlich und örtlich einheitlichen Vorgang (Bargeschäft) ist dogmatisch zwischen Verpflichtungs- und Verfügungsgeschäften zu trennen. Im Fall 14 liegen daher folgende Rechtsgeschäfte vor:
1. **Kaufvertrag über die Zeitung** (= Verpflichtungsgeschäft, § 433); 2. **Übereignung der Zeitung von B an A** (= Verfügungsgeschäft, § 929 S. 1). 3. **Übereignung von € 5,– von A an B** (= Verfügungsgeschäft, § 929 S. 1). Da A den

Kaufpreis nicht passend hatte und an B daher mehr Geld übereignete, als er nach § 433 Abs. 2 schuldete (€ 5,– statt € 1,–), muss A hier auch noch das Wechselgeld erhalten, daher: **4. Übereignung von € 4** (je nach Stückelung 2 [2 × 2] oder mehr Münzen – jede Münze ist für sich eine bewegliche Sache i. S. v. § 929 S. 1!) **von B an A** (= mind. 2 Verfügungsgeschäfte,[9] § 929 S. 1). B wäre sonst in Höhe des Wechselgeldes ungerechtfertigt bereichert (s. § 812 Abs. 1 S. 1, 1. Var.). Im Fall 14 liegen also (mindestens – je nach Zusammensetzung des zurück zugebenden Betrages) **fünf Rechtsgeschäfte** vor. Sie enthalten zusammen **zehn Willenserklärungen,** da es sich jeweils um mehrseitige Rechtsgeschäfte bestehend aus je zwei Willenserklärungen handelt.

Lösungsskizze Fall 13 (Rn. 9):   **14**
K → V auf Übergabe und Verschaffung des Eigentums am BMW des V aus § 433 Abs. 1 S. 1
1. Zustandekommen des Kaufvertrages: (+), V und K haben sich am 5. Mai entsprechend geeinigt (s. Rn. 9), damit ist der Anspruch wirksam entstanden.
2. Möglicher Verlust des Anspruchs:
   a) Erfüllung, § 362: K ist noch nicht Eigentümer, eine Übereignung nach § 929 S. 1 hat noch nicht stattgefunden, der Anspruch aus § 433 Abs. 1 S. 1 besteht daher noch.
   b) zweiter KaufV, § 275 Abs. 1 (Unmöglichkeit der Eigentumsübertragung V an K, wenn V nicht mehr selbst Eigentümer ist und D den Wagen nicht mehr hergeben möchte): auch der Abschluss des Kaufvertrages V-D berührt den Anspruch des K nicht. V ist mangels Übereignung an D nach § 929 S. 1 noch immer Eigentümer und in der Lage, seiner kaufvertraglichen Verpflichtung gegenüber K nachzukommen.

Ergebnis: K kann von V Übergabe und Verschaffung des Eigentums verlangen.

IV. Trennungs- und Abstraktionsprinzip

Schrifttum: *Ferrari,* Vom Abstraktionsprinzip und Konsensualprinzip zum Traditionsprinzip: Zu den Möglichkeiten der Rechtsangleichung im Mobiliarsachenrecht, ZEuP 1993, 52 ff.; *Grigoleit,* Abstraktion und Willensmängel – Die Anfechtbarkeit des Verfügungsgeschäfts, AcP 199 (1999), 379 ff.; *Jauernig,* Trennungsprinzip und Abstraktionsprinzip, JuS 1994, 721 ff.; *Petersen,* Das Abstraktionsprinzip, Jura 2004, 98 ff.; *Schreiber/Kreutz,* Der Abstraktions-

---

9 Dass es sinnvoll ist, jedes Geldstück bzw. jeden Geldschein rechtlich getrennt zu behandeln, wird schnell klar, wenn man sich z. B. vorstellt, eine Münze oder ein Schein wäre gestohlen oder von B gefunden worden. Insoweit richtet sich der Erwerb von A dann zusätzlich noch nach §§ 932, 935 Abs. 1 und 2, da er nicht vom Eigentümer erwirbt. Er kann nur bei Gutgläubigkeit Eigentümer werden.

grundsatz – eine Einführung, Jura 1989, 617 ff.; *Stadler,* Gestaltungsfreiheit und Verkehrsschutz durch Abstraktion – eine rechtsvergleichende Studie zur abstrakten und kausalen Gestaltung rechtsgeschäftlicher Zuwendungen anhand des deutschen, schweizerischen, österreichischen, französischen und US-amerikanischen Rechts, 1996; *Starck,* Hintergründe des Abstraktionsprinzips, Jura 2011, 5 ff.; *Wacke,* Eigentumserwerb des Käufers durch schlichten Konsens oder erst mit Übergabe?, ZEuP 2000, 254 ff.

1. Trennungsprinzip

15   Wenn der Laie davon spricht, dass er eine Sache gekauft hat, so meint er damit regelmäßig oder häufig, sie gehöre jetzt ihm. Die Mehrzahl der wirtschaftlichen Austauschgeschäfte des täglichen Lebens erscheint ihm als ein einheitlicher Vorgang. Das deutsche Zivilrecht unterscheidet jedoch zwischen dem Verpflichtungsgeschäft und dem Verfügungsgeschäft; es handelt sich um zwei von einander getrennte Rechtsgeschäfte mit jeweils eigenen Willenserklärungen (= **Trennungsprinzip**). Andere Rechtsordnungen sehen in diesen beiden Geschäften nur einen rechtlich einheitlichen Vorgang und lassen z. B. das Eigentum an einer Kaufsache sofort mit Abschluss des Kaufvertrages übergehen. Es genügt ein einmaliger Konsens der Parteien, daher spricht man dort vom **Konsensprinzip.** Frankreich ist eine für das Konsensprinzip typische Rechtsordnung.

16   Der Unterschied wird schon deutlich, wenn man den Wortlaut von § 433 vergleicht mit Art. 1583 des französischen *Code Civil.* Dort heißt es: *„Elle [la vente] est parfaite entre les parties, et la propiété est acquise de droit à l'acheteur à l'egard du vendeur, dès qu'on est convenu de la chose et du prix, quoique la chose n'ait pas encore été livrée ni le prix payé."* Der französische Käufer erwirbt also das Eigentum mit Abschluß des Kaufvertrages, unabhängig von Lieferung und Zahlung. Eine Verpflichtung zur Übereignung der Kaufsache entsteht also gar nicht erst bzw. ist mit ihrer Entstehung auch schon erfüllt.

> Unter **Trennungsprinzip** versteht man die Aufspaltung eines Austauschgeschäftes in zwei getrennte rechtsgeschäftliche Vorgänge: seine schuldrechtliche Grundlage (Verpflichtungsgeschäft) und die zur Erfüllung vorgenommenen Übertragungsvorgänge (Verfügungsgeschäfte).

17   Die im BGB vollzogene gedankliche Trennung zwischen Verpflichtung und Verfügung ändert nichts an der Tatsache, dass die Verfügung im Normalfall zur Erfüllung der Verpflichtung erfolgt. Wenn man wissen möchte, *warum* eine Sache übereignet wird, so gibt darauf sogar nur das Verpflichtungsgeschäft eine Antwort. Das Verfügungsgeschäft an sich ist „neutral" und kann der Erfüllung beliebiger Verpflichtungen dienen. Die französische Lösung mag auf den ersten Blick einfacher erscheinen. Für den Zeitungskauf am Kiosk ist das französische Recht tatsächlich konstruktiv leichter nachvollziehbar und „lebensnäher". Das Konsensprinzip hat jedoch diverse Nachteile, wenn es um kompliziertere wirtschaftliche Vorgänge geht; dies zwingt das französische Recht zu zahlreichen **Durchbrechungen des Konsensprinzips.** Schon wenn eine nur der Gattung nach bestimmte oder erst noch herzustellende Sache verkauft wird, kann natürlich nicht schon mit Abschluss des Kaufvertrages das Eigentum an einer noch nicht individualisierten oder noch nicht existenten Sache auf den Erwerber übergehen. Das Konsensprinzip muss eine Ausnahme zulassen und den sachenrechtlichen Erwerb hinausschieben. In anderen Fällen entspricht es nicht dem Willen der Vertragsparteien, dass das Eigentum sofort übergeht. Sie haben vielmehr gute Gründe, die Erfüllung des Vertrages erst später vorzunehmen (s. Fall 13) oder die Übereignung an die Zahlung des Kaufpreises zu binden. Hier ist das deutsche Trennungsprinzip wesentlich flexibler als Art. 1583 Code Civil, der den Verkäufer immer zur Vorleistung zwingt.

2. Abstraktionsprinzip

Fall 15: V schließt mit dem 17-jährigen K einen Kaufvertrag über das gebrauchte Motorrad des V zum Preis von € 800,–, ohne dass die Eltern des K von diesem Geschäft etwas wissen. K kann, nachdem er eine Anzahlung geleistet hat, das Motorrad samt Papieren sofort mitnehmen. Als die Eltern des K von dem Geschäft erfahren und dem K den Erwerb des Motorrades definitiv untersagen, verlangt V „sein" Motorrad von K zurück. Zu Recht? → Rn. 21.   18

a) Inhalt. Das deutsche Recht geht sogar noch einen Schritt weiter   19
und löst das Verfügungsgeschäft auch in seiner Wirksamkeit vom Vorliegen bzw. rechtlichen Schicksal des Verpflichtungsgeschäftes.[10] Nach dem Wortlaut von § 929 S. 1 bedarf es zur wirksamen Übertra-

---

10 Es hat sich damit im Gegensatz zu den Nachbarrechtsordnungen von dem gemeinrechtlichen Grundsatz der für eine Verfügung geforderten kumulativen Voraussetzungen eines *titulus* (Rechtsgrund) einerseits und eines *modus acquirendi* (Übertragungsakt) andererseits gelöst und lässt letzteres genügen. Dieser Gedanke geht maßgeblich auf *Friedrich Carl v. Savigny* zurück, der ihn bereits in der 1. Hälfte des 19. Jahrhunderts lehrte. Weltweit betrachtet steht das deutsche Recht mit dem Abstraktionsprinzip allerdings eher isoliert da: Nur Griechenland, Estland und Taiwan haben es als Strukturprinzip übernommen.

gung des Eigentums eben nur der Einigung zwischen Berechtigtem und Erwerber und der Übergabe der Sache, von einem gültigen Rechtsgrund (auch *causa* genannt) im Sinne eines wirksam geschlossenen Verpflichtungsgeschäftes ist ganz bewusst nicht die Rede! Dies darf daher als Voraussetzung des Eigentumserwerbs auch nicht geprüft werden. Nach dem sog. Abstraktionsprinzip sind beide Geschäfte sowohl nach ihren tatbestandlichen Voraussetzungen als auch nach den Rechtsfolgen **voneinander rechtlich unabhängig.** Ist das Erfüllungsgeschäft wirksam, so tritt die dingliche Rechtsänderung aufgrund des Abstraktionsprinzips unbeschadet eines eventuell unwirksamen Grundgeschäftes ein.

> **Abstraktionsprinzip** bedeutet, dass die Gültigkeit des zugrunde liegenden Verpflichtungsgeschäftes (auch causa oder Rechtsgrund genannt) keine Wirksamkeitsvoraussetzung des Verfügungsgeschäftes ist. Mängel des Verpflichtungsgeschäftes wirken sich daher nicht unmittelbar auf die Wirksamkeit eines zur Erfüllung des – mangelhaften – Verpflichtungsgeschäftes vorgenommenen dinglichen Übertragungsakts aus.

20   Dies führt etwa in **Fall 15** zu folgender – auf den ersten Blick – verwunderlichen Situation: Hier ist der Kaufvertrag wegen der Minderjährigkeit des K (s. hierzu §§ 107, 108) unwirksam. Der Vertragsschluss ist für K nicht lediglich rechtlich vorteilhaft, weil er sich zur Zahlung des Kaufpreises verpflichten würde (§ 433 Abs. 2). Das Verpflichtungsgeschäft bedurfte daher nach §§ 107, 108 der Einwilligung oder Genehmigung seiner gesetzlichen Vertreter (§§ 1626, 1629). Die Unwirksamkeit des Kaufvertrages hat allerdings aufgrund des Abstraktionsprinzips keinen Einfluss auf die Eigentumslage. V hat dem K das Motorrad nach § 929 S. 1 durch Einigung und Übergabe übereignet – mehr war nicht erforderlich. Die *hierfür* (Trennungsprinzip!) notwendige Willenserklärung des K ist ohne Mitwirkung der Eltern wirksam, denn durch das Verfügungsgeschäft erlangt K lediglich einen rechtlichen Vorteil – er soll Eigentümer des Motorrades werden! (Einzelheiten zur Minderjährigen-Problematik s. § 23). Damit ist der Fall eingetreten, dass K Eigentümer des Motorrades geworden ist, obwohl das zugrunde liegende Verpflichtungsgeschäft – der Kaufvertrag – gar nicht rechtsgültig ist. Diese Rechtslage bedarf der **Korrektur,** da eine Verfügung stattgefunden hat, ohne dass hierfür ein Rechtsgrund vorliegt, der den rechtlichen wie wirtschaftlichen Zweck der Eigentumsübertragung rechtfertigen würde. Für den erforderlichen Ausgleich sorgt das **Bereicherungsrecht** (§§ 812 Abs. 1 S. 1, 1. Var., 818).

Lösungsskizze Fall 15 (Rn. 18):   21
A. V → K auf Herausgabe des Motorrades aus § 985
  I. Eigentum des V
    1. zunächst war V Eigentümer
    2. Verlust durch Übereignung an K nach § 929 S. 1? (**Achtung:** hier
       kommt es nur auf die Eigentumslage an, daher darf das Verpflich-
       tungsgeschäft [= Kaufvertrag] in diesem Zusammenhang nicht ge-
       prüft werden. Es spielt für die dingliche Rechtslage [Eigentum]
       nach dem Abstraktionsprinzip keine Rolle und ist daher als recht-
       liche Voraussetzung in § 929 auch gar nicht erwähnt!)
       a) Einigung zwischen Berechtigtem (= V) und K
          aa) WE des V: (+), er überlässt K das Motorrad als neuem
              Eigentümer.
          bb) WE des K: trotz Minderjährigkeit nach § 107 wirksam,
              da auf rechtlichen Vorteil (Eigentumserwerb) gerichtet,
              s. hierzu im Einzelnen unten § 23.
       b) Übergabe: (+), Wechsel im Besitz von V auf K (§ 854).
Ergebnis: Der Anspruch aus § 985 scheitert bereits am fehlenden Eigentum
des V. Er hat dieses an K verloren.
B. V → K auf Rückübertragung des Eigentums aus **§ 812 Abs. 1 S. 1, 1. Var.**
   I. „etwas erlangt" (+), K ist Eigentümer des Motorrades geworden (s.
      Prüfung unter A.)
  II. durch Leistung des V (bewusste, zweckgerichtete Vermögensver-
      mehrung): (+), V wollte den vermeintlich wirksamen Kaufvertrag
      mit K erfüllen.
 III. „ohne rechtlichen Grund": Rechtsgrund für den Eigentumserwerb
      des K wäre ein wirksamer Kaufvertrag mit V, nur im Hinblick auf
      dieses Rechtsgeschäft erfolgte die Übereignung. Sie hat ihren
      Zweck verfehlt, da der Kaufvertrag unwirksam ist. K konnte nach
      §§ 107, 108 ohne Mitwirkung der Eltern keine wirksame Willenser-
      klärung zum Kauf des Motorrades abgeben. Der Abschluss eines
      Kaufvertrages ist für ihn rechtlich nachteilhaft, da er eine Verpflich-
      tung nach § 433 Abs. 2 eingehen müsste. Somit fehlt ein wirksamer
      Rechtsgrund für die Übereignung.
Ergebnis: K ist zur Rückübertragung des Eigentums am Motorrad verpflichtet. Diese richtet sich wiederum nach § 929 S. 1.

b) Funktion des Abstraktionsprinzips. Das deutsche Recht steht 22
mit der konsequenten Durchführung des Abstraktionsprinzips innerhalb Europas und der Welt nahezu alleine. Andere Rechtsordnungen
kennen nur ansatzweise eine vergleichbare Loslösung dinglicher
Rechtsgeschäfte von ihrem schuldrechtlichen Rechtsgrund. Zu Recht
kann man das Abstraktionsprinzip daher als **stilprägendes Merkmal**

der deutschen (Zivil-)Rechtsordnung bezeichnen. Dem Abstraktionsprinzip wurde und wird oft vorgeworfen, lebensfremd und unnötig kompliziert zu sein. Es hat allerdings, was die **Rechtssicherheit** anbelangt, entscheidende Vorteile gegenüber anderen Rechtsordnungen. Die Eigentumslage lässt sich aufgrund des Abstraktionsgrundsatzes relativ leicht und sicher feststellen. Das für Fehler und Nichtigkeitsgründe recht anfällige Verpflichtungsgeschäft kann dabei außer Acht gelassen werden. Die **Verlässlichkeit der Eigentumslage** spielt aber für den Wirtschaftsverkehr eine große Rolle – niemand möchte beim Erwerb des Eigentums an Waren oder etwa bei der Gewährung von Kredit gegen Einräumung eines Grundpfandrechts an einem Grundstück des Schuldners Zweifel am Eigentum des Veräußerers oder des Schuldners haben. Zwar sieht das deutsche Recht grundsätzlich unter bestimmten Voraussetzungen auch die Möglichkeit vor, von einem Nichteigentümer das Eigentum oder ein dingliches Recht zu erwerben, z. B. §§ 932 ff.[11] Dies ist aber nur möglich, wenn der Erwerber tatsächlich gutgläubig auf das Eigentum des Verfügenden vertraut (sog. gutgläubiger Erwerb). Dieser Schutz reicht in vielen Fällen nicht aus, so dass die **Umlauffähigkeit von Waren** und Gütern erheblich erleichtert ist, wenn infolge der inhaltlichen Loslösung vom Verpflichtungsgeschäft eine einmal erfolgte Übereignung nur ganz ausnahmsweise unwirksam ist.

Im **Fall 15** könnte K, inzwischen volljährig geworden, das Motorrad weiterveräußern, bevor er es an V zurück übereignet. Ein Erwerber müsste sich um den Streit zwischen K und V nicht kümmern. Selbst wenn er davon wüsste, könnte er jedenfalls Eigentum am Motorrad erwerben. Auch wenn dem K vor Rückübereignung an V das Motorrad gestohlen würde, wäre klar, dass Ersatzansprüche (§§ 823 Abs. 1, Abs. 2 i. V. m. 242 StGB) nur dem K zustehen. Das Abstraktionsprinzip sorgt also für Rechtssicherheit.

Insbesondere schützt das Abstraktionsprinzip den Rechtsverkehr auch bei der **Abtretung von Forderungen,** bei denen es grundsätzlich einen gutgläubigen Erwerb nicht gibt.[12]

23 Das Abstraktionsprinzip gestattet es überdies, dass der deutsche Gesetzgeber für das Verpflichtungsgeschäft mit **Anfechtungs- und**

---

11 Daher ist es fast schon ein Standardargument gegen das Abstraktionsprinzip, dass es wegen des funktionsäquivalenten gutgläubigen Erwerbs überflüssig sei, s. etwa *Brox/Walker,* Allgemeiner Teil des BGB, Rn. 121. Diese Betrachtung greift jedoch zu kurz.
12 Einzelheiten (auch rechtsvergleichend) zum Verkehrsschutzgedanken bei *Stadler,* Gestaltungsfreiheit und Verkehrsschutz durch Abstraktion, 1996, S. 619 ff. Das Schweizer Recht trägt diesem Gedanken Rechnung und akzeptiert das Abstraktionsprinzip, wenn auch nicht unumstritten, beschränkt auf die Forderungsabtretung.

Nichtigkeitsgründen großzügiger verfahren konnte als andere Rechtsordnungen.[13] So erlaubt nach deutschem Recht z. B. auch der einseitige, vom Gegner nicht verschuldete Irrtum bei Abschluss des Verpflichtungsgeschäftes die Anfechtung und Beseitigung der irrtumsbehafteten Willenserklärung (lies §§ 119 Abs. 1, 142; Einzelheiten zur Anfechtung s. § 25). Dies ist nur deshalb möglich, weil der Wegfall des Verpflichtungsgeschäftes, z. B. des Kaufvertrages, sich dank der Abstraktion nicht unmittelbar auf das Verfügungsgeschäft und damit die sachenrechtliche Zuordnung auswirkt. Der Käufer ist zwar zur Rückübertragung des Eigentums auf den Verkäufer nach § 812 Abs. 1 S. 1, 1. Var. verpflichtet, da er es ohne gültigen Rechtsgrund (Kaufvertrag) erlangt hat, verliert aber seine Eigentümerstellung nicht automatisch. **Dritte** können sich also bis zur Rückübereignung durch K an V ohne Weiteres **auf das Eigentum** des K **verlassen.** Die Frage, welche Folgen die Anfechtung des Kaufvertrages hat, spielt sich damit weitgehend nur im Verhältnis zwischen K und V ab.

Das Abstraktionsprinzip hat sich daher trotz vieler Anfeindungen 24 im Grundsatz bewährt und trägt – manchmal erst auf den zweiten Blick erkennbar – erheblich zur **Rechtssicherheit** und **schuldrechtlichen Gestaltungsfreiheit** bei. Ob es sich im Zuge einer Angleichung der Rechtsordnungen innerhalb von Europa wird durchsetzen können, bleibt angesichts seiner recht isolierten Stellung abzuwarten.[14] Eine größere Verwirklichungschance wird man dem Trennungsprinzip einräumen dürfen, das auch anderen Rechtsordnungen (z. B. Niederlande, Schweiz, Österreich, Großbritannien) in mehr oder weniger ausgeprägter Form bekannt ist, ohne dass sie gleichzeitig das Abstraktionsprinzip übernommen hätten. Man spricht insoweit vom **Kausalprinzip,** wenn eine Rechtordnung zwar Verpflichtungs- und Verfügungsgeschäfte als von einander gedanklich getrennte Vorgänge mit jeweils eigenen Voraussetzungen betrachtet, dabei aber die Wirksamkeit der Verfügung davon abhängig macht, dass ihr ein wirksamer Rechtsgrund (*causa,* Verpflichtungsgeschäft, Kausalgeschäft) zugrunde liegt.

---

13 *Stadler,* Gestaltungsfreiheit und Verkehrsschutz durch Abstraktion, S. 132 ff., 310 ff.
14 S. etwa *Wacke,* ZEuP 2000, 254 ff., der sich für den europäischen Angleichungsprozess nur für die Übernahme des Trennungsprinzips ausspricht.

3. Verfügungsmacht

25   Da das Verfügungsgeschäft unmittelbaren Einfluss auf die Zuordnung von Rechten oder Sachen hat, stellt das BGB auch stärkere Anforderungen an seine Wirksamkeit als an die des Verpflichtungsgeschäftes. Verfügen über eine Sache oder ein Recht kann regelmäßig
nur derjenige, der eine entsprechende Verfügungsmacht hat. So kann
grundsätzlich nur der **Inhaber des Rechts** über das Recht verfügen,
z. B. kann in der Regel nur der Eigentümer das Eigentum an der Sache übertragen. Ausnahmsweise ist zusätzlich ein anderer oder nur
ein anderer verfügungsbefugt. Das ist dann der Fall, wenn diesem
die Verfügungsmacht **durch Gesetz** (s. z. B. § 80 Abs. 1 InsO für
den Insolvenzverwalter) **oder Rechtsgeschäft** (z. B. § 185) übertragen ist. In diesen Fällen handelt auch oder nur der andere als Berechtigter. Im Interesse des Rechtsverkehrs ist unter bestimmten Voraussetzungen auch der gutgläubige Erwerb von einem Nichtberechtigten
möglich (s. z. B. §§ 932 ff.).

26   Wirksame **Kaufverträge** kann man dagegen auch **über fremde Sachen** abschließen. Desgleichen ist der Eigentümer in der Lage, dieselbe Sache mehrmals wirksam zu verkaufen. Er kann jedoch nur einen Kaufvertrag erfüllen, d. h. das Eigentum nur einmal übertragen.
Ist das geschehen, so fehlt ihm für weitere Verfügungen die erforderliche Verfügungsmacht. Gegenüber dem „leer ausgehenden" Käufer
macht sich der Verkäufer dann ggf. schadensersatzpflichtig, weil er
die eingegangene Verpflichtung schuldhaft nicht erfüllen kann; s. zu
Fall 13 bereits oben Rn. 10, 13.

V. Sonstige Einteilungen von Rechtsgeschäften

27   Neben der strukturellen Einteilung der Rechtsgeschäfte nach der
Anzahl der notwendigen Willenserklärungen (ein- und mehrseitige)
oder ihrem verpflichtenden bzw. verfügenden Charakter kann man
auch unterteilen nach Rechtsgeschäften unter Lebenden und Rechtsgeschäften von Todes wegen (Testament, Erbvertrag). Eine andere
Einteilung unterscheidet vermögensrechtliche und personenrechtliche Rechtsgeschäfte. Die nicht-sachenrechtlichen Rechtsgeschäfte lassen sich auch noch einmal nach ihrem Inhalt in schuldrechtliche
(Kaufvertrag, Mietvertrag, Darlehen etc.), familienrechtliche (Eheschließung, Adoption) und erbrechtliche (Testament, Erbvertrag) unterteilen.

VI. Geschäftsähnliche Handlungen und Realakte

Von den Rechtsgeschäften sind die sog. Rechtshandlungen zu un- **28** terscheiden. Unter diesem Oberbegriff fasst man die „geschäftsähnlichen" Handlungen und Realakte zusammen. Ihnen ist gemeinsam, dass sie sich nicht aus Willenserklärungen zusammensetzen.

1. Geschäftsähnliche Handlungen

a) Voraussetzungen und Beispiele. Gegenüber der Willenserklä- **29** rung fehlt es der geschäftsähnlichen Handlung an einem grundlegenden Merkmal: Die Rechtsfolge tritt unabhängig vom Willen des Handelnden aufgrund einer gesetzlichen Regelung ein. Allerdings – und darin äußert sich die Verwandtschaft der geschäftsähnlichen Handlung mit dem Rechtsgeschäft – wird sie auch durch ein **willentliches Verhalten** ausgelöst. Der Wille ist dabei in der Regel auf die Herbeiführung eines tatsächlichen Erfolges gerichtet, während der Eintritt der Rechtsfolge nicht notwendig vom Willen umfasst wird.

Am besten lässt sich dies am Beispiel der Mahnung (vgl. § 286) demonstrieren.

Beispiel: Die alte Dame D hatte am 15.6.2013 ihre Wohnungseinrichtung für € 5.000,– an den Trödler T verkauft, weil sie am 1. August aus ihrer Mietwohnung in ein Altersheim übersiedelt. Als T die Möbel und Gegenstände nicht wie vereinbart abholt, schreibt ihm D Mitte Juli: „… bitte ich Sie herzlich, meine Einrichtung umgehend abzuholen, da ich meine Wohnung zum 1.8.2013 räumen muss." T erscheint bis zum 1.8.2013 nicht. Daraufhin lässt D die Einrichtung von einem Transportunternehmen U abholen und in den eigens hierfür von ihr angemieteten Räumlichkeiten des Lagerhalters L für € 100,– pro Monat unterstellen.

Die Aufforderung an den Schuldner, die Leistung zu erbringen (Mahnung), setzt ein willentliches Verhalten des Gläubigers voraus. Der „Verzug" des Schuldners tritt jedoch nach § 286 kraft Gesetzes, also ohne einen darauf gerichteten Willen des Gläubigers ein. Dazu bedarf es lediglich der tatbestandlichen Voraussetzungen nach § 286 Abs. 1–4. Der Gläubiger kann dann nach §§ 280 Abs. 1 u. 2, 286 den ihm aus der Verzögerung entstandenen Schaden vom säumigen Schuldner ersetzt verlangen.

Im **Beispielsfall** ergibt sich für D ein Anspruch gegen T aus § 433 Abs. 2 auf Zahlung des Kaufpreises *und* auf Abnahme der gekauften Sache. Auf letzteres kommt es der D hier besonders an, da sie selbst ihre Wohnung räumen und ihre Sachen daher „loswerden" muss. Dies war für T erkennbar. Die Abnahmepflicht ist dann ebenso eine vertragliche Hauptpflicht wie die Zahlungspflicht des Käufers. T ist Schuldner, D Gläubigerin dieses Anspruchs (beachte die Terminologie: die Begriffe Schuldner/Gläubiger lassen sich nie auf einen gesamten Vertrag, sondern immer nur auf einzelne vertragliche Verpflichtungen beziehen!). Mit ihrem Schreiben hat D den Schuldner T aufgefordert, seiner Verpflichtung nachzukommen. Dabei spielt es keine Rolle, dass sie dies höflich als Bitte formuliert, solange das Leistungsverlangen hinreichend deutlich zum Ausdruck kommt. Es liegt daher eine **Mahnung** nach § 286 vor. D wollte damit primär erreichen, dass die Einrichtung tatsächlich abgeholt wird. Gleichzeitig liegen jetzt aber auch die **Verzugsvoraussetzungen** nach § 286 Abs. 1 vor (ob die Mahnung nach Abs. 2 Nr. 1 hier wegen kalendermäßiger Bestimmung entbehrlich war, geht aus dem Sachverhalt nicht hervor; Abs. 3 ist nicht anwendbar, da es nicht um eine Geldforderung geht). Von Gesetzes wegen kann D daher nach §§ 280 Abs. 1 u. 2, 286 Ersatz des ihr aus dem Verzug des T entstandenen Schadens verlangen. Dies sind hier die Transportkosten für U und die Lagerkosten bei L bis zur Abholung durch T.

Als weitere Beispiele geschäftsähnlicher Handlungen sind etwa die Aufforderung zur Erklärung über die Genehmigung (§§ 108 Abs. 2, 177 Abs. 2 – s. § 23 Rn. 27 und § 32 Rn. 2 ff.), die Fristsetzung (§ 323 Abs. 1), die Anzeige der Forderungsabtretung (§ 409), die Mitteilung einer Bevollmächtigung (§ 171, s. § 30 Rn. 36 ff.), die Erhebung der Verjährungseinrede[15] oder die Anspruchsanmeldung nach § 651g Abs. 1[16] zu nennen.

30   **b) Anwendung rechtsgeschäftlicher Vorschriften.** Das Gesetz trifft keine eigenständige Regelung für geschäftsähnliche Handlungen. Soweit es die Interessenlage im Einzelfall rechtfertigt, werden die rechtsgeschäftlichen Vorschriften auf die geschäftsähnlichen Handlungen entsprechend angewendet (**Analogie**[17]).[18] Zu denken ist z. B. an die Vorschriften über die Geschäftsfähigkeit (§§ 104 ff.), die Willensmängel (§§ 116 ff.) und die Stellvertretung (§§ 164 ff.). Zur Frage, ob eine geschäftsähnliche Handlung wie eine Willenserklärung angefochten werden kann, s. § 25 Rn. 14.

Die weitgehende Gleichbehandlung der geschäftsähnlichen Handlungen mit der Willenserklärung ist gerechtfertigt, weil erstere zu-

---

15 BGHZ 156, 271.
16 BGHZ 145, 346.
17 Der Gesetzgeber hat keine gesetzliche Regelung getroffen, obwohl es einer solchen bedürfte (planwidrige Lücke) und wegen der Interessengleichheit ist die Anwendung der Regeln für Willenserklärung im Regelfall angemessen.
18 *BGH* NJW 2006, 688.

meist auch in dem Bestreben vorgenommen werden, eine bestimmte Rechtsfolge herbeizuführen. Häufig wird z. B. der mahnende Gläubiger den Schuldner auch in Verzug setzen wollen. Im „subjektiven" Tatbestand werden sich demnach in einer Vielzahl von Fällen Willenserklärung und geschäftsähnliche Handlung praktisch kaum unterscheiden lassen. Damit erübrigt sich die Differenzierung zwischen den beiden Begriffen jedoch keineswegs völlig, da die Willensrichtung des Handelnden für den rechtlichen Erfolg der geschäftsähnlichen Handlung anders als bei der Willenserklärung weder erforderlich noch ausschlaggebend ist.

2. Realakte

> **Fall 16:** Der angestellte Schreiner S dreht nach Feierabend aus den Holz-   **31**
> vorräten seines Meisters M in stundenlanger Arbeit formvollendete Säulchen
> für das Treppenhaus seiner Schwiegereltern. Als M dahinterkommt, nimmt
> er dem S die Säulchen weg, um sie selbst zu verwerten. S wird erst danach
> von seinen Kollegen darüber aufgeklärt, dass M dazu nicht berechtigt war
> und verlangt von M die Säulchen zurück. Zu Recht? → Rn. 33.

a) **Abgrenzung zur geschäftsähnlichen Handlung.** Anders als **32** bei der geschäftsähnlichen Handlung wird beim Realakt überhaupt **kein rechtsgeschäftlicher Wille** geäußert. Es handelt sich dabei um rein tatsächliche Vorgänge, die vom Gesetz mit einer bestimmten Rechtsfolge verknüpft werden. Eine Willensäußerung ist nicht notwendig. So wird z. B. Finder im Sinne von § 965 auch derjenige, der eine verlorene Sache an sich nimmt, ohne einen entsprechenden Willen zu haben. Es genügt beispielweise das Aufheben und Ansichnehmen einer auf der Straße entdeckten Geldbörse, um die dem Finder kraft Gesetzes auferlegten Pflichten (Anzeige, Verwahrung, Herausgabe) sowie den Anspruch auf Finderlohn auszulösen. Das Ansichnehmen ist ein **rein tatsächlicher Vorgang.** Das Gleiche gilt für die **Übergabe,** d. h. den Wechsel des Besitzes (§ 854) bei beweglichen Sachen nach § 929 S. 1. Für die Übereignung müssen daher rechtsgeschäftliche und tatsächliche Elemente zusammen kommen: die Einigung zwischen Berechtigtem und Erwerber (= dingliche Einigung, Rechtsgeschäft) und die Übergabe (= Realakt). Eine rein tatsächliche Handlung ist auch die **Verarbeitung,** die S im Fall 16 vornimmt. S konnte nach § 950 Eigentum an den neu hergestellten Säulchen erwerben. M kann dem nicht entgegenhalten, dass S von dieser rechtlichen Möglichkeit gar nichts gewusst habe und es ihm deshalb an einem entsprechenden Erwerbswillen bei der Herstellung der Säulchen gefehlt habe. Dieser Einwand ist unbeachtlich, denn bei § 950 handelt es sich nicht um einen rechtsgeschäftlichen **Eigentumserwerb** wie nach § 929 S. 1, sondern um einen solchen **kraft Gesetzes**. Das Gesetz knüpft, wenn eine neue Sache entsteht, allein an den objektiven Vorgang der „Verarbeitung" (= Realakt) den Eigentumserwerb des Verarbeitenden. M hat damit das Eigentum an den Holzvorräten, die S verwendet hat, verloren. Allerdings muss S dem M zum Ausgleich den Materialwert des verarbeiteten Holzes ersetzen (§ 951). Arbeitsrechtliche und mögliche strafrechtliche Konsequenzen daraus, dass S sich hier am Holzvorrat des M „bedient" hat, bleiben hier außer Betracht.

33   **Lösungsskizze zu Fall 16 (Rn. 31):**
S → M auf Herausgabe der Säulchen aus § 985
  I. Eigentum des S: u. U. nach § 950 (originärer Erwerb s. § 6 Rn. 5)
     1. Verarbeitung eines Stoffes: (+), hier der Holzvorräte des M zu Säulchen
     2. neue bewegliche Sache hergestellt (+), „Säulchen" sind etwas völlig anderes als die Holzstücke, aus denen sie gemacht wurden, daher entsteht durch den Vorgang eine neue Sache.
     3. Wert der Verarbeitung nicht erheblich geringer als Stoffwert: (+), S hat viele Stunden Arbeit in die Säulchen investiert. Diese sind – einmal unterstellt – deutlich höher zu bewerten als der Materialwert der Holzstücke.
    Zwischenergebnis: S ist Eigentümer der Säulchen geworden.
  II. Besitz des M: § 854, (+) nach Wegnahme durch M
  Ergebnis: M muss die Säulchen an S herausgeben, kann aber dafür von S nach § 951 Abs. 1 S. 1 i. V. m. § 812 Abs. 1 S. 1, 2. Var. Ersatz des Materialwertes verlangen.

34   **b) Der „natürliche" Wille.** Zu beachten ist, dass es auch Realakte gibt, bei denen das Willensmoment nicht gänzlich verdrängt ist. So ist z. B. bei der Begründung des Besitzes (§ 854) der Wille zum Besitzerwerb, d. h. zur Ausübung der tatsächlichen Sachherrschaft, erforderlich. Hier handelt es sich jedoch nicht um einen rechtsgeschäftlichen Rechtsfolgewillen, sondern um einen sog. natürlichen Willen. Die praktische Bedeutung der Unterscheidung ist darin zu sehen, dass die an eine natürliche Willensbetätigung gebundenen Realakte zusätzlich zum rein tatsächlichen Verhalten eine gewisse Einsichtsfähigkeit, **nicht** aber die **volle Geschäftsfähigkeit** (§§ 104 ff., s. § 23

Rn. 4 ff.) voraussetzen. So kann etwa ein einjähriger Säugling, der zwar schon greifen und Sachen tatsächlich an sich nehmen kann, keinen Besitz im Sinne von § 854 begründen, wohl aber ein nicht geschäftsfähiger (aber u. U. schon äußerst willensstarker) Sechsjähriger.

Merke: Der Begriff des Rechtsgeschäftes ist nicht mit dem der Willenserklärung identisch. Das Rechtsgeschäft besteht vielmehr aus einer oder mehreren Willenserklärungen, durch die eine bestimmte, von der Rechtsordnung gewollte Rechtsfolge ausgelöst wird. Hiervon zu unterscheiden sind geschäftsähnliche Handlungen und Realakte. Das deutsche Zivilrecht unterscheidet zwischen Verpflichtungs- und Verfügungsgeschäften und trennt so einen aus wirtschaftlicher Sicht oft einheitlichen Veräußerungsvorgang (Trennungsprinzip). Nach dem Abstraktionsprinzip sind beide Geschäfte darüber hinaus rechtlich voneinander unabhängig. Ist das Verfügungsgeschäft wirksam, so tritt die dingliche Rechtsänderung auch dann ein, wenn das Verpflichtungsgeschäft unwirksam ist. Bei fehlendem oder nichtigem Kausalgeschäft (Rechtsgrund, causa) erfolgt der Ausgleich nach den Vorschriften über die ungerechtfertigte Bereicherung, §§ 812 ff. 35

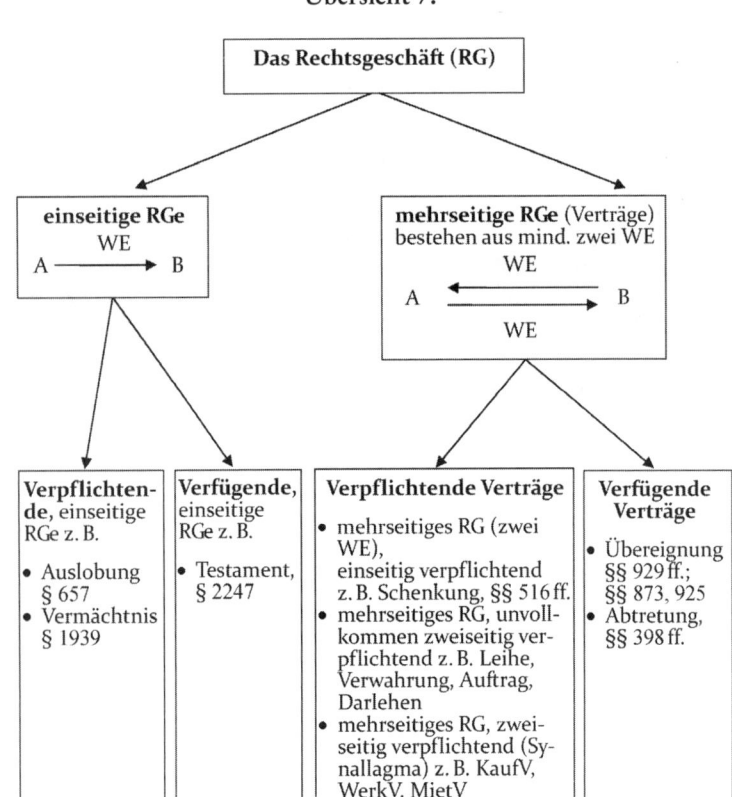

§ 17. Die Willenserklärung

Schrifttum: *Jahr,* Geltung des Gewollten und Geltung des Nicht-Gewollten – Zu Grundfragen des Rechts empfangsbedürftiger Willenserklärungen, JuS 1989, 249 ff.; *Kramer,* Schweigen als Annahme eines Antrags, Jura 1984, 235 ff.; *Lange,* Die Willenserklärung, Teil 1 JA 2007, 687 ff.; Teil 2 JA 2007, 766 ff.; *Muscheler/Schewe,* Die invitatio ad offerendum auf dem Prüfstand, Jura 2000, 565 ff.; *Schreiber,* Grundbegriffe des BGB – Allgemeiner Teil: Willenserklärung, Vertrag, Rechtsgeschäft, Jura 1999, 275 ff.

I. Der Tatbestand der Willenserklärung

Eine Willenserklärung ist eine private Willensäußerung, die auf das 1
Herbeiführen einer Rechtsfolge gerichtet ist. Das Gesetz unterscheidet zwar nicht streng zwischen Willenserklärung und Rechtsgeschäft
(vgl. z. B. § 119 [Willenserklärung] und § 142 [Rechtsgeschäft]), dennoch sind diese Begriffe nicht identisch: Ein Rechtsgeschäft kann
auch aus mehreren Willenserklärungen bestehen (z. B. ein Vertrag, s.
§ 16 Rn. 5). Wie schon das Wort „Willens-Erklärung" nahelegt, lässt
sie sich aufgliedern in einen subjektiven („Wille") und einen objektiven Teil („Erklärung").

1. Objektiver Tatbestand

> **Fall 17:** An der Einfahrt eines Parkplatzes steht deutlich erkennbar folgen- 2
> des Schild: „Bewachter Parkplatz – je angefangene Stunde € 1,–". A fährt ein
> und stellt sein Auto auf einem freien Stellplatz ab. Muss A, wenn er nach 30
> Minuten zurückkommt, der P-GmbH, die diesen Parkplatz betreibt, € 1,–
> bezahlen? → Rn. 4.

Voraussetzung jeder Willenserklärung ist grundsätzlich ein **tat- 3
sächlicher Erklärungsakt,** d. h. der Erklärende muss seinen Willen
kundtun (zum Schweigen als Willenserklärung vgl. unten Rn. 23 ff.).
Als Verständigungsmittel kommt dabei jedes willensgesteuerte Verhalten in Betracht: Sprache, schriftliche und automatisierte (z. B. E-
Mail) Erklärungen, sowie jedes sonstige Verhalten. Demzufolge ist
nicht erforderlich, dass der Wille ausdrücklich erklärt wird, vielmehr
ist es ausreichend, dass sich aus einer bestimmten (nonverbalen) Ver-
haltensweise auf einen Willen schließen lässt (konkludentes oder
schlüssiges Handeln). Als sonstige Verhaltensweisen, die den objektiven Tatbestand einer Willenserklärung erfüllen, kommen etwa in Betracht: Nicken, Kopfschütteln, Anzeigen des Kaufpreises mit den
Fingern, Zerreißen eines Vertragsentwurfs etc.

> **Lösungsskizze Fall 17 (Rn. 2):** 4
> P-GmbH → A auf Zahlung aus **§ 535 Abs. 2** (Mietvertrag über den Park-
> raum mit dienstvertraglichen Elementen [Bewachung])
> I. Anspruch entstanden: Einigung A/P-GmbH i. S. d. § 535
> Einigung bedeutet zwei korrespondierende Willenserklärungen (Ange-
> bot und Annahme; vgl. § 19 Rn. 1)

1. Angebot
   a) Aufstellen des Schildes durch P-GmbH: (–), nur invitatio ad offe-
      rendum (vgl. § 19 Rn. 5, es fehlt am Rechtsbindungswillen der P-
      GmbH)
   b) Einfahrt durch A
      aa) ausdrückliche Erklärung: (–)
      bb) konkludente Erklärung: (+), durch das Einfahren (= sonsti-
          ges Verhalten) erklärt A, einen Vertrag mit der P-GmbH ab-
          schließen zu wollen
2. Annahme (+), durch die P-GmbH durch Zur-Verfügung-Stellung des
   Parkraums
II. Anspruch nicht untergegangen und nicht einredebehaftet (+)
Ergebnis: Die P-GmbH kann von A € 1,– verlangen.

2. Subjektiver Tatbestand

5   **Fall 18:** K nimmt im fünften Jahr hintereinander an einer Weinversteigerung in Trier teil, bei welcher der Weingutbesitzer W Weine aus seinem eigenen Keller versteigert. Während W gerade Angebote für eine Kiste Wein entgegennimmt, entdeckt K einen alten Schulfreund und winkt ihm zu. Da das
Winken mit der Hand – wie auch bereits in den vorangegangenen Jahren –
bei der Versteigerung als Abgabe eines höheren Kaufangebots gilt und nach
dem Winken des K kein höheres Angebot mehr abgegeben wurde, erhält K
den Zuschlag. Muss K den Kaufpreis für die Kiste Wein bezahlen, obwohl er
beim Winken nicht daran dachte, dass sein Verhalten als Abgabe eines Kaufangebots verstanden werden könnte? → Rn. 13.

6   Angelehnt an die Erkenntnisse der Psychologie zur Zeit der Entstehung des BGB wird der subjektive Tatbestand der Willenserklärung auch heute noch in drei Bestandteile aufgegliedert: **Handlungswille, Erklärungsbewusstsein** und **Geschäftswille.** Während jedoch
der objektive Tatbestand stets voll verwirklicht sein muss, um eine
Willenserklärung bejahen zu können, ist beim subjektiven Tatbestand
ausreichend, dass nur bestimmte Merkmale vorliegen, nämlich Handlungswille und – mit starken Einschränkungen – Erklärungsbewusstsein (vgl. die gleich folgenden Ausführungen). Willenserklärungen
mit nur teilweise erfülltem subjektiven Tatbestand, sind zwar wirksam, jedoch möglicherweise gemäß § 119 Abs. 1 anfechtbar (vgl. § 25
Rn. 11 ff.).

7   **a) Der Handlungswille.** Notwendige Voraussetzung für das Vorliegen einer Willenserklärung ist die bewusste Verwirklichung des ob-

jektiven Tatbestandes, d. h. die Erklärung selbst muss vom **Willen** ge-
steuert sein. Kein Handlungswille und damit auch keine Willenserklärung liegt somit vor bei unbewusstem Verhalten (z. B. Aussagen
unter Hypnose, Reflexbewegungen, Handlungen im Schlaf) oder unmittelbarem körperlichen Zwang (*vis absoluta* – z. B. gewaltsames
Führen der Hand bei der Vertragsunterschrift). Letzteres darf jedoch
nicht mit den Fällen verwechselt werden, in denen jemand durch arglistige Täuschung oder Drohung zur Abgabe einer Erklärung veranlasst wird (sog. *vis compulsiva*). In diesen Fällen ist ein Handlungswille des Erklärenden gegeben (bewusste Verwirklichung des
objektiven Tatbestandes), auch wenn er nicht freiwillig handelt, sondern unter Zwang oder sich irrt; eine Anfechtung dieser Erklärungen
ist jedoch gemäß § 123 möglich.

b) Das Erklärungsbewusstsein. aa) Begriff. Erklärungsbewusst- 8
sein liegt vor, wenn dem Handelnden bewusst ist, dass seine Handlung **irgendeine** rechtserhebliche Erklärung darstellt. Der Handelnde
muss also wissen, dass er durch sein Verhalten etwas rechtlich Erhebliches erklärt und sich dadurch rechtlich bindet (**Rechtsbindungswille;** vgl. dazu auch Rn. 10 f.). Nicht erforderlich ist dagegen für das
Erklärungsbewusstsein ein auf ein konkretes Rechtsgeschäft gerichte-
ter Wille (Geschäftswille).

Beispiel: Der Geschäftsmann G unterschreibt einen von seiner Sekretärin
vorgelegten Brief, in dem ein Kaufangebot enthalten ist und schickt ihn ab.
Auch wenn G beim Unterschreiben denkt, es handele sich bei diesem Brief
um den Arbeitsvertrag für einen neuen Angestellten, handelt er bezüglich des
tatsächlich erklärten Kaufangebots mit Erklärungsbewusstsein. Er ist sich bewusst, etwas rechtlich Erhebliches zu tun. Der Irrtum über das konkrete
Rechtsgeschäft (Kauf- statt Arbeitsvertrag) hindert nicht die Annahme einer
Willenserklärung (s. zum Geschäftswillen unten Rn. 12).
Abwandlung: Unterschreibt G dagegen das Kaufangebot in dem Glauben,
er lade damit zu seiner Geburtstagsfeier ein, so handelt er ohne Erklärungsbewusstsein. Er ist sich nicht bewusst, etwas rechtlich Erhebliches zu tun. Die
Einladung zur Geburtstagsfeier löst keine rechtlichen Bindungen aus (vgl. un-
ten Rn. 15 f.).

Ob das Erklärungsbewusstsein einen notwendigen Bestandteil der
Willenserklärung bildet, ist umstritten. Unproblematisch sind dabei
Fälle, in denen der Handelnde weiß, dass sein Verhalten in dem gegebenen sozialen Zusammenhang als rechtsgeschäftliche Erklärung aufgefasst werden kann. Es liegt unstreitig eine wirksame Willenserklärung vor. Ebenfalls unproblematisch ist die Rechtslage, wenn der

Handelnde nicht positiv weiß, dass sein Verhalten als rechtsgeschäftliche Erklärung aufgefasst werden könnte, und ihm aus diesem Nichtwissen auch kein Vorwurf gemacht werden kann. Eine Willenserklärung ist dann unstreitig nicht gegeben.

Ginge also K zum ersten Mal auf eine Weinversteigerung und würde dort ein Kaufangebot ungewöhnlicher Weise dadurch abgegeben, dass man sich das Ohrläppchen reibt, so läge keine Willenserklärung des K vor, wenn er sich gleich nach Betreten des Versteigerungsraums ans Ohr fasst. Hier darf K ohne besondere Erkundigung vorab darauf vertrauen, dass wie üblich nur das Heben der Hand oder eines zuvor verteilten Bieterkärtchens ein rechtsgeschäftliches Angebot darstellt.

9   **bb) Zurechnung bei fehlendem Erklärungsbewusstsein.** Schwierigkeiten bereiten aber Konstellationen wie Fall 18 (Rn. 5), weil hierbei zwar einerseits der Handelnde keinerlei rechtserhebliche Erklärung abgeben will, andererseits aber potentielle Vertragspartner auf die Wirksamkeit der Erklärung (der objektive Tatbestand der Willenserklärung ist durch das Winken erfüllt) vertrauen und der Handelnde dies möglicherweise hätte wissen können. Für die Lösung dieser Fälle ist also letztlich entscheidend, wem das Risiko einer solchen „ungewollten" Erklärung zugewiesen wird.

Zu beachten ist dabei, dass die Interessen des Handelnden und des Erklärungsempfängers gegensätzlich sind: Während der Handelnde nichts erklären wollte und damit auch nicht an diese Erklärung gebunden sein will, vertraut der Erklärungsempfänger auf die Erklärung, trifft möglicherweise schon im **Vertrauen** darauf weitere Entscheidungen (z. B. indem er anderweitige Vertragsverhandlungen abbricht). Er möchte daher die Erklärung als wirksam ansehen dürfen. Ein vom Handelnden nicht als rechtlich erheblich gewolltes und damit ohne positives Erklärungsbewusstsein gesetztes Verhalten wird von der Rechtsprechung unter zwei Voraussetzungen als wirksame Willenserklärung gewertet. Erstens ist erforderlich, dass der Erklärende bei Anwendung der im Verkehr erforderlichen Sorgfalt **hätte erkennen und vermeiden** können, dass seine Äußerung nach Treu und Glauben sowie der Verkehrssitte als Willenserklärung aufgefasst wird (Verantwortlichkeit des Handelnden). Zweitens muss der Empfänger das Handeln auch tatsächlich als Willenserklärung aufgefasst haben.[1]

---

1 Vertrauensschutz für den Erklärungsempfänger; vgl. *BGH* NJW 2006, 3777, 3778; 1995, 953.

(1) **Verantwortlichkeit des Handelnden.** Jeder Teilnehmer am 10
Rechtsverkehr ist daher im Hinblick auf sein Handeln verpflichtet,
die nach den Umständen zumutbare und gebotene Sorgfalt aufzu-
wenden, um missverständliche (ausdrückliche oder schlüssige) Erklärungen zu vermeiden. Tut er dies nicht, so ist es gerechtfertigt, ihn
zunächst an seinem Verhalten „festzuhalten", obwohl er sich nicht
binden wollte. Eine wirksame Willenserklärung liegt somit trotz fehlenden Erklärungsbewusstseins vor, wenn der Handelnde für das
Fehlen dieses Bewusstseins **verantwortlich** ist. Im Fall 18 (Rn. 5)
hätte K die Bedeutung seines Winkens unter Anwendung der gebote-
nen Sorgfalt aus den vorangegangenen Versteigerungen kennen können; sein Winken wird ihm somit als wirksame Willenserklärung zugerechnet. Wäre K zum ersten Mal überhaupt auf einer Versteigerung
und weiß er nicht über die dort üblichen Verhaltensweisen Bescheid,
wird man ihm zumuten können (Sorgfaltspflicht!), sich zuvor über
die dortigen Gepflogenheiten zu erkundigen, um nichts falsch zu machen.

Der Erklärende, dem die ungewollte Erklärung zunächst zugerechnet wird, hat aber die Möglichkeit, die Willenserklärung **anzufechten**
(§ 119 Abs. 1) und somit rückwirkend zu beseitigen (§ 142 Abs. 1). Es
liegt eine Art Inhaltsirrtum vor (analog § 119 Abs. 1), weil er eine solche Erklärung mit rechtlich erheblichem Charakter nicht abgeben
wollte. Er muss dann allerdings im Streitfall beweisen, dass ihm das
Erklärungsbewusstsein fehlte. Zudem hat er im Falle der Anfechtung
dem Erklärungsempfänger den Schaden zu ersetzen, den dieser dadurch erleidet, dass er berechtigterweise auf die Wirksamkeit der Erklärung vertraute (sog. Vertrauensschaden, § 122). K könnte sich somit im Beispielsfall durch Anfechtung von seiner Verpflichtung lösen,
wäre aber u. U. zum Schadensersatz verpflichtet. Eine Anfechtung ist
aber erst dann erforderlich, wenn tatsächlich eine Willenserklärung
vorliegt. Dies ist daher stets zuerst zu prüfen.

(2) **Fehlender Vertrauensschutz für Erklärungsempfänger.** Auch 11
bei zurechenbar fehlendem Erklärungsbewusstsein des Handelnden
ist eine Willenserklärung zu verneinen, wenn der Erklärungsempfänger das fehlende Erklärungsbewusstsein **kennt.** In diesem Fall vertraut der Erklärungsempfänger nicht auf den objektiven Erklärungstatbestand und zieht daraus auch keine rechtlichen Folgerungen; er
ist somit nicht schutzwürdig. Im Beispielsfall 18 (Rn. 5) vertraut W
jedoch darauf, dass das Winken (objektiver Erklärungstatbestand)

des K die Abgabe eines Kaufangebots darstellt; dieses Vertrauen wird geschützt.

Anders wäre der Fall zu beurteilen, wenn ein Anbieter A die allgemeine Unachtsamkeit von Partygästen auf einer Geburtstagsfeier ausnutzt und zusätzlich zu der zur Unterschrift herumgereichten Geburtstagskarte für den Gastgeber noch eine Bestellliste für ein von ihm verfasstes Buch in Umlauf bringt. Unterschreibt hier ein ins Gespräch vertiefter Gast X die von A vorformulierte Bestellung, ohne genauer hinzuschauen in der Meinung, es handele sich um die Gratulation, so ist A trotz des sorgfaltswidrigen Verhaltens von X nicht schutzwürdig. Zwar kennt er den fehlenden Rechtsbindungswillen des X nicht positiv, hofft aber gerade darauf, dass X auch ohne einen solchen „versehentlich" unterschreibt.

12   **c) Der Geschäftswille.** Unter Geschäftswillen versteht man den auf eine **bestimmte Rechtsfolge** gerichteten Willen, also die Absicht, gerade ein ganz konkretes Geschäft abzuschließen. So hat im obigen Beispielsfall (Rn. 8) G Erklärungsbewusstsein, das auch sein Handeln in Bezug auf den Kaufvertrag deckt. Geschäftswillen hat er jedoch nur bezüglich des konkreten, von ihm gewollten Arbeitsvertrags. Der Geschäftswille gehört nicht zu den notwendigen Bestandteilen einer Willenserklärung. Wenn nicht einmal das aktuelle Bewusstsein, überhaupt eine rechtserhebliche Erklärung abzugeben, für eine Willenserklärung erforderlich ist, dann kann erst recht kein konkreter Geschäftswille verlangt werden. Allerdings kann der Erklärende, bei dem dieser Wille falsch gebildet wurde, seine Erklärung anfechten (§ 119 Abs. 1: *error in negotio*), ist jedoch zum Ersatz des Vertrauensschadens verpflichtet (§ 122).

13   **Lösungsskizze Fall 18 (Rn. 5):**
W → K auf Kaufpreiszahlung aus § 433 Abs. 2
   I. Anspruch entstanden: Hierzu müssten sich W und K i. S. d. § 433 geeinigt haben. Hier ist zudem § 156 einschlägig, da der Vertrag – wenn überhaupt – im Zuge einer Versteigerung zustande kam.
     1. Angebot: denkbar durch Handheben des K
       a) wirksame Willenserklärung durch Handheben
         aa) objektiver Erklärungstatbestand: (+), Winken
         bb) subjektiver Erklärungstatbestand
           (1) Handlungswille (+), Winken war willensgesteuert
           (2) Erklärungsbewusstsein
              – positives Erklärungsbewusstsein (–), K dachte nicht an rechtsgeschäftliches Handeln

> – schuldhaftes Fehlen des Erklärungsbewusstseins und
> Vertrauensschutz des Empfängers (+)
> cc) Geschäftswille für Willenserklärung nicht erforderlich
> 2. Annahme (+), durch Zuschlag des W (§ 156)
> II. Anspruch nicht untergegangen und nicht einredebehaftet (+), Erklärung
> des K zwar anfechtbar, aber Anfechtung nicht ausdrücklich erklärt
> (stünde im Sachverhalt, dass K sich gegenüber W weigert, den Kaufpreis
> zu bezahlen, könnte man dies allerdings als Anfechtungserklärung ausle-
> gen – dann wäre weiter zu prüfen, s. § 25 Rn. 17).
> **Ergebnis:** W hat gegen K einen Anspruch auf Zahlung des Kaufpreises aus
> § 433 Abs. 2.

3. Abgrenzung

a) Realakte und geschäftsähnliche Handlungen. Von den Wil- 14
lenserklärungen zu unterscheiden sind zunächst Realakte (Tathandlungen) und geschäftsähnliche Handlungen, vgl. dazu ausführlich
§ 16 Rn. 28 ff.

b) Gefälligkeitsverhältnisse.

Schrifttum: *Mersson,* Zur Haftung bei Gefälligkeitsfahrten, DAR 1993,
87 ff.; *Willoweit,* Die Rechtsprechung zum Gefälligkeitshandeln, JuS 1986,
96 ff.; *ders.,* Schuldverhältnis und Gefälligkeit, JuS 1984, 909 ff.; ausführliche
Hinweise zur älteren Literatur bei *Bork,* Rn. 674.

Fall 19: Autofahrer A nimmt auf dem Weg von Konstanz nach Stuttgart 15
an einer Autobahnraststätte kurz hinter Konstanz den Anhalter X mit und
sagt zu, ihn in der Innenstadt von Stuttgart abzusetzen. Schon nach wenigen
Kilometern geraten A und X aber über den Fahrstil des A in Streit. A fährt
an die nächste Raststätte und wirft den X kurzerhand aus seinem Auto. X
droht mit der Geltendmachung von Schadensersatzansprüchen, da er auf
diese Weise ein Vorstellungsgespräch in Stuttgart versäumt. Zu Recht?
(ohne Lösungsskizze).

Eine (rechtlich erhebliche) Willenserklärung ist nur dann gegeben, 16
wenn aus Sicht des Erklärungsempfängers ein Rechtsbindungswille
kundgetan wird. Will der Erklärende erkennbar keine Rechtsfolge
herbeiführen, so liegt auch keine Willenserklärung vor. Ob ein
Rechtsbindungswille vorhanden ist, beurteilt sich danach, ob der Erklärungsempfänger unter den gegebenen Umständen nach Treu und
Glauben mit Rücksicht auf die Verkehrssitte (§ 157) auf einen solchen
Willen des Erklärenden schließen musste. Entscheidend ist somit

nicht die innere Willensrichtung des Erklärenden, sondern wie sich dem objektiven Beobachter sein Verhalten darstellt.[2] Problematisch ist der Rechtsbindungswillen insbesondere bei **Gefälligkeiten,** d. h. bei einem Verhalten im gesellschaftlich-sozialen Bereich, für das regelmäßig auch **keine Gegenleistung** geschuldet wird.

17   **aa) Reine Gefälligkeiten.** Einladungen zu gesellschaftlichen Anlässen, Verabredungen gemeinsamer Freizeitveranstaltungen[3] etc. werden regelmäßig ohne Rechtsbindungswillen ausgesprochen. Der Erklärende will sich weder zur Leistung verpflichten, noch besondere Sorgfaltspflichten beachten. So haftet das Geburtstagskind, das zu einer Feier einlädt, den Eingeladenen weder auf Erfüllung (= Durchführung der Geburtstagsfeier) noch auf Schadensersatz, wenn das Fest kurzfristig abgesagt wird. Gleiches gilt für reine Gefälligkeitsfahrten (einmalige Mitnahme der Nachbarin zum Einkauf) oder beispielsweise die Überlassung eines Reitpferdes an einen Reiterkollegen für einen Ausritt. Die Abgrenzung, ob eine vertragliche Bindung von den Parteien gewollt ist, oder eine bloße Gefälligkeit vorliegt ohne jeden Rechtscharakter, muss durch Auslegung anhand der Umstände des einzelnen Falles erfolgen. Alleine die Unentgeltlichkeit einer Zusage spricht noch nicht gegen einen Rechtsbindungswillen des Zusagenden, denn das BGB kennt eine Reihe nur einseitig verpflichtender (echter) Verträge (s. Rn. 19). **Indizien,** die auf einen Bindungswillen schließen lassen, sind die **Art** der Gefälligkeit, ihr **Grund und ihr Zweck,** ihre **wirtschaftliche und rechtliche Bedeutung,** die bestehenden Interessenlagen, sowie der **Wert** der anvertrauten Sache.[4] Sprechen diese Umstände dafür, dass sich eine Partei für den anderen erkennbar auf die Durchführung der „Vereinbarung" fest verlässt, ist vom Rechtsbindungswillen der Beteiligten auszugehen. In Fall 19 ist die Mitnahme eines Anhalters eine reine Gefälligkeit, bei der kein Vertrag geschlossen wird.[5] A handelt typischerweise aus purer Freundlichkeit und möchte sich nicht rechtlich binden, die Zusage

---

2 Krit. zum Rechtsbindungswillen wegen seines angeblich häufig fiktiven Charakters *Plander,* AcP 176 (1976), 425, 440 ff.; *Flume,* § 7, 2 bis § 7, 6.
3 Vgl. RGZ 128, 39, 42: Einladung zur Treibjagd.
4 Grundlegend BGHZ 21, 102, 106 f. = NJW 1956, 1313: Das Zurverfügungstellen eines Fahrers für einen LKW-Ferntransport wurde dementsprechend als Vertrag eingeordnet; *BGH* NJW 2009, 1141 (telefonische Auskunft von Steuerberater kann Auskunftsvertrag begründen). Ebenso hat das OLG Zweibrücken (NJW-RR 2002, 1456) einen Vertrag angenommen, wenn der Vater dem Sohn unentgeltlich die Einlagerung von Gegenständen gestattet, die für den Sohn wirtschaftliche Existenzgrundlage waren.
5 Zutreffend *Fezer,* Klausurenkurs zum BGB, Allgemeiner Teil, S. 50; *Köhler,* NVZ 2011, 105, 106 f.

auch wirklich einzuhalten – zumal er den X und seine Motive (Vorstellungsgespräch in Stuttgart, das von wirtschaftlicher Bedeutung sein kann) gar nicht näher kennt.[6] Er kann den Anhalter daher jederzeit und ohne Angabe von Gründen (Ausnahme § 826, Strafrecht) auch vor dem Eintreffen in Stuttgart auffordern, wieder auszusteigen. Ein Erfüllungsanspruch mit entsprechenden Schadensersatzansprüchen bei Nichterfüllung (s. § 280) wird nicht begründet. Daher kann X von A keinen Schadensersatz verlangen.[7] Anders beurteilt man inzwischen sog. Fahrgemeinschaften unter Arbeitskollegen. Während man hier früher Erfüllungsansprüche ablehnte und allenfalls im Falle der Schädigung bei Durchführung der vereinbarten gemeinsamen Fahrt Schadensersatzansprüche gewährte,[8] kann man je nach wirtschaftlicher Bedeutung angesichts der heutigen Arbeits- und Verkehrsbedingungen auch zugunsten eines rechtlichen Bindungswillens entscheiden.[9] Sind die Arbeitskollegen zum Beispiel erkennbar darauf angewiesen, dass die tägliche Mitnahme reibungslos funktioniert (pünktliches Erscheinen am Arbeitsplatz, keine kurzfristigen Transportalternativen) und spielen darüber hinaus auch wirtschaftliche Gesichtspunkte (Benzinkosten) eine Rolle, so ist von einem Rechtsbindungswillen der Beteiligten auszugehen, der nicht nur zu Erfüllungs-, sondern auch zu Schadensersatzansprüchen führen kann, wenn die Mitnahme schuldhaft unterbleibt oder es zu Unfällen kommt.[10] Rechtlich liegt dann bei einer Fahrgemeinschaft eine Gesellschaft bürgerlichen Rechts nach § 705 vor.[11]

bb) Sorgfaltspflichten auslösende Gefälligkeitsverhältnisse. Besondere Umstände können jedoch auch dazu führen, dass ein objektiver Beobachter trotz Vorliegens einer Gefälligkeit wenigstens auf ei- **18**

---

6 Selbst wenn auf den wichtigen Termin vorab hingewiesen wurde, wird der mitnehmende Fahrer im Zweifel keine rechtliche Verpflichtung eingehen wollen, den Anhalter rechtzeitig abzusetzen, *Fezer*, Klausurenkurs zum BGB, Allgemeiner Teil, S. 58.
7 Kommt es unterwegs zu einem Unfall, so kann A jedoch nach deliktischen Vorschriften (§ 823 BGB) haften, wenn er den Unfall verschuldet hat. Auch ohne sein Verschulden kommt eine Haftung nach §§ 7, 8a StVG in Betracht.
8 S. dazu Fall 19 in der Vorauflage.
9 So etwa *Köhler*, NVZ 2011, 105.
10 Ausführlich vor allem auch zu den haftungs- und unfallversicherungsrechtlichen Fragen, *Köhler*, NVZ 2011, 105 ff.
11 Anders hingegen, wenn ein Mitglied einer Reisegruppe, die eine Rundreise durch Kanada macht, sich spontan bereit erklärt, einen Mietwagen zu fahren, weil der Reiseveranstalter sonst keine Transportmöglichkeit zu einer Sehenswürdigkeit zur Verfügung stellen kann. Werden bei einem Unfall die Mitreisenden verletzt, fehlt es nicht nur wegen einer reinen Gefälligkeit des Fahrers an einer vertraglichen Anspruchsgrundlage, das *OLG Köln* (BeckRS 2008, 17386) ging auch zu Recht von einem konkludenten Haftungsausschluss aus.

nen eingeschränkten Bindungswillen des Erklärenden schließt. Auch dies kann nur durch Auslegung anhand der in Rn. 17 genannten Indizien entschieden werden.[12] Solche Beziehungen kann man als „Gefälligkeitsverhältnisse" im Gegensatz zur reinen „Gefälligkeit" ohne jeden Bindungswillen bezeichnen.[13] Im „Lottogemeinschafts"-Fall hatte der *BGH*[14] etwa zu entscheiden, ob sich ein Mitglied einer Spielgemeinschaft schadensersatzpflichtig macht, wenn er vergisst, den Lottoschein nach Einziehen der Beiträge aller Mitspieler mit den vereinbarten Zahlen auch auszufüllen und einzureichen. Da ausgerechnet auf diesen Schein ein beträchtlicher Gewinn entfallen wäre, verlangten die Mitspieler Schadensersatz. Der *BGH* beschränkte die rechtliche Bindungswirkung der einzelnen Spieler auf die Verpflichtung, Beiträge zu leisten und einen möglichen Gewinn zu verteilen. Er lehnte jedoch im Hinblick auf das unüberschaubare, ggf. sogar existenzbedrohende Risiko eine Rechtspflicht zum Einreichen des Lottoscheins ab. Hier hätte es wohl näher gelegen, anzunehmen, dass die Beteiligten durchaus mit rechtlichem Bindungswillen eine Gesellschaft bürgerlichen Rechts (§ 705) gegründet haben und die Schadensersatzpflicht wegen eines reduzierten Haftungsmaßstabs oder eines konkludent vereinbarten Haftungsausschlusses zu verneinen.[15]

In anderen Fällen kann die Auslegung dazu führen, dass zwar keine Erfüllungspflichten im Sinne primärer Leistungspflichten bestehen, jedoch insoweit eine rechtliche Bindung angenommen wird, als der andere Teile zum Schadensersatz berechtigt sein soll, wenn die zugesagte Gefälligkeit nicht sorgfältig erbracht wird.[16] Allerdings muss die Annahme einer solchen eingeschränkten Rechtspflicht und des sich daraus ergebenden Schadensersatzrisikos für den Handelnden zumutbar sein.[17]

Beispiel: Der Freund F des Geschäftsmanns G wird von diesem gebeten, einen Brief in den Briefkasten zu werfen. F weiß, dass der Brief die Annahme eines Kaufangebots im Volumen von mehreren Millionen Euro enthält. F vergisst, den Brief einzuwerfen und holt dies mehrere Tage später nach, so dass

---

12　Ablehnend insoweit *Bork*, Rn. 681, der jedoch im Ergebnis ebenfalls eine „vertragsähnliche Sonderbeziehung" annimmt (Rn. 682f.).

13　Die Terminologie ist uneinheitlich, *Fezer*, Klausurenkurs zum BGB, Allgemeiner Teil, S. 46 spricht etwas von Gefälligkeitsverhältnissen und Gefälligkeitsschuldverhältnissen.

14　*BGH* NJW 1974, 1707.

15　Zutreffend *Fezer*, Klausurenkurs zum BGB, Allgemeiner Teil, S. 49.

16　Z. B. *Willoweit*, JuS 1986, 96, 106.

17　*BGH* NJW 1992, 498; 1974, 1705.

der Kaufvertrag nicht mehr zustande kommt. F haftet nicht auf Schadenersatz, wenn G als Ersatz für dieses „geplatzte" Geschäft einen höheren Kaufpreis für die gewünschte Ware zahlen muss. Ein derartiges Schadensersatzrisiko wäre dem F angesichts eines Freundschaftsdienstes nicht zumutbar.

Legt man den Bindungswillen des Erklärenden so aus, dass eine schuldhafte Verletzung der Sorgfalt Schadensersatzansprüche auslöst, so handelt es sich nur um eine vertragsähnliche Rechtsbeziehung, bei der im Gegensatz zu rein „deliktischen" Beziehungen freiwillig Sorgfaltspflichten gegenüber dem anderen Teil übernommen werden.[18]

Ein Beispiel, das in diese Kategorie fällt, ist die Einladung durch Eltern zum Kindergeburtstag. Während die sonstige Abrede zur Kinderbetreuung regelmäßig eher reine Gefälligkeit ist[19], wird durch die ausdrückliche Einladung für die bestehenden Risiken des Festes ein besonderes Vertrauen begründet. Kommt ein Kind infolge schuldhaften Handelns der einladenden Eltern zu Schaden, bestehen daher ebenfalls Schadenersatzansprüche.[20] Eine grundsätzliche Haftung hat die Rechtsprechung jüngst auch für einen Fall der unentgeltlichen Nachbarschaftshilfe bejaht. Der unentgeltliche Helfer hatte beim Nachbarn eine Außenlampe montiert und dabei übersehen, dass deren Gehäuse nach Abschluss der Arbeiten versehentlich unter Strom stand. Hierdurch kam später ein vom Nachbar mit anderen Arbeiten beauftragter Bauarbeiter durch einen Stromschlag zu Schaden und forderte wegen bleibender Behinderungen ein Schmerzensgeld von € 600.000. Der Helfer musste hierfür aufgrund seiner quasi-vertraglichen Beziehung mit dem Nachbarn (in deren Schutzbereich Dritte, die mit der Sache in Berührung kommen, einbezogen werden können) zahlen (§§ 241, 249, 253, 276, 280).[21]

---

18 Grundlegend *Schwerdtner,* NJW 1971, 1674; s. auch MünchKomm/*Kramer,* Einl. vor § 241 Rn. 36 ff.
19 *BGH* NJW 1968, 1874 („Nachbarschaftsdienst").
20 Vgl. *OLG Celle* NJW-RR 1987, 1384 – die gegenteilige Auffassung scheint aber auch gut vertretbar. Das *OLG Koblenz* NJW-RR 2002, 595 lehnte die Haftung einer Nachbarin ab, die es gefälligkeitshalber übernommen hatte, in einem unbewohnten, zum Verkauf stehenden Haus gelegentlich Reinigungsarbeiten durchzuführen. Sie hatte anlässlich einer bevorstehenden Besichtigung geputzt und danach vergessen, den Hauptwasserhahn wieder abzudrehen, so dass es wegen eines Rohrleitungsdefekts zu einem Wasserschaden kam. Da sie selbst keinerlei eigene Interessen verfolgte und die wirtschaftliche Bedeutung ihrer Tätigkeit gering sei, scheide jede vertragliche Haftung aus.
21 *OLG Koblenz* BeckRS 2014, 08625 Rn. 44 ff.

19   **cc) Unentgeltliche Verträge.** Der unentgeltliche Vertrag unterscheidet sich vom Gefälligkeitsverhältnis i. S. v. Rn. 17 dadurch, dass eine echte vertragliche Einigung vorliegt, welche allerdings nur eine Seite zur Leistung verpflichtet. Eine Gegenleistung ist nicht geschuldet. Gesetzlich geregelt sind Schenkung (§§ 516 ff.), Leihe (§§ 598 ff.), Auftrag (§§ 662 ff.) und Verwahrung (§§ 688 ff.). Kennzeichnend für diese Verträge ist, dass sich der zur Leistung Verpflichtete unter erleichterten Bedingungen von seiner Leistungspflicht lösen kann (vgl. §§ 530, 604 Abs. 3, 671 Abs. 1, 696). Des Weiteren ist außer im Falle des Auftrags der Verschuldensmaßstab gemildert. Der zur Leistung Verpflichtete haftet häufig nur für Vorsatz und grobe Fahrlässigkeit.

20   **dd) Haftungsmaßstab bei Gefälligkeitsverhältnissen.** Umstritten ist, welcher Verschuldensmaßstab bei reinen Gefälligkeiten und solchen Gefälligkeitsbeziehungen mit Sorgfaltspflichten anzuwenden ist, wenn es zu Schädigungen kommt. Bei reinen Gefälligkeiten kommen für eine Haftung des die Gefälligkeit Erbringenden mangels jeglicher vertraglicher Beziehung nur deliktische Ansprüche in Betracht[22], bei Gefälligkeitsverhältnissen mit Sorgfaltspflichten i. S. v. Rn. 18 zusätzlich solche aus culpa in contrahendo (c. i. c.) wegen Verletzung eben dieser vertragsähnlichen Sorgfaltspflichten[23]. Der Gesetzgeber hat dies nun in §§ 241 Abs. 2, 311 Abs. 2 Nr. 3 ausdrücklich geregelt. „Ähnliche geschäftliche Kontakte" i. S. der zuletzt genannten Vorschrift sind Gefälligkeitsverhältnisse i. S. v. Rn. 18 – rein soziale Kontakte fallen mangels „geschäftliche(n)" Charakters hingegen nicht unter § 311 Abs. 2 Nr. 3.[24] Streitig ist die Frage des **Verschuldensmaßstabes** deshalb, weil bei unentgeltlichen Verträgen mit Ausnahme des Auftrags die Haftung auf Vorsatz und grobe Fahrlässigkeit (bzw. Sorgfalt in eigenen Angelegenheiten) beschränkt ist (leichte und mittlere Fahrlässigkeit ist in diesen Fällen nicht zu vertreten, vgl. §§ 521, 599, 690). Teile der Literatur wollen diese Beschränkung auf Gefälligkeitsverhältnisse und Gefälligkeiten analog anwenden.[25] Die Rechtsprechung[26] lehnt jedoch sowohl eine **analoge Anwendung** dieser Haftungsprivilegierungen als auch die Annahme eines zwischen den Betroffenen **stillschweigend vereinbarten Haf-**

---

22 Jauernig/*Stadler*, § 311 Rn. 45.
23 *Brox/Walker*, Allgemeines Schuldrecht, § 2 Rn. 30.
24 Palandt/*Grüneberg*, § 311 Rn. 24, Palandt/*Grüneberg*, Einl. v. § 241 Rn. 8.
25 *Schwerdtner*, NJW 1971, 1675; MünchKomm/*Kramer* Einl. vor § 241 Rn. 42.
26 *BGH* NJW 2010, 3087 (für Probefahrt aus Gefälligkeit); NJW 1992, 2474, 2475 (Reitpferd); teilweise großzügiger *BGH* NJW 1979, 643; 1980, 1681; *OLG Köln* VersR 2004, 189.

tungsausschlusses regelmäßig ab.[27] Für den stillschweigenden Haftungsausschluss ist dies zutreffend. Da die Betroffenen ja gerade keinerlei rechtliche Vereinbarung getroffen haben, wäre es tatsächlich eine „künstliche Rechtskonstruktion", wenn man ihnen einen Haftungsausschluss unterstellen wollte. Nach Ansicht des Bundesgerichtshofs[28] bleibt es danach in Gefälligkeiten – z. B. Überlassen eines Reitpferdes – beim normalen Haftungsmaßstab (Vorsatz und jede Art der Fahrlässigkeit). Eine Unterscheidung zwischen reinen Gefälligkeiten und Gefälligkeitsverhältnissen mit vertragsähnlichen Sorgfaltspflichten wird vom *BGH* nicht vorgenommen.[29] Auch im obigen Nachbarschaftshilfe-Fall (Rn. 18 a. E.) lehnte das Oberlandesgericht die Annahme eines konkludenten Haftungsverzichts gegenüber dem Helfer im Ergebnis ab – allerdings ging es dabei von einer Vereinbarung mit rechtsgeschäftlichem Charakter (zumindest hinsichtlich des Bestehens von Sorgfaltspflichten) aus. Es interpretierte den Willen der Beteiligten aber angesichts der Gefährlichkeit der Tätigkeit und der vorhandenen Haftpflichtversicherung des Helfers dahin, dass seine Haftung gerade nicht ausgeschlossen werden sollte.

Die Rechtsprechung befriedigt im Ergebnis nicht, wenn man sich 21 überlegt, was im Fall einer von den Beteiligten wirklich gewollten vollen vertraglichen Bindung gegolten hätte. Dies lässt sich anhand des Beispiels der Überlassung eines Reitpferdes darlegen. Hätte der Pferdeeigentümer E sein Pferd nicht, wie vom Bundesgerichtshof (Fn. 26) angenommen, nur gefälligkeitshalber dem Reiterkollegen R überlassen, sondern mit R einen echten unentgeltlichen Leihvertrag geschlossen, würde E nur für Vorsatz und grobe Fahrlässigkeit haften, ebenso wenig träfe ihn die Tierhalterhaftung nach § 833. Es überzeugt nicht, dass der „Verleiher" schlechter stehen soll, wenn er noch nicht einmal mit Rechtsbindungswillen gehandelt hat. Richtigerweise ist daher wie folgt zu differenzieren. Bestünde bei rechtlich verbindlicher Vereinbarung eine Haftungsprivilegierung, so ist diese auch auf die reine Gefälligkeit zu übertragen (**„erst-Recht-Argument"**).[30] Für auftragsähnliche Gefälligkeiten und Gefälligkeitsverhältnisse hilft dies freilich nicht, da schon die gesetzliche Regelung des Auftrags eine solche Haftungsmilderung versagt. Diese Wertung des Gesetzgebers

---

27 Nach Ansicht des BGH (NJW 2010, 3087) fehlt es an der für die Analogie erforderlichen Gesetzeslücke.
28 *BGH* NJW 1992, 2474, 2475.
29 *BGH* NJW 2010, 3087.
30 So i. E. auch *Medicus*, Allgemeiner Teil des BGB, Rn. 188 f., 194; *Schack*, Rn. 198.

muss auch für entsprechende Gefälligkeiten und Gefälligkeitsverhältnisse respektiert werden. Im Nachbarschaftshilfe-Fall wäre bei voller
vertraglicher Bindung ein Auftragsverhältnis gegeben. Dem Helfer
kommt daher im Ergebnis keine Haftungsprivilegierung zugute, er
haftet auch für leichte Fahrlässigkeit.

II. Schweigen als Willenserklärung

22   **Fall 20:** X bekommt von der „Schlagerversand-GmbH" (S) für den Privatgebrauch eine CD „Schlagerhits 1971–73" zugesandt, ohne dass er diese bestellt oder sonstigen Kontakt zu S gehabt hätte. In einem Begleitschreiben
der S heißt es unter anderem: „Falls Sie die CD nicht innerhalb einer Woche
zurückschicken, gehen wir davon aus, dass sie dieses einmalige Angebot annehmen. Bitte überweisen Sie in diesem Fall den Kaufpreis auf unser unten
angegebenes Konto." Zunächst legt X, der an der CD von Anfang an keinerlei Interesse hat, sie einfach in eine Ecke, wenige Wochen später an-
stehenden Frühjahrsputz landet sie im Papierkorb und wird „entsorgt".
Kann S, nachdem sie davon erfahren hat, Ansprüche gegen X geltend machen? → Rn. 32.

1. Grundsatz

23   Die Bedeutung des Ausdrucks „Schweigen" ist im Recht weiter als
in der Umgangssprache. Schweigen bedeutet nicht nur „nicht reden"
(zu den nonverbalen Verständigungsmitteln vgl. oben Rn. 3), sondern
überhaupt „bewusst sich nicht äußern". Schweigen i. d. S. hat grundsätzlich **nicht** die Bedeutung einer Willenserklärung. Dies gilt selbst
dann, wenn, wie in **Fall 20**, ein potentieller Vertragspartner ankündigt, das Schweigen als Willenserklärung anzusehen, denn niemand
kann dem Schweigen eines anderen einseitig eine gewünschte rechtliche Bedeutung geben und ihm damit eine nicht abgegebene Erklärung
„aufzwingen". Das Schweigen auf ein Vertragsangebot bedeutet somit
weder Annahme noch Ablehnung dieses Angebots, selbst dann, wenn
der Antragende ankündigt, das Schweigen als Annahme anzusehen.

24   Nur in wenigen Fällen darf aus dem Schweigen auf die Abgabe einer Willenserklärung geschlossen werden. So wird in einigen **gesetzlich geregelten** Fällen eine (tatsächlich nicht abgegebene) Willenserklärung **fingiert** (Rn. 29), d. h. obwohl der Betroffene sich nicht
bewusst geäußert hat, gilt eine bestimmte Erklärung von Gesetzes
wegen als abgegeben. Außerdem können die potentiellen Vertrags-

parteien untereinander **vereinbaren** (keine einseitige Bestimmung), dass in ihrem Rechtsverhältnis dem Schweigen eine bestimmte Bedeutung zukommen soll (vereinbartes Schweigen, Rn. 27).

Die Konstellation der **Lieferung unbestellter Sachen** versehen mit 25 einem Schreiben wie im **Fall 20** ist der klassisches Anwendungsfall, in dem das Schweigen des Empfängers regelmäßig keine Willenserklärung darstellt. Seit Umsetzung der Fernabsatzrichtlinie (Juni 2000) ist die Versendung unbestellter Ware durch einen Unternehmer (§ 14) an einen Verbraucher (§ 13) in § 241a ausdrücklich gesetzlich geregelt.[31] Abs. 1 normiert, wenn auch sprachlich missglückt, den Grundsatz, dass durch **Schweigen des Verbrauchers** kein Vertrag zustande kommen kann. Insoweit hat die Vorschrift nur klarstellende Funktion. Früher war allerdings unklar, ob und wie lange der Empfänger unbestellt zugesandte Ware aufbewahren musste. Im Fall der „Entsorgung" wird immerhin fremdes Eigentum zerstört (§ 823 Abs. 1). Über die Richtlinienvorgaben hinaus hat sich der deutsche Gesetzgeber für eine sehr rigorose Lösung entschieden, um diese Vertriebsmethode zu unterbinden. Der Unternehmer **verliert alle gesetzlichen Ansprüche** (vertragliche bestehen ohnehin nicht) auf Rückgabe (§ 985 – trotz fortbestehenden Eigentums![32]) oder auf Schadensersatz **(Fall 20)** bezüglich der Sache (Ausnahmen nur nach § 241a Abs. 2 und 3). Der Empfänger, der die Ware nicht behalten möchte, kann sie daher – ohne sich schadensersatzpflichtig zu machen – wegwerfen. Die früher unterschiedlich beantwortete Frage nach Bestehen und Länge einer Aufbewahrungspflicht ist mit § 241a entfallen. Der Verbraucher kann aber trotz § 241a das Angebot, das der Unternehmer durch Zusendung der unbestellten Waren abgibt, durch Abgabe einer korrespondierenden *ausdrücklichen* Willenserklärung annehmen.[33] Streitig ist jedoch, ob diese Annahmeerklärung

---

31 Die 2014 neu gefasste Vorschrift setzt nunmehr auch Art. 27 VerbraucherrechteRiLi um sowie Art. 9 FernabsFinDinRiLi.

32 Gegen den Ausschluss von § 985 *Caspar*, ZIP 2000, 1602, 1605 ff.; schwer vertretbar erscheint die Ansicht, der Unternehmer habe bei Übersendung unbestellter Ware eine generelle Übereignungsabsicht (Prütting/Wegen/Weinreich/*Schmidt-Kessel*, § 241a Rn. 12). Eine Übereignungserklärung des Unternehmers wird nur unter der aufschiebenden Bedingung (§ 158 Abs. 1) anzunehmen sein, dass der Verbraucher auch einen Kaufvertrag schließt. Da ein gesetzlicher Eigentumserwerb von § 241a nicht angeordnet wird, käme man selbst bei unterstelltem unbedingtem Übereignungsangebot des Unternehmers nur zu einem Eigentumserwerb des Verbrauchers, wenn dieser das Angebot annimmt (§ 929 S. 1). Bloßes Schweigen würde auch insoweit nicht genügen.

33 H. M., s. etwa Palandt/*Grüneberg*, § 241a Rn. 5; a. A. aber Prütting/Wegen/Weinreich/*Schmidt-Kessel*, § 241a Rn. 11 mit der Begründung, das Angebot sei wegen des

des Verbrauchers nach allgemeinen Grundsätzen auch konkludent erfolgen kann (z. B. Überweisung des Kaufpreises, „Inbetriebnahme" der CD). § 241a stellt lediglich klar, dass Schweigen nicht als konkludente Annahme in Betracht kommt, die anderen Verständigungsmittel durch sonstiges (schlüssiges) Verhalten werden von dieser Regelung nicht berührt. Wenn V also im obigen Fall die CD in Gebrauch nimmt (einmaliges Probehören genügt nicht, da es nur der Vorbereitung einer Entscheidung über die Annahme dient), so bringt er damit konkludent zum Ausdruck, dass er das Vertragsangebot der S annimmt. Er wäre in diesem Fall auch zur Zahlung des Kaufpreises verpflichtet. Nach heute überwiegend vertretener Ansicht sollen Gebrauchshandlungen (da vom Gesetzgeber jetzt auch ohne Vertrag gestattet) oder eine Veräußerung der Sache durch den Verbraucher entgegen sonst geltender Regeln allerdings keine konkludente Annahme des Vertragsangebotes darstellen.[34] Dieser Ausschluss einer konkludenten Vertragsannahme vermeidet zwar Abgrenzungsprobleme, schießt jedoch über das gesetzgeberische Ziel hinaus. § 241a wollte den Verbraucher vor einer Belästigung und Unsicherheiten hinsichtlich der Aufbewahrung oder Rücksendung bewahren. Der Empfänger kann die Sache daher nunmehr sanktionslos wegwerfen, wenn er sie aber behält und nutzt, ist er kaum schutzwürdig gegenüber der Kaufpreisforderung des Unternehmers.

2. Vereinbartes Schweigen

26   Ausnahmsweise kann Schweigen die Bedeutung einer Willenserklärung haben, wenn der „Erklärungsempfänger" unter den gegebenen Umständen nach Treu und Glauben mit Rücksicht auf die Verkehrssitte (§ 157) auf die Abgabe einer Erklärung schließen durfte. Dies ist dann zu bejahen, wenn zwischen den Parteien vereinbart worden war, dass dem Schweigen eine bestimmte Bedeutung zukommen soll.

Beispiel: Antiquitätenhändler H vereinbart mit dem Sammler S, ihm jede eingehende Schnupftabaksdose zur Ansicht zuzuschicken und sie nach 14 Tagen in Rechnung zu stellen, wenn S sie nicht in der Zwischenzeit zurückgegeben hat. Da H und S hier ausdrücklich vereinbart haben, dass dem Schweigen

Wettbewerbsverstoßes nach § 134 i. V. m. § 3, 7 UWG nichtig. Um zu einem Vertragsabschluss zu kommen, müsste dann der Verbraucher seinerseits erst ein Angebot abgeben, welches vom Unternehmer angenommen wird.
34 Palandt/*Grüneberg*, § 241a Rn. 6; *Schwarz*, NJW 2001, 1449; angedeutet auch in *BGH* JuS 2004, 162; a. A. *Casper*, ZIP 2000, 1602, 1607.

des S die Bedeutung einer Annahme des Vertragsangebots des H zukommen
soll, kommt jeweils nach Ablauf der 14 Tage ein Kaufvertrag zustande, auch
wenn S sich nicht äußert.

Zu beachten ist dabei allerdings, dass solche Vereinbarungen auch **27**
stillschweigend getroffen werden können. Dies ist regelmäßig nur
anzunehmen, wenn die Parteien bereits zuvor rechtsgeschäftliche Beziehungen unterhielten.

Beispiel: Eisdielenbesitzer E vereinbart mit dem Obsthändler O, dass dieser
ihm für die nächsten beiden Wochen jeden Tag früh morgens fünf Kilo Erdbeeren vor den Lieferanteneingang stellen soll. Ohne Weiteres zu besprechen,
stellt O auch in der dritten und vierten Woche jeden Morgen fünf Kilo Erdbeeren ab, die von E verarbeitet und bezahlt werden. Am Dienstag der fünften
Woche lässt E – ohne Anzeige an O – die Lieferung stehen. Diese findet O am
nächsten Tag angefault. In diesem Fall bedeutet die Weiterlieferung und Annahme in der dritten und vierten Woche eine stillschweigende Vereinbarung
zwischen O und E, dass eine Nicht-Äußerung des E gleichbedeutend ist mit
einer Bestellung von fünf Kilo Erdbeeren für den nächsten Tag. E muss sich
somit sein Schweigen als Erdbeerbestellung zurechnen lassen und auch die
verdorbene Lieferung zahlen. § 241a findet hier auf die Lieferungen in der
dritten und in der folgende Wochen keine Anwendung, weil E **kein Verbrau-**
cher ist. Wäre dem jedoch so, ließe sich wie folgt argumentieren. Die Lieferungen ab der dritten Woche sind zwar zunächst „unbestellt", das Angebot
wird vom Empfänger jedoch nach hier vertretener Ansicht (Rn. 26) jeweils
konkludent angenommen. Für die letzte (nicht mehr angenommene) Lieferung könnte § 241a Abs. 1 eingreifen, es sei denn man interpretiert das Vorverhalten von E als konkludente Bestellung bis auf Widerruf. Der Schutzzweck
von § 241a spricht allerdings gegen letzteres, so dass bei Verbrauchern mit der
Annahme einer konkludenten Vereinbarung „Schweigen soll als Vertragsannahme gelten" Zurückhaltung geboten ist, wenn nicht eindeutig eine Bestellung der Ware vorliegt.

3. Gesetzlich geregelte Fälle

a) Fiktion einer Willenserklärung. Im BGB normiert sind einige **28**
Fälle, in denen zwar tatsächlich keine Willenserklärung abgegeben
wurde, eine solche jedoch vom Gesetz **fingiert** wird. Dies gilt etwa
gemäß §§ 416 Abs. 1 S. 2, 516 Abs. 2 S. 2 und § 455 S. 2. Auch in
§ 108 Abs. 2 S. 2 (ebenso § 177 Abs. 2) wird dem Schweigen Erklärungswert beigemessen: Die Genehmigung eines von einem Minderjährigen geschlossenen Vertrags gilt als verweigert, wenn die Zustimmung nicht bis zum Ablauf von zwei Wochen nach Aufforderung
durch den gesetzlichen Vertreter erklärt wurde. Im Gegensatz zu

den §§ 416, 516, 455 wird hier allerdings die **Verweigerung, nicht die Abgabe** einer rechtsgeschäftlichen Erklärung fingiert.

Wenn man die ausdrückliche Weigerung, das Rechtsgeschäft zu genehmigen, als Willenserklärung betrachtet[35] (herbeigeführte Rechtsfolge ist die Beendigung des Schwebezustands; das schwebend unwirksame Geschäft wird endgültig unwirksam, vgl. auch § 28 Rn. 10), wird hier gesetzlich das Schweigen einer Willenserklärung gleichgestellt. Praktische Bedeutung hat dies für die Frage, ob die für Willenserklärungen zugeschnittenen Regeln auf die Fiktion anwendbar sind. Wichtigster Anwendungsfall wären die Anfechtungsvorschriften nach §§ 119 ff. Da die Fiktion aber einen Schwebezustand beenden und Klarheit schaffen soll, scheidet eine Anfechtung der fingierten Erklärung wegen eines Irrtums über die Bedeutung des Schweigens ohnehin aus (§ 25 Rn. 14): Eine Anfechtung der ablehnenden Erklärung kann nicht dazu führen, dass der Vertrag doch noch zustande kommt. Hier hilft nur die Neuvornahme des Geschäftes. Im Ergebnis spielt es also praktisch keine Rolle, ob in §§ 108 Abs. 2 S. 2, 177 Abs. 2 eine (negative) Willenserklärung fingiert wird oder die Verweigerung einer solchen.

Für das Handelsrecht regelt § 362 HGB ausdrücklich, dass das **Schweigen eines Kaufmanns** auf einen Antrag als Annahme desselben gelten kann. Dies ist aber keinesfalls eine allgemeine Regel, sondern trifft nur unter den speziellen Voraussetzungen des § 362 HGB zu (Gewerbebetrieb zur Geschäftsbesorgung, Geschäftsverbindung mit dem Antragenden!).

29   **b) Bedeutung des § 151.** Es handelt sich nicht um einen Fall der Fiktion einer (tatsächlich nicht abgegebenen) Willenserklärung (§ 151 lesen!). Auf den ersten Blick scheint es zwar so, als reiche hier ausnahmsweise das bloße Schweigen – ohne eine darin enthaltene schlüssige Erklärung – für den Vertragsschluss aus. § 151 erfordert jedoch eine nach außen erkennbare Annahmehandlung (z. B. Ingebrauchnahme der zugesandten Ware). Nur der **Zugang** („dem Antragenden gegenüber") dieser Erklärung beim Vertragspartner ist nach § 151 **entbehrlich,** so dass die Vertragsannahme nach § 151 eine nicht empfangsbedürftige Willenserklärung ist (dazu Rn. 36).[36] Typische Anwendungsfälle des § 151 sind die Absendung der bestellten Ware im Versandhandel oder der interne Vermerk über eine kurzfristige Hotelbuchung, bei der der Gast (weil er ggf. schon unterwegs ist), keinen Zugang der Annahmeerklärung erwartet.

---

35 So *BGH* NJW 1982, 1099; RGZ 139, 118, 125 ff.
36 *BGH* NJW 2004, 287.

4. Das kaufmännische Bestätigungsschreiben

Schrifttum: *Deckert,* Das kaufmännische und berufliche Bestätigungs-schreiben, JuS 1998, 121 ff.; *K. Schmidt,* Die Praxis zum kaufmännischen Be-stätigungsschreiben, FS Honsell 2002, S. 99 ff.; *Thamm/Detzer,* Das Schweigen auf ein kaufmännisches Bestätigungsschreiben, DB 1997, 213 ff.

Der Begriff der „Auftragsbestätigung" findet sich im Rechts- und **30** Geschäftsverkehr häufig. Damit kann zweierlei gemeint sein: die Annahme eines Angebotes oder sogar nur die bloße Bestätigung, dass ein Angebot eingegangen ist und nun intern geprüft wird. Im zuletzt genannten Fall liegt noch keine Annahme vor. Das BGB sieht in § 312i Abs. 1 Nr. 3 für den elektronischen Geschäftsverkehr etwa ausdrücklich vor, dass der Zugang einer Bestellung auf elektronischem Wege zu bestätigen ist. Diese Vorschrift gilt auch unter Kaufleuten. Im Handelsverkehr kann einer Auftragsbestätigung jedoch über die bloße Annahme eines Vertragsangebotes eine darüber hinausgehende Bedeutung zukommen. Hier werden Verträge zunächst oft mündlich (telefonisch) ausgehandelt (ggf. auch schon abgeschlossen) und danach schriftlich bestätigt (z. B. zu Beweiszwecken). Diese kaufmännischen Bestätigungsschreiben (die nicht so bezeichnet sein müssen!) geben also lediglich einen (tatsächlich oder zumindest aus Sicht des Bestätigenden) bereits (formlos) zustande gekommen Vertrag gegenüber dem anderen Teil wieder[37]. Nach allgemein anerkanntem Handelsbrauch (§ 346 HGB) muss der Empfänger eines solchen Schreibens unverzüglich (mehr als eine Woche ist i. d. R. schon zu spät) widersprechen, wenn es nach seiner Meinung zu Unrecht von einem Vertragsschluss ausgeht oder dessen Inhalt unrichtig wiedergibt. Reagiert er nicht, schweigt er also, so gilt sein Schweigen als Zustimmung zu dem im Bestätigungsschreiben genannten Vertragsinhalt. Diese Grundsätze gelten jedoch nur kraft Gewohnheitsrecht[38] (Handelsbrauch!), wenn zumindest der Empfänger Kaufmann ist oder wie ein solcher am Rechtsverkehr teilnimmt.[39] Auch der Absender muss so am Rechtsverkehr teilnehmen, dass er erwarten darf, ihm gegenüber kämen kaufmännische Grundsätze zur Anwendung. Liegen

---

37 Krit. zur Anwendung der Grundsätze über das kaufmännische Bestätigungsschreiben in Fällen, in denen es noch gar nicht zu einem Vertragsabschluss vor Bestätigung gekommen war, *Fezer,* Klausurenkurs zum BGB, Allgemeiner Teil, S. 40 f. mit Nachw. Nach wohl überwiegender Ansicht muss zumindest aus der Sicht desjenigen, der die Bestätigung verfasst, bereits ein Vertrag geschlossen sein, so auch *Bitter,* § 5 Rn. 28; Prütting/Wegen/Weinreich/*Brinkmann,* § 148 Rn. 5.
38 *Medicus,* Allgemeiner Teil des BGB, Rn. 440; Palandt/*Ellenberger,* § 147 Rn. 8.
39 BGHZ 11, 3; Einzelheiten bei *Oetker,* Handelsrecht, 6. Aufl., 2010, § 7 Rn. 31 ff.

diese Voraussetzungen vor, wird der Vertrag mit dem Inhalt des Bestätigungsschreibens wirksam. Zu Recht darf man im Handelsverkehr nämlich davon ausgehen, dass gerade nach vorausgegangenen Verhandlungen eingehende Post mit besonderer Sorgfalt behandelt und auf erkennbare Widersprüche sofort reagiert wird. Allerdings muss sich der Absender redlich verhalten und darf nicht im Bestätigungsschreiben den Vertrag wider besseres Wissen als geschlossen hinstellen oder den Vertragsinhalt **bewusst unrichtig** wiedergeben. Ein solches arglistiges Bestätigungsschreiben entfaltet keine Rechtswirkung.[40] Der Absender ist in diesen Fällen nicht schutzwürdig und darf die Nichtreaktion des anderen Teils keineswegs als Zustimmung auffassen. Ist die Abweichung im Bestätigungsschreiben so erheblich, dass der Sender vernünftigerweise – objektiv – nicht mit einem Einverständnis des Empfängers rechnen durfte, so bleibt das Schreiben ebenfalls ohne Wirkung.[41] Da insoweit eine objektive Betrachtungsweise zugrunde gelegt wird, ist dieser Fall in der Praxis teilweise leichter nachzuweisen als eine Arglist des Senders.[42] Kreuzen sich Bestätigungsschreiben beider Verhandlungspartner mit unterschiedlichem Inhalt, entfaltet in der Regel ebenfalls keines von beiden Wirkung (Widerspruch ist also jeweils nicht nötig), denn es ist für den jeweiligen Absender ohne Weiteres erkennbar, dass der andere Teil abweichende Vorstellungen über den Vertrag hat.

Voraussetzungen der Bindungswirkung des Schweigens auf ein kaufmännisches Bestätigungsschreiben sind somit:

1. Vorausgegangene mündliche Vertragsverhandlungen zwischen den Parteien (die regelmäßig auch schon zu einem formlosen Vertragsabschluss geführt haben oder der Absender zumindest davon ausgeht, dass ein Vertrag geschlossen wurde);
2. Zugang eines Bestätigungsschreibens, das dazu bestimmt sein muss, den Vertragsschluss oder den Inhalt einer Vereinbarung verbindlich festzulegen[43]. Dies muss in unmittelbarem zeitlichen Zusammenhang mit den Vertragsverhandlungen geschehen (Frage des Einzelfalls, wohl bis zu 2 Wochen Abstand ausnahmsweise noch vertretbar);

---

40 BGHZ 40, 45; allgemein zur Redlichkeit des Absenders schon RGZ 95, 48, 50.
41 *BGH* NJW 1987, 1942 (stRspr); *OLG Koblenz* NJW-RR 2007, 813.
42 So zutreffend Palandt/*Ellenberger*, § 147 Rn. 16.
43 *OLG Karlsruhe* BeckRS 2011, 06247.

3. Kein unverzüglicher Widerspruch des Empfängers gegen das Bestätigungsschreiben, d. h. in der Regel binnen 2–3 Tagen[44];
4. Empfänger ist Kaufmann im Sinne des HGB oder nimmt wie ein solcher am Handelsverkehr teil[45];
5. Absender des Bestätigungsschreiben nimmt ähnlich wie ein Kaufmann am Rechtsverkehr teil;[46]
6. fehlende Arglist des Absenders.

Beachte die möglichen **Rechtsfolgen**: War zunächst kein Vertrag zustande gekommen, so kommt er nun mit dem aus dem Bestätigungsschreiben ersichtlichen Inhalt zustande. Ergänzt oder ändert der Inhalt des Bestätigungsschreibens einen bereits mündlich geschlossenen Vertrag, so gilt dieser mit dem neuen Inhalt.

Beispiel: Die Kaufleute A und B einigen sich mündlich über die Lieferung von 50 Kühlschränken eines bestimmten Fabrikats zu je € 400,–. Nach zwei Tagen geht dem Käufer B ein Schreiben des A zu, in dem A „bestätigt", 100 Kühlschränke des vereinbarten Fabrikats zu liefern; A ist sich dabei bewusst, dass mündlich nur 50 vereinbart waren, er hofft jedoch, dass B auch mit der größeren Menge einverstanden sein würde. B antwortet auf dieses Schreiben nicht. Da es sich bei dem Schreiben des A um ein kaufmännisches Bestätigungsschreiben handelt, hätte B unverzüglich widersprechen müssen, wenn er den Vertrag in der Form des Bestätigungsschreibens nicht möchte; Schweigen auf ein solches Schreiben gilt grundsätzlich als Zustimmung. Im vorliegenden Fall hat A jedoch den Vertragsschluss bewusst unrichtig wiedergegeben, so dass das Bestätigungsschreiben keine Rechtswirkung entfaltet und somit auch kein Vertrag über 100 Kühlschränke zustande gekommen ist. Vielmehr muss B nur wie mündlich vereinbart 50 Kühlschränke abnehmen und bezahlen.

Lösungsskizze Fall 20 (Rn. 23):   31
A. S → X auf Kaufpreiszahlung aus § 433 Abs. 2
    Anspruch entstanden: fragl. ist Einigung X – S
    I. Angebot der S durch Zusendung der CD (+)
       Annahme dieses Angebots durch X: wirksame Willenserklärung?
    II. objektiver Erklärungstatbestand (–), Schweigen hat grds. keinen Erklärungsgehalt, hier ausdrückliche Regelung in § 241a Abs. 1.
    Ergebnis: S hat gegen X keinen Anspruch auf Kaufpreiszahlung
B. S → X auf Schadensersatz gemäß §§ 990 Abs. 1, 989

---

44 *BGH* NJW 1962, 246.
45 *BGH* NJW 1987, 1940.
46 *BGH* NJW 1976, 1402; *OLG Koblenz* NJW-RR 2007, 813.

I. Voraussetzung: verschuldete Unmöglichkeit der Herausgabe der CD durch bösgläubigen X

  1. Vindikationslage, d. h. Anspruch des S aus § 985 gegen X

     a) S = Eigentümer der CD (+), mangels Willenserklärung des X (Argumentation wie AI 2) keine Einigung nach § 929 S. 1

     b) X bei Untergang der CD Besitzer (+)

     c) Recht zum Besitz, § 986 (–), mangels Kaufvertrag (s. A)

  2. Bösgläubigkeit des X bei Besitzerwerb (+), da X weiß bzw. wissen muss, dass er ohne Kaufvertrag die CD nicht behalten darf („keinerlei Interesse" laut S V).

  3. Schuldhafte Unmöglichkeit der Rückgabe (+), zumindest fahrlässiges Handeln bei Wegwerfen der CD; X musste wissen, dass es sich um fremdes Eigentum handelt.

II. Ausschluss des Anspruchs nach § 241a Abs. 1?

  1. S = Unternehmer (§ 14)

  2. X = Verbraucher (§ 13), hypothetische Betrachtung für den Fall, dass Rechtsgeschäft zustande kommt („für Privatgebrauch")

  3. Unbestellte Lieferung einer Sache (+)
     daher kein Anspruch S → X wegen Untergangs der CD; § 241a Abs. 2 liegt nicht vor.

Ergebnis: S kann von X nicht Schadensersatz aus §§ 990 Abs. 1, 989 verlangen.

C. S → X auf Schadensersatz gemäß **§ 823 Abs. 1**
   (–), § 823 nicht neben § 990 anwendbar (lies § 992), außerdem ebenfalls durch § 241a ausgeschlossen (s. B II)

D. S → X auf Schadensersatz gemäß **§§ 819, 818 Abs. 4, 292, 989**
   (–), vgl. oben B II.

Ergebnis: S hat keinerlei Ansprüche gegen X

Vertiefende Literatur und weiterführende Hinweise für Examenskandidaten: *Kolbe*, Schweigen auf einseitige Preiserhöhungen, BB 2010, 2322; zur sog. „Erlass-Falle" *BGH* NJW 2001, 2324; *Schönfelder*, Die Erlassfalle – ein unmoralisches Angebot?", NJW 2001, 492; zur Anfechtbarkeit des Schweigens beim kaufmännischen Bestätigungsschreiben *Fezer*, Klausurenkurs BGB, Allgemeiner Teil, S. 42 f. mit Nachw; *Lettl*, Das kaufmännische Bestätigungsschreiben, JuS 2008, 849.

Übersicht 8:

Tatbestand einer Willenserklärung (WE)

I. Objektiver (äußerer) Erklärungstatbestand

Grundsatz   **Ausnahmen**

Kundgabe einer Erklärung, die auf den Willen, eine bestimmte Rechtsfolge herbeizuführen, schließen lässt schriftlich, mündlich, konkludent **Grundsatz:** Schweigen ist keine WE	**Schweigen** als Erklärungshandlung • vereinbartes Schweigen	**Schweigen** mit Erklärungswirkung • gesetzlich normiert, z. B. §§ 416 I 2, 455 S. 2, 516 II 2 • im Handelsverkehr, z. B. §§ 346, 362 HGB, kaufmännisches Bestätigungsschreiben

II. Subjektiver Tatbestand

1. Handlungswille • äußerer Erklärungstatbestand willentlich verwirklicht • fehlt bei Reflex	bei Fehlen: keine WE

2. Erklärungsbewusstsein bzw. Rechtsbindungswille • Bewusstsein, dass die Erklärung rechtlich relevant ist	bei schuldhaftem Fehlen: anfechtbare WE (§ 119 I)

3. Geschäftswille • Wille ist auf eine bestimmte Rechtsfolge gerichtet	bei Fehlen: wirksame WE ggf. anfechtbar (§ 119 I)

III. Wirksamwerden der Willenserklärung

Schrifttum: *Benedict,* Der Versuch einer Entmythologisierung der Zugangsproblematik (§ 130 BGB), 2000; *Brun,* Die postmortale Willenserklärung – zur Auslegung des § 130 II BGB, Jura 1994, 291 ff.; *Coester-Waltjen,* Das Wirksamwerden empfangsbedürftiger verkörperter Willenserklärungen, Jura 1992, 272 ff.; *dies.,* Einige Probleme des Wirksamwerdens empfangsbedürftiger Willenserklärungen, Jura 1992, 441 f.; *Franzen,* Zugang und Zugangshindernisse bei eingeschriebenen Briefsendungen, JuS 1999, 429 ff.; *Haas,* Das Wirksamwerden von Willenserklärungen, JA 1997, 116 ff.; *Ultsch,* Zugangsprobleme bei elektronischen Willenserklärungen, NJW 1997, 3007 ff.; *Weiler,* Der Zugang von Willenserklärungen, JuS 2005, 788 ff.

1. Abgabe der Willenserklärung

33   **Fall 21:** Großhändler A unterschreibt einen Vertragsentwurf, in dem er dem Einzelhändler E 100 Fahrräder zum Preis von € 500,– je Fahrrad anbietet. Er möchte sich jedoch noch überlegen, ob er tatsächlich nur € 500,– oder doch einen höheren Betrag verlangen soll, und lässt das Schreiben deshalb noch liegen. Die Sekretärin S des A entdeckt den Brief am späten Nachmittag auf dem Schreibtisch ihres Chefs und geht davon aus, dass dieser nur vergessen habe, den Brief abzuschicken. Wie bei sonstigen Briefen in der Vergangenheit, die sie auf dem Schreibtisch unterschrieben vorfand, gibt sie das Schreiben in einen Umschlag und sendet es ab. E hat nach Zugang des Schreibens Werbeplakate für diese Fahrräder anfertigen lassen (Druckkosten € 800,–). Auf das Lieferverlangen des E verweigert A unter Hinweis darauf, dass er sich gegen den Vertragsschluss entschieden habe, die Erfüllung. Kann E Lieferung der Fahrräder verlangen? → Rn. 42.

34   Für die Wirksamkeit einer Willenserklärung ist nicht nur der gewollte und zum Ausdruck gelangte Inhalt der Erklärung bedeutsam, entscheidend ist weiterhin, dass der Erklärende seine Erklärung **abgegeben** hat. So liegt beispielsweise keine wirksame Willenserklärung vor, wenn die Geschäftsfrau G ein Kaufvertragsangebot (Willenserklärung) schriftlich aufsetzt, gleich danach aber wieder im Reißwolf vernichtet. Bei den meisten Willenserklärungen reicht jedoch auch deren Abgabe noch nicht aus, um ihnen zur Wirksamkeit zu verhelfen, sondern darüber hinaus ist der **Zugang** der Erklärung beim Adressaten (dazu gleich Rn. 43 ff.) erforderlich. Für die Fragen des Ab- und Zugangs von Willenserklärungen ist zwischen empfangsbedürftigen und nicht empfangsbedürftigen zu unterscheiden.

a) **Nicht empfangsbedürftige Willenserklärungen.** Regelungen 35
über das Wirksamwerden von nicht empfangsbedürftigen Willenserklärungen enthält das BGB nicht. Da bei diesen Erklärungen der
Rechtskreis Dritter nicht unmittelbar berührt wird, liegt eine Abgabe
der Erklärung bereits dann vor, wenn der Wille erkennbar **endgültig
geäußert** wird (z. B. Fertigstellung des Testaments). Nicht empfangsbedürftige Willenserklärungen werden gleichzeitig mit der Abgabe
auch **wirksam.**

Beispiel: Der Rentnerin R ist ihre Katze entlaufen. Daher hängt sie in ihrer
Gegend mehrere Zettel auf, auf denen unter anderem zu lesen ist: „Derjenige,
der mir meine Katze Karla zurückbringt, erhält € 50,–". A, der diese Zettel
nicht gesehen hat, die Katze aber dennoch als die der R erkennt, bringt Karla
zu R zurück. Hier kann A von R die € 50,– verlangen, obwohl er nicht im
Hinblick auf die Auslobung (§ 657) gehandelt hat. Die R hat ihren Willen in
dem Moment erkennbar geäußert, als sie die Zettel aufgehängt hat; damit
wurde diese Erklärung auch ohne Zugang an A wirksam. Bei der Auslobung
ist die fehlende Empfangsbedürftigkeit besonders einleuchtend, da sie von
vornherein keinen bestimmten Adressaten hat, sondern sich an die Allgemeinheit richtet.

Weitere nicht empfangsbedürftige Willenserklärungen sind beispielsweise die Bestätigung (§ 144), die Eigentumsaufgabe (§ 959),
die Annahme der Erbschaft (§ 1943) und das Testament (§ 2247). Dagegen handelt es sich bei einem Schenkungsversprechen (s. § 516) um
eine empfangsbedürftige Willenserklärung, die zudem der Annahme
bedarf (zweiseitiges Rechtsgeschäft, s. § 16 Rn. 6).

b) **Empfangsbedürftige Willenserklärungen.** Empfangsbedürftig 36
ist eine Erklärung, die einem anderen gegenüber **abzugeben** ist und
erst mit **Zugang** bei diesem wirksam wird (Regelungen in §§ 130 ff.).
So reicht es für das Zustandekommen eines Kaufvertrags nicht aus,
wenn B ein Vertragsangebot des A schriftlich „annimmt", den Brief,
der diese Annahmeerklärung enthält, aber nie abschickt oder dieser
nie bei A ankommt (ausführlich Rn. 44 ff.). Im Hinblick auf weitere
Dispositionen muss A erfahren (Ausnahme: § 151), ob B sein Angebot annimmt oder nicht. Für die Abgabe einer empfangsbedürftigen
Willenserklärung genügt es nicht, wenn der Wille erkennbar endgültig geäußert wird. Die Erklärung muss zudem willentlich in Richtung
auf den Empfänger in Bewegung gesetzt werden.[47] So ist beispielsweise eine in einem Brief verkörperte empfangsbedürftige Willenser-

---

47 *BGH* NJW-RR 2003, 384; *OLG München* NJW-RR 2005, 1470.

klärung unter Abwesenden erst dann abgegeben, wenn der an den Empfänger adressierte Brief in den öffentlichen Briefkasten eingeworfen ist. Die in einer E-Mail enthaltene Willenserklärung ist abgegeben, wenn sie per Mausklick abgeschickt wurde und beim Telefax muss die Versendung erfolgt sein.

37   **c) Abhandengekommene Willenserklärungen.** Der Erklärende soll grundsätzlich selbst darüber entscheiden, ob und wann er eine Erklärung abgibt. Fehlt es an dem Willen, die Erklärung aus seinem Machtbereich zu entlassen, so liegt keine Abgabe der Willenserklärung vor; diese wird nicht wirksam.[48] Im **Fall 21** fehlt es am Willen des A, das Angebot aus seinem Machtbereich zu geben. Streng genommen ist daher nicht von einer Abgabe auszugehen, so dass auch kein wirksames Angebot vorläge. Nach dieser Ansicht würde sich nur noch die Frage stellen, ob A eventuell für einen Schaden des E aufkommen muss, welcher durch das ungewollte In-Verkehrbringen der Erklärung entstand (im Fall 21 also die € 800).[49] Als Anspruchsgrundlage kommen § 122 analog oder culpa in contrahendo (§§ 280 Abs. 1, 241 Abs. 2, 311 Abs. 2 Nr. 1) in Betracht. Im Fall 21 hatte S jedoch auch in der Vergangenheit schon Briefe abgeschickt, die auf dem Schreibtisch des A lagen. Er musste also mit einem solchen Verhalten der S rechnen und musste den Brief anderweitig verwahren (z. B. in Schublade einschließen), wenn er (noch) keine Versendung wollte. Die inzwischen wohl h. M.[50] behandelt den A zu Recht infolge seiner Fahrlässigkeit daher so, als habe er die Erklärung tatsächlich willentlich entäußert (entsprechend der Zurechnung bei schuldhaft fehlendem Erklärungsbewusstsein, s. § 17 Rn. 9, 10). Danach liegt im Fall 21 ein wirksames Angebot des A vor. A kann diese ihm zugerechnete Erklärung jedoch wegen Erklärungsirrtums nach § 119 Abs. 1 anfechten mit der Folge der direkten Geltung von § 122[51] (Schadensersatzpflicht! s. § 25 Rn. 27, 65 ff.). Hätte A den Brief im Schreibtisch eingeschlossen, die S aber unvorhersehbar darin gestöbert und den gefundenen Brief wie im Fall 21 zur Post gegeben, träfe A kein Fahrlässigkeitsvorwurf. Auch dann könnte man das Vertrauen des E in den Bestand des bei ihm angekommenen Vertragsangebotes

---

48 Vgl. *BGH* NJW-RR 2003, 384.
49 *Canaris,* JZ 1976, 194.
50 *Larenz/Wolf,* § 26 Rn. 7; *Medicus,* Allgemeiner Teil des BGB, Rn. 266, Palandt/*Ellenberger,* § 130 Rn. 4; Prütting/Wegen/Weinreich/*Ahrens,* § 130 Rn. 7; *Taupitz/Kritter,* JuS 1999, 839; a. A. *Bork,* Rn. 615 (es fehle an einer zurechenbaren nach außen gerichteten Handlung, die auch für eine Rechtsscheinshaftung erforderlich sei).
51 *BGH* NJW-RR 2006, 847, 849.

als schützenswert ansehen. A müsste nach § 122 Abs. 1 analog verschuldensunabhängig für den Vertrauensschaden des E aufkommen
(nutzlose Investition in Werbeplakate, wenn Vertrag mit A nicht zustande kommt). Die Ersatzpflicht könnte nur entsprechend § 122
Abs. 2 entfallen.[52] Da es an einer zurechenbaren Handlung des A,
die Außenwirkung zugunsten des Empfängers entfaltet, in diesen
Fällen aber fehlt, erscheint es vorzugswürdig eine Haftung abzulehnen.[53]

d) Bedeutung der Abgabe. Für das Vorliegen bestimmter Wirk- 38
samkeitsvoraussetzungen der Willenserklärung stellt der Gesetzgeber
auf den Zeitpunkt der Abgabe der Willenserklärung ab. Nach § 130
Abs. 2 ist es auf die Wirksamkeit der Erklärung ohne Einfluss, wenn
der Erklärende nach der Abgabe **stirbt** oder **geschäftsunfähig** wird.
Diese Regelung dient dem Schutz des Erklärungsempfängers, der sich
mit Zugang auf die Wirksamkeit der Erklärung eingestellt hatte.

Keine Besonderheit stellt diese Aussage in Bezug auf **nicht emp-** 39
fangsbedürftige Willenserklärungen dar, da diese in aller Regel ja bereits mit der Abgabe Wirksamkeit entfaltet und somit auch nicht
durch nachträgliche Ereignisse wieder „ungeschehen" gemacht werden können. Ein schutzbedürftiger Erklärungsempfänger ist nicht
vorhanden. Ein einleuchtendes Beispiel ist das Testament: Natürlich
wird es durch den Tod des Erklärenden nicht unwirksam, denn sein
Sinn ist es ja gerade, Regelungen für den Fall des Todes zu treffen.

Bedeutung hat die Regelung des § 130 Abs. 2 dagegen für **emp-** 40
fangsbedürftige Willenserklärungen. Diese bedürfen des Zugangs
(gleich Rn. 43 ff.). Somit ist klärungsbedürftig, welche Auswirkungen
Ereignisse zwischen Abgabe und Zugang der Erklärung haben. Beinhaltet die Erklärung ein **Angebot,** so regelt § 153, ob dieses noch angenommen werden kann. Der Grundgedanke des § 130 Abs. 2 (Zeitpunkt der Abgabe entscheidend) gilt über die darin genannten beiden
Fälle hinaus für weitere Fälle, in denen in dem genannten Zeitraum
beim Erklärenden eine Änderung der Voraussetzungen für eine Willenserklärung eintritt: Willensmängel, Anordnung eines Einwilli-
gungsvorbehalts beim Betreuten (§ 1903), Kenntnis, Kennenmüssen.
§ 130 Abs. 2 gilt dagegen nicht für den nachträglichen Verlust der
Verfügungsmacht (z. B. durch Eröffnung des Insolvenzverfahrens,
vgl. § 80 InsO). S. hierzu auch § 19 Rn. 28 ff.

---

52 *Larenz/Wolf,* § 26 Rn. 7; Palandt/*Ellenberger,* § 122 Rn. 2.
53 *Bork,* Rn. 615.

41 **Lösungsskizze Fall 21 (Rn. 34):**
A. E → A auf Übergabe und Übereignung von 100 Fahrrädern aus § 433
Abs. 1 S. 1
I. Anspruch entstanden
1. Angebot des A
a) objektiver Erklärungstatbestand (+), Aufsetzen eines Schreibens kann Erklärungshandlung sein
b) subjektiver Erklärungstatbestand (+), Handlungswille und Erklärungsbewusstsein sind gegeben
c) Abgabe der Willenserklärung: keine willentliche Entäußerung, daher an sich auch kein Zugang möglich. Da A jedoch fahrlässig (§ 276) das In-Verkehrbringen des Angebots durch S ermöglichte, muss er sich so behandeln lassen, als sei der Brief willentlich entäußert.
d) Zugang bei E (+)
2. Annahme des E (+), entweder schon mit Druckenlassen der Plakate (dann § 151: Zugangsverzicht von A angesichts des Auftragsvolumens aber eher zu verneinen), spätestens mit Lieferverlangen gegenüber A.
II. Anspruch erloschen, §§ 142, 143, 119 Abs. 1: Um den Ausführungen in § 25 nicht vorzugreifen, sei hier nur darauf hingewiesen, dass in der Lieferungsweigerung des A eine wirksame Anfechtung liegt, welche den Kaufvertrag rückwirkend beseitigt. A muss dem E jedoch dann gem. § 122 Abs. 1 € 800,– Vertrauensschaden ersetzen (danach war im Fall jedoch nicht mehr gefragt).
B. **Ergebnis:** E kann keine Lieferung aus § 433 Abs. 1 S. 1 verlangen.

2. Zugang von Willenserklärungen unter Abwesenden

42   **Fall 22:** Vermieter V hat an den Einzelhändler E Gewerberäume vermietet, E betreibt dort ein Sportartikelgeschäft. Sowohl im Mietvertrag als auch in der zwischenzeitlichen Korrespondenz hat E jeweils seine E-Mail-Adresse angegeben. V möchte das Mietverhältnis ordentlich kündigen; um die Kündigungsfrist zu wahren, muss die Kündigung bis spätestens 3. April wirksam erklärt sein. Diese Frist bemerkt V jedoch erst am Nachmittag des 3. April. Da eine Kündigung auf dem Postweg zu spät käme und sein Faxgerät gerade in Reparatur ist, entscheidet sich V zur Kündigung mittels E-Mail. Nachdem er noch andere geschäftliche Dinge erledigt hat, sendet V die Kündigung um 21 Uhr ab; wenige Sekunden später wird sie auf dem Rechner des Diensteanbieters des E abgelegt. E nimmt die Kündigung erst zwei Tage später zur Kenntnis, als er seine E-Mails wieder einmal abruft. Ist die Kündigung zu dem von V gewünschten Termin wirksam? → Rn. 61.

a) **Voraussetzungen.** Nach § 130 Abs. 1 S. 1 ist eine Willenserklä- 43
rung, die einem anderen gegenüber abzugeben ist (= empfangsbedürftige Willenserklärung) und in dessen Abwesenheit (zum Begriff
der Ab- bzw. Anwesenheit s. unten Rn. 54 und § 19 Rn. 16) abgegeben wird, wirksam, wenn sie diesem zugeht. Der Begriff des Zugangs
ist im Gesetz jedoch nicht allgemein definiert. Nach herrschender
Auffassung ist eine Erklärung zugegangen, wenn sie so in den sachlichen oder persönlichen **Herrschaftsbereich** des Empfängers gelangt
ist, dass dieser unter normalen Umständen die **Möglichkeit** hat, von
ihrem Inhalt **Kenntnis zu nehmen.** Nicht erforderlich ist, dass die
Erklärung tatsächlich zur Kenntnis genommen wurde. Dies wird
mittelbar bestätigt durch die Regelung des § 312i Abs. 1 S. 2, die allerdings direkt nur für Bestellungen (und Bestätigungen, s. § 19 Rn. 15a)
im elektronischen Geschäftsverkehr gilt.[54] Die Feststellung, ob und
wann eine empfangsbedürftige Willenserklärung zugegangen ist, hat
insbesondere Bedeutung bei fristgebundenen Erklärungen (z. B.
nach §§ 489, 573c, 621, 622).[55] U. U. muss der Empfänger aber auch
verspätet eingetroffene Erklärungen als rechtzeitig zugegangen gegen
sich gelten lassen (§ 149 und vgl. unten Rn. 57 ff.). Letztlich geht es
bei Zugangsfragen auch um die Zuordnung des Übermittlungsrisikos
zwischen Erklärendem und Empfänger.

Voraussetzungen des Zugangs unter Abwesenden

1. Erklärung im räumlichen (sachlichen) oder persönlichen (Empfangsbote)
   Herrschaftsbereich des Empfängers **und**
2. Möglichkeit der Kenntnisnahme unter gewöhnlichen Umständen
3. Kein Widerruf nach § 130 Abs. 1 S. 2

---

b) **Herrschaftsbereich des Empfängers. aa) sachlicher oder** 44
räumlicher Herrschaftsbereich. Voraussetzung für den Zugang ist
zunächst, dass die Erklärung in den Herrschaftsbereich des Empfängers gelangt ist. Dies ist häufig der räumliche Machtbereich. So gelangt ein **Schriftstück** in den Herrschaftsbereich, wenn es ins Postfach eingelegt, in den Hausbriefkasten eingeworfen, unter der Tür

---

54 Missverständlich ist, dass § 312i Abs. 1 S. 2 davon spricht, die Erklärung „gelte(n)“ als
   zugegangen. Unter den dort genannten Voraussetzungen (Abrufbarkeit = sachlicher
   Herrschaftsbereich und Möglichkeit der Kenntnisnahme „unter gewöhnlichen Umständen“) *ist* sie zugegangen.
55 Nur ausnahmsweise genügt es für die Fristwahrung, wenn die fristgebundene Erklärung innerhalb der Frist *abgegeben* wird, s. etwa § 355 Abs. 1 S. 2, § 121 Abs. 1 S. 2.

durchgeschoben[56], auf den Schreibtisch gelegt oder die Fernkopie auf dem Faxgerät des Empfängers ausgedruckt oder abgespeichert wurde. Ein (Übergabe-)Einschreiben befindet sich noch nicht im Herrschaftsbereich des Empfängers, wenn der Briefträger eine Benachrichtigung in den Briefkasten wirft. Die Erklärung selbst verbleibt nämlich in diesen Fällen bis zur Abholung im Machtbereich der Post.[57]

Beispiel:[58] V unterbreitet K ein Angebot zum Kauf eines Wohnmobils, das dieser bis zum 10. Mai (Annahmefrist, § 148) annehmen kann. K formuliert die Annahme dieses Angebots und sendet den Brief am 5. Mai als Einschreiben ab. Da V nicht zu Hause ist, wirft der Briefträger am 7. Mai eine Benachrichtigung in den Briefkasten des V. V holt das Einschreiben aus Vergesslichkeit nicht ab. Nach der Rechtsprechung ist hier kein Kaufvertrag zustande gekommen, da die Annahme des K dem V nicht zugegangen ist (str., zum Fall der Zugangsvereitelung, wenn das Schreiben absichtlich nicht abgeholt wird, unten Rn. 57).

45   Auch eine per **E-Mail** versandte Erklärung befindet sich bereits dann im räumlichen Herrschaftsbereich, wenn sie auf dem Rechner des Diensteanbieters (zwischen-)gespeichert wird, nicht erst nach dem Herunterladen auf den eigenen Rechner (vgl. Fall 22). Der Rechner des Diensteanbieters hat die Funktion eines (elektronischen) Postfachs, auf das der Empfänger der Erklärung mittels Passwort zugreifen kann. Damit ist jedoch noch nichts über den Zeitpunkt des Zugangs gesagt (hierzu Rn. 48 ff.). Allerdings ist zu beachten, dass nicht jede Empfangseinrichtung vom Inhaber auch dazu gewidmet ist, rechtsgeschäftliche Erklärungen in Empfang zu nehmen. Für den Hausbriefkasten und das Faxgerät ist dies üblicherweise anzunehmen. Hingegen kann eine E-Mail-Adresse auch rein privat genutzt werden. Für rechtsgeschäftliche Erklärungen ist sie daher nur eine geeignete Empfangseinrichtung, wenn der Inhaber sie im geschäftlichen Verkehr angibt und verwendet (etwa auf Briefbögen oder Visitenkar-

---

56 A. A. *Boecken,* Allgemeiner Teil, Rn. 221, wonach die Erklärung nicht in verkehrsüblicher Weise zugegangen sei. Sie befindet sich jedoch fraglos im räumlichen Herrschaftsbereich. Landet das unter der Tür durchgeschobene Schreiben unter der Fußmatte (Bsp. bei *Boecken,* a. a. O.) wird allerdings erst beim nächsten Putzen die Möglichkeit der Kenntnisnahme unter gewöhnlichen Umständen bestehen. Die zusätzliche Zugangsvoraussetzung des verkehrsüblichen Zugangs erscheint daher unnötig.

57 *BAG* NZA 2003, 719, 723; NJW 1997, 146; BGHZ 137, 205; *OLG Brandenburg* NJW 2005, 1585. Einwurf-Einschreiben gehen wie normale Briefe zu, s. Palandt/*Ellenberger,* § 130 Rn. 7.

58 Vereinfacht nach *BGH* NJW 1998, 976 f.

ten).[59] Eine **mündliche Erklärung** mittels Telefon, die der Empfänger nicht unmittelbar entgegennimmt, erfüllt diese Zugangsvoraussetzung, wenn die Nachricht auf dem Anrufbeantworter aufgezeichnet wurde (der Rechtsgedanke des § 147 Abs. 1 S. 2 gilt bei Aufzeichnungen auf den Anrufbeantworter nicht).

bb) Persönlicher Herrschaftsbereich. Die Aushändigung der verkörperten Erklärung oder ihre mündliche Überbringung an einen sog. Empfangsboten des Empfängers genügt als Zugangsvoraussetzung ebenfalls. Empfangsbote ist jede zur Entgegennahme rechtsgeschäftlicher Erklärungen **geeignete und bereite,** nach der Organisation des Empfängers bestimmte **Person.** Auf eine ausdrückliche Ermächtigung kommt es dabei nicht an, vielmehr ist auf die **Verkehrsanschauung** abzustellen. Bei Privathaushalten sind danach Empfangsboten alle erwachsenen Mitglieder der Familien- und Hausgemeinschaft (z. B. Ehegatte[60], Lebenspartner, Partner einer nicht ehelichen Lebensgemeinschaft,[61] Mitmieter), je nach den Umständen auch der Mieter für seinen Untermieter,[62] nicht hingegen Nachbarn, Handwerker oder Reinigungspersonal[63]. Kinder können je nach Alter und Zuverlässigkeit (ab ca. 12 Jahre) Empfangsbote sein, entscheidend ist grundsätzlich, ob die Person nach Alter, Reife und Fähigkeiten geeignet erscheint, die Erklärung zuverlässig weiterzuleiten.[64] Die Erklärung gelangt dabei auch in den persönlichen Herrschaftsbereich des Empfängers, wenn sie dem Empfangsboten außerhalb der gemeinsamen Wohnung übergeben wird.[65] Im geschäftlichen Bereich ist in besonderem Maße auf die Eignung und entsprechende organisatorische Eingliederung abzustellen. Wird auf dem Parkplatz vor dem Haupteingang zum Unternehmen des U ein rechtsgeschäftliches Angebot der Chefsekretärin des U ausgehändigt, ist der Fall anders zu behandeln (geeignete Empfangsperson), als wenn der Erklärende es dem Parkplatzwächter oder Gärtner übergibt (nicht geeignete Empfangsperson). Bei mündlichen Erklärungen sind an die Eignung

46

---

59 Gleiches gilt für SMS-Mitteilungen, wie hier auch Palandt/*Ellenberger*, § 130 Rn. 7a, 5 („die von ihm [dem Empfänger] zur Entgegennahme von Erklärungen bereit gehaltenen Einrichtungen…").
60 *BAG* NZA 2011, 847, 848 – keine Empfangsboteneigenschaft bei Getrenntleben.
61 *Joussen*, Jura 2003, 577, 578.
62 *BAG* NJW 1993, 1093, 1094.
63 Eine Ausnahme macht *Bork*, Rn. 1354 für die Übergabe schriftlicher Erklärungen an fest angestelltes Personal.
64 MünchKom/*Einsele*, § 130 Rn. 25.
65 *BAG* NZA 2011, 847, 849; a. A. für alle Mitbewohner mit Ausnahme von Ehegatten Prütting/Wegen/Weinreich/*Ahrens*, § 130 Rn. 17.

des Empfangsboten ggf. höhere Anforderungen zu stellen, er muss die Erklärung verstehen und (richtig) weiterleiten.

> **Empfangsbote** ist jede zur Entgegennahme rechtsgeschäftlicher Erklärungen nach der Organisation des Empfängers grundsätzlich geeignete und bereite Person.

47 **c) Möglichkeit der Kenntnisnahme.** Für den Zugang einer Willenserklärung (und insbesondere die Festlegung des Zeitpunkts des Zugangs) ist außerdem erforderlich, dass der Empfänger **unter gewöhnlichen Umständen** die Möglichkeit hat, von ihrem Inhalt Kenntnis zu nehmen.[66] Sobald die Erklärung in seinem Machtbereich ist, trägt der Empfänger grundsätzlich das Risiko, von ihrem Inhalt auch Kenntnis zu nehmen. Die tatsächliche Kenntnisnahme ist schließlich dem Einflussbereich des Erklärenden entzogen. Ein Teilnehmer am Rechtsverkehr ist aber nicht verpflichtet, sich rund um die Uhr Klarheit darüber zu verschaffen, ob ihm eine Willenserklärung zugegangen ist. Erst dann, wenn die Kenntnisnahme nach der Verkehrsanschauung auch von ihm erwartet werden kann, darf die Erklärung als zugegangen angesehen werden. Wird sie tatsächlich früher zur Kenntnis genommen, als unter normalen Umständen erwartet werden dürfte, so ist die tatsächliche Kenntniserlangung entscheidend. Das Abstellen auf „gewöhnliche Umstände" dient also dem Interessenausgleich der Beteiligten. Hindern Gegebenheiten die tatsächliche Kenntnisnahme, mit denen nicht gerechnet zu werden braucht, so geht dies grundsätzlich zu Lasten des Empfängers, erst recht natürlich, wenn er einen Brief etwa ungeöffnet liegen lässt. Häufig ist es bei fristgebundenen Erklärungen daher wichtig, wann *frühestens* die Möglichkeit der Kenntnisnahme bestand.

48 Bei Erklärungen im geschäftlichen Verkehr kann mit einer Kenntnisnahme nur während der **üblichen Öffnungszeiten** gerechnet werden. Etwas anderes gilt selbstverständlich, wenn im Versand- oder Internethandel ausdrücklich ein 24-Stunden-Bestellservice angeboten wird. Von diesen Sonderfällen abgesehen, geht ein Brief, der Samstagabend in einen Geschäftsbriefkasten eingeworfen wird, regelmäßig erst Montagmorgen zu. In Fall 22 konnte V nicht mehr erwarten, dass E nach 21 Uhr seine E-Mails abruft. Auch eine Privatperson ist

---

[66] Der Entwurf eines Gemeinsamen Referenzrahmens für das Europäische Vertragsrecht (s. oben § 2 VII 3) lässt in Ch. I Book II, 1–106 genügen, dass die Erklärung – sinngemäß – den Herrschaftsbereich des Adressaten erreicht. Die für den exakten Zeitpunkt des Zugangs wichtige Möglichkeit der Kenntnisnahme wird nicht erwähnt.

grundsätzlich nicht verpflichtet, den Briefkasten am späten Abend nochmals auf eingeworfene Briefe zu überprüfen – auszugehen ist von einer einmaligen Kontrolle pro Tag, so dass von einem Zugang spätestens am Abend auszugehen ist, wenn berufstätige Personen nach Hause kommen. Bei der Post hinterlegte Einschreiben oder Briefe, die in ein Postschließfach eingelegt werden, sind erst dann zugegangen, wenn mit ihrer Abholung üblicherweise zu rechnen ist.[67] Wird ein Brief am späten Nachmittag oder nach Schließung der Postfiliale in ein Postfach eingelegt, so hat der Empfänger erst am nächsten Morgen bei Abholung die Möglichkeit der Kenntnisnahme.[68] Wird im geschäftlichen Verkehr eine Postfachadresse angegeben, so darf man von einer einmal täglich erfolgenden Überprüfung bzw. Abholung ausgehen.[69]

Für die „Leerung" elektronischer Mailboxen lässt sich noch schwerer eine allgemein verbreitete Übung bezüglich des Abrufens feststellen. Die Besonderheiten des elektronischen Mediums rechtfertigen jedoch nicht, von dem Grundsatz abzugehen, dass es auf den Zeitpunkt ankommt, zu dem eine Kenntnisnahme üblicherweise erwartet werden kann. Von einer jeweils sofortigen Kenntnisnahme nach Eingang auszugehen, wäre unrealistisch.[70] Im Zweifel kann man wie bei der Briefpost in der Regel nur von der Überprüfung eines E-Mailaccounts einmal pro Tag ausgehen[71] und darf im geschäftlichen Verkehr nicht unterstellen, dass gleich zu Beginn der Geschäftszeiten eine Kontrolle aller eingegangenen Mails erfolgt.[72] Diese Grundsätze gelten aber nur, wenn der Adressat seine E-Mail-Adresse im Rechtsverkehr angibt und damit überhaupt zum Ausdruck bringt, dass auch eine regelmäßige Eingangskontrolle erfolgt. Zu beachten ist, dass es auf die Kenntnis **unter normalen Umständen** ankommt. Wird ein Schreiben in den Briefkasten geworfen und befindet sich der Empfänger auf einem dreitägigen Kurzurlaub in der

---

67 *BGH* NJW 2003, 3270.
68 *OLG Stuttgart* NJW 2012, 2360, 2362.
69 Bei Großkunden soll von mehrfachen Leerungen pro Tag auszugehen sein, *OLG Stuttgart* NJW 2012, 2360, 2361.
70 Auch zu streng diejenigen, die Zugang unmittelbar im Zeitpunkt der Abrufbarkeit annehmen, solange der Eingang während der Geschäftszeit und nicht „zur Unzeit" erfolgt, s. Palandt/*Ellenberger* § 130 Rn. 7a; Bamberger/Roth/*Wendtland*, § 130 Rn. 15.
71 *LG Nürnberg-Fürth* NJW-RR 2002, 1721, 1722; zu großzügig für den Geschäftsverkehr *LG Hamburg* MMR 2010, 654 (1–2 Arbeitstage); s. aber *Bork*, Rn. 628, der jedenfalls für Privatpersonen mangels Verkehrsüblichkeit bei E-Mails auf tatsächliche Kenntnisnahmeabstellen möchte; ebenso *Ultsch*, NJW 2007, 3007.
72 *AG Meldorf* NJW 2011, 2890, 2891 f. mit Nachw.

Provence oder unfallbedingt im Krankenhaus, so ist trotzdem von einer *Möglichkeit* der Kenntnisnahme im Laufe des Tages auszugehen.[73] Die Abwesenheit des Empfängers ist hier kein gewöhnlicher, sondern ein außergewöhnlicher Umstand, der bei der Bestimmung des Zugangszeitpunktes außer Betracht bleibt, da er allein in die Risikosphäre des Empfängers fällt. Mit solchen Hindernissen muss der Erklärende nicht rechnen, der Empfänger kann dagegen regelmäßig für Benachrichtigung (Nachsenden) sorgen. Str. ist, welche Auswirkung es hat, wenn dem Erklärenden die vorübergehende Abwesenheit bekannt ist. Er weiß dann, dass er mit einer Kenntnisnahme erst später rechnen darf und kann sich darauf einstellen.[74] Dies kann allerdings nur gelten, wenn der Erklärende dies bereits vor der Versendung weiß, nicht wenn er dies erst später (etwa durch eine automatische Abwesenheitsnotiz des E-Mail-Adressaten) erfährt. Nach anderer Ansicht soll die Kenntnis nichts am Zeitpunkt des Zugangs ändern, um das Übermittlungsrisiko nicht zu verlagern.[75] Dies ist vorzugswürdig, weil so im Interesse der Rechtssicherheit auch keine Manipulationsmöglichkeiten geschaffen werden.

49   Wird die Erklärung in den persönlichen Herrschaftsbereich des Empfängers verbracht, so ist sie zu dem Zeitpunkt zugegangen, zu dem **nach regelmäßigem Verlauf der Dinge** mit einer **Kenntnisnahme** durch den Empfänger gerechnet werden darf. Übermittelt der Empfangsbote versehentlich gar nicht, inhaltlich falsch oder verspätet, so geht dies zu Lasten des Empfängers. Wenn die Hausangestellte des Mieters die am letzten Tag der Kündigungsfrist an der Haustür persönlich abgegebene Kündigung des Vermieters V entgegennimmt, dann aber versehentlich in ihre Tasche steckt und erst nach drei Tagen entdeckt und weiterleitet, so ist die Kündigung wirksam und rechtzeitig zugegangen. Denn V durfte damit rechnen, dass H das Schreiben alsbald, jedenfalls noch im Laufe des Tages dem M aushändigt. Grundsätzlich muss daher auch bei der Einschaltung von Empfangsboten darauf abgestellt werden, wann sie nach dem ge-

---

73 *BGH* NJW 2004, 1320; *BAG* NJW 1993, 1093 für urlaubs- und haftbedingte Abwesenheit.
74 *BAG* NJW 1981, 1470; Bamberger/Roth/*Wendtland*, § 130 Rn. 9.
75 *BAG* BeckRS 2012, 72009 unter Aufgabe von *BAG* NJW 1981, 1470 (allerdings im Hinblick darauf, dass der Arbeitgeber bei Kündigung i. d. R. nur die Tatsache des Urlaubs des Arbeitnehmers kennen kann, wegen der unterschiedlichen Urlaubsgewohnheiten aber nicht davon ausgehen muss, dass dieser auch an seiner Heimatadresse nicht erreichbar ist); allgemeiner Prütting/Wegen/Weinreich/*Ahrens*, § 130 Rn. 10.

wöhnlichen Verlauf der Dinge die Erklärung dem Adressaten aushändigen oder so zukommen lassen, dass er die Möglichkeit der Kenntnisnahme hat. Wenn der Empfangsbote die Erklärung schon unmittelbar im Herrschaftsbereich des Empfängers entgegennimmt, kann man aber auch von sofortigem Zugang ausgehen. Der BGH vergleicht den Fall zu Recht mit der Konstellation, dass die Erklärung in den Briefkasten eingeworfen wird (sachlicher Herrschaftsbereich). Wird dem Empfangsboten die Erklärung jedoch außerhalb der Räumlichkeiten des Empfängers übergeben, ist die Zeitspanne hinzuzurechnen, die er üblicherweise zur Ausübung seiner Botenfunktion benötigt.[76]

An der Möglichkeit der Kenntnisnahme im üblichen zeitlichen 50 Rahmen kann es fehlen, wenn die Erklärung in einer **Fremdsprache** abgefasst ist, die der Empfänger nicht beherrscht und mit deren Beherrschung der Erklärende auch nicht rechnen durfte. Zugang erfolgt dann erst zu dem Zeitpunkt, zu dem unter gewöhnlichen Umständen mit dem Vorliegen einer vom Empfänger veranlassten Übersetzung zu rechnen ist.[77] Dabei ist aber zu berücksichtigen, ob es diesem überhaupt zumutbar ist, auf eigene Kosten eine Übersetzung einzuholen. Ist dies nicht der Fall – etwa weil eine andere Vertragssprache vereinbart oder bisher zwischen den Parteien üblich war – geht die fremdsprachliche Erklärung nicht zu. Bei Erklärungen in der Landessprache des Empfängers trägt jedoch dieser, wenn er sie nicht beherrscht, das „Sprachrisiko".[78]

d) Zwischenschaltung von Mittelspersonen. Bei der Zwischen- 51 schaltung von Mittelspersonen ist sowohl hinsichtlich des Zeitpunkts des Zugangs als auch hinsichtlich der Risikoverteilung zu differenzieren zwischen Hilfspersonen auf der Seite des Empfängers (Empfangsvertreter, Empfangsbote, s. oben Rn. 47) und solchen, die nicht dem Verantwortungsbereich des Empfängers zuzuordnen sind (Erklärungsbote).

aa) Erklärungsboten. Erklärungsboten sind Hilfspersonen, die 52 seitens des Erklärenden eingeschaltet werden, um eine Willenserklärung zu überbringen. Sie gehören zu seinem Herrschaftsbereich, so dass auch der Erklärende das Risiko einer unterbliebenen oder falsch übermittelten Erklärung trägt.

---

76 *BGH* NJW-RR 1989, 757, 758.
77 *LAG Hamm* NJW 1979, 2488; a. A. *LAG Köln* NJW 1988, 1870.
78 *Medicus,* Allgemeiner Teil des BGB, Rn. 295 f.; *Bork,* Rn. 629 m. N.; *Schlechtriem,* FS Weitnauer, S. 129 ff.

Beispiel: Geschäftsmann G bittet seine Angestellte A, auf dem Nachhauseweg bei X einen Brief einzuwerfen, der die Annahme eines befristeten Angebotes des X enthält. Die Frist läuft am nächsten Tag ab. Wenn A den Brief vergisst und ihn erst zwei Tage später bei X einwirft, ist die Frist versäumt und ein Kaufvertrag kommt zwischen G und X nicht mehr zustande (s. § 19 Rn. 12, 14 ff.). G kann sich nicht auf die rechtzeitige Übergabe an A berufen; es fehlt noch am Zugang der Erklärung, die nicht einmal rechtzeitig im Herrschaftsbereich des X war.

Abwandelung: Anders wäre der Fall zu beurteilen, wenn G den Brief selbst rechtzeitig bei X dessen Angestellter B aushändigt (persönlicher Herrschaftsbereich des X), diese ihn aber erst mit mehreren Tagen Verspätung an X weitergibt. B ist Empfangsbotin des X, es war unter normalen Umständen mit alsbaldiger Weitergabe zu rechnen. Ihr Fehler geht zu Lasten des X, der Brief ist rechtzeitig zugegangen. Fehler eines Erklärungsboten fallen dagegen in die Risikosphäre des Erklärenden.

53   **bb) Hilfspersonen des Empfängers.** Vom Erklärungsboten sind die **vom Empfänger** eingeschalteten Hilfspersonen zu unterscheiden: Empfangsbote (s. bereits oben Rn. 47) und Empfangsvertreter. Handelt es sich bei der die Erklärung entgegennehmenden Person um einen mit Vertretungsmacht ausgestatteten **Empfangsvertreter** (§ 164 Abs. 3), so ist die Erklärung dem Empfänger (= Vertretenen) bereits mit Zugang beim Vertreter zugegangen.[79] Der Stellvertreter repräsentiert den Adressaten. Auf eine tatsächliche Weitergabe kommt es nicht an. Mündliche Erklärungen an einen Empfangsvertreter sind Erklärungen unter Anwesenden, auch wenn der Vertretene nicht zugegen ist.

Eine Mittelsperson, die weder Vertretungsmacht für den Empfänger hat, noch als dessen Empfangsbote angesehen werden kann (Rn. 47), weil sie nicht als geeignet und ermächtigt zum Empfang von Willenserklärungen anzusehen ist, kann **Bote des Erklärenden** sein. Eine von einem Erklärungsboten übermittelte Erklärung geht erst zu, wenn sie tatsächlich in den Herrschaftsbereich des Empfängers gelangt ist.

Beispiel: Vermieter V überreicht, da er seinen Mieter M nicht antrifft, dessen Nachbarn N das Kündigungsschreiben bezüglich des Mietvertrags am letzten Tag vor Ablauf der Kündigungsfrist. N vergisst das Schreiben und übergibt es dem M erst drei Tage später. N als Nachbar kann – anders als die Hausangestellte H oben Rn. 50 – nicht als ermächtigt zur Entgegennahme von Willenserklärungen angesehen werden und ist deshalb **Erklärungsbote des V.** Die

---

79 *BGH* NJW-RR 1989, 757.

Kündigung ging dem M somit erst mit der tatsächlichen Übergabe und damit drei Tage zu spät zu.

3. Zugang von Willenserklärungen unter Anwesenden

Erklärungen unter Anwesenden sind nicht nur diejenigen, die ei- **54** nem körperlich anwesenden Empfänger gegenüber abgegeben werden. Vielmehr fallen darunter auch mündliche Erklärungen gegenüber Empfangsvertretern (vgl. Rn. 53) und fernmündliche Erklärungen (vgl. § 147 Abs. 1 S. 2). Nicht unter fernmündliche Verhandlungen i. S. v. § 147 Abs. 1 S. 2 fällt der Austausch von E-Mails. Zwar könnte man dies unter den Begriff „mittels … einer sonstigen technischen Einrichtung" dieser Norm subsumieren, es fehlt jedoch an der für die persönliche Anwesenheit bzw. das Telefongespräch typischen Kommunikationssituation (anders etwa, wenn ausnahmsweise in einem Chatroom Verträge geschlossen werden). Ein unmittelbares Nachfragen und Korrigieren von Erklärungen vor deren Zugang ist nicht möglich. Für das Wirksamwerden von Erklärungen, die gegenüber Anwesenden abgegeben werden, **fehlt** eine ausdrückliche **gesetzliche Regelung.** Bei der Lösung von Zugangsproblemen ist der Rechtsgedanke des § 130 zu berücksichtigen; im Übrigen ist eine Differenzierung zwischen schriftlichen und mündlichen Erklärungen erforderlich.

a) Verkörperte (schriftliche) Erklärungen. Schriftliche Erklärun- **55** gen müssen dem Empfänger übergeben, d. h. ausgehändigt, werden.[80] Bloßes Vorzeigen reicht nicht aus, da der Willensentschluss des Erklärenden damit noch nicht ausdrücklich bekundet ist. Der Empfänger muss allerdings auch nicht die dauerhafte Verfügungsgewalt über das Schriftstück erhalten. Es genügt, wenn er aufgrund vorübergehender Aushändigung in der Lage ist, von der Erklärung Kenntnis zu nehmen.[81] Heimlich zugesteckte Erklärungen gehen erst zu, wenn tatsächlich die Möglichkeit der Kenntnisnahme besteht – regelmäßig erst nach Entdeckung –, denn mit einer solchen Erklärung muss der Empfänger nicht rechnen.

b) Mündliche Erklärungen. Mündliche Erklärungen unter Anwe- **56** senden sind zugegangen, wenn sie vom Empfänger akustisch einwandfrei vernommen worden sind (sog. **„Vernehmungstheorie").**

---

80 *Larenz/Wolf,* § 26 Rn. 33; *BGH* NJW 1998, 3344.
81 *BAG* NJW 2005,1533; MünchKomm/Einsele, § 130 Rn. 27.

Hier ist also nicht die bloße Möglichkeit ausreichend, vielmehr muss die Erklärung tatsächlich zur Kenntnis genommen worden sein. Versteht der Empfänger die Erklärung wegen Taubheit oder Schwerhörigkeit nicht, so geht dies grundsätzlich zu Lasten des Erklärenden (str.).[82] Da lediglich auf die akustische Wahrnehmung abgestellt wird, kommt es aber auch bei der Vernehmungstheorie nicht darauf an, dass der Sinn der Worte (rechtlich kompliziertes Vertragsangebot) verstanden wird. Die Vernehmungstheorie führt jedoch unter Berücksichtigung des Rechtsgedankens des § 130 in solchen Fällen zu interessenwidrigen Ergebnissen, in denen die Erklärung vernehmbar abgegeben wurde und der Erklärende vernünftigerweise keinen Zweifel daran haben durfte, dass der Empfänger die Erklärung richtig verstanden hat. Unter Berücksichtigung der beiderseitigen Interessenlage muss in diesen Fällen von einem Zugang der Erklärung ausgegangen werden („modifizierte Vernehmungstheorie").[83] Sofern die Störung dem Erklärenden erkennbar ist, kann ihm zugemutet werden, nachzufragen, ob er verstanden wurde. Umgekehrt kann vom Adressaten in bestimmten Situationen erwartet werden, dass er auf nicht erkennbare Verständnisprobleme (Fremdsprache, gestörtes Telefongespräch) hinweist, für Gehörlose darf man aber nur unter engen Voraussetzungen erwarten, dass sie ihre Behinderung ohne Weiteres offenlegen.[84]

Beispiel: V hat mit K über den Verkauf seines Motorrades mündlich verhandelt. Dabei unterbreitete V dem K ein Verkaufsangebot, das dieser bis zum nächsten Tag annehmen kann. K ruft am nächsten Tag bei V an, am Telefon (§ 147 Abs. 1) ist das Au-pair-Mädchen A des V aus Brasilien. K teilt mit, er nehme das Angebot des V an und bittet um Weiterleitung dieser Nachricht an V. A kann kein Wort Deutsch, außer einem akzentfreien „Ja". Damit bestreitet sie das Telefongespräch mit K, der A zwar für recht einsilbig, aber nicht für eine Ausländerin hält. In Wirklichkeit hat A nichts von alledem verstanden, was K ihr aufgetragen hat und macht auch dem V keinerlei Mitteilung. A ist hier Empfangsbotin. Da ihr die Erklärung mündlich übermittelt wird, gelten die Grundsätze zur Vernehmungstheorie entsprechend. Nach der strengen Vernehmungstheorie wäre das Angebot des K nicht zugegangen – A hat infolge fehlender Sprachkenntnis nichts verstanden. Wenn K jedoch wirklich keinen Anhaltspunkt hatte, nachzufragen, ob die Erklärung richtig verstanden wurde, ist nach der modifzierten Vernehmungstheorie von einem rechtzeitigen Zugang der Erklärung auszugehen. Es ist dem V zuzurechnen, dass A den K nicht auf ihre Verständnisprobleme hingewiesen hat.

---

82 *Neuner*, NJW 2000, 1825 mit Nachw., die Gegenansicht (etwa *Bork*, Rn. 631) will hier Zugang annehmen, wenn die Störung dem Erklärenden nicht erkennbar war.
83 *Larenz/Wolf*, § 26 Rn. 36; *Brox/Walker*, Allgemeiner Teil des BGB, Rn. 156.
84 So auch *Neuner*, NJW 2000, 1825.

4. Zugangshindernisse

Fehlt es an einer Zugangsvoraussetzung, weil der Adressat der Erklärung den Zugang in zurechenbarer Weise verhindert, so ist für die Folgen zu differenzieren. Im Falle der **Annahmeverweigerung** ist zunächst zwischen berechtigter und unberechtigter Weigerung zu unterscheiden. Verweigert der Adressat die Erklärung **berechtigterweise**, so ist die Erklärung nicht zugegangen. Hierher gehören die Nichtannahme eines Briefs, weil Strafporto zu zahlen wäre oder das Zuhalten der Ohren/Weglegen des Telefonhörers, weil die mündlichen Erklärungen Beleidigungen enthalten. Im Falle der **unberechtigten** Annahmeverweigerung geht die Erklärung nach allgemeinen Grundsätzen (Rechtsgedanke aus § 162) in dem Moment zu, in dem der Empfänger die Erklärung hätte entgegennehmen können.[85] Es handelt sich um eine nach Treu und Glauben (§ 242) gebotene **Fiktion des Zugangs**.[86]

57

Beispiel: A weiß, dass ihm sein Arbeitgeber U kündigen will, passt den Postboten ab und verweigert die Annahme des Kündigungsschreibens von U, das P daraufhin wieder mitnimmt. Obwohl die Erklärung schon gar nicht in den Herrschaftsbereich des A gelangte, gilt sie hier als zugegangen.[87]

Zugangshindernisse können auch dann auftreten, wenn **Empfangsvorrichtungen** (Briefkasten, Postfach, Telefax, E-Mail) fehlen oder nicht funktionieren. Zwar gibt es keine allgemeine Verpflichtung, Vorkehrungen für den Zugang von Erklärungen zu treffen.[88] Wer jedoch dem Rechtsverkehr (z. B. durch Briefkopf oder Visitenkarten) oder für konkrete Verhandlungen bestimmte Empfangsvorrichtungen mitteilt, hat diese auch vorzuhalten und dafür zu sorgen, dass sie betriebsbereit sind (Papier im Fax!).[89] Anders als bei der unberechtigten Annahmeverweigerung gilt hier jedoch der **Zustellungs-**

58

---

85 BGHZ 137, 205, 208; *BAG* NZA 2006, 205.
86 In Vertragsbeziehungen bzw. vertragsähnlichen Sonderbeziehungen (§ 311a Abs. 2) lässt sich dies auch über eine Schadensersatzpflicht (Naturalrestitution) wegen Verletzung einer Nebenpflicht (§§ 280 Abs. 1, 241 Abs. 2) begründen. Im Falle seines Verschuldens bzw. Vertretenmüssens muss sich der Empfänger behandeln lassen, als sei die Erklärung zugegangen. Vgl. hierzu *Bork,* Rn. 637, 638.
87 S. auch *BAG* NZA 2006, 204 (Arbeitnehmer gibt falsche Adresse als Absender auf Schreiben an Arbeitgeber an, daher ist Kündigung nicht zustellbar); s. auch *BAG* NZA 2003, 719 (Kündigungsschreiben wird trotz Einwurf der Benachrichtigung über Niederlegung bei der Post nicht abgeholt).
88 Privatpersonen sind nicht verpflichtet, einen Briefkasten zu haben (*LAG Bremen* DB 2001, 2719) oder niedergelegte Einschreiben bei der Post abzuholen (*BGH* NJW 1996, 1968).
89 *BGH* NJW 1996, 1967, 1968

versuch noch nicht als Zugang. Vielmehr muss der Erklärende unverzüglich nach Erkennen des gescheiterten Zugangs alle Anstrengungen unternehmen, um die Erklärung alsbald in den Herrschaftsbereich des Adressaten zu bringen. Führen diese Anstrengungen dazu, dass die Erklärung zugeht, so hat der Adressat diese dann nach Treu und Glauben (§ 242) als rechtzeitig gegen sich gelten zu lassen, auch wenn sie tatsächlich zu spät zugegangen ist.[90]

59   **Keine Zugangshindernisse** in diesem Sinne sind bloße Urlaubsabwesenheit, Krankenhausaufenthalt des Empfängers etc. Soweit die Erklärung noch in den räumlichen Herrschaftsbereich des Adressaten gelangt, wird oft nur die tatsächliche Kenntnisnahme verhindert, nicht aber deren Möglichkeit (s. oben Rn. 48). Dann liegt schon nach allgemeinen Grundsätzen Zugang vor, dies bedarf weder einer Fiktion, noch muss § 242 bemüht werden. Der Adressat, der aufgrund seiner beruflichen Stellung (z. B. Kaufmann), bestehender oder angebahnter Vertragsverhandlungen oder deshalb, weil es angekündigt war, mit dem Eingehen von Erklärungen rechnen muss, ist gehalten, geeignete Maßnahmen zu ergreifen, um die tatsächliche Kenntnisnahme sicherzustellen (z. B. Nachsendeantrag bei Umzug des Kaufmanns; Bestellung eines Empfangsbevollmächtigten). Unterlässt er dies, ändert dies am rechtzeitigen Zugang der Erklärung nichts.

5. Besonderheiten

60   Erklärungen, die gegenüber einem Geschäftsunfähigen oder einem beschränkt Geschäftsfähigen abzugeben sind, werden grundsätzlich erst mit Zugang der Erklärung beim gesetzlichen Vertreter wirksam (§ 131). Dies gilt aufgrund des Verweises in § 1903 Abs. 1 S. 2 entsprechend für den Betreuten bei einer Betreuung mit Einwilligungsvorbehalt (s. § 23 Rn. 42). Eine Willenserklärung gilt auch dann als zugegangen, wenn sie durch den Gerichtsvollzieher oder öffentlich zugestellt wurde (§ 132). Gemäß § 130 Abs. 3 finden die Regeln über den Zugang auch Anwendung, wenn die Erklärung gegenüber einer **Behörde** abzugeben ist.

90 *Bork,* Rn. 637; *Medicus,* Allgemeiner Teil, Rn. 278; Prütting/Wegen/Weinreich/*Ahrens,* § 130 Rn. 29 mit Nachw.

Lösungsskizze Fall 22 (Rn. 43): (Beachte: Es ist nicht nach Ansprüchen 61
gefragt!)
Da eine Kündigungserklärung eine empfangsbedürftige Willenserklärung
ist, wäre sie zum gewünschten Zeitpunkt wirksam, wenn alle Voraussetzungen für das Wirksamwerden einer solchen Erklärung rechtzeitig (am 3. April) vorlägen. **Beachte:** Nach § 568 Abs. 1 bedarf nur die Kündigung des
Mietverhältnisses über *Wohnraum* der Schriftform. Die Vorschrift gilt (s.
systemat. Stellung) nicht für gewerblich genutzte Räume wie im vorliegenden Fall.
A. Willenserklärung des V
    I. Objektiver Erklärungstatbestand: (+), E-Mail als Verständigungsmit-
      tel
   II. Subjektiver Erklärungstatbestand
      1. Handlungswille (+)
      2. Potentielles Erklärungsbewusstsein (+), V hatte sogar aktuelles
         Erklärungsbewusstsein und Geschäftswillen
B. Abgabe der Erklärung (+), willentliches Absenden der E-Mail durch V
C. Fristgerechter Zugang der Erklärung bei E
    I. Zugang
      1. Erklärung im Herrschaftsbereich des E (+), mit Speicherung auf
         dem Rechner des Dienstanbieters des E = sachlicher Herrschafts-
         bereich (→ Rn. 45)
      2. Kenntnisnahmemöglichkeit für E (+), jedoch erst im Laufe des
         4. April (→ Rn. 48 ff.)
   II. Fristgerechter Zugang (–), Fristablauf am 3. April um 24 Uhr, Zu-
      gang erst im Laufe des 4. April
Ergebnis: Kündigung zu dem gewünschten Termin unwirksam, sie wirkt je-
doch zum nächstmöglichen Termin.

62

Übersicht 9:

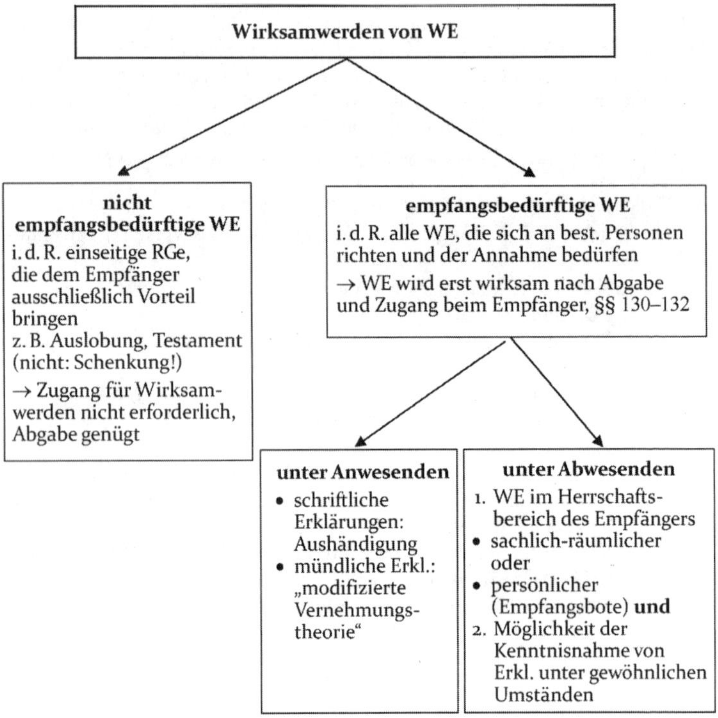

```
┌─────────────────────────────────────────────────┐
│              Wirksamwerden von WE                 │
└─────────────────────────────────────────────────┘
```

┌───────────────────────────┐   ┌───────────────────────────────────┐
│   **nicht**   │   │   **empfangsbedürftige WE**   │
│ **empfangsbedürftige WE** │   │ i. d. R. alle WE, die sich an best. Personen │
│ i. d. R. einseitige RGe, │   │ richten und der Annahme bedürfen │
│ die dem Empfänger   │   │   │
│ ausschließlich Vorteil   │   │ → WE wird erst wirksam nach Abgabe │
│ bringen   │   │ und Zugang beim Empfänger, §§ 130–132 │
│ z. B. Auslobung, Testament│   │   │
│ (nicht: Schenkung!)   │   └───────────────────────────────────┘
│   │
│ → Zugang für Wirksam-   │
│ werden nicht erforderlich,│
│ Abgabe genügt   │
└───────────────────────────┘

┌───────────────────────────┐   ┌───────────────────────────────────┐
│   **unter Anwesenden**   │   │   **unter Abwesenden**   │
│ • schriftliche   │   │ 1. WE im Herrschafts-   │
│   Erklärungen: │   │   bereich des Empfängers   │
│   Aushändigung   │   │ • sachlich-räumlicher   │
│ • mündliche Erkl.:   │   │   oder   │
│   „modifizierte   │   │ • persönlicher   │
│   Vernehmungs-   │   │   (Empfangsbote) **und**   │
│   theorie"   │   │ 2. Möglichkeit der   │
│   │   │   Kenntnisnahme von   │
│   │   │   Erkl. unter gewöhnlichen   │
│   │   │   Umständen   │
└───────────────────────────┘   └───────────────────────────────────┘

6. Widerruf der Erklärung nach BGB

63   **a) Widerruf zur Verhinderung des Wirksamwerdens.** Eine empfangsbedürftige Willenserklärung wird – wie gesehen – grundsätzlich
erst mit Zugang beim Empfänger wirksam. Der Erklärende trägt bis
zu diesem Zeitpunkt das Risiko des Untergangs bzw. der Verzögerung oder inhaltlichen Verfälschung, also kann er sie folgerichtig
auch bis zum Zugang widerrufen. Der Widerruf muss dem Empfänger vorher oder gleichzeitig zugehen (§ 130 Abs. 1 S. 2). Ist dem Empfänger die Erklärung bereits zugegangen, so ist ein Widerruf nach
dieser Regelung nicht mehr möglich. Stirbt der Erklärende (Wirksamkeit der Erklärung wird dadurch nicht beeinflusst, § 130 Abs. 2),
so steht das Widerrufsrecht dessen Erben zu.

Beispiel: K blättert am Abend mehrere Versandhauskataloge durch. Im Katalog der A findet er ein interessantes Angebot, füllt das Bestellformular aus und faxt es um 22 Uhr an A. Als er kurze Zeit später den Katalog des B durchblättert, findet er dort das gleiche Angebot zu einem noch günstigeren Preis. Daraufhin faxt er um 23 Uhr an A, dass seine Bestellung als gegenstandslos betrachtet werden soll. Beide Versandhäuser bieten keinen 24-Stunden-Bestellservice. Hier wird die Bestellung des K nicht wirksam, da Bestellung und Widerruf gleichzeitig zugehen. Zwar befindet sich die Bestellung zuerst im Herrschaftsbereich der A, die für einen Zugang erforderliche Kenntnisnahmemöglichkeit (vgl. Rn. 48) ist jedoch für beide Erklärungen der Zeitpunkt des Geschäftsbeginns am nächsten Morgen.

Umstritten sind die Konstellationen, in denen zwar der Widerruf **64** später als die Erklärung zugeht, jedoch vorher oder **gleichzeitig tatsächlich zur Kenntnis genommen** wird. Dies wäre beispielsweise dann der Fall, wenn in Abwandlung des obigen Beispiels die beiden Faxe hintereinander während der üblichen Geschäftszeiten eintreffen und zwar die Bestellung morgens um 9 Uhr, der Widerruf nachmittags um 15 Uhr. Beide Schreiben werden jeweils auf den Schreibtisch der zuständigen Sachbearbeiterin A gelegt, die an diesem Tage ausnahmsweise erst nach 16 Uhr in ihr Büro kommt und beide Schreiben gleichzeitig zur Kenntnis nimmt (u. U. liest sie sogar den obenauf liegenden Widerruf zuerst!). Hier ist die Bestellung **vor** dem Widerruf zugegangen. Unter normalen Umständen durfte nämlich nach Erreichen des räumlichen Herrschaftsbereichs in einem Versandhandel alsbald (also etwa innerhalb der nächsten zwei Stunden) mit der Kenntnisnahme gerechnet werden. Die Abwesenheit der A ist ein nicht zu berücksichtigender, ungewöhnlicher Umstand (vgl. oben Rn. 48 ff.). Damit war die Bestellung bereits um ca. 11 Uhr, demnach vor dem Widerruf, zugegangen. Allerdings ist in diesem Fall bei A trotz Zugangs der Bestellung aufgrund der fehlenden tatsächlichen Kenntnis noch kein Vertrauen entstanden, das dadurch geschützt werden müsste, dass man dem K den Widerruf versagt. Zwar hat der Gesetzgeber durch die Formulierung des § 130 Abs. 1 S. 2 das Risiko, dass ein Widerruf dem Empfänger später zugeht als die ursprüngliche Erklärung, eindeutig dem Erklärenden zugewiesen. Auf die strenge zeitliche Abfolge abzustellen, wäre hier nach dem Schutzzweck der Norm aber entgegen der h. M.[91] nicht interessenge-

---

91 Beim verspäteten und damit wirkungslosen Widerruf belassen es z. B. RGZ 91, 62, 63; *BGH* NJW 1975, 382, 384; Staudinger/*Dilcher,* § 130 Rn. 60; Prütting/Wegen/

recht.[92] K konnte in dieser Konstellation daher noch widerrufen, muss aber im Streitfall die gleichzeitige tatsächliche Kenntnisnahme erst einmal beweisen können!

65   **b) Sonstige Widerrufsmöglichkeiten.** Der Widerruf einer noch nicht zugegangenen Willenserklärung nach § 130 Abs. 1 S. 2 ist von anderen, begrifflich verwandten Fällen zu unterscheiden. So räumt der Gesetzgeber dem Erklärenden in einigen Fällen die Möglichkeit ein, sich durch Widerruf von grundsätzlich bereits bindenden Erklärungen zu lösen. Dies ist beispielsweise dann der Fall, wenn die Erklärung zwar bereits zugegangen, der Vertrag insgesamt aber (noch) schwebend unwirksam ist, vgl. § 109 (Minderjähriger ohne Einwilligung) und § 178 (Vertreter ohne Vertretungsmacht). Des Weiteren kann z. B. eine Vollmacht widerrufen werden (§ 168), eine Einwilligung bis zur Vornahme des Rechtsgeschäfts (§ 183), eine Schenkung bei grobem Undank des Beschenkten (§ 530), eine Auslobung bis zur Vornahme der Handlung (§ 658), ein Auftrag vom Auftraggeber jederzeit (§ 671 Abs. 1) oder eine Anweisung vor Annahme oder Bewirkung (§ 790).

Zentrale Vorschrift zum **Widerruf aus Verbraucherschutzgründen** ist § 355 (vgl. dazu ausführlicher die Lehrbücher zum Allgemeinen Teil des Schuldrechts). Die Folgen des fristgerechten Widerrufs regelt § 357 seit Juni 2014 eigenständig und abschließend und nicht mehr durch Verweis auf die Rücktrittsregeln (§§ 346 ff.).

66   **Merke:** Die Willenserklärung ist eine Handlung, die eine nach ihrem objektiven und zurechenbaren Erklärungsgehalt gewollte Rechtsfolge in Geltung setzt. Sie besteht aus objektiven und subjektiven Elementen. Objektiv muss eine ausdrückliche Erklärung oder ein schlüssiges Erklärungsverhalten vorliegen. Schweigen ist grundsätzlich keine Willenserklärung. Ausnahmen ergeben sich aus dem Gesetz, können aber auch ausdrücklich oder schlüssig zwischen den Vertragsparteien vereinbart sein; eine einseitige Bestimmung genügt nicht. Subjektiv muss das Erklärungsverhalten von einem Handlungswillen getragen sein und der Erklärende muss sich der rechtlichen Erheblichkeit seines Verhaltens bewusst gewesen sein (Erklärungsbewusstsein, Rechtsbindungswille). Fehlt dieses Bewusstsein, so ist der Erklärende dennoch an seiner objektiven Erklärung zunächst festzuhalten (Anfechtung möglich), wenn er bei hinreichender Sorgfalt hätte erkennen und vermeiden können, dass sein Verhalten als Willenserklärung aufgefasst wird. Der auf ein

Weinreich/*Ahrens,* § 130 Rn. 20; *Medicus,* Allgemeiner Teil, Rn. 300; *Bork,* Rn. 649; *Fezer,* Examenskurs BGB, AT, S. 80; *Bitter,* § 5 Rn. 63.
92 So wohl auch *Brox/Walker,* Allgemeiner Teil, Rn. 154.

bestimmtes Rechtsgeschäft gerichtete Wille (Geschäftswille) ist nicht notwendiger Bestandteil einer Willenserklärung. Ob die Beteiligten bei unentgeltlichen Hilfeleistungen, Diensten etc. im gesellschaftlich-sozialen Umfeld mit Rechtsbindungswillen handeln oder ob nur eine Gefälligkeit vorliegt, ist u. a. nach Art, Anlass und Zweck der Gefälligkeiten, deren wirtschaftlicher Bedeutung für die Beteiligten, und der Interessen- und Risikolage zu entscheiden. Auch im Rahmen von Gefälligkeitsverhältnissen können haftungsauslösende Sorgfaltspflichten für die Durchführung bestehen.

Für das Wirksamwerden von Willenserklärungen ist zwischen empfangsbedürftigen und nicht empfangsbedürftigen zu unterscheiden. Letztere sind die Ausnahme (z. B. Testament, Auslobung) und werden bereits mit ihrer Abgabe wirksam. Hierunter versteht man die willentliche Entäußerung der Erklärung in den Rechtsverkehr. Empfangsbedürftige Willenserklärungen müssen in Richtung auf den Empfänger abgegeben werden und diesem zugehen. Zugang unter Abwesenden (§ 130) bedeutet, dass die Erklärung so in den räumlichen oder persönlichen Herrschaftsbereich des Empfängers gelangt, dass unter gewöhnlichen Umständen die Möglichkeit der Kenntnisnahme besteht. Es können auf beiden Seiten Hilfspersonen zur Übermittlung bzw. Entgegennahme eingeschaltet werden. Unter Anwesenden gilt § 130 entsprechend (grundsätzlich „modifizierte Vernehmungstheorie" für mündliche Erklärungen, schriftliche Erklärungen sind auszuhändigen). Eine Willenserklärung kann bis zu ihrem Zugang vom Erklärenden widerrufen werden, gleichzeitiger Zugang von Erklärung und Widerruf genügt (§ 130 Abs. 1 S. 2). Dieser Widerruf ist nicht zu verwechseln mit dem in § 355 geregelten für Verbraucherverträge.

Vertiefende Literatur und weiterführende Hinweise für Examenskandidaten: *Leenen*, Willenserklärung und Rechtsgeschäft in der Regelungstechnik des BGB, FS Canaris, Bd. I, 2007, S. 699 ff.; *Boehmke/Schönfelder*, Wirksamwerden von Willenserklärungen gegenüber nicht voll Geschäftsfähigen (§ 131 BGB), JuS 2013, 7 ff.

§ 18. Die Auslegung

Schrifttum: *Biehl*, Grundsätze der Vertragsauslegung, JuS 2010, 195 ff.; *Canaris*, Das Rangverhältnis der „klassischen" Auslegungskriterien, demonstriert an Standardproblemen des Zivilrechts, FS Medicus, 1999, S. 25 ff.; *Cordes*, Der Haakjöringsköd-Fall, Jura 1991, 352 ff.; *Jahr*, Geltung des Gewollten und Geltung des Nicht-Gewollten – zu Grundfragen des Rechts empfangsbedürftiger Willenserklärungen, JuS 1989, 249 ff.; *Scherer*, Die Auslegung von Willenserklärungen „klaren und eindeutigen" Wortlauts, Jura 1988, 302 ff.; *Schimmel*, Zur Auslegung von Willenserklärungen, JA 1998, 979 ff.; *Semmelmayer*, „Falsa demonstratio non nocet", JuS 1996, L 9 ff.

I. Begriff und Bedeutung

1   Mit Willenserklärungen und Verträgen kann jedermann seine privaten Lebensverhältnisse gestalten und durch privatautonomes Handeln ganz bestimmte Rechtsfolgen bewirken. Damit der gewollte Rechtserfolg eintreten kann, muss zunächst der in dem jeweiligen Rechtsgeschäft ausgedrückte Geschäftswille des oder der Handelnden bestimmt werden. Dies ist problematisch, sobald der Empfänger etwas anderes versteht, als der Erklärende gewollt hat oder auch, wenn der Erklärende gar nichts rechtlich Erhebliches erklären wollte, seine Erklärung aber als Willenserklärung verstanden wurde (vgl. hierzu § 17 Rn. 5, Fall 18). Ist es nun zweifelhaft, ob eine Erklärung abgegeben wurde oder wie eine abgegebene Erklärung zu verstehen ist, so bedarf es der Auslegung. Auslegung einer Willenserklärung bedeutet, den **Sinn einer Erklärung zu ermitteln,** den sie von Rechts wegen haben soll.

2   Dies gelingt jedoch nicht immer. So kann eine Erklärung auch unter Heranziehen aller für die Auslegung relevanten Umstände objektiv mehrdeutig sein und bleiben. Handelt es sich um eine auf einen Vertragsschluss gerichtete Willenserklärung, so ist es bei objektiver Mehrdeutigkeit regelmäßig nicht möglich, einen korrespondierenden Geschäftswillen der Parteien zu ermitteln. Bei fehlender Übereinstimmung über einen vertraglichen Nebenpunkt liegt dann ein Dissens (§ 155), bei fehlender Übereinstimmung bezüglich eines wesentlichen Vertragspunktes gar kein Vertrag vor (vgl. hierzu § 19 Rn. 36 ff.).

Beispiel: Zwei deutsche Kaufleute schließen in Tunesien einen Vertrag und weisen den Kaufpreis nicht in der Landeswährung „Dinar", sondern in „Pfund" aus. Sind mit dieser Währungsbezeichnung britische oder beispielsweise ägyptische Pfund gemeint? Wenn deutsches Recht zur Anwendung kommt (dies ist eine Frage des internationalen Privatrechts, s. § 1 Rn. 15), ist zunächst zu versuchen, durch Auslegung zu ermitteln, ob bezüglich der Währung überhaupt übereinstimmende Erklärungen der Kaufleute vorliegen. Gelingt dies, so wurde ein wirksamer Vertrag geschlossen (der aber für eine Partei anfechtbar sein kann, § 25 Rn. 23 ff.). Ist jedoch trotz Auslegung kein übereinstimmender rechtlich bedeutsamer Inhalt der jeweiligen Erklärung zu ermitteln (der Verkäufer meinte britische Pfund, der Käufer ägyptische, objektive Anhaltspunkte bestehen weder für die eine noch für die andere Währung), dann (aber auch erst dann!) steht fest, dass kein Vertrag geschlossen wurde (es liegt nicht „nur" ein Dissens im Sinne von §§ 154, 155 vor, da die Einigung über den Kaufpreis eine vertragliche Hauptpflicht betrifft).

Zu unterscheiden ist die erläuternde Auslegung von Willenserklä- 3
rungen (s. Rn. 4 ff.) sowie die (ergänzende) Auslegung von Verträgen
(Rn. 25 ff.). Nicht hierher gehört die Auslegung von **Gesetzen**; sie ist
als Teil der juristischen Methodenlehre gesondert zu erörtern.[1]

II. Ziel und Kriterien der erläuternden Auslegung

1. Grundsatz und gesetzliche Regelungen

Es gibt kein einheitliches **Ziel** bei der Auslegung von Willenserklä- 4
rungen oder Rechtsgeschäften. Denkbar ist zunächst, dass man zu ermitteln versucht, welchen Sinn der Erklärende seiner Erklärung geben wollte. Andererseits kann es auch das Ziel der Auslegung sein
zu ermitteln, welchen Sinn der Empfänger oder ein Dritter dieser Erklärung beimisst.

Das BGB enthält im Allgemeinen Teil zwei **allgemeine Vorschrif-** 5
ten über die Auslegung, nämlich die §§ 133, 157. Ferner finden sich
verstreut über das gesamte BGB subsidiäre Auslegungsregeln (z. B.
in §§ 113 Abs. 4, 154 Abs. 2, 271 Abs. 2, 311c, 329 usw.). Diese greifen „im Zweifel" ein, also dann, wenn die Erklärung der Beteiligten
dieser Auslegung nicht entgegensteht. Dem Gesetzeswortlaut folgend
wird der maßgebliche Inhalt von einzelnen Willenserklärungen nach
§ 133 ermittelt, die Auslegung von Verträgen regelt § 157. Hielte man
allein an diesem Wortlaut fest, so wären die Auslegungsziele bei Willenserklärungen und bei Verträgen jeweils andere: Bei Willenserklärungen stünde der Schutz des Erklärenden im Vordergrund (§ 133:
„wirklicher Wille"), bei Verträgen dagegen der Schutz der Empfängers (§ 157: „Treu und Glaube mit Rücksicht auf die Verkehrssitte").
Bei Willenserklärungen, die auf einen Vertragsschluss abzielen, wäre
diese Differenzierung nicht sinnvoll. Nach ganz h. M. sind daher
§§ 133, 157 nicht in eben beschriebenem Sinne zu verstehen. Vielmehr gilt der Grundsatz von Treu und Glauben (§ 157) für das gesamte Privatrecht, also auch für die Auslegung einzelner Willenserklärungen. Der Inhalt einer Erklärung, wie ihn der Empfänger
verstehen darf oder verstehen muss, kann nicht losgelöst von der Verkehrssitte (§ 157) ermittelt werden. Umgekehrt gilt der Grundsatz, es
müsse der wirkliche Wille erforscht werden (§ 133), nicht nur für die
Auslegung von Willenserklärungen. Allerdings kann bei einseitigen,

---

1 *Rüthers/Fischer/Birk,* Rechtstheorie, 7. Aufl., 2013, § 22.

nicht empfangsbedürftigen Willenserklärungen der wirkliche Wille
natürlich stärker in den Vordergrund treten, da es an einem schutz-
bedürftigen Adressaten der Erklärung fehlt (zur Auslegung von Testamenten s. daher z. B. unten Rn. 15, 19).

2. Ansätze zur Bestimmung des Auslegungsziels

6   Wie bereits angesprochen bewegt sich die Auslegung zwischen
zwei Interessenpolen: Einerseits will sich der Erklärende nur nach
der Maßgabe seines wirklichen inneren Geschäftswillens binden, andererseits wird der Erklärungsempfänger regelmäßig auf den Erklärungsinhalt vertrauen, den er der Erklärung des anderen entnommen
hat. Letztlich geht es bei der Frage nach den Zielen einer Auslegung
darum, wer das Risiko für das Auseinanderfallen von wirklichem
Willen und objektiver Erklärung trägt.

> **Beispiel:** A möchte seine sehr umfangreiche CD-Sammlung verkaufen und
> hat mit B darüber schon mehrfach gesprochen; dabei war jeweils von einem
> Preis von € 3.000,– die Rede. Beim darauffolgenden Kaufangebot des A an B
> verspricht sich A und bietet die Sammlung versehentlich zu € 2.000,– an.
> Hocherfreut und in dem Glauben, dass es sich dabei um einen Freundschafts-
> preis speziell für ihn handele, nimmt B sofort an. In dieser Situation ist A da-
> ran interessiert, nur nach Maßgabe seines wirklichen Willens gebunden zu
> werden (€ 3.000,–), B dagegen möchte auf die objektive Erklärung des A ver-
> trauen können. Wird A nach Auslegung an seiner objektiven Erklärung fest-
> gehalten (Vertragsschluss über € 2.000,–), so wird sein wahrer Wille (vorbe-
> haltlich einer möglichen Anfechtung, § 25 Rn. 23 ff.) missachtet. Setzt sich
> der wahre Wille des A durch (Vertragsschluss über € 3.000,–), so wird das Ver-
> trauen des B auf die Erklärung des A enttäuscht.

Wie sich schon an diesem Beispiel zeigt, sind auch bei der Auslegung der einzelnen Willenserklärung u. U. Interessen des Empfängers
berührt. Für die Festlegung der Auslegungsziele ist daher nach empfangsbedürftigen und nicht empfangsbedürftigen Willenserklärungen
zu differenzieren.

7   a) **Die Auslegung empfangsbedürftiger Willenserklärungen.**
Empfangsbedürftige Willenserklärungen berühren in der Regel auch
die Interessen des Adressaten. Bei der Auslegung dieser Erklärungen
darf daher nicht ausschließlich der wirkliche Wille (§ 133) des Erklärenden erforscht werden.[2] Ebenso wenig wäre es richtig, im Sinne einer Empfängertheorie allein als Erklärungsinhalt gelten zu lassen, was

---

2 So die früher häufig vertretene „Willenstheorie", die sich allein an § 133 orientierte.

der Empfänger wirklich verstanden hat (vielleicht ist er besonders begriffsstutzig, unaufmerksam etc.). Allerdings muss bei einem Auseinanderfallen von wirklichem Willen und objektiv Erklärtem der Empfänger in gewissen Grenzen auf sein Verständnis der Erklärung vertrauen und sein eigenes rechtsgeschäftliches Verhalten danach ausrichten können. Je bedeutsamer die Erklärung für den Rechtsverkehr ist, umso stärker ist das objektiv Erklärte zu gewichten (Vertrauensschutz).

Bei der Auslegung einer empfangsbedürftigen Willenserklärung ist **8** somit entscheidend, was für den Erklärungsempfänger bei zumutbarer Anstrengung als verbindlich erklärter Wille erkennbar war (**„Empfängerhorizont“**),[3] worauf er also nach Treu und Glauben vertrauen **durfte.** Hatte im obigen Beispielsfall (Rn. 6) B Anhaltspunkte, aufgrund derer er berechtigterweise auf die objektive Erklärung des A (€ 2.000,–) vertrauen konnte, so wird dieses Vertrauen geschützt; die Erklärung des A ist dann zunächst mit dem Inhalt „€ 2.000,–“ verbindlich, A kann sich jedoch durch Anfechtung (§ 119 Abs. 1) davon lösen.

Dieser Vertrauensschutz für den Empfänger kommt im BGB an **9** verschiedenen Stellen zum Ausdruck. Insbesondere sind hier die §§ 119 Abs. 1, 122 zu nennen: Der Erklärende wird an seiner objektiven Erklärung, die er mit diesem Inhalt nicht abgeben wollte, zunächst festgehalten. Er kann sich zwar durch **Anfechtung** davon lösen, muss dann aber den Vertrauensschaden nach § 122 ersetzen. Weitere Beispiele für die Betonung des Vertrauensschutzes sind die §§ 116, 117.

Das Vertrauen des Empfängers auf die objektive Erklärung ist aber **10** **nicht** unter allen Umständen **schutzwürdig.** So entfällt das Schutzbedürfnis dann, wenn zwar die Erklärung vom wirklichen Willen des Erklärenden abweicht, der Empfänger aber dennoch den Willen des Erklärenden **kennt.** Im obigen Beispielsfall (Rn. 6) wäre B dann nicht schutzwürdig, wenn er aufgrund der Vorverhandlungen genau wusste, dass A die Sammlung keinesfalls unter € 3.000,– verkaufen würde. Wenn der Wille des Erklärenden mit dem übereinstimmt, was der Erklärungsempfänger verstanden hat, so bleibt für eine weitere Auslegung kein Raum. Dies gilt auch, wenn die Erklärung objektiv unklar oder missverständlich war, denn aus der Sicht des Emp-

---

3 Vgl. z. B. BGHZ 124, 64, 67; *BGH* NJW 2006, 3777, 3778.

fängers liegt dennoch eine eindeutige Erklärung vor. In diesem Fall käme der Kaufvertrag mit A daher zum Preis von € 3.000,– zustande.

11 Der Erklärungsempfänger ist auch dann nicht schutzwürdig, wenn er zwar den von der objektiven Erklärung abweichenden Willen des Erklärenden nicht kennt, diesen aber **hätte kennen können.** Der Empfänger ist also seinerseits gehalten, bei ihm eingehende Erklärungen zu interpretieren und dabei die jeweiligen Umstände zu berücksichtigen. Er darf sich keinesfalls bei sich aufdrängenden Zweifeln auf das objektiv Erklärte ohne weitere Nachfrage verlassen oder sogar eine mehrdeutige Erklärung einfach in dem ihm günstigsten Sinne auslegen.

Beispiel: Ehemann M möchte seine Frau F zum Hochzeitstag überraschen und sie für ein Wochenende in ein 5-Sterne-Wellnesshotel einladen. Auf seine Anfrage schreibt der Hotelier H zurück, dass er sich freue, M ein „Verwöhnwochenende" zum Preis von € 100,– pro Person anbieten zu können. Tatsächlich kostet ein solches Wochenende jedoch € 1.000,– pro Person, was M auch aus der Preistabelle hätte ersehen können, die H dem Schreiben beigelegt hatte. Hier ist das Vertrauen des M auf den Preis von € 100,– nicht schutzwürdig, da er zumindest (!) aus der beiliegenden Preistabelle den Tippfehler des H hätte ersehen können.

12 Maßgebend ist daher für die Auslegung empfangsbedürftiger Willenserklärungen nach heute h. A. grundsätzlich nicht das konkret vom Empfänger Verstandene. Vielmehr „ersetzt" man sozusagen den tatsächlichen Empfänger gedanklich durch einen objektiven Dritten. Dann ist der Erklärung der Inhalt beizumessen, wie ihn ein solcher umsichtiger und unbefangener dritter Beobachter, der mit den äußeren Umständen der Erklärung vertraut ist, im konkreten Fall verstanden hätte (sog. **„objektiver Empfängerhorizont"**).

13 Hiervon gibt es Ausnahmen, wenn die Interessen von Erklärendem und Adressaten es gebieten. Eine besondere Ausformung der fehlenden Schutzbedürftigkeit des Adressaten ist der Grundsatz *falsa demonstratio non nocet.* Dieser Grundsatz besagt nichts anderes, als dass das tatsächlich übereinstimmend Gewollte einer absichtlichen oder irrtümlichen Falschbezeichnung selbst dann vorgeht, wenn ein objektiver Empfänger diese Erklärung anders verstanden hätte; in diesen Fällen ist also ausnahmsweise nicht der objektive Empfängerhorizont maßgebend.

Beispiel:[4] K kauft bei V mehrere Zentner *Haakjöringsköd*, die auf einem Schiff im Hafen lagern. Dabei gehen beide davon aus, dass es sich bei der ver-

---

4 Nach RGZ 99, 147 ff.

kauften Ware um Walfleisch handelt, *Haakjöringsköd* ist jedoch das norwegische Wort für Haifischfleisch. Hier kommt ein Vertrag über das tatsächlich übereinstimmend Gewollte (nämlich Walfleisch) zustande, obwohl objektiv von beiden Parteien etwas anderes erklärt wurde. Ein unbefangener Betrachter hätte *Haakjöringsköd* zwar die korrekte Übersetzung zugrunde gelegt. Dies ist im Hinblick auf die subjektive Willensübereinstimmung der Parteien aber ausnahmsweise unbeachtlich.

Maßgebend für dieses Ergebnis ist der Gesichtspunkt, dass bei der *falsa demonstratio* ein übereinstimmender Geschäftswille der Parteien besteht, also keiner Partei ein nicht gewolltes Verständnis der Erklärung aufgezwungen wird. Diese Überlegung trifft überall dort zu, wo der Erklärungsempfänger den unklar oder unrichtig ausgedrückten Willen „richtig" versteht; nämlich nicht so, wie der Wille tatsächlich erklärt wurde, sondern so, wie die Erklärung vom Erklärenden gemeint war. Ein übereinstimmender Parteiwille setzt sich dann sogar gegen einen entgegenstehenden schriftlich fixierten **Vertragswortlaut** durch.[5]

Beispiel: Unterzeichnen zwei ältere Musikfachhändler einen schriftlichen Vertrag über zehn *Notebooks* in dem Glauben, *Notebook* sei die englische Bezeichnung für Notenheft, so setzt sich der gemeinsame übereinstimmende Wille durch: Der Kaufvertrag wird über zehn Notenhefte geschlossen.

Unter Umständen fehlt dieses Schutzbedürfnis des Erklärungsempfängers zwar nicht komplett, jedoch darf er auch nicht ohne Weiteres auf die Richtigkeit des von ihm verstandenen Inhalts der Erklärung vertrauen; er muss dann in Zweifelfällen auch bei dem Erklärenden nachfragen. Diese Verpflichtung des Adressaten ist jedoch die Ausnahme und besteht nur dann, wenn besondere Umstände vorliegen, die auf ein Missverständnis schließen lassen (zu einem weiteren Anwendungsfall vgl. unten Rn. 21 ff. „Verkehrssitte").[6]   14

Beispiel: Bestellt die aus Sachsen stammende C in einem süddeutschen Café einen „Pfannkuchen" und bemerkt die Bedienung B dabei, dass C auf den frittierten Hefeteig („Berliner") auf dem Nachbartisch schielt, so darf B ihr nicht ohne Weiteres einen warmen Eierpfannkuchen servieren, wenn sie weiß, dass „Pfannkuchen" in Sachsen frittierter Hefeteig ist; sie muss bei C nachfragen.

---

5 *BGH* NJW-RR 1996, 1458.
6 Das *OLG Schleswig* nahm eine solche Obliegenheit zur Nachfrage in dem Fall an, in dem jemand zum Geburtstag das mit Schleife und Schlüssel versehene Cabrio seiner Lebensgefährtin erhielt (diese behielt jedoch Kfz-Brief und Erstschlüssel). Er habe dies nicht ohne weiteres als Schenkungs- und Übereignungsangebot interpretieren dürfen, wenn die Lebensgefährtin ihm den Wagen nur zur gemeinsamen Nutzung überlassen wollte, *OLG Schleswig* VRR 2012, 427.

Will unsere Sächsin telefonisch im Reisebüro einen Flug nach Porto (Portugal) bestellen und versteht die Angestellte des Reisebüros aufgrund der Dialektfärbung von C „Bordeaux", so kommt nach Ansicht des *AG Stuttgart*[7] auch ein Vertrag über dieses Ziel in Frankreich zustande. Der Erklärende trage das Risiko undeutlicher Aussprache. Auch hier wird man eine Rückfrage verlangen können – die Angestellte hatte dies im konkreten Fall auch getan!

15   **b) Die Auslegung nicht empfangsbedürftiger Willenserklärungen.** Nicht empfangsbedürftige Willenserklärungen werden ohne Zugang bei einem Empfänger wirksam (§ 17 Rn. 36). Für die Auslegung einer solchen Erklärung kann somit auch nicht maßgeblich sein, wie ein Adressat diese Erklärung verstanden hätte; ein schutzwürdiges Vertrauen eines Empfängers besteht nicht. Maßgeblich ist daher in diesen Fällen der **wirkliche Wille** des Erklärenden. Zur Ermittlung dieses wirklichen Willens dürfen, anders als bei der empfangsbedürftigen Willenserklärung, **alle** Umstände herangezogen werden, nicht nur diejenigen, die für einen objektiven Adressaten erkennbar gewesen wären. Die Anwendung des *„falsa demonstratio"*-Grundsatzes erübrigt sich hier, da sich jedenfalls der wirkliche Wille durchsetzt. Zur Auslegung von Testamenten vgl. nachfolgend Rn. 19.

3. Auslegung formgebundener Erklärungen

16   Verträge und Willenserklärungen können von Gesetzes wegen oder kraft Parteivereinbarung einer bestimmten Form unterliegen (hierzu ausführlich § 24). Deckt sich der Erklärungsinhalt, den man aufgrund der Auslegung als rechtlich verbindlich betrachtet, nicht mit dem Wortlaut einer formgebundenen Erklärung, so stellt sich die Frage, ob die geforderte Form eingehalten oder die Erklärung nach § 125 BGB nichtig ist. Als besonders problematisch erweist sich hier der Grundsatz, dass sich bei Verträgen der übereinstimmende Parteiwille bzw. bei nicht empfangsbedürftigen Willenserklärungen der wirkliche Wille des Erklärenden gegen unrichtige objektive Erklärungen durchsetzt. Hier ist in **zwei Schritten** vorzugehen:[8] Zuerst ist die Erklärung nach allgemeinen Grundsätzen auszulegen und erst danach ist zu entscheiden, ob die durch Auslegung ermittelte Willenserklärung den jeweiligen Formerfordernissen entspricht.

Beispiel: V und K möchten einen Kaufvertrag über das Grundstück mit der Flurstücknummer 168 des V schließen. Im notariellen Vertrag wird versehentlich das Grundstück mit der Flurstücknr. 147, das ebenfalls dem V gehört, als

---

7 *AG Stuttgart-Bad Cannstatt* BeckRS 2012, 17508.
8 *BGH* NJW 1995, 1886; BGHZ 86, 41, 46 f.

Kaufgegenstand bezeichnet, ohne dass V oder K dies bemerken. Hier führt die Auslegung zunächst dazu, dass ein Vertrag über Grundstück „Nr. 168" gewollt ist, da dies dem übereinstimmenden Willen von V und K entspricht (1. Schritt). Notariell beurkundet (Formpflicht des § 311b Abs. 1 S. 1) ist jedoch nicht ein Vertrag über „Nr. 168", sondern über das Grundstück mit der Nummer 147. Ist ein formwirksamer Kaufvertrag über Grundstück „Nr. 168" zustande gekommen (2. Schritt)? (Lösung Rn. 18).

Als Lösungsansätze stehen sich gegenüber die **Andeutungstheo-** 17
rie[9], die fordert, dass das wirklich Gewollte in der objektiven Erklärung zumindest angedeutet ist (ansonsten Formnichtigkeit nach § 125) und die Auffassung, die dem Satz *falsa demonstratio non nocet* **uneingeschränkte Geltung** belässt[10] (und somit selbst dann keine Formnichtigkeit eintritt, wenn keine Anhaltspunkte für den durch Auslegung ermittelten Willen in der Erklärung selbst enthalten sind). Welcher Lösung der Vorzug zu geben ist, kann nicht allgemein, sondern nur unter Berücksichtigung der Erklärung und des jeweiligen Formzwecks entschieden werden.

Hat die Formvorschrift, wie etwa § 311b Abs. 1 S. 1, **Warn- oder** 18
Aufklärungsfunktion ausschließlich gegenüber den Parteien, so kann der *falsa demonstratio*-Grundsatz seine volle Bedeutung behalten. Eine Andeutung des wirklichen Willens in der Erklärung ist nicht erforderlich, da kein schutzwürdiges Vertrauen eines Dritten betroffen ist. Im obigen Beispielsfall (Rn. 16) wurde durch Auslegung der rechtlich bedeutsame Inhalt der Erklärung ermittelt (nämlich Kaufvertrag über Grundstück mit der Flurstücknummer 168). Entscheidend ist nun im zweiten Schritt, ob die Erklärung mit diesem Inhalt auch dem Formerfordernis des § 311b Abs. 1 S. 1 entspricht. § 311b Abs. 1 S. 1 hat die Funktion, die Parteien auf die Tragweite ihres Verhaltens hinzuweisen (Warnfunktion) und durch die Mitwirkung eines Notars Rechtsmängel, Irrtümer oder Lücken des Vertrags zu vermeiden (Aufklärungsfunktion); einen Vertrauensschutz Dritter bezweckt diese Vorschrift zunächst nicht. Dies hat zur Folge, dass der *falsa demonstratio*-Grundsatz durchgreift und eine Andeutung des wirklichen Willens in der Vertragsurkunde nicht erforderlich ist.

---

9 *BGH* NJW 1995, 1886, 1887 (zur Bürgschaft: Bei der Auslegung „dürfen auch außerhalb der Urkunde liegende Umstände herangezogen werden, sofern für den Willen in dem erforderlichen Umfang ein zureichender Anhaltspunkt in der Urkunde besteht, der Inhalt der Bürgschaftsverpflichtung also dort irgendwie seinen Ausdruck gefunden hat"); 1995, 43, 45 (Bürgschaft); BGHZ 86, 41, 47 (Testament).
10 Hierzu BGHZ 87, 150, 152 ff. (Grundstückskaufvertrag); *BGH* NJW 2008, 1658, 1659 geht davon aus, dass die Andeutungstheorie bei irrtümlicher Falschbezeichnung des Grundstücks keine Anwendung finden soll.

Der Vertrag im obigen Beispiel ist also mit dem Inhalt „Nr. 168" wirksam. Sind die verwechselten Grundstücke allerdings z. B. hinsichtlich ihrer Belastungen nicht vergleichbar, kann der Formzweck verfehlt sein, wenn der Käufer nicht über die wahren Risiken aufgeklärt wurde.[11] Anders zu beurteilen sind auch Fälle, in denen die Parteien bewusst etwas Falsches angeben, z. B. einen zu niedrigen Grundstückskaufpreis, um Steuern und Gebühren zu sparen, vgl. hierzu § 25 Rn. 6 ff.

19   Dagegen ist bei der Auslegung von **Testamenten** weiterhin eine Andeutung des wirklichen Erblasserwillens in seiner Erklärung zu fordern. Bei einem Testament als nicht empfangsbedürftiger Willenserklärung ist der wirkliche Wille des Erklärenden zu erforschen. Da bei der Erforschung des wahren Willens des Erblassers Beweisschwierigkeiten naheliegen (der Erklärende ist tot), ist hier an der Aussagekraft der schriftlichen Erklärungen und somit auch an dem Erfordernis, dass der wirkliche Wille zumindest angedeutet sein muss, festzuhalten.[12]

III. Anhaltspunkte für die Auslegung

1. Die Erklärung als Ausgangspunkt

20   Gegenstand und Ausgangspunkt jeder Auslegung ist die Erklärung, d. h. der **Wortlaut** oder die sonstigen Verhaltensweisen, die eine Willenserklärung beinhalten.

Beispiele: Zwei Vertragspartner schließen in Indien einen Kaufvertrag, bei dem der Kaufpreis in Dollar vereinbart ist. Hier ist es Aufgabe der Auslegung zu klären, ob die US-amerikanische oder eine andere Währung in Dollar gemeint ist.
Ein Darlehensgeber nimmt nach Ablauf des vereinbarten Rückzahlungstermins für die Darlehenssumme (die noch nicht zurückbezahlt ist) weiterhin Zinszahlungen des Schuldners an. Die Auslegung muss klären, ob diese Annahme der Zinsen eine „Verlängerung des Darlehens" bedeutet.

Jede Willenserklärung und jedes Rechtsgeschäft bedürfen der Auslegung. Das trifft auch für vermeintlich „eindeutige" Willenserklärungen zu. Die Feststellung, dass eine Erklärung eindeutig ist, ist nämlich schon das Ergebnis eines Auslegungsvorgangs. In vielen Fäl-

---

11 Ähnlich *Bitter,* § 7 Rn. 29 für Bürgschaftverträge, bei denen die Hauptschuld aufgrund übereinstimmenden Irrtums falsch angegeben ist. Der Bürge soll vor der Übernahme der Einstandspflicht für eine ganz konkrete Forderung gewarnt werden.
12 BGHZ 86, 41, 47.

len ist nicht nur der Inhalt einer Erklärung zu ermitteln, sondern bereits, ob überhaupt eine Willenserklärung vorliegt. So ist beispielsweise im Trierer Weinversteigerungsfall (vgl. § 17 Rn. 5) erst durch Auslegung zu ermitteln, ob das „Handheben" eine Willenserklärung darstellt oder nicht. Für das **Schweigen** gelten im Rahmen der Auslegung keine Besonderheiten. Besondere Aufmerksamkeit ist dabei allerdings der Frage zu widmen, ob das Schweigen überhaupt eine Willenserklärung darstellt (vgl. ausführlich auch § 17 Rn. 23 ff.).

2. Umstände der Erklärung und Verkehrssitte

Wie sich bereits aus den obigen Ausführungen ergibt, darf die Aus-   21
legung nicht am buchstäblichen Sinn einer Erklärung haften.[13] Zwar muss die Auslegung von dem objektiv Erklärten ausgehen, sofern sich aber aus den **Umständen** ergibt, dass etwas anderes gewollt war, sind der Auslegung selbst durch einen vermeintlich klaren und eindeutigen Wortlaut der Erklärung keine Grenzen gesetzt.[14]

Daher kommt neben dem Wortlaut einer Erklärung der **Verkehrs-**   22
sitte (§ 157) eine wichtige Bedeutung im Rahmen der Auslegung zu. Verkehrssitte bezeichnet dabei die den **Verkehr tatsächlich beherr-**
schende Übung; sie ist keine Rechtsnorm, sondern ein die Auslegung bestimmender tatsächlicher Anhaltspunkt. Die unter Kaufleuten verbreiteten Verkehrssitten werden als „Handelsbräuche" bezeichnet (§ 346 HGB).

Allerdings ist **keine allgemeingültige Beurteilung** der Verkehrssitten möglich; die am Privatrechtsverkehr beteiligten Personen und Gruppen leben in unterschiedlichen Lebens-, Gesellschafts-, Berufs- und Geschäftskreisen. Sie können sehr verschiedene Sprach- und Ausdrucksgewohnheiten haben. Das einzelne von einem Teilnehmer am Rechtsverkehr verwendete Erklärungszeichen mag daher in verschiedenen Lebenssituationen etwas ganz anderes bedeuten und vom Erklärungsempfänger auch sehr verschieden aufgefasst werden. Das Verständnis von Erklärungszeichen beruht auf Verständnisgewohnheiten, die oft nur in bestimmten Lebens- oder Geschäftskreisen eingeführt sind. Es kommt also jeweils auf die konkreten Umstände und den Kontext der Erklärung an.

Beispiele: Das Angebot, eine „Ente" zu verkaufen, bedeutet beim Geflügelhändler etwas anderes als auf der Verkaufsfläche eines Gebrauchtwagenhänd-

---

13 *BGH* NJW-RR 1996, 1458.
14 BGHZ 86, 41, 45.

lers; letzterer meint in aller Regel mit einem solchen Angebot das Automodell „2 CV".

Der Ausdruck „Schnecke" deutet in einer Konditorei wohl auf ein Hefegebäck hin, während im Feinschmeckerlokal eher die ehemals langsam dahin kriechenden Leckerbissen gemeint sind.

Nach dem Kauf eines „Pfannkuchens" bekommt man z. B. in Sachsen einen fritierten, gefüllten Hefeteig ausgehändigt, während man in anderen Gegenden einen Eierpfannkuchen erhält.

Gehören beide Vertragspartner **demselben Lebens- oder Geschäftskreis** an, so kann der Adressat davon ausgehen, dass der Erklärende sie in dem in diesen Geschäftskreisen üblichen Sinn gebraucht hat („objektiver Empfängerhorizont"); dies gilt selbst dann, wenn der Erklärende den in diesen Kreisen üblichen Sinn nicht kannte. Im obigen „Enten"-Beispiel darf der Adressat also darauf vertrauen, dass der Gebrauchtwagenhändler auch wirklich den in diesen Geschäftskreisen so bezeichneten „Citroën 2 CV" meint. Der Gebrauchtwagenhändler muss seine Erklärung in diesem Sinne gegen sich gelten lassen. Wollte er ausnahmsweise mit dem Begriff „Ente" tatsächlich das Federvieh bezeichnen oder kannte er die Bezeichnung „Ente" für den Wagen nicht, so kann er sich von seiner Erklärung nur durch Anfechtung lösen. Aber auch, wenn die Parteien unterschiedlichen Verkehrskreisen angehören, muss der Erklärende darauf achten, in welcher Umgebung er seine Erklärung abgibt. Also auch die auf einem Kfz-Verkaufsgelände abgegebene Erklärung eines Nicht-Gebrauchtwagenhändlers, er wolle eine „Ente" kaufen, darf der Adressat in aller Regel als „2 CV" verstehen. Allerdings bestehen u. U. für den Adressaten Erforschungspflichten (vgl. oben Rn. 14). Bei örtlich unterschiedlicher Verkehrssitte ist diejenige maßgebend, zu der nach den Umständen der **engere Bezug** besteht.

23   Ein weiterer für die Auslegung maßgeblicher Anhaltspunkt ist der von den Parteien verfolgte **Vertragszweck.**

Beispiel:[15] A und B sind Grundstücksnachbarn. Sie treffen eine Vereinbarung, nach der B in der dem Grundstück des A zugewandten Seite eines noch zu errichtenden Gebäudes „keine Fenster" einbauen darf. B baut Glasbausteine in der fraglichen Wand ein. Hier ist zu erforschen, welchen Zweck die Parteien mit der Vereinbarung eines „Fensterverbots" verfolgt haben. Ging es darum, dass B aus seinem Haus keinen Einblick auf das Grundstück des A hat, so wird dieses Ziel auch erreicht, wenn B keine Fenster, sondern Glasbausteine einbaut; der Einbau der Glasbausteine wäre zulässig. Mögli-

---

15 Nach *BGH* JZ 1961, 494 ff.

cherweise ging es den Parteien jedoch darum, dass durch ein – regelmäßig auch zu öffnendes – Fenster in der betreffenden Hausseite des B keine Immissionen (Lärm, Licht, Gerüche) auf das Grundstück des A gelangen. Auch dann wären fest eingemauerte Glasbausteine keine Fenster in diesem Sinne. Legte A hingegen auf die Lichtundurchlässigkeit Wert, so darf B auch keine Glasbausteine einbauen.

Die Rechtsprechung hat im Laufe der Zeit neben den gesetzlichen **24** (vgl. z. B. §§ 311c, 364 Abs. 2) weitere **Auslegungsgrundsätze** formuliert, die dann eingreifen können, wenn Anhaltspunkte für einen entgegenstehenden Willen der Erklärenden nicht ersichtlich sind. So gebührt im Zweifel derjenigen Auslegung der Vorzug, welche die Nichtigkeit des Rechtsgeschäfts vermeidet. Die Parteien wollen in der Regel dasjenige, was nach den Maßstäben der Rechtsordnung **vernünftig,** also jedenfalls rechtswirksam ist und der wohlverstandenen Interessenlage entspricht.[16] Sie streben im Zweifel nichts Unredliches an.

Vertiefende Literatur und Hinweise für Examenskandidaten: Zur Auslegung von Willenserklärungen, die automatisch von Computerbuchungssystemen generiert werden: *BGH* NJW 2013, 598 („Buchung für Mr. Unbekannt"); hierzu *Stadler,* JA 2013, 465; *Bayer/Weiß,* JuS 2013, 996.

IV. Die ergänzende Vertragsauslegung

Die bisher beschriebene (erläuternde) Auslegung verfolgt den **25** Zweck, die maßgebliche Bedeutung einer einzelnen Erklärung oder eines Vertrags festzustellen. Ergibt sich demgegenüber bei der Durchführung eines Vertrags eine Situation, welche die Parteien bei Vertragsschluss nicht vorhergesehen und folglich auch nicht geregelt haben, so ist diese Lücke unter Umständen im Wege der ergänzenden Vertragsauslegung nach § 157 zu schließen.

Beispiel:[17] A und B sind praktische Ärzte in zwei deutschen Kleinstädten und schließen einen Vertrag über einen Tausch der beiden Arztpraxen. Nach einem halben Jahr kommt A wider Erwarten in seine Heimatstadt zurück und eröffnet im Nachbarhaus des B wieder eine Arztpraxis. Kann sich B dagegen erfolgreich wehren, obwohl der Vertrag zwischen A und B keine ausdrückliche Regelung für einen solchen Fall enthält? (Lösung Rn. 28)

---

16 *BGH* NJW 1971, 1034, 1035.
17 Nach BGHZ 16, 71–82.

1. Anwendungsbereich

26   Sowohl Verträge als auch einseitige Rechtsgeschäfte (wie z. B. ein
Testament) können lückenhaft sein. Eine Lücke kann dadurch entstehen, dass die Handelnden bewusst auf eine ins einzelne gehende Regelung verzichtet haben (**bewusste Lücke**) oder dass sie die Rege-
lungsbedürftigkeit eines vertraglich bedeutsamen Punktes nicht
erkannt haben (**unbewusste Lücke**). Denkbar ist auch, dass eine Lücke erst nach Abschluss eines Rechtsgeschäfts durch eine Änderung
der sozialen, wirtschaftlichen oder rechtlichen Verhältnisse entsteht.
       Häufig hilft schon das Gesetz, Vertragslücken zu schließen, indem
es **dispositive Regelungen** zur Verfügung stellt. So werden beispielsweise bei Abschluss eines Kaufvertrages häufig keine Regelungen darüber getroffen, welche Auswirkungen die Mangelhaftigkeit der
Kaufsache haben soll. Das Gesetz stellt hier die §§ 434 ff. zur Verfügung.

2. Lücke

27   Jede ergänzende Vertragsauslegung setzt voraus, dass überhaupt
eine Lücke besteht. Ob das der Fall ist, muss durch Auslegung ermittelt werden. Nicht immer, wenn eine spezielle Regelung fehlt, liegt
eine (ergänzungsbedürftige) Lücke vor. Eine solche kann nur dann
angenommen werden, wenn das Rechtsgeschäft innerhalb des tatsächlich gegebenen Rahmens oder innerhalb der mit dem Rechtsgeschäft erkennbar verfolgten Zwecke eine planwidrige Unvollständig-
keit aufweist. Die Auslegung darf also nicht dazu führen, dass durch
die Annahme einer (aus Sicht der Parteien) nicht vorhandenen Lücke
eine Erweiterung oder Veränderung des Vertragsgegenstandes erfolgt.

3. Lückenfüllung: hypothetischer Parteiwille

28   Enthält das Rechtsgeschäft eine Lücke, so ist diese – wenn immer
möglich – im Wege der ergänzenden Auslegung zu schließen. Dabei
sind in erster Linie die Wertungen der Parteien zugrunde zu legen. Es
ist zu ermitteln und zu berücksichtigen, was sie mit Rücksicht auf
den Vertragszweck redlicher Weise gewollt und vereinbart hätten,
wenn sie den offen gebliebenen Punkt geregelt hätten.[18] Entscheidend
ist also der **hypothetische Parteiwille** zum Zeitpunkt des Vertrags-

---

18 *BGH* NJW 1994, 1008, 1011.

schlusses. Daneben sind gem. § 157 aber auch Treu und Glaube und die Verkehrssitte zu beachten. Dabei kann das Ergebnis auch eine Erweiterung der vertraglichen Leistungspflichten umfassen, wenn dies zur Erreichung des Vertragszwecks erforderlich erscheint.[19] Die ergänzende Vertragsauslegung ist jedoch ausgeschlossen, wenn die Regelungslücke in verschiedener Weise geschlossen werden kann und keine Anhaltspunkte (durch Vertragszweck oder sonstige Umstände) vorhanden sind, die darauf schließen lassen, für welche der gleichwertigen Varianten sich die Parteien entschieden hätten.[20]

Im Beispiel der **getauschten Arztpraxen** (Rn. 25) war der Fall der Rückkehr einer der Parteien nicht ausdrücklich geregelt. Es handelt sich um eine unbewusste Lücke – an diesen Fall hatten A und B nicht gedacht. Fraglich ist, ob B nunmehr von A trotzdem verlangen kann, dass er die Arztpraxis schließt bzw. es unterlässt, eine solche in der Stadt zu betreiben. Der Vertragstext selbst ergibt keine Grundlage für einen entsprechenden (Unterlassungs-)Anspruch des B, wohl aber die ergänzende Vertragsauslegung. Beide Parteien wollten eine abschließende Regelung für den Praxistausch treffen. Sie sollte dem jeweiligen Vertragspartner den Aufbau eines eigenen Patientenstammes auf der Grundlage der eingeführten Praxis seines Vorgängers ermöglichen. Zur Sicherung des Vertragszwecks ist es angesichts der Tatsache, dass beide in einer Kleinstadt praktizieren, erforderlich, ein Wettbewerbsverbot in den Vertrag aufzunehmen in Form einer wechselseitigen Rückkehrbeschränkung. Hier haben A und B eine solche Regelung zwar nicht getroffen. Hätten sie aber bei Vertragsschluss an diesen Punkt gedacht, so würden sie ein zeitlich begrenztes wechselseitiges Verbot, in der Heimatstadt wieder eine Arztpraxis zu betreiben, vereinbart haben. In diesem Sinne ist daher der Tauschvertrag ergänzend auszulegen.

Merke: Die Auslegung ist in den §§ 133, 157 nur unvollständig geregelt. Bei der Auslegung einer empfangsbedürftigen Willenserklärung ist grundsätzlich nicht entscheidend, was der Erklärende subjektiv sagen wollte oder was der Empfänger konkret verstanden hat. Maßgebend ist, welchen Inhalt ein unbefangener, umsichtiger Erklärungsempfänger bei zumutbarer Anstrengung als verbindlich erklärten Willen erkannt hätte (objektiver Empfängerhorizont). Stimmen der Wille des Erklärenden und das Verständnis des Empfängers überein, so gilt der übereinstimmende Geschäftswille – selbst dann, wenn eine beiderseitige falsche Bezeichnung vorliegt (*falsa demonstratio*).
Bei nicht empfangsbedürftigen Willenserklärungen ist ein Vertrauensschutz für den Erklärungsempfänger nicht erforderlich und der wirkliche Wille des Erklärenden ist zugrunde zu legen.

29

---

19 *BGH* NJW 2006, 54; NJW-RR 2008, 562.
20 BGHZ 90, 69, 80; *BGH* NJW 2008, 1820.

Ausgangspunkt für die Auslegung ist die Erklärung selbst. Allerdings ist nicht am wörtlichen Ausdruck haften zu bleiben, sondern die Umstände der Erklärung, Treu und Glauben sowie die Verkehrssitte werden zur Ermittlung ihrer rechtlichen Bedeutung herangezogen. Außerdem liefern gesetzliche und von der Rechtsprechung herausgearbeitete Auslegungsregeln weitere Anhaltspunkte.

Die ergänzende Vertragsauslegung hat die Aufgabe, Lücken in einem Vertrag ausgehend vom Parteiwillen und Vertragszweck zu schließen. Liegt eine Lücke vor, so ist zu fragen, wie die Parteien den offen gebliebenen Punkt redlicher Weise geregelt hätten, wenn sie ihn beim Vertragsschluss bedacht hätten (hypothetischer Parteiwille).

7. Kapitel. Der Vertragsschluss

§ 19. Angebot und Annahme

Schrifttum: *Brehmer,* Die Annahme nach § 151 BGB, JuS 1994, 386 ff.; *Fritsche,* Der Abschluss von Verträgen, JA 2006, 674 ff.; *Hollerbach,* Die rechtlichen Rahmenbedingungen für Internet-Auktionen, DB 2000, 2001 ff.; *Jung,* Die Einigung über die „essentialia negotii" als Voraussetzung für das Zustandekommen eines Vertrages, JuS 1999, 28 ff.; *Lauktien/Varadinek,* Der Vertragsabschluss im Internet, ZUM 2000, 466 ff.; *Petersen*, Das Zustandekommen des Vertrags, Jura 2009, 183 ff.; *Rüfner*, Verbindlicher Vertragsschluss bei Verträgen im Internet, JZ 2000, 715 ff.; *Ulrici*, Die enttäuschende Internet-Auktion, MMR 2000, 280 ff.; *Weber,* Der Optionsvertrag, JuS 1990, 249 ff.; *Weth,* Zivilrechtliche Probleme des Schwarzfahrens in öffentlichen Verkehrsmitteln, JuS 1998, 795 ff.; *Wiebe,* Vertragsschluss bei Online-Auktionen, MMR 2000, 323 ff.

I. Grundsatz

Der Allgemeine Teil des Bürgerlichen Gesetzbuches befasst sich nur lückenhaft mit der Problematik des Vertrages. Geregelt wird in den §§ 145 ff. – unabhängig vom Inhalt des Vertrages – lediglich das Zustandekommen des Vertrages und selbst das nur ausschnittsweise. Die inhaltliche Ausgestaltung, die Erfüllung und die Störung der vertraglichen Beziehungen werden im 2. Buch des BGB (Allgemeiner und Besonderer Teil des Schuldrechts) behandelt. Für einen Teil der beim Vertragsverhältnis auftauchenden Fragen bedarf es keiner speziellen gesetzlichen Regelung. Der Vertrag ist ein **zweiseitiges Rechtsgeschäft;** daraus folgt, dass die allgemeinen Grundsätze über Rechtsgeschäfte und Willenserklärungen für das Vertragsverhältnis gelten. Der Vertrag kommt durch die Annahme eines entsprechenden Antrags (oder Angebotes) zustande. Dies steht zwar nicht ausdrücklich im Gesetz, folgt aber mittelbar aus § 151 S. 1. 1

> Ein Vertrag setzt zwei sich deckende Willenserklärungen – Angebot und Annahme – voraus.

Mit dem Abschluss des Vertrages binden sich die Vertragsparteien wechselseitig. Diese **Bindungswirkung** setzt voraus, dass ein inhaltlich übereinstimmender Wille der Beteiligten erklärt wurde. Nur wenn wirksame Willenserklärungen beider Parteien vorliegen, kommt der Vertrag zustande. Dabei spielt es keine Rolle, in welcher Reihenfolge die Erklärungen abgegeben werden oder von welcher Partei die Initiative ausgeht. Es sind auch Fälle denkbar, in denen sich Angebot und Annahme nicht unterscheiden bzw. zuordnen lassen. Dies ist etwa dann gegeben, wenn die Parteien einen Vertragstext gemeinsam aushandeln, aufsetzen und anschließend unterzeichnen. Die §§ 145 ff. sind auf diese Form des Vertragsschlusses nicht zugeschnitten, schließen ihn aber keineswegs aus.

Die im Folgenden dargestellten Grundsätze über den Vertragsschluss gelten prinzipiell auch, wenn dieser unter Einsatz **moderner Kommunikationsmittel** getätigt wird (z. B. Internet, E-Mail). Aufgrund europarechtlicher Vorgaben[1] enthalten die §§ 312 ff. Sonderregelungen für Fernabsatzverträge (s. die Definition in § 312c) und Verträge im elektronischen Geschäftsverkehr (Definition in § 312i Abs. 1). Für den Vertragsschluss selbst sind vor allem vorvertragliche Informationspflichten (hierzu auch § 24 Rn. 33 f.) und die Zugangsregelung in § 312i Abs. 1 S. 2 relevant, welche allerdings nicht von allgemeinen Grundsätzen (oben § 17 Rn. 44 ff.) abweicht.

II. Das Angebot

2 **Fall 23:** Im Schaufenster des Modegeschäftes des G ist ein Modell-Abendkleid für € 750,– ausgestellt. X betritt daraufhin den Laden und möchte das Kleid kaufen. G entschuldigt sich für das falsche Preisschild im Schaufenster und erklärt, das Kleid koste in Wirklichkeit € 1.750,–. Muss G das Kleid der X für € 750,– überlassen? → Rn. 10.

Fall 24: A wirft in den Kaffeeautomaten im Eingangsbereich der Universität das passende Geldstück für einen Becher Kaffee mit Milch und Zucker. Welche Ansprüche hat er gegen den Automatenbetreiber B, wenn der Automat leer (kein Kaffeepulver) ist, dies bei Einwurf der Münze nicht ersichtlich war und der Automat die Münze nicht mehr hergibt? → Rn. 11.

---

1 Es handelt sich um die sog. Fernabsatz-RiLi (Richtlinie 97/7/EG, ABl. EG Nr. L 144, S. 19, = NJW 1998, 212) und die „E-Commerce"-RiLi (Richtlinie 2000/31/EG, ABl. EG Nr. L 178, S. 1). Die Fernabsatz-RiLi ist allerdings durch die Verbraucherrechte-RiLi (Richtlinie 2011/83/EU, ABl. EU Nr. L 304, S. 64) ersetzt.

1. Begriff und Inhalt

Das Angebot zum Abschluss eines Vertrages (Offerte oder in der **3**
Terminologie der §§ 145 ff. Antrag) ist eine **einseitige, empfangsbedürftige Willenserklärung.** Sie wird nach allgemeinen Regeln mit
Zugang an den Adressaten wirksam. § 145 legt darüber hinaus fest,
dass der Anbietende grundsätzlich an seinen Antrag gebunden ist,
diesen also nicht jederzeit widerrufen oder zurücknehmen kann (Bindungswirkung), wenn nicht die Gebundenheit ausgeschlossen wurde.
Inhaltlich muss der Antrag grundsätzlich Inhalt und Gegenstand des
Vertrages so fixieren bzw. nach Auslegung (§§ 133, 157) bestimmbar
angeben, dass der Adressat durch ein schlichtes „Ja" das Angebot annehmen kann. Was zum notwendigen Inhalt des Vertragsangebotes
gehört, lässt sich nicht allgemein, sondern nur anhand des konkreten
beabsichtigten Vertrages ermitteln. Prinzipiell gehören hierzu jedoch
die sog. *essentialia negotii* des Vertrages, d. h. es muss sich aus dem
Antrag ergeben die Identität der Vertragspartner, der Vertragsgegenstand (Hauptleistung) und bei entgeltlichen Verträgen die Gegenleistung.

Nicht bei allen Verträgen muss die Gegenleistung jedoch der Höhe nach
schon bestimmt sein, solange sich nur klar ergibt, dass eine Gegenleistung gewollt ist (vgl. etwa für Dienst- und Werkverträge §§ 612, 632). Wenn also A
seinen Wagen in die Werkstatt zur Reparatur bringt und darum bittet, die de-
fekten Bremsen in Ordnung zu bringen, so bedarf es keiner ausdrücklichen
Vereinbarung einer Vergütung mit dem Werkunternehmer W. Vielmehr gilt
die übliche Vergütung als stillschweigend vereinbart (§ 632 Abs. 2), da A
nach den Umständen nicht von einer kostenlosen Reparaturleistung des W
ausgehen darf (§ 632 Abs. 1). Beim Kaufvertrag hingegen gehört die Angabe
des Preises zu den *essentialia negotii;* soll die Festsetzung einem Dritten oder
einer der Vertragsparteien überlassen bleiben (§§ 315 ff.), so muss sich dies aus
dem Angebot ergeben.[2]

Auch die Identität der Vertragsparteien muss nicht in allen Fällen
im Angebot fixiert sein. Der Anbietende kann seinen Antrag bewusst
an einen nicht näher festgelegten Personenkreis richten, weil es für
ihn keine Rolle spielt, mit wem er einen Vertrag abschließt. So ist
etwa im Fall 24 die Aufstellung eines Warenautomaten – unter bestimmten Bedingungen – als Vertragsangebot anzusehen. Es richtet
sich aber nicht an einen individualisierten Vertragspartner, sondern
an die Allgemeinheit (Offerte *ad incertas personas*).

---

2 *Larenz/Wolf,* § 29 Rn. 18; *Jung* JuS 1999, 28.

2. Rechtsbindungswille des Antragenden

4   Schon aus der Tatsache, dass das Angebot den allgemeinen Grundsätzen über Willenserklärungen unterliegt, folgt, dass insbesondere auch die subjektiven Elemente vorliegen müssen. Der Erklärende muss also mit Erklärungsbewusstsein und Rechtsbindungswillen handeln. Dies ist ggf. im Wege der **Auslegung** festzustellen. So ist nach den oben erörterten Grundsätzen (§ 18 Rn. 8) maßgeblich, ob ein objektiver Empfänger nach Treu und Glauben mit Rücksicht auf die Verkehrssitte die Erklärung als bindend werten durfte. Die innere Einstellung des Erklärenden allein ist unbeachtlich. Der **Verkehrssitte** kommt beim Vertragsschluss eine besondere Bedeutung zu. Dabei sind häufig die Begleitumstände und Konsequenzen der Erklärung relevant.

5   Verschickt z. B. ein Großhändler per Rundschreiben an seine Kunden die Ankündigung eines „Sonderangebotes" über Waren, von denen er nur einen begrenzten Vorrat hat, so will er sich damit in aller Regel noch nicht binden, da er ggf. nicht alle zusagenden Kunden beliefern kann. Die Kunden können also keinen Rechtsbindungswillen beim Großhändler erwarten. Zwar handelt dieser möglicherweise in dem Bewusstsein, eine für den Rechtsverkehr rechtlich erhebliche Erklärung abzugeben, will damit aber erkennbar noch keine Bindung im Sinne einer Willenserklärung eingehen. Der Großhändler möchte lediglich die Kunden auffordern, ihrerseits verbindliche Angebote abzugeben, über deren Annahme er dann entscheidet. Man spricht von einer sog. *invitatio ad offerendum*. Durch ein Rundschreiben oder eine ähnliche Mitteilung wird also in der Regel noch kein Angebot abgegeben. Es handelt sich dabei nicht um einen Ausschluss der Bindungswirkung nach § 145 (unten Rn. 8 f.), vielmehr ist schon der (subjektive) Tatbestand einer Willenserklärung nicht erfüllt. Man könnte sogar schon Zweifel am Vorliegen eines objektiven Erklärungstatbestandes haben, da nach der Verkehrsauffassung einem solchen noch unverbindlichen Verhalten kein objektiver Erklärungswert zukommt.

Eine solche bloße **Aufforderung zur Abgabe von Angeboten** *(invitatio ad offerendum)* liegt nach h. M. auch vor bei der Ausstellung von Waren mit Preisauszeichnung im Schaufenster,[3] im Regal des Selbstbedienungsladens, bei Zeitungsinseraten etc. Die Entscheidung

---

3 *BGH* NJW 1980, 1388.

über das Zustandekommen des Vertrages möchte sich der „Anbieter"
hier jeweils vorbehalten, bis ihm ein konkretes Angebot eines Interessenten zugeht und er seinen Warenvorrat oder ggf. die Kreditwürdigkeit des Kunden überprüfen kann.

Im Supermarkt oder **Selbstbedienungsladen** liegt daher ein bindendes Angebot auf Abschluss eines Kaufvertrages erst vor, wenn der Kunde die ausgewählte Ware an der Kasse präsentiert. Sein Angebot wird angenommen, indem
die Ware in der Kasse registriert und in Rechnung gestellt wird. Auch die
Speisekarte im Restaurant ist bloße Aufforderung zur Bestellung. Ein Vertrag
kommt erst zustande, wenn die Kellnerin diese aufnimmt.

Eine Mindermeinung[4] möchte die Schaufensterauslage von Mas-
senartikeln als Antrag auf Abschluss eines Barkaufes über gleichartige
Waren an jedermann ansehen.[5] Dagegen spricht jedoch, dass der Ge-
schäftsinhaber dann nicht mehr entscheiden könnte, ob und an wen
er tatsächlich verkauft. Mit jedem Kunden, der den Laden betritt
und die Annahme des (Schaufenster-)Angebots erklärt, wäre damit
schon ein Vertrag geschlossen. Ein solcher „Automatismus" würde
seine Entscheidungsfreiheit in einer Weise einengen, die nicht der Interessenlage des Anbieters entspricht. Zwar besteht dann die Gefahr,
dass jemand durch besonders günstige „Lockvogel"-Angebote im
Schaufenster, für die er regelmäßig einen Vertragsschluss ablehnt,
Kunden nur erst einmal in sein Geschäft locken möchte in der Hoff-
nung, sie würden dann etwas anderes kaufen. Dem kann jedoch
durch die Regeln gegen den unlauteren Wettbewerb vorgebeugt werden (§ 1 UWG).

Auch Verkaufs- oder Dienstleistungsangebote auf einer **Webseite**
im Internet sind regelmäßig aus den genannten Gründen nur als *invitatio ad offerendum* einzuordnen.[6] Etwas anderes gilt für Leistungen
wie Softwareangebote, wenn der Interessent sie direkt online erwerben, d. h. sich herunterladen kann. In diesem Fall ist die Interessenlage aus der Sicht des Anbieters anders wegen der beliebigen Repro-
duzierbarkeit der Ware und der regelmäßig zugleich erfolgenden
Zahlung (Abbuchung nach Angabe der Konto- oder Kreditkarten-
nummer). Es handelt sich um ein Angebot *ad incertas personas.*[7]

---

4 *Köndgen*, Selbstbindung ohne Vertrag, 1981, S. 293.
5 Im europäischen Rechtsvergleich ist die Konstruktion der *invitatio ad offerendum* bei
  Schaufensterauslagen oder öffentlichen Anzeigen tatsächlich keine Selbstverständlich-
  keit, s. unten § 19 VII.
6 *LG Münster* JZ 2000, 730; Soergel/*Wolf*, § 145 Rn. 7 m. N. zur Rechtsprechung; *Bork*,
  Rn. 709; *Moritz*, CR 2000, 61, 62; a. A. *Mehrings*, MMR 1998, 31.
7 *Ernst*, NJW-CoR 1997, 165.

5a   Für **Versteigerungen** trifft § 156 eine ausdrückliche Regelung. Der Vertrag kommt erst mit dem Zuschlag zustande, d. h. die Offerte bzw. der Ausruf durch den Versteigerer ist ebenfalls bloße *invitatio ad offerendum*. Für Internet-Auktionen, bei denen es allerdings sehr unterschiedliche Erscheinungsformen gibt, gilt grundsätzlich nichts anderes; der interessierte Kunde gibt ein Angebot ab. Der „Zuschlag" ist dort allerdings häufig ersetzt durch Zeitablauf und die Voraussetzung, dass nur mit dem fristgerecht Höchstbietenden ein Vertrag zustande kommt. Ein echter Auktionator, der den Zuschlag erteilt, ist dann nicht vorhanden, so dass § 156 nicht unmittelbar passt. Das „Internet-Auktionshaus" stellt nur eine Plattform für den Austausch von Erklärungen zur Verfügung. Eine Annahmeerklärung liegt dann erst in der Bestätigung durch den Einlieferer bzw. das Auktionshaus als dessen Stellvertreter (s. hierzu unten §§ 29–32). Das Angebot des Einlieferers auf der Internetseite kann jedoch auch durch ausdrückliche Erklärung oder aufgrund der Allgemeinen Geschäftsbedingungen des virtuellen Auktionshauses (maßgebend für Empfängerhorizont des Bieters) als bindendes ausgestaltet sein. Der Vertrag kommt dann unmittelbar mit demjenigen zustande, der binnen der Versteigerungsfrist das höchste Angebot abgegeben hat (ggf. muss ein Mindestgebot überschritten sein).[8]

6   Hingegen ist das **Zusenden von unbestellter Ware** regelmäßig ein Angebot auf Abschluss eines Kaufvertrages. Es enthält alle vertragswesentlichen Bestandteile und ist mit Rechtsbindungswillen erfolgt, da ja die Ware schon aus der Hand gegeben wird. Der Versender ist daher nicht in gleichem Maße schutzwürdig, wie wenn er die Ware einer Vielzahl von potentiellen Interessenten schriftlich offeriert. Allerdings kommt ein Vertrag nur zustande, wenn der Adressat eine schlüssige oder ausdrückliche Annahmeerklärung abgibt – Schweigen alleine genügt nicht (s. § 17 Rn. 26).

Im **Fall 23** (Rn. 2) ist die Schaufensterauslage des G also noch kein Vertragsangebot. Dieses erfolgt erst seitens der X, die das ausgestellte Kleid zum angegebenen Preis erwerben möchte. Würde man die Auslage im Schaufenster schon als Angebot des G werten, käme mit der entsprechenden Erklärung der Kundin der Kaufvertrag zustande, auch wenn G gerade an sie nicht verkaufen möchte oder das ausgestellte Kleid schon verkauft ist. Gäbe er mit der Präsentation der Ware schon ein bindendes Angebot ab, so setzte sich G allen

---

[8] Vgl. hierzu *BGH* JZ 2005, 464; NJW 2002, 363; *OLG Hamm* JZ 2001, 768 (gegen *LG Münster* JZ 2000, 730); ausführlich zu Online-Auktionen *Mankowski*, JZ 2005, 444 ff.; *Hager*, JZ 2001, 786 ff.

denjenigen gegenüber einer Schadensersatzpflicht aus, die das Angebot annehmen würden, aber mangels Vorrats nicht befriedigt werden könnten. Auch nach der Mindermeinung (Rn. 5) käme man hier nicht zu einem Angebot, da es sich um ein Modellkleid handelt, das regelmäßig gerade nicht in beliebiger Stückzahl verfügbar ist.

Die Unverbindlichkeit gilt grundsätzlich auch für die Preisangaben im Schaufenster.[9] G kann daher das Angebot der X (Kauf zum Preis von € 750,–) ablehnen und ein eigenes Angebot zum „richtigen" Preis machen. Nur wenn X darauf eingeht, kommt ein Kaufvertrag zustande.

Der Antragende kann – um den Besonderheiten des Vertrags- **7** schlusses Rechnung zu tragen – sein Angebot auch unter einer Bedingung abgeben. Sie kann sich auch durch Auslegung nach §§ 133, 157 ergeben. So ist das Aufstellen eines **Verkaufsautomaten** einerseits nach der Verkehrsauffassung als schlüssiges und bindendes Angebot zum Abschluss von Kaufverträgen über die im Automat enthaltene Ware an einen beliebigen Personenkreis zu verstehen. Die Entscheidungsfreiheit des Anbietenden über den endgültigen Vertragsschluss muss nicht geschützt werden, da der Abschluss ja automatisiert ist. Nach richtiger Ansicht[10] steht das Angebot aber unter einer **dreifachen Bedingung** (§ 158 Abs. 1). Der Käufer muss die richtigen Münzen einwerfen, der Vorrat muss ausreichen und der Automat muss technisch funktionieren. Nur wenn alle drei Voraussetzungen erfüllt sind, entfaltet das (konkludente) Angebot Wirksamkeit.

Im **Fall 24** (Rn. 2) hätte A nur dann Anspruch auf einen Becher mit Kaffee, Milch und Zucker, wenn ein Kaufvertrag mit dem Automatenbetreiber zustande gekommen ist (§ 433 Abs. 1 S. 1). Hier ist jedoch eine der drei notwendigen Bedingungen nicht erfüllt, der Automat ist leer. Daher liegt schon kein Angebot seitens des Automatenaufstellers vor. Das Einwerfen des Geldes durch A könnte ein eigenes Angebot sein, dieses wurde jedoch – mangels Ware – nicht angenommen. Die Münze ist entweder bereits an den Automatenbetreiber B übereignet (§ 929 S. 1 – hierzu unten Rn. 11) oder doch kraft Gesetzes in sein Eigentum übergegangen (§ 948). Er besitzt sie wegen des fehlenden Kaufvertrages aber ohne Rechtsgrund. A kann daher „sein" Geld nach § 812 Abs. 1 S. 1, 1. Var. zurückverlangen.

---

9 *BGH* NJW 1980, 1388.
10 *OLG Düsseldorf* ZMR 1987, 328; *Bork*, Rn. 717; ähnlich *Larenz/Wolf*, § 29 Rn. 23; a. A. – Aufstellung nur *invitatio* – *Medicus*, Allgemeiner Teil, Rn. 362; *Padeck*, VersR 1989, 541 f.

3. Ausschluss der Bindungswirkung nach § 145

8   **a) Voraussetzungen des Ausschlusses.** Das Vertragsangebot ist
nach allgemeinen Regeln nur bis zu seinem Zugang nach § 130
Abs. 1 S. 2 widerruflich. Nach § 145 kann der Antragende aber die
Bindungswirkung eines Angebotes – das im Übrigen alle Voraussetzungen einer Willenserklärung erfüllen muss – ausschließen. Die Bedeutung solcher Ausschlussklauseln, die vor allem im kaufmännischen Geschäftsverkehr von Wichtigkeit sind, ist durch Auslegung
zu ermitteln. Es kann sich um ein wirksames Angebot mit Widerrufs-
bzw. Rücktrittsvorbehalt handeln oder aber nur um eine Form der
invitatio ad offerendum.[11] Typische Klauseln im Sinne von § 145
sind „Angebot freibleibend", „ohne obligo" oder „Liefermöglichkeit
vorbehalten". Die Einordnung ist für die Frage, ob und unter welchen Bedingungen es zum Vertragsschluss kommt, entscheidend
(Rn. 9).[12] Nach der Rechtsprechung soll im Zweifel nur eine *invitatio
ad offerendum* vorliegen.[13]

9   **b) Wirkungen.** Ist nur die Bindungswirkung ausgeschlossen, so
liegt im Prinzip ein annahmefähiges Angebot vor, allerdings kann
der Antragende sein Angebot auch nach dessen Zugang ausnahmsweise widerrufen. Innerhalb welcher Frist ein solcher Widerruf noch
möglich ist, muss im Einzelfall durch Auslegung ermittelt werden.
Einzelheiten hierzu sind streitig. Nach der strengeren Ansicht soll
nur **bis zur Annahme** durch den anderen Teil ein Widerruf möglich
sein.[14] Dies wird der Interessenlage aber oft nicht gerecht, zumal der
Empfänger des Angebots die fehlende Bindungswirkung ja kennt.
Weitergehend kann man dem Anbietenden daher je nach Umständen
das Widerrufsrecht auch noch nach **Zugang der Annahmeerklärung**
zubilligen. Allerdings muss er hiervon unverzüglich Gebrauch machen (die genaue Reaktionszeit richtet sich nach den Umständen des
Einzelfalls). Ein Schweigen des Antragenden auf die Annahmeerklärung hin, lässt das Widerrufsrecht entfallen und bringt so den Vertrag

---

11 *BGH* NJW 1984, 1885, 1886; *Bork*, Rn. 724.
12 In der Rechtsprechung werden beide Fälle – Angebot mit Ausschluss der Bindungswirkung nach § 145 und fehlender Rechtsbindungswille und damit schon fehlende
Willenserklärung – nicht immer sauber getrennt, s. etwa *BGH* NJW 1996, 919.
Wenn man infolge des Ausschlusses nur eine *invitatio ad offerendum* unterstellt, ist
es konsequent, im Schweigen auf die Erklärung des Empfängers (= Angebot) ausnahmsweise eine Annahmeerklärung zu sehen.
13 *BGH* NJW 1996, 919; a. A. *Bork* Rn. 724; *Flume* § 35 I 3c; MünchKomm/*Kramer*,
§ 145 Rn. 7 m. weit. Nachw.
14 *Soergel/Wolf*, § 145 Rn. 11 will dieser Auslegung im Zweifel den Vorrang einräumen.

endgültig zustande.[15] Dies gilt allerdings nur, wenn die Annahmeerklärung nicht vom „freibleibenden" Angebot inhaltlich abweicht.[16] Hat sich der Antragende nur unter bestimmten Voraussetzungen den Widerruf vorbehalten („solange Vorrat reicht", „Selbstbelieferung vorbehalten"), so kann er auch nur unter diesen engen Voraussetzungen den Vertragsschluss ablehnen.

Lösungsskizze Fall 23 (Rn. 2):

I. X → G auf Übereignung des Kleides aus **§ 433 Abs. 1 S. 1** zum Preis von 10 € 750,–
X hat einen solchen Anspruch nur, wenn zu diesen Bedingungen ein Kaufvertrag (KV) mit G zustande gekommen ist.
1. Angebot des G: Ausstellen des Kleides im Schaufenster für € 750,– (–), es handelt sich nach h. A. nur um eine *invitatio ad offerendum*
2. Angebot der X (+), nach Betreten des Ladens möchte X das Kleid zu dem im Schaufenster angegebenen Preis erwerben
3. Annahme durch G (–), G ist nicht bereit, zu diesem Preis einen KV mit X zu schließen. Er möchte das Kleid nur für € 1.750,– verkaufen → Ablehnung verbunden mit neuem Angebot (§ 150 Abs. 2, hierzu unten Rn. 26). Über die Annahme dieses Angebotes durch X sagt der Sachverhalt nichts; jedenfalls ist kein Kaufvertrag zum Preis von € 750,– zustande gekommen.

II. **Ergebnis:** X hat keinen Anspruch aus § 433 Abs. 1 S. 1.

Lösungsskizze Fall 24 (Rn. 2):

I. A → B auf Übereignung eines Bechers Kaffee mit Milch und Zucker aus 11 **§§ 651 S. 1 i. V. m. 433 Abs. 1 S. 1**
Nur, wenn Werklieferungsvertrag zustande gekommen (der Kaffee soll gem. § 651 S. 1 erst vom Automat hergestellt werden):
Angebot des B: Aufstellen des Automaten ist Angebot *ad incertas personas*, nicht nur *invitatio ad offerendum*, aber unter dreifacher Bedingung: Einwurf des richtigen Geldstückes (hier +), Funktionieren des Automaten (hier +), Automat mit Ware gefüllt (hier –). Daher liegt kein Angebot des B vor, das A annehmen konnte.
Ergebnis: Kein Vertrag

II. A → B auf Herausgabe des Geldstückes aus **§ 985**
Eigentum des A: nur, wenn nicht Verlust des Eigentums durch Einwurf in Automat

---

15 Um einen Fall der Annahme durch Schweigen handelt es sich dann nicht, denn Angebot und Annahme liegen schon vor (missverständlich *Soergel/Wolf*, § 145 Rn. 11). Im Schweigen liegt der Verzicht auf die Ausübung des Widerrufsrechts; i. E. auch *Bork*, Rn. 725, der von einem Rücktrittsrecht ausgeht.
16 Dies wäre ein Fall von § 150 Abs. 2 (vgl. unten Rn. 26), s. *OLG Köln* BeckRS 2011, 07681.

1. Übereignung nach § 929 S. 1 an B, wenn Einigung und Übergabe
   a) dingliche WE des B: im Aufstellen des Automaten konkludent,
      aber ebenfalls unter obigen Bedingungen, daher (–)
   b) dingliche WE des A (+), durch Einwurf
   c) Übergabe (+)
2. Jedenfalls hat A das Eigentum durch Vermischung nach § 948 (lesen!) kraft Gesetzes verloren, wenn schon andere Münzen im Auto-
   matenfach liegen, was anzunehmen ist.

Ergebnis: Mangels Eigentum kein Herausgabeanspruch

A → B auf Rückübereignung des Geldstückes bzw. Wertersatz aus
III. §§ 951, 812 Abs. 1 S. 1, 1. Var.
1. „etwas erlangt": B ist Eigentümer des Geldstückes geworden
2. durch Leistung des A: nicht in rechtsgeschäftlicher Übereignung (s.
   B I), aber Einwurf führt zur Vermischung nach § 948 (B II), daher
   (+) (vertretbar auch: „in sonstiger Weise" im Hinblick auf gesetzlichen Eigentumserwerb, A hätte dann nur Besitz geleistet)
3. „ohne rechtlichen Grund" (+), da kein Vertrag zwischen A und B
   über den Kaffee zustande gekommen ist (oben A I).
4. Rechtsfolge: mangels Identifizierbarkeit kann A nicht die konkret
   eingeworfene Münze verlangen, sondern nur Wertersatz, § 818
   Abs. 1 (der Wert der Münze entspricht ihrem Nennwert)

Ergebnis: Anspruch auf Wertersatz besteht.

4. Zeitliche Grenzen der Bindungswirkung – Erlöschen des Antra-ges

12   Eine zeitlich unbegrenzte Bindung an ein einmal abgegebenes Angebot wäre dem Anbietenden nicht zumutbar. Im Regelfall möchte
der Anbieter alsbald Klarheit über die Annahme haben, um gegebenenfalls weiterdisponieren zu können. Der Antrag erlischt daher
nach der Regelung in §§ 146 ff. entweder kraft Gesetzes oder nach
Ablauf einer vom Anbietenden selbst gesetzten Frist (§ 148). Hierzu
unten Rn. 16 ff. Das Angebot erlischt außerdem, wenn es ausdrücklich **abgelehnt** wird (§ 146, 1. Var.).

III. Die Annahme

13   **Fall 25:** Elektrogroßhändler V bietet seinem Stammkunden K nach dessen
telefonischer Anfrage schriftlich Kühlschränke der Marke X zum Sonderpreis von € 400,– an und bittet ohne Fristsetzung um Bestellung unter Angabe der gewünschten Stückzahl. Im Briefkopf des V sind Adresse, Telefon

und Telefaxnummer sowie eine E-Mail-Adresse angegeben. K, der den Brief des V am Montagvormittag erhält, unterschreibt die Bestellung am Dienstag und lässt sie sofort zur Post bringen. Sie erreicht den V am Mittwoch. V ruft nach Eingang der Bestellung bei K an und weist sie als verspätet zurück. Er habe damit gerechnet, dass K die Bestellung noch im Laufe des Montags telefonisch, per Fax oder E-Mail bestätige. Kann K Lieferung der bestellten Kühlschränke verlangen? → Rn. 18.

Fall 26: K besichtigt auf dem Gestüt des V die Zuchtstute „Samanta". V bietet sie ihm zum Preis von € 12.000,– an. K bittet sich Bedenkzeit bis zum Abend um 18 Uhr aus. V ist einverstanden. Um 18.20 Uhr ruft K bei V an und teilt mit, dass er das Pferd zu den angebotenen Bedingungen nehme. V lehnt ab, da er schon mit D in Verhandlungen stehe, der ihm für die Stute voraussichtlich mehr bieten werde. Als die Verhandlungen mit D scheitern, ruft V den K um 19 Uhr zurück und sagt ihm, „das Geschäft sei jetzt doch perfekt". K legt den Hörer ohne Reaktion verärgert auf. Kann V von K Zahlung von € 12.000,– gegen Übereignung der Stute verlangen? → Rn. 23.

1. Grundsatz

Dem Adressaten des Angebotes steht es kraft seiner Privatautono- 14 mie (Vertragsfreiheit) grundsätzlich frei, ob er das Angebot annehmen möchte oder nicht. Ausnahmen hiervon bilden nur die wenigen Fälle eines gesetzlichen oder über §§ 826, 249 anzunehmenden **Kontrahierungszwangs** (s. § 3 Rn. 9 ff.). Eine Verpflichtung zur Annahme kann sich ausnahmsweise auch aus einer (vor-)vertraglichen Bindung ergeben. In einem **Vorvertrag** können sich die Parteien verpflichten, zu einem späteren Zeitpunkt einen bestimmten Vertrag mit wenigstens bestimmbarem Inhalt (Hauptvertrag) zu schließen (unten Rn. 45). Entspricht das Angebot zum Abschluss des Hauptvertrages den im Vorvertrag festgelegten Bedingungen, so ist der Adressat zur Annahme verpflichtet (Rn. 45).

Die Annahmeerklärung ist ebenso wie die Vertragsofferte eine 15 **empfangsbedürftige** Willenserklärung. Nur in den Fällen des § 151 (s. § 17 Rn. 30 und unten Rn. 27) ist der Zugang der Erklärung ausnahmsweise nicht erforderlich. Die Annahme kann nur erfolgen, solange das Vertragsangebot wirksam ist und noch fortbesteht. Die §§ 146 ff. bestimmen, innerhalb welcher Frist ein Angebot vom Erklärungsgegner noch angenommen werden kann. Der Anbietende ist nach § 145 an seine Offerte gebunden und damit für die Dauer dieser

Bindung in seinen weiteren Dispositionen hinsichtlich des angebotenen Gegenstandes blockiert. Deshalb schreibt das Gesetz relativ kurze Fristen für die Annahme von Vertragsangeboten vor.

15a Von der Annahme zu unterscheiden ist die **Empfangsbestätigung des Angebotes.** Sie soll dem anderen Teil nur mitteilen, dass sein Angebot zugegangen ist, enthält aber für sich genommen noch nichts darüber, ob dieses auch angenommen wird (selbstverständlich können Bestätigung und Annahme aber auch kombiniert werden). Vor allem im Internethandel war für viele Internetanbieter/-händler eine solche Bestätigung (z. B. per automatisch erstellter E-Mail) schon lange üblich. Seit 1. Januar 2002 ist sie im elektronischen Geschäftsverkehr gesetzlich festgeschrieben (zunächst in § 312g, heute in § 312i Abs. 1 Nr. 3). Ein Verstoß gegen die Regelung hindert freilich den Vertragsschluss nicht, wenn nach allgemeinen Grundsätzen die Annahme erklärt wird.[17]

2. Gesetzliche Annahmefristen

16 Die Frist wird unterschiedlich bemessen, je nachdem, ob es sich um ein Angebot unter Anwesenden oder Abwesenden handelt.

a) Unter Anwesenden. Gem. § 147 Abs. 1 kann der unter Anwesenden gemachte Antrag nur **sofort** angenommen werden, ansonsten erlischt er. Sofortige Annahme bedeutet ohne jegliches Zögern – die Regelung ist daher strenger als „unverzüglich" (lies § 121). Telefonisch geführte Vertragsverhandlungen werden gem. § 147 Abs. 1 S. 2 den Erklärungen unter Anwesenden gleichgesetzt. Wird die telefonische Verbindung unterbrochen, so ist das Angebot in der Regel erloschen und eine „sofortige" Annahme kann auch nicht mehr nach Wiederherstellen der Verbindung erklärt werden.[18] Aufgrund des Normzwecks und des Rechtsgedankens aus § 149 gilt dies allerdings dann nicht, wenn die Verbindung nicht von einer der Parteien willentlich, sondern aufgrund einer technischen Störung kurz unterbrochen, dann aber sofort wieder aufgenommen wird. Unterbricht der Anbieter das Ferngespräch absichtlich, um dem anderen Teil eine Annahmeerklärung „abzuschneiden", so gilt die Annahme nach § 242 als rechtzeitig, wenn sie in einem sofort von ihm bewirkten neuen Ge-

---

17 Es kann sich ausnahmsweise – wenn durch den Verstoß ein Schaden des Anbietenden entsteht – ein Schadensersatzanspruch aus §§ 280, 311 Abs. 2 ergeben (c. i. c.).
18 RGZ 104, 235.

spräch erklärt wird.[19] Dem Telefongespräch gleichgestellt werden können alle elektronischen Kommunikationsformen, bei denen ein gleichzeitiges Agieren und Reagieren der Beteiligten möglich ist (Videokonferenz, Chats[20]). Nicht, auch nicht entsprechend anwendbar ist § 147 Abs. 1 S. 2 auf Online-Vertragsangebote im Internet oder den Austausch per E-Mail. Trotz der Schnelligkeit des Kommunikationsmittels fehlt es an der unmittelbaren Präsenz des Vertragspartners, die Nachfragen oder ergänzende Informationen sofort ermöglichen würde.

b) Unter Abwesenden. Erfolgt das Angebot unter Abwesenden, so 17 kann der Antrag nach § 147 Abs. 2 bis zu dem Zeitpunkt entgegengenommen werden, in welchem der Antragende den Eingang der Antwort **unter regelmäßigen Umständen** erwarten darf. Die Frist ist nach objektiven Maßstäben zu ermitteln. Es kommt nicht darauf an, wann der Antragende den Empfang der Antwort tatsächlich erwartete, sondern wann er ihn nach üblichen Gepflogenheiten (Verkehrssitte) erwarten musste oder durfte. Zur Berechnung der Annahmefrist sind dabei **drei Zeiträume** zu berücksichtigen. Die Zeit zwischen Absendung und Zugang der Offerte beim Erklärungsempfänger, eine angemessene Bearbeitungs- und Überlegungsfrist – je nach wirtschaftlicher Tragweite und Bedeutung des Vertrages – und schließlich der Zeitraum, der für die Übermittlung der Annahmeerklärung erforderlich ist.[21] Aus der Addition dieser drei Zeitspannen ergibt sich die gesetzliche Annahmefrist nach § 147 Abs. 2. Weiß der Antragende, dass sich der Empfänger des Angebotes im Urlaub befindet, krank ist oder Dritte konsultieren muss etc., verlängert sich die Überlegungsfrist.[22]

Die Annahmefrist wird wesentlich von der „**Transportzeit**" zwischen Angebot und Annahme bestimmt. Der Antragende hat es in der Hand, durch die Transportart, die er selbst für sein Angebot wählt oder durch eine direkte Vorschrift des Annahmemodus die Annahmefrist zu bestimmen und so die Gültigkeit seines Angebotes zu befristen. Seine eigenen Vorgaben muss er sich zurechnen lassen.

---

19 MünchKomm/*Busche*, § 147 Rn. 27; Prütting/Wegen/Weinreich/*Brinkmann*, § 147 Rn. 15.
20 Wie hier Prütting/Wegen/Weinreich/*Brinkmann*, § 147 Rn. 14; a. A. *Dörner* AcP 2002, 375.
21 *BGH* NJW 1996, 919, 921; Beispiel *BGH* NJW 2010, 2873: Bei finanzierten und beurkundungsbedürftigen Verträgen, die eine Bonitätsprüfung des Vertragspartners erfordern, kann der Eingang der Annahmeerklärung binnen vier Wochen erwartet werden; bei normalen Darlehensverträgen sind 8 Monate zu lang (*BGH* NJW-RR 2008, 1436).
22 *BGH* NJW 2008, 1148.

Erhält ein Geschäftsmann z. B. ein Angebot per Telefax über leicht verderbliche Ware, so ergibt sich aus der Übermittlungsform, welche die Dringlichkeit unterstreicht, dass das Angebot nur ebenfalls per Telefax oder vergleichbar schnell (Telefon, E-Mail) angenommen werden kann.

Im **Fall 25** (Rn. 13) hat V sein Vertragsangebot per Brief versandt. Eine besondere Dringlichkeit für die Annahme ergab sich weder aus dem Vertragsgegenstand noch aus dem Angebot des V. V musste daher davon ausgehen, dass K mindestens einen halben Tag Überlegungsfrist nutzt und im Laufe des Dienstags antwortet. Er durfte aber unter diesen Umständen nicht darauf vertrauen, dass sich K einer schnelleren Übermittlungsart (Telefon, Telefax oder E-Mail) bedienen würde als V selbst. Zwar sind mit der entsprechenden Angabe im Geschäftsverkehr (wie hier im Briefkopf des V) diese Möglichkeiten zulässig und V muss sich auf den Zugang einer Erklärung auf diesem Wege einstellen (s. oben § 17 Rn. 58). Grundsätzlich darf der Annehmende aber, wenn nichts anderes bestimmt ist, dasselbe Transportmittel wählen wie der Anbietende. V musste daher nach § 147 Abs. 2 noch am Mittwoch mit einer Annahme durch K rechnen; sie war nicht verspätet.

18 **Lösungsskizze Fall 25 (Rn. 13):**

I. K → V auf Lieferung der bestellten Kühlschränke aus **§ 433 Abs. 1 S. 1**
Voraussetzung: Kaufvertrag zwischen V und K (= zwei sich deckende WE) mit entsprechendem Inhalt

1. Angebot des K: noch nicht im Anruf bei V, da offenbar nur allgemeine Anfrage
2. Angebot des V (+), Brief an K enthält alle *essentialia negotii* des Kaufvertrages, Abgabe und Zugang bei K liegen vor, das Angebot musste aber rechtzeitig angenommen werden (s. III 2.)
3. Annahme durch K

   a) Annahmeerklärung von K abgegeben und dem V zugegangen, § 130 Abs. 1 (Mittwoch: sachlicher Herrschaftsbereich + Möglichkeit der Kenntnisnahme durch V)
   b) Rechtzeitig: § 147 Abs. 2, unter Berücksichtigung einer angemessenen Überlegungsfrist ab Zugang des Angebotes am Montag und der Transportzeit für die Annahmeerklärung durfte V nicht vor Mittwoch mit der Annahme seitens K rechnen. K durfte dieselbe Transportart wählen wie V für sein Angebot (s. Rn. 17).

II. **Ergebnis:** Kaufvertrag (+), daher hat K Anspruch auf Lieferung der Kühlschränke.

3. Annahmefrist nach § 148

Die gesetzliche Frist des § 147 gilt nur, wenn der Erklärende selbst 19
keine Annahmefrist bestimmt hat. Die vom Antragenden gesetzte
Frist nach § 148 kann durchaus kürzer bemessen sein als die gesetzliche. Sie kann ausdrücklich oder konkludent **einseitig vom Anbietenden** bestimmt werden. Eine nachträgliche einseitige Fristver-
längerung durch den Antragenden ist möglich, nicht aber eine
Fristverkürzung. In Allgemeinen Geschäftsbedingungen sind über-
lange Annahmefristen zu Gunsten des Verwenders nach § 308 Nr. 1
unwirksam. Im Fall 26 (Rn. 13) ging die Bitte um Bedenkzeit zwar
von K aus, das Einverständnis des V ist jedoch als Annahmefrist für
sein Angebot im Sinne von § 148 zu verstehen. Dass die Frist angesichts der wirtschaftlichen Bedeutung des Vertrages relativ kurz bemessen ist, stört schon deshalb nicht, weil K damit einverstanden
war. K musste also bis zur vereinbarten Zeit – hier 18 Uhr – die Annahme erklären. Sein Anruf um 18.20 Uhr war verspätet, das Angebot des V zu diesem Zeitpunkt nach §§ 146, 148 bereits erloschen.
Für die **Fristberechnung** gelten §§ 186 ff.

Nicht immer ist die Fristberechnung so einfach. 20

Beispiel: Angenommen im Fall 26 (Rn. 13) hätte K an einem Mittwochnachmittag auf dem Gestüt des V die Zuchtstute besichtigt. Zum Schluss der Vertragsverhandlungen macht V ein konkretes Angebot und setzt dem K eine
Annahmefrist von 10 Tagen. Wann muss K das Angebot spätestens annehmen?

Die Fristberechnung folgt §§ 187 ff. **Fristbeginn** ist bei Erklärung unter Anwesenden der Zugang des Angebotes an K, also der Mittwochnachmittag (unter Abwesenden ist es Auslegungsfrage, ob die Frist mit Abgabe oder erst mit
Zugang des Angebotes läuft!). Dieser Tag bleibt nach § 187 Abs. 1 unberück-
sichtigt, damit K jedenfalls 10 volle Tage zur Verfügung stehen. Damit läuft
die Frist ab Donnerstag und endet regulär gem. § 188 Abs. 1 **mit Ablauf des
letzten Tages** (24 Uhr), das wäre der Samstag der darauffolgenden Woche.
Nunmehr ist § 193 zu berücksichtigen, da die Frist an einem Sonnabend endet. Nach dieser Vorschrift tritt an die Stelle des Sonnabends **der nächste
Werktag**, also der Montag. Die Frist läuft also erst am **Montag um 24 Uhr**
ab. Sollte K allerdings an diesem Montag erst nach der üblichen Geschäftszeit
dem V eine schriftliche Nachricht in den Briefkasten werfen, so wäre dies verspätet, da die Erklärung nach allgemeinen Regeln (§ 17 Rn. 43 ff.) dann erst am
folgenden Morgen zugeht. Die Annahmeerklärung muss aber auch innerhalb
der gesetzten Frist **zugehen**. Hier könnte man allerdings vertreten, dass V, der
eine bestimmte Annahmefrist gesetzt hat, dann ggf. auch noch nach den üblichen Bürozeiten seinen Briefkasten oder ähnliche Empfangsvorrichtungen auf
eingegangene Erklärungen kontrollieren muss.

4. Verspätete Annahmeerklärungen

21   **Fall 27:** Fabrikant F in A-Stadt möchte sein Lager räumen und verschickt „bindende Sonderangebote" mit besonders günstigen Bedingungen an wenige ausgewählte Kunden in B-Stadt. Infolge eines Fehlers in der Briefsortiermaschine der Post bleibt die Antwort des K aus B-Stadt, die einen Tag nach Erhalt des Angebotes zur Post gegeben wird, zunächst bei der Post in A-Stadt liegen. Erst fünf Wochen nachdem F seine Angebote verschickt hatte und mehr als vier Wochen nach Datum des Poststempels der Annahme von K erreicht die Annahme den F. Er unternimmt nichts, da sich die Nachfrage inzwischen belebt hat und er die Ware zu normalen Preisen verkaufen kann. Muss F dem K die bestellte Ware als Sonderangebot liefern? → Rn. 25.

22   Wird der Antrag verspätet angenommen, so gilt diese Annahmeerklärung gem. § 150 Abs. 1 als **neuer Antrag**. Dieser kann dann wiederum angenommen werden und der Vertrag zustande kommen. Die Prüfung eines Vertragsabschlusses darf daher nicht abgebrochen werden, wenn die Annahme eines Angebotes verspätet erfolgt, es ist nach § 150 Abs. 1 weiter zu prüfen bis feststeht, dass alle Angebote erloschen sind oder der Vertrag zustande gekommen ist.

23   **Lösungsskizze Fall 26 (Rn. 13):**
V → K auf Zahlung von € 12.000,– aus **§ 433 Abs. 2**
Voraussetzung: Kaufvertrag über Stute zu diesem Preis
I. Angebot des V (+), bei Besichtigung des Pferdes
II. Annahme des K: an sich nach § 147 Abs. 1 nur sofort, aber hier Annahmefrist gem. § 148 bis 18 Uhr desselben Tages
   1. Annahmeerklärung von K abgegeben und zugegangen: (+)
   2. rechtzeitig (–), da Anruf erst nach Ablauf der Annahmefrist um 18.20 Uhr. Das Angebot des V war damit nach §§ 146, 148 um 18 Uhr bereits erloschen.
III. Angebot des K nach § 150 Abs. 1 (+), verspätete Annahme um 18.20 Uhr gilt als neues Angebot zum Abschluss des Kaufvertrages.
IV. Annahme durch V: nach § 147 Abs. 1 – Angebot unter Anwesenden – nur sofort; V lehnt sogar ausdrücklich ab, daher Angebot des K nach § 146, 1. Var. am Ende des Telefonats erloschen.
V. Angebot des V: Anruf des V um 19 Uhr ist keine Annahme mehr des telefonischen Angebots von K, da dieses bereits erloschen war, nach § 150 Abs. 1 liegt darin ein erneutes Angebot.
VI. Annahme durch K (–), da K den Hörer ohne Reaktion auflegt, ist das Angebot des V nach §§ 146, 147 Abs. 1 erloschen.
Ergebnis: Kein Kaufvertrag, kein Zahlungsanspruch des V.

Der Grundsatz, dass ein Angebot bei verspäteter Annahme er- **24**
lischt, wird durch § 149 durchbrochen. Wird die Annahmeerklärung
rechtzeitig abgesandt und trifft sie durch – dem Gegner erkennbare
– Umstände, die der Annehmende nicht zu vertreten hat, verspätet
ein, so entsteht dadurch ein Schwebezustand. Der Gesetzgeber versucht hier den Interessen beider Parteien gerecht zu werden. So vertraut K im Fall 27 auf die rechtzeitige Ankunft seiner Erklärung, F
hingegen brauchte nach Ablauf der Annahmefrist gem. § 147 Abs. 2
nicht mehr mit einer Erklärung des K zu rechnen. Der Schwebezustand kann auf zweierlei Weise beendet werden. Der Antragende hat
die Möglichkeit, dem Annehmenden die Verspätung unverzüglich
(§ 121) anzuzeigen mit der Folge, dass der Antrag erloschen ist.
Äußert er sich dagegen nicht oder verspätet, so gilt die Annahme als
nicht verspätet. Der Vertrag ist wirksam.

Im **Fall 27** (Rn. 21) kommt es darauf an, ob die Annahmeerklärung des K
nach § 147 Abs. 2 noch rechtzeitig zugegangen ist. K hat die Annahmeerklärung einen Tag nach Erhalt des Angebotes abgesandt (Poststempel), so dass
sie unter normalen Umständen (gewöhnliche Postlaufzeit von 1–2 Tagen)
rechtzeitig bei F eingetroffen wäre. F musste das aufgrund des Poststempels
erkennen und konnte daraus auch ersehen, dass die Verzögerung nicht auf
ein Verhalten des K zurückzuführen war. Er hätte daher nach § 149 dem K
unverzüglich Anzeige vom verspäteten Zugang machen müssen, wenn er die
Annahme nicht mehr gelten lassen wollte. Durch sein Nichtstun gilt die Annahme als rechtzeitig.

Der Fall wäre ebenso zu beurteilen, wenn K die Annahme per E-
Mail erklärte, diese aber wegen technischer Übertragungsprobleme
erst nach Wochen verspätet ankommt. Soweit F der E-Mail entnehmen kann, wann sie versandt wurde und die Erklärung bei üblicher
Übertragungszeit (höchstens 1 Tag) rechtzeitig zugegangen wäre,
müsste er die Verspätung ebenfalls nach § 149 anzeigen.

Lösungsskizze Fall 27 (Rn. 21): **25**
K → F auf Lieferung zum Sonderpreis aus **§ 433 Abs. 1 S. 1**
  Voraussetzung: KV zwischen K und F zu diesen Bedingungen (Sonder-
preis)
    I. Angebot des F: Schreiben an Kunden war nicht nur *invitatio ad offe-*
      rendum, sondern wegen gezielter Auswahl bestimmter Kunden schon
      hinreichend konkret und mit ausdrücklichem Rechtsbindungswillen,
      daher (+), Zugang unproblematisch
    II. Annahme des K:
      1. Annahmeerklärung abgegeben und zugegangen, § 130 Abs. 1 (+)

2. Rechtzeitigkeit des Zugangs nach § 147 Abs. 2: Frist an sich nach
5 Wochen abgelaufen, aber § 149
   a) verspätet zugegangene Annahme (+)
   b) rechtzeitiger Zugang bei regulärer Beförderung (+)
   c) Erkennbarkeit von b) für F (+), infolge des Poststempels war
     rechtzeitiges Absenden deutlich
   d) unverzügliche Anzeige durch F (–)
Erklärung gilt als noch rechtzeitig zugegangen, KV liegt damit zu den
Bedingungen des Angebots von F vor.
Ergebnis: K hat Anspruch auf Lieferung zum Sonderpreis.

5. Inhaltlich abweichende Annahme

26   Die Annahmeerklärung führt nur dann zum Vertragsschluss, wenn
sie mit dem Angebot inhaltlich übereinstimmt. Als Annahmeerklärung ist demnach nur eine solche Erklärung geeignet, die dem Angebot **uneingeschränkt** und **bedingungslos zustimmt.** Weicht die Annahme jedoch inhaltlich vom Angebot ab, so gilt sie nach **§ 150 Abs. 2**
als Ablehnung des Antrags verbunden mit einem neuen Angebot.
Ggf. bedürfen Antrag und Annahme der Auslegung, bevor man
§ 150 anwendet.

   Beispiel: Obstgroßhändler O bietet dem E 50 kg Boskopäpfel zu einem bestimmten Preis je kg an. E antwortet, er bestelle davon 60 kg. Grundsätzlich
kann das Angebot des O nur so angenommen werden, wie es von ihm formuliert wurde. Die inhaltlich veränderte Annahme des E wäre demnach grundsätzlich eine Ablehnung verbunden mit einem inhaltlich neuen Angebot.
Wenn E nicht zustimmt, käme überhaupt kein Vertrag zustande. Dies entspricht hier aber nicht dem Interesse der Vertragsparteien, da ja hinsichtlich
einer Menge von 50 kg tatsächlich eine Einigung erfolgt ist. Die Annahme einer größeren Menge als der angebotenen kann daher als Annahme des Angebotes verbunden mit einem weiteren Angebot bezüglich der „überschießenden" Menge betrachtet werden. Im Beispiel ist also jedenfalls ein Kaufvertrag
über 50 kg zustande gekommen, ob O dem E sogar noch 10 kg mehr verkaufen will, hängt noch von seiner Annahmeerklärung ab.

6. Entbehrlichkeit des Zugangs der Annahme nach § 151

27   Im Zusammenhang mit den Ausnahmen vom Grundsatz, dass
Schweigen keine Willenserklärung darstellt, wurde bereits auf die
missverständlich formulierte Regelung des § 151 hingewiesen (§ 17
Rn. 30). Danach kann der Antragende auf „die Erklärung" der An

nahme verzichten oder sie ist nach der Verkehrssitte entbehrlich. Dies ist so zu verstehen, dass der Antragende nicht auf die Abgabe einer Annahmeerklärung verzichtet, wohl aber auf deren **Zugang,** oder dass ein solcher nach der Verkehrssitte nicht zu erwarten ist. Die Annahme wird dann ausnahmsweise zur nicht empfangsbedürftigen Willenserklärung, die bereits allein mit ihrer Abgabe wirksam ist. Der Verzicht des Antragenden kann ausdrücklich oder konkludent erfolgen. Liegt eine entsprechende Verkehrssitte vor, wird häufig gleichzeitig ein konkludenter Verzicht des Antragenden anzunehmen sein.

Beispiele: Bestellt ein Gast unmittelbar vor seiner Abreise per Telefax ein **Hotelzimmer** an seinem Zielort, so wird darin regelmäßig ein konkludenter Verzicht auf den Zugang der Annahmeerklärung liegen, da der Absender ja gar nicht mehr erreichbar ist[23] (etwas anderes kann die Auslegung ergeben, wenn in der Bestellung extra eine Mobiltelefonnummer unter Hinweis auf die ständige Erreichbarkeit angegeben wird). Für das Zustandekommen des Beherbergungsvertrages genügt es dann, wenn im Hotel intern Vorkehrungen getroffen werden, die ausdrücklich oder schlüssig als Annahme des Angebotes zu verstehen sind (z. B. Eintragung in das Reservierungssystem des Hotels). Auch im **Versandhandel** wird zwar häufig eine ausdrückliche Annahmeerklärung versandt, aber nicht immer. Dann kann nach der Verkehrssitte ein Verzicht auf den Zugang der Annahmeerklärung vorliegen, so dass die Annahme schon mit der betriebsinternen Veranlassung, spätestens mit Absendung der Ware, nicht erst mit deren Eintreffen beim Empfänger erklärt ist.[24] Im elektronischen Geschäftsverkehr schreibt § 312i Abs. 1 Nr. 3 eine Zugangsbestätigung für Bestellungen vor, diese ist jedoch von der Annahme selbst und deren Zugang zu unterscheiden (s. oben Rn. 15a). Erfolgt eine elektronische Versandanzeige, so liegt darin der Zugang der Annahmeerklärung.

7. Annahme nach Tod des Antragenden

Fall 28: Der vielbeschäftigte Manager M aus Stuttgart bestellt per Post bei einem Buchhändler B in Hamburg ein mehrbändiges Werk über fernöstliche Meditation und Stressbewältigung. B macht sofort nach Eintreffen der Bestellung das Gesamtwerk versandfertig und schickt es samt Rechnung an den M. Dieser ist jedoch noch am Tag der Bestellung den Folgen eines Herzinfarktes erlegen. Seine Erben E weigern sich, das Werk abzunehmen und zu bezahlen. Zu Recht? → Rn. 31.

28

---

23 *BGH* NJW-RR 1986, 1301.
24 Palandt/*Ellenberger*, § 151 Rn. 4; Prütting/Wegen/Weinreich/*Brinkmann*, § 151 Rn. 3. Die Rspr. nimmt eine entsprechende Verkehrssitte regelmäßig an, wenn das angetragene Geschäft für den Adressaten lediglich rechtlich vorteilhaft ist, s. *BGH* NJW 2000, 276; NJW 2006, 3777.

29   **a) Gesetzliche Regelung.** Das BGB trifft in zwei Regelungen Vorsorge für den Fall, dass derjenige, der eine Willenserklärung abgibt, danach verstirbt oder geschäftsunfähig wird. Nach § 153 wird das Zustandekommen eines Vertrages grundsätzlich nicht dadurch gehindert, dass der Antragende vor der Annahme stirbt oder geschäftsunfähig[25] wird. Das Angebot bleibt also **annahmefähig.** Die Regelung ergänzt **§ 130 Abs. 2,** wonach es auf die Wirksamkeit der Willenserklärung ohne Einfluss ist, wenn der Erklärende nach der Abgabe, aber vor deren Zugang verstirbt oder geschäftsunfähig wird. Im Fall 28 konnte daher die Bestellung des M dem B noch zugehen und wirksam werden. Nach § 153 ist das Angebot auch nicht durch den Tod des M erloschen, mit Zugang der Annahme an die Erben kam der Kaufvertrag zustande. § 153, letzter Halbs. macht hiervon allerdings eine Ausnahme, wenn „ein anderer Wille des Antragenden anzunehmen" ist. Ein solcher kann sich entweder ausdrücklich aus der Erklärung ergeben (selten) oder muss als hypothetischer Wille durch Auslegung (objektiver, nicht subjektiver Empfängerhorizont!) ermittelt werden. So kann man bei objektiv personenbezogenen Vertragsleistungen davon ausgehen, dass entsprechende Angebote mit dem Tod des Antragenden erlöschen sollen. Dies ist dann für den Empfänger auch regelmäßig erkennbar.

Beispiele: Hätte M im **Fall 28** (Rn. 28) einen Maßanzug bestellt, wäre das Angebot im Zweifel, wenn noch keine Annahme vorlag, nicht mehr annahmefähig gewesen. Ist hingegen ein Vertrag schon zustande gekommen, so trägt der Käufer – und konsequenterweise im Todesfall seine Erben – nach allgemeinen Grundsätzen das Verwendungsrisiko.

An einem annahmefähigen Angebot würde es wegen der Personenbezogenheit auch fehlen, wenn die 80-jährige D ihrer Friseuse F, die in regelmäßigen Abständen zu D nach Hause kommt, um ihr die Haare zu schneiden, ausrichten lässt, sie solle am nächsten Dienstag kommen und D noch verstirbt, bevor F den Termin bestätigen kann.

Nach richtiger Ansicht ist dem Angebotsempfänger analog § 122 der **Vertrauensschaden** zu ersetzen (negatives Interesse), wenn die Auslegung ergibt, dass das Angebot nach dem Tod nicht mehr annahmefähig ist, der Empfänger aber bereits im berechtigten (§ 122 Abs. 2 analog) Vertrauen auf die Annahmefähigkeit des Angebots Vermö-

---

25 Streitig ist die Frage, ob § 153 für den Eintritt der beschränkten Geschäftsfähigkeit (z. B. durch Betreuung mit Einwilligungsvorbehalt) entsprechend anzuwenden ist, hierzu Soergel/*Wolf*, § 153 Rn. 3 m. N.

gensdispositionen getroffen hat (z. B. Versand- oder Fahrtkosten).[26] Am berechtigten Vertrauen wird es indes meist fehlen, da in aller Regel bei objektiv erkennbarer Personenbezogenheit die fehlende Annahmefähigkeit auch für den Empfänger offensichtlich war.

b) Tod des Empfängers. Nicht gesetzlich geregelt ist der Fall, dass 30 der **Angebotsempfänger** vor oder nach Zugang des Angebotes verstirbt oder geschäftsunfähig wird. § 130 Abs. 2 findet nur dann Anwendung, wenn der Angebotsempfänger erst nach Abgabe seiner Annahmeerklärung stirbt. Der Gesetzgeber hat im Übrigen bewusst darauf verzichtet, den Tod des Offerenten und den Tod des Angebotsempfängers gleichzustellen.[27] Es soll daher darauf ankommen, ob nach dem **Inhalt des Angebotes** (Auslegung), sich dieses im Zweifel auch an die Erben des Empfängers richtet.[28] War das Angebot eng mit der Person des Erblassers verbunden – z. B. weil es auf dessen Kreditwürdigkeit ankam –, so wird es bei Tod des Empfängers vor Zugang nicht mehr wirksam, beim Tod nach Zugang, aber vor Annahme verliert es seine Annahmefähigkeit. Im Zweifel soll sich der Antrag nach h. M. nur auf den konkreten Adressaten beziehen.[29] Einzelheiten sind umstritten.[30]

> **Lösungsskizze Fall 28 (Rn. 28):**   31
> B → E auf Zahlung und Abnahme aus §§ 433 Abs. 2, 1922
> Voraussetzung: Kaufvertrag zwischen B und M bzw. E
>   I. Angebot des M
>   1. Abgabe (+)
>   2. Zugang (+), trotz vorherigen Todes des M nach § 130 Abs. 2
>   II. Annahme des B
>   1. Abgabe (+), Versendung der Ware an M
>   2. Zugang (+)
>   3. Fortbestand des Angebotes: nach § 153 (+), da es sich weder um ein
>   objektiv personenbezogenes Angebot des M an B handelte, noch
>   sonstige Kriterien für einen Willen des M sprechen, das Angebot

---

26 Str., Jauernig/*Jauernig,* § 153 Rn. 4; abweichend *Bork,* Rn. 736; *Medicus,* Allgemeiner Teil, Rn. 377; MünchKomm/*Kramer,* § 153 Rn. 3 und *Flume,* § 35 I 4, die nur im Fall eines subjektiv aus Empfängersicht erkennbar personenbezogenen Angebotes den Vertragsschluss scheitern lassen und dann wegen der dem Empfänger erkennbaren Personenbezogenheit konsequenterweise auch keinen Schadensersatzanspruch gewähren.
27 *Flume,* § 35 I 4 m. N.
28 S. etwa Prütting/Wegen/Weinreich/*Brinkmann,* § 153 Rn. 7.
29 *Flume,* § 35 I 4; Jauernig/*Jauernig,* § 145 Rn. 4; einschränkend für den Tod nach Zugang Soergel/*Wolf,* § 153 Rn. 16.
30 Ausführlich Staudinger/*Bork,* § 153 Rn. 10 ff.; i. Erg. wie hier *Bork,* Rn. 737.

nur für sich selbst gelten lassen zu wollen. Im Zweifel bleibt das Angebot bei schlichten Austauschgeschäften bestehen.
III. Wirkung für E: nach § 1922 Eintritt in die vermögensrechtliche Position des M, daher auch in den Kaufvertrag.
Ergebnis: Die Erben E müssen das Werk abnehmen und bezahlen.

IV. Vertragsschluss durch sozialtypisches Verhalten

Schrifttum: *Kaduk,* Vertrag und sozialtypisches Verhalten, JR 1968, 1 ff.; *Lambrecht,* Die Lehre vom faktischen Vertragsverhältnis, 1994; *Roth,* Der faktische Vertrag, JuS 1991, 89 ff.; *Simitis,* Die faktischen Vertragsverhältnisse, 1957.

32   **Fall 29:** Der sechsjährige K steigt in den Bus. Muss K den Fahrpreis bezahlen? (ohne Lösungsskizze)

33   Die Lehre vom faktischen Vertrag besagt, dass Verträge **ohne das Vorhandensein von Willenserklärungen** durch sozialtypisches Verhalten entstehen können. Teilweise wird die Auffassung vertreten, Massengeschäfte des täglichen Lebens seien mit den herkömmlichen rechtlichen Mitteln nicht angemessen zu bewältigen. Die Fahrkarte, der Wasser- oder Strompreis seien nicht deshalb geschuldet, weil der Kunde den Willen geäußert habe, einen Vertrag über die entsprechenden Leistungen zu schließen. Die Rechtsordnung knüpfe die Zahlungspflicht hier unmittelbar an ein „sozialtypisches Verhalten". Es handele sich nicht um rechtsgeschäftliche Verträge, sondern um **faktische Vertragsverhältnisse.**
Die Auffassung führt zu dem Ergebnis, dass die Vorschriften über Geschäftsfähigkeit, Nichtigkeit oder Anfechtung auf solche „Verhältnisse" mangels Vorliegens einer Willenserklärung keine Anwendung finden. Die Lehre vom „faktischen Vertrag" wurde konstruiert, weil man meinte, die Alltagsgeschäfte könnten durch die Anwendung dieser Regeln unnötig kompliziert werden. Die Gegenleistung wäre damit im Ergebnis immer schon dann geschuldet, wenn die Leistung faktisch in Anspruch genommen wird (K knipst das Licht an oder dreht den Wasserhahn auf, K steigt in den Bus).

34   Die Lehre vom faktischen Vertrag wird heute überwiegend und zu Recht **abgelehnt.**[31] Sie ist überflüssig und stellt einen Systembruch

---

31 Statt vieler *Medicus,* Allgemeiner Teil, Rn. 245 ff. mit zahlreichen Nachweisen aus der Rspr.; *Brox/Walker,* Allgemeiner Teil, Rn. 194; Soergel/*Wolf,* vor § 145 Rn. 102 ff.

dar. Das sozialtypische Verhalten deckt sich regelmäßig – und zwar ohne konstruktive Schwierigkeiten – mit einer konkludenten Willenserklärung. Mit dem Verbrauch oder der Inanspruchnahme einer Leistung macht der Teilnehmer am Rechtsverkehr unmissverständlich klar, dass er sie auch in Anspruch nehmen will. Ein Irrtum über die rechtliche Bedeutung seines Tuns kann im Regelfall ausgeschlossen werden. Der geheime Vorbehalt – etwa beim Einsteigen in öffentliche Verkehrsmittel –, nicht zahlen zu wollen, wäre nach § 116 unbeachtlich.

Problematisch sind die Fälle, in denen jemand eine Leistung in Anspruch nimmt, zugleich aber **ausdrücklich erklärt,** keinen Vertrag schließen zu wollen. Die Rechtsprechung[32] hat hier teilweise auf einen „faktischen Vertrag" zurückgegriffen. Wer also auf einen bewachten Parkplatz fährt, dort sein Fahrzeug abstellt und dem Parkwärter erklärt, er wolle weder einen Vertrag schließen noch bezahlen, will gerade keine konkludente Willenserklärung zum Abschluss eines Verwahrungs- und/oder Bewachungsvertrages abgeben. Heute stellt man dennoch auf den objektiven Gehalt der zunächst mit dem Einfahren abgegebenen Erklärung ab. Der Protest, der sich aus den verbalen Äußerungen ergibt, ist als widersprüchliches Verhalten nach § 242 *(protestatio facto contraria non valet)* unbeachtlich. Dieses Ergebnis erübrigt die Konstruktion eines faktischen Vertrages. Freilich ist mit dieser „Abhilfe" Vorsicht geboten: es muss ein für alle erkennbarer Protest vorliegen und seine Unbeachtlichkeit darf nicht gegen die Interessen des anderen Vertragspartners verstoßen. Wie Medicus[33] richtig kritisiert, käme man sonst auch im Fall des Diebstahls im Selbstbedienungsladen zu einem konkludenten Vertragsschluss.

Es bleibt noch die Frage zu klären, wie sich die **Geschäftsunfähig-** **35** **keit** oder die **beschränkte Geschäftsfähigkeit** in den genannten Fällen auswirkt. Im Fall 29 (Rn. 32) ist auch eine konkludente Willenserklärung des erst sechsjährigen K nichtig (§§ 104 Nr. 1, 105 Abs. 1). Dieses Ergebnis ist billigenswert und muss **nicht korrigiert** werden. Es ist nicht einzusehen, warum der Betreiber eines öffentlichen Verkehrsmittels schutzwürdiger sein soll als jeder andere Teilnehmer am Rechtsverkehr. Der Schutz des Geschäftsunfähigen bzw. beschränkt Geschäftsfähigen muss in allen Fällen in gleicher Weise gewährt wer-

---

32 BGHZ 21, 319: Autofahrer benutzt einen erkennbar gebührenpflichtigen öffentlichen Parkplatz und erklärt, er sei nicht bereit, zu zahlen oder einen Vertrag zu schließen.
33 *Medicus,* Allgemeiner Teil des BGB, Rn. 249.

den. Die Lehre vom faktischen Vertrag führt gerade soweit sie versucht, die §§ 104 ff. außer Kraft zu setzen, leicht zu gesetzeswidrigen Ergebnissen. Die **Zahlungspflicht des K** entfällt durch die rechtsgeschäftliche Konstruktion nicht völlig. Es besteht ein **Bereicherungsanspruch** nach § 812 Abs. 1 S. 1 (Leistungs- oder Eingriffskondiktion). Er richtet sich allerdings nur auf den objektiven Wert des „Erlangten" und der Gläubiger des Anspruchs muss das Entreicherungsrisiko nach § 818 Abs. 3 tragen. Steigt also K im Fall 29 (Rn. 32) nur ein, weil er eine kostenlose Spazierfahrt unternehmen will, die er nicht unternommen hätte, wenn er gezwungen worden wäre, eine Fahrkarte zu lösen, so hat er in seinem Vermögen keine Aufwendungen erspart, die regulär angefallen wären (hierzu § 23 Rn. 21 ff.; zur Einwendung nach §§ 818 Abs. 4, 819 s. oben § 23 Rn. 37). Er muss dann keinen Ersatz leisten.[34]

Die Lehre vom faktischen Vertrag ist also nicht nur ein müßiger Theorienstreit, der im Ergebnis in den meisten Fällen zu keinem großen Unterschied führt: einmal muss man zahlen, weil man sich sozialtypisch verhält, das andere Mal, weil man eine Willenserklärung abgegeben hat. Sie ist vor allem abzulehnen, weil sie das System der Willenserklärung, auf dem das gesamte BGB aufbaut, sprengt und auch in anderen, gesetzlich eindeutig geregelten Fällen dazu verführen kann, sich auf angeblich sozialtypische Verhaltensweisen zu berufen, um die gesetzliche Regelung zu umgehen.[35]

V. Konsens und Dissens

Schrifttum: *Diederichsen,* Der logische Dissens, FS 125 Jahre Juristische Gesellschaft zu Berlin, 1984, S. 81 ff.; *Jung,* Die Einigung über „essentialia negotii" als Voraussetzung für das Zustandekommen eines Vertrages, JuS 1999, 28 ff.

36   **Fall 30:** V bietet dem K seinen Gebrauchtwagen für € 3.000,– an. K willigt freudig ein und sagt: „Einverstanden! Für € 2.000,– nehme ich ihn gerne." (ohne Lösungsskizze)

Fall 31: X möchte seinen Skiurlaub möglichst günstig verbringen. Mit A, dem Pensionswirt des Gästehauses „Gerda", verhandelt X über die Frage, zu welchem Preis er ein Zimmer mit Frühstück oder mit Halbpension für eine

---

34 Ausführlich *Weth,* JuS 1998, 795 ff.
35 S. die Rechtsprechung des *BGH* zur Hoferbfolge, etwa BGHZ 12, 286, 297 ff.; 23, 249, 253 ff.

Woche mieten kann. A zeigt dem X ein geringfügig teureres Zimmer mit Bergsicht und ein auf der anderen Seite zur Straße gelegenes Zimmer, das den X wegen des niedrigeren Preises zunächst mehr interessiert. Nach längeren Verhandlungen über den Preis für Frühstück oder Halbpension ist es dem X schließlich gelungen, den A für ein Zimmer mit Halbpension gegenüber dem ursprünglichen Angebot um 10 % herunterzuhandeln; X willigt ein. Bei ihren Verhandlungen haben sowohl X als auch A die Frage aus den Augen verloren, ob es das Zimmer mit oder ohne Bergsicht sein soll. Als X selbstverständlich seine Koffer in das Zimmer mit Bergsicht bringt und den Schlüssel verlangt, reißt A, der ihm „selbstverständlich" zu dem ausgehandelten Preis nur das Zimmer zur Straße geben will, der Geduldsfaden und er möchte den knausrigen X am liebsten ganz vor die Tür setzen. Hat X Anspruch auf Überlassung des „Bergsicht"-Zimmers, hilfsweise des „Straßenzimmers"? (ohne Lösungsskizze)

1. Konsens

Mit Konsens bezeichnet man die Übereinstimmung von Willenserklärungen beim Vertragsschluss. Nur wenn sich Angebot und Annahme inhaltlich decken, kommt überhaupt ein Vertrag zustande. Einigkeit – Konsens – muss dabei jedenfalls über die *essentialia negotii* erzielt worden sein (zu Ausnahmen bereits oben Rn. 3), hilfsweise können §§ 315–319 eingreifen, die einem Dritten oder einer der Vertragsparteien ein Bestimmungsrecht einräumen. Ob sich Angebot und Annahme decken, ist notwendigenfalls im Wege der Auslegung des **objektiven Erklärungswertes** der Willenserklärungen zu ermitteln (s. § 18 Rn. 7 ff.). Ist der Konsens im Objektiven auch auf einen übereinstimmenden wirklichen Willen der Vertragsparteien zurückzuführen, ist keine der Erklärungen anfechtbar. Konsens liegt aber ausnahmsweise auch vor, wenn die Parteien objektiv Unterschiedliches erklären, damit jedoch subjektiv jeweils Übereinstimmendes verbinden *(falsa demonstratio);* auch in diesem Fall sind die Parteien an das Gewollte gebunden, ohne anfechten zu können (s. § 18 Rn. 13). **37**

2. Dissens

Von Dissens spricht man hingegen, wenn sich Angebot und Annahme in ihrem objektiven Sinngehalt inhaltlich **nicht decken.** Während bei einer anfechtbaren Willenserklärung eine Inkongruenz zwischen Wille und Erklärung vorliegt, ist beim Dissens Inkongruenz zwischen zwei (oder mehr) Willenserklärungen gegeben. Es fehlt – **38** bewusst oder unbewusst – die für den Vertragsschluss notwendige Einigung.

§ 78 Abs. 1 des ersten Entwurfs zum BGB enthielt hierfür noch eine ausdrückliche Regelung:

„Solange die Vertragsschließenden über die nach Gesetz zum Wesen des zu schließenden Vertrages gehörenden Teile sich nicht geeinigt haben, ist der Vertrag nicht geschlossen."[36]

Diese Regelung ist im BGB nicht mehr enthalten, aber ungeschriebene, gedanklich notwendige Voraussetzung der Dissensregelung in den §§ 154, 155. Sie folgt aus der Privatautonomie. Haben sich die Parteien über einen **wesentlichen Punkt** des Vertrages nicht geeinigt, so ist der ganze Vertrag nicht zustande gekommen (sog. logischer Dissens).

Im **Fall 30** (Rn. 36) bedarf es keiner großen Auslegung. Das Angebot von V und die „Annahme" von K decken sich objektiv nicht, da beide einen jeweils anderen Kaufpreis nennen. Man muss in diesem Fall nicht auf §§ 154, 155 zurückgreifen. Schon aus dem allgemeinen Grundsatz, dass der Vertragsschluss zweier sich in den wesentlichen Vertragspunkten deckenden Erklärungen bedarf, folgt, dass hier noch kein Vertrag geschlossen wurde.

§§ 154, 155 regeln daher nach h. M. nur den Fall, dass sich die Parteien über einen **vertraglichen Nebenpunkt** nicht geeinigt haben,[37] und differenzieren dann noch einmal danach, ob es sich um eine den Parteien bewusste oder nicht bewusste Einigungslücke handelt.

39   **a) Offener Dissens.** § 154 betrifft den Fall, dass sich die Parteien nicht vollständig geeinigt haben und das auch wissen. Ein solcher Vertrag ist auch aus der Sicht der Parteien noch nicht geschlossen, wenn der Nebenpunkt nach der Erklärung wenigstens einer Partei klärungsbedürftig war. Damit hat es jeder Vertragspartner in der Hand, den Vertragsschluss scheitern zu lassen, selbst wenn bereits über eine Mehrzahl der vertraglich zu regelnden Punkte Einigkeit besteht.

Beispiel: M möchte die Wohnung des Vermieters V für zwei Jahre mieten; beide sind sich über Vertragsbeginn und Mietzins einig. Offen ist noch, ob M – wie von V gewünscht – die vorhandene Kücheneinrichtung „mitmieten" muss oder seine eigenen Einrichtungsgegenstände für die Küche mitbringen

---

36 Vgl. *Mugdan* I, S. 441.
37 RGZ 93, 299 (zu § 155); *BGH* NJW-RR 2006, 1139; *Medicus,* Allgemeiner Teil, Rn. 438; *Brox/Walker,* Allgemeiner Teil des BGB, Rn. 255; Jauernig/*Jauernig,* § 155 Rn. 2; a. A. *OLG Oldenburg* DB 1996, 2534.

kann. Da V keine Lagermöglichkeit hat, besteht er darauf, die Einrichtung in der Wohnung zu belassen; M möchte sie auf keinen Fall haben. Hier sind die *essentialia* des Mietvertrages zwischen den Parteien klar, dennoch ist noch kein Vertrag zustande gekommen, da über die von beiden als wichtig angesehene Frage der Küchenmöbel (die im Verhältnis zum Gesamtvertrag nur einen Nebenpunkt betrifft) noch keine Einigung erzielt wurde. Dies ist Folge der Privatautonomie: Niemand ist zur Annahme eines Angebotes verpflichtet, das ihm, wenn auch nur in einem Nebenpunkt, nicht zusagt. Eine derartige Bindungswirkung besteht im vorvertraglichen Stadium nicht.

§ 154 ist allerdings nur eine gesetzliche Auslegungsregel; der Ver- 40 trag ist nur „im Zweifel" nicht geschlossen. Die Parteien können die Folgen des § 154 abbedingen. Es steht ihnen frei, die noch offenen Punkte einer späteren Einigung vorzubehalten oder einer Partei das Bestimmungsrecht nach Maßgabe der §§ 315, 316 einzuräumen. Der bereits vorliegende Vertragsteil ist dann bindend. Eine solche Regelung muss nicht ausdrücklich, sie kann auch konkludent vereinbart werden. Ein typisches Beispiel dafür ist der Fall, dass die Parteien den Vertrag bereits auszuführen beginnen.[38] Dadurch ist ihnen die Berufung auf § 154 versagt.

Zieht also im obigen Beispiel (Rn. 39) trotz der fehlenden Einigung über die Kücheneinrichtung M zähneknirschend mit Einverständnis des V ein, so ist der Mietvertrag damit wirksam geworden. Bezüglich des noch offen gebliebenen Punktes bedarf es dann der nachträglichen Verständigung zwischen M und V. Die Parteien haben jedoch mit dem Vollzug zu erkennen gegeben, dass sie wegen des Dissenses bezüglich der Kücheneinrichtung – entgegen § 154 – nicht den gesamten Mietvertrag scheitern lassen möchten.

Beim offenen Dissens reicht die Regelung des § 150 Abs. 2 nur scheinbar zur Lösung aus. Die Anwendungsbereiche beider Vorschriften decken sich jedoch nicht. In den Fällen des § 154 wird bewusst und von beiden Parteien übereinstimmend ein Punkt von der vertraglichen Einigung ausgenommen, während bei § 150 Abs. 2 eine vollständige Annahme erklärt wird, die jedoch in einem wesentlichen Punkt inhaltlich vom Angebot abweicht.

b) Versteckter Dissens. aa) Unbewusste Einigungslücke. Auch 41 beim sog. versteckten Dissens decken sich Angebot und Annahme in einem vertraglichen Nebenpunkt nicht. Die Parteien gehen allerdings **irrtümlich** davon aus, dass über alle Fragen, die klärungsbedürftig waren, eine Einigung erzielt wurde. Der fehlende Konsens

---

38 *BGH* NJW 1983, 1727, 1728.

wird also nicht bemerkt. § 155 knüpft als Auslegungsregel an den vermuteten Parteiwillen an. Stellt man bei der Auslegung des Vereinbarten fest, dass in einem Punkt eine Einigung nicht vorliegt, so ist zu prüfen, ob die Parteien den Vertrag auch ohne eine Vereinbarung über diesen Punkt getroffen hätten. Trifft das zu, ist der Vertrag trotz des Einigungsmangels wirksam, § 155.

42   Der versteckte Dissens darf nicht mit dem beiderseitigen Irrtum verwechselt werden (§ 25 Rn. 95 ff.). Beim **Doppelirrtum** stimmen die abgegebenen Erklärungen objektiv überein. Das lässt sich gegebenenfalls erst durch Auslegung feststellen. Beide Parteien irren jedoch über die objektive Bedeutung ihrer Willenserklärung. Beim versteckten Dissens stimmen die Willenserklärungen dagegen nur scheinbar überein. Bei näherer Betrachtung entdeckt man, dass sie objektiv mehrdeutig sind. Wenn diese Differenz der möglichen Bedeutungen durch Auslegung nicht beseitigt werden kann, liegt ein versteckter Dissens vor.

> Im **Fall 31** (Rn. 36) haben sich die Parteien nur auf einen Beherbergungsvertrag über ein Einzelzimmer mit Halbpension zu einem bestimmten Preis geeinigt. Die Frage, welches der beiden besichtigten Zimmer es sein soll, ist von der Einigung nicht umfasst. Im Zeitpunkt der Einigung hatten beide Parteien an diesen Punkt nicht mehr gedacht. Objektive Auslegungsanhaltspunkte für das eine oder das andere Zimmer gibt der Sachverhalt nicht her.

43   **bb) Gewicht des Einigungsmangels.** Wie in § 154 muss es sich auch beim versteckten Dissens um einen Punkt handeln, über den nach der Erklärung auch nur einer Partei eine Vereinbarung getroffen werden sollte. Hätten die Parteien den Vertrag auch ohne den offen gebliebenen Punkt geschlossen, so gilt das Vereinbarte. Ob das zutrifft, muss nach den Umständen des Einzelfalls durch Auslegung ermittelt werden. Ein Vertragsschluss scheidet aus, wenn der nicht geregelte Punkt nach der Vorstellung der Parteien so gewichtig war, dass er geregelt werden musste (obwohl § 155 nur auf vertragliche Nebenpunkte Anwendung findet). Ist das Vereinbarte hingegen nach § 155 wirksam, so sind die Lücken (nicht geregelten Punkte) im Wege der ergänzenden Vertragsauslegung zu schließen (§§ 133, 157, s. § 18 Rn. 1 ff.). Hätten die Parteien eines Kaufvertrages über einen Gebrauchtwagen etwa entgegen ihrer ursprünglichen Absicht im Laufe der Verhandlungen vergessen, einen konkreten Übergabetermin für den Wagen zu vereinbaren, so wäre im Zweifel davon auszugehen, dass diese Frage von so untergeordneter Bedeutung ist, dass daran

der Vertragsschluss insgesamt nicht scheitern sollte. An die Stelle der nicht vorhandenen vertraglichen Einigung tritt dann die Regelung des § 271 Abs. 1, wonach sofortige Übereignung geschuldet ist.

Im **Fall 31** (Rn. 36) ist also zu fragen, ob A und X den Vertrag auch ohne einen Konsens über das Zimmer geschlossen hätten. Auf den Fall übertragen bedeutet dies, dass freilich nicht offen bleiben konnte, in welchem Zimmer X übernachten soll; fraglich ist nur, ob die **Lage des Zimmers** den Beteiligten so wichtig war, dass sie daran den Vertragsschluss hätten scheitern lassen wollen. Dies ist grundsätzlich eine auf den Zeitpunkt der tatsächlichen Einigung rückzubeziehende und damit **hypothetische Überlegung.** Dass beide im Nachhinein konkrete Vorstellungen über das Zimmer haben und zumindest der A daran nunmehr auch die Durchführung des Vertrages scheitern lassen möchte, ist unbeachtlich. Wenn es X wie hier offensichtlich nur darum ging, ein möglichst günstiges Zimmer zu bekommen, war die Lage des Zimmers nicht entscheidend. Der Vertrag ist dann wirksam und X muss mit dem „Straßenzimmer" vorlieb nehmen. Hätte er hingegen schon während der Verhandlungen ersichtlichen Wert darauf gelegt, auch ein ruhiges und schön gelegenes Zimmer zu beziehen, war der offen gebliebene Punkt so wichtig, dass hieran der Vertragsschluss insgesamt scheitern könnte.

Ist der Vertrag wegen Einigungsmangels durch das Verschulden ei- **44** ner Partei nicht zustande gekommen, so kann die andere Partei nach den Grundsätzen der *culpa in contrahendo* (§§ 280, 311 Abs. 2 Nr. 1) den Ersatz ihres **Schadens** verlangen (h. M.).[39] Im Verhandlungsstadium darf noch niemand sicher sein, dass ein Vertrag auch zustande kommt, daher beschränkt die h. M. den Ersatz auf den Vertrauensschaden. Da § 282 nicht auf § 311 Abs. 2 verweist, gilt dies auch nach neuem Recht. Es ist nur § 280 Abs. 1 mit entsprechender Kausalitätsprüfung Pflichtverletzung – Schaden anwendbar.[40] Bei beiderseitigem Verschulden, das gerade in diesen Konstellationen häufig vorliegen wird, ist der jeweils entstandene Vertrauensschaden gem. § 254 zu teilen.[41]

Vertiefende Literatur und Hinweise für Examenskandidaten: Bei der konkludenten Gründung einer GbR („Gelegenheitsgesellschaften") kommt es nach hA zu einer Umkehrung der Auslegungsregel des § 154, wenn die Gesellschaft in Vollzug gesetzt wird, vgl. *BGH* NJW 1982, 2816; MünchKomm/ *Ulmer* § 705 Rn. 29.

---

39 *Bork*, Rn. 783 m. N. zur Gegenansicht.
40 *Schultz*, in: Westermann, Das Schuldrecht, 2002, S. 87.
41 RGZ 104, 265, 267.

VI. Sonderfälle: Option und Vorvertrag

Schrifttum: *Henrich,* Vorvertrag, Optionsvertrag, Vorrechtsvertrag, 1965; *Köhler,* Vorvertrag, Option und Festofferte, Jura 1979, 465 ff.; *Weber,* Der Optionsvertrag, JuS 1990, 249 ff.

1. Vorvertrag

45   Den Parteien steht es aufgrund der ihnen eingeräumten Vertragsfreiheit offen, vor Abschluss des eigentlich gewollten (Haupt-)Vertrages einen sog. Vorvertrag abzuschließen. Er ist gesetzlich nicht ausdrücklich geregelt. In ihm verpflichten sich die Beteiligten, zu einem späteren Zeitpunkt einen bestimmten Vertrag **(Hauptvertrag)** zu schließen, dessen Inhalt zumindest schon bestimmbar sein muss.[42] Praktische Bedeutung erlangt der Vorvertrag nur dann, wenn dem Abschluss des Hauptvertrages noch rechtliche oder tatsächliche Hindernisse entgegen stehen, die Parteien aber dennoch schon eine Bindung eingehen wollen. Unterliegt der Hauptvertrag bestimmten **Formpflichten** (§ 24 Rn. 1 ff.), die der Warnung der Vertragsparteien und ihrem Schutz vor Übereilung dienen (z. B. § 311b Abs. 1 S. 1), so sind diese auch auf den Vorvertrag entsprechend anzuwenden, denn aus diesem kann auf Abschluss des Hauptvertrages geklagt werden.[43] Ohne Erstreckung der Formpflicht auf den Vorvertrag, würde deren Funktion daher unterlaufen werden. Ein formnichtiger Vorvertrag kann durch Abschluss des Hauptvertrages **geheilt** werden, wenn für den Hauptvertrag entsprechende Heilungsvorschriften bestehen (z. B. entsprechend § 311b Abs. 1 S. 2, s. § 24 Rn. 24 ff.).[44]

2. Optionsvertrag

46   **Fall 32:** V und M schließen schriftlich einen befristeten Mietvertrag (§§ 542 Abs. 2, 575 Abs. 1 Nr. 1) über eine Wohnung des V, die dieser nach Ablauf der Mietzeit selbst beziehen möchte. Er raumt dem M im Mietvertrag das Recht ein, nach Ablauf des Mietvertrages durch einseitige Erklärung einen unbefristeten Mietvertrag zu sonst denselben Konditionen an einer anderen Wohnung im gleichen Hause des V zu begründen. (ohne Lösungsskizze)

---

42 *BGH* NJW 2006, 2843, 2844.
43 BGHZ 61, 48; 82, 398, 404 für § 313 S. 1 (heute: § 311b Abs. 1 S. 1).
44 BGHZ 82, 398, 404; s. aber *BGH* NJW-RR 1993, 522.

Unter einem Optionsrecht versteht man das **einseitige Gestal-** 47
tungsrecht einer Partei, durch einfache Erklärung einen Vertrag zustande kommen zu lassen. Einer Annahmeerklärung des anderen
Teils bedarf es dann nicht mehr. Diese Gestaltung bietet sich an,
wenn eine Partei noch nicht weiß, ob sie zu einem späteren Zeitpunkt
wirklich Interesse an einem Vertrag haben wird, ihr die Möglichkeit
zum Vertragsschluss aber schon bindend eingeräumt werden soll. Im
Fall 32 möchte M vielleicht später ohnehin nicht mehr im Haus des V
wohnen. Das Optionsrecht beruht in der Regel auf einem zuvor zwischen den Beteiligten geschlossenen **Optionsvertrag** (§§ 241, 311
Abs. 1)[45] – hieraus erklärt sich, dass es dann keines weiteren Einverständnisses des anderen Teils im Fall der Wahrnehmung der Option
mehr bedarf. Er hat quasi vorab schon seine Einwilligung erklärt.
Anders als beim Vorvertrag genügt daher beim Optionsvertrag eine
einseitige Erklärung des Berechtigten, um den Vertrag zustande zu
bringen. Auch der Optionsvertrag unterliegt aufgrund dieser Bindungswirkung der **Formpflicht,** wenn der in Aussicht genommene
Vertrag formbedürftig ist;[46] für die Optionserklärung gilt dies nicht
zwingend.

Die rechtliche Einordnung des Optionsvertrages ist mangels ausdrücklicher gesetzlicher Regelung streitig. Er lässt sich auch als **auf-**
schiebend bedingter Hauptvertrag begreifen. Die Ausübung der
Option führt dann zum Inkrafttreten des Vertrages. Allerdings ist
für § 158 Abs. 1 gerade streitig, ob eine solche bloße „Wollensbedingung" zulässig ist (s. § 20 Rn. 8).[47] Der aufschiebend bedingte Vertrag
entfaltet auch schon vor Bedingungseintritt bestimmte Bindungen (s.
§§ 160–162), die nicht immer interessengerecht oder ausreichend sind
in Optionsfällen.

Die Parteien können auch eine andere rechtliche Konstruktion bewusst wählen. Der Optionsvertrag, ein zweiseitiges Rechtsgeschäft,
ist deshalb von dem einseitig erklärten **bindenden Vertragsangebot,**
das der Empfänger nur noch anzunehmen braucht, zu unterscheiden
(teilweise spricht man auch hier von einem **Optionsrecht** oder einer
Festofferte).[48] Die Ausübung der Option ist dann kein Gestaltungs-
recht, sondern gewöhnliche Annahmeerklärung, die gegebenenfalls
der Formpflicht des Vertrages unterfällt. Es muss daher jeweils an-

---

45 *Brox/Walker,* Allgemeiner Teil, Rn. 192.
46 *Larenz/Wolf,* § 29 Rn. 45.
47 Für Zulässigkeit in diesen Konstellationen *Bork,* Rn. 696 m. N.
48 *Larenz/Wolf,* § 29 Rn. 43 ff.

hand des Einzelfalles im Wege der Auslegung geklärt werden, welche Konstruktion dem Parteiinteresse entspricht.

So spielen im **Fall 32** (Rn. 46) Überlegungen zur Form (§ 550) im Ergebnis keine Rolle, da die Beteiligten ohnehin einen unbefristeten zweiten Mietvertrag anstreben (dies wäre selbst bei Verstoß gegen die Schriftform die Sanktion nach § 550, s. hierzu § 24 Rn. 3). Es kann daher mangels anderer Anhaltspunkte sogar dahinstehen, ob ein Optionsvertrag oder eine Festofferte vorliegt. In beiden Fällen ist vor Ablauf der ursprünglichen Mietzeit und vor Ausübung des Optionsrechts noch kein zweiter Mietvertrag zustande gekommen. M ist noch in keiner Weise gebunden und kann sich nach Ende der Mietzeit frei entscheiden, ob er von dem ihm eingeräumten Recht Gebrauch machen möchte. V ist hingegen schon gebunden. Mit Ausübung des Optionsrechts kommt ein Mietvertrag mit M zustande. V muss daher insbesondere dafür sorgen, dass er dem M die in Aussicht gestellte Wohnung dann auch wirklich zur Verfügung stellen kann, sonst würde er sich schadensersatzpflichtig machen wegen Nichterfüllung des (zweiten) Mietvertrages (§ 280).

VII. Vertragsschluss in europäischen Nachbarrechtsordnungen

48   Die Regel, dass ein Vertrag nur durch den übereinstimmend geäußerten Willen der Vertragsparteien zustande kommt, lässt sich in dieser Allgemeinheit auf alle modernen Rechtsordnungen übertragen. Unterschiedlich ist dabei das theoretische Gewicht, welches man bei dieser Konstruktion der Rechtsfigur der **Willenserklärung** zukommen lässt (s. bereits § 16 Rn. 3). Der französische *Code Civil* und das österreichische ABGB messen den getrennt voneinander abgegebenen Erklärungen „Angebot" und „Annahme" keine große Bedeutung bei, während sie, wie im BGB, etwa im schweizerischen Obligationenrecht, dem niederländischen Wetboek, dem griechischen ZGB, dem italienischen *Codice civile* oder dem spanischen *Codigo civil* ganz in den Vordergrund rücken.[49] Die UNIDROIT-Principles erwähnen in Art. 2.1 außer dem Austausch von *acceptance* und *offer* auch die Möglichkeit des Vertragsschlusses *by conduct of the parties that is sufficient to show agreement.* Die praktischen Unterschiede sind nicht groß, da auch dort, wo die Willenserklärung eine entscheidende Rolle spielt, schlüssiges Verhalten als Erklärungswert ausreichend ist.[50] Zu Recht nimmt der Draft Commen Frame of Reference

49 Vgl. hierzu *Kötz,* Europäisches Vertragsrecht I, S. 24 f.; *Ranieri,* S. 72 ff.
50 So etwa Art. 18 Abs. 3 CISG; Art. 1327 Abs. 1 it. CC; § 193 griech. ZGB.

in Art. II.–4: 211 aber auch die Möglichkeit auf, dass ein Vertrag nicht durch Angebot und Annahme zustande kommt, sondern durch das von Anfang bis Ende gemeinsame Aushandeln eines gemeinsamen Vertragstextes. Dies entspricht der Rechtspraxis bei komplexen Unternehmenskäufen oder ähnlichen Transaktionen.

Im Einzelnen finden sich in vielen Punkten dem Grundsatz nach 49 inhaltliche **Übereinstimmungen,** etwa darin, dass eine Erklärung nur spätestens bis zum Zugang beim Adressaten widerrufen werden kann,[51] ein bloßes Schweigen keine Annahmeerklärung beinhaltet,[52] die inhaltlich abweichende Annahme eine Ablehnung unter gleichzeitiger Abgabe eines neuen Angebotes darstellt[53] oder das Angebot erlischt, wenn es ausdrücklich abgelehnt oder bei Verhandlung unter Abwesenden nicht fristgerecht angenommen wird.[54] Sachliche **Unterschiede** bestehen teilweise bei der Abgrenzung von Erklärungen ohne Bindungswillen *(invitatio ad offerendum)* und echten Vertrags-

---

51 Art. 9 Schweizer OR; Art. 3–37 Abs. 5 NBW; Art. 1328 Abs. 2 it. CC; Art. 230 Abs. 2 port. CC. Dies gilt auch in Dänemark, Norwegen und Schweden, die aufgrund eines gemeinsam erarbeiteten Vertragsgesetzes („Nordische Gesetzgebungszusammenarbeit") weitgehend gleichlautende Regeln haben, s. § 7 VertragsG. Großzügiger ist das englische Recht, das bis zur Annahme von der freien Widerruflichkeit eines Angebotes ausgeht, *Graf v. Bernstorff,* § 3 III vor 1 m. N. und Art. 1328 S. 1 it. CC. Art. 2.4 der UNIDROIT-Principles lässt den *Widerruf* des Angebotes bis zur Absendung der Annahme zu, in Art. 2.3 seine *Rücknahme* auch bei ausdrücklicher Unwiderruflichkeit des Angebotes bis zu seinem Zugang. Auch nach dem Entwurf des Gemeinsamen Referenzrahmens (§ 2 VII 3) genügt in Ch. 4, Book II, 4:202 ein Widerruf bis zur Absendung der Annahme.
52 Art. 18 CISG; das gilt auch für die Schweiz, Österreich, Frankreich, Italien, ebenso für das englische Recht, s. *Graf v. Bernstorff,* § 3 III m. N.; s. auch im Entwurf des Gemeinsamen Referenzrahmens (s. oben § 2 VII 3) Ch. 4, Book II, 4:204 Absatz 2.
53 So etwa Art. 19 CISG; Art. 1326 Abs. 5 it. CC; Art. 6–225 NBW; Art. 191 griech. ZGB; Art. 6 VertragG Schweden.
54 Eine angemessene oder „übliche" Frist gilt mangels einer vom Offerenten gesetzten Frist z. B. nach Art. 18 Abs. 2 CISG; § 862 S. 2 ABGB; Art. 5 Schweizer OR; Art. 6–221 Abs. 1 NBW; Art. 1326 Abs. 2 it. CC; Art. 2.7 UNIDROIT-Principles sowie im englischen und französischen Recht. Einzelheiten bei *Kötz,* Europäisches Vertragsrecht I, S. 30 ff.

angeboten[55] und den Zugangserfordernissen.[56] So verlangt das englische Recht nach seiner sog. *mailbox theory* für die wirksame Vertragsannahme nur, dass diese auf den Weg gebracht wurde *(must be communicated)*. Der Vertrag ist damit unabhängig vom Zugang beim Anbietenden schon zustande gekommen. Hintergrund ist die freie Widerruflichkeit des Angebots bis zur Annahme. Mit der *mailbox theory* wird die Annahme im Interesse des Annehmenden deshalb vorverlagert.

50   Insgesamt ist das Zustandekommen des Vertrages eine Frage, welche die Rechtsvergleichung schon sehr früh und intensiv aufgenommen hat.[57] Wegen der großen **Gemeinsamkeiten** in den **Grundstrukturen** finden auf diesem Gebiet Vereinheitlichungen auf rechtsvergleichender Basis auch weitestgehende Akzeptanz; s. etwa die Regeln für das Zustandekommen von Verträgen in Art. 14–24 CISG oder Art. 2.1–2.14 der UNIDROIT-Principles.[58] S. auch die weitgehenden Übereinstimmungen mit den §§ 147 ff. BGB im Entwurf des Gemeinsamen Referenzrahmens für ein Europäisches Vertragsrecht (s. oben § 2 VII 3) den Abschnitt „offer and acceptance" in Ch. 4, Book II und in Art. 31–39 des Entwurfs für ein Gemeinsames Europäisches Kaufrecht.

51   **Merke:** Der Vertrag kommt durch zwei übereinstimmende, empfangsbedürftige Willenserklärungen zustande – Angebot und Annahme. Auch bei den Massengeschäften des täglichen Lebens, bei denen Vertragsofferten durch „sozialtypisches Verhalten" angenommen werden, liegen solche (kon-

55 So sieht das französische und englische Recht die Anzeige in einer Zeitung als bindendes Angebot, nicht als bloße *invitatio ad offerendum* (*Simpson*, Leading Cases in the Common Law, 1995, S. 259 ff.; einschränkend *Lyall*, Introduction to British Law, 2nd ed. S. 237; *Cour de Cassation*, Civ. 13. 61 972, Bull.cass. 1972.III.no. 392); nach Art. 7 Abs. 3 Schweizer OR ist die Warenauslage mit Preis in der Regel schon ein Antrag. Auch der Entwurf eines Gemeinsamen Referenzrahmens für das Europäische Vertragsrecht (s. oben § 2 VII 3) sieht in Ch. 4, Book II Sec. 2, 4–201 Absatz 3 vor, dass Angebote in öffentlicher Werbung, Katalogen oder Auslagen mit festen Preisangaben als bindendes Angebot gelten, wenn sich nicht aus den Umständen etwas anderes ergibt. Allerdings sieht die Vorschrift ausdrücklich vor, dass dies nur solange gilt, wie der Anbietende einen Warenvorrat hat oder in der Lage ist Dienstleistungen zu erbringen.
56 Das italienische Recht verlangt z. B. in Art. 1335 it. CC tatsächliche Kenntnisnahme des Empfängers, diese wird allerdings widerleglich vermutet, wenn das Angebot den Adressaten „erreicht" hat.
57 S. nur die Arbeiten von *Schlesinger*, Formation of Contract, A Study of the Common Core of Legal Systems, 2 Bände, 1968; *Rabel*, Das Recht des Warenkaufs. Eine rechtsvergleichende Darstellung, Bd. I, 1936; Bd. II, 1956.
58 S. hierzu *Armbrüster*, Zustandekommen und Wirksamkeit von Verträgen aus gemeineuropäischer Sicht – ein Vergleich der Lando-Principles (PECL) und der Konzeption des Gemeinsamen Referenzrahmens (CFR) mit dem deutschen Recht, Jura 2007, 321 ff.

kludenten) Willenserklärungen vor. Die Lehre vom Vertragsabschluss durch sozialtypisches Verhalten mit der Folge eines faktischen, nicht rechtsgeschäftlichen Handelns ist abzulehnen.

Keine Vertragsofferte liegt vor, wenn es erkennbar bzw. nach der Verkehrsanschauung am Rechtsbindungswillen des Erklärenden fehlt. Häufig handelt es sich bei derartigen Erklärungen um eine Aufforderung zur Abgabe von Angeboten *(invitatio ad offerendum)*. Das Angebot muss grundsätzlich bestimmt *(essentialia negotii)* und damit ohne Weiteres annahmefähig sein. Es kann nur innerhalb eines bestimmten Zeitraumes angenommen werden, der je nachdem, ob es sich um Erklärungen unter Anwesenden oder Abwesenden handelt, variiert. Die Frist kann auch vom Antragenden bestimmt werden. Nach Ablauf der Annahmefrist erlischt das Angebot. Eine verspätete Annahme hat die Wirkung eines neuen Angebotes. Gleiches gilt für eine inhaltlich abweichende Annahmeerklärung.

Dissens liegt vor, wenn es an einer vollständigen Einigung der Vertragsparteien fehlt. Betrifft die Lücke einen wesentlichen Vertragspunkt, folgt der fehlende Vertragsschluss aus dem allgemeinen Grundsatz (§ 151, 1. Halbs.). Fehlt eine vertragliche Einigung über Nebenpunkte, so gelten §§ 154, 155. Beide Vorschriften enthalten gesetzliche Auslegungsregeln, können demnach durch Vereinbarung geändert oder verdrängt werden.

§ 20. Bedingung und Befristung

I. Begriff und Bedeutung

Bedingung und Befristung haben gemeinsam, dass die Wirkung eines Rechtsgeschäftes von einem in der Zukunft liegenden Ereignis abhängig gemacht werden soll. Bei der Befristung ist es ein gewisses (Zeitablauf), bei der Bedingung ein ungewisses Ereignis. Mit Hilfe der §§ 158 ff. können daher künftige Ereignisse schon im Zeitpunkt des Vertragsschlusses als wesentliche Grundlage des Vertrages definiert werden. Sie wirken dann ohne Weiteres auf den bereits geschlossenen Vertrag ein, eine Vertragsanpassung ist nicht erforderlich. Die Befristung i. S. v. § 163 dient dazu, einen Vertrag erst ab oder nur bis zu einem bestimmten Zeitpunkt gelten zu lassen.

Beispiel: Tochter S soll von ihren Eltern ein Mietshaus übertragen bekommen, in dem eine Wohnung leer steht. Obwohl S noch nicht Eigentümerin ist und auch formgerechte Verträge noch nicht vorliegen, schließt sie mit ihrer Freundin F bereits einen Mietvertrag. Dieser soll ab dem nächsten Januar gelten, allerdings nur „wenn S bis dahin Eigentümerin des Mietshauses ist".

Hier liegen sowohl eine Befristung als auch eine Bedingung vor. Mit der Vereinbarung, dass der Mietvertrag ab 1. Januar gelten soll, haben S und F für den Anfangstermin des Vertrages eine Frist gesetzt. Dass der 1. Januar kommen wird, ist – nach menschlichem Ermessen – ein gewisses Ereignis, daher handelt es sich um eine Befristung. Die Klausel, wonach S bis dahin Eigentum erworben haben muss, ist ein noch ungewisses Ereignis (vielleicht überlegen es sich die Eltern noch einmal anders; vielleicht brennt das Haus ab). Es liegt eine Bedingung vor.

Eine Bedingung kann darüber hinaus auch dazu dienen, die eine Vertragspartei zu einem bestimmten Verhalten zu veranlassen.

Beispiel: V und K schließen einen Kaufvertrag. Der Vertrag enthält u. a. eine Bestimmung, wonach K unter der Bedingung, dass er bar zahlt, einen Preisnachlass von zwei Prozent erhält. Hier soll K dazu angehalten werden, nicht mittels Überweisung, Kreditkarte oder ähnlichem, sondern bar zu zahlen. Hier hängt nicht die Wirksamkeit des Vertrages vom Bedingungseintritt ab, sondern die Höhe des Kaufpreises.

Bedingte und befristete Rechtsgeschäfte sind mit Abschluss vollendet und – vorbehaltlich anderer Voraussetzungen – **gültig.** Lediglich die Rechtswirkungen bleiben zunächst in der Schwebe. Für die Gültigkeitsvoraussetzungen des Rechtsgeschäfts (z. B. Geschäftsfähigkeit) ist daher auf den Zeitpunkt der Vornahme des Rechtsgeschäfts und nicht auf den Bedingungseintritt oder -ausfall bzw. die Terminserreichung abzustellen.

II. Die Bedingung

2   **Fall 33:** V hat der Studierenden S unbefristet die 2-Zimmer-Einliegerwohnung in seinem Haus vermietet. Im Mai bekommt S von V folgendes Schreiben: „Hiermit kündige ich Ihnen zum Jahresende, allerdings nur für den Fall, dass sich meine Tochter tatsächlich entschließen sollte, wieder in mein Haus zu ziehen". Im Dezember teilt V der S mit, dass seine Tochter tatsächlich in die Einliegerwohnung einziehen möchte. Hat die S im Januar noch einen Anspruch gegen V auf Überlassung der Mieträume? → Rn. 14.

1. Begriff und Arten der Bedingung

3   Unter einer Bedingung i. S. v. § 158 versteht man ein künftiges, objektiv ungewisses Ereignis.

Beispiel: Die beiden Jurastudierenden V und K schließen einen Kaufvertrag über den Gebrauchtwagen des V und wollen das Fahrzeug auch gleich übereignen. Eingedenk der ihnen erst jüngst näher gebrachten Regeln über das Abstraktionsprinzip, dessen Zweck ihnen nicht so recht einleuchten will, vereinbaren die beiden, dass die Verfügung über den Wagen nur Bestand haben soll, wenn und soweit der Kaufvertrag rechtswirksam ist.

Hier könnte das Verfügungsgeschäft unter einer Bedingung erfolgt sein. Allerdings handelt es sich bei der Frage, ob der geschlossene Kaufvertrag wirksam ist oder nicht, weder um ein künftiges Ereignis, noch um ein objektiv ungewisses. Es geht um eine reine Rechtsfrage, die grundsätzlich auch schon im Zeitpunkt der Vornahme des Verfügungsgeschäftes beantwortet werden kann. Die Ungewissheit ist allenfalls eine gegenwärtige subjektive im Sinne einer unechten Bedingung (s. Rn. 9 f.). Zur Frage, ob auf diese Weise das Abstraktionsprinzip unterlaufen werden kann, s. unten Rn. 15.

Die Bedingung ist Bestandteil einer Willenserklärung und kann **4** ausdrücklich oder konkludent erklärt werden. Soll sie Vertragsbestandteil werden, muss der andere Teil mit der Bedingung einverstanden sein, d. h. auch hier gilt, dass Angebot und Annahme sich inhaltlich decken müssen.

Beispiel: Die A hofft, am Wochenende von einem Freund auf eine Party eingeladen zu werden. Für alle Fälle kauft sie sich schon am Mittwoch ein neues Kleid und erklärt dabei der Verkäuferin, sie benötige es für die besagte Party, zu der sie hoffentlich noch eingeladen werde. Die Verkäuferin V geht hierauf nicht näher ein, verpackt das Kleid und kassiert den Kaufpreis. Selbst wenn man hier im Wege der Auslegung dazu käme, dass die A ein Kaufangebot nur unter der aufschiebenden Bedingung einer Einladung abgegeben hätte, fehlt insoweit die korrespondierende Annahme der V. Sie erklärt sich weder ausdrücklich noch konkludent mit einer solchen Bedingung einverstanden. Für eine solchermaßen ungewöhnliche Verlagerung des Verwendungsrisikos der Kaufsache vom Käufer auf den Verkäufer bedürfte es konkreter Anhaltspunkte für einen entsprechenden Willen der V.

a) Aufschiebende und auflösende Bedingung. Schon der Wortlaut **5** des § 158 unterscheidet zwischen aufschiebender (Abs. 1) und auflösender (Abs. 2) Bedingung. Bei der **aufschiebenden** Bedingung treten die Rechtswirkungen erst mit dem Eintritt des zukünftigen Ereignisses ein; davor bestehen noch keine Primärpflichten aus dem geschlossenen, aber aufschiebend bedingten Vertrag.

Beispiel: A vereinbart beim Kauf eines Neuwagens mit dem Händler H Ratenzahlung. H behält sich deshalb im Vertrag das Eigentum am Wagen bis zur Zahlung der letzten Rate vor[1] (§ 449). A kann den Wagen aber schon vorher

---

1 Zum Eigentumsvorbehalt vgl. *Baur/Stürner*, § 59.

mitnehmen und benutzen. Nach der Auslegungsregel des § 449 Abs. 1 liegt in dieser Vereinbarung zwischen A und H im Zweifel eine aufschiebende Bedingung bezüglich des Eigentumsübergangs, §§ 929 S. 1, 158 Abs. 1. Dieser tritt erst mit Bedingungseintritt, also Zahlung der letzten Rate ein. Davor ist noch H und nicht A Eigentümer des Wagens, auch wenn H das Fahrzeug bereits zuvor an A übergeben hat.

6   Dagegen treten bei der **auflösenden** Bedingung die Rechtswirkungen sofort ein, mit Bedingungseintritt entfallen diese aber ohne Weiteres wieder und es wird die ursprüngliche Rechtslage wieder hergestellt.

Beispiel: Diesmal gewährt der Arbeitgeber G dem A ein zinsloses Darlehen (§ 488) zur Finanzierung des Neuwagens. Zur Sicherheit[2] für den Rückzahlungsanspruch des G übereignet A das Fahrzeug dem G „bis zur vollständigen Rückzahlung des Darlehens". Nach dieser Vereinbarung soll G also ausdrücklich nur solange Eigentümer des Autos sein, wie er es als Sicherheit für die noch offene Forderung benötigt. Es handelt sich um eine auflösende Bedingung, das entscheidende Ereignis ist der Wegfall des Sicherungszwecks. Hier wird G also sofort mit dem Abschluss des Rechtsgeschäfts (hier des Verfügungsgeschäftes nach §§ 929, 930 – lesen!) Eigentümer des Wagens. Mit der vollständigen Darlehensrückzahlung fällt das Eigentum aber wieder automatisch an A zurück (§ 158 Abs. 2).

7   Ist unklar, ob es sich bei einer Bedingung um eine aufschiebende oder auflösende handelt, so ist durch **Auslegung** (vgl. § 18) zu ermitteln, welche Wirkung die Bedingung nach dem Willen der Parteien entwickeln sollte. Wichtige gesetzliche Auslegungsregeln enthalten die §§ 449 Abs. 1, 454 Abs. 1 S. 2.

8   **b) Potestativbedingung.** Eine Potestativbedingung liegt vor, wenn der Bedingungseintritt von einem **Ereignis** abhängt, das ganz in das **Belieben** einer Partei gestellt wird. Sie ist grundsätzlich zulässig. Hauptanwendungsbeispiel ist der Eigentumsvorbehalt (oben Rn. 5). Ob der Käufer die Kaufpreisschuld begleicht oder nicht, steht alleine in seinem Belieben. Die Potestativbedingung ist abzugrenzen von der sog. **Wollensbedingung.**[3] Bei ihr wird die Gültigkeit eines Rechtsgeschäftes nicht von einem Ereignis, sondern nur von einer entsprechenden zustimmenden Willensäußerung des Vertragspartners abhängig gemacht.

---

2 Zur Sicherungsübereignung vgl. *Baur/Stürner*, § 57.
3 Die Terminologie in Rechtsprechung und Lehre ist hier nicht immer einheitlich, vgl. nur *BGH* NJW-RR 1996, 1167 und BGHZ 134, 187 f.; Palandt/*Ellenberger*, Einf. v. § 158 Rn. 10.

Beispiel: K besichtigt bei V das von diesem in der Zeitung zum Verkauf angebotene Klavier. Über den Preis sind sich beide schnell einig. K möchte sich die Sache aber noch einen Tag überlegen. Damit ihm andere Interessenten das Klavier nicht „wegschnappen", vereinbart er mit V, dass der Kauf zwischen ihnen perfekt ist, wenn sich K nicht bis zum nächsten Tag um 18 Uhr ablehnend äußert.

Die Zulässigkeit solcher Wollensbedingungen ist streitig, da es sich nicht im eigentlichen Sinne um eine Bedingung (Abhängigkeit von einem äußeren Ereignis) handelt, vielmehr genaugenommen die bindende Willenserklärung einer Partei noch fehlt. Im Regelfall fehlt es also noch an jeder vertraglichen Bindung; die Parteien können jedoch einen einseitig bindenden Optionsvertrag gewollt haben (s. § 19 Rn. 46 ff.), die Bestimmung einer Annahmefrist nach § 148 oder einen Rücktrittsvorbehalt (§ 346) – dies ist Auslegungsfrage. Ein gesetzlich geregelter Ausnahmefall der Wollensbedingung ist § 454 Abs. 1 S. 2.

Im „Klavier"-Beispiel geht es K einerseits um die Bindung des V, andererseits darum, selbst noch Entscheidungsspielraum zu behalten. Ein Vertrag unter einer Wollensbedingung wäre widersprüchlich – K kann nicht einerseits eine Willenserklärung mit Rechtsbindungswillen abgeben und gleichzeitig genau diese Bindung ausschließen. Am ehesten ist ihm hier mit der Vereinbarung eines Rücktrittsvorbehaltes gedient; dann wäre ein Kaufvertrag geschlossen, von dem sich K jedoch innerhalb der vereinbarten Frist ohne Angabe von Gründen wieder lösen kann. Aber auch bei Annahme einer Annahmefrist nach § 148 wäre V bis zum nächsten Tag um 18 Uhr an sein Angebot gegenüber K gebunden.

c) Echte und unechte Bedingungen. Eine (echte) Bedingung 9 i. S. d. §§ 158 ff. liegt nur vor, wenn Gegenstand der Bedingung ein zukünftiges **objektiv** ungewisses Ereignis ist. Steht das Eintreten oder Ausfallen des Ereignisses bei Vertragsschluss bereits objektiv fest, haben aber die Parteien davon noch keine Kenntnis, so handelt es sich um eine unechte Bedingung. Die Parteien können zwar solche Regelungen in den Vertrag aufnehmen, sie unterfallen allerdings nicht (direkt) den §§ 158 ff.

Beispiel: Onkel O schließt mit seinem Neffen einen formgerechten Schenkungsvertrag (§§ 515, 518), in dem er dem N ein neues Auto verspricht unter der Bedingung, dass N das Juristische Staatsexamen besteht. Zum Zeitpunkt des Vertragsschlusses ist das Examen bereits abgelegt und die Ergebnisse sind ermittelt, wurden aber dem N noch nicht mitgeteilt. Hier ist die Bedingung „Bestehen des Examens" nur für die Parteien, nicht jedoch objektiv ungewiss.

Umstritten ist, welche Konsequenzen das Vorliegen einer solchen unechten oder uneigentlichen Bedingung hat. Teilweise wird eine analoge Anwendung der §§ 158ff. befürwortet.[4] Auch nach der Gegenauffassung,[5] welche die Analogie ablehnt, soll jedoch eine entsprechende Vertragsklausel möglich sein und im obigen Beispielsfall dazu führen, dass N erst nach Bekanntgabe des positiven Examensergebnisses das versprochene Auto verlangen kann. Praktische Bedeutung hat der Streit erst, wenn es vor „Bedingungseintritt" zu Störungen kommt. Nur wenn es sich um eine Bedingung handelt oder §§ 158ff. analog anzuwenden sind, greifen die Schutzvorschriften der §§ 160–162. Eine analoge Anwendung ist zu befürworten, wenn die Interessenlage mit der einer echten Bedingung (objektive Ungewissheit) vergleichbar ist, d. h. wenn die Parteien ihre subjektive Ungewissheit im Zeitpunkt des Vertragsschlusses nicht oder nicht mit zumutbarem Aufwand beseitigen können. Im „Examensbeispiel" ist dies anzunehmen.

Keine Bedingung i. S. d. §§ 158ff. sind die sog. **Rechtsbedingungen.** Dabei werden Umstände zur Bedingung gemacht, die schon nach dem Gesetz für den Eintritt der gewünschten Rechtsfolge erforderlich sind.

Beispiel: A setzt seine Lebensgefährtin L testamentarisch zur Alleinerbin ein unter der Bedingung, dass L ihn überlebt. Der Umstand, dass L im Zeitpunkt des Erbfalls (= Tod des A) noch lebt, ist bereits gesetzliche Voraussetzung für den Erbschaftsanfall, § 1923 Abs. 1. Die §§ 158ff. sind daher nicht anwendbar.
Beachte: Nicht als Rechtsbedingung einzustufen wäre demnach die im Beispiel Rn. 3 vereinbarte Abhängigkeit des Verfügungsgeschäftes von der Wirksamkeit des Kaufvertrages. Von Rechts wegen ist aufgrund des Abstraktionsgrundsatzes die Verfügung gerade nicht vom Vorliegen eines wirksamen Verpflichtungsgeschäftes abhängig.

2. Zulässigkeit

10   Grundsätzlich ist eine Bedingung bei jedem Rechtsgeschäft zulässig, so also nicht nur bei Verpflichtungs-, sondern auch bei Verfügungsgeschäften (zu den Begriffen § 16 Rn. 9ff.). Bestimmte Rechtsgeschäfte sind jedoch **bedingungsfeindlich.**

11   Kraft Gesetzes bedingungsfeindlich sind beispielsweise die Auflassung (§ 925 Abs. 2), die Erklärungen zur Eheschließung (§ 1311 S. 2) und die Annahme oder Ausschlagung einer Erbschaft (§ 1947). In

---

4 *Brox/Walker*, Allgemeiner Teil des BGB, Rn. 481.
5 MünchKomm/*Westermann*, § 158 Rn. 53.

diesen Fällen hat der Gesetzgeber der **Rechtssicherheit** ausdrücklich Priorität vor der privaten Gestaltungsfreiheit eingeräumt.

Bedingungsfeindlich sind darüber hinaus in aller Regel aus dem- 12 selben Grund die **Gestaltungsrechte** (z. B. Anfechtung, Rücktritt, Aufrechnung, Kündigung). Da Gestaltungserklärungen ohne Mitwirkungsmöglichkeit des Erklärungsempfängers auf dessen Rechtsstellung einwirken, muss dieser geschützt werden und demzufolge die beabsichtigte Rechtsänderung klar und ohne Einschränkungen aus der Erklärung zu entnehmen sein. Für die Aufrechnungserklärung ist diese Bedingungsfeindlichkeit ausdrücklich geregelt in § 388 S. 2. In Fall 33 (Rn. 2) verknüpft V eine Gestaltungserklärung (Kündigung) mit einer Bedingung; dies ist grundsätzlich nicht zulässig.[6]

Da die Bedingungsfeindlichkeit von Gestaltungsrechten auf dem 13 Schutzbedürfnis des Erklärungsempfängers beruht, ist eine bedingte Gestaltungserklärung jedoch ausnahmsweise zulässig, wenn dieser nicht schutzbedürftig ist. Dies ist beispielsweise dann der Fall, wenn sich der Erklärungsempfänger mit der bedingten Gestaltungserklärung einverstanden erklärt hat. Insbesondere gilt dies aber im Falle von Potestativbedingungen (dazu oben Rn. 8), wenn es im Belieben des Erklärungsempfängers steht, ob er den Bedingungseintritt herbeiführt oder nicht. Hier besteht für den Erklärungsempfänger keinerlei Unsicherheit bezüglich der Rechtslage; vielmehr kann er selbst das Eintreten oder Ausbleiben der Bedingung steuern.[7]

Beispiel: Vermieter V kündigt dem A zum Jahresende unter der Bedingung, dass dieser bis Ende November die noch ausstehenden Mietzinsen nicht bezahlt hat. Hier hängt es allein von A ab, ob er bis Ende November zahlt. Die hierdurch geschaffene Rechtsunsicherheit ist A zumutbar, da er sie selbst beseitigen kann. Die bedingte Kündigung ist daher in diesem Fall wirksam.

In Fall 33 bleibt es nach diesen Grundsätzen bei der Schutzbedürftigkeit der S.

Lösungsskizze Fall 33 (Rn. 2): 14
S → V auf Überlassung der Mieträume aus **§ 535 Abs. 1 S. 1**
  I. Anspruch entstanden (+), wirksamer Abschluss eines Mietvertrags laut Sachverhalt
 II. Anspruch nicht später weggefallen: hier denkbar durch bedingte Kündigung und Bedingungseintritt (§ 542 Abs. 1)
    1. Kündigungserklärung

---

6 *BAG* NJW 1995, 1982.
7 *BAG* NJW 1995, 1982; *OLG Hamburg* NJW-RR 2001, 153.

> a) Abgabe (+)
> b) Zugang (+)
> c) Bedingung
> Zulässigkeit der Bedingung (–), Kündigung ist Gestaltungsrecht
> und daher weder grundsätzlich, noch hier ausnahmsweise im vor-
> liegenden Fall unter einer Bedingung zulässig. Die Kündigung ist
> daher unwirksam.
> 2. Auf Bedingungseintritt und Kündigungsgrund kommt es nicht mehr
> an.
> **Ergebnis:** S kann von V Überlassung der Mieträume verlangen.

15   Rechtsgeschäftliche Erklärungen können auch dann bedingungsfeindlich sein, wenn mit Hilfe der Bedingung nicht dispositives Ge-
setzesrecht unterlaufen werden soll. So ist im Beispiel Rn. 3 fraglich,
ob das **Abstraktionsprinzip** durch eine vereinbarte Bedingung zur
Disposition der Vertragsparteien gestellt werden kann. Nach h. M.
ist dies möglich, wenn die Parteien ausdrücklich eine solche Bedingung in ihre Verfügung aufnehmen.[8] Zurückhaltung ist jedoch mit
der Annahme einer **konkludenten** Bedingung (Rn. 4) in diesem Sinne
geboten. Mit der allgemeinen Überlegung, es entspräche grundsätzlich dem Parteiinteresse, eine Verfügung mit allen ihren Rechtsfolgen
nur dann eintreten zu lassen, wenn hierfür ein Rechtsgrund vorliege,
könnte sonst die gegenteilige Wertung des Gesetzgebers, die im Abstraktionsgedanken zum Ausdruck kommt, unterlaufen werden.[9]

3. Rechtsfolgen

16   **a) Bedingungseintritt.** Mit dem Einritt der Bedingung ändert sich
die Rechtslage ohne Weiteres Zutun der Parteien. Bei der aufschiebenden Bedingung entstehen die Wirkungen des vereinbarten
Rechtsgeschäfts, bei der auflösenden entfallen die Rechtswirkungen.
Die Änderung der Rechtslage wirkt jedoch nicht auf den Zeitpunkt
des Vertragsschlusses zurück (Wortlaut § 158). Die Rechtswirkungen
ändern sich erst mit dem Eintritt der Bedingung *ex nunc.* Die Parteien können zwar eine Rückbeziehung der Wirkungen auf einen
Zeitpunkt vor Bedingungseintritt vereinbaren (§ 159), selbst dies hat
aber nur die (schuldrechtliche) Wirkung, dass die Parteien sich das

8 BGHZ 31, 321, 322.
9 Ebenso z. B. *Grigoleit,* AcP 199 (1999), 379, 409 ff.; *Bork,* Rn. 489; *Medicus,* Rn. 239;
Stadler, Gestaltungsfreiheit und Verkehrsschutz durch Abstraktion, 1996, S. 82 ff.

gewähren müssen, was sie hätten, wenn die Bedingung schon früher eingetreten wäre.

Beispiel: Sollten die Vertragsparteien im Beispiel Rn. 5 für den Eigentums-vorbehalt ausdrücklich die Rückwirkung des Bedingungseintritts (vollständige Zahlung des Kaufpreises) auf den Zeitpunkt der Übergabe der Sache verein-baren, so hat dies keine dingliche Wirkung. Das aufschiebend bedingte Verfü-gungsgeschäft nach § 929 S. 1 verschafft aufgrund der Regelung des § 159 dem Käufer nur **ab Bedingungseintritt** Eigentum an der Kaufsache. Schuldrecht-lich ist V zwar verpflichtet, den K so zu stellen, als wäre er schon zum verein-barten Zeitpunkt Eigentümer gewesen, im Interesse der Rechtssicherheit wird die sachenrechtliche Zuordnung insoweit aber der Parteidisposition entzogen.

Die treuwidrige Verhinderung des Bedingungseintritts durch die Partei, für die der Bedingungseintritt nachteilig wäre, gilt als Bedin-gungseintritt, § 162 Abs. 1. Verweigert daher der Verkäufer beim ver-einbarten Eigentumsvorbehalt die Annahme der letzten Kaufpreis-rate, um zu verhindern, dass der Käufer Eigentümer wird, so gilt dies als Bedingungseintritt.

b) Bedingungsausfall. Die Bedingung ist ausgefallen, wenn end- 17
gültig feststeht, dass sie nicht mehr eintreten kann. Dies ist insbeson-dere dann der Fall, wenn der Zeitraum verstrichen ist, innerhalb des-sen die Bedingung zu erwarten war.

Beispiel: Hobbysegler S aus Konstanz verkauft dem K sein Segelboot unter der Bedingung, dass er, S, die Arbeitsstelle in Frankfurt, auf die er sich gerade beworben hat, bekomme. Mit der Absage des potentiellen Arbeitgebers des S ist die Bedingung ausgefallen.

Dem Bedingungsausfall gleichgestellt wird durch § 162 Abs. 2 der Fall, dass diejenige Partei, zu deren Vorteil der Bedingungseintritt ge-reichen würde, den Bedingungseintritt treuwidrig herbeiführt.

4. Schutz des bedingt Berechtigten

a) Schwebezustand. Die Vereinbarung einer Bedingung führt zu 18
einem Schwebezustand. Dies ist besonders bei Verfügungsgeschäften für den „bedingten" Erwerber misslich. Solange die Bedingung nicht eingetreten ist, kann der Rechtsinhaber noch anderweitig verfügen. Er ist bis zum Eintritt der Bedingung Inhaber des Rechts und damit verfügungsbefugt. Gegenüber Verfügungen des Berechtigten wäh-rend der Schwebezeit und andere Beeinträchtigungen ist der bedingt Berechtigte jedoch nicht schutzlos.

19   § 160 schützt denjenigen, der durch den Bedingungseintritt begünstigt wäre, vor einer schuldhaften Vereitelung oder Beeinträchtigung der Rechte oder der Sachen, die ihm durch den Bedingungseintritt zufielen, durch den anderen Teil. Es kann sich um rechtliche oder tatsächliche Beeinträchtigungen handeln. Für die aufschiebende Bedingung bedeutet dies, dass der durch den Bedingungseintritt Begünstigte von dem anderen Teil nach § 160 Abs. 1 dann Schadensersatz verlangen kann, wenn die Bedingung tatsächlich eintritt und der andere Teil während der Schwebezeit das bedingte Recht oder die bedingt übertragene Sache schuldhaft vereitelt oder beeinträchtigt hat. Verschuldensmaßstab ist derjenige des bedingten Rechtsgeschäftes (bei einer bedingten Schenkung also z. B. § 521).

Beispiel: V übereignet dem K unter der aufschiebenden Bedingung „Zustimmung der Ehefrau des K" ein Motorrad (§§ 929 S. 1, 158 Abs. 1). Vor Eintritt der Bedingung leiht sich V das Motorrad für einen Tag von K und verursacht dabei schuldhaft einen Unfall, bei dem das Motorrad leicht beschädigt wird. Mit Bedingungseintritt nach dem Unfall entsteht gem. § 160 Abs. 1 ein Schadensersatzanspruch des K gegen den V.[10]

Wäre nicht die Übereignung, sondern bereits der Kaufvertrag bedingt, und würde V das Motorrad vor Bedingungseintritt völlig zerstören, hätte K schon nach § 280 Abs. 1 einen Schadensersatzanspruch. Auch schon der aufschiebend bedingte Kaufvertrag verpflichtet V zur Sorgfalt (s. §§ 311 Abs. 2, 311a). Für bedingte Verpflichtungsgeschäfte hat § 160 daher nur deklaratorische Bedeutung.

Für die auflösende Bedingung gibt § 160 Abs. 2 demjenigen einen Ersatzanspruch, dessen Recht, das durch den Bedingungseintritt wieder an ihn zurückfällt, durch den anderen Teil schuldhaft vereitelt oder beeinträchtigt wurde.

Beispiel: V übereignet dem K unter der auflösenden Bedingung „Kaufpreiszahlungsrückstand mit mehr als drei Einzelraten" ein Auto und übergibt es ihm. K verursacht schuldhaft einen Unfall; anschließend kommt er mit mehr als drei Raten in Verzug. Dadurch tritt die auflösende Bedingung für die Übereignung (§ 929 S. 1) ein und das Eigentum am Auto fällt an V zurück. K

---

10 Daneben kann K aus der schuldhaften Verletzung des Leihvertrages (unbeschädigte Rückgabe des Motorrades, §§ 604 Abs. 1, 280) Schadensersatz verlangen. Dessen Berechnung kann sich jedoch als schwierig erweisen, da Verleiher K selbst nicht Eigentümer, sondern nur Besitzer, bestenfalls Anwartschaftsberechtigter (vgl. Rn. 21) im Zeitpunkt der Pflichtverletzung war. Aus dem gleichen Grund bereitet § 823 Abs. 1 Probleme, denn als verletztes Rechtsgut kommt nur ein „sonstiges Recht", nicht das Eigentum in Betracht. Ein Vorgehen nach § 160 kann daher vorteilhaft sein, insoweit wird K nämlich wie der Eigentümer (Bedingungseintritt!) behandelt.

muss dem V für die Beschädigung des Fahrzeugs Schadensersatz gem. § 160 Abs. 2 leisten.

b) Zwischenverfügungen. Verfügungen während der Schwebezeit 20 sind nach § 161 dem Berechtigten gegenüber unwirksam, soweit sie nach Bedingungseintritt seinen Rechtserwerb verhindern oder beeinträchtigen. Während des Schwebezustandes beim bedingten Verfügungsgeschäft sind beide Vertragspartner einander nicht nur aus dem (unbedingten) Verpflichtungsgeschäft, sondern auch aus der bedingt dinglichen Rechtslage heraus zur gegenseitigen Rücksichtnahme verpflichtet. Die mit Bedingungseintritt gegebene Unwirksamkeit einer Zwischenverfügung ist absolut, d. h. sie wirkt gegenüber jedermann. Es tritt im Gegensatz zu den Fällen der §§ 135, 136 (vgl. § 26 Rn. 17 ff.) nicht nur eine relative Unwirksamkeit im Verhältnis zur geschützten Person ein. Allerdings greift der Schutz des § 161 Abs. 1 zu Gunsten des Berechtigten nur ein, wenn der durch die Zwischenverfügung begünstigte Dritte hinsichtlich der bedingten Verfügung zu Gunsten des Berechtigten nicht gutgläubig ist (Abs. 3). Die Vorschriften über den (gutgläubigen) Erwerb vom Nichtberechtigten (z. B. §§ 932 ff.) finden danach entsprechende Anwendung (keine direkte Anwendbarkeit, weil der Verfügende ja Rechtsinhaber ist, nur durch die bedingte Verfügung gebunden).

Beispiel: V veräußert an A einen Fernsehapparat und behält sich das Eigentum bis zur vollständigen Kaufpreiszahlung vor (§§ 449, 929 S. 1 i. V. m. 158 Abs. 1). Da A zu Fuß unterwegs ist, lässt er das Gerät zunächst bei V stehen und will es am nächsten Tag mit seinem Auto abholen. Bevor A das Gerät abholen kann, veräußert V es an D. D erwirbt an sich vom Berechtigten Eigentümer V. Für eine wirksame Übereignung an A fehlt noch der Bedingungseintritt. Weiß D aber von der bedingten Verfügung zu Gunsten des A, so ist die Übereignung an D unwirksam (§ 161 Abs. 1); weiß D davon jedoch nichts und liegt auch keine grob fahrlässige Unkenntnis vor (§ 932 Abs. 2), so ist er durch die Übereignung seitens des V (§ 929 S. 1) Eigentümer des Fernsehers geworden (§ 161 Abs. 3).

Unter bestimmten Voraussetzungen hat der aus einer bedingten 21 Verfügung Berechtigte vor Bedingungseintritt schon eine rechtlich gesicherte Vorstufe zum Erwerb des Vollrechts. Man spricht von einem **Anwartschaftsrecht.**[11] Es ist allgemein die Bezeichnung für die Rechtsposition, die ein Erwerber durch teilweisen Vollzug eines

---

11 Hierzu ausführlich die sachenrechtliche Literatur, s. *Baur/Stürner*, § 3 Rn. 44, § 59 Rn. 3.

mehraktigen Erwerbstatbestandes in der Weise erlangt hat, dass der andere Teil (der Verfügende) den Vollerwerb nicht mehr einseitig verhindern kann. Die Übereignung unter Eigentumsvorbehalt ist ein typischer Anwendungsfall (von den Voraussetzungen des § 929 S. 1 sind Einigung und Übergabe schon vorgenommen, es fehlt nur noch der Bedingungseintritt, der in der Hand des Erwerbers liegt!). Das Vorliegen eines Anwartschaftsrechts ist jedoch nicht Bedingung für den Schutz des § 161.

III. Die Befristung

22   Befristung (§ 163) ist die rechtsgeschäftlich vereinbarte Abhängigkeit der Wirkungen eines Rechtsgeschäfts von einem Zeitablauf bzw. einem zukünftigen **gewissen** Ereignis. Dies kann eine genaue Zeitbestimmung, aber auch z. B. der Tod einer bestimmten Person sein; in beiden Fällen ist der Eintritt des Ereignisses gewiss, im letzteren ist lediglich der genaue Zeitpunkt ungewiss. Die Befristung kann als Anfangs- und/oder Endtermin bestimmt sein. Auf die Befristung sind die §§ 158, 160, 161 **entsprechend** anwendbar. Ist ein Anfangstermin bestimmt, so gelten die Regeln über die aufschiebende Bedingung entsprechend, bei einem Endtermin die über die auflösende Bedingung.

23   **Merke:** Bedingung und Befristung sind Nebenbestimmungen, von denen die Wirkung eines Rechtsgeschäfts abhängt. Unter Befristung versteht man den Eintritt eines zukünftigen gewissen Ereignisses, unter Bedingung den Eintritt eines zukünftigen objektiv ungewissen Ereignisses. Bei bloßer subjektiver Ungewissheit sind §§ 158 ff. allenfalls analog, bei den sog. Rechtsbedingungen nicht anwendbar, da es sich nicht um echte Bedingungen im Sinne dieser Vorschriften handelt. Die auflösende unterscheidet sich von der aufschiebenden Bedingung dadurch, dass bei der auflösenden Bedingung die bereits eingetretenen Wirkungen wieder entfallen, während bei der aufschiebenden Bedingung ihr Eintritt die Rechtsfolgen erst auslöst. Während der Schwebezeit wird der bedingt Berechtigte durch die §§ 160–162 geschützt.

§ 21. Vertragsschluss unter Einbeziehung von Allgemeinen Geschäftsbedingungen

Schrifttum: *Berger/Kleine*, AGB-Gestaltung und Transparenzgebot, NJW 2007, 3526 ff.; *Coester-Waltjen*, Verbraucherschutz und Inhaltskontrolle, Jura 1995, 26 ff.; *Freitag/Leible*, Grundfragen der Einbeziehung von Allgemeinen Geschäftsbedingungen in Verträge, JA 2000, 887 ff.; *Grünberger*, Der Anwendungsbereich der AGB-Kontrolle, Jura 2009, 249 ff.; *Kötz*, Der Schutzzweck der AGB-Kontrolle – Eine rechtsökonomische Skizze, JuS 2003, 209 ff.; *Löhnig*, Die Einbeziehung von AGB bei Internet-Geschäften, NJW 1997, 1688 ff.; *Schlachter*, Folgen der Unwirksamkeit von AGB für den Restvertrag, JuS 1989, 811 ff.; *Schmidt*, Die Einbeziehung von AGB im Verbraucherverkehr, NJW 2011, 1633 ff.

I. Bedeutung der Allgemeinen Geschäftsbedingungen

Fall 34: A beschließt, etwas für seine körperliche Fitness zu tun und wird   1
Mitglied im „Sport- und Fitnessstudio" des B, wo er gegen einen monatlichen Beitrag von € 40,– Einrichtungen und Geräte benutzen darf. In dem vorgedruckten Vertragsformular, das A unterschrieben hat, ist unmittelbar vor der Unterschriftszeile auf die Geltung der umseitig abgedruckten „Vertragsbedingungen" hingewiesen. Dort heißt es unter anderem in Nr. 4: „Der monatliche Mitgliedsbeitrag ist auch dann regelmäßig zu zahlen, wenn das Mitglied die Einrichtungen nicht nutzt."
In Nr. 6 findet sich die folgende Regelung: „Der Vertrag verlängert sich stillschweigend jeweils um weitere 6 Monate, wenn er nicht form- und fristgerecht gekündigt wird." Nachdem die ersten sechs Vertragsmonate abgelaufen sind, erleidet A einen Bandscheibenvorfall und darf auf ärztlichen Rat hin die nächsten Monate nicht mehr trainieren. Er möchte wissen, ob und ggf. wie lange er noch Beiträge zahlen muss. (ohne Lösungsskizze)

Fall 35: Schuldner S bekommt von seinem Freund F ein dringend benötigtes Darlehen in Höhe von € 20.000,– nur, wenn er eine Sicherheit dafür bieten kann. B, der Bruder des S, ist bereit, für die Schuld zu bürgen. F, der schon ab und zu solche Privatdarlehen vergeben hat, legt dem B ein von ihm entworfenes „Bürgschaftsformular" vor, das auf die umseitig abgedruckten AGB verweist und von B unterschrieben wird. Umseitig heißt es u. a.: „Die Bürgschaft erstreckt sich auf alle gegenwärtigen und künftigen Forderungen des Gläubigers (F) gegen S." Diese Klausel wurde von B beim flüchtigen Durchlesen übersehen. Zwei Jahre später hat S das Darlehen in Höhe von € 20.000,– vereinbarungsgemäß samt Zinsen zurückbezahlt, von F aber schon ein neues Darlehen über € 10.000,– erhalten, von dem B nichts wusste. Als S hier mit den Zahlungen in Verzug gerät, verlangt F von B Zahlung des noch offenen Betrages. → Rn. 32.

1. Praktische Bedeutung

2   Der Inhalt eines Vertrages kann von den Parteien entweder individuell ausgehandelt oder einseitig als Zusammenstellung vorformulierter Vertragsklauseln oder -bedingungen von einer Partei in die Verhandlungen eingebracht werden. Im BGB finden sich auch im Besonderen Schuldrecht, wo einzelne Vertragstypen wie der Kaufvertrag normiert sind, notwendigerweise abstrakt und allgemein formulierte Regelungen. So gelten die §§ 433 ff. gleichermaßen für den Kauf einer Tageszeitung am Kiosk wie für den Unternehmenskauf. Daher erweist es sich für die Vertragsparteien häufig als notwendig, Einzelheiten der wechselseitigen Rechte und Pflichten speziell auf die in ihren Geschäftsbeziehungen anfallenden Verträge genauer festzulegen. Dies geschieht häufig in Form von sog. Liefer-, Transport-, Versicherungs-, Einkaufs- oder Verkaufsbedingungen. Das Schuldrecht belässt ihnen diese Freiheit der Vertragsgestaltung, solange sie nicht von – ausnahmsweise – zwingenden gesetzlichen Regelungen abweichen. Besondere Bedeutung kommt Allgemeinen Geschäftsbedingungen zu bei der Ausgestaltung moderner Vertragstypen, welche das Gesetz gar nicht ausdrücklich regelt. So bilden etwa bei Sicherungs-, Leasing-, Factoring- oder Franchisingverträgen ebenso wie bei Sonderformen des Werkvertrages die Allgemeinen Geschäftsbedingungen mangels gesetzlicher Regelung ein **selbstgeschaffenes vertragliches Regelwerk** der Parteien für die Vertragsabwicklung.

Es wurde bereits im Zusammenhang mit der Vertragsfreiheit und ihren Grenzen darauf hingewiesen, dass Allgemeine Geschäftsbedingungen einerseits einen wichtigen Beitrag zur Rationalisierung der **Abwicklung von Massengeschäften** darstellen (s. oben § 3 Rn. 12 ff.). Andererseits bedarf es wegen der damit verbundenen Gefahr, dass der Verwender möglichst viele Risiken in standardisierten Vertragsbedingungen auf den Vertragspartner abzuwälzen sucht (z. B. in Form von Haftungsausschlüssen), der gesetzlichen bzw. richterlichen Kontrolle. Eine solche kann grundsätzlich auch anhand der §§ 138, 242 BGB vorgenommen werden. Rechtsprechung und Literatur haben hier vor Schaffung des AGBG zahlreiche Fallgruppen zur Konkretisierung dieser Generalklauseln herausgearbeitet. Die

Verbraucherschutzbewegung entfachte aber bereits in den 70er Jahren eine rechtspolitische Diskussion, in deren Folge nicht nur in Deutschland eigens geschaffene Regelungen für Allgemeine Geschäftsbedingungen (AGBG) in Kraft getreten sind.

Ähnliche Regelungen enthalten das **österreichische Konsumentenschutz-** **3** **gesetz** von 1979 (s. dort § 6 mit einer beispielhaften Aufzählung unzulässiger Vertragsbedingungen) sowie der **englische Unfair Contract Terms Act** von 1977[1]. **Frankreich** erließ 1978 ein Gesetz, das zum Erlass von Regierungsverordnungen ermächtigte, mit Hilfe derer bestimmte Klauseln in Verbraucherverträgen verboten werden konnten.[2] Die EG-Richtlinie von 1993 über missbräuchliche Klauseln in Verbraucherverträgen[3] verlangt von den Mitgliedstaaten einen Mindestschutz, der in Deutschland aufgrund des AGBG bereits seit langem besteht.[4] Auch die **niederländische Regelung** im 6. Buch des NBW von 1992 (Art. 231–246) gewährt ein sehr hohes Schutzniveau und stellte eine vorweggenommene Umsetzung der genannten Richtlinie dar.

2. Gesetzliche Neuregelung

Im Zuge der Schuldrechtsmodernisierung wurde zum 1. Januar **3a** 2002 das AGBG aufgehoben (nur wenige Normen bestehen in Form des sog. Unterlassungsklagengesetzes fort). Die Vorschriften zur Definition, Einbeziehung und Inhaltskontrolle sind nahezu ohne inhaltliche Veränderungen bzw. nur mit wenigen klarstellenden Änderungen in das BGB integriert worden (§§ 305–310).[5] Die Einbeziehung war sachlich nicht geboten und ist systematisch problematisch. §§ 1–11 AGBG enthielten teils Vorschriften über die Einbeziehung vorformulierter Vertragsbedingungen in den Vertrag, die innerhalb des BGB dem Allgemeinen Teil zuzuordnen wären. Viele Regelungen der Inhaltskontrolle betreffen spezielle Verträge und wären im Besonderen Schuldrecht des BGB anzusiedeln gewesen.[6] Der

---

1 Seit Umsetzung der Richtlinie 93/12/EWG im Jahre 1995 bestehen zusätzlich *Unfair Terms in Consumer Contracts Regulations* 1999 (hierzu *Sobich*, RIW 2000, 675), abrufbar: www.legislation.gov.uk/uksi/1999/2083/contents/made.
2 Das Gesetz hatte in der Praxis allerdings keine große Bedeutung erlangt bis der französische Kassationshof 1991 gegen den Gesetzestext auch eine richterliche Inhaltskontrolle zuließ, s. *Cour de Cassation* (Urt. v. 14.5.1991) D. S. 1991, 449, was heute der durch die EG-Richtlinie von 1993 erzwungenen Gesetzeslage nach dem *Code de Consommation* entspricht (Gesetz Nr. 95–96 v. 1.2.1995); Décret du 27 mars 1997, hierzu *Guimezanes*, S. 240–242; *Kötz*, Europäisches Vertragsrecht I, S. 218.
3 ABl. EG 1993 L 95 S. 29.
4 Zur Umsetzung der Richtlinie wurde 1996 im Wesentlichen nur noch § 24a AGBG neu – jetzt § 310 Abs. 3 – eingefügt.
5 Rechtsprechung und Literatur zum AGBG behalten daher ihre Bedeutung. Auf Abweichungen ist im Folgenden jeweils hingewiesen.
6 Zu Recht kritisch *Pfeiffer*, in: Ernst/Zimmermann, Zivilrechtswissenschaft und Schuldrechtsreform, 2001, S. 481 ff.; *Ulmer*, JZ 2001, 491.

Gesetzgeber wollte die Vorschriften nicht auseinander reißen und fügte sie en bloc als Abschnitt 2 in das Recht der Schuldverhältnisse des 2. Buches ein. Soweit die AGB-Regeln bisher auch auf sachenrechtliche Verträge (3. Buch des BGB) Anwendung fanden, sollte sich dies nicht ändern. Nach der systematischen Stellung im Zweiten statt im Ersten Buch des BGB lässt sich dies aber nur noch schwer begründen.

3. Typische Gefahrenlage bei Verwendung Allgemeiner Geschäftsbedingungen

4   Häufig ist der Verwender von Allgemeinen Geschäftsbedingungen in einer günstigeren Ausgangsposition bei den Vertragsverhandlungen als sein Gegenüber (s. hierzu oben § 3 Rn. 12). Wie im Fall 3 (§ 3 Rn. 14–18) dargestellt, versucht der Gesetzgeber vor allem zwei typischen Gefahren entgegen zu wirken, die sich bei der Verwendung Allgemeiner Geschäftsbedingungen ergeben: Häufig nimmt der Vertragspartner die vorformulierten Vertragsbedingungen gar nicht oder nur flüchtig zur Kenntnis, wobei ihm die Kenntnisnahme durch entsprechende Gestaltung und Formulierung der Allgemeinen Geschäftsbedingungen unter Umständen sogar bewusst schwer gemacht wird (seitenlange, kleingedruckte, in „Juristendeutsch" formulierte Klauseln!). Viele Kunden akzeptieren die ihnen unterbreiteten Allgemeinen Geschäftsbedingungen aber auch, weil sie keine Möglichkeit sehen, eine Abänderung zu erreichen oder auf andere Anbieter mit besseren Konditionen auszuweichen. Wenn der Schutzzweck des AGB-Rechts häufig in der ungleichen Verhandlungsstärke bzw. einer psychologischen oder intellektuellen Übermacht des Anbieters gesehen wird, ist dies nur teilweise richtig. Vielfach werden AGB auch von „mächtigen" Vertragspartnern akzeptiert, weil Aufwand und Mühe für Verhandlungen oder der Vergleich mit anderen AGB nicht lohnt.[7] Das deutsche AGB-Recht schützt daher nicht nur Verbraucher. Entsprechend der Gefahrenlage gewährleistet es den Schutz des Vertragspartners auf zwei Ebenen: So ist zunächst anhand der speziellen Einbeziehungsvorschriften (§§ 305–305c) zu prüfen, ob die vorformulierten Vertragsbedingungen überhaupt Vertragsinhalt geworden sind. Wird dies bejaht, so eröffnet sich die Möglichkeit der richterlichen Inhaltskontrolle der einzelnen Klauseln anhand der §§ 307–309.

---

7 *Kötz*, JuS 2003, 209, 211.

II. Begriff der Allgemeinen Geschäftsbedingungen und Geltungsbereich der AGB-Vorschriften

1. Begriff

Nach § 305 Abs. 1 sind Allgemeine Geschäftsbedingungen „alle für **5** eine Vielzahl von Verträgen vorformulierten Vertragsbedingungen, die eine Vertragspartei (Verwender) der anderen Vertragspartei bei Abschluss eines Vertrages stellt". Mit dieser bewusst sehr weiten Fassung sollen alle Klauselwerke unabhängig von ihrer äußeren Form und ihrem Umfang erfasst werden (§ 305 Abs. 1 S. 2: Formularverträge, auf Rückseite der Vertragsurkunde abgedruckte oder als integrierter Bestandteil aufgenommene AGB, EDV-Textbausteine). Der einfache gedruckte Hinweis an der Theatergarderobe oder an der Einfahrt eines Parkhauses „Wir übernehmen keinerlei Haftung" erfüllt die Voraussetzungen des § 305 Abs. 1 genauso wie ein mehrseitiges Klauselwerk, das dem Vertrag beigefügt ist.

a) **Vertragsbedingungen.** Alle Regelungen, die den Inhalt des zwischen **6** dem Verwender und seinem Vertragspartner zu schließenden Rechtsgeschäftes näher bestimmen, sind Vertragsbedingungen im Sinne von § 305 Abs. 1. Auch Leistungsbeschreibungen, die den Vertragsgegenstand betreffen und Preisangaben fallen darunter, sie unterliegen nach § 307 Abs. 3 allerdings nicht der Inhaltskontrolle (s. Rn. 26). Für ihre wirksame Einbeziehung in den Vertrag gelten gleichwohl §§ 305–305c.

b) **Vorformulierung für Vielzahl von Verträgen.** Von zentraler **7** Bedeutung ist, dass es sich nicht um individuell für einen bestimmten Vertrag ausgehandelte Vertragsbedingungen handelt (so ausdrücklich abgrenzend § 305 Abs. 1 S. 3). Vielmehr müssen sie für eine Vielzahl von Verträgen **inhaltlich gleichartig vorformuliert** sein. Der Gesetzgeber wertet die Einschätzung des Verwenders, der glaubt, generell abgefasste Vertragsinhalte mehrfach gegenüber seinen Vertragspartnern durchsetzen zu können, zu Recht als Indiz für eine überlegene Verhandlungsposition. Die Vertragsbedingungen müssen dabei nicht vom Verwender selbst abgefasst sein. Es genügt, wenn er auf von Dritten entworfene Klauseln oder Musterverträge zurückgreift (z. B. Formularmietvertrag des Mieterbundes oder des Vereins der Haus- und Grundstückeigentümer).

8   Die von einem Notar in **notariellen Urkunden** verwendeten Textbausteine oder Musterverträge (z. B. aus Formularbüchern) sind ebenfalls vorformulierte Vertragsbedingungen. Allerdings fallen sie im Regelfall nicht unter § 305 Abs. 1 S. 1, weil sie **nicht einseitig** von einer Vertragspartei gestellt sind (unten Rn. 10).[8] Der Notar, der den Vertragsinhalt auf Wunsch beider Parteien entwirft und beurkundet, ist eben nicht Parteivertreter, sondern neutraler Dritter mit Aufklärungspflichten gegenüber allen Vertragsbeteiligten. Übernimmt der Notar in seine Urkunde jedoch unverändert die von einer Partei vorgeschlagenen, vorformulierten Bedingungen, handelt es sich um AGB.[9] § 310 Abs. 3 unterwirft für **Verbraucherverträge** auch von dritter Seite eingebrachte, vorformulierte Klauseln dem AGB-Recht. Dies gilt auch für vorgefertigte Textbausteine des beurkundenden Notars. Sie unterliegen damit der richterlichen Inhaltskontrolle zusätzlich zu der dem Notar selbst nach dem Beurkundungsgesetz obliegenden eigenen Prüfungs- und Belehrungspflicht für den Vertragsinhalt.

9   Für das Merkmal „für eine Vielzahl von Verträgen" genügt die entsprechende **Absicht des Verwenders,** auch wenn es tatsächlich nur zu einer einmaligen Anwendung kommen sollte. Die Rechtsprechung verlangt eine mindestens **dreifache** Verwendungsabsicht,[10] wobei es genügt, wenn die Verwendung gegenüber dem gleichen Vertragspartner geplant ist.[11] § 310 Abs. 3 Nr. 2 erklärt allerdings für Verbraucherverträge zentrale Vorschriften des AGB-Rechts auch bei der Bestimmung zur nur einmaligen Verwendung für anwendbar.

10   **c) Einseitiges „Stellen" durch den Verwender.** Nur die einseitig vom Verwender in den Vertrag eingebrachten („diktierten") Klauseln und Bedingungen unterfallen der AGB-Kontrolle. § 310 Abs. 3 Nr. 2 fingiert für Verbraucherverträge ein solches einseitiges Stellen, wenn die Klausel(n) nicht auf den Verbraucher selbst zurückgehen. Außerhalb von Verträgen zwischen Verbrauchern und Unternehmern nach § 310 Abs. 3 fehlt es an einem „Stellen", wenn Klauseln, die nach Entstehung und Erscheinungsbild vorformuliert sind, zwischen den Parteien im Einzelnen ausnahmsweise **ausgehandelt** sind (§ 305 Abs. 1 S. 3) oder von vornherein eine auf den konkreten Vertrag zugeschnittene (z. B. gemeinsam formulierte) **Individualvereinbarung** gegeben ist (§ 305b). Die typische Missbrauchsgefahr infolge strukturell ungleicher Verhandlungsposition besteht in beiden Fällen gerade nicht.

---

8 *BGH* NJW-RR 2002, 14 m. N.
9 *BGH* NJW 2002, 139; *OLG Düsseldorf* NJW-RR 1997, 659, 660.
10 *BGH* NJW 1998, 2286, 2287; *BAG* DB 2007, 1377. In der Literatur wird teilweise eine zweimalige Verwendungsabsicht für ausreichend gehalten. *Medicus,* Rn. 404 differenziert zwischen „Vielzahl" (mehr als drei) und „Mehrzahl" (mindestens zwei).
11 *BGH* NJW 2004, 1454; *BAG* DB 2007, 1377.

Eine **ausgehandelte Klausel** im Sinne von § 305 Abs. 1 S. 3 liegt nicht nur vor, wenn eine zunächst einseitig gestellte Vertragsbedingung vom Verwender auf Drängen des Vertragspartners tatsächlich abgeändert wurde. Nach ständiger Rechtsprechung des Bundesgerichtshofes genügt es, wenn „der Verwender die in seinen Allgemeinen Geschäftsbedingungen enthaltenen Bestimmungen ernsthaft zur Disposition stellt und dem Vertragspartner Gestaltungsfreiheit zur Wahrung eigener Interessen einräumt". Dabei muss die **reale Möglichkeit** bestehen, die inhaltliche Ausgestaltung tatsächlich beeinflussen zu können.[12] Nicht ausreichend ist es, wenn der Kunde nur formularmäßig bestätigt, eine (oder gar alle) Klauseln seien „ausgehandelt"[13] oder eine Abänderungsbereitschaft des Verwenders lediglich formularmäßig erklärt wird.[14] An einer ernsthaften Dispositionsmöglichkeit fehlt es auch, wenn der Verwender in seinen Allgemeinen Geschäftsbedingungen eine formalisierte Wahlmöglichkeit bei einzelnen Klauseln eröffnet (Ankreuzen), deren Varianten aber selbst nicht abänderbar sind.[15] Kann der Kunde hingegen „Leerstellen" im Klauselwerk mit eigenem rechtlichen Regelungsgehalt (z. B. Laufzeit des Vertrages) selbstständig ausfüllen, handelt es sich nicht um eine AGB-Klausel.[16] Ist das „Aushandeln" zwischen den Parteien streitig, so muss es bei zunächst vorformulierten Klauseln vom Verwender bewiesen werden.

d) **Bei Vertragsabschluss.** Wenn der Verwender seine Allgemeinen 11 Geschäftsbedingungen zum Vertragsbestandteil machen möchte, muss er sie vor, spätestens bei Vertragsabschluss „stellen". Wie noch zu zeigen sein wird, werden sie nur dann in den Vertrag einbezogen, wenn der Vertragspartner sich mit ihnen – bei Vertragsschluss – einverstanden erklärt (§ 305 Abs. 2 a. E.). Eine **einseitige** Mitteilung des Verwenders **nach Vertragsschluss,** dass Allgemeine Geschäftsbedingungen gelten sollen, z. B. auf Rechnungen oder Lieferscheinen, macht sie nicht mehr zum Bestandteil des bereits zustande gekommenen Vertrages. Allerdings können die Parteien einverständlich einen bereits geschlossenen Vertrag abändern und die Allgemeinen Geschäftsbedingungen noch nachträglich einbeziehen. Dies bedarf der

12 *BGH* NJW 1998, 2601; 2000, 1111.
13 *BGH* NJW 1987, 1634.
14 *BGH* NJW 1986, 2428; NJW-RR 2005, 1040.
15 *BGH* NJW-RR 1997, 1000.
16 *BGH* NJW 1998, 1066, 1067.

erneuten Einigung (Angebot und Annahme) unter den Voraussetzungen von § 305 Abs. 2.

2. Geltungsbereich der AGB-Vorschriften

12   **a) Sachlicher Anwendungsbereich.** Die Regelungen der §§ 305–310 gelten nicht für alle Verträge und nicht für alle Vertragsparteien gleichermaßen. Den sachlichen Anwendungsbereich bestimmt § 310 Abs. 2, 4. Nach Abs. 4 findet das Gesetz keine Anwendung für Verträge auf dem Gebiet des **Erb-, Familien-** und **Gesellschaftsrechts.** § 310 Abs. 4 nimmt **Arbeitsverträge** nicht generell aus. Die Regelung in § 310 Abs. 4 S. 2 entspricht bisheriger arbeitsgerichtlicher Rechtsprechung; S. 3 enthält noch eine beschränkte Bereichsausnahme. § 310 Abs. 2 nimmt weiterhin bestimmte Vorschriften von der Anwendung auf eine Reihe typisierter Klauselwerke der Versorgungswirtschaft aus. § 305a stellt abweichend von § 305 Abs. 2 Sonderregelungen für die Einbeziehung von AGB auf, die teils behördlich genehmigt sind oder ohnehin öffentlich bekannt gemacht wurden. Sie bedürfen der besonderen Einbeziehungsvoraussetzungen nach § 305 Abs. 2 Nr. 1 und 2 nicht.

13   **b) Persönlicher Anwendungsbereich.** Aus der sehr allgemein gehaltenen Formulierung des § 305 Abs. 1 folgt zunächst, dass der Schutz der AGB-Regelungen **jedem Kunden** zuteil wird, dem gegenüber Allgemeine Geschäftsbedingungen verwendet werden. Nicht nur Verbraucher im Sinne von § 13 BGB, sondern auch Unternehmen, Kaufleute und juristische Personen fallen grundsätzlich in den Schutz- und Anwendungsbereich. § 310 Abs. 1 und 3 bringen hierzu allerdings Einschränkungen bzw. Erweiterungen. So bestimmt § 310 Abs. 1 S. 1, dass die Vorschriften des § 305 Abs. 2, 3 (Einbeziehung) und der Inhaltskontrolle nach §§ 308, 309 keine Anwendung finden, wenn die Allgemeinen Geschäftsbedingungen gegenüber einem **Unternehmer** (s. die Definition in § 14 BGB), einer juristischen Person des öffentlichen Rechts oder einem öffentlich-rechtlichen Sondervermögen verwendet werden. Diese Gruppe von Adressaten wird als so **geschäftserfahren** angesehen, dass sie nur eines eingeschränkten Schutzes bedarf. Dabei spielt der Status des Verwenders grundsätzlich keine Rolle. Auch Kleingewerbetreibende und freiberuflich Tätige fallen als Unternehmer unter § 310 Abs. 1 und erfahren reduzierten Schutz gegen Allgemeine Geschäftsbedingungen. § 310 Abs. 1 S. 2 gewährleistet allerdings für die inhaltliche Überprüfung mit der An-

wendung von § 307 eine Mindestkontrolle auch für diesen Personenkreis.

Der zur Umsetzung der Richtlinie 93/12/EWG zum Schutz vor **14**
missbräuchlichen Klauseln in **Verbraucherverträgen** eingefügte
§ 310 Abs. 4 trifft eine Reihe von Sonderregelungen für Verträge zwischen Verbrauchern und Unternehmern (§§ 13, 14 BGB) mit teilweise
erheblichen Abweichungen von der Systematik der AGB-Vorschrif-
ten (vgl. etwa oben Rn. 8).

III. Einbeziehung Allgemeiner Geschäftsbedingungen in den Vertrag

Allgemeine Geschäftsbedingungen sind keine Gesetze, sie haben **15**
keinen Normcharakter. Ihre Geltungsgrundlage ist allein die vertragliche Übereinkunft der Parteien. Sie müssen daher wirksam in
den im Übrigen geschlossenen Vertrag einbezogen werden. Dies
bedarf der Einigung der Parteien. § 305 Abs. 2 stellt jedoch darüber
hinaus wegen der aufgezeigten Missbrauchsgefahren zusätzliche Voraussetzungen für die Einbeziehung auf, die über §§ 145 ff. BGB hin-
ausgehen. Drei Bedingungen müssen nach § 305 Abs. 2 **kumulativ**[17]
erfüllt sein:
1. ein ausdrücklicher Hinweis auf die Allgemeinen Geschäftsbedingungen bei
   Vertragsabschluss, nur ausnahmsweise genügt ihr Aushang;
2. die Möglichkeit des Kunden, in zumutbarer Weise von den Allgemeinen
   Geschäftsbedingungen Kenntnis zu nehmen; und
3. das Einverständnis des Vertragspartners des Verwenders mit ihrer Geltung.

Dabei ist der Anwendungsbereich der Vorschrift zu beachten. Sie
greift nicht ein, wenn die AGB z. B. gegenüber einem Unternehmer
verwendet werden (§ 310 Abs. 1 S. 1, Rn. 13). Hier bleibt es bei den
allgemeinen Regeln über den Vertragsschluss. Für die in § 305a genannten Fälle gilt § 305 Abs. 2 Nr. 1, 2 nicht (s. oben Rn. 12).

1. Hinweis auf Allgemeine Geschäftsbedingungen

a) Ausdrücklicher Hinweis. Während sich das BGB sonst mit dem **16**
Zugang der Willenserklärungen und – wie gesehen (oben § 17
Rn. 48 ff.) – mit der Möglichkeit des Empfängers, vom Inhalt der Er-

---

17 *BGH* NJW 2010, 864 Rn. 38 f.: Fehlt eine Einbeziehungsvoraussetzung, werden die
AGB nicht Vertragsbestandteil, der Restvertrag bleibt nach § 306 Abs. 1 wirksam.

klärung Kenntnis zu nehmen, begnügt, verlangt § 305 Abs. 2 mehr. Der Verwender muss den Vertragspartner ausdrücklich darauf hinweisen, dass Allgemeine Geschäftsbedingungen in den Vertrag einbezogen werden sollen. Dies kann **mündlich** oder **schriftlich** auf der Vertragsurkunde selbst geschehen („Bitte beachten Sie auch unsere umseitig abgedruckten AGB."). Bei Vertragsabschluss im Internet bzw. im elektronischen Geschäftsverkehr bedarf es eines entsprechenden Hinweises z. B. auf der Webseite des Anbieters (am besten verbunden mit einem Hyperlink auf den Text der Allgemeinen Geschäftsbedingungen, die sich der Kunde dann auf dem Bildschirm ansehen und auf einen eigenen Datenträger herunterladen kann, vgl. die Verpflichtung nach § 312i Abs. 1 Nr. 4[18]). Der Hinweis muss spätestens **bei Vertragsschluss** erfolgen. Spätere Erklärungen sind allenfalls als ein Angebot auf Abänderung des zunächst ohne Allgemeine Geschäftsbedingungen geschlossenen Vertrages zu interpretieren. Daher genügt es nicht, wenn der Hinweis erst auf der nach Vertragsschluss ausgehändigten Eintrittskarte oder dem Ticket abgedruckt ist.[19]

17   **b) Aushang.** Ausnahmsweise lässt § 305 Abs. 2 Nr. 1 statt des ausdrücklichen Hinweises einen „deutlich sichtbaren Aushang am Ort des Vertragsabschlusses" genügen. Dies ist nur möglich, wenn der primär erforderliche ausdrückliche Hinweis wegen der Art des Vertragsabschlusses auf unverhältnismäßige Schwierigkeiten stößt und deshalb nicht zumutbar ist. Das ist der Fall bei **Massengeschäften des täglichen Lebens,** deren Ablauf durch einen solchen Hinweis bei jedem einzelnen Vertragsschluss erheblich gestört würde (z. B. Verträge an der Kino- oder Theaterkasse, der Autowaschanlage,[20] Beförderungsverträge, soweit nicht ohnehin § 305a gilt). Das Gleiche gilt für Fälle des **automatisierten Vertragsschlusses** ohne Anwesenheit des Verwenders oder seines Personals wie bei Warenautomaten, Schließfächern, der Benutzung von Parkhäusern, etc. Der Aushang muss so gestaltet sein, dass er dem Kunden ohne Weiteres auffällt und am **Ort des Vertragsschlusses** angebracht sein. Dies ist dort, wo der Kunde seine Entscheidung über den Abschluss des Vertrages trifft.

---

18 Kommt der Anbieter der Pflicht aus § 312i Abs. 1 Nr. 4 nach, werden häufig gleichzeitig § 305 Abs. 2 Nr. 1, 2 erfüllt sein. Über die wirksame Einziehung der AGB in den Vertrag entscheidet aber allein § 305 Abs. 2.
19 *BGH* NJW 2010, 864 Rn. 38; *AG Freudenstadt* NJW-RR 1994, 238.
20 *LG Essen* NJW-RR 1987, 949.

Beispiele: Bei Schwimmbädern und Sportstudios muss der Aushang also beispielsweise an der Kasse erfolgen, nicht erst in später zugänglichen Räumlichkeiten, etwa in den Umkleidekabinen. Bei Parkhäusern ist es nicht ausreichend, den Aushang am Kassenautomaten zu platzieren, wenn dieser üblicherweise erst beim Abholen des Wagens aufgesucht wird. Es bedarf eines Aushangs an der Einfahrt.

2. Möglichkeit zumutbarer Kenntnisnahme

Dieses Erfordernis tritt neben die Hinweispflicht bzw. den ersatz- **18** weisen Aushang der AGB und bezieht sich sowohl auf die äußere **Form** als auch den **Inhalt** der Vertragsbedingungen. Diese müssen dem Vertragspartner **zugänglich** sein, also ihm entweder in schriftlicher Form vorgelegt, zugesandt oder ausgehändigt bzw. bei fernmündlichem Vertragsschluss vorgelesen werden (nur bei sehr knapp formulierten Vertragsbedingungen zumutbar). Beim Vertragsschluss unter Abwesenden wird im Regelfall nur eine Übersendung der vollständigen AGB-Klauseln den Anforderungen des § 305 genügen.[21]

Bei Offerten **im Internet** muss der Kunde – soweit das deutsche AGB-Recht hier Anwendung findet (vgl. oben § 1 Rn. 13 ff.) – die Möglichkeit haben, die Vertragsbedingungen entweder am Bildschirm zu lesen, sich ausdrucken zu lassen oder sie sich auf einen eigenen Datenträger herunterzuladen. Besondere Formerfordernisse können – unabhängig von den Einbeziehungsvoraussetzungen nach AGB-Recht – etwa nach den Vorschriften für Distanzgeschäfte bestehen (s. § 312c Abs. 2: Textform für bestimmte Informationen; vgl. hierzu § 22 Rn. 18 ff.). Das Zumutbarkeitserfordernis nach § 305 Abs. 2 Nr. 2 führt zu Einschränkungen, was den Umfang der AGB angeht: Es ist nicht zumutbar, dass der Kunde sich bei vergleichsweise geringfügigen Vertragsobjekten seitenlange Vertragsbedingungen am Bildschirm durchliest[22] (Ermüdung, Kosten für die Online-Verbindung) oder sich sehr umfangreiche AGB auf eigene Kosten ausdrucken muss. § 305 Abs. 2 geht grundsätzlich davon aus, dass die AGB dem Kunden vom Verwender kostenlos zur Verfügung gestellt werden.[23] Bei Vertragsschlüssen im Internet ist nur wegen der vergleichsweise geringen Kosten eine Ausnahme zu machen. Außerdem muss der Kunde bei Inanspruchnahme eines solchen Kommunikationsmittels mit geringfügigen Mehrkosten rechnen. Zusätzlich zu § 305 Abs. 2 ist im **elektronischen Geschäftsverkehr** § 312i Abs. 1 Nr. 4 zu beachten. Im Gegensatz zu § 305 Abs. 2 Nr. 2 genügt dort die „Abrufbarkeit" ohne Einschränkungen unter Zumutbarkeitserwägungen. Andererseits ist die Speicherungsmöglichkeit

---

21 *BGH* NJW 2009, 1486.
22 Vgl. *OLG Köln* NJW-RR 1998, 1277; *Löhnig*, NJW 1997, 1688; *Mehrings*, BB 1998, 2373 (bei umfangreicheren AGB soll kostenloses Herunterladen genügen).
23 S. noch zum alten Recht *Wolf/Horn/Lindacher*, AGBG, 4. Aufl., 1999, § 2 Rn. 25.

in wiedergabefähiger Form zwingend vorgeschrieben. Die Einbeziehungsprü-
fung nach § 305 Abs. 2 bleibt hiervon jeweils unberührt; ein Verstoß gegen
§ 312i Abs. 1 beeinflusst auch im Übrigen die Wirksamkeit des Vertrages
nicht.[24]

19   Die Vertragsbedingungen müssen **lesbar** sein, d. h. es darf also kein
Druckbild oder eine Schriftgröße gewählt werden, die es dem Kunden nahezu unmöglich macht, sie wirklich zu lesen. Auch inhaltlich
sind sie so zu formulieren, dass sie für den **Durchschnittskunden
verständlich** sind. So darf der Regelungsinhalt der AGB nicht durch
die gehäufte und gezielte Verwendung von Fachausdrücken absichtlich verschleiert werden. Dies widerspräche dem **Transparenzgebot,**
das in § 307 Abs. 1 S. 2 ausdrücklich aufgenommen wurde. Ist eine
Klausel an sich verständlich, kann man ihr aber inhaltlich verschiedene Inhalte beilegen, so scheitert nicht bereits die Einbeziehung in
den Vertrag an ihrer Mehrdeutigkeit oder Unbestimmtheit. Es greift
aber die Auslegungsregel des § 305c Abs. 2, der vorsieht, dass in diesen Fällen die dem Kunden günstigere Auslegungsvariante zugrunde
zu legen ist.

20   Gerade beim Vertragsschluss im Internet stellt sich weiterhin die Frage, in
welcher **Sprache** die verwendeten AGB abgefasst sein müssen, wenn man
ihre Einbeziehung an § 305 Abs. 2 misst. Richtigerweise darf der Verbraucher
hier nicht erwarten, dass sich weltweit alle Anbieter seiner Muttersprache bedienen. Daher ist es grundsätzlich nicht notwendig, einem ausländischen Vertragspartner eine Übersetzung zur Verfügung zu stellen.[25] Die h. M. lässt es
genügen, wenn die AGB – auch bei sonstigen grenzüberschreitenden Verträgen außerhalb des Internet – in der **Verhandlungs-** bzw. **Vertragssprache** abgefasst sind.[26] Wer sich also im Internet z. B. auf einer englischsprachigen
Webseite auf einen Vertragsschluss einlässt, muss nach dieser Ansicht auch
mit den in englischer Sprache abgefassten Allgemeinen Geschäftsbedingungen
vorlieb nehmen und kann sich nicht auf fehlende Sprachkenntnisse berufen.
Dies ist nicht unproblematisch, denn oftmals werden die Fremdsprachen-
kenntnisse für einen einfachen Vertragsabschluss durchaus ausreichen, nicht
aber für das Verständnis Allgemeiner Geschäftsbedingungen.[27] Abzulehnen
ist auch die teilweise vertretene Ansicht, die es unabhängig von der Sprache,
in welcher der Vertrag sonst formuliert ist, genügen lässt, wenn die AGB in
einer Weltsprache wie Englisch oder Französisch zur Verfügung gestellt werden. Hier kann der Kunde im Einzelfall doch mit einer ihm nicht geläufigen
Sprache konfrontiert werden, die eine zumutbare Kenntnisnahme verhindert.

---

24 *Grigoleit*, WM 2001, 597.
25 BGHZ 87, 115; *AG Langenfeld* NJW-RR 1998, 1524; a. A. *Brox/Walker,* Allgemei-
    ner Teil, Rn. 227.
26 S. etwa *OLG Frankfurt a. M.* NJW-RR 2003, 704; Palandt/*Grüneberg,* § 305 Rn. 40.
27 Streng insoweit auch *Roth,* JZ 2000, 1013, 1016.

Neu aufgenommen wurde in § 305 Abs. 2 Nr. 2 der ausdrückliche **20a**
Hinweis, der Verwender müsse bei der Frage zumutbarer Kenntnisnahme auf **erkennbare körperliche Behinderungen** des anderen
Teils Rücksicht nehmen. Der Gesetzgeber dachte dabei vor allem an
blinde oder sehbehinderte Vertragspartner (AGB müssen dann
z. B. in Blindenschrift oder in akustischer Form zur Verfügung gestellt werden). Auf jede Art von Sehbehinderung mit der Folge, dass
etwa AGB in verschiedener Schriftgröße vorzuhalten sind, muss der
Verwender sich aber nicht einstellen. Dies hängt jedoch auch von seinem potentiellen Adressatenkreis ab. Der Zusatz hat klarstellende
Funktion. Schon bislang war es gegebenenfalls geboten, vom Leitbild
des „durchschnittlichen Kunden" für die Frage der zumutbaren
Kenntnisnahme abzuweichen. Ausdrücklich nicht erfasst werden sollen Fälle geistiger Behinderung.[28] Insoweit bleibt es bei der Ausrichtung am „Durchschnittskunden"; Abhilfe schaffen hier einerseits das
Transparenzgebot (vgl. § 307 Abs. 1 S. 2), andererseits für Menschen,
die in ihrer geistigen Wahrnehmungs- und Leistungsfähigkeit beeinträchtigt sind, die Vorschriften über Geschäftsfähigkeit und Betreuung (s. § 23 Rn. 4, 42 ff.).

Die Voraussetzung der Zumutbarkeit hat auch eine **zeitliche** Di- **21**
mension. Der Vertragspartner des Verwenders muss je nach Länge
und Komplexität der AGB hinreichend Zeit haben, die Vertragsbedingungen zu lesen. Er darf daher nicht sofort nach Aushändigung
umfangreicher AGB mit dem Hinweis auf die Möglichkeit, sie später
in Ruhe zu lesen, zur Unterschrift unter den Vertrag gedrängt werden.

3. Einverständnis des Vertragspartners

§ 305 Abs. 2 verlangt, dass der Kunde mit der „Geltung einverstan- **22**
den ist". Dies bedeutet nicht, dass die AGB gesondert vereinbart oder
unterschrieben werden müssen. Es genügt, wenn die Willenserklärung des Vertragspartners, die zum Vertragsschluss führt (Angebot
oder Annahme), sich inhaltlich auch auf die AGB des Verwenders bezieht. Eine globale Bezugnahme genügt für die Einbeziehung aller
Klauseln. Die Einverständniserklärung unterliegt – sofern nicht der
Vertrag im Übrigen formpflichtig ist – keiner besonderen Form und
kann daher auch konkludent oder mündlich erklärt werden. Im Fall
34 (Rn. 1) hat A durch die Unterschrift unter den „Mitgliedsvertrag"

---

28 Vgl. BT-Drs. 14/6040, S. 151.

auch sein Einverständnis mit den Allgemeinen Geschäftsbedingungen des B zum Ausdruck gebracht, auf die er – räumlich unmittelbar vor seiner zu leistenden Unterschrift – ausdrücklich hingewiesen wurde.[29]

4. Überraschende Klauseln

23   Die Einbeziehung einer Allgemeinen Geschäftsbedingung kann auch bei Vorliegen aller Voraussetzungen nach § 305 Abs. 2 scheitern, wenn es sich um eine sog. überraschende Klausel nach § 305c Abs. 1 handelt. Solche Klauseln liegen vor, wenn sie „nach den Umständen, insbesondere nach dem äußeren Erscheinungsbild des Vertrages so ungewöhnlich sind, dass der Vertragspartner des Verwenders mit ihnen nicht zu rechnen braucht". Das Überraschungsmoment kann sich dabei auf den **Inhalt der Klausel** beziehen (hierzu bereits oben Fall 3, § 3 Rn. 18), aber auch auf die **äußere Gestaltung.** So darf der Verwender, der seine umfangreichen AGB gegliedert und mit bestimmten Überschriften versehen hat, beispielsweise nicht unter der Überschrift „Lieferzeit" einen allgemeinen Haftungsausschluss zu seinen Gunsten „verstecken". Mit einer solchen nach dem Kontext sachfremden Regelung muss der Vertragspartner (an dieser Stelle) nicht rechnen. Sie wird nicht Bestandteil des Vertrages. Inhaltlich überraschende Klauseln stellen häufig auch eine unangemessene Benachteiligung dar, so dass sie spätestens einer Inhaltskontrolle nach § 307 zum Opfer fallen. Die Rechtsprechung bezieht sich dann häufig – systematisch nicht ganz korrekt – gleichzeitig auf die §§ 305c Abs. 1, 307.

5. Folgen der Nichteinbeziehung

24   § 306 Abs. 1 und 2 regeln die Folgen der nicht wirksamen Einbeziehung von AGB. Scheitert die Einbeziehung an § 305 Abs. 2 oder § 305c Abs. 1, so bleibt der **restliche Vertrag wirksam** (nur ausnahmsweise Gesamtnichtigkeit, s. § 306 Abs. 3). An die Stelle der durch die nicht einbezogenen Klauseln getroffenen Regelungen tritt die dispositive **gesetzliche Regelung.** So wird beispielsweise der vor-

---

29 Besonders problematisch sind Fälle, in denen beide Vertragsparteien versuchen, jeweils ihre eigenen – einander widersprechenden – AGB in einen Vertrag einzubringen (sog. „kollidierende AGB"). Hier gilt nach der Rspr. des *BGH*, dass die AGB nur insoweit Vertragsbestandteil werden können, als sie nicht zu einander in Widerspruch stehen („Kongruenzlehre"), s. *BGH* NJW 1991, 1606; ähnlich für den Fall, dass sich eine Partei auf verschiedene Klauselwerke mit konkurrierenden Regelungen beruft *BGH* JA 2006, 732. S. hierzu auch die vertiefenden Hinweise in Rn. 34.

formulierte Gewährleistungsausschluss des Verkäufers beim Kaufvertrag ersetzt durch die gesetzliche Regelung der §§ 434 ff.; wollte der Verkäufer durch die AGB einen Eigentumsvorbehalt vereinbaren („Ware bleibt trotz Übergabe bis zur vollständigen Bezahlung Eigentum des Verkäufers"), so bleibt es im Fall der Nichteinbeziehung bei der Grundregel der §§ 433, 320, d. h. keine Vertragspartei, auch nicht der Käufer, ist vorleistungspflichtig. Eigentumsübertragung und Bezahlung erfolgen Zug-um-Zug.

IV. Inhaltskontrolle Allgemeiner Geschäftsbedingungen

1. Auslegung und Inhaltsbestimmung

Für Allgemeine Geschäftsbedingungen gelten grundsätzlich die für **25** Verträge anwendbaren Auslegungsregeln (s. § 18 Rn. 1 ff.). Allerdings gibt die Unklarheitenregel des § 305c Abs. 2 bei mehreren Auslegungsmöglichkeiten der dem Kunden günstigeren den Vorzug. Damit wird dem Verwender das Risiko unklar formulierter AGB überbürdet. § 305b stellt außerdem klar, dass eine Allgemeine Geschäftsbedingung nicht zur Anwendung kommt, wenn die Vertragsparteien eine davon abweichende Individualvereinbarung getroffen haben. Diese hat Vorrang, ohne dass es darauf ankäme, ob den Parteien der Widerspruch zu der vorformulierten Vertragsbedingung bewusst war oder nicht.

2. Gegenstand der Inhaltskontrolle nach §§ 307–309

Der inhaltlichen Überprüfung unterliegen nur die wirksam in den **26** Vertrag einbezogenen Allgemeinen Geschäftsbedingungen. § 307 Abs. 3 schränkt dies weiter ein auf Bestimmungen, durch die von **Rechtsvorschriften abgewichen** oder durch die solche **ergänzt** werden. Damit ist einerseits klargestellt, dass die wörtliche oder sinngemäße Übernahme gesetzlicher Regelungen in AGB nicht dazu führen darf, dass eine richterliche Inhaltskontrolle geltender Rechtsnormen vorgenommen wird (der Richter ist nach Art. 20 Abs. 3 GG an Recht und Gesetz gebunden!).[30] Andererseits werden auch Klauseln aus der Inhaltskontrolle ausgenommen, die keinen rechtlichen Gehalt haben, vielmehr bloße **Leistungsbeschreibungen** sind. So sind etwa Preis-

---

30 Für den Fall, dass er eine nachkonstitutionelle Norm für verfassungswidrig erachtet, kann er nach Art. 100 Abs. 2 GG vorgehen.

vereinbarungen oder die Angemessenheit des Preis-Leistungs-Ver-
hältnisses der Rechtskontrolle nur im Rahmen von § 138 Abs. 2
BGB zugänglich und unterliegen sonst den Prinzipien der Markt-
wirtschaft. Auch wenn sie nicht ausgehandelt, sondern in AGB einseitig festgesetzt werden, entzieht sie § 307 Abs. 3 S. 1 der inhaltlichen
Überprüfung durch den Richter anhand der §§ 307–309. Etwas anderes gilt für Preisberechnungs- oder -modifikationsklauseln (s. z. B.
§ 309 Nr. 1).

3. Klauselverbote nach §§ 308, 309 und Generalklausel

27   Das AGB-Recht geht von einer abgestuften Inhaltskontrolle der
Klauseln aus, die sich bei der klausurmäßigen Lösung von Fällen im
Aufbau widerspiegeln muss. Die in § 309 genannten Klauseln unterliegen dem strengen Unwirksamkeitsverdikt und sind auch keiner
richterlichen Angemessenheitskontrolle im Einzelfall zugänglich.
Der Katalog des § 309 ist daher stets zuerst zu prüfen. Sog. „Klauselverbote mit Wertungsmöglichkeit" enthält § 308. Das Gesetz zählt
hier eine Reihe von Regelungen auf, die **regelmäßig** den Vertragspartner des Verwenders unangemessen benachteiligen und daher unwirksam sind. Jedoch bleibt dem Richter Spielraum, aufgrund von
Besonderheiten des Einzelfalls eine Klausel dennoch für wirksam zu
erachten. Fällt eine Klausel weder unter den Katalog des § 309 noch
des § 308, ist sie anhand der **Generalklausel** des § 307 zu überprüfen.
Diese Vorschrift kommt auch dann zum Zuge, wenn die Allgemeinen
Geschäftsbedingungen gegenüber dem in § 310 Abs. 1 genannten Personenkreis verwendet werden und §§ 308, 309 daher unanwendbar
sind. Ein Verstoß gegen die Klauselverbote nach §§ 309, 308 ist dennoch nicht völlig folgenlos. Er hat nach der Rechtsprechung im Rahmen der Überprüfung anhand von § 307 Abs. 1 Indizwirkung für die
Unangemessenheit der Vertragsbedingung (vgl. § 310 Abs. 1 S. 2).

Im **Fall 34** (Rn. 1) fällt weder die Zahlungsklausel (Nr. 4 der AGB des B)
noch die Fortsetzungsklausel (Nr. 6 der AGB) unter den Katalog der §§ 309
oder 308. § 309 Nr. 9 regelt nur einen ähnlichen Fall wie Nr. 6 der AGB. In
Nr. 9 sind Dauerschuldverhältnisse über die Lieferung von Waren bzw. regelmäßige Erbringung von Dienstleistungen angesprochen. Nach Nr. 9b scheidet
dann eine stillschweigende Verlängerung um mehr als ein Jahr aus. Im Fall 34
ist schon der Vertragscharakter nicht eindeutig. Zwar handelt es sich auch um
ein Dauerschuldverhältnis, es liegen aber sicher kein Warenlieferungsvertrag
und kein reiner Dienstvertrag vor. Der Vertrag zwischen A und B hat primär
mietvertragliche Elemente: B stellt dem A seine Geräte für eine bestimmte Zeit

gegen Entgelt zur Nutzung zur Verfügung.[31] Je nachdem, ob damit auch eine sportmedizinische Betreuung verbunden ist oder nicht, können mehr oder weniger starke dienstvertragliche Elemente hinzukommen. Aber selbst dann würde die Verlängerung um nur sechs Monate nicht gegen die in § 309 Nr. 9b genannte Jahresfrist verstoßen.

§ 307 Abs. 2 stellt für zwei Fälle eine Art Regelvermutung für eine **28** unangemessene Benachteiligung des Vertragspartners auf. Sie kann nach Nr. 1 vorliegen, wenn die Klausel von wesentlichen Grundgedanken der gesetzlichen Regelung abweicht oder (Nr. 2), wenn wesentliche Pflichten – die für die Natur des Vertrages kennzeichnend sind – so eingeschränkt werden, dass der Vertragszweck gefährdet ist. Bei den zuletzt genannten Leistungspflichten spricht man häufig auch von sog. **Kardinalpflichten.**

Beispiele: Unwirksamkeit nach § 307 Abs. 2 Nr. 1 liegt vor, wenn sich in den AGB eines Maklervertrages der Makler allein für die Besichtigung eines Objektes ein Entgelt versprechen lässt, auch wenn es nicht zum Abschluss eines Mietvertrages kommt. Die Vorschriften über den Maklervertrag (§§ 652 ff.) sehen ausdrücklich einen Maklerlohn nur vor, wenn die Vermittlung ursächlich für einen Vertragsabschluss war (§ 652 Abs. 1 S. 1). Die Klausel stellt daher die gesetzliche Regelung geradezu „auf den Kopf" und läuft der grundsätzlichen Interessenbewertung durch den Gesetzgeber zuwider.[32]
§ 307 Abs. 2 Nr. 2 greift ein, wenn in den Vertragsbedingungen eines entgeltlichen Verwahrungsvertrages (Garderobe in Theater oder bewachter Parkplatz gegen Entgelt) die Haftung für eine sorgfältige Aufbewahrung der verwahrten Sache bzw. die Bewachung des abgestellten Fahrzeuges ausgeschlossen wird. Damit könnte der Verwahrer sanktionslos gegen die hauptsächliche Vertragspflicht verstoßen, die er übernommen hat (s. § 688). Mit einer solchen Haftungsfreizeichnung würde der Vertrag für den Kunden völlig „leerlaufen" und könnte seinen Zweck nicht mehr erreichen. Pflichten, mit denen der Vertrag „steht und fällt", dürfen daher weder ausgeschlossen noch wesentlich eingeschränkt werden.

Nach § 307 Abs. 2 Nr. 1 soll die inhaltliche Überprüfung von AGB **29** primär am **gesetzlichen Leitbild** orientiert sein. Dies bereitet Schwierigkeiten, wenn es ein solches nicht gibt, weil der entsprechende Vertragstyp gar keine oder keine ausführliche gesetzliche Regelung erfahren hat (z. B. Sicherungsverträge, Leasingverträge). Hier bleibt häufig nur die Interessenbewertung und -abwägung nach Abs. 1. Nach ständiger Rechtsprechung des Bundesgerichtshofs genügt es dabei, wenn der Verwender einseitig seine eigenen Interessen durch-

31 Offener *BGH* NJW 1997, 193 ff.; JZ 1997, 1007, 1008.
32 BGHZ 99, 374, 382.

setzt, ohne auch die berechtigten Belange seines Vertragspartners zu berücksichtigen.[33] Die Umsetzung der Leitbildfunktion gesetzlicher Regelungen ist durch die **Schuldrechtsreform** teilweise schwierig geworden. Vor allem im Kaufrecht ist die gesetzliche Regelung nun dadurch gekennzeichnet, dass Vorgaben aus der Verbrauchsgüterkauf-Richtlinie, die sich nur auf Verkäufe an Verbraucher bezieht, in das allgemeine Kaufrecht integriert wurden (z. B. § 434 Abs. 2 S. 2 – sog. „Ikea-Klausel", § 439 Abs. 1). Dennoch sollen diese Vorschriften trotz ihrer systematischen Stellung und ihrer damit das Kaufrecht allgemein prägenden Kraft für Verträge zwischen **Unternehmern** oder **unter Verbrauchern** keine Leitbildfunktion haben. Wollte man anders entscheiden, könnten z. B. auch Vertragsparteien, die beide Unternehmer sind, durch ihre AGB nicht von solchen Vorschriften abweichen, ohne mit § 307 Abs. 2 Nr. 2 in Konflikt zu geraten.[34]

Bei der **Angemessenheitsprüfung** ist im Übrigen der **gesamte Vertragsinhalt** einschließlich individueller Vereinbarungen zu berücksichtigen, gegebenenfalls sind einzelne Klauseln gegeneinander abzuwägen.[35] Bei Verbraucherverträgen sind nach § 310 Abs. 3 Nr. 3 auch die **Begleitumstände des Vertragsabschlusses** zu berücksichtigen. Die Regelung entspricht europäischen Vorgaben (EG-Richtlinie 93/13 über missbräuchliche Klauseln in Verbraucherverträgen). Die Begleitumstände können Bedenken gegen eine Klausel verstärken (z. B. Überrumpelungssituation, besondere geschäftliche Unerfahrenheit des Verbrauchers), aber auch mindern (z. B. fehlende Unterlegenheit des Verbrauchers, besondere Kenntnisse: AGB-versierter Rechtsanwalt kauft für Privatgebrauch). Das in § 307 Abs. 1 S. 2 nunmehr ausdrücklich aufgenommene **Transparenzgebot** ist in der Sache nicht neu. Schon nach der Rechtsprechung zu §§ 9–11 AGBG war der Verwender gehalten, seine AGB möglichst klar und verständlich zu formulieren.[36] Die Klarstellung erfolgte im Hinblick auf eine Entscheidung des *EuGH*, der in einem Verfahren gegen die Niederlande ausdrücklich forderte, die Umsetzung der oben genannten EG-Richtlinie, die das Transparenzgebot enthält, müsse klar und unmissverständlich sein und dürfe die richtlinienkonforme Anwendung nationalen Rechts nicht nur der Auslegung durch die Gerichte überlassen.[37]

---

33 BGHZ 96, 182, 192.
34 Hierzu *Westermann*, JZ 2001, 535.
35 BGHZ 106, 263; 116, 4.
36 *BGH* NJW 2000, 651; NJW 2001, 2014, 2016.
37 *EuGH*, 10.5.2001 – Rs. C-144/99, Slg. 2001, 3451 = NJW 2001, 2244.

Auch im **Fall 34** (Rn. 1) sind die beiden Klauseln letztlich nur anhand der Generalklausel des § 307 zu prüfen. Die Zahlungsklausel nach Nr. 4 ist demnach am gesetzlichen Leitbild zu messen. Unterstellt man einen vorwiegend mietvertraglichen Charakter des Sportstudio-Vertrages, so ergibt sich Folgendes: Nach § 537 S. 1 BGB trägt der Mieter das Verwendungsrisiko der Mietsache und muss auch bei persönlicher Verhinderung des Gebrauchs den Mietzins entrichten. Allerdings ist das Risiko bei der Grundstücks- und Raummiete wegen der klar vorgegebenen Verwendungsmöglichkeit besser abschätzbar als beim Fitnessstudio-Vertrag. Ob der Kunde immer alle Geräte im gewünschten Umfang benutzen kann, ist bei Vertragsschluss ungewiss und hängt auch von der Anzahl der Mitbenutzer ab. Der BGH möchte aus diesem Grund das Leitbild von § 537 S. 1 (früher: § 552 S. 1) BGB nicht übertragen. Die Klausel benachteiligt den A unangemessen, wenn man das berechtigte Interesse des B an langfristiger Bindung seiner Kunden abwägt gegen das Interesse des A, jedenfalls in Fällen unverschuldeter Hinderungsgründe nicht weiterbezahlen zu müssen. Gerade im plötzlichen Krankheitsfall müsste der Kunde bei langfristig geschlossenen Verträgen u. U. monatelang den vollen Beitrag zahlen, ohne in den Genuss der Gegenleistung zu kommen. Nr. 4 ist daher wegen Verstoßes gegen § 307 Abs. 1 unwirksam.[38]

Hingegen hat der BGH eine Fortsetzungsklausel wie sie im Beispielsfall in Nr. 6 der AGB enthalten ist, für wirksam gehalten. Sie widerspreche dem Leitbild von Dienst- und Mietverträgen nicht. Deren Kündigungsregeln schlössen nicht aus, dass von vornherein eine Verlängerung der Laufzeit für den Fall der Nichtkündigung vereinbart wird. Der Kunde sei auch nicht unangemessen benachteiligt. Zwar werde seine Dispositionsfreiheit bei nicht rechtzeitiger Kündigung in gewisser Weise, aber nicht gravierend beeinträchtigt – er muss bezahlen, aber seine Freizeit nicht zwingend im Sportstudio verbringen. Auch hält es der BGH für zumutbar, dass der Kunde sich durch Nachlesen in den Vertragsbedingungen ggf. rechtzeitig über seine Kündigungsmöglichkeiten informiert.[39]

Im **Fall 35** (Rn. 1) ergibt sich für den Umfang einer Bürgschaftsverpflichtung das Leitbild aus §§ 765, 767. Der Bürge haftet nur für die Hauptverbindlichkeit des Schuldners, die im Bürgschaftsvertrag genannt sein muss. Spätere Erweiterungen schließt § 767 Abs. 1 S. 3 aus, um das Risiko des Bürgen überschaubar zu halten. Die AGB-Regelung des F weicht zum Nachteil des B ab und benachteiligt diesen erheblich.[40] Sie ist daher nichtig.

---

38 *BGH* NJW 1997, 193.
39 *BGH* JZ 1997, 1007 mit krit. Anm. *von Hippel*, der automatische Vertragsverlängerungsklauseln nur für zulässig hält, wenn der Verwender sich verpflichtet, den Kunden rechtzeitig vor Ablauf jeweils auf die Verlängerung hinzuweisen.
40 BGHZ 130, 31.

4. Folgen der Unwirksamkeit

30   Ohne eine spezielle Regelung in § 306 bliebe es bei dem in § 139 aufgestellten Prinzip: Ist ein Teil des Vertrages nichtig, so erstreckt sich die Nichtigkeit im Zweifel auf den Gesamtvertrag. Es wäre also anhand des hypothetischen Parteiwillens festzustellen, ob die Vertragsparteien am Restvertrag hätten festhalten wollen. Für den Fall unwirksamer Klauseln in Allgemeinen Geschäftsbedingungen kehren § 306 Abs. 1, 2 den Grundsatz um: Der Restvertrag – also ohne die unwirksamen Klauseln – bleibt grundsätzlich wirksam. Wie bei fehlender Einbeziehung wird die aufgrund unwirksamer Allgemeiner Geschäftsbedingungen entstehende Lücke durch die gesetzliche Regelung geschlossen. Gibt es keine gesetzliche Vorschrift, so kommt eine **ergänzende Vertragsauslegung** in Betracht, d. h. es ist zu fragen, was die Parteien anstelle der nichtigen Klausel vereinbart hätten, wenn sie die Unwirksamkeit gekannt hätten.[41]

31   Hingegen scheidet eine sog. **geltungserhaltende Reduktion** einzelner Klauseln aus. Hierunter versteht man das teilweise Aufrechterhalten einer Klausel, die nach ihrer ursprünglichen Formulierung gegen das AGB-Recht verstößt. Ist z. B. in einer unwirksamen Vertragsbedingung für den Verzugsfall pauschal ein vom Vertragspartner zu zahlender Verzugszins von 18 % vorgesehen, so kann die Klausel nicht auf den gerade noch zulässigen Zinssatz reduziert und mit diesem Inhalt aufrechterhalten werden. Dies widerspräche dem auch in § 305c Abs. 2 zum Ausdruck kommenden Grundsatz, dass der Verwender die Nachteile aus einer unklar formulierten oder rechtlich zweifelhaften Klausel tragen muss. Andernfalls könnte er sich grob benachteiligender Klauseln bedienen und darauf vertrauen, dass sie vom Richter auf das zulässige Maß reduziert werden.[42]

32   **Lösungsskizze Fall 35 (Rn. 1):**
F → B auf Zahlung aus **§ 765 Abs. 1** für die Restschuld des S aus dem zweiten Darlehen?
I. Zustandekommen eines wirksamen Bürgschaftsvertrages
    1. F und B haben sich laut Sachverhalt über eine Bürgenhaftung des B für die Schuld des S geeinigt, § 765 Abs. 1
    2. Existenz einer Verbindlichkeit S-F: Die Bürgschaft ist akzessorisch, d. h. der Bürge haftet nach § 765 Abs. 1 nur, wenn der Gläubiger gegen den Schuldner eine Forderung hat, für deren Erfüllung B sich

---

41 BGHZ 117, 92, 98.
42 BGHZ 92, 312, 315; 84, 109, 114.

verbürgt hat. Die zunächst entstandene Forderung des F aus dem ersten Darlehen aus § 488 ist durch Zahlung bereits erloschen (§ 362). Offen ist noch eine Restschuld aufgrund des zweiten Darlehens (§ 488). Ob diese von der Bürgschaft erfasst wird, wird unter II. geprüft.

3. Form: Die Schriftform nach § 766 ist eingehalten.

II. Umfang der Bürgenhaftung
Fraglich ist, ob B auch für das weitere Darlehen des S haftet, obwohl Anlass für seine Bürgschaft nur das Darlehen über € 20.000,– war. Dies kann sich mangels individueller Vereinbarung zwischen B und F nur aus der entsprechenden AGB-Klausel des Vertrages ergeben. Ihre Geltung ist nach §§ 305–310 zu prüfen, wenn deren Anwendungsbereich eröffnet ist.

1. Anwendbarkeit der §§ 305 ff.
   a) Vorliegen von AGB, § 305 Abs. 1 (+), vorformulierte Vertragsbedingungen, die F mehrfach verwenden wollte. Sie wurden einseitig von F gestellt und nicht ausgehandelt.
   b) Sachlicher Anwendungsbereich – §§ 305a, 310 Abs. 2 (–), § 310 Abs. 3 findet keine Anwendung, da S nicht als Unternehmer handelt (§ 14).
   c) Persönlicher Anwendungsbereich (§ 310 Abs. 1) eröffnet.

4. Einbeziehung in Bürgschaftsvertrag, § 305 Abs. 2
   a) Ausdrücklicher Hinweis (Nr. 1) (+)
   b) bei Vertragsschluss (+), da auf Formularvorderseite
   c) Möglichkeit zumutbarer Kenntnisnahme (Nr. 2) (+), da B Möglichkeit zum Durchlesen hatte. Tat er dies nur flüchtig, hindert das die Einbeziehung nicht.
   d) Einverständnis (+), B hat das Formular unterschrieben
   Zwischenergebnis: Die Klausel ist wirksam in den Bürgschaftsvertrag einbezogen.

5. Inhaltskontrolle der Klausel
   Die Klausel unterfällt nach § 307 Abs. 3 der Inhaltskontrolle nach §§ 307–309
   a) Klauselverbot nach § 309 (–), nicht einschlägig
   b) Klauselverbot nach § 308 (–), nicht einschlägig
   c) Unwirksamkeit nach § 307 Abs. 1 (Generalklausel)
   Die Erstreckung der Bürgenhaftung auf alle künftigen Forderungen aus dem Verhältnis F-S über die „Anlassforderung" hinaus widerspricht der Leitbildregelung des § 767 Abs. 1 S. 3 (oben Rn. 29) und benachteiligt B unter Abwägung aller Umstände unangemessen (BGHZ 130, 31).[43]

---

43 Zur umfangreichen Rspr. im Zusammenhang mit sog. Globalbürgschaften vgl. die Nachweise bei Jauernig/*Stadler*, § 765 Rn. 18.

Mit einer solchen nach oben unbegrenzten und daher für ihn völlig un-kalkulierbaren Erweiterung seiner Einstandspflicht musste B nicht rechnen (man könnte daher auch § 305c Abs. 1 anwenden).
Zwischenergebnis: Die Klausel ist nichtig, der Restvertrag nach § 306 Abs. 1 wirksam. An die Stelle der unwirksamen AGB tritt die Regelung von § 767.
Ergebnis: F hat gegen S keinen Anspruch aus § 765 Abs. 1, da er nur für das bereits zurückgezahlte Darlehen des S gebürgt hat.

V. Gerichtliche Durchsetzung

33   Selbstverständlich kann sich der Kunde im Prozess mit dem Ver-wender auf die Nichteinbeziehung oder Unwirksamkeit Allgemeiner Geschäftsbedingungen berufen, mit der Folge, dass diese je nach Er-gebnis der richterlichen Prüfung ggf. nicht zur Anwendung kommen. Häufig zieht der Verbraucher aber die Wirksamkeit der Klausel gar nicht in Zweifel oder verzichtet angesichts eines nur geringfügigen Schadens auf einen Prozess mit dem Verwender. Im Interesse eines umfassenden Verbraucherschutzes gibt das Gesetz daher ausnahms-weise auch die Möglichkeit einer vom Einzelfall losgelösten Unterlas-sungsklage nach § 1 UKlaG durch einen Interessenverband, z. B. ei-nen Verbraucherschutzverband (§§ 3, 4 UKlaG). Stellt das Gericht aufgrund einer solchen **Verbandsklage** fest, dass eine bestimmte Klausel des beklagten Verwenders unwirksam ist, so wird ihm die künftige Verwendung untersagt. Auf dieses Urteil kann sich dann im Fall der Zuwiderhandlung jeder einzelne Betroffene berufen (§ 11 UKlaG).

Vertiefende Literatur und weiterführende Hinweise für Examenskandi-daten: *Schrader,* Schönheitsreparaturklauseln in Rechtsprechung und Exa-mensklausuren, Jura 2010, 241 ff.; *Hager,* Der lange Abschied vom Verbot der geltungserhaltenden Reduktion, JZ 1996, 175 ff.; *Förster,* Problematische Bürgschaftsverpflichtungen in Allgemeinen Geschäftsbedingungen, WM 2010, 1677; *BGH* NJW 2006, 138 (Vorrang mündlicher Individualabreden ge-genüber AGB mit Schriftformklausel); zur Frage von kollidierenden AGB-Klauseln (insbesondere beim Eigentumsvorbehalt): *BGH* NJW 1991, 1604; NJW 2001, 485; *v. Westphalen* NJW 2002, 1689; *Bonin,* Probleme des ver-tragswidrigen Eigentumsvorbehalts, JuS 2002, 438; *Fezer,* Klausurenkurs zum BGB, Allgemeiner Teil, Fall 11.

Merke: Allgemeine Geschäftsbedingungen sind für eine Vielzahl von Ver- **34**
trägen vorformulierte Vertragsbedingungen, die von einer Vertragspartei einseitig gestellt werden. Es handelt sich nicht um Rechtsnormen, sondern um
vertraglich vereinbarte Konditionen. Sie unterliegen wegen der Gefahr, dass
ihr Verwender seine überlegene Verhandlungsposition einseitig zu seinen
Gunsten ausnutzt, besonderen Regeln, die nach der Schuldrechtsreform
nicht mehr im AGBG, sondern in §§ 305–310 BGB enthalten sind. § 305
Abs. 1 stellt abweichend von den allgemeinen Regeln des Vertragsschlusses
besondere Voraussetzungen für ihre Einbeziehung in einen Vertrag auf (ausdrücklicher Hinweis auf AGB – nur ausnahmsweise Aushang am Ort des
Vertragsschlusses –, Möglichkeit zumutbarer Kenntnisnahme, Einverständnis des Kunden). Allgemeine Geschäftsbedingungen, die Vertragsbestandteil
geworden sind, unterliegen einer richterlichen Inhaltskontrolle. § 309 enthält
einen Katalog jedenfalls unzulässiger Vertragsklauseln; die in § 308 aufgezählten Klauseln sind im Regelfall ebenfalls unzulässig, können jedoch unter
Berücksichtigung der Umstände des Einzelfalls ausnahmsweise doch als eine
angemessene Regelung anzusehen sein. Nach der Generalklausel des § 307
Abs. 1 sind AGB unwirksam, die den Vertragspartner des Verwenders wider
Treu und Glauben unangemessen benachteiligen. Prüfungsmaßstab sind
nach Abs. 2 die dispositive gesetzliche Regelung (Nr. 1) sowie die vertraglichen „Kardinalpflichten", mit denen der Vertragszweck „steht und fällt".
An die Stelle nicht wirksam einbezogener oder nichtiger AGB tritt die entsprechende gesetzliche Regelung.

§ 22. Verbraucherschutz beim Vertragsabschluss

Für bestimmte Fälle des Vertragsabschlusses sieht das Gesetz Son- **1**
derregelungen zu Gunsten des Verbrauchers (s. die Definition in
§ 13) vor. Dies ist dann der Fall, wenn sich aus der Situation, in der
ein Vertrag geschlossen wird, oder aus seinem Inhalt eine **besondere
Schutzwürdigkeit** des Kunden ergibt. Viele dieser Verbraucherschutzvorschriften gehen auf EG-Richtlinien zurück und waren deshalb innerhalb der Mitgliedstaaten der Union infolge des nationalen
Umsetzungsspielraums nicht immer gleich (so variierten etwa die Wi-
derrufsfristen teilweise erheblich, so dass Verbraucher beim grenzüberschreitenden Einkauf ggf. verunsichert waren). Die Europäische
Union verfolgt daher nunmehr den Grundsatz der Vollharmonisierung, der es den Mitgliedstaaten bei der Umsetzung einer Richtlinie
nicht mehr gestatten soll, im nationalen Recht ein über die Richtlinie
hinausgehendes höheres Verbraucherschutzniveau einzuräumen. Po-

litisch durchsetzbar war dieser Ansatz bislang nur für die Neufassung der Bereiche, die bislang als sogenannte Haustürgeschäfte oder Fernabsatzverträge in einzelnen Richtlinien geregelt waren. Die Verbraucherrechte-RiLi (RiLi 2011/83/EU) garantiert nun eine europaweite Vollharmonisierung und war bis zum Juni 2014 in nationales Recht umzusetzen. Im BGB haben sich infolge dessen seit dem 13. Juni 2014 erhebliche Änderungen in den §§ 312 ff., §§ 355 ff. ergeben. Ziel der Verbraucherrechte-RiLi ist es, den Verbraucherschutz zu erhöhen und das Vertrauen der Verbraucher und damit auch den grenzüberschreitenden Handel zu stärken. Die bisherigen Vorschriften über Haustürgeschäfte (§ 312 a. F.) und über den Fernabsatz (§§ 312b–f a. F.) gewährten einen situationsbedingten Schutz des Verbrauchers, der an die Überrumpelungssituation bei Haustürgeschäften und mögliche Informationsdefizite hinsichtlich des Vertragspartners und der angebotenen Waren und Dienstleistungen beim Fernabsatz anknüpfte. Diesen Ansatz hat die Neuregelung nun weitgehend aufgegeben und den Anwendungsbereich der verbraucherschützenden Vorschriften beträchtlich erweitert, in dem statt der früheren Haustürgeschäfte nun prinzipiell alle Verträge erfasst werden, die außerhalb von Geschäftsräumen abgeschlossen wurden (sog. Direktvertriebsverträge, § 312b Abs. 1).

Die wesentlichen **Instrumente des Verbraucherschutzes – Widerrufsrechte** des Verbrauchers und **Informationspflichten** des Unternehmers – sind gleich geblieben und modifizieren die allgemeinen Regeln über das Zustandekommen und die Bindungswirkung von Verträgen erheblich. Verbraucherverträge können nach der Grundregel des § 355 binnen einer Frist von 14 Tagen ohne Angabe von Gründen widerrufen werden. Dies durchbricht die allgemeine Regel, wonach Willenserklärungen mit Zugang beim Empfänger bindend werden. Dieser verbraucherschützende Widerruf hat mit dem in § 130 Abs. 1 S. 2 oder in anderen Vorschriften (z. B. §§ 109, 168, 183, 530, 658, 671) genannten Widerruf nichts zu tun. Ihnen ist nur gemeinsam, dass die Bindungswirkung einer Willenserklärung beseitigt wird. Der Grundsatz des *pacta sunt servanda* wird damit aus Gründen des Verbraucherschutzes sehr weitgehend eingeschränkt. Während sonst nur bei Vorliegen konkreter Anfechtungs- oder Rücktrittsgründe (z. B. vereinbartes Rücktrittsrecht – § 346 –, Verletzung vertraglicher Leistungspflichten – §§ 323–326 –, Mängel der Kaufsache – §§ 434, 437 Nr. 2) ein solches „Lösungsrecht" besteht, hängt der Fortbestand der gesetzlich geregelten Verbraucherverträge nur vom (fristgerecht geäußerten) Willen des Verbrauchers ab. Allein sein Sinneswandel, dass er an dem geschlossenen Vertrag nicht festhalten will, genügt dem (europäischen) Gesetzgeber als Anknüpfungspunkt. Dahinter steht die Überlegung, dass der Verbraucher gegebenenfalls einen Vertrag geschlossen hat, der nicht seinen wirklichen Interessen entspricht. Die dafür bisher gegebene Rechtfertigung, dass die Umstände des Zustandekommens des Vertrages abstrakt gesehen Anlass zu der Besorgnis geben, die freie Willensbildung des Verbrauchers könnte beim Abschluss des Vertrages möglicherweise beeinträchtigt gewesen sein (Überrumpelungssituation oder Informationsdefizite beim Vertragsschluss über Fernkommunikationsmittel, insbes. im Internet), ist nun nicht mehr so klar erkennbar.

Das zweite traditionelle Instrument des europäischen Verbraucherschutzes – die Informationspflichten des Unternehmers – stehen seit geraumer Zeit in der Kritik[1] von Juristen und Psychologen, weil sie ein solches Ausmaß angenommen haben, dass sie vom Verbraucher häufig gar nicht mehr aufgenommen, geschweige denn verstanden werden können. Andererseits ist die Belastung der Unternehmer erheblich geworden. Gleichwohl hält der europäische Gesetzgeber an dieser Strategie fest und hat den Katalog von vor und nach Vertragsschluss zu liefernder Informationen seitens des Unternehmers eher erweitert. Die umfangreichen Kataloge sind systematisch bei der Umsetzung nicht in das BGB selbst aufgenommen worden, sondern – um die leichtere Anpassung an sich häufig ändernde europäische Vorgaben zu ermöglichen – in das EGBGB (Art. 246 a–c, 247, 248).

Einzelheiten zu den Informationspflichten, zum Widerruf und zur Rückabwicklung von Verbraucherverträgen gehören in das Allgemeine Schuldrecht und können an dieser Stelle nicht behandelt werden.

---

1 Statt vieler *Kieninger*, Informationspflichten als Allheilmittel des Verbraucherschutzrechts? – Plädoyer für eine Dosisreduktion, in: Verhandlungen des 69. Deutschen Juristentages 2012, Band II/1, Sitzungsberichte – Referate und Beschlüsse, I 29-I 56 mit zahlreichen Nachw.

8. Kapitel. Wirksamkeitsvoraussetzungen für Rechtsgeschäfte

§ 23. Die Geschäftsfähigkeit

Schrifttum: *Canaris,* Verstöße gegen das verfassungsrechtliche Übermaßverbot im Recht der Geschäftsfähigkeit und im Schadensersatzrecht, JZ 1987, 993 ff.; *Casper,* Geschäfte des täglichen Lebens – kritische Anmerkungen zum neuen § 105a BGB, NJW 2002, 3425; *Franzen,* Rechtsgeschäfte erwachsener Geschäftsunfähiger nach § 105a BGB zwischen Rechtsgeschäftslehre und Betreuungsrecht, JR 2004, 221; *Heim,* Gesetzgeberische Modifizierung der Auswirkungen der Geschäftsunfähigkeit Volljähriger beim Vertragsabschluss, JuS 2003, 141 ff.; *S. Lorenz,* Grundwissen – Zivilrecht: Rechts- und Geschäftsfähigkeit, JuS 2010, 11 ff.; *Petersen,* Die Geschäftsfähigkeit, Jura 2003, 97 ff.; *Schwimann,* Die Institution der Geschäftsfähigkeit, 1965; *Ulrici,* Alltagsgeschäfte volljähriger Geschäftsunfähiger, Jura 2003, 520 ff.; *Wedemann,* Die Geschäftsunfähigkeit, Jura 2010, 587 ff. Weitere Lit. zur beschränkten Geschäftsfähigkeit vor Rn. 6.

I. Begriff und Bedeutung

1   Geschäftsfähigkeit ist die Fähigkeit, Rechtsgeschäfte selbständig voll wirksam vorzunehmen. In Hinblick darauf, dass die Privatautonomie (s. § 3 Rn. 4) dem Einzelnen zwar die Gestaltungsfreiheit für seine privaten Rechtsbeziehungen überlässt, ihm aber andererseits die Verantwortung für die objektive Bedeutung seiner Erklärungshandlung auferlegt, muss gewährleistet werden, dass Erklärungen nur denjenigen Personen zugerechnet werden, die ein **Mindestmaß an Urteilsvermögen** und Einsichtsfähigkeit besitzen sowie zu einer vernünftigen Willensbildung imstande sind. Wer nicht über die notwendige geistige Reife verfügt, muss demgegenüber vor den Gefahren des Rechtsverkehrs geschützt werden.

2   Das BGB geht von dem Grundsatz aus, dass jeder Mensch geschäftsfähig ist und regelt in den §§ 104 ff. die Fälle, in denen die uneingeschränkte Geschäftsfähigkeit nicht angenommen werden darf. Das Gesetz stellt in erster Linie generell auf bestimmte Altersgrenzen ab, vgl. §§ 104 Nr. 1, 106, sowie auf die individuelle Störung der Geistestätigkeit des Einzelnen, s. § 104 Nr. 2, und differenziert nach Ge-

schäftsfähigkeit, Geschäftsunfähigkeit (Rn. 4 f.) und beschränkter Geschäftsfähigkeit (s. Rn. 6 ff.).

Die gesetzlichen Regelungen zur Geschäftsfähigkeit schützen den 3 nicht uneingeschränkt Geschäftsfähigen vor den Folgen seiner Erklärungen. Dieser Schutz genießt absoluten **Vorrang vor dem Vertrauensschutz** des Rechtsverkehrs. Der gute Glaube an die Geschäftsfähigkeit der anderen Vertragspartei ist somit unerheblich, auch wenn der Vertragspartner die fehlende Geschäftsfähigkeit nicht erkannt hat bzw. nicht erkennen konnte. Ebenso wenig kommt eine Haftung für den Vertrauensschaden des Erklärungsgegners in Betracht.

> **Geschäftsfähigkeit** ist die Fähigkeit, durch eigene Willenserklärungen Rechtsgeschäfte selbständig voll wirksam vornehmen zu können.

II. Geschäftsunfähigkeit

1. Voraussetzungen

Geschäftsunfähig sind zum einen Kinder, die das **siebente Lebens-** 4 **jahr** noch nicht vollendet haben, § 104 Nr. 1. Die Grenze zur beschränkten Geschäftsfähigkeit (Rn. 6 ff.) überschreitet das Kind also am Tag seines siebenten Geburtstages (um null Uhr!). Die Geschäftsunfähigkeit kann sich zum anderen infolge einer **dauernden krankhaften Störung der Geistestätigkeit** ergeben, § 104 Nr. 2. Der Betroffene muss sich grundsätzlich in einem die freie Willensbildung dauerhaft ausschließenden Zustand befinden. Dies schließt aber nicht aus, dass er in einem sog. **lichten Moment,** in dem ausnahmsweise Geschäftsfähigkeit vorliegt, Willenserklärungen abgeben kann, die volle Wirksamkeit entfalten. Bei nur vorübergehenden Störungen der Geistestätigkeit, z. B. wegen Volltrunkenheit oder Drogenkonsums, bleibt die Geschäftsfähigkeit unberührt; in diesen Fällen gilt § 105 Abs. 2 (s. Rn. 5). Ausnahmsweise kann sich der Ausschluss der Geschäftsfähigkeit auf einen bestimmten gegenständlich abgegrenzten Kreis von Angelegenheiten beschränken, sog. partielle Geschäftsunfähigkeit. Innerhalb dieses Lebensbereichs, z. B. bei Querulantenwahn für die Prozessführung, krankhafter Eifersucht für Fragen der Ehe oder sexueller Abhängigkeit von Telefonsex-Gesprächen[1] ist von

---

1 Lesenswert: *BGH* NJW-RR 2002, 1424 (keine freie Willensbetätigung mehr f. Anwählen von 0190-Rufnummer).

der Geschäftsunfähigkeit auszugehen, im Übrigen ist der Betroffene geschäftsfähig und kann ohne Einschränkungen am Rechtsverkehr teilnehmen. Abzulehnen ist nach allgemeiner Ansicht demgegenüber eine sog. relative Geschäftsunfähigkeit, wonach die Geschäftsfähigkeit für besonders schwierige, nicht alltägliche Rechtsgeschäfte ausgeschlossen ist, da dies zu erheblichen Abgrenzungsproblemen und somit zu einer unerträglichen Beeinträchtigung der Rechtssicherheit führen würde.

2. Rechtsfolgen

5   Die Willenserklärung eines Geschäftsunfähigen ist **nichtig,** § 105 Abs. 1, d. h. er kann im Rechtsverkehr keine wirksame Erklärung abgeben. Ebenso wenig kann der Geschäftsunfähige eine Willenserklärung wirksam entgegennehmen; dies regelt § 131 Abs. 1. Er kann somit nicht selbständig am Rechtsverkehr teilnehmen, unabhängig davon, ob das konkrete Geschäft rechtlich vorteilhaft und objektiv vernünftig ist.[2] Die Interessen des Geschäftsunfähigen nimmt dessen **gesetzlicher Vertreter** – die Eltern (§§ 1626 ff.), der Vormund (§§ 1793 ff.) oder bei Volljährigen der Betreuer (§§ 1896 ff.) – wahr und handelt für diesen rechtsgeschäftlich.

Gemäß § 105 Abs. 2 ist eine Willenserklärung, die im Zustand der Bewusstlosigkeit oder vorübergehender Störung der Geistestätigkeit abgegeben wird, nichtig. Die Geschäftsfähigkeit des Betroffenen wird durch diesen nur zeitweiligen Zustand nicht berührt. Der Unterschied zur Geschäftsunfähigkeit nach § 104 besteht darin, dass der Zugang fremder (verkörperter) Willenserklärungen möglich bleibt, vgl. § 131.

3. Sonderregelung für volljährige Geschäftsunfähige

5a   Im Anschluss an Regelungen des anglo-amerikanischen Rechts (s. unten Rn. 41) fügte der Gesetzgeber im Jahre 2002 § 105a ein. Sofern ein volljähriger Geschäftsunfähiger ein Geschäft des täglichen (gemeint ist „alltäglich") Lebens abschließt, das mit geringwertigen Mitteln bewirkt werden kann (z. B. Kauf von Zahnpasta oder einer Zeitung), ist der Vertrag nicht mehr mit allen Konsequenzen nichtig. Im

---

2 A. A. *Canaris,* JZ 1987, 993 ff.; 1988, 494 ff., der § 105 für verfassungswidrig hält und für eine entsprechende Anwendung der §§ 106 ff. – den Vorschriften über die beschränkte Geschäftsfähigkeit – plädiert. Dagegen zu Recht *Larenz/Wolf,* § 25 Rn. 13 f. m. N.

Interesse einer differenzierteren Behandlung geistig behinderter Menschen sollen dergleichen Verträge zwar nicht voll wirksam werden (dies dient dem Schutz des Geschäftsunfähigen, der sonst Ansprüchen ausgesetzt wäre), aber im Fall **beiderseitiger Erfüllung** wenigstens als Rechtsgrund im Sinne von § 812 Bestand haben.[3] Mit anderen Worten: Der Vertrag kann dann nicht mehr rückabgewickelt werden. Rechtstechnisch wird ein solcher Rechtsgrund, welcher der Leistungskondiktion (§ 812 Abs. 1 S. 1, 1. Var.) entgegensteht, fingiert. Genaugenommen kann der Geschäftsunfähige aus seinem Vermögen allerdings keine wirksame Leistung erbringen – jede Übereignung scheitert an §§ 104, 105. Gleiches gilt für eine Leistung an den Geschäftsunfähigen. Ob sich aus § 105a insoweit eine Ausnahme ableiten lässt, ist streitig. Die Vorschrift hat nach ihrem klaren Wortlaut nur Verpflichtungsgeschäfte zum Gegenstand. Dogmatisch ungereimt wäre es aber auch, wenn der Gesetzgeber an rechtsunwirksame Erfüllungsgeschäfte die Vertragsfiktion des § 105a knüpfen wollte.[4] Die Vorschrift passt daher nicht in die BGB-Systematik. Ein praktisches Bedürfnis für die mit vielen unbestimmten Rechtsbegriffen belastete neue Norm[5] („Geschäft des täglichen Lebens", „geringwertigen Mitteln"[6]) besteht ebenfalls kaum. Wirtschaftlich sinnvollen Kleingeschäften Geschäftsunfähiger ließ sich bereits zuvor unter Rückgriff auf den „lichten Moment" (oben Rn. 4) zur Wirksamkeit verhelfen. In allen anderen Fällen ergab sich aus der Rückabwicklung kein gravierendes Problem.

III. Die beschränkte Geschäftsfähigkeit

Schrifttum: *Braun,* Gutgläubiger Erwerb von Minderjährigen gemäß §§ 107, 932 BGB, Jura 1993, 459 ff.; *Coester-Waltjen,* Nicht zustimmungsbedürftige Rechtsgeschäfte beschränkt geschäftsfähiger Minderjähriger, Jura 1994, 331 ff.; *Hagemeister,* Grundfälle zu Bankgeschäften mit Minderjährigen,

---

3 Nach anderer Ansicht soll sich die Vorschrift nicht auf den Ausschluss der Rückabwicklung beschränken, sondern letztlich eine einseitige Wirksamkeit des Vertrages zugunsten des Geschäftsunfähigen bewirken, s. MünchKomm/*Schmitt,* § 105a Rn. 20; *Bitter,* § 9 Rn. 16.
4 Vgl. *Casper,* NJW 2002, 3425, 3427; *Heim,* JuS 2003, 141, 144; auch nach *Ulrici,* Jura 2003, 520, 521 muss § 105 für das Erfüllungsgeschäft außer Betracht bleiben.
5 S. *Heim,* JuS 2003, 141, 142 f.
6 Streitig ist, ob man sich hierbei an den Vermögensverhältnissen des Geschäftsunfähigen orientieren soll, die für den Rechtsverkehr nicht erkennbar sind. Der Rechtsausschuss empfahl die Ausrichtung am durchschnittlichen Preis- und Einkommensniveau; krit. *Casper* NJW 2002, 3425, 3426.

JuS 1992, 839 ff., 924 ff.; *Harder,* Minderjährige Schwarzfahrer, NJW 1990, 857 ff.; *Harte,* Der Begriff des lediglich rechtlichen Vorteils i. S. d. § 107 BGB, Diss. Berlin, Nomos 2008; *Keller/Purnhagen,* Fernsehkauf einer Minderjährigen ohne Einwilligung der Eltern, JA 2006, 844; *Kulke,* Probleme der beschränkten Geschäftsfähigkeit, JuS 2000, 289 ff.; *Paal/Leyendecker,* Weiterführende Probleme aus dem Minderjährigenrecht, JuS 2006, 25 ff.; *Preuß,* Das für den Minderjährigen lediglich rechtlich vorteilhafte Geschäft, JuS 2006, 305 ff.; *Röthel/Krackhardt,* Lediglich rechtlicher Vorteil und Grunderwerb, Jura 2006, 161; *K. Schmidt,* Grenzen des Minderjährigenschutzes im Handels- und Gesellschaftsrecht, JuS 1990, 517 ff.; *Schmitt,* Der Begriff der lediglich rechtlich vorteilhaften Willenserklärung i. S. des § 107 BGB, NJW 2005, 1090 ff.; *Schreiber,* Neutrale Geschäfte Minderjähriger?, Jura 1987, 221 ff.; *Stacke,* Der minderjährige Schwarzfahrer: Sind ihm wirklich Tür und Tor geöffnet?, NJW 1991, 875 ff.; *Stürner,* Der lediglich rechtliche Vorteil, AcP 173 (1973), 402 ff.; *Ultsch,* Schenkungen des gesetzlichen Vertreters an Minderjährige, Jura 1998, 524 ff.; *Wilhelm,* Das Merkmal „lediglich rechtlich vorteilhaft" bei Verfügungen über Grundstücksrechte, NJW 2006, 2355 ff.

1. Voraussetzungen

6   Beschränkt geschäftsfähig sind Minderjährige, die das siebente Lebensjahr vollendet haben, aber noch nicht volljährig, also 18 Jahre alt, sind, §§ 2, 106. Diese Personen dürfen zwar am Rechtsverkehr teilnehmen, müssen aber aufgrund ihrer Unerfahrenheit vor nachteiligen Wirkungen ihrer Handlungen geschützt werden. Der Minderjährigenschutz genießt – ebenso wie der Schutz der Geschäftsunfähigen – absoluten **Vorrang vor dem Vertrauensschutz** des Rechtsverkehrs, so dass die §§ 106–113 auch dann gelten, wenn der Geschäftspartner die Beschränkung der Geschäftsfähigkeit, beispielsweise wegen des erwachsenen Aussehens des Minderjährigen, nicht erkennen konnte. Soweit der Minderjährige nicht ausnahmsweise selbständig am Rechtsverkehr teilnehmen kann, geht das deutsche Recht vom **Grundsatz der gesetzlichen Vertretung** (bei Minderjährigen durch die Eltern) aus (zur Konzeption in anderen Rechtsordnungen s. unten Rn. 41).

2. Wirksame Rechtsgeschäfte und Rechtshandlungen beschränkt Geschäftsfähiger

7   **Fall 36:** Die 15-jährige M erwirbt im Fahrradgeschäft des H ein Mountainbike im Sonderangebot für € 800,–. Da sich H über das sportliche Interesse des M freut, gibt er ihr das Rad, obwohl der Kaufpreis noch nicht be-

zahlt wurde, sogleich mit. Nachdem H das Geld nach 4 Wochen noch immer nicht erhalten hat, wendet er sich an die Eltern der M. Empört weisen sie die Forderung des H zurück, da sie mit dem Geschäft niemals einverstanden gewesen seien. Nun verlangt H von M die sofortige Rückgabe des Mountainbikes. Zu Recht? → Rn. 14.

Fall 37: Der Unternehmer U schenkt seinem verwaisten 14-jährigen Neffen N ohne Mitwirkung des gesetzlichen Vertreters ein Grundstück, das mit einem Wohnhaus bebaut ist. N wird im Grundbuch als neuer Eigentümer eingetragen. Zuvor hatte sich U für dieses Haus ein dingliches Wohnrecht (§ 1093) einräumen lassen. Als U fünf Jahre später in finanzielle Schwierigkeiten kommt, reut ihn seine Großzügigkeit. Von einem Bekannten erfährt er, dass N aufgrund seiner Minderjährigkeit das Grundstück möglicherweise gar nicht erworben habe. Kann U von N das Grundstück herausverlangen? → Rn. 17.

Willenserklärungen eines beschränkt Geschäftsfähigen bedürfen 8 für ihre Wirksamkeit grundsätzlich der Einwilligung des gesetzlichen Vertreters, es sei denn, sie sind für ihn **rechtlich lediglich vorteilhaft**, § 107. Ein Minderjähriger kann somit allein nur diejenigen Erklärungen abgeben, durch die er rechtlich nicht verpflichtet wird und die sein Vermögen nicht belasten.

a) Der rechtliche Vorteil. Ein im Sinne des § 107 rechtlich ledig- 9 lich vorteilhaftes Rechtsgeschäft liegt vor, wenn die Rechtsstellung des Minderjährigen verbessert wird. Entscheidend sind allein die **rechtlichen Folgen** des Geschäfts, ein nur wirtschaftlicher Vorteil bleibt dagegen außer Betracht. Diese Auslegung rechtfertigt sich aus dem Gedanken, dass die Abwägung der Vor- und Nachteile und die Entscheidung darüber, ob der Abschluss des Rechtsgeschäfts im recht verstandenen Interesse des Minderjährigen liegt, grundsätzlich von dem gesetzlichen Vertreter (Eltern bzw. Vormund, vgl. Rn. 5) vorgenommen werden soll.[7] Ein Rechtsgeschäft ist für den Minderjährigen bereits dann rechtlich nachteilig und somit zustimmungsbedürftig, wenn ihn aufgrund seiner Willenserklärung **Verpflichtungen treffen,** wobei Haupt- und Nebenpflichten, z. B. die Rückgabepflicht bei der Leihe (§ 604), gleichermaßen zu berücksichtigen sind. Gegenseitig verpflichtende Verträge sind somit niemals lediglich rechtlich vorteilhaft, so dass der Minderjährige immer die Zustimmung des gesetzlichen Vertreters benötigt. Einseitig verpflichtende Verträge, bei denen

---

7 *Larenz/Wolf,* § 25 Rn. 18.

nur ein Vertragspartner verpflichtet wird, sind nur dann rechtlich vorteilhaft, wenn der beschränkt Geschäftsfähige nicht der Verpflichtete ist und sich auch aus dem Gesetz keine Leistungspflichten, z. B. die Aufwendungsersatzpflicht beim Auftrag (§ 670), ergeben.

Ist dem Minderjährigen gegenüber eine Willenserklärung abzugeben, so kommt es für den **Zugang** nach § 131 Abs. 2 ebenfalls auf den rechtlichen Vorteil der Erklärung an. Der Zugang von Vertragsangeboten ist regelmäßig ein solcher Vorteil – der Minderjährige bekommt, ggf. nach Absprache mit den Eltern, die Chance auf einen Vertragsschluss. Es kommt dabei nicht darauf an, ob dieser spätere Vertrag lediglich rechtlich vorteilhaft wäre. Der Zugang einseitiger Gestaltungserklärungen (Kündigung, Anfechtung, Rücktritt) kann hingegen nachteilig sein, wenn damit vorhandene Rechtspositionen bzw. Ansprüche des Minderjährigen unmittelbar entfallen.

10   **Verfügungen**, d. h. Rechtsgeschäfte, durch die ein Recht übertragen, inhaltlich geändert, belastet oder aufgehoben wird (§ 16 Rn. 11 ff.), sind für den Minderjährigen rechtlich vorteilhaft, wenn sie zu seinen Gunsten getroffen werden, also wenn er ein Recht erwirbt. Ein Rechtsverlust ist hingegen für den beschränkt Geschäftsfähigen immer rechtlich nachteilig und somit zustimmungsbedürftig. Infolge des Abstraktionsgrundsatzes müssen Verpflichtungs- und Verfügungsgeschäft auch im Hinblick auf den möglichen rechtlichen Vor- oder Nachteil grundsätzlich getrennt betrachtet werden.[8]

Es gibt im Wesentlichen zwei Arten von Rechtsgeschäften, die lediglich rechtliche Vorteile bringen und deshalb vom Minderjährigen selbständig vorgenommen werden können und die im Folgenden ausführlicher besprochen werden sollen.

11   **aa) Erwerbsgeschäfte.** Rechtlich lediglich vorteilhaft ist – es wurde bereits angesprochen – der **Erwerb von Rechten** durch den Minderjährigen, z. B. der Erwerb des Eigentums. Der Rechtserwerb erfolgt durch ein Verfügungsgeschäft, dessen Voraussetzungen regelmäßig im Sachenrecht normiert sind,[9] vgl. etwa §§ 929 ff., §§ 873, 925. Die Verfügungen sind streng von den Verpflichtungsgeschäften (z. B. dem Kaufvertrag, § 433) zu trennen, sie sind abstrakt (zum Abstrak-

---

8 So klarstellend BGHZ 161, 170 ff. = NJW 2005, 415 ff. und *BGH* NJW 2010, 3643; missverständlich noch („Gesamtbetrachtung") BGHZ 78, 28 ff. (lesen!) mit krit. Anm. u. a. von *Ultsch*, Jura 1998, 524 ff.; *Jauernig*, JuS 1982, 576 ff.; *Röthel/Krackhardt*, Jura 2006, 161; s. auch unten Rn. 13 a. E.

9 Dagegen ist die Abtretung einer Forderung – ebenfalls ein Verfügungsgeschäft – systematisch im Schuldrecht geregelt, vgl. §§ 398 ff.

tionsprinzip § 16 Rn. 18 ff.). Die Prüfung, ob für den Minderjährigen
ein lediglich rechtlicher Vorteil besteht, muss somit **für das Ver-
pflichtungs- und für das Verfügungsgeschäft gesondert** erfolgen.
Bei der Bewertung des Verfügungsgeschäfts (z. B. Übereignung einer
beweglichen Sache nach § 929) darf nur auf dieses, nicht auch auf das
zugrunde liegende Verpflichtungsgeschäft (z. B. den Kaufvertrag
nach § 433) abgestellt werden. Prüft man im Fall 36 die Wirksamkeit
des Verfügungsgeschäfts, also die Frage, ob der Minderjährige das Eigentum am Mountainbike wirksam erworben hat, kommt es für die
Beurteilung, ob das Geschäft für ihn rechtlich lediglich vorteilhaft
ist, allein auf das Verfügungsgeschäft an. Der Kaufvertrag bleibt insoweit außer Betracht.

Erwirbt der Minderjährige das Eigentum an einer Sache oder ein   **12**
anderes Recht, so ist dieser Rechtserwerb für ihn rechtlich vorteilhaft.
Die dingliche Erklärung zum Erwerb des Eigentums bezüglich des
Mountainbikes (§ 929 S. 1 BGB) konnte der minderjährige M im
Fall 36 wirksam abgeben, ohne dass es der Zustimmung seiner Eltern
bedurfte. Das Verfügungsgeschäft ist auch dann rechtlich lediglich
vorteilhaft, wenn das erworbene Recht **dinglich belastet** ist, z. B. an
dem übertragenen Grundstück eine Hypothek bestellt wurde
(§ 1113), da die dingliche Belastung nur den Wert der Sache mindert.[10] Der Minderjährige haftet insoweit nur mit dem Grundstück,
nicht aber mit seinem sonstigen Vermögen, vgl. für Grundpfand-
rechte § 1147. Das belastete Grundstück ist zwar wirtschaftlich weniger wertvoll, dies ist jedoch kein rechtlicher Nachteil. Ohne das Erwerbsgeschäft hätte der Minderjährige das Grundstück gar nicht
erworben. Schlimmstenfalls verliert er es durch den Zugriff des Hy-
potheken- oder Grundschuldgläubigers wieder. Im Fall 37 ist der Erwerb des Grundstücks durch den Neffen N trotz der bestehenden
Belastung mit dem dinglichen Wohnrecht zugunsten des Onkels,
§§ 1018, 1093, ebenfalls rechtlich lediglich vorteilhaft. Durch die Inanspruchnahme des Wohnrechts mindert sich der wirtschaftliche
Wert, N wird aber darüber hinaus zu nichts verpflichtet.[11]

Die mit dem Erwerb von Grundeigentum verbundenen **öffentli-**   **13**
chen Lasten führen nicht dazu, das Geschäft als rechtlich nachteilig
anzusehen, da die Verpflichtung zur Zahlung von Steuern, Abgaben

---

10 BGHZ 161, 170 ff = NJW 2005, 415, 417 für Grundschuld und Nießbrauch; BGHZ
    7, 123, 126 für Hypothek.
11 Grundsätzlich ist auch die Belastung mit einem Nießbrauch unschädlich, vgl. *BGH*
    FamRZ 1998, 24 (bei Abbedingen der Pflicht nach § 1047), hierzu auch *Harte*, S. 83 ff.

und Gebühren keine unmittelbare Folge des zivilrechtlichen Rechtsgeschäfts ist, sondern kraft öffentlich-rechtlicher Gesetze für jedermann besteht.[12] Bekommt der Minderjährige daher zum Geburtstag
einen Hund geschenkt und übereignet, kann er Eigentümer des Tieres werden (§§ 929 S. 1, 90 a), obwohl er als solcher verpflichtet ist,
Hundesteuer an die Gemeinde zu bezahlen. Die in der Tat schwierige
Abgrenzung zwischen mittelbaren und unmittelbaren Folgen des
Rechtsgeschäfts[13] ist streitig. Der BGH[14] ersetzt sie durch eine letztlich wenig überzeugende wirtschaftliche Gesamtbetrachtung und
stellt darauf ab, dass die sich aus dem Gesetz ergebenden persönlichen Verpflichtungen in der Regel überschaubar bzw. aus den Erträ-
gen des erworbenen Gegenstandes zu bestreiten seien und daher vom
Schutzzweck des § 107 nicht erfasst würden. Wirklich befriedigende
Abgrenzungskriterien fehlen daher.

Dies gilt auch im Hinblick darauf, dass die h. M. Folgewirkungen,
die sich **zivilrechtlich** an den Erwerb einer Sache oder eines Rechts
knüpfen, regelmäßig strenger beurteilt. Ein zustimmungsbedürftiges
Verfügungsgeschäft liegt deshalb vor, wenn der Minderjährige durch
den Rechtserwerb persönlich verpflichtet wird, z. B. beim Erwerb eines vermietetes Wohnhauses, bei dem er gemäß § 566 in die bereits
bestehenden Mietverträge eintritt oder wenn ihn beim Grundstücks-
erwerb infolge der Belastung mit einer Reallast (Leibgeding, §§ 1107,
108) persönliche Verpflichtungen treffen.[15] Auch die Übertragung
von Wohnungseigentum (= Sondereigentum an Wohnung verbunden
mit Miteigentumsanteil an Gesamtanlage) ist für den Minderjährigen
(Verfügungsgeschäft nach §§ 873, 925) grundsätzlich und unabhängig
von der Ausgestaltung der Teilungsanordnung nicht rechtlich vorteilhaft.[16] Der Minderjährige tritt nämlich mit dem Eigentumserwerb automatisch in die Miteigentümergemeinschaft (§§ 1008 ff. BGB,
§§ 10 ff. WEG) ein und haftet damit in gewissem Umfang persönlich
(z. B. nach § 16 Abs. 2 WEG, Kosten- und Lastentragungspflicht für
gemeinschaftliches Eigentum). Er bedarf daher für das Verfügungsge-

---

12 So im Erg. auch BGHZ 161, 170 ff. = NJW 2005, 415, 417 („unerhebliches Gefähr-
   dungspotential"); a. A. *Röthel/Krackhardt,* Jura 2006, 161, 165 (unter teleologischen
   Gesichtspunkten wegen der Haftung des Minderjährigen mit seinem gesamten Vermögen); krit. auch *Harte,* S. 94 ff.
13 Kritisch *Bitter,* § 9 Rn. 33, 35; wie hier Prütting/Wegen/Weinreich/*Völzmann-Sti-*
   ckelbrock, § 107 Rn. 6.
14 S. *BGH* NJW 2005, 415, 418; ihm folgen u. a. Palandt/*Ellenberger,* § 107 Rn. 3; *Medi-*
   cus, Rn. 563.
15 *LG Coburg* MittBayNot 2008, 224; *Harte,* S. 87.
16 BGH NJW 2010, 3643 = JA 2011, 466 m. Anm. *Stadler.*

schäft der Mitwirkung des gesetzlichen Vertreters. Bekommt der Minderjährige das Wohnungseigentum von den eigenen Eltern geschenkt, so ist das Verpflichtungsgeschäft lediglich rechtlich vorteilhaft (er erwirbt nur den Anspruch) und der Minderjährige kann seine Willenserklärung nach § 107 selbst abgeben. Für das Erfüllungsgeschäft – die nicht lediglich vorteilhafte Übertragung des Wohnungseigentums – stellt sich dann die Frage, ob die Eltern das beschenkte Kind vertreten dürfen. Im Fall der gemeinsamen Sorge der Eltern würden einer Vertretung die §§ 1629 Abs. 2, 1795 Abs. 1 Nr. 1 entgegenstehen; § 1795 Abs. 1 i. V. m. § 181 lässt sie jedoch ausnahmsweise zu, weil die Vertretungshandlung zur Erfüllung des bereits wirksam geschlossenen Schenkungsvertrages erfolgt. Damit bedürfte es nicht der Bestellung eines Ergänzungspflegers nach § 1909 und jede externe Kontrolle des elterlichen Handelns entfiele. Diese Situation hatte den BGH in früheren Entscheidungen zu Unrecht verleitet, unter Verstoß gegen das Abstraktionsprinzip Verfügungs- und Verpflichtungsgeschäft gemeinsam zu betrachten (**„Gesamtbetrachtungslehre"**)[17], um den Minderjährigen zu schützen und die Vertretung durch die Eltern auszuschließen. Richtiger dürfte eine teleologische Reduktion der §§ 1795 Abs. 2, 181 sein, so dass trotz des zulässigen Insichgeschäfts eine Vertretung durch die selbst am Vorgang beteiligten Eltern ausscheidet, wenn das Rechtsgeschäft (hier die Verfügung) nicht lediglich rechtlich vorteilhaft für den Vertretenen ist.[18]

Lösungsskizze Fall 36 (Rn. 7):   14
A. H → M (vertreten durch seine Eltern) auf Herausgabe des Mountainbikes aus § 985
   I. Besitz der M (+)
   II. Eigentum des H
      1. ursprünglich war H Eigentümer
      2. Verlust des Eigentums nach § 929 S. 1 durch Einigung und Übergabe an M?
         a) Dingliche Einigung, § 929 S. 1
            aa) WE des H (+), für den Zugang gilt § 131 Abs. 2. Das Einigungsangebot ist für M rechtlich vorteilhaft (Rn. 9),

---

17 S. oben Fn. 14.
18 In dem vom *BGH* zu entscheidenden Fall in NJW 2010, 3643 stellte sich die Frage dieser Gesamtbetrachtung oder teleologischen Reduktion nicht, da die Großmutter des Kindes Schenkerin war und sie sich im Schenkungsvertrag ein Rücktrittsrecht vorbehalten hatte. Die im Falle eines Rücktritts sich ergebenden Folgen für das beschenkte Kind (§§ 346 ff.) führten dazu, dass schon das Verpflichtungsgeschäft nur bei Vertretung des Kindes durch die Eltern geschlossen werden konnte.

>   bb) WE der M: § 107 – trotz der Minderjährigkeit der M
>   ohne Einwilligung der Eltern wirksam, da der Erwerb
>   des Eigentums für M rechtlich lediglich vorteilhaft ist (+)
>   b) Übergabe der Sache: (+) Wechsel im Besitz der Sache, § 854
>   c) Berechtigung des H (+)
>
>**Ergebnis:** § 985 gibt mangels Eigentums des H keinen Anspruch.
>
> B. H → M auf Rückübereignung des Mountainbikes aus § 812 Abs. 1 S. 1,
>   1. Var.
>
>   I. „etwas erlangt" (+), M ist Eigentümer des Fahrrades geworden, s.
>   oben A.
>
>   II. durch Leistung des H (+), bewusste und zweckgerichtete Mehrung
>   fremden Vermögens
>
>   III. ohne Rechtsgrund in Betracht käme ein wirksamer Kaufvertrag
>   zwischen M und H
>   1. WE des H (+), für den Zugang gilt wiederum § 131 Abs. 2
>   (Rn. 9). Allein der Zugang des Vertragsangebots verpflichtet M
>   zu nichts – er ist lediglich vorteilhaft (vielleicht wollen die Eltern
>   ja einen Vertrag für ihn schließen!).
>   2. WE der M: Der Abschluss des Kaufvertrages ist für die M recht-
>   lich nachteilig, da sie u. a. zur Zahlung des Kaufpreises verpflich-
>   tet wird; gemäß § 107 bedarf es somit der Einwilligung des ge-
>   setzlichen Vertreters. Eine Einwilligung lag nicht vor. Ebenso
>   wenig haben die Eltern der M das Geschäft genehmigt, § 108;
>   Ein wirksamer Kaufvertrag ist somit nicht zustande gekommen,
>   so dass ein Rechtsgrund für die Übereignung fehlt.
>
>**Ergebnis:** M ist verpflichtet, nach § 812 Abs. 1 S. 1, 1. Var. das Mountainbike
>zurück zu übereignen.

Dieses Beispiel zeigt deutlich, dass ein Minderjähriger infolge des wirksamen Verfügungsgeschäfts zunächst Eigentümer der (aufgrund des vermeintlich gültigen schuldrechtlichen Vertrages) geleisteten Sachen wird, diese aber letztlich nicht behalten darf. Er ist (selbstverständlich) seinerseits auch nicht zur Erfüllung des schuldrechtlichen Vertrages verpflichtet.

15   **bb) Schenkungen.** Der zweite Fall des rechtlich lediglich vorteilhaften Rechtsgeschäftes ist die **Annahme einer Schenkung.** Hier muss wiederum zwischen dem Verpflichtungsgeschäft (dem Schenkungsvertrag, § 516) und dem dinglichen Verfügungsgeschäft (die einschlägigen Vorschriften richten sich nach der Art des Geschenkes: §§ 929 ff. für die Übertragung beweglicher Sachen, §§ 873, 925 für den Erwerb eines Grundstücks) unterschieden werden. Der Schenkungsvertrag ist ein einseitig verpflichtender Vertrag und begründet grundsätzlich nur eine Verbindlichkeit des Schenkers. Die Annahme eines Schenkungsangebotes stellt für den Minderjährigen grundsätzlich einen rechtlichen Vorteil dar. Etwas anderes gilt dann, wenn die Annahme einer Zuwendung mit einer persönlichen Verpflichtung des Beschenkten verbunden ist, z. B. bei der Schenkung unter einer einklagbaren Auflage, § 525. Hier muss der gesetzliche Vertreter zustimmen. Gleiches gilt für die Annahme einer Erbschaft, da der Erbe für Nachlassverbindlichkeiten nicht nur mit dem geerbten, sondern auch mit seinem sonstigen Vermögen haftet, § 1967.

Die Zustimmungsbedürftigkeit des **dinglichen Verfügungsge- 16 schäftes** richtet sich ausschließlich danach, ob sich für den Minderjährigen über den dinglichen Rechtserwerb hinaus aus der neuen Rechtsstellung als Eigentümer auch (mittelbar) persönliche Verpflichtungen ergeben, die sich nicht allein auf den erworbenen Gegenstand beziehen (s. oben Rn. 12 ff.).

Lösungsskizze Fall 37 (Rn. 7): 17
A. U → N auf Herausgabe des Grundstücks aus § 985
    I. Eigentum des U
        1. ursprünglich war U Eigentümer
        2. Verlust des Eigentums am Grundstück gemäß §§ 873, 925 durch Auflassung und Eintragung an N
          a) Auflassung (= dingliche Einigung), §§ 873, 925
            aa) WE des U (+), § 131 Abs. 2 (Rn. 9)
            bb) WE des N: § 107 – trotz der Minderjährigkeit des N wirksam, da Erwerb des Eigentums am Grundstück für M rechtlich lediglich vorteilhaft. Aus der dinglichen Belastung des Grundstücks mit dem Wohnrecht zugunsten des U folgen für den N keinerlei persönliche Pflichten, insoweit haftet nur das Grundstück (s. Rn. 12). Wirksame Auflassung (+)
          b) Eintragung im Grundbuch (+)
          c) Berechtigung des U (+)
    Ergebnis: U hat das Eigentum durch die Übertragung an den N verloren, § 985 scheidet aus.
B. Aus dem gleichen Grund besteht kein Grundbuchberichtigungsanspruch nach § 894 des U gegen N. Dieser steht zu Recht als Eigentümer im Grundbuch.
C. U → N auf Rückübereignung des Grundstücks aus § 812 Abs. 1 S. 1, 1. Var.
    I. „etwas erlangt": N ist Eigentümer des Grundstücks geworden, s. oben A.

II. durch Leistung des U (+), bewusste und zweckgerichtete Mehrung fremden Vermögens

III. ohne Rechtsgrund: in Betracht käme ein wirksamer Schenkungsvertrag zwischen U und N
1. WE des U (+), § 131 Abs. 2 (Rn. 9)
2. WE des N ist ebenfalls wirksam, da die Annahme einer Schenkung rechtlich lediglich vorteilhaft ist. Eine persönliche Verpflichtung des N war mit der Schenkung nicht verbunden, daher wirksamer Schenkungsvertrag (+)
Ein etwaiger Formmangel nach § 518 Abs. 1 – ein Schenkungsversprechen bedarf der notariellen Beurkundung – ist durch den Vollzug der Schenkung (das Eigentum am Grundstück ist übergegangen) geheilt, § 518 Abs. 2. Ein Rechtsgrund für die Übertragung des Eigentums liegt somit vor.
Ergebnis: Ein Anspruch aus § 812 Abs. 1 S. 1, 1. Var. kommt nicht in Betracht.

D. U → N auf Herausgabe bzw. Rückübereignung des Grundstücks nach **§ 528 Abs. 1.**
I. Vollzug der Schenkung (+) mit der Übertragung des Grundeigentums
II. Notbedarf des U (–), U befindet sich nur in finanziellen Schwierigkeiten, daher § 528 (–)

18   **b) Rechtlich neutrale Geschäfte.** Rechtlich neutral nennt man diejenigen Rechtsgeschäfte, die dem Minderjährigen keinen rechtlichen Vorteil bringen, aber auch keinen Nachteil. Obwohl § 107 ausdrücklich nur von einem „lediglich… rechtlichen *Vorteil*" spricht, bedarf es auch dann keiner Zustimmung des gesetzlichen Vertreters, wenn die vermögensrechtlichen Interessen des Minderjährigen nicht berührt werden – es fehlt das Schutzbedürfnis. Neutrale (indifferente) Geschäfte werden somit den rechtlich lediglich vorteilhaften gleichgestellt. Methodisch handelt es sich um eine sog. **teleologische Extension,** d. h. die Vorschrift wird entgegen ihrem Wortlaut nach Sinn und Zweck in ihrem Anwendungsbereich erweitert, weil der Normtatbestand zu eng gefasst ist.[19] Der Minderjährige kann somit ohne Weiteres Geschäfte abschließen, die für ihn keine rechtlich nachteiligen Folgen haben. Er kann beispielsweise nach § 165 wirksam **als Vertreter** eines anderen handeln, da die Rechtsfolgen nicht ihn, sondern den Vertretenen treffen (§ 164 Abs. 1, s. § 31 Rn. 1).[20] Ebenfalls

---

[19] *Rüthers/Fischer/Birk*, Rechtstheorie, 7. Aufl., 2013, Rn. 904 f.
[20] Ist der Minderjährige vertretungsbefugter Gesellschafter einer Personenhandelsgesellschaft (z. B. einer OHG), so kann er nicht ohne Mitwirkung seines gesetzlichen Ver-

rechtlich neutral und somit zustimmungsfrei ist die Bestimmung einer Leistung durch den Minderjährigen nach § 317.[21] Relevant in diesem Zusammenhang ist nach bislang herrschender Ansicht[22] auch die **Verfügung über eine fremde Sache** durch den Minderjährigen. Er erlangt aus dieser Verfügung keinen Vorteil, aber auch keinerlei unmittelbare Nachteile, da ein anderer – der wahre Eigentümer – den Rechtsverlust erleidet, und ist nicht schutzbedürftig. Unerheblich sind dabei die Konsequenzen, die der Minderjährige gegenüber dem wahren Berechtigten tragen muss – er ist ihm gegenüber schadensersatzpflichtig etwa nach §§ 989, 990 oder § 823 – da es sich insoweit um nur mittelbare Folgen des Rechtsgeschäfts handelt. Eine im Vordringen befindliche Meinung[23] verneint wohl zu Recht die Möglichkeit des Eigentumserwerbs in diesen Fällen. Da der Minderjährige selbst nicht Eigentümer ist, käme ein Erwerb nur über § 932 bei Gutgläubigkeit des Erwerbers in Betracht – das heißt, er muss den Minderjährigen für den wirklichen Eigentümer halten. Wäre diese Vorstellung aber richtig, so würde der Eigentumserwerb vom Minderjährigen ohne Mitwirkung der Eltern an § 107 scheitern! Der Erwerber könnte damit allein aufgrund des fehlenden Eigentums zulasten des wahren Eigentümers Eigentum erwerben. Dies ist mit Sinn und Zweck von § 932 schwerlich vereinbar, denn der Erwerber würde besser gestellt, als es seiner an sich über § 932 zu schützenden Vorstellung entspricht. Die Gegenansicht will demgegenüber der beschränkten Geschäftsfähigkeit nur dort Konsequenzen beimessen, wo es gerade der Schutz des Minderjährigen verlangt.[24]

c) Besondere Arten von Rechtsgeschäften. Gemäß § 2229 Abs. 1 **19** und 2 kann der Minderjährige mit Vollendung des 16. Lebensjahres ein Testament errichten, er ist ab diesem Zeitpunkt **testierfähig.** Er darf jedoch nicht die Form des privatschriftlichen Testamentes wäh-

---

treters handeln, weil sein Handeln nicht nur die Gesellschaft verpflichtet, sondern nach § 128 HGB auch ihn als Gesellschafter persönlich, vgl. MünchKomm-HGB/*K. Schmidt*, 3. Aufl. 2011, § 125 HGB Rn. 18. Allerdings kann ein Fall des § 112 vorliegen (s. Rn. 39).

21 *Vgl.* Palandt/*Ellenberger*, § 107 Rn. 7.

22 So *Bork*, Rn. 1008; *Larenz/Wolf,* § 25 Rn. 28; Jauernig/*Mansel,* § 107 Rn. 6; Palandt/ *Ellenberberger*, § 107 Rn. 7; Prütting/Wegen/Weinreich/*Völzmann-Stickelbrock*, § 107 Rn. 8.

23 *Medicus/Petersen*, Bürgerliches Recht, Rn. 542; Staudinger/*Wiegand*, § 932 Rn. 10f.; *Faust*, Allgemeiner Teil, § 18 Rn. 22; *Boecken*, Allgemeiner Teil, Rn. 350 (anders aber zu Recht, wenn der Minderjährige mit Einwilligung des wahren Eigentümers nach § 185 handelt).

24 Vgl. *Bitter*, § 9 Rn. 49ff.; *Fezer*, Klausurenkurs zum BGB, Allgemeiner Teil, S. 168.

len, § 2247 Abs. 4, so dass er auf ein öffentliches Testament zur Niederschrift des Notars angewiesen ist, §§ 2232 Nr. 1, 2233.

Nach der Vollendung des vierzehnten Lebensjahrs steht dem Minderjährigen die Entscheidung darüber zu, zu welchem **religiösen Bekenntnis** er sich halten will. Nach dem zwölften Lebensjahr kann er nicht gegen seinen Willen in einem anderen Bekenntnis als bisher erzogen werden, vgl. § 5 Gesetz über die religiöse Kindererziehung.

3. Einseitige Rechtsgeschäfte

20   Einseitige Rechtsgeschäfte, z. B. eine Anfechtung oder Kündigung, kann der Minderjährige nur mit Einwilligung, d. h. vorheriger Zustimmung (§ 183), des gesetzlichen Vertreters wirksam vornehmen, § 111 S. 1. Eine Genehmigung (nachträglich) kommt nicht in Betracht, da **Schwebezustände** in diesem Bereich **vermieden** werden sollen. Das Geschäft ist ohne die Einwilligung wirksam, wenn es für den Minderjährigen lediglich rechtlich vorteilhaft ist, z. B. eine Mahnung zugunsten des Minderjährigen oder die Kündigung eines unverzinslichen Darlehens.

Die Einwilligung muss dem Erklärungsgegner entweder in schriftlicher Form vorgelegt oder vom gesetzlichen Vertreter mitgeteilt worden sein. Andernfalls kann der andere Teil die Erklärung unverzüglich zurückweisen, § 111 S. 2 und 3. Dadurch soll der Vertragspartner die Ungewissheit darüber, ob das Rechtsgeschäft wirksam ist, beseitigen können. Ist der Geschäftspartner, der die Minderjährigkeit des Handelnden kennt, mit der Vornahme des Geschäfts ohne die Einwilligung des gesetzlichen Vertreters einverstanden, sind ausnahmsweise die §§ 108, 109 statt § 111 S. 1 anzuwenden: das Geschäft ist zunächst schwebend unwirksam und wird mit der Genehmigung voll gültig.

4. Schwebend unwirksame Rechtsgeschäfte

21   **Fall 38:** Die 10-jährige D erhält täglich € 2,–, um damit den Fahrpreis für die Busfahrt zur Schule zu bezahlen. Eines Tages vergisst sie, einen Fahrschein zu kaufen und wird prompt von einem Kontrolleur erwischt. Die Stadtwerke-AG (S) verlangen deshalb von D den Fahrpreis sowie das in den Beförderungsbedingungen für Schwarzfahrten vorgesehene erhöhte Entgelt von € 30,–. Die Eltern waren mit der Schwarzfahrt ihrer Tochter nicht einverstanden. → Rn. 26.

Fall 39: Der Hobbykunstsammler A täuscht dem bärtigen 17-jährigen M, den er für volljährig hält, eine Notlage vor, um das von ihm für wertlos erachtete Gemälde des Malers X los zu werden. Der gutmütige M kauft ihm das Gemälde für € 100,– ab. Kurz zuvor hatte X – was A bei Vertragsschluss noch nicht wusste – einen hochdotierten Künstlerpreis gewonnen, der Wert des Gemäldes ist infolgedessen auf das Fünffache gestiegen. Noch bevor A von dieser Wertsteigerung erfährt, ärgert er sich, dass Gemälde so billig veräußert zu haben. Als er hört, dass M minderjährig ist, widerruft er unter Berufung auf seinen Irrtum über das Alter des M „alle Erklärungen" und verweigert die Übergabe des Gemäldes. Wenig später genehmigen die Eltern des M das Geschäft. Hat M einen Anspruch „auf das Gemälde"? → Rn. 28.

Der Minderjährige kann Willenserklärungen, die für ihn rechtlich 22 nachteilig sind, nicht selbständig abgeben. Es bedarf für deren Wirksamkeit der Einwilligung des gesetzlichen Vertreters, § 107. Die Einwilligung ist die **vor dem Rechtsgeschäft erteilte Zustimmung,** § 183. Sie ist eine einseitige, empfangsbedürftige Willenserklärung und bis zur Vornahme des Rechtsgeschäfts widerruflich, § 183 S. 1. Die Einwilligung (bzw. ihr Widerruf) kann dem beschränkt Geschäftsfähigen oder dem anderen Vertragsteil gegenüber erklärt werden, § 182 Abs. 1 a. E. Eine mit Einwilligung des gesetzlichen Vertreters abgegebene Erklärung des Minderjährigen ist sofort wirksam.

a) Umfang der Einwilligung. aa) Die Erklärung des gesetzlichen 23 **Vertreters.** Der Umfang der Einwilligung richtet sich nach dem verbindlich geäußerten Willen des gesetzlichen Vertreters. Eine Einwilligung kann für **ein einzelnes Rechtsgeschäft** erteilt werden, z. B. für den Abschluss eines Kaufvertrages. Geben die Eltern dem Minderjährigen € 500,– für den Kauf eines Fahrrades, so ist der vom Minderjährigen tatsächlich getätigte Kauf eines gebrauchten Motorrollers für € 450,– nicht von der Einwilligung der Eltern gedeckt und somit bei verweigerter Genehmigung endgültig unwirksam. Die Leistungen müssen nach § 812 Abs. 1 S. 1, 1. Var. rückerstattet werden. Diese enge Auslegung entspricht dem Zweck der gesetzlichen Regelung, denn der Minderjährigenschutz hat nicht nur finanzielle, sondern auch pädagogische Gründe. Der Minderjährige kann zwar häufig den wirtschaftlichen Vorteil abwägen, ist jedoch nicht immer in der Lage, sonstige Gefahren und Nachteile des Geschäfts zu überblicken, die sich – es sei an den Kauf des Motorrollers statt eines Fahrrades erinnert – aus der Beschaffenheit des Vertragsgegenstandes ergeben können.

Der gesetzliche Vertreter kann auch eine Einwilligung für einen Kreis zunächst noch nicht individualisierter Geschäfte erteilen, sog. **Generaleinwilligung.** Der minderjährige Internatsschüler oder auswärts Studierende, der von seinen Eltern monatlichen Unterhalt erhält, schließt diejenigen Geschäfte, die für einen Internatsschüler üblich sind, z.B. den Kauf von Schreibmaterial und notwendigen Fahrscheinen, ggf. die Miete eines Zimmers mit Einwilligung des gesetzlichen Vertreters ab. Die Generaleinwilligung ist jedoch im Interesse des Minderjährigenschutzes eng auszulegen und darf nicht zu einer Umgehung der §§ 107 ff. führen. Erfolgt die Überlassung „zur freien Verfügung" ist zu prüfen, ob ein Fall von § 110 vorliegt (s. gleich Rn. 24). Andernfalls ist auch hier anhand des Empfängerhorizonts (fam. Gepflogenheiten, Erziehungsstil u. -ziele) auszulegen, ob damit wirklich jedes beliebige Geschäft erfasst ist (Kauf von Alkohol, Zigaretten etc.).

24   **bb) § 110 – der „Taschengeldparagraf".** Werden dem Minderjährigen von dem gesetzlichen Vertreter bestimmte Mittel zu einem bestimmten Zweck oder zur freien Verfügung überlassen, so ist darin eine **konkludente Einwilligung** des gesetzlichen Vertreters in das Rechtsgeschäft zu sehen. § 110 ist ein besonderer Anwendungsfall des § 107 (h.M.) und gibt der rechtsgeschäftlichen Selbstbestimmung des Minderjährigen einen beachtlichen Spielraum.[25] Andererseits ist § 110 enger als § 107, denn er setzt voraus, dass der Vertrag seitens des Minderjährigen vollständig erfüllt wird (Rn. 23) – der Vertrag wird dann rückwirkend wirksam. Liegt demgegenüber eine Generaleinwilligung oder eine Einwilligung für bestimmte Arten von Rechtsgeschäften nach § 107 vor, spielt die Erfüllung keine Rolle. Der Minderjährige kann sich also im Gegensatz zu § 110 verschulden.[26] Im Einzelfall ist durch Auslegung zu ermitteln, ob ein Fall von § 107 oder § 110 vorliegt; im Zweifel ist aus Gründen des Minderjährigenschutzes § 110 der Vorrang zu geben. Der Taschengeldparagraf gilt nur für Verpflichtungsgeschäfte.[27] Für die Verfügungsgeschäfte sind §§ 107 f. anzuwenden: In der zweckbestimmten Überlassung von Mitteln ist im Rahmen dieser Zweckbestimmung die Zustimmung des gesetzlichen Vertreters zu sehen (s. Rn. 25 a. E.).

---

25 Einen solchen Spielraum hat der beschränkt Geschäftsfähige aber auch bei einer Generaleinwilligung des gesetzlichen Vertreters nach § 107 (s. Rn. 23).
26 *Faust*, Allgemeiner Teil, § 18 Rn. 30.
27 H. M., statt vieler Jauernig/*Mansel*, § 110 Rn. 2; a. A. RGZ 74, 235.

Zu den Mitteln, über die der Minderjährige wirksam verfügen kann, zählt nicht nur das Taschengeld, sondern **jedes Einkommen,** das die Eltern ihm zur Verfügung überlassen, z. B. Lohn aus der Ferienarbeit, öffentlich-rechtliche Leistungen (BAföG) oder auch Geschenke Dritter. Der gesetzliche Vertreter kann den Ausgaben des Minderjährigen nur zustimmen, sofern er die Überlassung der Mittel an ihn kennt. Er kann den Rahmen abstecken, innerhalb dessen der Minderjährige selbständig über seine Mittel frei verfügen kann. Entscheidend ist somit die **Zweckbestimmung,** die vom gesetzlichen Vertreter vorgegeben wird und die gegebenenfalls durch Auslegung zu ermitteln ist. Erwirbt und bezahlt der Minderjährige von seinem heimlich gesparten Taschengeld einen Computer, so ist der Kaufvertrag nach § 110 wirksam, da er über sein gespartes Geld – unabhängig davon, ob die Eltern die Sparsamkeit ihres Kindes kennen – frei verfügen kann. Etwas anderes gilt dann, wenn die Eltern ausdrücklich die Anschaffung eines Computers wegen der schlechten schulischen Leistungen des Minderjährigen oder allgemein ablehnen. Dann ist die „freie Verfügung" nach § 110 eingeschränkt.[28] „Mittel" i. S. v. § 110 muss nicht notwendiger Weise Geld sein, ausnahmsweise kommen auch bestimmte Gegenstände – z. B. Sammelobjekte – in Betracht, etwa für ein Tauschgeschäft.

§ 110 setzt weiterhin voraus, dass der Minderjährige die vertragsgemäße Leistung mit den ihm überlassenen Mitteln **bewirkt.** Dies ist ein wichtiges und in Klausurfällen gerne übersehenes Tatbestandsmerkmal der Vorschrift. „Bewirkt" heißt, der Vertrag wird erst mit **vollständiger Erfüllung** (§ 362) der geschuldeten Leistung seitens des Minderjährigen wirksam. Kreditgeschäfte sind wegen ihrer potentiellen Gefährlichkeit und Unüberschaubarkeit der Gesamtbelastung für den Minderjährigen demnach immer schwebend unwirksam, selbst wenn die einzelnen Raten mit den dem Minderjährigen überlassenen Mitteln bezahlt werden können. Sobald der Minderjährige jedoch die letzte Rate bezahlt hat und die geschuldete Leistung damit insgesamt bewirkt ist, wird der Vertrag ohne zwischenzeitliche Genehmigung des gesetzlichen Vertreters seinem ganzen Inhalt nach rückwirkend wirksam. Dann ist die vertragsgemäße Leistung bewirkt, § 110. Um diese Wirkung eintreten zu lassen, muss das Verfü-

25

---

28 Vgl. auch *OLG Hamburg* MMR 2003, 467 und *Derleder/Thielbar,* NJW 2006, 3233, 3237 für Verträge des Minderjährigen über Klingeltöne, wenn er das zum Herunterladen benutzte Handy mit Einwilligung der Eltern erworben hatte.

gungsgeschäft des Minderjährigen (Zahlung) voll wirksam sein (eigenständige Prüfung nach §§ 106 ff.). Im Regelfall wird jedoch in der Mittelüberlassung eine Einwilligung gem. § 107 liegen. Ist die vertragliche Leistung teilbar, so kann durch Teilerfüllung auch Teilwirksamkeit des Vertrages eintreten. Dies gilt etwa, wenn der Minderjährige einen monatsweise zu bezahlenden Mobilfunkvertrag ohne Zustimmung der gesetzlichen Vertreter geschlossen hat und eine oder mehrere Monatsrechnung beglichen hat.[29]

Beim Fallaufbau muss die Regelung des § 110 stets im Zusammenhang mit den §§ 107, 108 gesehen werden, da es sich um eine konkludente Einwilligung mit besonderen Voraussetzungen handelt. Ist das Geschäft für den beschränkt Geschäftsfähigen lediglich rechtlich vorteilhaft, kommt es auf die Einwilligung und somit auch auf § 110 nicht an.

26   **Lösungsskizze Fall 38 (Rn. 21):**
A. S → D (vertreten durch ihre Eltern) auf Zahlung des Fahrpreises in Höhe von € 2,– aus § 631 2. Halbs.
    I. wirksamer Beförderungsvertrag (wegen des versprochenen „Erfolges" [= Ankunft am Zielort] handelt es sich um einen Werkvertrag). Da die Lehre vom Vertragsschluss durch sozialtypisches Verhalten abzulehnen ist (s. oben § 19 Rn. 32 ff.), müssen Angebot und Annahme seitens S und D geprüft werden:
      1. Angebot der S durch Bereitstellung des Verkehrsmittels bzw. Anfahren der Haltestelle (–), da *invitatio ad offerendum* (Vorbehalt endgültiger Entscheidung über Mitnahme v. Fahrgästen)
      2. Angebot der D konkludent durch Einsteigen in den Bus: der Abschluss des Beförderungsvertrages ist wegen der daraus folgenden Pflicht zur Zahlung des Entgeltes rechtlich nachteilig und bedurfte der Einwilligung der Eltern, § 107. Eine sog. Generaleinwilligung für sämtliche Busfahrten zur Schule widerspräche dem Willen der Eltern und dem Interesse der D. Die Einwilligung der Eltern ist auf Fahrten beschränkt, bei denen D ordnungsgemäß den Fahrpreis bezahlt. Schwarzfahrten waren von der Einwilligung nicht erfasst. § 110 (–), da D die vertragsgemäße Leistung nicht bewirkt hat. Wirksame WE der D (–)
    II. Ergebnis: Ein Anspruch auf Zahlung des Beförderungsentgeltes scheidet aus.

---

29 S. auch *Derleder/Thielbar*, NJW 2006, 3233, die bei der Koppelung von (verbilligtem) Kauf eines Mobiltelefons und einem Mobilfunkvertrag annehmen, dass ein solcher Vertrag nicht von der konkludenten Einwilligung der Eltern durch die Überlassung von Mitteln zur freien Verfügung gedeckt sei.

B. S → D (vertreten durch ihre Eltern) auf Zahlung von € 2,– aus § 812 **Abs. 1 S. 1, 1. Var.**

    I. „etwas erlangt" (+), D hat die Beförderung zur Schule erlangt.

    II. durch Leistung der Stadtwerke (+), bewusste, zweckgerichtete Mehrung fremden Vermögens, da S bewusst an alle Fahrgäste, die nach dem äußeren Erscheinungsbild mit einem gültigen Fahrschein in den Bus steigen, die Beförderungsleistung erbringen will.

    III. ohne Rechtsgrund (+), kein wirksamer Beförderungsvertrag, s. oben A.

    IV. Das Erlangte (die Beförderung) kann D nicht herausgeben, es ist nach § 818 Abs. 2 Wertersatz zu leisten, d. h. der reguläre Fahrpreis in Höhe von € 2,– zu bezahlen. Eine Entreicherung der D nach § 818 Abs. 3 kommt nicht in Betracht, da sie für diese Fahrt zur Schule Aufwendungen (€ 2,–) erspart hat (anders, wenn die Fahrt für die D Luxus, z. B. eine Spazierfahrt, gewesen wäre).

    Ergebnis: D ist zur Zahlung von € 2,– verpflichtet.

C. S → D auf Zahlung des erhöhten Entgeltes wegen der Schwarzfahrt in Höhe von € 30,– gemäß § 9 Verordnung über die Allgemeinen Beförderungsbedingungen für den Straßenbahn- und Omnibusverkehr sowie den Linienverkehr mit Kraftfahrzeugen (–), da Anwendung der Rechtsverordnung einen wirksamen Beförderungsvertrag voraussetzt (ausführlich *Harder* NJW 1990, 857, 861 – dort auch zu deliktsrechtlichen Anspruchsgrundlagen); hier kein Vertrag, s. oben A.

b) Genehmigung des gesetzlichen Vertreters. Ein Rechtsgeschäft, 27 das der Minderjährige ohne die erforderliche Einwilligung vorgenommen hat, ist zunächst **schwebend unwirksam.** Seine Wirksamkeit hängt von der Genehmigung des gesetzlichen Vertreters ab. Die Genehmigung ist die **nachträgliche** Zustimmung, § 184. Gemäß § 108 Abs. 2 kann sich der Vertragspartner Klarheit über die Genehmigungsbereitschaft des gesetzlichen Vertreters verschaffen, indem er ihn zur Erklärung über die Genehmigung auffordert. Wird die Genehmigung nicht innerhalb von zwei Wochen nach dieser Aufforderung erklärt, gilt sie als verweigert. In diesem Fall sowie bei ausdrücklicher Versagung der Genehmigung ist die Willenserklärung des Minderjährigen von Anfang an *(ex tunc)* nichtig. Der Vertragspartner kann seine an den Minderjährigen erbrachten Leistungen nach §§ 812 ff. zurückverlangen; beachte aber § 818 Abs. 3. Bis zur Genehmigung des Vertrages[30] durch den gesetzlichen Vertreter kann

---

30 Es genügt dabei für den Verlust des Widerrufsrechts die Genehmigung gegenüber dem Minderjährigen (§ 182 Abs. 1). Fordert der Vertragspartner zur Genehmigung auf, so verliert diese Genehmigung jedoch ihre Wirkung (§ 108 Abs. 2 S. 1, 2. Halbs.).

der andere Teil seine Erklärung gemäß § 109 widerrufen. Diese Vorschrift soll den Vertragspartner vor der Ungewissheit über das endgültige rechtliche Schicksal des Vertrages schützen, die ihn in seiner wirtschaftlichen Dispositionsfreiheit hindern kann. Er soll, soweit ihm die Minderjährigkeit unbekannt war, nicht einseitig an das Geschäft gebunden sein. Die Widerrufsmöglichkeit nach § 109 besteht im Hinblick darauf, dass der Vertragspartner wegen der zunächst unerkannten Minderjährigkeit des anderen Teils kein Interesse mehr am Vertragsschluss hat. Zusätzliche – z.B. rein wirtschaftliche – Motive hindern den Widerruf aber nicht. Allerdings kann derjenige, der die Minderjährigkeit seines Geschäftspartners kennt und somit das Risiko eines genehmigungsbedürftigen Vertrages eingeht, sich nicht auf ein Widerrufsrecht berufen, § 109 Abs. 2.

Leidet der Vertrag unabhängig von der Minderjährigkeit an anderen Mängeln, schließt § 109 die dafür vorgesehenen Behelfe nicht aus. Im Fall 39 käme für A – falls er nicht nach § 109 widerrufen könnte – daher eine Irrtumsanfechtung nach § 119 Abs. 2 in Betracht (Irrtum über werterhöhende Eigenschaft des Bildes: Herkunft von preisgekröntem Maler!), allerdings um den Preis der Schadensersatzpflicht nach § 122. § 109 verschafft dem A also eine günstigere Position. Dies ist gerechtfertigt, da der Minderjährige vor Genehmigung mangels vertraglicher Bindung auch nicht nach § 122 schutzwürdig ist. Haben die Eltern erst einmal genehmigt und scheidet daher ein Widerruf nach § 109 aus, bleibt dem A aber der Rückgriff auf § 119 Abs. 2, wenn die Anfechtungsfrist noch nicht verstrichen ist.

28   **Lösungsskizze Fall 39 (Rn. 21):**
M (vertreten durch seine Eltern) → A auf Übereignung und Übergabe des Gemäldes gemäß **§ 433 Abs. 1 S. 1**
I. Wirksamer Kaufvertrag
    1. WE des A (+), § 131 (Rn. 9)
    2. WE des M: § 107 – der Abschluss eines Kaufvertrages ist für M auch rechtlich nachteilig, er wird zur Zahlung des Kaufpreises verpflichtet (auch wenn der konkrete Kaufvertrag aus wirtschaftlichen Gesichtspunkten günstig sein mag). Die erforderliche Einwilligung der Eltern lag nicht vor. Der Vertrag könnte durch die nachträgliche Genehmigung wirksam geworden sein, § 108 Abs. 1. Der Vertrag war jedoch nicht mehr genehmigungsfähig, da A von seinem Widerrufsrecht nach § 109 Abs. 1 zulässigen Gebrauch gemacht hat. A kannte die

---

Eine solche Aufforderung nimmt dem Vertragspartner nicht sein – wieder auflebendes – Widerrufsrecht nach § 109, s. Palandt/*Ellenberger*, § 109 Rn. 3.

Minderjährigkeit des M nicht, daher greift § 109 Abs. 2 nicht ein. Mit Zugang des Widerrufs (gegenüber dem M, § 109 Abs. 1 S. 2) wird der – zunächst schwebend unwirksame – Kaufvertrag endgültig unwirksam. Einer Anfechtung bedarf es nicht mehr.

II. **Ergebnis:** M hat gegen den A keinen Anspruch auf Übereignung des Gemäldes.

Bei einer Auswahl **besonders wichtiger Rechtsgeschäfte** hat der 29 Gesetzgeber die Entscheidung über die Wirksamkeit dieser Geschäfte nicht allein dem gesetzlichen Vertreter überlassen. Sie bedürfen ihrerseits der Genehmigung des Familiengerichts, vgl. § 1643 i. V. m. §§ 1821, 1822. In Einzelfällen ist der gesetzliche Vertreter sogar von der Vertretung des Minderjährigen ausgeschlossen, § 1629 Abs. 2 S. 1 i. V. m. § 1795. Der Minderjährige muss dann von einem Ergänzungspfleger vertreten werden (§§ 1909 Abs. 1 S. 1, 1915 Abs. 1, 1793 Abs. 1 S. 1).

5. Die Erfüllung vertraglicher Verpflichtungen gegenüber dem Minderjährigen

Fall 40: Der 17-jährige M hat von seiner Tante wirksam ein Mietshaus ge- 30 erbt. Ohne Wissen seiner Eltern verschickt er ein Schreiben an die Mieter, wonach die Miete zukünftig an ihn in bar zu entrichten ist. Das eingesammelte Geld verwahrt er heimlich in einer Schublade. Die Eltern des M verlangen kurze Zeit später von den Mietern noch einmal die Zahlung des Mietzinses. → Rn. 32.

Der strenge Schutz vor rechtlichen Nachteilen, den die §§ 107 ff. 31 dem Minderjährigen gewähren, hat besonders bei der Erfüllung von Verpflichtungen Konsequenzen. Nach § 362 erlischt das Schuldverhältnis (im engeren Sinne, also die Forderung) durch das Bewirken der Leistung an den Gläubiger. Die Erfüllung(swirkung) ist dabei von dem dinglichen Recht, das zur Erfüllung notwendig ist (z. B. Übereignung), zu unterscheiden. Die Entgegennahme einer Leistung als Erfüllung bringt dem Minderjährigen wegen § 362 Abs. 1 einen **rechtlichen Nachteil.**[31] Die ganz h. M.[32] möchte den Minderjährigen

---

31 Vgl. zum Theoriestreit über die Rechtsnatur der Erfüllung *Brox/Walker,* Allgemeines Schuldrecht, § 14 Rn. 3 ff.
32 S. etwa *Medicus,* Rn. 566; *Bitter,* § 9 Rn. 36 ff.; anders aber etwa *Harder* JuS 1977, 149, 151, der einen relevanten Nachteil verneint, weil der Minderjährige für das Erlöschen der Forderung eine Surrogat erhält. Dies übersieht, dass der Minderjährige das einge-

vor dem Verlust seines Anspruchs bewahren. Die dafür angeführten Begründungen variieren jedoch. Eine ältere Ansicht, die davon ausging, die Erfüllung sei ein Vertrag, wird heute nicht mehr vertreten. Die heute h. M. geht davon aus, dass die Erfüllung ein Realakt ist (Theorie der realen Leistungsbewirkung) und spricht dem Minderjährigen die **Empfangszuständigkeit** zur Annahme der Leistung ab. Damit kommt man zum Schutz des Minderjährigen zum selben Ergebnis wie bei der Abgabe von nachteiligen Willenserklärungen. Das bedeutet, dass an den Minderjährigen schuldbefreiend nur mit Zustimmung des gesetzlichen Vertreters oder an den gesetzlichen Vertreter selbst geleistet werden kann. Im Übrigen kann durch eine Leistung an den Minderjährigen die vertragliche Leistungspflicht nicht erfüllt werden, die Forderung erlischt nicht. Der Minderjährige erwirbt aber den Leistungsgegenstand dinglich wirksam (z. B. nach § 929 S. 1 bei Barzahlung der Miete in Fall 43). Das wirksam, aber ohne Erfüllungswirkung an den Minderjährigen Geleistete kann nach § 812 Abs. 1 S. 2, 2. Var. herausverlangt werden.

Diese Ausführungen stehen nicht im Widerspruch zu Fall 37 (Rn. 7, 17), weil der Schenker zur Erfüllung seines Versprechens im Allgemeinen nicht verpflichtet ist, es sei denn, das Schenkungsversprechen wäre notariell beurkundet (§ 518 Abs. 1). Der Minderjährige verliert mit der Annahme einer sog. Handschenkung keine Forderung.

32 **Lösungsskizze Fall 40 (Rn. 30):**
A. M (vertreten durch die Eltern) → Mieter auf Zahlung des Mietzinses nach **§ 535 Abs. 2**
   I. Aufgrund der wirksamen Mietverträge sind die Ansprüche gegen die einzelnen Mieter entstanden.
   II. Untergang der Ansprüche nach § 362: Der M ist zwar als Erbe des Wohnhauses Gläubiger dieser Ansprüche, § 1922, die Annahme der Leistung bringt aber seine Forderung zum Erlöschen und ist deshalb für ihn rechtlich nachteilig. Unerheblich ist, dass die Leistung das Vermögen des M erhöht und somit kein wirtschaftlicher Nachteil entsteht. Dem Minderjährigen fehlt für die selbständige Annahme einer Leistung die Empfangszuständigkeit. Erfüllung nach § 362 Abs. 1 ist damit nicht eingetreten.
Ergebnis: Die Mieter müssen noch einmal an die Eltern als gesetzliche Vertreter des M bezahlen.

---

zogene Geld ohne Kenntnis der Eltern verjubeln kann und die Rückforderung dann mit erheblichen Schwierigkeiten verbunden sein kann.

B. Mieter → M (vertreten durch die Eltern) auf Rückzahlung des von ihnen
   gezahlten Mietzinses aus **§ 812 Abs. 1 S. 2, 2. Var.**
   I. „etwas erlangt" (+), M hat das Eigentum am Geld erlangt – die
      Übereignung des Geldes an den M ist nach § 929 S. 1 wirksam –
   II. der Erwerb des Eigentums am Geld ist für M lediglich rechtlich
      vorteilhaft, § 107
   III. durch Leistung der Mieter (+), bewusste und zweckgerichtete Meh-
      rung fremden Vermögens.
   IV. Zweckverfehlung: aufgrund der fehlenden Empfangszuständigkeit
      des M konnte trotz des bestehenden Vertrages durch die Leistung
      keine Erfüllung eintreten, der Zweck der Leistung wurde somit
      verfehlt.
Ergebnis: M muss nach § 812 Abs. 1 S. 2, 2. Var. das Geld zurückzahlen.

6. Haftung des Minderjährigen

Fall 41: Der 16-jährige M hat von seinem Taschengeld bei dem Händler H   33
eine Stereoanlage für € 850,– gekauft und sofort € 150,– anbezahlt. Das Geld
legt H gesondert in seinen Tresor. Als die Eltern eine Woche später die Stereoanlage entdecken und von diesem Geschäft erfahren, sind sie empört und
verlangen von H die Herausgabe des bereits bezahlten Kaufpreises. Sie sind
selbstverständlich bereit, die Anlage an H zurückzugeben. Diese war jedoch
gleich am ersten Abend auf einer Party des M erheblich beschädigt worden.
→ Rn. 37.

Ist der Kaufvertrag endgültig wegen der Minderjährigkeit eines   34
Vertragspartners unwirksam, sind die bereits ausgetauschten Leistungen zurück zu gewähren, § 812 Abs. 1 S. 1, 1. Var. Hierbei handelt es
sich um eine gesetzliche, nicht um eine rechtsgeschäftliche Verpflichtung. Die beschränkte Geschäftsfähigkeit des zur Herausgabe verpflichteten Minderjährigen spielt hier keine Rolle. Der Minderjährigenschutz nach §§ 107 ff. greift nur bei rechtsgeschäftlichem
Verhalten, hindert aber nicht, dass das Gesetz unter bestimmten Voraussetzungen den Minderjährigen in die Pflicht nimmt. Der Bereicherungsanspruch ist jedoch ausgeschlossen, wenn der Leistungs-
empfänger nicht mehr bereichert ist, d. h. wenn die erlangte
Bereicherung weggefallen ist, § 818 Abs. 3. Diese Vorschrift schützt
den gutgläubigen Bereicherungsschuldner, der davon ausgeht, dass
er die Sache endgültig behalten und daher mit ihr nach Belieben verfahren darf.

35   Dagegen trifft denjenigen, der ohne Rechtsgrund eine Leistung
empfangen hat und den Mangel des rechtlichen Grundes kannte
oder ihn später erfährt, eine **verschärfte Haftung,** § 819 Abs. 1. Bei
beschränkt Geschäftsfähigen ist streitig, ob es *insoweit* auf die Kenntnis des gesetzlichen Vertreters (entsprechend §§ 106 ff.) oder auf die
des Minderjährigen (analog §§ 827 ff.) ankommt. Richtigerweise
muss zwischen **Leistungs-** (§ 812 Abs. 1 S. 1, 1. Var.) **und Eingriffskondiktion** (§ 812 Abs. 1 S. 1, 2. Var.: „in sonstiger Weise") unterschieden werden.[33] Bei der Leistungskondiktion geht es regelmäßig
um die Rückabwicklung von Verträgen, daher muss aus Gründen
des Minderjährigenschutzes entsprechend der Wertung der §§ 106 ff.
auf die haftungsverschärfende Kenntnis des gesetzlichen Vertreters
abgestellt werden. Man würde sonst im Ergebnis über § 819 Abs. 1
die gleiche Haftung wie aus dem – wegen der beschränkten Geschäftsfähigkeit unwirksamen – Vertrag erreichen. Hingegen ist bei
der deliktsähnlichen Eingriffskondiktion die Kenntnis des Minderjährigen maßgeblich und nach § 828 Abs. 2 zu bewerten. Ob der
Minderjährige im Fall 44 verschärft haftet, richtet sich danach, auf
wessen Kenntnis vom Mangel des rechtlichen Grundes abzustellen
ist. Entscheidend ist, ob der M die Stereoanlage durch Leistung oder
in sonstiger Weise erlangt hat. Der Händler H hat dem M die Stereoanlage übereignet, um den vermeintlich gültigen Kaufvertrag zu erfüllen. Er hat das Vermögen des M bewusst und zweckgerichtet ver-
mehrt, H hat an M geleistet. Damit ist die **Kenntnis des gesetzlichen
Vertreters,** also der Eltern des M, maßgeblich.

36   Mit Eintritt der Bösgläubigkeit, d. h. mit Kenntnis des Mangels des
rechtlichen Grundes, kann sich der Empfänger nicht mehr auf Entrei-
cherung berufen. Es kommt also darauf an, ob die Eltern vor Beschädigung der Anlage von deren unwirksamem Kauf durch M erfahren
haben. Außerdem haftet der Empfänger nach den strengen Vorschriften des Eigentümer-Besitzer-Verhältnisses, vgl. §§ 819 Abs. 1, 818
Abs. 4, 292 (i. V. m. § 987 oder § 989). Der Empfänger einer Sache ist
etwa im Falle der schuldhaften Verschlechterung oder des Untergangs
zum Schadensersatz verpflichtet, § 989. Das Verschulden des Minderjährigen wird in diesem Zusammenhang an seiner individuellen Einsichtsfähigkeit gemäß § 828 Abs. 2 beurteilt.

---

33 Vgl. *Medicus/Petersen,* Bürgerliches Recht, Rn. 176; *Larenz/Canaris,* Schuldrecht,
Bd. 2, Teilbd. 2, 13. Aufl., 1994, § 73 II 2 a.

Lösungsskizze Fall 41 (Rn. 33): 37

A. M (vertreten durch die Eltern) → H auf Rückzahlung von € 150,– aus **§ 985**

   I. Eigentum des M

      1. ursprünglich war M Eigentümer des Geldes

      2. Verlust des Eigentums an H gemäß § 929 S. 1

         a) Dingliche Einigung

            aa) WE des M: M verliert durch Verfügungsgeschäft das Eigentum, dieses rechtlich nachteilige Geschäft (§ 107) bedarf der Einwilligung der Eltern; Überlassung des Taschengeldes ist grundsätzlich konkludente Zustimmung für das Erfüllungsgeschäft, solange die Mittel zweckbestimmt verwendet werden (Rn. 24); hier mangels erkennbaren entgegenstehenden Willens der Eltern bei Zahlung durch M Einwilligung (+)

            bb) WE des H (+), § 131

         b) Übergabe der Sache (+)

         c) Berechtigung des M (+)

   II. **Ergebnis:** M hat das Eigentum am Geld an H verloren, § 985 (–); a. A. vertretbar; kein gesetzlicher Erwerb durch Vermischung lt. SV (gesonderte Aufbewahrung im Tresor).

B. M → H auf Rückzahlung der € 150,– aus **§ 812 Abs. 1 S. 1, 1. Var.**

   I. „etwas erlangt" (+), Eigentum am Geld

   II. durch Leistung (+), bewusste, zweckgerichtete Mehrung fremden Vermögens durch M

   III. ohne Rechtsgrund: da der Kaufvertrag für den M rechtlich nachteilig ist, bedarf es der Zustimmung des gesetzlichen Vertreters, § 107 – eine ausdrückliche Einwilligung fehlt; § 110 (–), da M seine vertragsgemäße Leistung noch nicht in vollem Umfang bewirkt hat (Rn. 25); auch eine (nachträgliche) Genehmigung (§ 108) fehlt; wirksamer Kaufvertrag (–), der Rechtsgrund für die Übereignung fehlt.

   IV. **Ergebnis:** Herauszugeben ist nach § 812 Abs. 1 das Erlangte, d. h. die € 150,–.

C. H → M (vertreten durch die Eltern) auf Herausgabe der Stereoanlage aus **§ 985**

   I. Eigentum des H

      1. ursprünglich war H Eigentümer

      2. Verlust des Eigentums gemäß § 929 S. 1 an M

         a) Dingliche Einigung

            aa) WE des H (+), § 131

            bb) WE des M (+), da Erwerb des Eigentums lediglich rechtlich vorteilhaft, § 107

         b) Übergabe der Sache (+)

c) Berechtigung des H (+)

II. **Ergebnis:** H hat das Eigentum an den M verloren, § 985 (–)

D. H → M (vertreten durch die Eltern) auf Rückübereignung der Stereoanlage aus § 812 Abs. 1 S. 1, 1. Var.

I. „etwas erlangt" (+), M ist Eigentümer geworden, s. oben C.

II. durch Leistung des H (+), bewusste und zweckgerichtete Mehrung fremden Vermögens

III. ohne Rechtsgrund (+), kein wirksamer Kaufvertrag, s. oben B.
Ergebnis: M muss nach § 812 Abs. 1 S. 1, 1. Var. die (beschädigte) Stereoanlage zurückübereignen.

E. H → M auf Schadensersatz aus §§ 818 Abs. 4, 819 Abs. 1, 292, 989

I. Bereicherungsanspruch des H gegen M (+), s. oben D.

II. Beschädigung der Anlage (+)

III. Verschulden des M, § 989 (+), § 828 Abs. 2 (+)

IV. Zeitpunkt: an die Stelle der in § 989 genannten Rechtshängigkeit tritt die Kenntnis des Mangels des rechtlichen Grundes (§ 819 Abs. 1 i. V. m. § 818 Abs. 4); Kenntnis des gesetzlichen Vertreters (Anwendung § 107) maßgeblich, da Leistungskondiktion, s. oben D. (Rn. 35). Die Eltern des M wussten von Kauf und Unwirksamkeit des Kaufvertrages im Zeitpunkt der Beschädigung nichts.

V. **Ergebnis:** Es besteht kein Anspruch auf Schadensersatz.

38   Ersatzansprüche können dem Vertragspartner außerdem aus unerlaubter Handlung, §§ 823 ff., zustehen. Die Verantwortlichkeit des Minderjährigen richtet sich gemäß § 828 Abs. 2 nach seiner individuellen Einsichtsfähigkeit, d. h. die Einsicht, sich durch eigenes Verhalten schadensersatzpflichtig zu machen (sog. Deliktsfähigkeit).

7. Teilgeschäftsfähigkeit des Minderjährigen (§§ 112, 113)

39   Gemäß §§ 112, 113 kann die Geschäftsfähigkeit des Minderjährigen partiell erweitert werden. Die sog. **Handels- und Arbeitsmündigkeit** tritt dadurch ein, dass der gesetzliche Vertreter den Minderjährigen ermächtigt, selbständig ein Erwerbsgeschäft zu betreiben (§ 112, erforderlich ist außerdem die Genehmigung des Familiengerichts) bzw. in den Dienst oder in Arbeit zu treten (§ 113 – ohne vormundschaftliche Genehmigung). Seit Herabsetzung des Volljährigkeitsalters auf 18 Jahre haben diese Vorschriften aber keine große praktische Bedeutung mehr. Berufsausbildungsverträge und andere Ausbildungsverhältnisse unterfallen nicht dem Anwendungsbereich des § 113, da die **Ausbildung** im Vordergrund steht und nicht – wie es

der Wortlaut der Vorschrift verlangt – der Dienst oder die Arbeit.[34] In dem durch den Betrieb des Erwerbsgeschäfts oder durch das Arbeitsverhältnis eingeschränkten Bereich ist der Minderjährige – solange die Ermächtigung vorliegt – voll geschäftsfähig. Er kann diejenigen Rechtsgeschäfte allein wirksam vornehmen, die der entsprechende Geschäftskreis typischerweise mit sich bringt und die in einem engen sachlichen Zusammenhang stehen.

Der Minderjährige kann nach § 113 beispielsweise bei einem Kreditinstitut ein Gehaltskonto eröffnen und Barabhebungen vornehmen, eine Wohnung am Arbeitsort anmieten, soweit dies aufgrund der weiten Entfernung zum Heimatort geboten ist. Über das empfangene Arbeitsentgelt darf der Minderjährige aufgrund der Ermächtigung nach §§ 112, 113[35] nur insoweit verfügen, als die von § 113 erfassten Verträge erfüllt werden, z. B. Fahrgeld für öffentliche Verkehrsmittel, Miete, Erwerb von Arbeitskleidung. Im Übrigen muss er den Lohn beim gesetzlichen Vertreter abliefern, § 1626. Im Einzelfall wird jedoch – die Geschäftsfähigkeit ist insoweit beschränkt – hinsichtlich des Arbeitsentgeltes eine Generaleinwilligung nach § 107 vorliegen oder § 110 eingreifen.

---

34 *BAG* BB 2001, 51.
35 A. A. Jauernig/*Mansel*, § 113 Rn. 6, der Verfügung über Arbeitslohn nach §§ 107, 110 behandeln möchte. Dies trifft aber nur für Verfügungen zu, die nicht der Erfüllung der von §§ 112, 113 abgedeckten Rechtsgeschäfte dienen.

40   **Übersicht 10:**

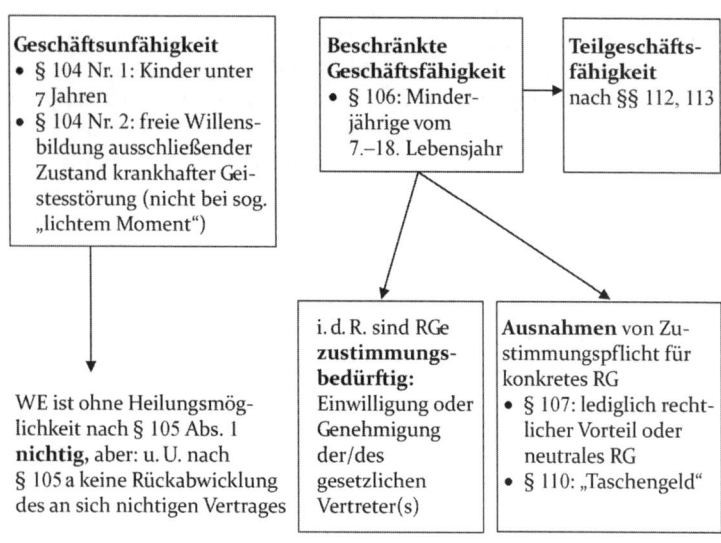

Geschäftsfähigkeit = Fähigkeit, durch eigene
WE wirksam Rechtsfolgen herbeiführen zu können

Geschäftsunfähigkeit
- § 104 Nr. 1: Kinder unter
  7 Jahren
- § 104 Nr. 2: freie Willensbildung ausschließender
  Zustand krankhafter Gei-
  stesstörung (nicht bei sog.
  „lichtem Moment")

**Beschränkte
Geschäftsfähigkeit**
- § 106: Minder-
  jährige vom
  7.–18. Lebensjahr

**Teilgeschäfts-
fähigkeit**
nach §§ 112, 113

WE ist ohne Heilungsmög-
lichkeit nach § 105 Abs. 1
nichtig, aber: u. U. nach
§ 105 a keine Rückabwicklung
des an sich nichtigen Vertrages

**i. d. R. sind RGe
zustimmungs-
bedürftig:**
Einwilligung oder
Genehmigung
der/des
gesetzlichen
Vertreter(s)

Ausnahmen von Zu-
stimmungspflicht für
konkretes RG
- § 107: lediglich recht-
  licher Vorteil oder
  neutrales RG
- § 110: „Taschengeld"

**Vertiefende Literatur und weiterführende Hinweise für Examenskandi-
daten:** *Maier-Reimer/Marx,* Die Vertretung Minderjähriger beim Erwerb von
Gesellschaftsanteilen, NJW 2005, 3025 ff.; *Reimann,* Der Minderjährige in der
Gesellschaft – Kautelarjuristische Überlegungen aus Anlass des Minderjähri-
genhaftungsbeschränkungsgesetzes, DNotZ 1999, 179 ff.; *Maultzsch,* Die
„fehlerhafte Gesellschaft" – Rechtsnatur und Minderjährigenschutz, JuS 2003,
544 ff.

8. Der Schutz Minderjähriger in anderen Rechtsordnungen

41   Nicht alle Rechtsordnungen verfolgen das in Deutschland mit wenigen
Ausnahmen verwirklichte Prinzip der gesetzlichen Vertretung des Minderjährigen im Rechtsverkehr durch seine Eltern.[36] **Frankreich** schränkt die Wirk-

---

36 S. aber für die **Schweiz** Art. 304 ZGB, für **Österreich** §§ 144 ff. ABGB sowie für die
Niederlande Buch 1 Art. 233 bis 235 BW: Volljährigkeit ab 18 Jahren; gerichtlich erteilte Teilgeschäftsfähigkeit ab 16 Jahren möglich. Vermutung elterlicher Zustimmung
für „im gesellschaftlichen Verkehr" übliche Geschäfte nach Buch 1 Art. 234 Abs. 3 BW.

samkeit von Rechtsgeschäften, die von Personen unter 18 Jahren (sog. *mineurs incapables*, Art. 488; 388, 1124 *Code Civil*)[37] abgeschlossen sind, zwar ebenfalls ein, nimmt aber eine Reihe familienrechtlicher Rechtsgeschäfte und sog. „*actes conservatoires*" – sie sollen das Vermögen des Minderjährigen vor Verlusten bewahren – aus. Auch Geschäfte des täglichen Lebens ohne besondere rechtliche und wirtschaftliche Risiken können selbständig getätigt werden, wenn sie sich im Rahmen des Üblichen bewegen (Art. 389–3, 450 *Code Civil*). Dies gilt – anders als die Wertung des § 110 BGB – auch für „übliche" Kreditgeschäfte. Für die im Übrigen an der fehlenden Geschäftsfähigkeit scheiternden Rechtsgeschäfte hat Frankreich einen anderen Weg gewählt als das deutsche Recht. Die Unwirksamkeit tritt nicht *ipso iure* ein, der Vertrag muss vielmehr vom Minderjährigen gerichtlich angefochten *(nullité relative)* und dabei dargelegt werden, dass er wirtschaftlich nachteilig ist (sog. *lesion*, Art. 1305–1314 *Code Civil*[38]). Absolute Nichtigkeit tritt nur ein, wenn auch die gesetzlichen Vertreter einen entsprechenden Vertrag nicht ohne Weiteres hätten abschließen können.[39] Ähnliche Regelungen gibt es in **Italien**. Mit 15 Jahren kann der Minderjährige z. B. Arbeitsverträge schließen, mit Eheschließung erwirbt er eine Teilrechtsfähigkeit für seine Vermögensverwaltung. Im Übrigen gibt es keine Altersstufen. Sofern keine gesetzliche Ausnahme greift, sind die Verträge Minderjähriger wie in Frankreich durch Gestaltungsklage (Art. 1425, 1441 ff. CC) vernichtbar. Der Nachweis eines wirtschaftlichen Nachteils ist anders als in Frankreich nicht erforderlich. Das **anglo-amerikanische Recht** verfolgt eine ähnliche Konzeption, die sich allerdings vom Grundsatz der notwendigen Vertretung noch weiter entfernt hat. Verträge, die der Minderjährige schließt, sind nicht gegen ihn durchsetzbar (wohl aber umgekehrt!). Eine volle Bindung tritt ein, wenn er mit Eintritt der Volljährigkeit das Geschäft bestätigt – auf die Eltern kommt es nicht an.[40] Minderjährige können außerdem Dinge des täglichen Gebrauchs (Lebensmittel, Medikamente, Kleidung, kleinere Geschenke etc.) selbständig erwerben (sog. *necessaries*, vgl. Sec. 3 (3) des englischen *Sale of Goods Act*) und schulden aus „vertragsähnlichen" Grundsätzen ein angemessenes Entgelt. Was unter den Begriff der „*necessaries*" fällt, entscheidet der Richter nach Situation und Lebensführung des einzelnen Minderjährigen (vgl. oben Rn. 5a zu § 105a BGB). Wirksam sind auch sog. vorteilhafte Verträge des Minderjährigen *(contracts for the minor's benefit)*, für die sich generelle Regeln kaum finden. Die Gerichte entscheiden nach den wirtschaftlichen Vor- und Nachteilen bzw. Risiken im Ein-

---

37 Eine weitere strikt festgelegte Altergrenze zwischen Geschäftsunfähigkeit und beschränkter Geschäftsfähigkeit kennt das französische Recht nicht, es entscheidet hier individuell nach der Urteilskraft *(discernement)*.

38 Vgl. *Guimezanes*, S. 205. In diesem Punkt weicht das italienische Recht, das ansonsten weitgehend der französischen Konzeption folgt, ab und lässt die Anfechtung unabhängig von wirtschaftlichen oder rechtlichen Nachteilen zu, s. *Kindler*, § 9 Rn. 5 ff., 9.

39 Einzelheiten bei *Zweigert/Kötz*, § 25 II; *Ferid/Sonnenberger*, 1 F 318 ff.

40 *Henrich/Huber*, § 3 sub 2.

zelfall. Grundsätzlich sind hiervon auch Arbeits- und Ausbildungsverträge erfasst.[41] Die Regelung über *necessaries* gilt auch für geistig Behinderte.

IV. Die Betreuung

Schrifttum: *Coester,* Von anonymer Verwaltung zu persönlicher Betreuung – Zur Reform des Vormundschafts- und Pflegschaftsrechts für Volljährige, Jura 1991, 1 ff.

1. Grundstrukturen des Betreuungsrechts

42   Kann ein Volljähriger aufgrund einer psychischen Krankheit oder einer körperlichen, geistigen oder seelischen Behinderung seine Angelegenheiten ganz oder teilweise nicht besorgen, bestellt das Betreuungsgericht auf Antrag oder von Amts wegen für ihn einen Betreuer, § 1896 Abs. 1. Eine Betreuung darf nur angeordnet werden, wenn sie auch erforderlich ist, § 1896 Abs. 2 S. 1. Aufgrund dieses **Erforderlichkeitsgrundsatzes** wird ein Betreuer nur für diejenigen Aufgabenkreise bestellt, in denen die Betreuung im konkreten Fall notwendig ist. Als mögliche Aufgabenkreise kommen beispielsweise die Vermögenssorge und Gesundheitsfürsorge in Betracht. Kann dem Betroffenen auf andere Weise wirksam geholfen werden, z. B. durch Bevollmächtigung eines Freundes oder Bekannten, scheidet eine Betreuung aus, § 1896 Abs. 2 S. 2 – **Subsidiarität** der Betreuung. Diese beiden Grundsätze tragen dem Selbstbestimmungsrecht des Betroffenen Rechnung und sollen sicherstellen, dass das Betreuungsverhältnis nach Inhalt und Umfang der individuellen Betreuungsbedürftigkeit angepasst wird.

2. Auswirkungen auf die Geschäftsfähigkeit des Betreuten

43   **a) Allgemeines.** Nach gerichtlicher Anordnung einer Betreuung vertritt der Betreuer in seinem Aufgabenkreis den Betreuten gerichtlich und außergerichtlich, § 1902. Der Betreuer ist der gesetzliche Vertreter des Betreuten. Die Bestellung des Betreuers hat als solche keine Auswirkungen auf die Geschäftsfähigkeit des Betreuten. Der Betreute bleibt – vorbehaltlich der Regelung in § 104 Nr. 2 – **geschäftsfähig.** Dies kann zu widersprechenden Rechtsgeschäften des geschäftsfähigen Betreuten einerseits und des Betreuers als gesetzli-

---

41 Hierzu *Graf v. Bernstorff,* S. 51 f.

chen Vertreters andererseits führen, sog. „Doppelzuständigkeit". Schließen beide unabhängig voneinander mit Dritten einen Vertrag über den Verkauf ein und derselben Sache ab, sind beide Kaufverträge wirksam. Da naturgemäß nur ein Vertrag erfüllt werden kann, verbleiben dem enttäuschten Vertragspartner nur Schadensersatzansprüche, §§ 280, 283, 275. Verfügen sowohl der geschäftsfähige Betreute, als auch der Betreuer über eine Sache, so ist nach dem Prioritätsgrundsatz die erste Verfügung wirksam, die nachfolgende geht „ins Leere".

b) Anordnung eines Einwilligungsvorbehaltes. Zum Schutz des 44 Betreuten vor den Gefahren des Rechtsverkehrs, sprich: seinen eigenen Willenserklärungen, kann das Betreuungsgericht unter den Voraussetzungen des § 1903 Abs. 1 S. 1 einen **Einwilligungsvorbehalt** anordnen. Diese Anordnung ist nur bei erheblichen Gefahren für die Person oder das Vermögen des Betroffenen zulässig und beschränkt sich nur auf den betreffenden Aufgabenkreis. Auf bestimmte **höchstpersönliche Rechtsgeschäfte** kann sich der Einwilligungsvorbehalt nicht erstrecken, § 1903 Abs. 2.

Der Einwilligungsvorbehalt berührt die Geschäftsfähigkeit ebenfalls nicht. Soweit ein Einwilligungsvorbehalt besteht, bedarf der (geschäftsfähige) Betreute aber für Willenserklärungen im Aufgabenkreis des Betreuers dessen Einwilligung. Er kann ohne Zustimmung des Betreuers selbständig rechtsgeschäftlich handeln, soweit das Geschäft für ihn **lediglich rechtlich vorteilhaft** ist (vgl. hierzu Rn. 9 ff.) oder wenn die Erklärung nach der Verkehrsauffassung eine geringfügige Angelegenheit des täglichen Lebens betrifft, § 1903 Abs. 3. Hat der Betreute trotz angeordneten Einwilligungsvorbehaltes ein zustimmungsbedürftiges Rechtsgeschäft ohne die Einwilligung des Betreuers abgeschlossen, gelten die §§ 108–113, die Vorschriften zum Minderjährigenschutz, entsprechend. Die Entgegennahme einer Willenserklärung regelt § 1903 Abs. 1 S. 2 i. V. m. § 131 Abs. 2. Die Rechtslage ist der zur beschränkten Geschäftsfähigkeit nachgebildet. Im Unterschied zum Minderjährigen, der hinsichtlich sämtlicher Angelegenheiten nur beschränkt geschäftsfähig ist, bezieht sich der Einwilligungsvorbehalt und somit die Begrenzung der Geschäftsfähigkeit des Betreuten regelmäßig nur auf bestimmte Bereiche.

Ist der **Betreute** wegen eines nicht nur vorübergehenden, die freie 46 Willensbildung ausschließenden Zustands krankhafter Störung der Geistestätigkeit **geschäftsunfähig,** so sind seine Willenserklärungen von vornherein nach §§ 104 Nr. 2, 105 Abs. 1 nichtig. Eine Zustimmung des Betreuers kommt in diesem Fall nicht in Betracht. Vielmehr wird die Teilnahme am Rechtsverkehr für den Betreuten vorbehaltlich der Neuregelung in § 105a für „Kleingeschäfte" des täglichen Lebens ausschließlich durch die gesetzliche Vertretung des Betreuers ermöglicht.

47   **Merke:** Das BGB geht im Wesentlichen von einer Dreiteilung in Rechts-, Geschäfts- und Deliktsfähigkeit aus (daneben gibt es noch die Testier- und Ehemündigkeit). Ein Sonderfall der Geschäftsfähigkeit – die Testierfähigkeit – ist in §§ 2229, 2233 Abs. 1, 2247 Abs. 4 geregelt. Bei der Geschäftsfähigkeit unterscheidet das Gesetz zwischen voll geschäftsfähigen, beschränkt geschäftsfähigen und geschäftsunfähigen Personen. Geschäftsunfähige können ohne Vertretung überhaupt nicht wirksam am Rechtsverkehr teilnehmen (Ausnahme § 105a). Ihre Willenserklärungen sind nichtig, § 104. Bei beschränkt Geschäftsfähigen ist zu differenzieren. Handelt es sich um ein lediglich rechtlich vorteilhaftes oder neutrales Rechtsgeschäft, so sind die Willenserklärungen des Minderjährigen oder der gleich gestellten Person wie die eines voll Geschäftsfähigen zu behandeln. Bringt das Rechtgeschäft einen rechtlichen Nachteil (z. B. durch eine Verpflichtung des Minderjährigen), so ist der Vertrag bei fehlender Einwilligung des gesetzlichen Vertreters (= vorherige Zustimmung) schwebend unwirksam. Der gesetzliche Vertreter kann ihn nachträglich genehmigen (§§ 108, 109). Einseitige Rechtsgeschäfte sind unheilbar nichtig (§ 111). Die nach § 107 erforderliche Zustimmung des gesetzlichen Vertreters kann für ein einzelnes Geschäft oder einen bestimmten Kreis von Rechtsgeschäften erteilt werden. § 110 enthält eine Auslegungsregel für ein konkludent erteiltes Einverständnis für eine Reihe von Geschäften. § 110 ist eng auszulegen. Zu beachten ist, dass ein danach vorgenommenes Rechtsgeschäft nur oder erst wirksam ist, wenn der beschränkt Geschäftsfähige die ihm obliegende Leistung mit den überlassenen Mitteln tatsächlich bewirkt hat. Rechtliche Wirkungen von Verpflichtungs- und Verfügungsgeschäften sind grundsätzlich getrennt darauf zu prüfen, ob die Willenserklärungen im Hinblick auf §§ 104 ff. wirksam sind.
Das Rechtsinstitut der Betreuung hat die frühere Entmündigung ersetzt. Die Bestellung eines Betreuers wirkt sich nur dann auf die Geschäftsfähigkeit des Betreuten aus, wenn und soweit (gegenständliche Begrenzung möglich) vom Betreuungsgericht ein Einwilligungsvorbehalt angeordnet ist. Ansonsten können – im Hinblick auf die Rechtssicherheit bedenklich – Betreuer und Betreuter Rechtsgeschäfte abschließen

§ 24. Formpflichtige Rechtsgeschäfte

I. Gesetzliche Formvorschriften

Schrifttum: *Armbrüster*, Treuwidrigkeit der Berufung auf Formmängel, NJW 2007, 3317 ff.; *Binder*, Gesetzliche Form, Formnichtigkeit und Blankett im bürgerlichen Recht, AcP 207 (2007), 155 ff.; *Boente/Riehm*, Das BGB im Zeitalter digitaler Kommunikation – Neue Formvorschriften, Jura 2001, 793 ff.; *Hähnchen*, Das Gesetz zur Anpassung der Formvorschriften des Privatrechts und anderer Vorschriften an den modernen Rechtsgeschäftsverkehr, NJW 2001, 2831 ff.; *Häsemeyer*, Die Bedeutung der Form im Privatrecht, JuS 1980, 1 ff.; *Mankowski*, Formzwecke, JZ 2010, 662 ff.; *Petersen*, Die Form des Rechtsgeschäfts, Jura 2005, 168 ff.; *Regenfus*, Gesetzliche Schriftformerfordernisse – Auswirkungen des Normzwecks auf die tatbestandlichen Anforderungen, JA 2008, 161 ff., 247 ff.; *Zenker*, Textform im www, insbesondere bei ebay, JZ 2007, 816 ff.

1. Funktion und Schutzzweck rechtsgeschäftlicher Formzwänge

Die Abgabe von Willenserklärungen und der Abschluss von Ver- **1** trägen sind grundsätzlich **formfrei,** sofern nicht das **Gesetz** eine besondere Form vorschreibt (gesetzlich vorgeschriebene Form). Daneben steht es den Parteien frei, eine bestimmte Form zu **vereinbaren** (gewillkürte Formpflicht). Gesetzliche Formvorschriften finden sich sporadisch im Schuldrecht, insbesondere aber im Immobiliarsachenrecht – dort hauptsächlich für das Grundbucheintragungsverfahren (§ 29 GBO) – und im Familien- und Erbrecht. Der Allgemeine Teil des BGB enthält selbst keine Formvorschriften, regelt aber seiner „Klammerfunktion" entsprechend die Formarten und den Verstoß gegen Formzwänge. Der gesetzlich angeordnete Formzwang erfüllt stets besondere Zwecke. Es lassen sich mehrere Funktionen unterscheiden, die sich bei einzelnen gesetzlichen Formvorschriften überschneiden können.

a) Beweisfunktion. Eine ganze Reihe von Formvorschriften dient **2** der **Rechtssicherheit.** Die schriftliche Abfassung einer Erklärung oder des Vertrages grenzt den endgültigen Vertrag vom Stadium der Verhandlungen ab und zwingt die Beteiligten, den Inhalt klar zu formulieren (z. B. Verbraucherdarlehen, § 492; Testament, § 2247; Grundstücksgeschäfte, §§ 311b Abs. 1, 873 i. V. m. 925). Für den Fall späterer Unklarheiten hat sie Beweisfunktion. Diese Beweissicherung steht auch bei einer von den Parteien **freiwillig gewählten Form** häufig im Vordergrund.

3   Regelmäßig ist die vereinbarte oder gesetzlich vorgeschriebene (Schrift-) Form gewählt, um im Verhältnis der Vertragsparteien Rechtsklarheit zu erzielen. Es sind aber auch Fälle denkbar, in denen die Form eine **Beweisfunktion für Dritte** erfüllt. Dies ist z. B. bei § 550 der Fall, welcher für Mietverträge, die für mehr als ein Jahr geschlossen werden, Schriftform vorschreibt. Hier hatte der Gesetzgeber nicht so sehr den Schutz von Mieter und Vermieter im Auge, als die denkbare spätere Veräußerung des Mietobjektes. Der Erwerber tritt dann nach § 566 in den bestehenden Mietvertrag mit allen Rechten und Pflichten ein. Für ihn ist es daher unerlässlich, dass er „schwarz auf weiß" nachlesen kann, zu welchen Vertragsbedingungen er den Mietvertrag übernehmen muss. Dieser – drittgerichtete – Schutzzweck verlangt nicht unbedingt die Nichtigkeit des Vertrages, wenn die Form nicht eingehalten wird. § 550 erklärt den Vertrag daher für diesen Fall abweichend von der Regelung des § 125 für wirksam; er gilt aber als auf unbestimmte Zeit geschlossen und kann damit nach den Vorschriften über die ordentliche Kündigung von beiden Seiten beendet werden.

4   **b) Warnfunktion.** Häufig soll der Erklärende durch den Formzwang auf die **besondere rechtliche Bedeutung** und Tragweite seines Verhaltens hingewiesen werden. Die Einhaltung der Form soll ihn vor **Übereilung** schützen. Beispiele hierfür sind die Veräußerung des gesamten Vermögens (§ 311b Abs. 3), der Kauf oder Verkauf eines Grundstücks (§ 311b Abs. 1), das Verbraucherdarlehen (§ 492), das Schenkungsversprechen (§ 518) und die Bürgschaft (§ 766). Aus dem Schutzzweck der Norm folgt hier regelmäßig, dass die Erklärung nichtig ist, wenn die vorgeschriebene Form nicht eingehalten ist, § 125 (für das Verbraucherdarlehen s. aber die modifizierende Sonderregelung in § 494 Abs. 2).

5   **c) Aufklärungsfunktion.** Bei besonders wichtigen Geschäften ist die Abgabe der Erklärung durch notarielle Beurkundung der gesamten Erklärung oder des Vertrages formalisiert. Dadurch wird u. a. gewährleistet, dass beim Abschluss des Geschäfts ein neutraler Rechtskundiger mitwirkt, der verpflichtet ist, auf Gefahren oder mögliche Rechtsmängel, Irrtümer und Lücken des Geschäftes hinzuweisen (§ 17 BeurkG). Beispiele hierfür sind der Grundstückskaufvertrag (§ 311b Abs. 1), die Auflassung (§ 925) und das öffentliche Testament (§ 2232).

d) Kontrollfunktion. Sie überschneidet sich hinsichtlich ihres 6
Schutzzweckes mit der Warn- und Aufklärungsfunktion (vgl. §§ 17,
30 BeurkG). Der Beurkundungs- oder Beglaubigungszwang trägt
hier darüber hinaus dem Gedanken Rechnung, dass bestimmte Geschäfte auch im Interesse sowohl der Beteiligten als auch der Allgemeinheit einer Kontrolle (Inhalt, Identität des Erklärenden) bedürfen.
Beispiele sind wiederum die Auflassung (§ 925) und die Erklärungen
im Grundbucheintragungsverfahren (§ 29 GBO). Ferner gehören
hierher die statusbegründenden oder -verändernden Rechtsgeschäfte,
für die im Interesse der Rechtssicherheit und Kontrolle regelmäßig
eine besondere Form vorgesehen ist: z. B. Eheschließung, (§§ 1310,
1311), Anerkennung der Vaterschaft (§ 1597) oder die Adoption
(§ 1750); ebenso elterliche Sorgeerklärungen (§ 1626d).

2. Arten gesetzlich vorgeschriebener Formen

Das BGB kennt unterschiedliche Formen für Rechtsgeschäfte. Sie 7
sind in den §§ 126–129 geregelt. Die wichtigsten Formen sind die gesetzliche und die gewillkürte (dazu Rn. 29 ff.) Schriftform – ihr
gleichgestellt die elektronische Form –, Textform, die notarielle Beurkundung (§ 128) und die öffentliche Beglaubigung (§ 129). Sie sind
von unterschiedlicher „Formstrenge" und haben daher auch jeweils
andere Voraussetzungen. Die notarielle Beurkundung stellt den wei-
test gehenden Formzwang dar,[1] wohingegen die Textform erheblich
geringeren Anforderungen unterliegt.

a) Schriftform.

Fall 42: E ist Eigentümer eines verwahrlosten Mietshausblocks. Er versen- 8
det an die 80 Mietparteien Kündigungsschreiben, in denen er erklärt, dass
der Gebäudekomplex abgerissen werde. Um nicht 80 Mal unterschreiben
zu müssen, lässt er seine Sekretärin einen Stempel mit seiner faksimilierten
Unterschrift verwenden. Die Mieter wehren sich gegen die Kündigung, die
ihrer Ansicht nach schon nicht formwirksam ist. E verlangt Räumung der
Wohnungen. Zu Recht? Wie wäre der Fall zu entscheiden, wenn E die
Schreiben am Computer verfasst und mit seiner eingescannten Unterschrift
versieht? → Rn. 15.

---

1 Die strengsten Formanforderungen stellt das BGB für den Erbvertrag auf: Er bedarf
  bei gleichzeitiger Anwesenheit der Beteiligten der notariellen Beurkundung, wobei
  sich der Erblasser nicht vertreten lassen darf, §§ 2274, 2276.

Fall 43: A teilt dem Gläubiger G per Telefax mit, er verbürge sich selbstschuldnerisch für die (genauer bezeichnete) Schuld seines Freundes B. Kann G den A in Anspruch nehmen, wenn B nicht bezahlt? → Rn. 15.

9   **aa) Anforderungen an die Schriftform.** Die Einhaltung der Schriftform (§ 126 Abs. 1) erfordert die eigenhändige Namensunterschrift unter einen schriftlich fixierten Text. Bei einem Vertrag müssen entweder beide Parteien auf derselben Urkunde unterschreiben oder es müssen mehrere gleichlautende Urkunden aufgesetzt und jeweils vom anderen Teil unterschrieben werden (§ 126 Abs. 2). Es genügt grundsätzlich nicht, wenn eine Partei das schriftliche Angebot unterschreibt und der andere Teil die schriftlich fixierte Annahme[2] (anders aber für die vereinbarte Schriftform § 127 Abs. 2 S. 1: Briefwechsel genügt; weitere Ausnahme z. B. § 492 Abs. 1 S. 3 für Verbraucherdarlehen). Die Unterschrift muss „eigenhändig" vollzogen werden. Dies bedeutet aber nicht notwendigerweise eine persönlich geleistete Unterschrift: Auch der Stellvertreter (§ 164 Abs. 1) kann mit Wirkung für den Vertretenen unterschreiben, wenn er eigenhändig unterschreibt.[3] Eigenhändig heißt **handschriftlich.** Nicht ausreichend ist die maschinenschriftliche Wiedergabe oder eine solche in Form der Vervielfältigung durch Stempel, Druckverfahren etc. Auch wenn die zunächst selbst handschriftlich geleistete Unterschrift auf diese Weise drucktechnisch reproduziert wird, handelt es sich nicht mehr um die Originalunterschrift. Im Fall 42 genügt daher weder die Verwendung des Faksimilestempels noch das Ausdrucken der eingescannten Unterschrift dem Schriftformerfordernis der §§ 568 Abs. 1, 126. Dies wäre nur dann ausreichend, wenn das Gesetz sich auf die Anordnung einer Textform (§ 126b, unten Rn. 19) beschränkt. Auch im Fall der Übermittlung per **Telefax** (Fall 43) erhält der Gläubiger nicht das Dokument mit der Originalunterschrift, sondern nur die fotomechanische Reproduktion. Dies genügt für § 766 nicht.[4] Etwas anderes gilt nur für die vertraglich vereinbarte Schriftform, s. § 127 Abs. 2 („telekommunikative Übermittlung": Fax oder E-Mail

---

2 *BGH* NJW-RR 1994, 280.

3 Nach herrschender, aber bestrittener Ansicht, muss der Vertreter hierbei nicht seinen eigenen Namen verwenden, sondern darf auch mit dem Namen des Vertretenen unterschreiben, wenn er einen Zusatz verwendet, aus dem sich die Vertretung ergibt, z. B. „i. V."; *BGH* NJW 2008, 2178, 2180.

4 BGHZ 121, 224, 228 f.; *OLG Düsseldorf* JuS 1995, 353 mit Anm. *K. Schmidt.* § 766 S. 2 schließt sogar wegen der hohen Warnfunktion der Schriftform bei der Bürgschaft die Substitution durch die elektronische Form (§ 126a) aus.

genügt, nicht aber fernmündliche Übermittlung); insoweit wird auf eine handschriftliche Originalunterschrift verzichtet. Ebenso wenig könnte A im Fall 43 (gesetzliche Schriftform) dem Gläubiger die Bürgschaftserklärung daher wirksam per **E-Mail** zukommen lassen.

Für zulässig gehalten wird trotz des Eigenhändigkeitserfordernisses die In- **10** anspruchnahme einer **Schreibhilfe,** wenn der Unterzeichnende selbst – etwa infolge Krankheit oder Gebrechlichkeit – nicht in der Lage ist, völlig selbständig zu unterschreiben. Es muss aber die Ausführung der Unterschrift vom Willen des Erklärenden abhängig bleiben.[5] Im Fall der *vis absoluta* – der kräftige G drückt dem schmächtigen S einen Stift in die Hand und führt trotz des Widerstandes von S mit Gewalt dessen Hand zu einer Unterschrift unter einem Schuldschein – liegt deshalb keine wirksame Unterschrift vor (S wollte gar nicht unterschreiben!).

Die Unterschrift muss den **Namen** des Unterzeichners wiederge- **11** ben, eine Abkürzung oder Paraphe genügt nicht[6] (s. § 126 Abs. 1, 2. Var.: „notariell beglaubigtes Handzeichen"). Die Angabe nur des Vor- oder Nachnamens ist ausreichend, wenn damit nach den Gesamtumständen eine zweifelsfreie Kennzeichnung des Erklärenden verbunden ist.[7] Die Unterschrift muss **nicht** im eigentlichen Sinne **lesbar** sein, sie muss aber individuelle Züge aufweisen, dem Erklärenden eindeutig zuzuordnen und nicht zu leicht nachzuahmen sein.[8] Besteht sie beispielsweise nur aus einem „Aufstrich mit einer wellenförmig auslaufenden Linie" genügt dies nicht.[9]

Der Begriff des Unterschreibens ist in § 126 nicht zeitlich zu ver- **12** stehen. Es genügt deshalb auch die **Blankounterschrift** des Ausstellers, die schon geleistet wird, bevor der davon erfasste Text existiert. Auch wenn das Blankett dann abredewidrig ausgefüllt wird, ist die urkundliche Erklärung mit diesem Inhalt formgültig zustande gekommen. Der Erklärende geht also ein erhebliches Risiko ein (zur Anfechtung bei abredewidrigem Ausfüllen, s. § 25 Rn. 25).[10] Vom zeitlichen Element zu unterscheiden ist die Frage, wo die Unter-

---

5 *BGH* NJW 1981, 1900, 1901.
6 *BGH* NJW-RR 2007, 351.
7 *BGH* NJW 2003, 1120 (Angabe des Vornamens nicht notwendig). § 2247 Abs. 3 enthält für das eigenhändige Testament die Soll-Vorschrift, dass Vor- und Familiennamen anzugeben sind. Auch hier macht ein Verstoß das Testament nicht ungültig, solange eine Identifizierung des Erblassers eindeutig möglich ist („eure Mutter", eindeutiger Kose- oder Künstlername).
8 Vgl. *BGH* NJW-RR 2007, 351; NJW 2005, 3775.
9 *BGH* NJW 1982, 1467; großzügiger *BGH* NJW 1997, 3380, 3381.
10 Anders entscheidet die Rechtsprechung daher bei der besonders gefährlichen Bürgschaftserklärung, wenn ein Dritter nur mündlich zum Ausfüllen der unterschriebenen Blankobürgschaft ermächtigt wird, s. *BGH* NJW 1997, 1780 = BGHZ 132, 119;

schrift räumlich platziert sein muss. Abgesehen vom Wortlaut (*Un-terschrift*, nicht *Ober*schrift) lässt sich dies hauptsächlich aus der Funktion der Unterschrift erklären. Neben der Beweis- und Warn-funktion, die der Schriftform insgesamt zukommen, hat gerade die ei-genhändige Unterschrift des Erklärenden Abschluss-, Echtheits- und Identitätsfunktion. Die Unterschrift ist der räumliche Abschluss des Textes und grenzt damit ein, welcher Inhalt noch vom Willen des Unterschreibenden erfasst ist (**Abschlussfunktion**). Sie soll den Aus-steller zweifelsfrei erkennen lassen (**Identitätsfunktion**) und durch die räumliche Verbindung von Urkunde und Namenszug sicherstel-len, dass die Erklärung auch wirklich vom Unterzeichnenden stammt (**Echtheitsfunktion**). Abschluss- und Echtheitsfunktion sind nicht gewährleistet, wenn die Unterschrift an den Beginn des Textes gestellt ist oder nur auf dem Deckblatt bzw. einem Umschlag geleistet wird. Der Bundesgerichtshof hat deshalb die im Bankverkehr früher teil-weise übliche „Oberschrift" bei Überweisungsformularen nicht als Unterschrift im Sinne von § 126 angesehen.[11]

13   **bb) Ersatzformen.** Die eigenhändige Unterschrift kann nach § 126 Abs. 1 ersetzt werden durch ein notariell beglaubigtes Handzeichen oder eine elektronische Signatur (§§ 126 Abs. 3, 126a). Die gesamte Schriftform wird ersetzt, wenn der Vertrag den Anforderungen an die strengere Form der notariellen Beurkundung genügt (§ 126 Abs. 4). Da diese wiederum durch einen gerichtlich protokollierten Vergleich ersetzt werden kann (§ 127a), genügt auch er einem gesetz-lichen Schriftformerfordernis.

14   **cc) Sonderfälle der Schriftform.** Teilweise stellt das Gesetz über die Anforderungen von § 126 hinaus weitere Voraussetzungen für die gesetzliche Schriftform auf. So muss das eigenhändige Testament nach § 2247 durch eine „eigenhändig geschriebene und unterschrie-bene Erklärung" errichtet werden (**Gesamtschriftform**). Es genügt daher nicht, wenn der nach einem Schlaganfall schwer mitgenom-mene Erblasser E, dem das Schreiben schwerfällt, den Text seines Testamentes einem Dritten diktiert und dann eigenhändig unter-schreibt oder die Erblasserin D mit Rücksicht auf ihre schwer lesbare Handschrift das Testament von ihrem Enkel am Computer schreiben und ausdrucken lässt und sodann unterschreibt. Das Testament muss

ebenso für das Verbraucherdarlehen BGHZ 132, 119, 126; *BGH* NJW-RR 2005, 1141.
11 BGHZ 113, 48.

in besonderem Maße die oben genannten Abschluss-, Echtheits- und Identitätsfunktionen erfüllen (schließlich kann man den Erblasser im Nachhinein nicht mehr zu seinem Testament befragen). Aus diesem Grunde ist der gesamte Text handschriftlich zu verfassen. Eigenhändig Geschriebenes hat man unausweichlich auch zur Kenntnis genommen; unterschreiben kann man auch fremde Texte. Wer hierzu körperlich nicht mehr in der Lage ist, muss ein öffentliches Testament zur Niederschrift eines Notars (§ 2232) errichten.

Lösungsskizze Fall 42 (Rn. 8):　　　　15
I. E → Mieter M auf Räumung der Wohnung aus § 546 Abs. 1
　Mietverhältnis beendet?
　1. Mietvertrag nach § 535 bestand zunächst (+)
　2. Wirksame Kündigung, §§ 542, 568 ff.?
　　a) Kündigungserklärung: E hat die in §§ 568 Abs. 1, 126 vorgeschriebene Schriftform nicht eingehalten. Es fehlt eine eigenhändige (Original-) Unterschrift; Stempel bzw. Computerausdruck genügen nicht. Die Erklärung ist nichtig, § 125 S. 1.
　　b) Auf das Vorliegen eines Kündigungsgrundes (geplanter Abriss?) kommt es daher nicht mehr an.
II. Ergebnis: E hat derzeit keinen Anspruch auf Räumung.

Lösungsskizze Fall 43 (Rn. 8):
I. G → A auf Zahlung aus §§ 765 Abs. 1, 771, 773 Abs. 1 Nr. 1
　Wirksamer Bürgschaftsvertrag G-A?
　1. Angebot und Annahme (+)
　2. Form, § 766 (–), keine schriftliche Erteilung mangels Originalunterschrift
　3. Heilung des Formmangels, § 766 S. 2: (–), da A noch nicht bezahlt hat.
　→ Vertrag nach § 125 S. 1 nichtig, daher kein Anspruch des G
II. Ergebnis: kein Anspruch des G auf Zahlung

b) Elektronische Form. aa) Voraussetzungen. Durch das 2001 in　16 Kraft getretene Gesetz zur Anpassung der Formvorschriften des Privatrechts an den modernen Rechtsgeschäftsverkehr ist es auch möglich, die gesetzlich vorgeschriebene Schriftform durch eine elektronische Form zu ersetzen, soweit das Gesetz dies nicht ausdrücklich ausschließt. Weitere Voraussetzung für den Zugang solcher Erklärungen ist, dass der Empfänger zumindest schlüssig (z. B. Angabe von E-Mail-Adresse im Geschäftsverkehr) sein Einverständnis mit einer elektronischen Übermittelung rechtsgeschäftlicher Erklärungen dargetan hat. Da es im elektronischen Rechtsverkehr nicht möglich ist, eine Erklärung eigenhändig zu unterschreiben, waren Rechtsgeschäfte mit gesetzlich vorgeschriebener Schriftform vor der Einfügung von § 126a vom elektronischen Rechtsgeschäftsverkehr faktisch ausgeschlossen. Erforderlich war, dass man für die elektronische Form eine Art von „Unterschrift" findet, welche dieselben Funktionen wie die handschriftliche Unterzeichnung erfüllt (Abschluss-, Identitäts- und Echtheitsfunktion, s. Rn. 12). Mit der Entwicklung **elektronischer Signaturen** ist dies technisch möglich geworden. Ihre rechtliche Grundlage ist vergleichsweise kompliziert geregelt im Signaturgesetz (SigG vom 16. Mai 2001, welches die Europäische Signaturrichtlinie[12] umsetzt und seinerseits ergänzt wird durch die Signaturverordnung.[13] Das SigG unterscheidet zwischen **(einfachen) elektronischen Signaturen, fortgeschrittenen und qualifizierten** (§ 2 Nr. 1–3 SigG). Soll die Schriftform nach § 126a ersetzt werden, muss der Erklärung der Name des Erklärenden beigefügt werden und das elektronische Dokument (Erklärung mit Namensangabe) mit einer qualifizierten elektronischen Signatur versehen werden. Bei **Verträgen** sind nach § 126a Abs. 2 gleichlautende Dokumente zu signieren.

Technisch sind elektronische Signaturen nichts anderes als Daten in elektronischer Form, die mit anderen Daten (z. B. abzugebende Erklärung) verknüpft sind und zur Authentifizierung dienen (vgl. die Definition in § 2 Nr. 1 SigG). Im einfachsten Fall ist dies der dem Dokument angefügte in den PC über die Tastatur eingegebene Name oder die eingescannte Unterschrift. Dies stellt jedoch nur eine sog. „einfache" Signatur dar, die aus naheliegenden Gründen (hohe Fälschungsmöglichkeit und daher keine Sicherheit, dass sie wirklich vom Namensinhaber stammt) der Schriftform des § 126 nicht gleichgesetzt werden kann.

17   **bb) Funktionsweise qualifizierter elektronischer Signaturen.** Für die in § 126a vorgeschriebene qualifizierte elektronische Signatur erhält der Erklärende von einer Signaturvergabestelle (z. B. Telekom, Datev, Bundesnotarkammer) zwei elektronische Schlüssel, die auf einem asymmetrischen Kryptosystem beruhen: einen sogenannten **Signaturschlüssel** und einen **Signaturprüfschlüssel.** Ersteres ist ein beispielsweise auf einer Chipkarte gespeichertes Programm, das nur aktiviert werden kann unter Eingabe einer PIN oder eines Passwortes, bei besonders sicheren Varianten erfolgt eine biometrische Prüfung (z. B. Iris oder Fingerabdruck des Schlüsselinhabers). Dieser

---

12 Richtlinie 1999/93/EG über gemeinschaftliche Rahmenbedingungen für elektronische Signaturen, ABl. EG 2000 Nr. L 13 S. 12.
13 BGBl. I 2001 S. 3074 ff.

Signaturschlüssel *(private key)* ist ausschließlich einer bestimmten Person zugeordnet, die jederzeit identifiziert werden kann (hierüber wird ein Zertifikat erstellt) und von ihr geheim zu halten ist. Das Signaturprogramm errechnet dann beim Signaturvorgang aus dem zu signierenden Text einen komprimierten Rechnungswert (sog. **Hashwert**). Dieser fällt bei jeder auch noch so kleinen Veränderung des Textes anders aus, er stellt quasi einen „**elektronischen Fingerabdruck**" des Textes dar. Dieser Wert wird dem Textdokument beigefügt und mit diesem an den Empfänger verschickt. Dieser kann aufgrund des ihm zugänglichen Signaturprüfschlüssels *(public key),* der dem Signaturschlüssel zugeordnet ist (ohne dass dieser aus dem *public key* rückzuschließen oder zu berechnen wäre!) aus der empfangenen Datei ebenfalls einen solchen Hashwert errechnen lassen. Das Programm vergleicht dann den neu ermittelten Hashwert mit dem vom Erklärenden übersandten. Sind beide Werte identisch, steht fest, dass der Text vom Inhaber des geheimen Signaturschlüssels signiert und zwischenzeitlich inhaltlich nicht mehr verändert wurde.[14]

cc) **Funktionsäquivalenz.** Auf diese Weise werden die Funktionen 18 der handschriftlichen Unterzeichnung erfüllt: Die Signatur hat **Abschluss-, Echtheits- und Identifizierungsfunktion,** denn durch den Hashwert ist sichergestellt, dass ein bestimmter Text mit einer bestimmten Person verknüpft wird. Der Signaturvorgang hat auch in gewisser Weise **Warnfunktion**: Wer den Signaturschlüssel durch Passwort oder PIN aktivieren muss, ist wie bei handschriftlicher Unterzeichnung auf die besondere rechtliche Bedeutung dieses Vorgangs hingewiesen. Dies genügte dem Gesetzgeber allerdings nicht in allen Fällen. Teilweise ist daher die Substitution der herkömmlichen Schriftform durch eine elektronische Signatur ausdrücklich **ausgeschlossen** (s. etwa § 623 – Kündigung des Arbeitsverhältnisses; § 766 – Bürgschaftserklärung; §§ 780, 781 – Schuldversprechen und -anerkenntnis). Problematisch sind für die Funktionsäquivalenz zwei Punkte: Die Sicherheit der Signatur beruht darauf, dass das geheime Programm nicht durch Dritte aufgeschlüsselt, d. h. „errechnet" werden kann. Wegen des laufenden technischen Fortschritts von Rechnerkapazitäten sind daher elektronische Signaturen nur zeitlich begrenzt „haltbar";[15] besonders aufwändige und sichere Programme

---

14 Zur Funktionsweise elektronischer Signaturen ausführlich *Opplinger,* IT-Sicherheit –
    Grundlagen und Umsetzung, 1997, S. 94 ff.; *Roßnagel,* NJW 1998, 3312.
15 *S. Raßmann,* CoR 1998, 36, 38; *Kuner,* NJW-CoR 1995, 414.

liegen nur vor, wenn der Zertifizierungsdiensteanbieter sich einer externen Prüfung seiner Signaturkomponenten unterzieht. Der zweite Unsicherheitsfaktor liegt darin, dass der Empfänger einer Erklärung nicht wissen oder prüfen kann, ob der Signaturschlüssel *(private key)* wirklich vom berechtigten Schlüsselinhaber eingesetzt wurde oder dieser ihn nicht hinreichend geheim gehalten hat, so dass er Dritten zugänglich war. Hier hilft das Gesetz derzeit durch eine **Beweisregel:** § 371a Abs. 1 ZPO stellt einen Anscheinsbeweis dafür auf, dass die signierte Erklärung auch vom Schlüsselinhaber stammt.[16] Eine vertragliche Einstandspflicht kann sich für das Handeln des Dritten auch aus den Grundsätzen der **Duldungs-** oder **Anscheinsvollmacht** (s. § 30 Rn. 42 ff.) ergeben.

19   c) **Textform.** Mit der Vorschrift des § 126b hat der Gesetzgeber einen **neuen Formentyp** geschaffen, der in seinen Anforderungen hinter der Schriftform und der elektronischen Form zurückbleibt.[17] Es genügt eine lesbare, aber **unterschriftslose Erklärung.** Aus diesem Grunde ist die Textform **nicht geeignet,** Warn-, Beweis- oder Identitätsfunktion zu erfüllen; ihre praktische Bedeutung ist daher auch relativ gering. Das Gesetz lässt sie nur in wenigen Fällen genügen (teilweise wird ausdrücklich nur auf das Erfordernis einer Speicherung auf einem zur dauerhaften Wiedergabe geeigneten Datenträger verwiesen), in denen einerseits eine nur mündliche Erklärung wegen der Verlässlichkeit der Information zu wenig erscheint, andererseits aber keine Schriftlichkeit gefordert werden soll (aus dem BGB s. bspw. §§ 312f, 312h, 356, 357 Abs. 3, 492 Abs. 5 und 6, 556a Abs. 2, 557b Abs. 3 S. 1, 558a, 559b Abs. 1 S. 1, 560 Abs. 1 S. 1 und 4, 613a Abs. 5). Das Gesetz sieht die Textform daher insbesondere auch zur Erfüllung reiner Informationspflichten (vgl. §§ 312f, 613a Abs. 5) vor. Sie erfasst heute aber auch bedeutendere Erklärungen (s. z. B. Kündigung nach § 312h, Mieterhöhungsverlangen § 558a). Die Erklärung muss „lesbar" und auf einem dauerhaften Datenträger wiedergegeben werden (Lesbarkeit am Bildschirm oder nach Ausdruck). Sie kann daher schriftlich abgefasst sein oder in einem elektronischen Dokument verfasst und so übermittelt werden, dass Aufbewahrung oder

---

16 Dort heißt es in S. 2: „Der Anschein der Echtheit einer in elektronischer Form vorliegenden Erklärung, der sich aufgrund der Prüfung nach dem Signaturgesetz ergibt, kann nur durch Tatsachen erschüttert werden, die ernstliche Zweifel daran begründen, dass die Erklärung vom Signaturschlüssel-Inhaber abgegeben worden ist."

17 Die Vorschrift wurde mit Wirkung zum 13. Juni 2014 neu gefasst und enthält nun eine Definition eines „dauerhaften Datenträgers".

Speicherung so möglich sind, dass „sie [dem Empfänger] während eines für ihren Zweck angemessenen Zeitraums zugänglich ist" (z. B. Überlassung per E-Mail, Computerfax oder auf Diskette oder CD-ROM). Die bloße Verfügbarkeit des Textes auf einer Internetseite genügt nicht, solange er nicht auf ein anderes Medium heruntergeladen oder ausgedruckt ist. Die Erklärung muss nach der seit Juni 2013 geltenden Neufassung nicht mehr am Ende durch eine Nachbildung der Namensunterschrift (z. B. eingescannte Unterschrift) oder durch einfache Wiedergabe des Namens in Druckbuchstaben erkennbar gemacht werden. Es genügt nunmehr überhaupt die Nennung des Erklärenden an irgendeiner Stelle in einer Form, die Verwechselungen vermeidet (daher kann der Teil einer Firmenbezeichnung genügen[18]).

d) Notarielle Beurkundung. Die notarielle Beurkundung (§ 128) 20 ist die strengste Form, die das Privatrecht kennt. Die Vorschrift des § 128 nimmt dabei bereits eine Konkretisierung bzw. Vereinfachung vor (sukzessive Beurkundung von Angebot und Annahme genügen bei Verträgen), ohne die Voraussetzungen der Beurkundung zu benennen. Diese ergeben sich aus dem **Beurkundungsgesetz** (§§ 8 ff., 36 BeurkG). Der Notar fertigt über die Erklärungen der Parteien eine Niederschrift an, die vorgelesen, von den Parteien genehmigt und von ihnen sowie dem Notar unterschrieben werden muss (§ 13 BeurkG). Inhaltlich treffen den beurkundenden Notar Prüfungs- und Belehrungspflichten (§ 17 BeurkG).

Manchenorts verlangt das Gesetz über die notarielle Beurkundung hinaus, dass diese bei **gleichzeitiger Anwesenheit** der Parteien erfolgt (s. § 925 für die Auflassung) oder setzt die **persönliche Anwesenheit** eines Beteiligten (also keine Stellvertretung möglich) voraus, wie in §§ 2274, 2276 für den Abschluss des Erbvertrages bezüglich des Erblassers.

e) Notarielle (öffentliche) Beglaubigung. Die öffentliche Beglau- 21 bigung (§ 129) steht zwischen der reinen Schriftform und der notariellen Beurkundung. Der Text muss schriftlich fixiert und unterschrieben sein (wie § 126), zusätzlich muss allerdings die Unterschrift des Erklärenden von einem Notar beglaubigt werden. Im Gegensatz zur Beurkundung bezieht sich die Tätigkeit des Notars also nicht auf den Text, den er weder selbst formuliert haben noch im Einzelnen kennen muss (§ 40 Abs. 2 BeurkG). Er bestätigt mit dem Beglaubigungsver-

---

18 Prütting/Wegen/Weinreich/*Ahrens*, § 126b Rn. 10.

merk lediglich die **Identität des Unterzeichnenden,** der deshalb seine Unterschrift in Gegenwart des Notars leisten muss (§ 40 Abs. 1 BeurkG). Die öffentliche Beglaubigung sichert also gegen Unterschriftsfälschungen und hat in gewisser Weise Warnfunktion, weil der Erklärende sich zum Notar begeben muss. Sie kann nicht gewährleisten, dass die unterschreibende Person den Inhalt der Urkunde wirklich erklärt hat oder erklären will.

22   **f) Gerichtlicher Vergleich.** Das BGB stellt den vor einem Gericht geschlossenen Vergleich der notariellen Beurkundung gleich, § 127a. Dieser wird vom Richter zu Protokoll aufgenommen, er muss von den Parteien ebenfalls vorgelesen und von ihnen genehmigt werden (§§ 160 Abs. 3 Nr. 1, 162 ZPO).

Beispiel: K und V haben einen privatschriftlichen Grundstückskauf über ein Grundstück des V zum Preis von € 230.000,– geschlossen. V weigert sich später unter Hinweis auf den Formmangel (§§ 311b Abs. 1, 125), dem K das Grundstück zu übertragen. K, der anwaltlich schlecht beraten ist (die Rechtsansicht des V trifft zu!), klagt gegen V auf Übereignung des Grundstücks aus § 433 Abs. 1. Bei der Erörterung des Streitstandes mit den Parteien stellt das Prozessgericht fest, dass V doch bereit wäre, dem K das Grundstück zu überlassen, wenn dieser dafür € 10.000,– mehr bezahlt. K erklärt sich damit einverstanden. Daraufhin wird ein gerichtlich protokollierter Vergleich geschlossen, wonach V dem K das streitgegenständliche Grundstück zum Preis von € 240.000,– verkauft. Der Grundstückskaufvertrag genügt nach § 127a der Form des § 311b Abs. 1.

3. Rechtsfolgen des Formverstoßes

23   **a) Regelfolge.** Die Nichtbeachtung der gesetzlich vorgeschriebenen Form führt regelmäßig zur **Nichtigkeit** des Rechtsgeschäftes, § 125 S. 1. Der Richter muss den Formmangel im Prozess sogar von Amts wegen berücksichtigen, also selbst, wenn keine der Parteien den Formmangel erkennt oder geltend macht. Bevor man § 125 anwendet, sollte man jedoch beachten, dass der Formmangel entweder geheilt sein kann (hierzu unten Rn. 27 ff.) oder teilweise in **Sondervorschriften** eine abweichende Rechtsfolge angeordnet ist, s. etwa §§ 550 S. 1, 494.

Beispiel: M hat mit Vermieter V einen Mietvertrag über Büroräume geschlossen, der eine „feste" Mietzeit von zwei Jahren haben soll. Beide haben ihre Vereinbarung mündlich getroffen, ein schriftlicher Mietvertrag wurde nicht aufgesetzt. Etwas über einem Jahr nach Einzug möchte M sich gerne mit seinem Büro vergrößern und die Räume bei V kündigen. Hier wäre nach der mit V getroffenen Vereinbarung vor Ablauf der zweijährigen Mietfrist nur eine außerordentliche Kündigung möglich, die besondere Umstände voraussetzt (§ 542 Abs. 2, s. z. B. § 543). Diese liegen hier nicht vor. Allerdings haben M und V die nach §§ 578 (keine Wohnraummiete), 550 S. 1 notwendige Schriftform nicht eingehalten. Dies hat aus Gründen des Mieterschutzes allerdings nicht zur (Regel-)Folge, dass der Vertrag nach § 125 nichtig wäre (dann könnte etwa V jederzeit Rückgabe der Räume verlangen!). Der Vertrag gilt vielmehr als auf unbestimmte Zeit geschlossen mit der Folge, dass jede Vertragspartei ordentlich – d. h. ohne besondere Gründe, aber unter Einhaltung einer gesetzlich geregelten Kündigungsfrist – sich vom Vertrag lösen kann (§ 580a Abs. 2). Da die in § 550 S. 2 geregelte Mindestfrist von einem Jahr bereits abgelaufen ist, kann M daher mit der Frist des § 580a Abs. 2 die Büroräume kündigen.

b) Ausnahmen vom Grundsatz der Formnichtigkeit nach § 242. 24
Es gibt nur wenige Ausnahmefälle, in denen die Rechtsprechung § 125 S. 1 nicht anwendet und einen formnichtigen Vertrag als wirksames Rechtsgeschäft behandelt. Die darin liegende Einschränkung der gesetzlichen Formvorschriften ist dann zulässig, wenn die Nichtigkeit zu **unerträglichen Ergebnissen** führen würde, die mit dem Grundsatz von Treu und Glauben (§ 242), der das gesamte Privatrecht beherrscht, nicht zu vereinbaren wären. Dabei lassen sich folgende, von der Rechtsprechung zu § 311b Abs. 1 entwickelten Fallgruppen unterscheiden. Hierbei ist durchgängig zu beachten, dass man größte Zurückhaltung walten lassen muss, wenn gesetzliche Vorschriften unter Anwendung von § 242 „umgangen" werden sollen. Es sind nur extreme Fälle, nicht schon jedes ungerecht erscheinende Ergebnis zu „korrigieren".

aa) Schwere Treuepflichtverletzung. Entgegen § 125 ist der 25 Formmangel dann unbeachtlich, wenn die eine Vertragspartei die andere über die Formbedürftigkeit des Vertrages **arglistig getäuscht** hat oder sich in sonstiger Weise in besonders hohem Maße treuwidrig (etwa widersprüchlich) verhalten hat.[19] § 242 führt dann trotz des Formmangels zu einem Erfüllungsanspruch des Getäuschten aus dem Vertrag.

Beispiel: E errichtet eine größere Wohnungsanlage und verkauft die Wohnungen schon vor Fertigstellung an Interessenten. Dem geschäftlich völlig unerfahrenen 19-jährigen K erklärt E, solche Verträge wären auch privatschriftlich zulässig. E will sich damit noch vorbehalten, dem K die Wohnung doch nicht zu verkaufen, für den Fall, dass er einen zahlungskräftigeren Käufer fin-

---

19 *BGH* NJW 1983, 566.

det. K ist einverstanden und leistet eine erhebliche Anzahlung auf den Kaufpreis, außerdem kündigt er seine Mietwohnung zum geplanten Fertigstellungstermin „seiner" Wohnung. Als V tatsächlich einen Kaufinteressenten findet, welcher mehr zu zahlen bereit ist als K, verweigert V unter Hinweis auf den Formmangel die Erfüllung des Vertrages gegenüber K. Würde man hier § 125 S. 1 anwenden, hätte V genau das von ihm gewünschte Ziel erreicht: Eine vertragliche Bindung wäre nicht eingetreten. K soll hier nach § 242 die Wahl zwischen der Nichtigkeit des Vertrages und Ersatz seines Vertrauensschadens aus *culpa in contrahendo* (§§ 311 Abs. 2, 280) oder dem Erfüllungsanspruch haben.

26   **bb) Billigkeitskontrolle.** Weiterhin ist ein Formmangel unbeachtlich, wenn die Nichteinhaltung der Form auf fahrlässiger Unkenntnis beruht oder der vorgesehene formelle Abschluss versehentlich unterblieben ist und die Anwendung von § 125 S. 1 zu **schlechthin untragbaren** Ergebnissen führen würde. Hierzu gehört insbesondere die Existenzgefährdung eines Vertragspartners.

Beispiel:[20] Der Spätaussiedler S pachtet von V einen völlig heruntergekommenen Bauernhof. Im schriftlichen Pachtvertrag ist vereinbart, dass S nach 8-jähriger Pachtzeit die Übereignung des Hofes verlangen kann. Als S nach 8 Jahren den Hof unter Einsatz seines gesamten Vermögens wieder renoviert und rentabel gemacht hat, verweigert V wegen der fehlenden notariellen Beurkundung des Vertrages, an die niemand gedacht hatte (s. § 311b Abs. 1, er betrifft nicht nur Kaufverträge!), die Erfüllung des Übereignungsversprechens. Der Bundesgerichtshof hat in diesem Fall die Rechtsfolge des § 125 S. 1 durch den Grundsatz von Treu und Glauben außer Kraft gesetzt.

Anders ist zu entscheiden, wenn die Parteien **bewusst** auf die Einhaltung einer gesetzlichen Form verzichten. In diesem Fall ist keine der Vertragsparteien schutzwürdig. Dies gilt etwa für den vom Reichsgericht entschiedenen Fall, in dem die Beurkundung des Grundstückskaufvertrages unterblieb, weil sich der Käufer auf das „Edelmannswort" des Grundstückseigentümers verlassen hatte.[21] Wer sich willentlich über Rechtsvorschriften hinwegsetzt, ist nicht schützenswert, wenn sein Vertrauen enttäuscht wird.

---

20 Sachverhalt nachgebildet BGHZ 23, 249.
21 RGZ 117, 121.

4. Heilung des Formverstoßes

> **Fall 44:** A übernimmt von B, der auswandern möchte, dessen ganzes Ver- **27** mögen, das – mit Ausnahme der persönlichen Dinge, die B verbleiben – aus einem kleinen Industriebetrieb auf einem gepachteten Grundstück besteht. Als Gegenleistung verpflichtet sich A, dem B bis zu seinem Tod monatlich € 4.000,– zu bezahlen. Der schriftlich fixierte Vertrag wird abgewickelt. Nach einem Jahr kehrt B enttäuscht aus Südamerika zurück und will sein Unternehmen wieder selbst führen. Hat er gegen A einen Anspruch auf Rückübereignung? → Rn. 30.

Ein zunächst formnichtiges Rechtsgeschäft kann aufgrund gesetz- **28** licher Vorschriften in vollem Umfang wirksam werden, wenn bestimmte Voraussetzungen erfüllt sind. Regelmäßig knüpfen diese Vorschriften die Heilung des Formmangels an die **Erfüllung** der vertraglichen Verpflichtung. Dies ist dann gerechtfertigt, wenn durch die Vornahme der Erfüllungshandlung derselbe **Zweck erreicht** wird, wie er mit der für das Verpflichtungsgeschäft vorgesehenen Form intendiert war. So soll etwa der Beurkundungszwang bei Schenkungsversprechen (§ 518 Abs. 1 S. 1) den Schenker, der etwas ohne Gegenleistung aus seinem Vermögen weggibt, vor diesem Schritt besonders warnen. Diese Warnfunktion ist aber auch erfüllt, wenn er den geschenkten Gegenstand aus seinem Vermögen weggibt und übereignet, also die Schenkung erfüllt. Dann wird ihm der ersatzlose Verlust ebenso vor Augen geführt wie bei einer notariellen Aufklärung im Rahmen der Beurkundung. Nach § 518 Abs. 2 heilt daher die „Bewirkung der versprochenen Leistung" den Formmangel nach Abs. 1. Weitere Beispiele sind §§ 311b Abs. 1 S. 2, 766 S. 2.

Im **Fall 44** unterfällt der Vertrag zwischen A und B der Beurkun- **29** dungspflicht nach § 311b Abs. 3, die nicht eingehalten wurde. A könnte sich nun darauf berufen, dass dieser Formmangel durch die Erfüllung des Vertrages geheilt sei. Ein Unternehmen sei nicht anders zu behandeln als ein Grundstück, für das § 311b Abs. 1 S. 2 eine solche Heilungsmöglichkeit vorsehe. § 311b Abs. 3 enthält jedoch keine entsprechende Regelung. Nach der systematischen Stellung ist klar, dass sich § 311b Abs. 1 S. 2 nur auf Abs. 1 bezieht und nicht auf die in den Folgeabsätzen genannten Fälle. Auch eine **analoge Anwendung von § 311b Abs. 1 S. 2** muss man im Ergebnis verneinen. Beide Vorschriften betreffen zwar ähnliche Probleme. Die Folgen der Formnichtigkeit werden aber bewusst verschieden geregelt; es fehlt daher an einer Lücke, die Voraussetzung der analogen Anwendung gesetzlicher Vorschriften ist. Ein Grund für die unterschiedliche Behandlung liegt darin, dass der Vollzug des Grundstückskaufes durch Auflassung (§ 925) ohnehin (noch einmal) der notariellen Beurkundung bedarf und dadurch eine weitere Sicherung eingebaut ist. Die Übertragung des Vermögens ist, soweit nicht Grundstücke betroffen sind, nach § 929 S. 1 (bewegliche Sachen) und § 398 (Abtretung von Rechten) formfrei möglich. Auch für das Unternehmen des B, das nicht als Ganzes übertragen werden kann, sondern der Einzelübertragung aller Gegenstände und Rechte bedurfte (s. oben § 13 Rn. 3), bot sich also kein weiterer Schutz für B (das Unternehmen wird auf einem gepachteten Grundstück betrieben!).[22] Der Kaufvertrag zwischen A und B war daher nichtig, §§ 311b Abs. 3, 125 S. 1.

30   **Lösungsskizze Fall 44 (Rn. 27):**
    I. B → A auf Rückübereignung des „Unternehmens" (d. h. aller einzelnen Sachen, die im Einzelnen aufgeführt werden müssen) aus § 985
      1. Besitz des A (+)
      2. Eigentum des B (–), da lt. S V bereits eine wirksame Übertragung auf A stattgefunden hat.
    Ergebnis: kein Anspruch
    II. B → A auf Rückübertragung aus **§ 812 Abs. 1 S. 1, 1. Var.** (Leistungskondiktion)
      1. „etwas erlangt": A ist Eigentümer der beweglichen Sachen und Inhaber der zum Unternehmen gehörenden Rechte geworden.
      2. durch Leistung: (+), bewusste und zweckgerichtete Vermögensvermehrung durch B, der den vermeintlich wirksamen Kaufvertrag erfüllen wollte.
      3. „ohne rechtlichen Grund": Rechtsgrund wäre ein wirksamer Kaufvertrag zwischen A und B
        a) Einigung (+)
        b) Form: § 311b Abs. 3, keine notarielle Beurkundung erfolgt
        c) Heilung des Formmangels durch Erfüllung des Vertrages seitens des B:
          aa) keine spezielle Heilungsvorschrift in § 311b Abs. 3
          bb) analoge Anwendung von § 311b Abs. 1 S. 2 (–), da bewusst abweichende gesetzliche Regelung (andere Interessenlage!), Analogie scheidet somit aus
      → Kaufvertrag ist nichtig, A besitzt „das Unternehmen" ohne Rechtsgrund
    Ergebnis: A ist zur Rückübertragung an B verpflichtet.

---

22 RGZ 76, 3; 61, 285 hält eine Umdeutung der nichtigen Übertragung (§ 140) in Einzelrechtsgeschäfte (z. B. Grundstücksübertragung) für zulässig.

5. Andere Rechtsordnungen

Die meisten europäischen Rechtsordnungen gehen vom **Grundsatz form-** 31 **freier Rechtsgeschäfte** aus[23] und machen nur für besonders gefährliche und bedeutsame Rechtsgeschäfte eine Ausnahme. **Frankreich** und **Italien** kennen einen gesetzlichen Formzwang mit Nichtigkeitsfolge bei Nichtbeachtung allerdings nur ausnahmsweise. Dabei ist nach dem Formzweck zu differenzieren (Einzelheiten sind teilweise sehr str.).[24] Hat die Form **Solemnitätszweck**[25] – bei besonders riskanten und folgenschweren Rechtsgeschäften (z. B. Schenkung, Hypothekenbestellung, Ehegütervertrag) –, so führt die Nichteinhaltung zur Unwirksamkeit des Rechtsgeschäftes. Weitaus häufiger stellt der *Code Civil* – wie auch das italienische Zivilgesetzbuch – aber einen Formzwang nur aus **Beweisgründen** auf (Art. 1341 frz. CC, z. B. für Verträge mit einem Gegenstandswert von mehr als € 800; Art. 2721 it. CC mit einer Wertgrenze von € 25.000). Danach ist für bestimmte Rechtsgeschäfte im Streitfall der Zeugenbeweis ausgeschlossen, d. h. ohne Urkundenbeweis haben die Parteien im Prozess eine schlechtere Position, so dass sich schon aus diesem Grunde die Einhaltung der Form empfiehlt.[26] Die Nichtbeachtung dieser Beweisform hat nur prozessuale Konsequenzen, das Rechtsgeschäft an sich ist wirksam.

Das **englische** Recht fordert nur für wenige, besonders bedeutsame Rechtsgeschäfte eine von den Parteien gesiegelte Urkunde (sog. *deed*). Im Übrigen wird die Warn- und Seriositätsfunktion der kontinental-europäischen Schriftform weitgehend durch das Rechtsinstitut der *consideration* übernommen. Danach ist – grob vereinfacht – ein Vertrag nur gerichtlich durchsetzbar, wenn ein *bargain* vorliegt, d. h. beide Parteien gegenseitige Verpflichtungen eingegangen sind. Das einseitige Versprechen – ohne *consideration* des Versprechensempfängers als Gegenleistung ist nicht einklagbar.[27]

Der Entwurf des Gemeinsamen Referenzrahmens für das Europäische Vertragsrecht geht vom Grundsatz der Formfreiheit von Verträgen aus. Interessanterweise folgt aus der Definition des Begriffs „in writing" in Ch. 1, 1:105 alleine noch kein Unterschriftserfordernis. Im Weiteren wird dann ausdrücklich zwischen der einfachen „signature", welche die elektronische Signatur umfasst, und der „handwritten signature" unterschieden (Ch. 1, 1:106).

---

23 Frankreich, Italien, sowie mit entsprechender ausdrücklicher Regelung die Niederlande (Art. 3–37 NBW), die Schweiz (Art. 11 OR) und Österreich (§ 883 ABGB). Aufgrund eines gemeinsam erarbeiteten Vertragsgesetzes gilt das Prinzip der Formfreiheit in Dänemark, Norwegen und Schweden gleichermaßen; vgl. *Dübeck*, S. 176 f. Grundsätzliche Formfreiheit normiert auch Art. 11 UN-Kaufrecht.
24 Ausführlich *Ferid/Sonnenberger*, 1 F 501 ff.
25 Von (lat.) *Solemnität* – Feierlichkeit, feierliche Bestätigung; gemeint ist die davon ausgehende Warnfunktion und der Übereilungsschutz.
26 Die Vorschrift kann von den Parteien abbedungen werden; für Handelsgeschäfte findet sie keine Anwendung.
27 Hierzu *Lyall*, S. 237–240; *Graf v. Bernstorff*, S. 57 ff.; *Ranieri*, S. 24 ff. mit Fallmaterial.

II. Vertraglich vereinbarter Formzwang

1. Privatautonomie

32   **Fall 45:** K und V haben einen Kaufvertrag über den Gebrauchtwagen des V geschlossen. Dabei wird im schriftlich aufgesetzten Vertrag dem K ein Rücktrittsrecht eingeräumt, von dem er binnen einer Woche gegenüber V schriftlich Gebrauch machen kann. Drei Tage später ruft K bei V an und teilt mit, der Wagen gefalle seiner Freundin leider überhaupt nicht, deshalb möchte er gerne vom Vertrag zurücktreten. Da die Sache eile, habe er lieber angerufen statt einen Brief zu schreiben. V erklärt sich einverstanden und verspricht die von K geleistete Anzahlung alsbald zurück zu überweisen. Später weigert sich V das Geld herauszugeben und verlangt Zahlung des Restkaufpreises von K. Zu Recht? → Rn. 35.

33   Die Privatautonomie gibt den Parteien weitgehende Freiheit, für die zwischen ihnen zu schließenden Verträge oder vorzunehmenden Rechtsgeschäfte, eine Form zu vereinbaren. Am häufigsten greift man dabei auf das **Schriftformerfordernis** zurück. Die Parteien können aber auch andere in §§ 126 ff. geregelte Formen vereinbaren oder solche, die im BGB nicht ausdrücklich erwähnt sind (z. B. Kündigung oder Rücktrittserklärung nur in eingeschriebenem Brief). Für entsprechende Regelungen in Allgemeinen Geschäftsbedingungen verbietet lediglich § 309 Nr. 13 in bestimmten Fällen eine strengere Form als die Schriftform.

2. Vereinbarte Schriftform und vereinbarte elektronische Form

34   Für die vertraglich vereinbarte Schriftform trifft § 127 abweichende Regelungen gegenüber § 126. So genügt die telekommunikative Übermittlung oder ein Briefwechsel. Haben die Parteien elektronische Form vereinbart, so soll nach § 127 Abs. 3 abweichend von § 126a auch eine einfache oder fortgeschrittene elektronische Signatur (s. oben Rn. 16) genügen; es müssen auch nicht gleichlautende Dokumente signiert werden für einen Vertragsschluss – der Austausch von Angebot und Annahme genügt. Für die Folgen des Formmangels stellt § 125 S. 2 die gewillkürte Schriftform der gesetzlichen „im Zweifel" gleich. Das bedeutet im Regelfall tritt **Nichtigkeit** des Vertrages bei Nichteinhalten der vereinbarten Form ein. Hierbei ist aber zweierlei zu beachten. Zum einen trifft § 154 Abs. 2 eine spezielle Re-

gelung für den Fall, dass eine Beurkundung des Vertrages verabredet war. Solange diese nicht vorgenommen ist, gilt der Vertrag als noch gar nicht geschlossen – er ist also nicht nichtig.[28] Zum zweiten können die Parteien ihre Vereinbarung, dass eine bestimmte Form eingehalten werden soll, im Rahmen ihrer Vertragsfreiheit jederzeit auch wieder formfrei aufheben.[29] Dies muss nicht ausdrücklich geschehen, sondern kann – vorbehaltlich anderer Vereinbarung – auch konkludent erfolgen.[30] Die Aufhebung der einfachen Formvereinbarung ist also **nicht** automatisch ebenfalls **formpflichtig.**[31] Allerdings können die Parteien – praktisch häufig, wenn ihnen die Form besonders wichtig erscheint – ausdrücklich vereinbaren, dass die Aufhebung oder Änderung der Formvereinbarung ihrerseits formbedürftig ist (sog. „doppelte Schriftformklausel"). Dann müssen sie sich auch daran festhalten lassen.[32] Im **Fall 45** hält sich K nicht an die vereinbarte Schriftform für die Rücktrittserklärung (§§ 346, 349). Eine Form für die Aufhebung der Schriftformvereinbarung ist nicht verabredet. V lässt sich im Telefonat aber auf die mündliche Erklärung des K ein und ist mit dem Rücktritt einverstanden. Darin könnte konkludent eine **Aufhebung der Vereinbarung** über die Schriftform des Rücktritts liegen. Fraglich ist, ob tatsächlich jede Nichtbeachtung der ursprünglich vereinbarten Form bedeutet, dass die Parteien ihre Formvereinbarung aufheben wollen. Damit ließe sich die vereinbarte Form sehr leicht wieder beseitigen und die Nichtigkeitsfolge des § 125 S. 2 hätte kaum noch Bedeutung. Zu Recht verlangt eine inzwischen im Vordringen befindliche Ansicht[33] daher Anhaltspunkte dafür, dass die Parteien sich im Bewusstsein der eigentlich vereinbarten Form-

---

28 Etwas anderes gilt nach *BGH* NJW 2009, 433 dann, wenn die Formregelung nach dem Willen der Parteien keine konstitutive Bedeutung haben sollte, sondern nur deklaratorische (d. h. für Beweiszwecke gedacht war).
29 BGHZ 66, 380.
30 *BAG* NJW 1989, 2149.
31 So aber MünchKomm/*Einsele,* § 125 Rn. 70.
32 BGHZ 66, 378 = NJW 1976, 1395 für Individualabrede unter Kaufleuten; *BAG* NZA 2008, 1233; zu Recht verallgemeinernd jedoch *Larenz/Wolf,* § 27, Rn. 85; *Medicus,* Rn. 641–643; a. A. *Bork,* Rn. 1066, der hierin eine zu weitgehende Einschränkung der Vertragsfreiheit sieht; ebenso Prütting/Wegen/Weinreich/*Ahrens,* § 125 Rn. 24. Die Parteien werden aber nur an das gebunden, was sie selbst vereinbart haben. Im Bereich von AGB-Klauseln gilt allerdings, dass auch eine solche „doppelte Schriftformklausel" durch eine mündlich getroffene Individualabrede aufgehoben werden kann (§ 305b), BGHZ 164, 133; *OLG Koblenz* BeckRS 2011, 05667.
33 S. *BGH* NJW-RR 1991, 1289; *BFH* NJW 1997, 1327; *Larenz/Wolf,* § 27 Rn. 85; MünchKomm/*Einsele,* § 125 Rn. 72; *Faust,* Allgemeiner Teil, § 8 Rn. 15; a. A. BGHZ 119, 283, 291; 71, 162, 164; NJW 2006, 138; *BAG* NZA 2007, 801; *Bork,* Rn. 1066; Palandt/*Ellenberger,* § 125 Rn. 19 m. w. N.; Prütting/Wegen/Weinreich/*Ahrens,* § 125 Rn. 24.

pflicht über diese hinwegsetzen und sie damit aufheben. Häufig wird es daran fehlen, dann ist im Interesse der Parteiautonomie an der vereinbarten Form festzuhalten. Im **Fall 45** wies K anlässlich des Telefonats darauf hin, dass er aus Zeitgründen auf eine schriftliche Erklärung verzichten möchte. Damit war das vereinbarte Schriftformerfordernis beiden präsent. Wenn V sich eingedenk dieser Tatsache mit dem fernmündlich erklärten Rücktritt einverstanden erklärte, nehmen beide von der vereinbarten Form konkludent Abstand.

35   **Lösungsskizze Fall 45 (Rn. 32):**
V → K auf Zahlung des Restkaufpreises aus § 433 Abs. 2
1. Kaufvertrag zustande kommen (+), damit ist Zahlungsanspruch entstanden und für Restbetrag noch nicht durch Erfüllung (§ 362) erloschen.
2. Anspruch erloschen durch Rücktritt nach § 346?
    a) Rücktrittserklärung (§ 349): am Telefon (+), aber nach § 125 S. 2 nichtig?
        aa) rechtsgeschäftliche Form vereinbart (+), im Kaufvertrag
        bb) mündliche Rücktrittserklärung am Telefon genügt an sich nicht der Form, aber konkludente Aufhebung der Formvereinbarung (formlos möglich)?
        – konkludentes Angebot des K (+), durch Nichteinhalten der Form und Hinweis auf die eigentlich vereinbarte Schriftform
        – konkludente Annahme durch V (+), da V Formmangel nicht beanstandet und Rücktritt akzeptiert
    b) Rücktrittsgrund: vertraglich vereinbartes freies Rücktrittsrecht nach § 346, daher (+)
Ergebnis: Kaufvertrag hat sich durch wirksamen Rücktritt in Rückgewährschuldverhältnis gewandelt, deshalb kein Erfüllungsanspruch des V mehr.

Vertiefende Literatur und weiterführende Hinweise für Examenskandidaten: Zu qualifizierten Schriftformklauseln und betrieblicher Übung im Arbeitsrecht: *Lingemann*, Doppelte Schriftformklausel – gar nicht einfach, NJW 2009, 268 ff.; *Rohloff*, Vertragsänderungen und Schriftformklauseln, NZA 2004, 1191 ff. *Leder/Scheuermann*, Schriftformklauseln in Arbeitsverträgen – das Ende einer betrieblichen Übung? NZA 2008, 1222 ff.; zur Unwirksamkeit doppelter Schriftformklauseln als AGB in Mietvertrag: *OLG Rostock* NJW 2009, 3376.

36   **Merke:** Das Gesetz kennt aus verschiedenen Gründen (Beweis-, Warn-, Aufklärungs- und Kontrollfunktion) Ausnahmen vom Grundsatz formfrei wirksamer Erklärungen und Verträge. Je nach Formzweck ist die Formstrenge unterschiedlich intensiv. Die bloße Schriftform (schriftlich fixierte Erklärung mit eigenhändiger *Unter*schrift) ist gegenüber öffentlicher Beglaubigung und notarieller Beurkundung eine weniger strenge Form. Mit der

elektronischen Form, die der Schriftform grundsätzlich (Ausnahmen ausdrücklich gesetzlich geregelt) gleichgestellt ist, hat der Gesetzgeber die Formvorschriften dem modernen (elektronischen) Rechtsgeschäftsverkehr angepasst. Die bloße Textform verzichtet demgegenüber auf Unterschrift bzw. elektronische Signatur („unterschriftslose" lesbare Erklärung), praktische Bedeutung hat sie insbesondere für die Erfüllung von Informationspflichten. Soweit nicht gesetzlich etwas anderes bestimmt ist, sind Rechtsgeschäfte, die eine vorgeschriebene Form nicht einhalten, nichtig (§ 125 S. 1). Ausnahmen aus Billigkeitsgründen nach § 242 sind nicht ausgeschlossen, aber restriktiv zu handhaben. An verschiedenen Stellen sieht das Gesetz auch die Heilung formnichtiger Rechtsgeschäfte vor, wenn der Formzweck auf andere Weise (z. B. durch Erfüllung des formnichtigen Verpflichtungsgeschäftes) erreicht wurde. Eine von den Parteien vereinbarte Form ist ebenfalls verpflichtend und führt bei Nichtbeachtung nach § 125 S. 2 zur Nichtigkeit, wenn nicht der vereinbarte Formzwang ausdrücklich oder konkludent nachträglich aufgehoben oder der Mangel geheilt wurde.

§ 25. Willensmängel

I. Begriff

Im Normalfall entspricht der durch Auslegung ermittelte Inhalt 1 der Willenserklärung dem wahren Willen des Erklärenden. Stimmen Willenserklärung und wahrer Wille nicht überein, liegt ein Willensmangel vor. Das Gesetz unterscheidet zwischen bewussten und unbewussten Willensmängeln.

Die §§ 116–118 betreffen diejenigen Fälle, in denen der Erklärende **bewusst** eine fehlerhafte Willenserklärung abgibt. Der Wille des Erklärenden, der mit dem nach außen gesetzten Schein nicht übereinstimmt, wird dabei – je nachdem, ob er dem anderen Teil erkennbar war oder nicht – unterschiedlich behandelt. Unter den Voraussetzungen der §§ 116 S. 2, 117 Abs. 1, 118 ist die Willenserklärung nichtig (vgl. ausführlich Rn. 2 ff.) und entfaltet keinerlei Rechtswirkungen.

Die §§ 119–120 regeln das **unbewusste** Auseinanderfallen von wahrem Willen und Erklärtem. Ursächlich können falsche Vorstellungen bei der Willensbildung oder Fehler bei der Abgabe der Erklärung sein. Diese Willenserklärungen sind wirksam, können aber durch Anfechtung vernichtet werden (s. Rn. 11 ff.). Hier werden sowohl die Interessen des Erklärungsempfängers – er darf zunächst auf die Gültigkeit der Erklärung vertrauen –, als auch des Erklärenden – er kann entscheiden, ob die irrtümlich abgegebene Erklärung bestehen bleiben oder infolge der Ausübung seines Anfechtungsrechts unwirksam werden soll – gewahrt. Anfechtbar ist auch eine durch Täuschung oder Drohung veranlasste Willenserklärung (Rn. 73 ff.). Insoweit ist es ungenau, von einem Willensmangel zu sprechen, da genaugenommen kein Irrtum in der Erklärung vorliegt, sondern im Vorfeld die freie Willensentschließung des Erklärenden beeinträchtigt wird.

II. Nichtigkeitsgründe

Schrifttum: *Cahn,* Zum Begriff der Nichtigkeit im Bürgerlichen Recht, JZ 1997, 8 ff.; *Coester-Waltjen,* Die fehlerhafte Willenserklärung, Jura 1990, 362 ff.; *Tscherwinka,* Die Scherzerklärung gem. § 118 BGB, NJW 1995, 308 ff.; *Waas,* Scheingeschäft des Vertreters gem. § 117 BGB und Missbrauch der Vertretungsmacht, Jura 2000, 292 ff.; *Wacke,* Mentalreservation und Simulation als antizipierte Konträrakte bei formbedürftigen Geschäften, Festschr. Medicus 1999, S. 651 ff.

1. Geheimer Vorbehalt (§ 116)

2   **Fall 46:** E liegt auf dem Sterbebett. Ihr Lebensgefährte L möchte ihr noch eine Freude machen und schenkt ihr einen wertvollen Brillantring. Insgeheim möchte er diese Schenkung nicht ernstlich, er will die E nur noch einmal glücklich sehen. Als die E wie erwartet stirbt, nimmt A als Alleinerbin der E den Ring an sich. L verlangt nun von A die Herausgabe des Rings, um seine neue Freundin zu überraschen. → Rn. 5.

3   **a) Einseitiger Vorbehalt.** Der geheime Vorbehalt des Erklärenden, die Rechtsfolgen seiner Erklärung nicht zu wollen (Mentalreservation), ist unbeachtlich, § 116 S. 1. Dies erfordert das Interesse des Erklärungsgegners, der auf die Erklärung vertraut. Die gesetzliche Regelung fügt sich insoweit auch in die Überlegungen zum fahrlässig fehlenden Rechtsbindungswillen (§ 17 Rn. 9 ff.). Wenn schon im Fall des infolge einer Sorgfaltspflichtverletzung fahrlässig nicht vorhandenen Rechtsbindungswillens der Vertrauensschutz des Gegners Vorrang hat, so muss dies erst recht gelten, wenn **vorsätzlich** eine Erklärung abgegeben wird, die vom Rechtsverkehr als rechtlich erhebliche Willenserklärung aufgefasst wird. **Geheim** ist der Vorbehalt, wenn er demjenigen gegenüber verheimlicht wird, für den die Willenserklä-

rung bestimmt ist. Das Motiv des Erklärenden für den Vorbehalt ist dabei gleichgültig. Im **Fall 46** bleibt der Vorbehalt des L trotz der lobenswerten Absicht, der schwerkranken E noch eine Freude zu machen, wirkungslos. Von § 116 S. 1 ist auch der Fall erfasst, dass der Erklärende davon ausgeht, der Erklärungsempfänger werde auf die nicht ernst gemeinte Erklärung hereinfallen (sog. böser Scherz). Wer mit geheimem Vorbehalt etwas rechtlich Erhebliches erklärt, handelt in dem Bewusstsein, dass der Gegner dieses Verhalten als Willenserklärung wertet. Er gibt die Erklärung mit dem notwendigen Erklärungsbewusstsein ab und verwirklicht wissentlich den Tatbestand einer Willenserklärung.

b) Erkannter Vorbehalt. Kennt der Gegner den geheimen Vorbehalt, so ist er nicht schutzwürdig – auch dann nicht, wenn der Erklärende den Versuch unternommen hat, den Empfänger zu täuschen, denn dieser war ja in diesem Fall nicht erfolgreich.[1] Der Erklärende ist deshalb an seine Willenserklärung nicht gebunden, sie ist **nichtig,** § 116 S. 2. Allein die Unkenntnis infolge Fahrlässigkeit des Erklärungsgegners genügt dagegen nicht.

Lösungsskizze Fall 46 (Rn. 2):   5
A. L → A auf Herausgabe des Rings aus § 985
   I. Besitz der A (+)
  II. Eigentum des L
     1. ursprünglich war L Eigentümer
     2. Verlust des Eigentums durch Übereignung an E nach § 929 S. 1
       a) dingliche Einigung
          aa) WE des L: trotz des geheimen Vorbehalts nach § 116 S. 1 gültig; § 116 S. 2 scheidet aus, da die E keine Kenntnis vom Vorbehalt des L hatte
          bb) WE der E (+)
          Einigung (+)
       b) Übergabe (+)
       c) Berechtigung des L (+)
       Ergebnis: L hat das Eigentum am Ring nach § 929 S. 1 verloren, kein Anspruch.
B. L → A auf Rückübereignung des Rings nach § 812 Abs. 1 S. 1, 1. Var. i. V. m. § 1967 Abs. 1, 2
   I. A haftet als Alleinerbin für eine Schuld der E aus Bereicherungsrecht (Nachlassverbindlichkeit[2])

---

1 *Larenz/Wolf,* § 35 Rn. 9 ff.
2 Hierzu Näheres bei *Löhnig,* Erbrecht, 2007, S. 172 ff.

II. „etwas erlangt": Eigentum am Ring nach § 929 S. 1 von L auf E übergegangen (s. o. A.), mit deren Tod auf A (§ 1922).

III. durch Leistung (+), bewusste zweckgerichtete Mehrung fremden Vermögens gegenüber der Erblassern E

IV. ohne Rechtsgrund: Rechtsgrund für die Übereignung ist der Schenkungsvertrag zwischen E und L, auch dieser ist unabhängig vom geheimen Vorbehalt nach § 116 S. 1 wirksam; der Formmangel (§ 518 Abs. 1 S. 1) wurde durch den wirksamen Vollzug der Schenkung (Übereignung) geheilt, § 518 Abs. 2.

Ergebnis: kein Anspruch auf Rückgabe des Rings.

2. Scheingeschäft (§ 117)

6   **Fall 47:** V möchte sein Grundstück am Bodensee an den K zum Kaufpreis von € 400.000,– veräußern. Um Grunderwerbssteuern und Notargebühren zu sparen, beschließen beide, einen Kaufpreis von € 250.000,– beurkunden zu lassen. Noch vor Übertragung des Grundstückseigentums auf K verlangt V von K vereinbarungsgemäß Zahlung von € 400.000,–. Zu Recht? → Rn. 9.

7   **a) Die einverständliche Scheinerklärung.** Bei der Scheinerklärung (simulierte Erklärung) ist der äußere Schein einer Willenserklärung gegeben, der Erklärende will jedoch die mit ihr verbundenen Rechtsfolgen nicht eintreten lassen. Dies geschieht (im Unterschied zu § 116) mit dem **Einverständnis** des Erklärungsgegners. Es müssen also beide Teile darüber einig sein, dass das Geschäft rechtlich wirkungslos bleiben soll.[3] Wegen des für den Erklärungsempfänger erkennbar fehlenden Rechtsbindungswillens[4] liegt entgegen dem Wortlaut des § 117 Abs. 1 genaugenommen schon keine Willenserklärung vor (zum gescheiterten Scheingeschäft unten Rn. 10). Regelmäßig soll durch das Scheingeschäft ein außen stehender Dritter getäuscht werden – im Fall 47 das Finanzamt bei der Berechnung der Steuern sowie der gebührenerhebende Notar hinsichtlich der Gebühren, die sich jeweils am Kaufpreis des Grundstücks orientieren. Das Scheingeschäft ist gegenüber jedermann **nichtig**, § 117 Abs. 1, also auch gegenüber

---

3 *BGH* NJW 2000, 3127; 1999, 2882 (bei Gesamtvertretung genügt es, wenn nur einer der Vertreter wusste, dass der Vertragspartner seine Erklärung nur zum Schein abgibt). Das Einverständnis über die Simulation ist nicht rechtsgeschäftlicher Natur, daher finden die Vertretungsregeln keine direkte Anwendung. Gegenüber einem gutgläubigen Vertretenen soll sich aber der Einwand des Scheingeschäftes nicht durchsetzen. Insoweit gelte der Vorbehalt des Geschäftspartners nur als unbeachtlicher geheimer Vorbehalt nach § 116.

4 *BGH* NJW 1982, 569.

dem getäuschten Dritten. Das Einverständnis, das Erklärte nicht zu wollen, muss bei allen am Geschäft beteiligten Parteien vorhanden sein. Ist eine Erklärung mehreren gegenüber abzugeben, wurde aber nur mit einem Empfänger die Scheinnatur vereinbart, ist die Erklärung gültig.

b) Das verdeckte Geschäft. Das Scheingeschäft dient in der Regel 8 der Verdeckung eines anderen, in Wahrheit wirklich gewollten Geschäfts. Im Fall 47 ist es beispielsweise der von den Parteien wirklich gewollte Kaufvertrag zum Preis von € 400.000,–. § 117 Abs. 2 verdeutlicht den Grundsatz, dass es – soweit keine schutzwürdigen Interessen entgegenstehen – auf den wahren Willen der Parteien ankommen soll. Die nicht gewollte Erklärung ist somit nichtig, § 117 Abs. 1, während das übereinstimmend gewollte, aber verdeckte Rechtsgeschäft wirksam ist, soweit seine besonderen Voraussetzungen erfüllt sind, § 117 Abs. 2. Auch das verdeckte Geschäft ist nichtig, wenn beispielsweise besondere Formvorschriften, – wie im Fall 47 – § 311b Abs. 1 für den Kaufvertrag über ein Grundstück, nicht beachtet worden sind. Im **Fall 47** sind daher das Scheingeschäft (§ 117 S. 1) und der verdeckte Kauf (§§ 311b Abs. 1 S. 1, 125) nichtig. Beim sog. **fehlgeschlagenen Scheingeschäft** fehlt es entgegen der Erwartung zumindest einer Partei an einem Konsens über die Simulation. § 117 greift dann nicht ein, in Betracht kommt jedoch eine Nichtigkeit nach § 118 (s. unten Rn. 10).

Lösungsskizze Fall 47 (Rn. 6): V → K auf Zahlung des Kaufpreises in 9 Höhe von € 400.000,– aus § 433 Abs. 2
   I. wirksamer Kaufvertrag – hinsichtlich des Kaufpreises wurden zwei verschiedene Erklärungen abgegeben
      1. das vor dem Notar Erklärte (Kaufpreis € 250.000,–) war nicht das Gewollte, sondern wurde im Einvernehmen von K und V nur zum Schein abgegeben, um Kosten und Steuern zu sparen; dieses Geschäft ist nach § 117 Abs. 1 als Scheingeschäft nichtig; die Beurkundung dieses Geschäfts ist insoweit unerheblich.
      2. V und K wollten einen Kaufvertrag mit einem Kaufpreis von € 400.000,– abschließen und haben entsprechend deckungsgleiche WE ausgetauscht:
         a) gemäß § 117 Abs. 2 ist das durch das Scheingeschäft verdeckte Rechtsgeschäft wirksam, soweit dessen Wirksamkeitsvoraussetzungen vorliegen; ein Kaufvertrag über ein Grundstück bedarf nach § 311b Abs. 1 S. 1 der notariellen Beurkundung; die münd-

> liche Abrede (Kaufpreis € 400.000,–) ist damit nach § 125 nichtig
> (s. § 24 Rn. 16, 20 ff.).
> b) Heilung nach § 311b Abs. 1 S. 1 liegt mangels Auflassung und
> Eintragung nicht vor.
> **Ergebnis:** V kann von K keinerlei Zahlung verlangen.

Vgl. zu dem vom nichtigen Scheingeschäft zu unterscheidenden
wirksamen **Strohmanngeschäft** § 29 Rn. 4.

3. Scherzgeschäft (§ 118)

10   Eine Scherzerklärung liegt vor, wenn eine **nicht ernstlich gemeinte** Willenserklärung in der subjektiven Erwartung abgegeben
wird, der Erklärungsempfänger werde den Mangel der Ernstlichkeit
erkennen („guter Scherz"). Unerheblich ist, ob die fehlende Ernstlichkeit objektiv oder für den Empfänger bemerkbar ist. Eine solche
Scherzerklärung ist nichtig, § 118. Die h. M. sieht § 118 zu Recht
heute als einen Fremdkörper an, der in die Systematik der Willenserklärung nicht passt, die heute auf den objektiven Empfängerhorizont
abstellt. § 118 ist noch auf der Basis der reinen Willenstheorie (s. § 18
Rn. 7) entstanden und heute als gesetzlicher Spezialfall anzusehen.[5]
Der Empfänger der Scherzerklärung kann unter den Voraussetzungen des § 122 Ersatz des **Vertrauensschadens** verlangen, es sei denn,
dass er die fehlende Ernstlichkeit kannte oder kennen musste
(Abs. 2). Geht der Erklärende dagegen davon aus, der andere werde
den Mangel der Ernstlichkeit nicht erkennen, gilt § 116. § 118 erfasst
auch das **misslungene Scheingeschäft** (oben Rn. 9), bei dem der
Adressat den beabsichtigten Scheincharakter der Erklärung übersieht
und somit das nach § 117 Abs. 1 erforderliche Einverständnis über
den Simulationscharakter des Geschäftes fehlt. Die Erklärung desjenigen, der das Scheingeschäft möchte, ist dann jedoch nach § 118
nichtig, selbst wenn sie in der gesetzlich vorgeschriebenen Form abgegeben wurde.[6]

Beispiel: V hat durch seinen Beauftragten B mit K Verhandlungen über einen Grundstückskauf führen lassen. K und B sind dabei übereingekommen,
dass K das Grundstück von V zum Preis von € 150.000,– kaufen wird, man
aber bei der notariellen Beurkundung aus Kostengründen nur einen Preis
von € 100.000,– angeben wird. Den Notartermin nimmt V selbst wahr und

---

5 So auch *Larenz/Wolf,* § 35 Rn. 13 f.; *Bork,* Rn. 813.
6 *BGH* NJW 2000, 3127, 3128.

geht, da er von B nur mangelhaft über die Vorverhandlungen unterrichtet wurde, dabei davon aus, € 100.000,– sei der tatsächlich mit K vereinbarte Kaufpreis. Der Vertrag wird mit diesem Betrag beurkundet.[7] Später kommt es zum Streit über die Wirksamkeit des Vertrages. Hier liegt kein Scheingeschäft im notariell beurkundeten Vertrag, denn es fehlt am Konsens über die Simulation, V meinte seine Erklärung ernst. Der Vertrag ist jedoch nicht zustande gekommen, weil die Willenserklärung des K nach § 118 nichtig ist. K gab seine Erklärung in dem Bewusstsein ab, dass sie nicht wirklich gelten solle und V dies auch wisse. Die notarielle Beurkundung steht der Berufung auf die Nichtigkeit nicht entgegen. Sie gibt keinen Vertrauensschutz darauf, dass die beurkundeten Erklärungen nach ihrem Wortlaut auch tatsächlich so gemeint sind (s. schon oben zur *falsa demonstratio* bei beurkundetem Vertrag § 18 Rn. 16 ff.). Eine Wissenszurechnung nach § 166, wonach sich V das Wissen seines Vertreters B um den Scheincharakter zurechnen lassen müsste, kommt nach Ansicht des *BGH*[8] in diesen Fällen richtiger Weise nicht in Betracht, da es nicht um Wissenszurechnung geht, sondern um das – bei beiden Vertragschließenden – notwendige tatsächliche Einverständnis nach § 117 bei Abschluss des notariellen Vertrages.

Vertiefende Literatur und weiterführende Hinweise für Examenskandidaten: Zur fehlenden Absicherung des Auflassungsanspruchs durch Vormerkung (§ 883), wenn beim Scheingeschäft der formnichtige Vertrag nachträglich geheilt wird: *BGH* NJW 1983, 1543; *Wacke*, Vorgemerkter Schwarzkauf und Bestätigung oder Novation, DNotZ 1995, 507; *Latta/Rademacher*, Der gutgläubige Zweiterwerb, JuS 2008, 1052 ff.

III. Die Grundsätze der Anfechtbarkeit

Schrifttum: *Coester-Waltjen,* Die Anfechtung von Willenserklärungen, Jura 2006, 348 ff.; *Grigoleit,* Abstraktion und Willensmängel – Die Anfechtbarkeit des Verfügungsgeschäfts, AcP 199 (1999), 379 ff.; *Grundmann,* Zur Anfechtbarkeit des Verfügungsgeschäfts, JA 1985, 80 ff.; *Haferkamp,* „Fehleridentität" – zur Frage der Anfechtung von Grund- und Erfüllungsgeschäft, Jura 1998, 511 ff.; *Jahr,* Die Geltung des Gewollten und Geltung des Nicht-Gewollten – Zu Grundfragen des Rechts empfangsbedürftiger Willenserklärungen, JuS 1989, 249 ff.; *Leenen,* Die Anfechtung von Verträgen – Zur Abstimmung zwischen § 142 Abs. 1 und §§ 119 ff. BGB –, Jura 1991, 393 ff.; *Mankowski,* Beseitigungsrechte, 2003; *Martens,* Durch Dritte verursachte Willensmängel, Diss. Regensburg, Mohr Siebeck, 2007; *Preiß,* Die Berechtigung zur Anfechtung einer Willenserklärung in Mehrpersonenverhältnissen, JA 2010, 6 ff.; *Singer,* Geltungsgrund und Rechtsfolgen der Anfechtung fehlerhafter Willenserklärungen, JZ 1989, 1030 ff.; *Wolf,* Willensmängel und sonst.

---

7 So ähnlich der Sachverhalt in *BGH* NJW 2000, 3127.
8 *BGH* NJW 2000, 3127, 3128.

Beeinträchtigungen der Entscheidungsfreiheit im europäischen Vertragsrecht, in: Basedow (Hrsg.), Europ. Vertragsvereinheitlichung, 2000, S. 85 ff.

1. Zweck der Anfechtbarkeit

11   Der Erklärende muss sich seine Erklärung grundsätzlich so zurechnen lassen, wie sie der Adressat ausgehend vom objektiven Empfängerhorizont unter Berücksichtigung der Auslegung verstehen durfte. Eine Willenserklärung ist auch dann wirksam, wenn sie aufgrund eines Willensmangels des Erklärenden abgegeben wurde. Der Erklärende hat aber unter bestimmten Voraussetzungen die Möglichkeit, die Erklärung durch Anfechtung mit rückwirkender Kraft *(ex tunc)* zu vernichten, §§ 119 ff. Nach der wirksamen Anfechtung ist das Rechtsgeschäft als **von Anfang an nichtig** anzusehen, § 142 Abs. 1 (Rn. 61 ff.). Die Interessen des Geschäftspartners und des Rechtsverkehrs – die endgültige Wirksamkeit eines anfechtbaren Rechtsgeschäfts ist zweifelhaft – werden dadurch gewahrt, dass das Anfechtungsrecht nach Ablauf der Ausschlussfrist (zum Begriff § 9 Rn. 13) nach § 121 erlischt (Rn. 21). Außerdem kann der enttäuschte, gutgläubige Erklärungsgegner nach § 122 den ihm entstandenen Vertrauensschaden geltend machen (Rn. 65 ff.).

2. Auslegung vor Anfechtung

12   Die Anfechtung nach §§ 119 ff. gibt dem Erklärenden die Möglichkeit, seine auf einem Willensmangel beruhende Erklärung nachträglich zu beseitigen. Er soll bei Abweichungen zwischen dem wahren Willen und dem Erklärten nicht gegen seinen wirklichen Geschäftswillen an die fehlerhafte Erklärung gebunden werden. Für die Feststellung, ob eine solche Abweichung überhaupt vorliegt, ist es zunächst erforderlich, den **Inhalt der Erklärung** durch Auslegung zu ermitteln (s. § 18 Rn. 1 ff.). Eine Anfechtung kommt nicht in Betracht, wenn sich aufgrund der Auslegung ergibt, dass das wirklich Gewollte und nicht das Erklärte gelten soll. Bevor die Möglichkeit der Anfechtung geprüft wird, muss die Willenserklärung ausgelegt werden.

Die **Auslegung** geht der **Anfechtung** vor.

13   Das Anfechtungsrecht darf nicht dazu führen, dass sich der Erklärende von seiner fehlerhaften Willenserklärung völlig lossagen kann und seinen Geschäftspartner um den rechtsgeschäftlichen Erfolg bringt, der beim **irrtumsfreien Vollzug** des Geschäfts eingetreten

wäre. Die Anfechtung soll nur die **Irrtumsfolgen** beseitigen und dient keinesfalls dazu, ein Geschäft, dass der Erklärende nachträglich bereut, rückgängig zu machen. Vielmehr muss er sich an seiner Erklärung festhalten lassen. Der Erklärende darf nicht besser stehen, als wenn er sich nicht geirrt hätte.

Beispiel: V bietet dem Studenten S eine Wohnung zu einer Monatsmiete von € 300,– an; S ist einverstanden. Da V die Wohnung eigentlich für € 350,– vermieten wollte, sich aber gegenüber S versprochen hatte, ficht er seine Erklärung kurze Zeit später gegenüber S an. S erklärt daraufhin, dass er die Wohnung auch zu diesen Konditionen nehme. Selbst wenn V zwischenzeitlich überhaupt nicht mehr an S vermieten möchte (vielleicht, weil er einen Mieter gefunden hat, der bereit wäre, noch mehr zu bezahlen), ist er an seine ursprüngliche Erklärung gegenüber S gebunden. Die Anfechtung soll nicht dazu führen, dass **das anfänglich gewollte** Rechtsgeschäft nicht durchgeführt wird. V darf infolge der Anfechtung nicht besser stehen, als ohne Irrtum. V ist daher verpflichtet, mit S einen Mietvertrag zu einem Mietzins von € 350,– zu schließen (denn eine Erklärung dieses Inhalts hat V bislang noch nicht abgegeben!).

Das übereinstimmend gebilligte Ergebnis – Bestand des ursprünglich gewollten Rechtsgeschäfts – ist dogmatisch schwer zu begründen, wenn das Rechtsgeschäft zusätzlich einem **Formerfordernis** unterliegt, das nicht eingehalten ist. Das zeigt folgender Fall:

E ist Eigentümer eines Original-Picasso und einer wertvollen Kopie desselben Bildes. In der Absicht, seinem Neffen die Kopie zu schenken, übergibt E ihm mit den Worten „Ich möchte dir diese Kopie schenken" versehentlich das Originalbild. Als E alsbald die Verwechslung bemerkt, ficht er die Schenkung nach § 119 Abs. 1 (Verwechslung des Vertragsobjektes, s. Rn. 29 ff.) an (zur Anfechtung des Verfügungsgeschäftes Rn. 57 ff.). Auch hier darf die Anfechtung nicht dazu führen, dass E, der zwischenzeitlich möglicherweise auch die Schenkung der Kopie bereut, im Ergebnis freier wird, als wenn er sich nicht geirrt hätte. § 518 schreibt für das Schenkungsversprechen allerdings notarielle Beurkundung vor, die hier nicht erfolgt ist. Der Formmangel wäre für das angefochtene Geschäft nach § 518 S. 2 geheilt gewesen, da E ja auch schon die Übereignung vorgenommen hat (s. § 24 Rn. 24 ff.). Selbst wenn man dem E nun ein Schenkungsversprechen bezüglich der Kopie unterstellt (das er tatsächlich ja noch nicht abgegeben hat), wäre es nach § 518 i. V. m. § 125 formnichtig. Nach seinem **Normzweck** kann § 518 aber hier nicht zur Anwendung kommen. Die Vorschrift dient dem Schutz vor übereilten Schenkungsversprechen. Erbringt der Schenker dagegen, wie bei der hier gewollten Handschenkung, seine Zuwendung sofort und empfindet dabei sein „Vermögensopfer" deutlich, so bedarf er keines weiteren Schutzes durch die Einhaltung einer Form. Dieser Übereilungsschutz greift zugunsten des E auch dann, wenn er zunächst irrtümlich das falsche Bild übereignete. Er muss sich daher, wenn N die Kopie möchte, an seinem ursprünglichen Willen festhalten lassen und ihm die Kopie übereignen.

3. Anfechtbare Rechtsgeschäfte

14 Grundsätzlich sind alle Willenserklärungen nach §§ 119 ff. anfechtbar.[9] Dies gilt für empfangsbedürftige, nicht empfangsbedürftige, ausdrückliche und konkludente Erklärungen. Unerheblich ist insoweit, ob sich die Erklärung auf das Verpflichtungs- oder das Verfügungsgeschäft bezieht. Zu beachten ist jedoch, dass die Auswirkungen eines Willensmangels auf das Verpflichtungsgeschäft einerseits und das Verfügungsgeschäft andererseits getrennt zu prüfen sind und im Einzelfall zu verschiedenen Ergebnissen führen können (Rn. 57 ff.). Anfechtbar sind dem Normzweck entsprechend nur **eigene Willenserklärungen,** im Falle des Irrtums durch einen Stellvertreter liegt die Anfechtungsbefugnis daher beim Vertretenen, für den Anfechtungsgrund ist jedoch gem. § 166 auf den Vertreter abzustellen (s. § 31 Rn. 2).

Soweit einem **Schweigen** Erklärungswirkung zukommt (§ 17 Rn. 23 ff.), sind die §§ 119 ff. anwendbar. Dies gilt nicht, wenn sich der Irrtum auf die rechtliche Bedeutung des Schweigens bezieht (s. aber Rn. 37). Wird das Schweigen kraft Gesetzes als Willenserklärung fingiert, z. B. § 516 Abs. 2 S. 2 – Schweigen als Zustimmung –, scheidet eine Anfechtung, die diesem Gesetzeszweck widerspricht, aus. Entsprechende Anwendung finden die Anfechtungsregelungen für **geschäftsähnliche Handlungen** (zum Begriff § 16 Rn. 29 ff.), z. B. die Mahnung. Für Tathandlungen („Realakte", vgl. § 16 Rn. 31 ff.) gelten die rechtsgeschäftlichen Vorschriften und somit auch die §§ 119 ff. nicht.

15 Die Anfechtung nach §§ 119 ff. ist ausgeschlossen, soweit gesetzliche Sonderregelungen bestehen. Diese können sich aus dem Familien- oder Erbrecht ergeben, z. B. Aufhebung der Ehe: §§ 1313 ff., Anerkennung der Vaterschaft: §§ 1600, 1600c, Erbschaftsannahme: §§ 1949, 1954 ff. (ergänzend zu §§ 119 ff.), letztwillige Verfügungen: §§ 2078, 2080 ff. Unanfechtbar sind die Gründungs- und Beitrittserklärungen zu Kapitalgesellschaften des Handelsrechts nach Eintragung der Gesellschaft im Handelsregister. Besonderheiten bestehen bei einem in Vollzug gesetzten Arbeits- oder Personengesellschaftsvertrag. Ein Arbeitsverhältnis kann nach Aufnahme der Dienste nur

---

9 Eine Anfechtung kommt nicht in Betracht, wenn tatbestandlich schon keine Willenserklärung vorliegt, etwa weil der Handlungswille fehlt. Schläft beispielsweise der A bei der Versteigerung ein und wird seine Handbewegung im Schlaf als Gebot aufgefasst, so liegt keine Willenserklärung vor, einer Anfechtung bedarf es nicht.

mit Wirkung für die Zukunft *(ex nunc)* angefochten werden. Die Fehlerhaftigkeit eines Personengesellschaftsvertrags berechtigt, soweit die Gesellschaft in Vollzug gesetzt wurde, zu einer Kündigung aus wichtigem Grund, § 723 analog.[10] Im Zusammenhang mit der Sachmängelgewährleistung sind die §§ 119 ff. nur eingeschränkt anwendbar (Rn. 70 f.). Auf Prozesshandlungen finden sie ebenfalls keine Anwendung.[11]

Die Anfechtung setzt nicht die Wirksamkeit des Rechtsgeschäfts 16 voraus, so dass auch ein **nichtiges Rechtsgeschäft** angefochten werden kann. Begriffslogische Bedenken sind angesichts der den Anfechtungsregeln zugrunde liegenden Wertungen nicht ausschlaggebend. Bedeutsam ist die Anfechtung nichtiger Rechtsgeschäfte insbesondere dann, wenn der Nichtigkeitsgrund nicht bewiesen werden kann oder das Anfechtungsrecht für den Anfechtungsberechtigten günstiger ist. So können bei einem nach § 119 angefochtenen oder nach § 134 nichtigen Rechtsgeschäft Schadensersatzpflichten bestehen (§ 122 bzw. §§ 241 Abs. 2, 311 Abs. 2, 280), die bei einer Anfechtung nach § 123 entfallen. Die Nichtigkeit eines Rechtsgeschäfts darf sich nicht zum Nachteil des Anfechtungsberechtigten auswirken.

Beispiel: K hat irrtümlich aufgrund eines Schreibfehlers von V einen Gebrauchtwagen zum Preis von € 6.000,– gekauft, obwohl er nur € 5.000,– bezahlen wollte. K übt sein Anfechtungsrecht aus (§ 119 Abs. 1 – Erklärungsirrtum) mit der Folge, dass der Kaufvertrag nichtig ist (§ 142) und er dem V den entstandenen Vertrauensschaden ersetzen muss (§ 122). Stellt sich nunmehr heraus, dass V den K bei den Vertragsverhandlungen durch Vorspiegelung der Unfallfreiheit des Fahrzeuges arglistig getäuscht hat, muss K gemäß § 123 trotz der bereits vorliegenden Nichtigkeit infolge der Anfechtung nach § 119 **nochmals** anfechten können, um den Schadensersatzanspruch nach § 122 zu vermeiden. Nach dem Normzweck des § 123 darf der arglistig Täuschende nicht auf die Gültigkeit des Rechtsgeschäfts vertrauen. Die bereits erfolgte Anfechtung darf nicht zu seinen Gunsten wirken. Solange daher die Jahresfrist des § 124 nicht abgelaufen ist, kann K die Anfechtung nach § 123 „nachschieben".[12]

---

10 Der Grund liegt in regelmäßig erheblichen Schwierigkeiten, solche Rechtsverhältnisse rückwirkend rückabzuwickeln, Einzelheiten bei *Bork*, Rn. 957 ff. Die Beschränkung der Anfechtbarkeit gilt aber nicht schlechthin für alle Dauerschuldverhältnisse, etwa nicht für Mietverträge (h. M.).
11 *BGH* NJW 2007, 1460.
12 *Bork*, Rn. 906; unten Rn. 18 a. E.

4. Die Anfechtungserklärung (§ 143)

17   Der Irrtum bzw. die Beeinträchtigung der freien Willensbildung durch Täuschung oder Drohung führen nicht ohne Weiteres zur Nichtigkeit des Rechtsgeschäfts (zum Verhältnis zu § 138 s. § 26 Rn. 43). Um die Nichtigkeit herbeizuführen, muss der Anfechtungsberechtigte gegenüber dem Anfechtungsgegner die Anfechtung erklären (§ 143). **Anfechtungsberechtigt** ist derjenige, der die anfechtbare Willenserklärung abgegeben hat oder für den sie durch einen Vertreter abgegeben wurde. **Anfechtungsgegner** ist bei Verträgen der Vertragspartner (§ 143 Abs. 2), bei einseitigen empfangsbedürftigen Willenserklärungen der Erklärungsempfänger (§ 143 Abs. 3 S. 1) und bei einseitigen nichtempfangsbedürftigen Willenserklärungen derjenige, der aufgrund des Rechtsgeschäfts unmittelbar einen rechtlichen Vorteil erlangt hat (§ 143 Abs. 4 S. 1).

18   Die **Anfechtungserklärung** ist eine einseitige, formfreie, empfangsbedürftige Willenserklärung, die klar erkennen lassen muss, dass die Erklärung des Anfechtungsberechtigten von Anfang an nichtig sein soll. Der Begriff „Anfechtung" braucht nicht verwendet werden. Die Anfechtung kann auch konkludent erklärt werden, z. B. durch die Rückforderung des Geleisteten oder durch das Bestreiten der eigenen Verpflichtung. Entscheidend ist, dass der Wille zur Anfechtung eindeutig zum Ausdruck kommt bzw. durch Auslegung ermittelt werden kann. Eine ausdrückliche Angabe des **Anfechtungsgrundes** ist nicht erforderlich, der Grund bzw. der Sachverhalt, aus dem das Anfechtungsrecht abgeleitet wird („Verschreiben") muss sich jedoch aus den angeführten Tatsachen ergeben oder bekannt sein.[13] Beruft sich der Anfechtende erst nachträglich auf neue Tatsachen, die einen Anfechtungsgrund bilden, so ist darin u. U. eine neue Anfechtungserklärung zu sehen, für die genau geprüft werden muss, ob sie noch fristgerecht erfolgt (s. §§ 121, 124, Rn. 21 u. oben Bsp. Rn. 16). Die Anfechtungserklärung ist als Ausübung eines Gestaltungsrechts unwiderruflich und bedingungsfeindlich (§ 20 Rn. 12 f.).

5. Anfechtungsgründe im Überblick

19   Ein Rechtsgeschäft kann nur angefochten werden, wenn einer der gesetzlich normierten Anfechtungsgründe vorliegt. Die gesetzliche Auswahl der Anfechtungsgründe beruht auf einer Abwägung zwi-

---

13 *Medicus*, Rn. 724; *Larenz/Wolf*, § 44 Rn. 38.

schen dem Schutz des Vertragspartners, der auf den Bestand der Erklärung vertraut und dem Interesse des Erklärenden, der die fehlerhafte Willenserklärung rückwirkend beseitigen will. Wegen der strengen Nichtigkeitsfolge muss die Anfechtung im Interesse der Rechtssicherheit und des Vertrauensschutzes im Rechtsverkehr eng begrenzt sein. Nur schwerwiegende, für den Erklärenden nicht tragbare Willensmängel berechtigen zur Anfechtung.

Das Bürgerliche Gesetzbuch lässt zum einen die Anfechtung wegen Irrtums zu und differenziert zwischen **Inhalts-, Erklärungs-, Eigenschafts- und Übermittlungsirrtum** (§§ 119, 120). Der Irrtum wird definiert als das unbewusste Auseinanderfallen von Wille und Erklärung. Gleichgültig ist, ob der Irrtum nach §§ 119 f. verschuldet wurde oder nicht, ob er vom Gegner veranlasst oder für diesen erkennbar war. Unbeachtlich ist grundsätzlich der sog. **Motivirrtum,** bei dem der Wille mit der Erklärung übereinstimmt. Der Wille wurde jedoch auf einer fehlerhaften Grundlage gebildet, der Erklärende irrt über die außerhalb der Erklärung liegende Wirklichkeit. Für solche Irrtümer im Vorfeld der eigentlichen Erklärung trägt allein der Erklärende das Risiko. Nur ausnahmsweise berechtigt ein Motivirrtum zur Anfechtung, vgl. § 119 Abs. 2 (dazu Rn. 46 ff.). Zum anderen kommt eine Anfechtung wegen **arglistiger Täuschung** oder **widerrechtlicher Drohung** in Betracht (§ 123). In diesen Fällen wird die Willensbildung des Erklärenden unzulässig beeinträchtigt (Rn. 73 ff.).

Rechtsvergleichend betrachtet ist das deutsche Recht mit Anfechtungsgründen eher großzügig. So anerkennt das **französische Recht** keine Anfechtbarkeit in Fällen des einfachen einseitigen Irrtums einer Vertragspartei oder bei einem Übermittlungsfehler. Nach teilweise vertretener Ansicht soll allenfalls ein dem Vertragspartner erkennbarer oder von ihm verursachter Irrtum zur *nullité relative* führen, jedenfalls muss er entschuldbar sein.[14] Auch die ursprünglich strenge Handhabung der Täuschungsanfechtung hat sich erst in jüngerer Zeit dem deutschen Recht angenähert. Nach dem **italienischen** *Codice civile* (Art. 1428–1433) muss der Irrtum erkennbar sein. Ähnlich der französischen Regelung akzeptiert auch **Österreich** nur den vom anderen Vertragspartner adäquat-kausal verursachten Irrtum als Anfechtungsgrund (§ 871 ABGB).[15] Die Ausübung des Anfechtungsrechts bedarf in Frankreich wie in Österreich im Gegensatz zur deutschen Regelung der gerichtlichen Klage. Die **englische** Rechtsprechung akzeptiert nur einen *fundamental mistake* als Nichtigkeitsgrund (der Vertrag ist *void*, nicht nur *voidable*).[16] Er muss regel-

20

---

14 Einzelheiten bei *Ferid/Sonnenberger*, 1 F 415 ff.
15 *Koziol/Welser*, Grundriss des bürgerlichen Rechts, Bd. 1, 13. Aufl., 2006, S. 127 ff.
16 *Graf von Bernstorff*, S. 66 f.; *Henrich/Huber*, § 3 IV.

mäßig beidseitig sein, Eigenschaftsirrtümer über eine Person oder Sache sind irrelevant. Ein einseitiger Irrtum nimmt dem Vertrag ebenfalls grundsätzlich nicht seine Wirksamkeit.[17] *Duress, undue influence* und *misrepresentation* (*fraudulent* = arglistig oder *innocent* = unbewusst) führen zur Anfechtbarkeit, teilweise auch zur Nichtigkeit. Bei nichtigem Vertrag erwirbt der Käufer kein Eigentum, bei nur anfechtbarem Vertrag hat er ein – wenn auch ebenfalls anfechtbares – Eigentum, das jedoch auf einen gutgläubigen Dritten vor Anfechtung übertragen werden kann. Die Zurückhaltung dieser Rechtsordnungen bei der Anerkennung von Anfechtungsgründen und die Differenzierung in den Rechtsfolgen erklären sich u. a. aus dem fehlenden Abstraktionsprinzip. Da jede Beseitigung des Verpflichtungsgeschäftes dort auch automatisch die dingliche Verfügung beeinträchtigen würde bzw. rückwirkend wegfallen ließe, wäre die Sicherheit und Verlässlichkeit des Rechtsverkehrs gefährdet. Die **Schweiz**, welche grundsätzlich ähnliche Anfechtungsgründe wie das deutsche Recht kennt, löst das Problem für die Irrtumsanfechtung durch eine Generalklausel in Art. 25 OR, wonach die Anfechtung nach Treu und Glauben unstatthaft sein kann. Nach der Rechtsprechung ist hier besonders zu berücksichtigen, ob und inwieweit der anfechtbare Vertrag bereits vollzogen und damit die sachenrechtliche Lage berührt wird. Eine ganz ähnliche Regelung enthält Art. 3–53 Abs. 2 des **niederländischen** NBW. In Dänemark, Norwegen und Schweden lässt das gemeinsame Vertragsgesetz eine Irrtumsanfechtung nur zu, wenn der andere Teil den Irrtum kannte oder hätte kennen müssen (§ 32 VertragsG). Man unterscheidet zwischen „starken Einwendungen", bei denen die Bösgläubigkeit des Vertragspartners irrelevant ist (z. B. körperlicher Zwang, Fälschung) und „schwachen Einwendungen", die eine solche fehlende Schutzwürdigkeit des anderen Teils voraussetzen (z. B. Irrtum, Übermittlungsfehler).

Entsprechend restriktiv ist die Regelung der Irrtumsanfechtung im Entwurf des Gemeinsamen Referenzrahmens (s. oben § 2 VII 3) ausgefallen. Book II, Ch. 7, 7:201 lässt die Irrtumsanfechtung nur zu, wenn der Gegner den Irrtum mit verursacht hat oder ihn zumindest hätte erkennen und den anderen Teil darüber aufklären können.[18]

6. Anfechtungsfrist

21   Aus Gründen der Rechtssicherheit und des Vertrauensschutzes für den Anfechtungsgegner lässt das Gesetz eine Anfechtung nur innerhalb bestimmter zeitlicher Grenzen zu, die je nach Anfechtungsgrund variieren. Mit dem Ablauf der Ausschlussfrist (es handelt sich nicht um Verjährungsfristen – daher vorsichtig mit der Terminologie in

---

17 *Lyall,* S. 240/241. Das schottische Recht ist in der Anerkennung eines relevanten Irrtums tendenziell großzügiger.
18 Krit. hierzu (schon zum Entwurf Stand 2005), *Ernst,* in: Zimmermann (Hrsg.) S. 27 ff.; *Eidenmüller/Faust/Grigoleit/Jansen/Wagner/Zimmermann,* JZ 2008, 529, 546 f. Entsprechend dieses Erfordernisses enthält der DCFR keine § 122 BGB entsprechende Regelung zur Schadensersatzpflicht des Anfechtenden.

Klausuren!) erlischt das Anfechtungsrecht. Die Anfechtung nach
§§ 119, 120 hat ohne schuldhaftes Zögern (unverzüglich)[19] zu erfolgen, nachdem der Anfechtungsberechtigte positive Kenntnis vom
Anfechtungsgrund erlangt hat. Bloße Unkenntnis infolge Fahrlässigkeit oder bestimmte Verdachtsmomente reichen nicht aus. Die genaue
Bestimmung der Frist richtet sich nach den Umständen des Einzelfalls, insbesondere ist dem Anfechtungsberechtigten eine angemessene Überlegungszeit sowie Zeit für eine rechtliche Beratung zuzu-
billigen.

Für die Anfechtung einer durch Täuschung oder Drohung beeinflussten Willenserklärung gilt eine Ausschlussfrist von einem Jahr,
§ 124. Die Frist beginnt im Fall der arglistigen Täuschung mit Entdeckung der Täuschung durch den Anfechtungsberechtigten, im Fall
der Drohung mit dem Ende der Zwangslage, vgl. § 124 Abs. 2. In jedem Fall endet das Anfechtungsrecht im Interesse der Rechtssicherheit nach 10[20] Jahren seit Abgabe der Willenserklärung, §§ 121
Abs. 2, 124 Abs. 3.

7. Ausschluss der Anfechtung

Die Anfechtung ist ausgeschlossen, wenn der Anfechtungsberech-   22
tigte das anfechtbare – gültige – Rechtsgeschäft bestätigt, § 144.
Durch die **Bestätigung** verzichtet der Erklärende auf das Anfechtungsrecht. Die Bestätigung setzt voraus, dass der Anfechtungsberechtigte die Möglichkeit der Anfechtung kennt oder mit ihr rechnet.
Sie ist eine einseitige, nicht empfangsbedürftige Willenserklärung, so
dass sie nicht zwingend gegenüber dem Anfechtungsgegner, sondern
auch gegenüber Dritten erklärt werden kann. Die Bestätigung ist
formfrei möglich, so dass unter Beachtung strenger Maßstäbe auch
schlüssiges Verhalten ausreichen kann, z. B. freiwillige Erfüllung
oder die Annahme der Gegenleistung im Bewusstsein der Anfechtbarkeit des Vertrages. Das Verhalten muss jedoch eindeutig auf eine
Bestätigung schließen lassen und darf keine andere vernünftige Deutung des Verhaltens erlauben.

Beispiel: M hat von V Geschäftsräume gemietet, auf eigene Kosten renoviert
und kurz nach dem Einzug festgestellt, dass der Mietvertrag nach § 123 an-

---

19 Die in § 121 Abs. 1 S. 1 enthaltene Legaldefinition des Begriffs „unverzüglich" gilt für
   das gesamte bürgerliche Recht.
20 Die frühere 30-jährige Frist nach §§ 121 Abs. 2, 124 Abs. 2 a. F. wurde verkürzt, um
   sie an das neue Verjährungsrecht anzupassen.

fechtbar wäre. Dennoch zieht M nicht sofort aus, sondern bleibt zunächst in den gemieteten Räumen, an V überweist er nur die vertraglich vereinbarten Nebenkosten. Nach Ablauf von vier Monaten erklärt M die Anfechtung des Vertrages. In einem solchen Fall hat der *BGH* in der Weiterbenutzung noch keine Bestätigung des anfechtbaren Mietvertrages gesehen. Aufgrund der getätigten Investitionen durfte M sein weiteres Vorgehen überdenken (Anfechtungsfrist 1 Jahr!), ohne dass man sein Verhalten ausschließlich als Festhalten am Vertrag werten kann, zumal er die vereinbarte Miete nicht bezahlte.[21]

IV. Die Anfechtung wegen Irrtums

Schrifttum: *Ernst*, Irrtum – ein Streifzug durch die Dogmengeschichte, in: Zimmermann (Hrsg), Störungen der Willensbildung bei Vertragsschluss, Mohr Siebeck 2007, S. 1 ff.; *Cziupka*, Die Irrtumsgründe des § 119 BGB, JuS 2009, 887 ff.; *Fleischer*, Zum Verkäuferirrtum über werterhöhende Eigenschaften im Spiegel der Rechtsvergleichung, in: Zimmermann (Hrsg), Störungen der Willensbildung bei Vertragsschluss, Mohr Siebeck 2007, S. 36 ff.; *Kern*, Ausgewählte Probleme der Anfechtung nach §§ 119, 120 BGB, JuS 1998, L 41; *Musielak*, Der Irrtum über die Rechtsfolgen einer Willenserklärung, JZ 2014, 64 ff; *Schermaier*, Europäische Geistesgeschichte am Beispiel des Irrtumsrechts, ZEuP 1998, 60 ff.; *Schwaab*, Zum Irrtum beim Vertragsabschluss, 2000; *Schwung*, Die Verfälschung von Willenserklärungen durch Boten, JA 1983, 12 ff.

1. Der Erklärungs- und Inhaltsirrtum

23   Das Gesetz regelt in § 119 Abs. 1 den Erklärungsirrtum und den Inhaltsirrtum. Die Abgrenzung kann im Einzelfall schwierig sein. Entscheidend ist, dass in beiden Fällen Wille und Erklärung nicht übereinstimmen und aus diesem Grund die Möglichkeit der Anfechtung besteht.

> **Irrtum** ist das unbewusste Auseinanderfallen von (subjektivem) Willen und (objektiver) Erklärung.

Der Irrtum muss für die Abgabe der Willenserklärung kausal gewesen sein, d. h. der Erklärende hätte subjektiv „bei Kenntnis der Sachlage" und objektiv „bei verständiger Würdigung des Falles" die Willenserklärung nicht abgegeben. § 119 regelt den Irrtum des Erklärenden. Ein Irrtum des Empfängers, z. B. wenn dieser die Erklärung missversteht, berechtigt nicht zur Anfechtung. Diese kommt erst

---

21 *BGH* NJW-RR 1992, 779, 780.

dann in Betracht, wenn der Empfänger seinerseits eine Erklärung abgibt, etwa das falsch verstandene Angebot zum Vertragsschluss annimmt.

Ein Irrtum liegt nicht notwendigerweise vor, wenn jemand bewusst ein ungelesenes Schriftstück unterschreibt.[22] In diesem Fall wird die Erklärung häufig in dem Bewusstsein abgegeben, den Inhalt nicht zu kennen. Wer sich gar keine Vorstellung über den Erklärungsinhalt macht, irrt auch nicht. Eine Anfechtung kann jedoch in Betracht kommen, wenn der Erklärende sich trotz oder wegen der fehlenden Kenntnis falsche Vorstellungen über den Erklärungsinhalt macht und die unterschriebene Urkunde tatsächlich etwas enthält, mit dem er nach den Umständen nicht rechnen brauchte,[23] z. B. wenn der ungelesene Kaufvertrag über einen Gebrauchtwagen gleichzeitig die Verpflichtung enthält, zwingend jährlich € 200,– für die Wartung des Fahrzeuges an den Verkäufer zu bezahlen, ohne dass darüber vorher gesprochen wurde.

a) Erklärungsirrtum.

Fall 48: Der Obst- und Gemüsehändler A will beim Großhandel G 1.400 kg Apfelsinen bestellen. A verschreibt sich und bestellt versehentlich 4.100 kg. (ohne Lösungsskizze) 24

Der Erklärungsirrtum ist ein Irrtum in der **Erklärungshandlung.** Die Äußerung des Erklärenden weicht von dem ab, was er eigentlich erklären will. Typische Fälle sind das **Versprechen, Vergreifen** oder **Verschreiben.** Im Fall 48 wollte A nicht das erklären, was er äußerlich betrachtet erklärt hat, so dass er seine Willenserklärung wegen Erklärungsirrtums nach § 119 Abs. 1, 2. Var. anfechten kann. Das Rechtsgeschäft ist mit erfolgter Anfechtung von Anfang an nichtig, § 142 Abs. 1. A muss jedoch dem Großhändler G den Schaden ersetzen, der dadurch entstanden ist, dass G auf die Gültigkeit der Erklärung vertraut hat, § 122 (Rn. 65 ff.). 25

Ein Erklärungsirrtum liegt auch vor, wenn ein **Blankettformular** von dem hierzu Ermächtigten abredewidrig ausgefüllt wird (zur Formwirksamkeit s. § 24 Rn. 12): Der Unterzeichner erklärt nicht das, was er erklären wollte. Im Gegensatz zur Unterschrift unter ein nicht gelesenes Schriftstück macht sich der Unterzeichner hier – aufgrund der Abrede mit dem Ermächtigten – regelmäßig bestimmte Vorstellungen über den (künftigen) Inhalt des Schriftstücks. Da er jedoch bei einem freiwillig aus der Hand gegebenen Blankett mit der weisungswidrigen Ausfüllung rechnen musste, ist das Anfechtungsrecht nach

---

22 *OLG Hamm* NJW-RR 1991, 1141.
23 *BGH* NJW 1995, 190, 191.

dem Rechtsgedanken der §§ 172 Abs. 2, 173 gegenüber einem gutgläubigen Dritten ausgeschlossen.[24]

b) Inhaltsirrtum.

26   **Fall 49:** Der Gast G aus Süddeutschland bestellt in einer Kölner Kneipe nach der Karte einen „halven Hahn". Er bekommt statt des erwarteten halben Hähnchens, auf das er sich schon den ganzen Tag gefreut hatte, ein Käsebrötchen serviert. Kann G seine Erklärung anfechten? (ohne Lösungsskizze)

27   Beim Inhaltsirrtum irrt der Erklärende über die **Bedeutung oder Tragweite** der abgegebenen Erklärung. Der Erklärende irrt nicht bei der Erklärungshandlung, sondern er verbindet mit dem bewusst gewählten Ausdruck eine andere, vom Empfängerhorizont abweichende Bedeutung. Er erklärt äußerlich betrachtet genau das, was er erklären will. Seiner Erklärung kommt jedoch ein anderer als der beabsichtigte Aussagewert zu. Das wirklich Gewollte stimmt mit dem Erklärten nicht überein.

Ein Inhaltsirrtum ist gegeben, wenn der Erklärende über den objektiven Sinn eines von ihm verwendeten Erklärungsmittels (Wort, Zeichen) irrt, sog. **Verlautbarungsirrtum.** Bedeutsam wird dies bei der Verwendung von Fremdsprachen, die der Erklärende nicht beherrscht, von Fachausdrücken (z. B. hinsichtlich des Begriffs „nussmatt" im Möbelhandel) sowie von Maß- und Gewichtseinheiten (z. B. Verwechslung von Pfund und Kilogramm; einprägsam auch die Bestellung von 25 Gros Rollen Toilettenpapier [= 3.600 Rollen, da ein Gros = 12 × 12] in dem Glauben, es werden 25 große Rollen geliefert[25]). Im **Fall 49** will der Gast ein halbes Hähnchen bestellen und erklärt dies aus seiner Sicht auch. Die Bezeichnung hat aber in Köln (Empfängerhorizont) eine andere Bedeutung und wird dort als Käsebrötchen verstanden. Da der Wille und die Erklärung nicht übereinstimmen, kann der Gast anfechten.

28   Im Fall 49 wird noch einmal das Verhältnis zur Auslegung deutlich. Die Erklärung ist so auszulegen, wie sie nach dem objektiven Empfängerhorizont zu verstehen ist. Deckt sich dieses Auslegungsergebnis nicht mit der vom Erklärenden gemeinten Bedeutung, liegt ein Inhaltsirrtum vor.

---

24 BGHZ 40, 65, 68; h. M. vgl. nur *Larenz/Wolf*, § 27 Rn. 36; *Brox/Walker*, Allgemeiner Teil des BGB, Rn. 422; MünchKomm/*Einsele*, § 126 Rn. 11. Zum Sonderfall der Blankounterschrift bei Bürgschaft s. BGHZ 132, 119, 126; *BGH* NJW 1999, 950.
25 *LG Hanau* NJW 1979, 721.

Die *falsa demonstratio* ist kein Irrtumsfall nach § 119. Beide Parteien verstehen die Erklärung übereinstimmend in einem – von der gewöhnlichen Bedeutung abweichenden – Sinn.

Typische Fälle des Inhaltsirrtums sind auch der Identitätsirrtum (Rn. 29 ff.), der Irrtum über die Geschäftsart (Rn. 33 ff.) sowie der Rechtsfolgenirrtum (Rn. 36 f.). Zum Kalkulationsirrtum s. Rn. 39 ff.

aa) Identitätsirrtum.

Fall 50: F teilt dem befreundeten Gastwirt G mit, dass ihn seine Jugendliebe Anna Müller (A) besuchen will und dass er dringend eine Unterkunft für sie braucht. G versichert, es werde sich eine Lösung finden. Am Abend ruft die Geschäftsfrau Renate Müller (R) vom Bahnhof aus im Gasthaus des G an. Sie meldet sich mit ihrem Nachnamen und fragt nach einem freien Zimmer. In der Annahme, dies sei die Jugendliebe von F, bietet G ihr das letzte noch freie Einzelzimmer zum Preis von € 60,– an. R nimmt das Angebot hocherfreut an. Als kurze Zeit danach Anna Müller das Gasthaus betritt, erkennt G seinen Fehler. Er teilt der inzwischen angereisten R mit, dass er ihr das Zimmer keinesfalls überlassen könne, da etwas „schief gelaufen sei". R ist empört und verlangt die Überlassung des Zimmers, jedenfalls aber Ersatz der Taxikosten in Höhe von € 15 für die Fahrt vom Bahnhof bis zum Gasthaus. → Rn. 32.

29

Beim Identitätsirrtum *(error in persona, error in objecto)* verwendet der Erklärende zwar das richtige Erklärungsmittel, irrt jedoch über die Bedeutung der Erklärung selbst. Er macht sich falsche Vorstellungen über die Identität des Geschäftsgegenstandes oder des Geschäftspartners. Der Erklärende meint eine andere **Sache** oder **Person,** als er tatsächlich in seiner Erklärung bezeichnet. Ein Irrtum über den Geschäftsgegenstand liegt beispielsweise vor, wenn der Käufer über die Identität der gekauften Sache irrt. Gibt der Reiter ein Angebot zum Kauf des im Stall des Pferdehändlers befindlichen Pferdes „Alexis" in der Annahme ab, es handle sich bei dem Pferd um den Gewinner des letzten regionalen Springens, der noch am Vortag bei der Besichtigung in dieser Box stand, und stellt sich später heraus, dass am Folgetag im Stall des V das erfolglose, gleichnamige Pferd in dieser Box eingestellt ist, kann er seine Erklärung wegen Inhaltsirrtums anfechten. Er irrte über die Identität des Pferdes. Gleiches gilt bei einem Irrtum über die Identität seines Geschäftsgegners. Ein Anfechtungsrecht besteht, wenn der Hauseigentümer den Installateur Ingo Müller beauftragt, obwohl er den Auftrag an den ihm bekannten und zuverlässigen Ingo Möller vergeben wollte.

30

31   Der Identitätsirrtum als Form des Inhaltsirrtums nach § 119 Abs. 1 muss vom **Eigenschaftsirrtum** nach § 119 Abs. 2 abgegrenzt werden. Die Unterscheidung ist vor allem bei der Kollision mit dem Gewährleistungsrecht bedeutsam. Während eine Anfechtung nach § 119 Abs. 1 immer zulässig ist, kann das Anfechtungsrecht wegen Eigenschaftsirrtums in diesen Fällen nur beschränkt geltend gemacht werden (Rn. 69 ff.). Beim Eigenschaftsirrtum sind im Gegensatz zum Identitätsirrtum der Geschäftsgegenstand oder der Vertragspartner körperlich zutreffend ausgewählt, aber ihnen fehlen bestimmte, zugeschriebene Eigenschaften. Möchte der Reiter beispielsweise genau das im Stall des Händlers stehende, erfolglose Pferd „Alexis" kaufen, weil er gehört hat, dies sei der Sieger des letzten Wettbewerbs, liegt kein Inhaltsirrtum – die körperliche Identifizierung ist einwandfrei –, sondern ein Irrtum hinsichtlich einer verkehrswesentlichen Eigenschaft des Pferdes vor. Gleiches gilt, wenn der Hauseigentümer den Installateur Möller wie gewollt beauftragt, dieser aber wegen finanzieller Schwierigkeiten die Arbeiten nicht ausführen kann. Hier liegt ein Irrtum hinsichtlich einer Eigenschaft des Geschäftsgegners vor.

Lösungsskizze Fall 50 (Rn. 29):

32   A. R → G auf Überlassung des Zimmers zum Preis von € 60,– aus § 535 Abs. 1 S. 1.
Voraussetzung: wirksamer Mietvertrag
   I. Angebot und Annahme (+) am Telefon
  II. Nichtigkeit des Vertrages nach § 142 Abs. 1 durch Anfechtung seitens des G?
     a) Anfechtungserklärung, § 143 Abs. 1: G erklärt der R, dass sie das Zimmer nicht bekommen könne – damit macht er deutlich, dass er an seiner Erklärung nicht mehr festhalten will (der Begriff Anfechtung muss nicht verwendet werden); Anfechtungsgegner ist die Vertragspartnerin R
     b) Anfechtungsgrund: § 119 Abs. 1, 1. Var. (Inhaltsirrtum) – nach dem objektiv Erklärten hat G den Mietvertrag mit Renate Müller am Telefon abgeschlossen. G wollte aber mit der ihm angekündigten Anna Müller den Vertrag schließen. Er irrte über die Identität seines Vertragspartners, das Erklärte stimmte mit dem Gewollten nicht überein; der Irrtum war auch kausal für die Abgabe der WE (hätte G gewusst, dass nicht die A am Telefon ist, hätte er den Mietvertrag mit R nicht abgeschlossen); Inhaltsirrtum (+)
     c) Frist, § 121 (+), unverzüglich
Ergebnis: der Mietvertrag ist gemäß § 142 Abs. 1 nichtig, ein Anspruch der R auf Überlassung des Zimmers scheidet aus.

B. R → G auf Ersatz der Fahrtkosten für das Taxi in Höhe von € 15,– aus
§ 122
   I. Nichtigkeit des Vertrages nach §§ 142 Abs. 1, 119 Abs. 1 (+), s. A.
  II. Ersatz des Vertrauensschadens (sog. negatives Interesse), d. h. alle
      Vermögensnachteile, die der Erklärungsempfänger dadurch erlitten
      hat, dass er auf die Gültigkeit der Erklärung vertraut hat; hier Taxi-
      kosten (+), da die R ohne das Geschäft mit G nicht zum Gasthaus
      gefahren wäre.
      Ergebnis: R kann von G € 15,– verlangen.

bb) Irrtum über die Geschäftsart.

Fall 51: H erzählt seinem Arbeitskollegen A, dass seine Hauskatze Nach-   33
wuchs bekommen habe und er nicht weiß, was er mit den 5 Kätzchen machen soll. Er fragt schließlich den A, ob er nicht ein Kätzchen möchte.
Nach langer Überlegung geht A am nächsten Tag zu H. H fordert den A
auf, sich eines der Katzenkinder auszusuchen. A nimmt sich ein getigertes
Kätzchen mit nach Hause. Eine Woche später verlangt H von A unter Berufung auf einen Kauf für das Kätzchen € 30,–. Da A dieses Geld unter keinen
Umständen bezahlen will, fordert H sofort die Rückgabe des Tieres. Zu
Recht? → Rn. 35.

Ein Irrtum über die Geschäftsart *(error in negotio)* liegt vor, wenn   34
der Erklärende einen ganz **anderen Vertragstyp** herbeiführen wollte,
als er objektiv zum Ausdruck gebracht hat. Die Rechtswirkungen des
tatsächlich abgeschlossenen Geschäfts weichen wesentlich von denen
des wirklich gewollten Geschäfts ab. Im Fall 51 hat H bei der Übergabe des Kätzchens nicht ausdrücklich gesagt, ob er dem A das Tier
schenken oder verkaufen will. Die Erklärung ist somit aus der objek-
tivierten Sicht des A auszulegen, §§ 133, 157 (§ 18 Rn. 7 ff.). H hatte
dem A das Kätzchen überlassen, ohne eine Bezahlung zu fordern.
Nach der von H mitgeteilten Vorgeschichte konnte A davon ausgehen, dass H die Kätzchen in jedem Fall abgeben möchte, da er selbst
keine Verwendung für die Tiere hat. Aufgrund dieser Umstände
musste A die Erklärung des H als Angebot zur Schenkung, also zur
unentgeltlichen Überlassung des Katzenkindes, verstehen. Dass H einen Kaufvertrag abschließen wollte, ist nicht zum Ausdruck gekommen. Insoweit stimmen das objektiv Erklärte und der wahre Wille
des H hinsichtlich des Geschäftstyps nicht überein. Der H kann seine
Erklärung wegen Inhaltsirrtums anfechten. Etwas anderes gilt jedoch
hinsichtlich der dinglichen Einigung nach § 929 S. 1 als einer Voraussetzung für den Eigentumsübergang. Die Möglichkeit der Anfech-

tung ist insoweit aufgrund des Abstraktionsprinzips (§ 16 Rn. 18 ff.) gesondert zu prüfen. H war damit einverstanden, dass A das Kätzchen mit nach Hause nimmt. Dadurch hat er objektiv erklärt, das Eigentum an dem Kätzchen an A zu übertragen. Dies entsprach auch dem in diesem Augenblick wirklich Gewollten. Unerheblich ist insoweit, dass A das Kätzchen nur gegen Bezahlung abgeben wollte, da sich der Inhalt der dinglichen Einigung – unabhängig von dem zugrunde liegenden Verpflichtungsgeschäft – in der bloßen Übertragung des Eigentums erschöpft.

35   Lösungsskizze Fall 51 (Rn. 33):
A. H → A auf Herausgabe des Kätzchens aus § 985
   I. Eigentum des H:
      1. ursprünglich war H Eigentümer (§ 953)
      2. Verlust des Eigentums nach §§ 90a, 929 S. 1 durch Einigung und Übergabe an A?
         a) Dingliche Einigung, § 929 S. 1
            aa) zwei übereinstimmende WE (+)
            bb) Nichtigkeit nach § 142 Abs. 1 durch Anfechtung
               (1) Anfechtungserklärung des H, § 143 Abs. 1 (+)
               (2) Anfechtungsgrund (–), Inhaltsirrtum kommt nicht in Betracht, da H das Eigentum an A übertragen wollte und dies auch erklärt hat; ein Irrtum hinsichtlich des Kausalgeschäftes berührt die dingliche Einigung nicht! (Rn. 57 ff.)
         b) Übergabe der Sache (+)
         c) Berechtigung des H (+)
   II. **Ergebnis:** H hat das Eigentum an den A verloren, § 985 scheidet aus.
B. H → A auf Rückübereignung des Kätzchens aus **§ 812 Abs. 1 S. 1, 1. Var.**
   I. „etwas erlangt": A ist Eigentümer des Kätzchens geworden, s. oben A.
   II. durch Leistung des H (+), bewusste und zweckgerichtete Mehrung fremden Vermögens
   III. ohne Rechtsgrund: in Betracht käme ein wirksamer Schenkungsvertrag
      1. Die Erklärung des H war aus Sicht eines objektiven Empfängers als ein Angebot zum Abschluss eines Schenkungsvertrages zu verstehen; dieses Angebot hat A angenommen.
      2. § 142 Abs. 1 – Nichtigkeit wegen Anfechtung

a) Anfechtungserklärung des H nach § 143 Abs. 1 (+)
b) Anfechtungsgrund: Inhaltsirrtum § 119 Abs. 1, 1. Var. – H
   hat erklärt, dass er das Kätzchen verschenkt, er wollte es
   aber verkaufen, Erklärung und Wille stimmen nicht überein,
   Irrtum (+); Kausalität (+)
c) Anfechtungsfrist, § 121 (+), durch sofortiges Rückgabeverlangen

Ergebnis: Der Schenkungsvertrag ist aufgrund der Anfechtung
nichtig, ein Kaufvertrag mangels Einigung nicht zustande gekommen, daher fehlt ein Rechtsgrund für die Übereignung.
M ist verpflichtet, nach § 812 Abs. 1 S. 1, 1. Var. das Kätzchen zurück zu übereignen.

cc) Rechtsfolgenirrtum.

Fall 52: V veräußert an K ein Wohnhaus, in dem seit vielen Jahren zwei   36
Familien zur Miete wohnen. Als K erfährt, dass die Mietverträge auch ihm
gegenüber wirksam sind und er in die Vermieterposition des V eintritt
(§ 566 Abs. 1), möchte er den Kaufvertrag anfechten. (ohne Lösungsskizze)

Ein Rechtsfolgenirrtum ist als Inhaltsirrtum nur beachtlich, wenn   37
der Erklärende ausdrücklich eine bestimmte Rechtsfolge herbeiführen will, aber wegen Verkennung der rechtlichen Bedeutung eine andere Rechtswirkung eintritt.[26] Entscheidend ist, dass die Erklärung
nach ihrem **Inhalt** unmittelbar auf die Herbeiführung dieser Rechtsfolge gerichtet ist, sog. unmittelbar erklärte Rechtsfolge.[27] Verkauft
beispielsweise jemand seine Gastwirtschaft „nebst Zubehör" in der –
unzutreffenden – Annahme, vom Zubehör seien nur die fest einge-
bauten Gegenstände wie Wandschränke , nicht aber sonstiges Mobi-
liar erfasst, irrt er über die Bedeutung seiner Erklärung und kann wegen Irrtums anfechten.[28] Die Anerkennung des Rechtsfolgenirrtums
kann im Einzelfall zu dem zweifelhaften Ergebnis führen, dass sich
die Anfechtungsmöglichkeiten erweitern, wenn Rechtsfolgen ausdrücklich in die Willenserklärung aufgenommen werden.
Ist die Rechtsfolge dagegen nicht in der Willenserklärung selbst
enthalten, sondern tritt **kraft Gesetzes** oder im Wege ergänzender
Vertragsauslegung unabhängig vom Willen des Erklärenden als nicht

---

26 Nicht um einen Rechtsfolgenirrtum in diesem Sinne handelt es sich, wenn der Erklärende über Tatsachen irrt, die zum Tatbestand der Norm gehören, *Musielak,* JZ 2014,
   64 sub III.
27 *Larenz/Wolf,* § 36 Rn. 73 ff.
28 Beispiel nach *Larenz/Wolf,* § 36 Rn. 76; *Medicus,* Rn. 751.

erkannte oder nicht gewollte Nebenwirkung ein, kommt eine Anfechtung **nicht** in Betracht. Der Erklärende kann beispielsweise einen Vertrag nicht mit der Begründung anfechten, er habe nicht gewusst, dass er für Sachmängel hafte, bei einer schuldhaften Vertragsverletzung zur Zahlung von Schadensersatz verpflichtet sei bzw. im Falle des Verzuges den Verzugsschaden ersetzen müsse. Eine Anfechtung scheidet auch dann aus, wenn das Gesetz an einen bestimmten Sachverhalt eine Haftung knüpft, z. B. die Haftung des in eine offene Handelsgesellschaft eintretenden Gesellschafters für die Verbindlichkeiten der Gesellschaft, § 130 HGB. Im Fall 52 ist mit der Veräußerung des Grundstücks ebenfalls eine gesetzlich angeordnete Rechtsfolge verbunden, die vom Willen der Parteien unabhängig ist: Der Erwerber tritt nach § 566 Abs. 1 in die bestehenden Mietverträge ein. Es liegt eine mittelbare – nicht in der Erklärung selbst enthaltene – Rechtsfolge vor, eine Anfechtung scheidet somit aus.

Ein **unbeachtlicher** Rechtsfolgenirrtum liegt schließlich auch dann vor, wenn jemand auf ein kaufmännisches Bestätigungsschreiben (§ 17 Rn. 31) schweigt, weil er die **Folgen seines Schweigens** nicht kennt. Diese Bedeutung des Schweigens beruht unabhängig vom Willen auf dem allgemein anerkannten Handelsbrauch (Gewohnheitsrecht), ein Irrtum hierüber ist unbeachtlich.[29] Auch wenn das Gesetz normiert, dass Schweigen eine Willenserklärung darstellt (s. etwa in § 362 HGB), kann der solchermaßen Gebundene nicht mit der Begründung anfechten, er habe sich über die Bindungswirkung seines Schweigens geirrt. Eine Anfechtung würde hier den vom Gesetz gewollten Vertrauensschutz des Vertragspartners unterlaufen. Hingegen kann in beiden Fällen wegen Irrtums angefochten werden, wenn er sich nicht auf das Schweigen an sich bezieht, sondern z. B. auf den Inhalt der Erklärung.[30] Anfechtung ist grundsätzlich infolge ausdrücklicher gesetzlicher Regelung möglich, wenn der Erbe durch Stillschweigen in Unkenntnis seines Ausschlagungsrechts die Erbschaft annimmt (§ 1943).

38   **c) Fehlendes Erklärungsbewusstsein.** Gemäß § 119 Abs. 1, 1. Var. besteht ein Anfechtungsrecht, wenn einem Handelnden, obwohl er

---

29 So schon BGHZ 11, 1, 5 = NJW 1954, 105 (wo schon das Vorliegen der Willenserklärung verneint wird); s. auch *Petersen*, Jura 2003, 690; ausführlich MünchKomm/ *Kramer*, § 119 Rn. 68.
30 MünchKomm/*Kramer*, aaO Rn. 68. Streitig ist jedoch, ob eine Anfechtung in Betracht kommt, wenn – etwa im Fall des § 362 HGB – der Kaufmann sich darauf beruft, er habe die Offerte nicht bekommen und deshalb geschwiegen.

kein Erklärungsbewusstsein hatte, ein objektiv rechtsgeschäftlich re-
levantes und ihm zurechenbares Verhalten als Willenserklärung zugerechnet wird (§ 17 Rn. 8 ff.).

2. Kalkulationsirrtum

Schrifttum: *Kindl*, Der Kalkulationsirrtum im Spannungsfeld von Auslegung, Irrtum und unzulässiger Rechtsausübung, WM 1999, 2198 ff.; *Kramer*,
Bundesgerichtshof und Kalkulationsirrtum: Ein Plädoyer für eine rechtsvergleichende Öffnung im Irrtumsrecht, Festgabe 50 Jahre BGH, 2000, 57 ff.; *Mayer-
Maly*, Bemerkungen zum Kalkulationsirrtum, FS Osthein, 1990, S. 189 ff.; *Pawlowski*, Die Kalkulationsirrtümer: Fehler zwischen Motiv und Erklärung, JZ
1997, 741 ff.; *Pfeifer*, Der Rubel-Fall: Dogmatische Einordnung und Rechtsfolgen des Kalkulationsirrtums, Jura 2005, 774; *Singer*, Der Kalkulationsirrtum –
ein Fall für Treu und Glauben? JZ 1999, 342 ff.; *Waas*, Der Kalkulationsirrtum
zwischen Anfechtung und unzulässiger Rechtsausübung, JuS 2001, 14 ff.

> **Fall 53:** B möchte sich einen Wintergarten errichten lassen. Er fordert des-
> halb einige Unternehmen zur Abgabe eines entsprechenden Angebotes auf.
> Der U gibt mit Abstand das günstigste Angebot mit einer Gesamtsumme
> von € 20.000,– ab, eine Berechnung wird dem B nicht mitgeteilt. B erteilt
> dem U den Auftrag. Als sich herausstellt, dass U bei der Berechnung der
> Gesamtsumme für sein Angebot die Transportkosten in Höhe von € 2.500,–
> vergessen hat, will er an dem Vertrag nicht mehr festhalten. Kann er anfech-
> ten? (ohne Lösungsskizze)

39

> **Fall 54:** U unterbreitet im Fall 53 dem B das Angebot zur Errichtung des
> Wintergartens zu einer Gesamtsumme von € 20.000,– und legt eine vierseit-
> tige Berechnung bei. Innerhalb dieser Berechnung werden die Transportkos-
> ten zwar als eigenständiger Rechnungsposten aufgeführt, jedoch bei der Ad-
> dition versehentlich nicht berücksichtigt. Wie ist dieser Sachverhalt zu
> beurteilen? (ohne Lösungsskizze)

Ein Kalkulationsirrtum liegt vor, wenn der Erklärende eine bestimmte Geldsumme nennt, ihm jedoch bei der **vorangegangenen
Berechnung** ein Fehler unterlaufen ist. Dieser Fehler kann auf einer
falschen Kalkulationsgrundlage beruhen, z. B. wenn das Tiefbauunternehmen von einem zu geringen Erdaushub ausgeht oder unzutreffende Materialkosten zugrunde legt. Ein Kalkulationsirrtum liegt
auch dann vor, wenn dem Erklärenden bei richtiger Kalkulationsgrundlage ein Rechenfehler bei der Ermittlung der Gesamtsumme
unterläuft. Für die rechtliche Bewertung muss zwischen dem **verdeckten** (internen) und dem **offenen** (externen) **Kalkulationsirrtum**
differenziert werden.

40

41   **a) Verdeckter Kalkulationsirrtum.** Ein verdeckter Kalkulationsirrtum ist gegeben, wenn dem Erklärungsgegner nur das **Ergebnis**
der Berechnung, nicht aber die Kalkulation selbst mitgeteilt wird.
Der Irrtum liegt anders als im Fall des Verschreibens oder Versprechens nicht bei der Willensäußerung vor, sondern ist das Ergebnis
der vorherigen fehlerhaften Willensbildung. Der Erklärende erklärt
genau das, was er auch erklären wollte. Das Erklärte und der Wille
stimmen überein, so dass eine Anfechtung nach § 119 Abs. 1 nicht in
Betracht kommt. Vielmehr liegt ein unbeachtlicher Irrtum im Beweggrund (Motivirrtum) vor. Derjenige, der aufgrund einer für richtig
gehaltenen, aber unzutreffenden Berechnungsgrundlage einen bestimmten Preis oder eine Vergütung fordert, trägt das Risiko für die
Richtigkeit seiner Kalkulation. Im Fall 53 ist dem U ein Kalkulationsirrtum unterlaufen, da er die Kosten für den Transport nicht in die
Gesamtsumme eingerechnet hatte. Es handelt sich um einen verdeckten Kalkulationsirrtum, da die Berechnung dem B nicht mitgeteilt
wurde. Dem U ist ein Irrtum im **Stadium der Willensbildung** unterlaufen. Er war sich der Bedeutung seiner Erklärung sehr wohl bewusst und hat mit der Zusendung des Angebotes an B genau die Erklärung abgegeben, die er abgeben wollte. Es liegt somit ein
unbeachtlicher Motivirrtum vor, der nicht zur Anfechtung berechtigt.[31] B hat gegen U einen Anspruch auf die Errichtung des Winter-
gartens zum Preis von € 20.000,– aus dem wirksamen Werkvertrag
(§ 631 Abs. 1).

Die Anfechtung ist nach h. M. selbst dann ausgeschlossen, wenn der Erklärungsempfänger den Kalkulationsirrtum positiv kannte oder sich der Kenntnis
treuwidrig verschlossen hat.[32] Selbst wenn der U im Fall 53 dem B sofort mitgeteilt hätte, dass er bei seiner Berechnung die Transportkosten vergessen hat,
und der B trotzdem das Angebot in Höhe von € 20.000,– annimmt, kann er
die Erklärung nicht anfechten. Die Kenntnis des Erklärungsempfängers vom
Irrtum ist keine Frage des Anfechtungsgrundes, sondern der Anfechtungsfol-
gen. Andernfalls würde § 122 Abs. 2 leer laufen und die Bestimmung der Anfechtungsfrist erschwert, wenn die subjektive Kenntnis des Empfängers zum
Tatbestandsmerkmal des Anfechtungsgrundes gehören würde. Der Erklärende
kann jedoch nach § 242 die Erfüllung des Vertrages verweigern, wenn das Verhalten des Erklärungsempfängers darüber hinaus treuwidrig ist. Dies wird bejaht, wenn der Empfänger diejenigen Tatsachen kennt, die den Kalkulationsirrtum begründen, sowie Tatsachen, aus denen sich ergibt, dass ein Festhalten

---

31 *BGH* NJW 2002, 2312; NJW 1998, 3191, 3192; *Larenz/Wolf*, § 36 Rn. 71; Palandt/
   Ellenberger, § 119 Rn. 18.
32 *BGH* NJW 1998, 3191, 3194; *Bork*, Rn. 837; a. A. *Singer*, JZ 1999, 342 ff.

am Vertrag für den Erklärenden schlechthin unzumutbar wäre.[33] Drängen sich dem Empfänger sowohl der Irrtum als auch die unzumutbaren Folgen geradezu auf, besteht eine Erkundigungspflicht.[34]

Vom verdeckten Kalkulationsirrtum bei Vertragsschluss zu unterscheiden ist der Fall, dass sich ein Vertragspartner bei der Erfüllung verrechnet und daher zu viel zahlt bzw. leistet. Das ist kein Fall der Anfechtung, sondern ein Anwendungsfall der Leistungskondiktion (§ 812 Abs. 1 S. 1, 1. Var.), da das zu viel Geleistete ohne Rechtsgrund erbracht wurde.[35]

b) Offener Kalkulationsirrtum. Beim offenen Kalkulationsirrtum   42 wird dem Erklärungsgegner die Berechnung oder ihre Grundlage mitgeteilt oder sie sind ihm bekannt. Das Reichsgericht hat einen Anfechtungsgrund nach § 119 Abs. 1 angenommen, da die Kalkulation Inhalt der Erklärung geworden sei.[36] Diese Rechtsprechung ist nach h. M. abzulehnen,[37] da auch in diesem Fall der Fehler bei der Willensbildung liegt und die Erklärung mit dem Willen übereinstimmt. Die Lösung der Fälle des offenen Kalkulationsirrtums ist zuerst im Wege der **Auslegung** zu suchen. Sind die Parteien gemeinsam von einer bestimmten Preisgestaltung ausgegangen, z. B. von einem festgelegten Stückpreis oder einem Tageskurs, dann stellt die fehlerhaft errechnete Gesamtsumme lediglich eine unschädliche *falsa demonstratio* dar. Maßgebend ist der richtige Preis.[38] Liefert der Verkäufer an den Pferdebesitzer Stroh mit der Bemerkung „536 Ballen wie immer zu je € 1,50 macht € 759,–", dann braucht er den Vertrag nicht anfechten. Hier führt bereits die Auslegung zu dem Ergebnis, dass der Vertrag über € 804,– zustande kommt, wenn der Preis pro Strohballen („wie immer") im Vordergrund steht.

Wird durch Auslegung festgestellt, dass der Berechnungsgrundlage   43 und dem bestimmten Endergebnis die gleiche Bedeutung zugemessen wurde, beide aber völlig widersprüchlich sind, ist die Erklärung wegen **Perplexität** nichtig; eine Anfechtung kommt nicht in Betracht.[39] Gibt die Schneiderin dem Theaterregisseur ein Angebot ab mit dem Wortlaut: „Ich schneidere für sie 50 Kostüme zum Stückpreis von € 170,–, also zum Gesamtpreis von € 10.983,–." und nimmt dieser das Angebot

---

33 *BGH* NJW 1998, 3191, 3194; *OLG München* NJW 2003, 367.
34 *BGH* NJW 2002, 2312; NJW 2001, 284.
35 *BGH* NJW-RR 2003, 921.
36 RGZ 64, 266, 268; 162, 198, 201.
37 *Medicus*, Rn. 758; Palandt/*Ellenberger*, § 119 Rn. 19.
38 *Singer*, JZ 1999, 342, 344; *Larenz/Wolf*, § 36 Rn. 61; *Fezer*, Klausurenkurs im BGB, Allgemeiner Teil, Fall 19 S. 205; *Boecken*, AT Rn. 507.
39 *Medicus/Petersen*, Bürgerliches Recht, Rn. 134.

an, ist kein wirksamer Vertrag zustande gekommen. Ein übereinstimmender Wille kann in diesem Fall nicht ermittelt werden.

Haben sich die Vertragsparteien nur über die Endsumme geeinigt, ist aber die Kalkulation dennoch bekannt oder mitgeteilt worden, kommt eine Anpassung des Vertrages nach den Grundsätzen über den Wegfall bzw. die Störung der **Geschäftsgrundlage** (§ 313) in Betracht, soweit die Kalkulation Geschäftsgrundlage geworden ist. In diesem Fall liegt ein **gemeinsamer Irrtum** der Parteien vor (ausführlich Rn. 95 ff.).[40] Dies ist im Wege der Auslegung zu ermitteln. Im Hinblick darauf, dass der Käufer häufig den Vertrag wegen des bestimmten Festpreises abschließt und das Risiko der Kalkulation dem Verkäufer zufallen soll, ist die Berechnungsgrundlage nur vereinzelt als Geschäftsgrundlage anzusehen. Handelt es sich demnach nur um die Kalkulation eines Vertragspartners, ist der Kalkulationsirrtum grundsätzlich auch dann unerheblich, wenn der andere ihn kannte oder kennen konnte. Die Kalkulation wird beispielsweise dann zur Geschäftsgrundlage, wenn sie im Einverständnis beider Parteien von einem neutralen Dritten erstellt wurde.

Im **Fall 54** (Rn. 39) liegt ein offener Kalkulationsirrtum vor, da dem B die Berechnungsgrundlage mitgeteilt wurde. Nach h. M. scheidet eine Anfechtung nach § 119 Abs. 1 aus, da Wille und Erklärung übereinstimmen. Die Auslegung hilft in diesem Fall nicht weiter. Für B kam es entscheidend auf den Gesamtpreis an. Die Kalkulationsgrundlage hatte für ihn nur nachrangige Bedeutung. Der Kalkulationsfehler war hier nicht einfach zu ermitteln, im Übrigen ist der Besteller grundsätzlich nicht verpflichtet, die Berechnungsgrundlage zu kontrollieren. Ein Fall der Perplexität liegt nicht vor. Fraglich ist, ob die Kalkulation nach den Vertragsverhandlungen zur Geschäftsgrundlage geworden ist. Dies ist abzulehnen. B hat sich wegen des Festpreises zur Annahme des Angebotes von U entschlossen. Die Berechnung war für ihn nicht entscheidend. Vielmehr war es allein die Kalkulation des U, der auch das Risiko für deren Richtigkeit tragen sollte. U muss somit auch im Fall 54 den Wintergarten für € 20.000,– errichten.

44   Hat der Erklärungsempfänger selbst den Kalkulationsirrtum veranlasst, etwa weil er dem Erklärenden falsche Angaben gemacht hat (die Stadt gibt dem Tiefbauunternehmen irrtümlich 1.200 m auszuschachtenden Graben statt 1.300 m an und das Unternehmen ver-

---

40 Vgl. den „Brockeneisenfall" des RG: V und K einigen sich auf den Verkauf einer bestimmten Menge Altmetalls („Brockeneisen"), dessen Menge sie einvernehmlich auf 40 Eisenbahnwaggons schätzen und entsprechend einen Endpreis kalkulieren. In Wirklichkeit handelte es sich um die doppelte Menge. Zur Lösung über die „subjektive Geschäftsgrundlage" MünchKomm/*Kramer*, § 119 Rn. 93, 94 mit Nachw.

pflichtet sich zu einem viel zu niedrigen Gesamtpreis) und ist deshalb die Berechnung unzutreffend, kann der Empfänger die Anpassung des Vertrages, Auflösung oder Schadensersatz aus *c. i. c.* (§§ 311 Abs. 2, 241 Abs. 2, 280) verlangen. Insoweit ist unerheblich, ob die Kalkulation Geschäftsgrundlage ist oder nicht.

> **Merke:** Der Kalkulationsirrtum berechtigt **nicht** zur Anfechtung. Der 45
> verdeckte Kalkulationsirrtum ist völlig unbeachtlich. Beim offenen Kalkula-
> tionsirrtum ist zunächst zu prüfen, ob im Wege der Auslegung eine Lösung
> gefunden werden kann. Im Fall der inneren Widersprüchlichkeit (Perplexi-
> tät) ist die Erklärung nichtig. Die unzutreffende Kalkulation kann zur Ge-
> schäftsgrundlage gehören, so dass dann eine Anpassung nach den Regeln
> über die Störung der Geschäftsgrundlage (§ 313) erfolgt. Im Übrigen trägt
> der Erklärende das Risiko der fehlerhaften Berechnung.

3. Eigenschaftsirrtum

> **Fall 55:** V verkauft sein Grundstück, das als Ackerland genutzt wird, in 46
> notariell beurkundetem Kaufvertrag an den K. Als V noch vor der Übergabe
> des Grundstücks erfährt, dass die Gemeinde 3 Monate vor Abschluss des
> Kaufvertrages zwischen K und V einen Bebauungsplan erlassen hat, durch
> den die Bebauung des Grundstücks ermöglicht wird, möchte V wegen der
> Wertsteigerung zu dem vereinbarten Preis nicht mehr am Vertrag festhalten.
> Dies teilt er dem K sofort mit. K, der den Bebauungsplan zwar kannte, das
> Grundstück derzeit aber ohnehin noch nicht bebauen möchte, verlangt die
> Übertragung des Grundeigentums und Übergabe des Grundstücks. Zu
> Recht? → Rn. 52.

Anders als bei § 119 Abs. 1 stimmen beim Eigenschaftsirrtum nach 47
§ 119 Abs. 2 Erklärung und Wille überein. Dem Erklärenden ist jedoch bei der Willensbildung ein Fehler unterlaufen, er irrt über die
verkehrswesentliche Eigenschaft einer Person oder Sache. Dieser Irrtum muss für die Abgabe der Willenserklärung ursächlich gewesen
sein. Der Eigenschaftsirrtum stellt einen ausnahmsweise **beachtlichen
Motivirrtum** dar.

a) **Eigenschaft.** Eigenschaften einer Person oder einer Sache sind 48
alle wertbildenden Faktoren, nicht aber das Ergebnis der Wertbil-
dung.

> **Eigenschaften** sind die gegenwärtigen, wertprägenden Merkmale tatsäch-
> licher oder rechtlicher Art, die in der Person oder der Sache selbst begründet
> sind und eine gewisse Beständigkeit aufweisen.

49   **aa) Eigenschaften einer Sache.** Sachen im Sinne von § 119 Abs. 2 sind nicht nur körperliche Gegenstände nach § 90, sondern auch Rechte, z. B. Forderungen, Grundschulden. Zu den Eigenschaften einer Sache zählen nicht nur die Merkmale, die auf deren natürlicher Beschaffenheit beruhen, sondern auch tatsächliche und rechtliche Verhältnisse sowie **Beziehungen zur Umwelt,** die nach der Verkehrsauffassung für die Wertschätzung von Bedeutung sind. Zu den Eigenschaften zählen beispielsweise Fahrleistung und Baujahr eines Fahrzeuges; Größe, Lage und Bebaubarkeit eines Grundstücks sowie die Echtheit eines Kunstwerkes. Dagegen ist der Wert der Sache selbst, ihr Preis, keine Eigenschaft, da sich dieser erst aus den Eigenschaften ergibt. Ebenso wenig ist die Zuordnung des Eigentums an der Sache eine Eigenschaft, da sie nicht in der Sache selbst begründet ist (str.).

50   **bb) Eigenschaften einer Person.** Der Irrtum über die Eigenschaft einer Person bezieht sich regelmäßig auf den **Geschäftspartner,** kann aber nach dem Inhalt des Geschäfts auch die Eigenschaft eines **Dritten** betreffen. Der Darlehensgeber kann beispielsweise den Darlehensvertrag wegen eines Irrtums über die Vermögensverhältnisse des vom Darlehensnehmer beigebrachten Bürgen anfechten. Eigenschaften einer Person sind etwa Alter, Sachkunde, Gesundheitszustand, Vertrauenswürdigkeit und Zuverlässigkeit sowie Vorstrafen, Kreditwürdigkeit und Zahlungsfähigkeit. Die Schwangerschaft ist als vorübergehender Zustand keine Eigenschaft. Besondere Bedeutung erlangt der Irrtum über die Eigenschaft einer Person im Arbeitsrecht.

51   **b) Verkehrswesentlichkeit.** Die Eigenschaft muss verkehrswesentlich sein. Das ist der Fall, wenn die Eigenschaft aufgrund ausdrücklicher oder konkludenter **Vereinbarung** zum Inhalt des Geschäfts gehört. Fehlt eine solche Vereinbarung, ist nach der **Verkehrsauffassung** zu ermitteln, worauf bei Geschäften dieser Art üblicherweise Wert gelegt wird. Jedes Rechtsgeschäft soll einem bestimmten wirtschaftlichen Zweck dienen. Bei der Frage der Verkehrswesentlichkeit einer Eigenschaft muss somit immer geprüft werden, ob die Eigenschaft gerade für das konkrete Geschäft bedeutsam ist. Die Kreditwürdigkeit ist beispielsweise eine verkehrswesentliche Eigenschaft beim Abschluss eines Darlehensvertrages oder eines finanzierten Kaufs, nicht aber bei Bargeschäften. Auf die Vertrauenswürdigkeit kommt es nur an, wenn der Vertrag in besonderem Maße auf die vertrauensvolle Zusammenarbeit gerichtet ist, z. B. bei der Einstellung

eines Prokuristen oder Buchhalters, nicht aber bei der Beschäftigung eines Gärtners oder beim Verkauf von Gegenständen an einen Käufer.

Lösungsskizze Fall 55 (Rn. 46): 52
I. K → V auf Auflassung und Eintragung sowie Übergabe des Grundstücks aus § 433 Abs. 1 S. 1
Voraussetzung: wirksamer Kaufvertrag
1. zunächst wirksam durch Angebot und Annahme zustande gekommen (+)
2. Form, § 311b Abs. 1 S. 1 (+)
3. § 142 Abs. 1 – Nichtigkeit wegen Anfechtung
   a) Zulässigkeit der Anfechtung (+), kein Ausschluss wegen §§ 434 ff. (Rn. 70 f.). Ein Fall der Störung der Geschäftsgrundlage (§ 313) liegt nicht vor, da K den Bebauungsplan kannte (kein beiderseitiger Irrtum, vgl. Fall 60), aber derzeit keine Bauabsicht hat und die (fehlende) Bebaubarkeit daher nicht beiderseitige Geschäftsgrundlage wurde.
   b) Anfechtungserklärung des V (+), formlos möglich, auch wenn Kaufvertrag nach § 311a Abs. 1 S. 1 der notariellen Beurkundung bedurfte
   c) Anfechtungsgrund: Eigenschaftsirrtum § 119 Abs. 2 wegen Irrtums über Bebaubarkeit des Grundstücks: Eigenschaft (+) s. Rn. 49, verkehrswesentlich (+), Bebaubarkeit im Rechtsverkehr bei Grundstücksgeschäften bedeutsam; Irrtum (+), da unbewusstes Auseinanderfallen von Vorstellung und Realität; Kausalität (+), bei Kenntnis der Bebaubarkeit hätte V den Kaufvertrag nicht oder zu anderen Konditionen abgeschlossen.
   d) Anfechtungsfrist, § 121 (+)
II. **Ergebnis:** durch wirksame Anfechtung ist der Kaufvertrag mit Wirkung *ex tunc* nichtig; ein Anspruch des K aus § 433 Abs. 1 S. 1 besteht nicht. K kann jedoch nach § 122 Ersatz des Vertrauensschadens verlangen.

Zum Ausschluss der Anfechtung nach § 119 Abs. 2 bei Vorrang der Sachmängelhaftung, vgl. Rn. 70 f. Bei beiderseitigem Eigenschaftsirrtum sind die Regeln über die Störung der Geschäftsgrundlage (§ 313) anwendbar, s. Rn. 95 ff.

4. Übermittlungsirrtum

Fall 56: Der Unternehmer U beauftragt seinen Auszubildenden A mit der 53 telefonischen Bestellung von 100 Packungen Kopierpapier beim Großhändler G. Der zerstreute A bestellt stattdessen versehentlich beim Schreibwarenhändler S, bei dem eine Packung € 1,– mehr kostet als bei G. Als S das Papier liefert, klärt sich der Irrtum auf. U weigert sich, das Papier abzunehmen. Kann S von U die Abnahme verlangen? → Rn. 56.

54   § 120 berechtigt den Erklärenden zur Anfechtung, wenn seine Erklärung durch eine Person oder eine Anstalt, z. B. Deutsche Post AG, unbewusst unrichtig übermittelt wurde. Der Wille des Erklärenden und das Erklärte stimmen nicht überein. § 120 regelt eine Form des Erklärungsirrtums, d. h. es liegt ein Irrtum in der Erklärungshandlung vor. Zwar verspricht, vergreift oder verschreibt sich der Erklärende nicht selbst, sondern der Fehler unterläuft der Person oder Einrichtung, derer er sich zur Übermittlung bedient, dies muss sich der Erklärende jedoch zurechnen lassen. Er muss die Erklärung zunächst mit dem Inhalt gegen sich gelten lassen, mit dem sie beim Empfänger zugeht. Der Erklärende kann die falsch übermittelte Erklärung jedoch nach § 120 anfechten.

55   Eine Anfechtung nach § 120 setzt voraus, dass die Willenserklärung durch einen **Erklärungsboten** oder eine entsprechende Einrichtung übermittelt wurde. Im Unterschied zum Stellvertreter – für den Fall der Stellvertretung gilt § 120 nicht! – gibt der Erklärungsbote keine eigene, sondern eine fremde Erklärung ab. Ebenso wenig ist § 120 anwendbar, wenn der **Empfangsbote** bei der Weitergabe die Willenserklärung verfälscht. Die Willenserklärung geht mit dem Inhalt zu, mit dem sie gegenüber dem Empfangsboten erklärt wurde. Das Risiko der Verfälschung trägt in diesem Fall der Geschäftsherr des Empfangsboten (vgl. § 17 Rn. 47, 51–53).

Ein Anfechtungsrecht nach § 120 besteht nur, wenn der Erklärungsbote die Erklärung **unbewusst** fehlerhaft übermittelt. Der Fehler kann darauf beruhen, dass der Erklärungsbote den Erklärenden bereits falsch versteht, er die Erklärung selbst bei Weitergabe an den Empfänger inhaltlich verfälscht oder er die Erklärung irrtümlich an den falschen Empfänger zuleitet. Der Grund für die fehlerhafte Übermittlung ist gleichgültig.

Die Anwendung von § 120 scheidet aus, wenn der Erklärungsbote **bewusst** eine unrichtige Erklärung übermittelt. Diese Erklärung wirkt nicht gegen den scheinbaren Absender, er braucht nicht anzufechten. Hier gelten die §§ 177 ff. (Haftung des Vertreters ohne Vertretungsmacht) entsprechend: Der Absender kann analog § 177 genehmigen, andernfalls haftet der Bote gemäß § 179 analog. Eine Haftung des Absenders kann sich im Falle eines Verschuldens aus *c. i. c.* (§§ 311 Abs. 2, 241 Abs. 2, 280) ergeben.

Lösungsskizze Fall 56 (Rn. 53):   **56**
I. S → U auf Abnahme des Papiers aus § 433 Abs. 2
   Voraussetzung: wirksamer Kaufvertrag
   1. Angebot des U (+), übermittelt durch Erklärungsboten A – A ist
      nicht Vertreter, da er die fremde WE des U abgibt; Annahme durch
      S (+); wirksamer Kaufvertrag (+)
   2. § 142 Abs. 1 – Nichtigkeit wegen Anfechtung
      a) Anfechtungserklärung des U gem. § 143 Abs. 1: (+), indem U die
         Abnahme verweigert
      b) Anfechtungsgrund: Übermittlungsirrtum § 120 (+): fehlerhafte
         Übermittlung (+), auch bei Übermittlung an den unerkannt fal-
         schen Empfänger; Erklärungsbote (+) (A ist nicht Vertreter,
         s. o.); unbewusst fehlerhafte Übermittlung: (+), irrtümlich
      c) Anfechtungsfrist, § 121 (+)
II. **Ergebnis:** der Kaufvertrag ist nach § 142 Abs. 1 mit Wirkung *ex tunc*
    nichtig; es besteht keine Abnahmepflicht
    Zusatz: S kann von U den Ersatz des Vertrauensschadens verlangen, der
    dadurch entstanden ist, dass S auf die Gültigkeit des Geschäfts vertraut
    hat, § 122. Ersatzfähig sind beispielsweise die Transportkosten des S.

§ 120 ist auch anwendbar, wenn die fehlerhafte Übermittlung schon bei einer invitatio ad offerendem im Internet aufgrund eines Softwarefehlers unterläuft und sich dieser Fehler bei den folgenden Willenserklärungen fortsetzt.
Beispiel: V möchte seinen PC im Internet zum Verkauf anbieten. Statt des
von ihm in das elektronische System eingegebenen Preises von 2.650,– € erscheint durch einen Fehler der Software auf der Website ein Preis von nur
245,– €. Erfolgt die Annahme eines Angebotes eines Interessenten automatisiert, so dass sich der einmal unterlaufene Fehler in der Annahme fortsetzt
und der Annehmende den Fehler nicht mehr erkennen kann, so berechtigt
ihn dies zur Anfechtung der Annahmeerklärung nach § 120. Dies gilt, obwohl
der Übermittlungsfehler schon im Vorfeld bei der Formulierung der invitatio
ad offerendem unterlief.[41] Die eingesetzte Software kann als „Einrichtung"
i. S. v. § 120 angesehen werden.

5. Anfechtbarkeit von Verpflichtungs- und Verfügungsgeschäft

Die Anfechtung kann sich sowohl auf das Verpflichtungs- als auch   57
auf das Verfügungsgeschäft beziehen. Wegen des **Abstraktionsprinzips** (s. § 16 Rn. 18 ff.) hat die Anfechtung des Verpflichtungsgeschäfts keine Auswirkungen auf das dingliche Verfügungsgeschäft
und umgekehrt. Es ist somit isoliert zu prüfen, ob sich ein Willens-

---

41 *BGH* NJW 2005, 976 (zit. §§ 119, 120 zusammen); *OLG Hamm* NJW 2004, 2601;
Palandt/*Ellenberger,* § 120 Rn. 2.

mangel auf das eine oder das andere Geschäft auswirkt. Wenn die getrennte Prüfung ergibt, dass der Fehler sowohl dem Verpflichtungs- als auch dem Verfügungsgeschäft anhaftet, sog. **Fehleridentität,** können beide Geschäfte wegen desselben Anfechtungsgrundes nichtig sein.

Unproblematisch sind diejenigen Fälle, in denen das dingliche Erfüllungsgeschäft einen vom Kausalgeschäft unabhängigen Anfechtungsgrund aufweist, z. B. Vergreifen bei Übereignung, so dass der Verkäufer die falsche Sache übereignet (§ 119 Abs. 1, 2. Var.) oder Täuschung bei Übereignung, wenn dem Käufer statt dem geschuldeten Original eine Kopie ausgehändigt wird (§ 123). Das Verfügungsgeschäft ist in diesen Fällen anfechtbar, während das Verpflichtungsgeschäft davon unberührt bleibt.

58   Fraglich ist, wann ein Willensmangel bezüglich des Verpflichtungsgeschäfts das Verfügungsgeschäft beeinflusst. Nach Ansicht des Reichsgerichts erfasst ein für das Grundgeschäft beachtlicher Irrtum auch das Erfüllungsgeschäft, wenn beide als „einheitlicher Willensakt" erscheinen.[42] Dies soll insbesondere beim zeitlichen Zusammenhang beider Erklärungen gelten. Damit wird jedoch das Abstraktionsprinzip **unzulässig durchbrochen,** denn auch beim zeitlichen Zusammenfallen ist zwingend zwischen den verpflichtenden und den verfügenden Erklärungen zu differenzieren. Es muss im Einzelfall genau geprüft werden, auf welche Willenserklärung sich der Willensmangel bezieht, unabhängig von einem (zufälligen) zeitlichen Zusammenfallen der Erklärungen. Die Anfechtbarkeit des Verfügungsgeschäfts ist anhand der einzelnen Anfechtungsgründe wiederum selbstständig zu beurteilen. Dabei ist zu beachten, dass sich der Inhalt der Verfügung nur auf die Herbeiführung der Rechtsänderung bezieht, d. h. der Inhalt der Übereignung erschöpft sich darin, das Eigentum zu übertragen, während z. B. der Preis oder andere Modalitäten im Verpflichtungsgeschäft geregelt sind.

59   Die Anfechtbarkeit nach § 119 Abs. 1 erfasst in der Regel wegen des unterschiedlichen Erklärungsgehaltes nur das Verpflichtungs- oder das Verfügungsgeschäft. Der Erklärungsirrtum, der nur bei ausdrücklichen Erklärungen vorkommt, bezieht sich grundsätzlich auf eine ganz konkrete Willensäußerung – auf das Verpflichtungs- oder das Verfügungsgeschäft –, so dass wegen dieser Trennung nur eines der Geschäfte anfechtbar ist. Eine Anfechtung des dinglichen Rechts-

---

42 RGZ 66, 385, 390.

geschäfts nach § 119 Abs. 1 kommt nicht in Betracht, wenn sich der Erklärende zwar beim Verpflichtungsgeschäft geirrt hat, sich aber bei der Vornahme des Verfügungsgeschäfts keine Gedanken mehr macht, sondern lediglich die Erfüllung des Grundgeschäfts anstrebt.

Beispiel: K erwirbt am Kiosk des V eine Zeitschrift. Auf die Frage nach dem Preis, verspricht sich V (€ 1,20 statt € 2,10) und händigt dem K, der den entsprechenden Betrag hinlegt, die Zeitschrift aus. Wenn V seinen Irrtum bemerkt, kann er das Verpflichtungsgeschäft, den Kaufvertrag, anfechten, nicht jedoch die Übereignung der Zeitschrift. Aufgrund des Abstraktionsprinzips ist das Verfügungsgeschäft auch bei zeitgleicher Vornahme inhaltlich neutral und dient – motivunabhängig – nur der Erfüllung des geschlossenen Kaufvertrages. Überlegungen zum Kaufpreis gehören, wenn man diese exakte Trennung der Rechtsgeschäfte zugrunde legt, nicht zur Verfügung über die Kaufsache, sie haben nur für den Abschluss des Kaufvertrages Relevanz.

Ein Inhaltsirrtum kann jedoch in Form des Identitätsirrtums über den Geschäftsgegenstand oder den Geschäftspartner sowohl das Verpflichtungs- als auch das Verfügungsgeschäft beeinflussen, wenn sie in einer Handlung zusammenfallen. Die Identität des Vertragspartners und des Vertragsgegenstandes gehören zum Inhalt der dinglichen Erklärung. Die fehlerhafte Vorstellung bezieht sich somit auf beide Geschäfte. Denkbar ist auch, dass das Verpflichtungsgeschäft fehlerfrei zustande kommt, jedoch bei der Übereignung dem Veräußerer eine Verwechslung unterläuft.

Beispiel: E ist Eigentümer eines Original-Picassos und einer Kopie desselben Bildes. Er möchte seinem Neffen N die Kopie schenken. Als N zu Besuch kommt, gibt ihm E mit den Worten „Diese wunderschöne Kopie will ich dir zum Geburtstag schenken – sie gehört fortan dir!" das Original, da er sich vergriffen hat. Hier sind Schenkungsvertrag (s. oben Rn. 13) und Übereignung anfechtbar. E wollte dem N das in seiner Hand befindliche Bild übereignen, weil er es für die Kopie hielt. Damit ist die Verwechslung für Schenkungs- und Übereignungsvertrag zum Erklärungsbestandteil geworden.

Die Anfechtung des Verfügungsgeschäfts nach § 119 Abs. 2 scheidet hingegen regelmäßig aus.[43] Der Irrtum über eine verkehrswesentliche Eigenschaft berechtigt nur zur Anfechtung des Verpflichtungsgeschäfts. Diese Motive spielen für die Frage, ob und unter welchen Bedingungen ein Kaufvertrag etc. geschlossen wird, eine Rolle, sind mit dessen Zustandekommen aber für die weiteren Erfüllungshandlungen nicht mehr von Bedeutung. Bei einem zeitlichen Auseinander-

60

---

43 Str., s. *Stadler,* Gestaltungsfreiheit und Verkehrsschutz durch Abstraktion, 1996, S. 177 ff. m. N.

fallen von Verpflichtungs- und Verfügungsgeschäft wird sich der Erklärende im Zeitpunkt der Verfügung, etwa bei Übereignung der Kaufsache, keine Gedanken mehr über die Eigenschaften der Kaufsache oder Person des Käufers machen. Der Wille ist lediglich auf die Erfüllung des Grundgeschäftes gerichtet. Fallen Verpflichtungs- und Verfügungsgeschäft in einem **einheitlichen Willensakt** zusammen, mag sich zwar die Fehlvorstellung hinsichtlich der Eigenschaft auf die Verfügung beziehen, es fehlt aber an der Kausalität des Irrtums für die Abgabe der Willenserklärung. Zwar hätte der Erklärende die dingliche Erklärung bei Kenntnis der wahren Sachlage nicht abgegeben, das Abstraktionsprinzip versagt jedoch die rechtliche Anerkennung für das vom Zweck und den Motiven des Verpflichtungsgeschäfts unabhängige Verfügungsgeschäft.

6. Rechtsfolgen der Anfechtung

61   **a) Nichtigkeit des Rechtsgeschäfts.** Bis zur erklärten Anfechtung ist das anfechtbare Rechtsgeschäft gültig. Erst nach wirksamer Anfechtung ist es als **von Anfang an** *(ex tunc)* **nichtig** anzusehen, es wird also rückwirkend beseitigt, § 142 Abs. 1. Ausnahmen gelten bei manchen Dauerschuldverhältnissen, insbesondere bei bereits in Vollzug gesetzten Arbeitsverträgen. Wegen deren auf längere Zeit angelegten Charakters und der Schwierigkeit einer Rückabwicklung nach teilweiser Erfüllung bewirkt die Anfechtung ausnahmsweise eine Vernichtung des Rechtsgeschäfts nur für die Zukunft *(ex nunc)*, s. oben Rn. 15.[44] Die Nichtigkeit infolge der Anfechtung ist unumkehrbar.[45] Unbenommen ist den Parteien die Bestätigung (vor Anfechtung) oder die Neuvornahme nach erfolgter Anfechtung. Unterbleibt die Anfechtung innerhalb der Ausschlussfrist nach § 121, ist das Rechtsgeschäft uneingeschränkt wirksam.

62   Die Nichtigkeit bezieht sich selbstverständlich nur auf das jeweils angefochtene Geschäft. Die folgenden Ansprüche der Parteien sind davon abhängig, ob sich die Anfechtung auf das Verpflichtungs- oder auf das Verfügungsgeschäft bezieht (dazu Rn. 57 ff.). Die Nichtigkeit des Verpflichtungsgeschäfts nach erfolgter Anfechtung führt dazu, dass vertragliche Verpflichtungen nicht mehr bestehen. Soweit

---

44 *BGH* WM 1995, 613, 614; *BAG* NJW 1984, 446, 447.
45 Möglich ist lediglich – bei Vorliegen eines Anfechtungsgrundes – die Anfechtung der Anfechtungserklärung. Die zunächst eingetretene Nichtigkeit (§ 142 Abs. 1) entfällt mit der zweiten Anfechtung, so dass das ursprüngliche Rechtsgeschäft wieder auflebt, *Larenz/Wolf*, § 44 Rn. 48.

in Erfüllung des – nunmehr nichtigen – Vertrages bereits bestimmte
Leistungen erbracht wurden, bleibt dieses Verfügungsgeschäft von
der Anfechtung des Verpflichtungsgeschäfts wegen des Abstraktionsprinzips unberührt. Das Geleistete ist jedoch nach § 812 Abs. 1 S. 1,
1. Var. wegen fehlenden Rechtsgrundes zurück zu gewähren. Der
Käufer muss beispielsweise nach Anfechtung des Kaufvertrages die
ihm bereits wirksam übereignete Kaufsache an den Verkäufer zurückübereignen (durch Einigung und Übergabe nach § 929 S. 1), es
sei denn, er wäre entreichert, § 818 Abs. 3. Die Anfechtung des Verfügungsgeschäfts führt nur zu dessen Nichtigkeit, der Rechtserwerb
ist rückwirkend unwirksam. Der Verfügende ist im Falle der nichtigen Eigentumsübertragung Eigentümer der Sache geblieben. Er
kann somit nach § 985 die Herausgabe der Sache verlangen. Bedeutung hat dies gegenüber dem bloßen Rückübereignungsanspruch aus
Bereicherungsrecht für den Fall der **Insolvenz des Erwerbers** – der
Veräußerer, der infolge Anfechtung Eigentümer geblieben ist, kann
gem. § 47 InsO aussondern. Zu prüfen ist jedoch, ob dem Besitzer
aufgrund des zugrundeliegenden – noch immer gültigen Verpflichtungsgeschäfts – ein Recht zum Besitz zusteht.

Beispiel: V verkauft und übereignet an den K eine JuS-Sammlung der Jahre
1980–1990 zum Preis von € 100,–.
Ficht K den **Kaufvertrag** an, weil er an den Bänden aus den Jahren 1990–
2000 interessiert war, sich aber versehentlich bei der Bestellung versprochen
hat (Erklärungsirrtum § 119 Abs. 1, 2. Var.), ist der Kaufvertrag als Verpflichtungsgeschäft nichtig, die Übereignung der Bände hingegen wirksam. V kann
aber von K die Rückübereignung der JuS-Sammlung nach **§ 812 Abs. 1 S. 1,
1. Var.** verlangen, da die Übereignung aufgrund der Nichtigkeit des Kaufvertrages ohne Rechtsgrund erfolgt ist.
Eine andere Rechtslage ergibt sich bei der Anfechtung des Verfügungsgeschäfts. Vergreift sich etwa im Ausgangsfall V bei der Übergabe der Bücher
und gibt dem K irrtümlich die wertvollere JuS-Sammlung von 1990–2000
mit, kann er die **Übereignung** anfechten (§ 119 Abs. 1, 2. Var.). Der Kaufvertrag (Sammlung von 1980–1990) bleibt davon unberührt, da sich der Willensmangel ausschließlich auf das Verfügungsgeschäft bezieht. Infolge der Anfechtung ist die Übereignung als dingliches Erfüllungsgeschäft nichtig. V ist
Eigentümer der Sammlung geblieben und kann nach **§ 985** die Herausgabe
von K verlangen. Ein Recht zum Besitz kann der K nicht einwenden, da der
gültige Kaufvertrag die Sammlung 1980–1990 betrifft. K hat aber aus § 433
Abs. 1 S. 1 Anspruch auf Übereignung der richtigen Bände.

Da infolge der Anfechtung des **Verfügungsgeschäftes** der Rechts-   **63**
erwerb als von Anfang nichtig anzusehen ist, verliert der Erwerber

rückwirkend seine Berechtigung. Hat er vor der Anfechtung zwischenzeitlich eine Verfügung zugunsten eines Dritten getroffen, z. B. die zunächst erworbene Sache nach § 929 S. 1 weiterveräußert, ist er in diesem Zeitpunkt zwar zunächst Berechtigter gewesen, er wird jedoch mit Anfechtung *ex tunc* Nichtberechtigter. Es gelten die Vorschriften über den **gutgläubigen Erwerb vom Nichtberechtigten,** z. B. §§ 932 ff. für bewegliche Sachen, § 892 für Grundstücke. Da der Veräußerer bei der Verfügung noch berechtigt war, kann es hinsichtlich der nach den Vorschriften über den gutgläubigen Erwerb vorausgesetzten Gutgläubigkeit naturgemäß nicht auf den guten Glauben an die Berechtigung des Veräußerers im Zeitpunkt der Übereignung ankommen. Der Verfügende war in diesem Zeitpunkt vor der Anfechtung Berechtigter! Vielmehr ist nach § 142 Abs. 2 auf die Kenntnis oder fahrlässige Unkenntnis der **Anfechtbarkeit** abzustellen, d. h. derjenigen Tatsachen, die die Anfechtbarkeit begründen. Die genauen Anforderungen an die Bösgläubigkeit ergeben sich aus den jeweiligen Vorschriften, die den gutgläubigen Erwerb ermöglichen: positive Kenntnis für § 892, positive Kenntnis oder grobfahrlässige Unkenntnis für § 932.

Beispiel: K möchte beim Antiquitätenhändler A einen antiken Leuchter aus dem Jahre 1740 erwerben. Beide schließen einen entsprechenden Kaufvertrag. A legt den Leuchter für K zum Abholen im Schrank bereit. Als K den Leuchter abholen will, vergreift sich A und gibt einen ähnlichen Leuchter aus dem Jahre 1698 heraus. Beide bemerken die Verwechslung zunächst nicht. Erst als K den Leuchter an einen Sammler S weiterveräußert hat, meldet sich A bei K und verlangt die Rückgabe des Leuchters.
A hat zunächst den Leuchter aus dem Jahre 1698 an K übereignet, § 929 S. 1 (Einigung und Übergabe). Insoweit spielt es keine Rolle, dass A nach dem Kaufvertrag verpflichtet war, den Leuchter aus dem Jahre 1740 zu übertragen. Die Einigungserklärung bezog sich eindeutig auf den konkreten Leuchter, den A an K übergeben hat, nämlich den von 1698. Der K hat den Leuchter von 1698 gemäß § 929 S. 1 an den S weiterveräußert – als Berechtigter. Das sofortige Rückgabeverlangen von A kann nur als Anfechtung verstanden werden, § 143 Abs. 1. Die Anfechtung bezieht sich auf das Verfügungsgeschäft zwischen A und K. A hat sich vergriffen, er irrte in der Erklärungshandlung nach § 119 Abs. 1, 2. Var. Infolge der wirksamen Anfechtung ist das dingliche Geschäft nichtig. K wird rückwirkend zum Nichtberechtigten. Fraglich ist, ob S den Leuchter gutgläubig vom Nichtberechtigten nach § 932 erworben hat. Entscheidend ist in diesem Fall nicht der gute Glaube an die Berechtigung (K war ja zunächst noch berechtigt), sondern nach § 142 Abs. 2 die Kenntnis bzw. die fahrlässige Unkenntnis der Anfechtbarkeit. Gemäß § 932 Abs. 2 schadet dem S Kenntnis oder grob fahrlässige Unkenntnis von der Anfechtbarkeit

der Einigung zwischen K und A. Hier konnte S nichts von den die Anfechtung begründenden Tatsachen wissen. Er hat somit das Eigentum an dem Leuchter von 1698 gutgläubig erworben. A kann die Rückgabe nicht verlangen (§ 985). Er hat nur einen Anspruch gegen K aus § 816 Abs. 1 S. 1 auf Herausgabe des Erlöses, den K durch die Veräußerung an S erlangt hat. Im Übrigen kann K von A die Übereignung des Leuchters von 1740 aus § 433 Abs. 1 S. 1 verlangen – dieser Kaufvertrag wurde noch nicht erfüllt.

Bei der Anfechtung von **Verpflichtungsgeschäften** erlangt § 142 Abs. 2 im Zusammenhang mit §§ 819 Abs. 1, 818 Abs. 4 Bedeutung. Die in § 819 vorausgesetzte positive Kenntnis vom Mangel des rechtlichen Grundes wird durch § 142 Abs. 2 durch die Kenntnis bzw. die fahrlässige Unkenntnis der Anfechtbarkeit ersetzt. **64**

b) Schadensersatz nach § 122.

Fall 57: V möchte seine gebrauchten Ski (Wert € 200) für € 180,– verkaufen. V hängt am Hörsaal eine Anzeige auf, die versehentlich einen Preis von € 150,– nennt. K kauft die Ski „zum angegebene Preis". V ist einverstanden. Als K bei V die Ski abholen will, verweigert dieser die Herausgabe, da er den Irrtum bemerkt hat. K ist empört und verlangt von V die Fahrtkosten sowie Kosten für die telefonische Verabredung in Höhe von insgesamt € 10,–. K hat wegen des mit V geschlossenen Vertrags ein späteres Angebot von D über einen Kauf von Ski (Wert € 200,–) für € 140,– abgelehnt. K musste nun Ski im Wert von € 200,– zu diesem Preis erwerben. Was kann K von V verlangen? → Rn. 68. **65**

Ist eine Willenserklärung aufgrund einer Anfechtung wegen Irrtums nach §§ 119, 120 nichtig, so ist der Anfechtungsgegner in seinem schutzwürdigen Vertrauen auf die Gültigkeit der Erklärung enttäuscht. Der Anfechtende ist daher nach § 122 zum Ersatz des **Vertrauensschadens** verpflichtet. Der Erklärungsgegner ist so zu stellen, wie er stehen würde, wenn er nicht auf die Gültigkeit der Erklärung vertraut hätte, also nie etwas von dem Geschäft gehört hätte. § 122 setzt dabei kein Verschulden des anfechtenden Teils voraus, es handelt sich um eine sog. reine Vertrauenshaftung. Der „enttäuschte" Teil kann daher nicht verlangen, so gestellt zu werden, wie wenn der Vertrag wirksam zustande gekommen wäre, sondern nur so, als habe er nicht auf die angefochtene Erklärung vertraut. Zu ersetzen sind beispielsweise die umsonst aufgewandten Kosten, wie Vertragsabschlusskosten oder Transportkosten, aber auch die Nachteile durch das Nichtzustandekommen eines möglichen anderen Geschäfts. Der Vertrauensschaden (sog. **negatives Interesse**) ist der Höhe nach aber **66** durch das Erfüllungsinteresse (sog. positives Interesse) begrenzt, § 122 Abs. 1 letzter Halbsatz. Das Erfüllungsinteresse bestimmt sich danach, wie der Berechtigte bei Gültigkeit der Willenserklärung, also bei Erfüllung gestanden hätte. Diese Begrenzung des Vertrauensschadens durch das Erfüllungsinteresse am angefochtenen Vertrag soll verhindern, dass der Berechtigte durch die Anfechtung besser gestellt wird, als bei Erfüllung des Vertrages.

67   Der Schadensersatzanspruch ist ausgeschlossen, wenn der Erklärungsempfänger den Anfechtungsgrund kannte oder infolge Fahrlässigkeit nicht kannte (kennen musste). In diesem Fall ist der Geschädigte nicht schutzwürdig, er durfte nicht auf die Gültigkeit der Erklärung vertrauen. Hat der Erklärungsempfänger den Irrtum schuldlos objektiv mit verursacht (§ 122 Abs. 2 findet dann keine Anwendung), kann der Schadensersatzanspruch analog § 254 entfallen oder gemindert sein.[46]

68   **Lösungsskizze Fall 57 (Rn. 65):**
K → V auf Schadensersatz aus **§ 122 Abs. 1**
   I. Anfechtung einer Willenserklärung nach § 119 (+), Erklärungsirrtum nach § 119 Abs. 1, 2. Var. – der zum Preis von € 150,– zustande gekommene Vertrag (Auslegung nach Empfängerhorizont) ist nichtig.
   II. kein Ausschluss des Schadensersatzanspruchs, § 122 Abs. 2 (+), keine Kenntnis oder fahrlässige Unkenntnis der Anfechtbarkeit durch K
   III. Höhe des Vertrauensschadens (negatives Interesse): ersatzfähig sind die im Vertrauen auf den Vertrag aufgewandten Kosten: hier € 10,– Telefon- und Fahrtkosten; zum Vertrauensschaden zählt außerdem der entgangene Gewinn aus Alternativgeschäften, d. h. Nachteile durch das Nichtzustandekommen eines möglichen anderen Geschäfts: hier entgangenes Geschäft mit D – ohne den Kontakt zu V hätte K einen Gewinn von € 60,– gemacht. Zwischenergebnis: Vertrauensschaden = € 70,– (€ 10,– + € 60,–), aber der Vertrauensschaden ist durch das Erfüllungsinteresse begrenzt! Erfüllungsinteresse ist hier die Differenz zwischen Sachwert der Ski (€ 200,–) und Kaufpreis (€ 150,–): bei Erfüllung des angefochtenen Vertrages hätte K einen Gewinn von nur € 50,– gemacht. Der Vertrauensschaden ist somit auf € 50,– begrenzt.
Ergebnis: K kann von V Zahlung von € 50,– aus § 122 verlangen.

---

46 Jauernig/*Mansel*, § 122 Rn. 4 m. N.

7. Konkurrenzen

Schrifttum: *Köster,* Konkurrenzprobleme im neuen Kaufmängelrecht, Jura 2005, 145 ff.; *Löhnig,* Irrtumsrecht nach der Schuldrechtsmodernisierung, JA 2003, 516 ff.; *Wasmuth,* Wider das Dogma vom Vorrang der Sachmängelhaftung gegenüber der Anfechtung wegen Eigenschaftsirrtums, FS Piper, 1996, S. 1083 ff.; *Wilhelm,* Irrtum über rechtliche Eigenschaften und Kauf, FG Flume, 1998, S. 301 ff.

> **Fall 58:** K kauft von V für € 30.000,– eine Bleistiftskizze des französischen 69
> Künstlers Henri Matisse (1869–1954) und nimmt sie mit nach Hause. Ein
> bekannter Kunstsammler stellt am nächsten Tag fest, dass es sich um eine
> wertlose Kopie eines geschickten Zeichners handelt. Kann K den Kaufver-
> trag anfechten? (ohne Lösungsskizze)

Die Anfechtung nach § 119 Abs. 1 wegen Inhalts- oder Erklä- 70
rungsirrtums ist ohne Einschränkung möglich, eine Kollision mit anderen Vorschriften ist nicht denkbar.

Das Anfechtungsrecht des § 119 Abs. 2 ist hingegen ausgeschlossen, soweit die Sach- und Rechtsmängelhaftung nach §§ 434 ff. für
Kaufsachen eingreift – nach überwiegender Ansicht sogar schon vor
Gefahrübergang.[47] Hieran hat sich durch die inhaltliche Neuordnung
des Kaufrechts zum 1.1.2002 nach h. A. nichts geändert.[48] Zwar ist
der Begriff der Beschaffenheit nach § 434 weiter als der Eigenschafts-
begriff des § 119 Abs. 2 (insbes. kommt es auf eine Dauerhaftigkeit
bei § 434 nicht an); er erfasst aber auch – wie § 119 Abs. 2 – tatsächliche und rechtliche Verhältnisse, soweit sie verwendungsrelevant
sind. Daher lässt sich die Regel aufstellen, dass alle Eigenschaften
i. S. v. § 119 Abs. 2 auch unter § 434 fallen können. Diese Überschnei-
dung rechtfertigt das Zurücktreten der Anfechtungsmöglichkeit auch
gegenüber dem neuen Kaufmängelrecht.[49] Der **Vorrang der Vorschriften über einen Sach- oder Rechtsmangel** ergibt sich aus den

---

47 *Medicus,* Rn. 775; Jauernig/*Berger,* § 437 Rn. 32; *Fezer,* Klausurenkurs im BGB, Allgemeiner Teil, Fall 22, S. 226.
48 MünchKomm/*Westermann,* § 437 Rn. 53 (der die Anfechtung aber zulässt, wenn die
fehlende Eigenschaft konkret nicht zu Gewährleistungsansprüchen führt); Palandt/
Weidenkaff, § 437 Rn. 53; Jauernig/*Berger,* § 437 Rn. 32; *Köster,* Jura 2005, 145, 146;
a. A. Bamberger/Roth/*Faust,* § 437 Rn. 182; *Larenz/Wolf,* § 36 Rn. 48 ff.; *Fezer,* Klausurenkurs im BGB, Allgemeiner Teil, S. 227 weist zu Recht darauf hin, dass das neue
Sachmängelrecht die Mangelfreiheit zur primären Leistungspflicht erhoben hat und
mit dem Nachbesserungsanspruch klar zum Ausdruck bringt, dass der Vertrag möglichst durchgeführt werden soll. Dem würde eine Anfechtungsmöglichkeit des Käufers klar widersprechen.
49 A. A. schon für das alte Kaufrecht *Wasmuth,* FS Piper, 1996, S. 1083; *Schröder,* FS Ke-
gel, 1977, S. 397.

unterschiedlichen Fristen und der Regelung des § 442. Im Fall eines
Sach- oder Rechtsmangels kann der Käufer die ihm nach § 437 zustehenden Rechte (von Sonderregelungen abgesehen, § 438 Abs. 1 Nr. 1,
2) zwei Jahre lang geltend machen (§ 438 Abs. 1 Nr. 3). Bei beweglichen Sachen läuft die Frist mit Übergabe der Sache (§ 438 Abs. 2).
Diese Zwei-Jahresfrist würde unterlaufen werden, wenn man die Anfechtung nach § 119 Abs. 2 zuließe. Für die früher sechsmonatige
Frist war dies noch deutlicher, das Argument bleibt aber grundsätzlich gültig. Die Anfechtungsfrist läuft nämlich erst ab Kenntnis des
Erklärenden vom Irrtum. Deckt beispielsweise der Käufer den Mangel erst nach Ablauf von zwei Jahren auf, wäre er über das Anfechtungsrecht besser gestellt als nach Kaufrecht. Darüber hinaus lässt
§ 442 die Geltendmachung von Mängelansprüchen nur noch sehr eingeschränkt zu, wenn der Käufer den Mangel bei Vertragsschluss infolge grober Fahrlässigkeit nicht kannte. Eine entsprechende Beschränkung des Anfechtungsrechts fehlt, § 119 Abs. 2 ermöglicht die
Anfechtung auch, wenn der Erklärende seinen Eigenschaftsirrtum
grob fahrlässig selbst verursachte. Auch für den Verkäufer wäre in
vielen Fällen die Anfechtung des Kaufvertrages bei mangelhafter
Kaufsache günstiger, da er sich dadurch insbesondere der Nacherfül-
lung und der Schadensersatzpflicht des § 437 entziehen könnte.[50] Dies
soll verhindert werden. Die spezielleren Vorschriften der §§ 434 ff.
gehen daher dem allgemeinen Anfechtungsrecht vor, soweit sich
beide Regelungskomplexe überschneiden.

Das Anfechtungsrecht ist für Käufer und Verkäufer also nur ausgeschlossen, wenn der Anwendungsbereich der kaufrechtlichen Män-
gelvorschriften eröffnet ist. Das ist der Fall, wenn die Kaufsache bereits an den Käufer übergeben wurde und einen **Mangel nach §§ 434,
435** aufweist. **Vor Gefahrübergang** (= bei beweglichen Sachen Übergabe, § 446) sind §§ 434 ff. nicht anwendbar, bis zu diesem Zeitpunkt
kann daher auch nach § 119 Abs. 2 angefochten werden.[51] Ebenso
kann sich auch der Verkäufer vom Kaufvertrag durch Anfechtung
lösen, wenn er sich einseitig über eine werterhöhende, nach dem Vertrag nicht vorausgesetzte oder zu erwartende Eigenschaft der Kaufsache irrt. Dann liegt kein Sachmangel vor (im Gegenteil!), so dass ihm

---

50 Noch zu §§ 459 ff. a. F. *BGH* NJW 1988, 2597.
51 BGHZ 34, 32, 34 zu §§ 459 ff.; Palandt/*Weidenkaff,* § 437 Rn. 53; *Wertenbruch* NJW
    2004, 1977, 1979; a. A. *Köster,* Jura 2005, 145, 147 (wegen § 442 Abs. 1 S. 2); *Brors,*
    WM 2002, 1780, 1781.

ein Anfechtungsrecht nach § 119 Abs. 2 zusteht (vgl. Fall 55, Rn. 46, 53).[52]

Der Vorrang der Vorschriften über die Mängelgewährleistung ge- 71
genüber § 119 Abs. 2 gilt auch für den Werkvertrag und den Mietvertrag (hier str.).

Im **Fall 58** (Rn. 69) könnte eine Anfechtung wegen Eigenschaftsirrtums nach § 119 Abs. 2 in Betracht kommen. Die Echtheit der verkauften Skizze ist eine verkehrswesentliche Eigenschaft solcher Kunstobjekte im Sinne dieser Vorschrift. Die Anfechtung könnte jedoch ausgeschlossen sein, wenn die Vorschriften über Sach- und Rechtsmängel nach §§ 434 ff. eingreifen. Die Echtheit der Matisse-Skizze war hier vertraglich vereinbart („von Matisse"). Somit sind §§ 434 ff. anwendbar. Die Anfechtung wegen Eigenschaftsirrtums wird durch diese Sonderregelungen verdrängt.

Vertiefende Literatur und weiterführende Hinweise für Examenskandidaten: Zur „fehlerhaften Gesellschaft" (Abwicklung bei Anfechtung von Gesellschaftsverträgen) s. *Köhler,* Einschränkungen der Nichtigkeit von Rechtsgeschäften, JuS 2010, 665; *Kliebisch,* Die Lehre von der fehlerhaften Gesellschaft – das Verbraucherschutzrecht gilt nicht absolut, JuS 2010, 958.

---

52 Äußerst lesenswert jedoch die (rechtsvergleichend fundierte) Gegenposition von *Fleischer,* in: Zimmermann (Hrsg.), Störungen der Willensbildung bei Vertragsschluss, 2007, S. 36 ff.

72   **Übersicht 11: Anfechtung wegen Irrtums**

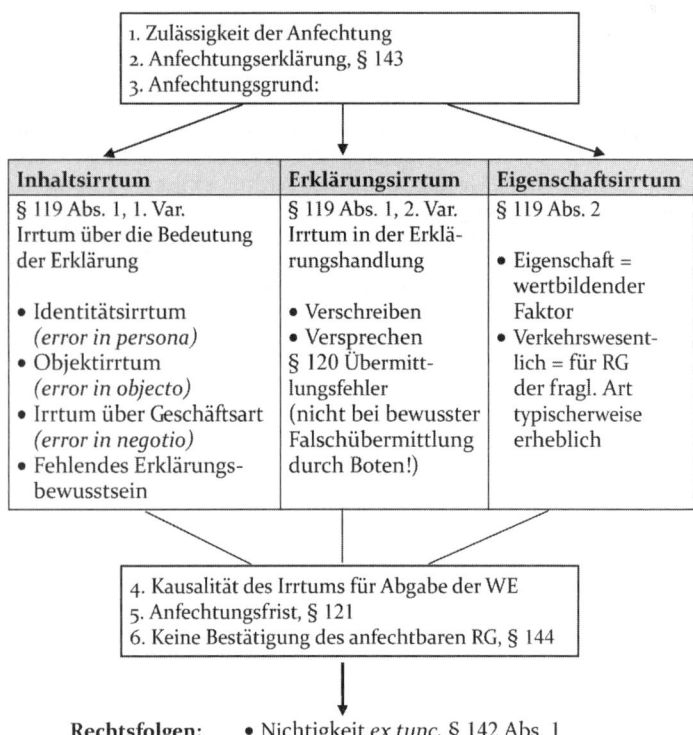

1. Zulässigkeit der Anfechtung
2. Anfechtungserklärung, § 143
3. Anfechtungsgrund:

Inhaltsirrtum	Erklärungsirrtum	Eigenschaftsirrtum
§ 119 Abs. 1, 1. Var. Irrtum über die Bedeutung der Erklärung • Identitätsirrtum *(error in persona)* • Objektirrtum *(error in objecto)* • Irrtum über Geschäftsart *(error in negotio)* • Fehlendes Erklärungsbewusstsein	§ 119 Abs. 1, 2. Var. Irrtum in der Erklärungshandlung • Verschreiben • Versprechen § 120 Übermittlungsfehler (nicht bei bewusster Falschübermittlung durch Boten!)	§ 119 Abs. 2 • Eigenschaft = wertbildender Faktor • Verkehrswesentlich = für RG der fragl. Art typischerweise erheblich

4. Kausalität des Irrtums für Abgabe der WE
5. Anfechtungsfrist, § 121
6. Keine Bestätigung des anfechtbaren RG, § 144

Rechtsfolgen: • Nichtigkeit *ex tunc,* § 142 Abs. 1
                     (betrifft je nach Irrtum Verpflichtungs-
                     und/oder Verfügungsgeschäft)
                   • Ersatz des Vertrauensschadens, § 122

V. Die Anfechtung wegen arglistiger Täuschung und widerrechtlicher Drohung

Schrifttum: *Büchler*, Die Anfechtungsgründe des § 123 BGB, JuS 2009, 976 ff.; *Eidenmüller*, Druckmittel in Vertragsverhandlungen, in: Zimmermann (Hrsg.), Störungen der Willensbildung bei Vertragsschluss, Mohr Siebeck 2007, S. 103 ff.; *Martens*, Das Anfechtungsrecht bei einer Drohung durch Dritte, AcP 207 (2007), 371 ff.; *Petersen*, Täuschung und Drohung im Bürgerlichen Recht, Jura 2006, 904 ff.; *Wagner*, Lügen im Vertragsrecht, in: Zimmermann (Hrsg.), Störungen der Willensbildung bei Vertragsschluss, 2007, S. 60 ff.; *Windel*, Welche Willenserklärungen unterliegen der Einschränkung der Täuschungsanfechtung gem. § 123 Abs. 2 BGB?, AcP 199 (1999), 421 ff.

Die durch Täuschung oder unter Drohung abgegebene Willenser- 73
klärung ist – ebenso wie eine Erklärung wegen Irrtums – zunächst
wirksam.[53] Sie kann jedoch gemäß § 123 angefochten werden. Die
Anfechtbarkeit einer durch Täuschung oder Drohung beeinflussten
Willenserklärung dient dem Schutz der Willensfreiheit.

1. Arglistige Täuschung

Fall 59: V verkauft dem K einen Gebrauchtwagen für € 3.000. Bei den 74
Vertragsverhandlungen verschweigt V bewusst, dass das Fahrzeug vor einigen Jahren einen schweren Unfall hatte. Später erfährt K, dass er einen Un-
fallwagen gekauft hat und verweigert die bisher noch nicht erfolgte Zahlung
des Kaufpreises. Kann V von K Zahlung von € 3.000,– verlangen? → Rn. 83.

a) Täuschungshandlung. Die Anfechtung wegen arglistiger Täu- 75
schung setzt zunächst eine Täuschungshandlung voraus. Dies ist jedes Verhalten, durch das bei einem anderen bewusst eine unrichtige
Vorstellung hervorgerufen, bestärkt oder unterhalten wird. Die Täuschung muss sich auf eine Tatsache oder andere objektiv nachprüf-
bare Umstände beziehen. Werturteile oder bloße Anpreisungen
(„Das Waschmittel wäscht weißer als weiß!") können nicht Gegenstand einer Täuschung sein. Die Täuschungshandlung kann durch
positives Tun oder Unterlassen begangen werden.

Täuschung ist das bewusste Erregen eines Irrtums durch Vorspiegeln falscher oder (pflichtwidriges) Unterdrücken wahrer Tatsachen.

Eine Täuschung durch **positives Tun** ist bei ausdrücklichem Vor- 76
spiegeln falscher Tatsachen, aber auch bei konkludentem Handeln anzunehmen. Macht ein Verkäufer z. B. Angaben zu bestimmten Un-
fallmängeln des Gebrauchtwagens, so kann er damit konkludent

---

53 Denkbar wäre es, einen durch Täuschung oder Drohung zu Stande gekommenen
Vertrag nach § 138 als sittenwidrig anzusehen. Dies hätte jedoch die unheilbare Nichtigkeit zur Folge. Hingegen folgt aus der gesetzgeberischen Wertung in § 123, dass
der Getäuschte oder Bedrohte es noch in der Hand haben soll, den Vertrag doch gelten zu lassen. Daher geht § 123 als lex specialis der allgemeinen Sittenwidrigkeitsnorm
vor. Nach der Rechtsprechung soll schon der Tatbestand des § 138 nicht erfüllt sein,
wenn nicht über die Täuschung oder Drohung hinaus weitere verwerfliche Umstände
hinzukommen, *BGH* NJW 1988, 903.

erklären, dass der Wagen im Übrigen keine Unfallschäden hat. Wer z. B. auf Kredit kauft, gibt durch den Vertragsschluss implizit die Erklärung ab, dass er den Kaufpreis bei Fälligkeit zahlen kann und will.

77   Eine Täuschung durch **Unterlassen** kommt nur in Betracht, wenn hinsichtlich der verschwiegenen Tatsachen eine **Aufklärungspflicht** besteht. In Hinblick darauf, dass jede Vertragspartei ihre eigenen Interessen wahrnimmt und auf ihren Vorteil bedacht ist, gibt es keine allgemeine Pflicht zur Aufklärung der Umstände, die für den Entschluss des Gegners von Bedeutung sein können.[54] Eine Aufklärungspflicht kann sich jedoch aus entsprechenden **gesetzlichen Vorschriften** ergeben (vgl. etwa §§ 312c Abs. 1, 312i Abs. 1 Nr. 2, 482 Abs. 2 oder nach dem Wertpapierhandelsgesetz). Sie besteht weiterhin auch ohne ausdrückliche gesetzliche Anordnung, wenn der Vertragspartner aufgrund der Umstände des Einzelfalls nach **Treu und Glauben** (§ 242) sowie nach der Verkehrsauffassung eine Aufklärung erwarten durfte. Dies hat zur Herausbildung einer reichhaltigen Kasuistik geführt, aber auch zur Anerkennung bestimmter Fallgruppen, die eine Einordnung zumindest erleichtern. Eine Offenbarungspflicht ist danach immer anzunehmen, wenn der Vertragspartner **gezielt Fragen stellt** (etwa nach der Unfallfreiheit des Gebrauchtwagens fragt, hierzu gleich noch unten) oder wenn ein **besonderes Vertrauensverhältnis** zwischen den Vertragspartnern vorliegt, z. B. zwischen Gesellschaftern oder bei langjähriger vertrauensvoller Geschäftsverbindung. Eine Aufklärungspflicht kann weiterhin aufgrund der Unerfahrenheit des Geschäftsgegners aus der besonderen Stellung des Erklärenden, insbesondere wegen seiner **überlegenen Sachkunde** gegeben sein, beispielsweise bei einem Gebrauchtwarenhändler, bei einem Bankier oder sonstigen Fachberatern wie Anlageberatern.[55] Dabei besteht eine generelle Aufklärungspflicht für diejenigen Umstände, die für den anderen Teil offensichtlich von **wesentlicher Bedeutung** sind, vor allem, wenn sie den Vertragszweck vereiteln oder gefährden könnten. Der Verkäufer eines Gebrauchtwagens muss danach beispielsweise den Käufer über den korrekten Kilometerstand unterrichten sowie über einen vergangenen Unfall des Fahrzeugs – soweit dadurch nicht lediglich ein Bagatellschaden verursacht wurde

---

54 *BGH* NJW-RR 1998, 1406 (zu Spekulationsgeschäften).
55 Der *BGH* bejaht auch eine Aufklärungspflicht des Autovermieters, wenn dessen „Unfalltarif" überhöht ist und die Gefahr der Nichterstattung durch die Haftpflichtversicherung des Unfallgegners besteht, s. *BGH* JA 2007, 143; hierzu *Haertlein*, JZ 2007, 68 ff.

– informieren.[56] Der BGH hat jüngst entschieden, dass auch einen Mieter beim Anmieten von Gewerberäumen (ohne Nachfrage!) eine Aufklärungspflicht gegenüber dem Vermieter trifft, wenn er plant, in den Räumlichkeiten überwiegend eine Markenware zu vertreiben, die in der Öffentlichkeit einen klaren Bezug zur rechtsradikalen Szene hat. Es handele sich um einen außergewöhnlichen Umstand, der sich für den Vermieter geschäftsschädigend auswirken könne und über den er nicht zu eigenständigen (Internet-)Recherchen verpflichtet sei.[57]

Im **Fall 59** (Rn. 74) hatte der V die Pflicht, dem K die Unfallbeteiligung des Fahrzeugs mitzuteilen, auch wenn K nicht danach gefragt hatte. Das Verschweigen dieser Tatsache entgegen der bestehenden Aufklärungspflicht stellt eine relevante Täuschungshandlung dar.

Fragen des Vertragspartners müssen grundsätzlich richtig und vollständig beantwortet werden.[58] Die falsche Beantwortung lässt sich allerdings auch schon als Täuschung durch aktives Handeln einordnen. Ausnahmen von der Pflicht, wahrheitsgemäß und vollständig zu antworten, gelten ausnahmsweise dann, wenn eine Frage **unzulässig** ist. Entscheidend für die Zulässigkeit ist, ob ein berechtigtes, schutzwürdiges Interesse hinsichtlich der Beantwortung der Frage zu bejahen ist. Diese Problematik stellt sich insbesondere im Arbeitsrecht bei der Einstellung eines Arbeitnehmers oder einer Arbeitnehmerin. Die Rechtsprechung hatte früher etwa die Frage nach dem Behindertenstatus zugelassen, während sie Fragen nach Vorstrafen oder Krankheiten bzw. Schwangerschaft[59] nur bei Auswirkungen auf die konkret auszuübende Tätigkeit beim künftigen Arbeitgeber zuließ.[60] Mit Inkrafttreten des Allgemeinen Gleichbehandlungsgesetzes (s. oben § 3 Rn. 12a–c) sind bei der Einstellung oder Bewerbung alle Fragen nach Eigenschaften, die ein verbotenes Diskriminierungs-

---

56 *BGH* NJW-RR 1987, 436, 437.
57 *BGH* NJW 2010, 3362.
58 Krit. hierzu jedoch *Wagner*, in: Zimmermann (Hrsg.), S. 60 ff. aufgrund einer ökonomischen Analyse.
59 Zur Aids-Infektion *Klak*, BB 1987, 1382, 1383; zu Alkoholismus *Künzl*, BB 1993, 1581, 1583.
60 S. hierzu die frühere Rspr. *BAG* NJW 1996, 2323, 2324 (Schwerbehinderteneigenschaft); *BAG* NZA 1998, 1052, 1053 und *BVerfG* NJW 1997, 2307, 2309 (Tätigkeit für Stasi); *BAG* NJW 1991, 2723, 2724 (Vorstrafen); *BAG* NJW 1994, 148, 149 (Schwangerschaft, soweit sie die übernommene Tätigkeit objektiv ausschließt), vgl. hierzu diff. *EuGH* NJW 1994, 2077, 2078; NJW 2000, 1020; NJW 2003, 1107. Zur Zulässigkeit von Fragen nach einer Stasi- oder SED-Parteizugehörigkeit s. *BVerfG* NJW 1997, 2309; unzulässig ist die Frage nach einer Gewerkschaftszugehörigkeit des künftigen Arbeitnehmers, *BAG* NZA 2000, 1294.

merkmal nach § 1 AGG (für Schwangerschaft s. auch § 3 I 2 AGG) darstellen, nur noch dann zulässig, wenn die Voraussetzungen der § 3 II, 8–10 AGG vorliegen.[61] Wird eine unzulässige Frage wahrheitswidrig beantwortet, berechtigt dies den anderen Teil nicht zur Anfechtung nach § 123 (oder § 119 II).[62]

78   Die Täuschung muss **widerrechtlich** sein. Das Gesetz geht davon aus, dass eine arglistige Täuschung stets rechtswidrig ist, so dass sich diese Voraussetzung nicht aus dem Wortlaut des § 123 ergibt. Gibt der Erklärende dagegen auf eine unzulässige Frage keine oder eine unzutreffende Antwort, ist die Täuschung rechtmäßig.[63] Eine Anfechtung scheidet aus.

79   **b) Arglist.** Die Täuschung muss arglistig sein. Arglist bedeutet Vorsatz und ist damit schon Element der Täuschung. **Bedingter Vorsatz** genügt nach allgemeiner Meinung. Der Täuschende muss zunächst die Unrichtigkeit seiner gemachten Angaben kennen oder zumindest mit der Unrichtigkeit rechnen. Arglistig handelt damit auch, wer in bewusster Unkenntnis falsche Tatsachen „ins Blaue hinein" behauptet.[64]

Beispiel: V möchte das von seinem Onkel geerbte Grundstück verkaufen, das in der Nähe einer Kläranlage liegt. Auf die Frage des Käufers K, ob hierdurch Geruchsbelästigungen auftreten, antwortet V, der darüber weder selbst Bescheid weiß noch vorher Erkundigungen eingezogen hat, es komme bestenfalls 1–2 Mal pro Jahr zu kaum merklichen Emissionen. In Wirklichkeit treten Geruchsbelästigungen mindestens einmal pro Woche auf. K kann nach § 123 anfechten.

Außerdem muss der Erklärende die Vorstellung haben, dass der Erklärungsempfänger durch die Täuschung zur Abgabe der Willenserklärung bestimmt wird oder bestimmt werden könnte. Da § 123 die rechtsgeschäftliche Entschließungsfreiheit schützt, braucht der Täuschende nicht mit **Schädigungsabsicht** handeln. Ebenso wenig kommt es auf das Motiv der Täuschung an, so dass Arglist auch gegeben ist, wenn der Erklärende nur „das Beste" des Getauschten wollte.

---

61 *Messingschlager,* „Sind Sie schwerbehindert?": das Ende einer (un)beliebten Frage, NZA 2003, 301; *Schaub,* Ist die Frage nach der Schwerbehinderung zuässig? NZA 2003, 299; Jauernig/*Mansel,* § 7 AGG Rn. 5; ähnlich Palandt/*Weidenkaff,* § 611 Rn. 6; *Boecken,* Allgemeiner Teil, Rn. 524.
62 Ausführlich hierzu *Wisskirchen/Bissels,* Das Fragerecht des Arbeitgebers bei Einstellung unter Berücksichtigung des AGG, NZA 2007, 169 ff.
63 *BAG* NJW 1994, 1363, 1364.
64 *BGH* NJW 1998, 2360, 2361.

c) Kausalität. Die Täuschung muss für die Abgabe der Willenser- 80
klärung im konkreten Fall ursächlich gewesen sein, d. h. ohne sie
dürfte die Erklärung nicht, nicht mit dem Inhalt oder nicht zu der
Zeit abgegeben worden sein. Es genügt, wenn durch die Täuschung
ein bereits bestehender Irrtum erhärtet wird und dadurch die Abgabe
der Willenserklärung beeinflusst oder wenn die Täuschung die Erklärung lediglich mitbestimmt. Kennt der Getäuschte hingegen den
wahren Sachverhalt, fehlt die Kausalität zwischen Täuschung und
Willenserklärung. Unerheblich ist hingegen, ob er bei Einhaltung
der im Verkehr erforderlichen Sorgfalt den Irrtum hätte erkennen
können.

d) Täuschung durch einen Dritten. Die Täuschung kann auch 81
von einem Dritten, der am Vertrag nicht beteiligt ist, ausgeübt werden. Nach § 123 Abs. 2 S. 1 muss sich der Empfänger der täuschungs-
bedingt abgegebenen Willenserklärung diese Täuschung des Dritten
aber nur zurechnen lassen, wenn er sie kannte oder kennen musste.
Um die Anfechtungsmöglichkeit nicht zu erschweren, wird der Begriff des Dritten von Rechtsprechung und Lehre sehr eng ausgelegt.
Kein Dritter ist, wer „im Lager" des Erklärungsempfängers steht
und am Vertragsschluss mitwirkt.[65] Das gilt für Stellvertreter, Verhandlungsgehilfen oder sonstige Vertrauenspersonen.[66] Bei einer von
diesen Personen veranlassten Täuschung ist eine Anfechtung gegenüber dem Empfänger auch ohne dessen Kenntnis oder fahrlässiger
Unkenntnis zulässig. Wer bewusst solche Hilfspersonen in die Vertragsverhandlungen einbezieht, muss sich deren Verhalten auch dann
zurechnen lassen, wenn er es konkret nicht kennt oder überwacht,
denn er hat es in der Hand, zuverlässige Personen auszuwählen.
Täuscht beispielsweise ein Angestellter des Gebrauchtwarenhändlers
den Käufer über die Unfallfreiheit des Fahrzeugs, ist der Angestellte
nicht Dritter nach § 123 Abs. 2. Der Händler muss das Risiko für ein
solches Verhalten seines Mitarbeiters tragen und kann sich gegenüber
einer Anfechtung des Käufers nach § 123 nicht nach Abs. 2 darauf berufen, er hätte von der Täuschung nichts gewusst. Anders sieht es
aus, wenn die Täuschung von echten Dritten ausgeht, die sich z. B.
ungefragt in die Verhandlungen einmischen und dabei arglistig täuschen. Damit muss derjenige, dem gegenüber angefochten werden

---

65 *BGH* NJW 2001, 358; 1990, 1661, 1662; Einzelheiten bei MünchKomm/*Kramer*,
§ 123 Rn. 23.
66 *BGH* NJW 1996, 1051; NJW-RR 1992, 1005, 1006.

soll nicht generell rechnen und muss sich daher das Verhalten solcher Personen nur zurechnen lassen, wenn er es kennt (und duldet) oder zumindest bei entsprechender Sorgfalt hätte kennen können.

K befindet sich im Baumarkt des B, um eine neue Bohrmaschine zu kaufen und kommt dabei mit einem zufällig anwesenden anderen Kunden D ins Gespräch über die Eigenschaften der von K ins Auge gefassten Bohrmaschine. Macht D dabei bewusst falsche Angaben über die Bohrmaschine (vielleicht weil D bei der Konkurrenz arbeitet und B durch verärgerte Kundschaft schaden möchte), so kann K, wenn er auf die Erklärungen zunächst vertraut, später seine Willenserklärung zum Abschluss des Kaufvertrages mit B nicht wegen arglistiger Täuschung anfechten. B muss sich das Verhalten des D nicht zurechnen lassen, solange er es nicht kennt oder kennen muss. Hält sich D hingegen öfters im Baumarkt des B auf, um dessen Kunden zu beeinflussen, und kommt B dies zu Ohren, muss er entweder das Verhalten des D unterbinden (ggf. Hausverbot erteilen!) oder sich dessen Täuschungen künftig zurechnen lassen.

82   Erwirbt ein anderer als der Erklärungsempfänger aus der Erklärung unmittelbar ein Recht – etwa bei einem Vertrag zugunsten Dritter, §§ 328 ff. –, so kann auch diesem gegenüber angefochten werden, soweit er die Täuschung kannte oder kennen musste, § 123 Abs. 2 S. 2.

§ 123 findet für nicht empfangsbedürftige Willenserklärungen keine Anwendung, diese sind anfechtbar, gleichgültig, wer die Täuschung begangen hat.

83   **Lösungsskizze Fall 59 (Rn. 74):**
   I. V → K auf Zahlung des Kaufpreises in Höhe von € 3.000,– aus § 433 Abs. 2
   Voraussetzung: wirksamer Kaufvertrag
   1. Angebot und Annahme (+)
   2. § 142 Abs. 1 – Nichtigkeit wegen Anfechtung
      a) Anfechtungserklärung gem. § 143 Abs. 1 (+), konkludent durch Weigerung des K, den Kaufpreis zu zahlen
      b) Anfechtungsgrund
         aa) § 119 Abs. 2: K irrt über eine verkehrswesentliche Eigenschaft des Wagens (Unfallfahrzeug); aber Anfechtung insoweit wegen Vorrang der §§ 434 ff. ausgeschlossen (s. oben Rn. 69 ff.)
         bb) § 123 – Anfechtung wegen arglistiger Täuschung (zur Anwendbarkeit von § 123 Abs. 2 neben §§ 434 ff. s. Rn. 93)
            (1) Täuschungshandlung: positives Tun (–), da V sich zur Unfallfreiheit des Fahrzeugs nicht geäußert hat, eine konkludente Erklärung hat er nicht abgegeben; mittels pflichtwidrigen Unterlassens durch Verschweigen der

Unfallbeteiligung (+), da Aufklärungspflicht besteht wegen der Stellung des V und der offensichtlichen, wesentlichen Bedeutung dieser Tatsache für den K

(2) Arglist (+), Vorsatz

(3) Kausalität zwischen Täuschung und Erklärung (+), K hätte den Kaufvertrag nicht oder zumindest nicht zu den Bedingungen abgeschlossenErgebnis: Anfechtungsgrund, § 123 (+)

c) Anfechtungsfrist (+), § 124 – innerhalb eines Jahres ab Kenntnis von der Täuschung

d) kein Ausschluss der Anfechtung (z. B. durch Bestätigung, § 144) (+)

II. **Ergebnis:** Der Kaufvertrag ist infolge der Anfechtung nichtig, ein Anspruch aus § 433 Abs. 2 besteht nicht.

2. Widerrechtliche Drohung

a) Drohung. Drohung ist das Inaussichtstellen eines künftigen 84 Übels, auf dessen Eintritt der Drohende Einfluss zu haben vorgibt.[67]

Für die Ernsthaftigkeit der Drohung ist die Sicht des Bedrohten entscheidend. Als angedrohtes Übel genügt jeder Nachteil, z. B. die Kündigung des Arbeitsverhältnisses, eine Strafanzeige. Es muss sich nicht auf den Bedrohten selbst beziehen. Keine Rolle spielt es für die Anfechtbarkeit, ob die Drohung vom Vertragspartner oder einem Dritten verübt wurde. § 123 Abs. 2 findet nach seinem eindeutigen Wortlaut auf die Drohung keine Anwendung.[68]

Drohung ist psychischer Zwang *(vis compulsiva)*. Liegt eine unmittelbare Gewaltanwendung gegen den Erklärenden vor *(vis absoluta* = physischer Zwang) fehlt es an dem für das Vorliegen einer Willenserklärung notwendigen Handlungswillen, eine Willenserklärung wurde schon gar nicht abgegeben.

b) Widerrechtlichkeit. Die Drohung muss widerrechtlich sein. Die 85 Rechtswidrigkeit kann sich aus drei Fallgruppen ergeben. Die Drohung ist rechtswidrig, wenn das angedrohte Verhalten (das Übel)

---

67 *BGH* NJW-RR 1996, 1281, 1282.
68 S. *BGH* NJW 1966, 2399; BAG NJW 2006, 841; *Brox/Walker*, Allgemeiner Teil des BGB, Rn. 472; zur historischen Rechtfertigung der leichteren Anfechtbarkeit bei Drohung durch einen Dritten gegenüber der Täuschung durch einen Dritten ausführlich *Martens*, S. 337 ff.; zum Ganzen auch *ders.,* AcP 207 (2007), 371 ff. Der Entwurf des Gemeinsamen Referenzrahmens (s. § 2 VII 3) gibt in Book II Ch. 7, 7:208 diese Unterscheidung zwischen Täuschung und Drohung auf.

selbst rechtswidrig ist (**Widerrechtlichkeit des Mittels**). Das damit verfolgte Ziel mag dabei zulässig sein.

Z. B. Ankündigung einer Tracht Prügel oder der Beschädigung einer Sache, falls keine Zahlung auf eine fällige Schuld erfolgt (der Bedrohte muss dann beispielsweise bei Barzahlung entsprechende Willenserklärungen nach § 929 S. 1 abgegeben, die später anfechtbar wären). Die Begleichung fälliger Schulden ist zulässig, ja erwünscht; sie soll aber nicht mit rechtswidrigen Mitteln (Körperverletzung, vorsätzliche Sachbeschädigung) erzwungen werden.

86   Die Widerrechtlichkeit der Drohung kann sich auch allein aus der Rechtswidrigkeit des mit der erzwungenen Erklärung erstrebten Zwecks ergeben (**Widerrechtlichkeit des Zwecks**), obgleich das angedrohte Mittel rechtmäßig ist. Dabei genügt es nach h. M. nicht, dass der Drohende auf den angestrebten Erfolg keinen rechtlichen Anspruch hat (er droht etwa mit Strafanzeige, um den Bedrohten zum Abschluss eines Kaufvertrages oder zur – rechtsgrundlosen – Übereignung einer Sache zu bewegen). Erforderlich ist, dass der angestrebte Zweck sich selbst als verboten oder sittenwidrig darstellt.[69] Die durch Drohung erwirkte Erklärung kann in diesem Fall dann grundsätzlich auch nach § 134 oder § 138 nichtig sein (zum Vorrang der Anfechtung und gegenüber § 138 s. § 26 Rn. 43).

Beispiel: A droht dem S mit einer Schadensersatzklage wegen eines Autounfalls, bei dem A von S verletzt wurde, wenn S nicht dem A 100 Gramm Kokain verkauft. Die Klageerhebung ist ein zulässiges Mittel, die hier jedoch einen rechtswidrigen Erfolg anstrebt.

87   Sind das Mittel und der Zweck selbst beide rechtmäßig, kann sich die Widerrechtlichkeit der Drohung dennoch aus einer verwerflichen Verknüpfung von Mittel und Zweck ergeben. Dies ist anzunehmen, wenn der Einsatz dieses Mittels zu diesem Zweck anstößig ist (**Widerrechtlichkeit der Mittel-Zweck-Relation**).

Beispiele: A droht K mit einer Strafanzeige wegen einer tatsächlich von K begangenen Unfallflucht, um die Rückzahlung einer Darlehensforderung zu erzwingen. Die Strafanzeige ist ein zulässiges Mittel, die Aufforderung zur Zahlung ein rechtmäßiger Zweck. Aber beide stehen in keinem sachlichen Zusammenhang, so dass ihre Verbindung verwerflich ist. Die Drohung ist damit widerrechtlich. Hingegen wäre die Drohung, eine bislang nicht beglichene Darlehensforderung nun gerichtlich einzuklagen, selbstverständlich rechtmä-

---

69 *BGH* NJW 1997, 1980; BGHZ 25, 217, 219; einschränkend *Brox/Walker*, Allgemeiner Teil des BGB, Rn. 469: Der Drohende muss bei zweifelhafter Rechtslage sich für berechtigt halten, seinen Anspruch durchzusetzen, ähnlich *BGH* NJW 2005, 2766, 2768; *Boecken*, Allgemeiner Teil, Rn. 532.

ßig. Droht der beauftragte Rechtsanwalt mit der Niederlegung des Mandates, wenn er nicht ein Sonderhonorar bekommt (auf das er nach der bisherigen Vereinbarung mit dem Mandanten keinen Anspruch hat), so liegt darin keine rechtswidrige Drohung. Er hat zwar keinen rechtlichen Anspruch auf die Sondervergütung, diese ist aber auch nicht unzulässig oder rechtswidrig.[70]

c) Kausalität. Die Drohung muss für die Abgabe der Willenserklä- 88
rung kausal gewesen sein. Entscheidend ist auch hier die Sicht des **Be-**
drohten. Ist der angedrohte Nachteil geringfügig, muss die Ursächlichkeit besonders genau geprüft werden. Auch eine tatsächlich nicht ernst gemeinte Drohung genügt, wenn der Bedrohte sie ernst nimmt und dies beabsichtigt war.[71] Unerheblich ist, ob die Drohung einen objektiven Dritten zur Erklärung veranlasst hätte. Eine Anfechtung kommt nicht in Betracht, wenn der Bedrohte die Erklärung auch ohne die Drohung abgeben hätte. Kann das in Aussicht gestellte „Übel" vom Drohenden erkennbar gar nicht herbeigeführt werden („Dich soll der Blitz erschlagen, wenn du nicht …"), fehlt es schon an einer Drohung im Sinne von § 123 (s. oben Rn. 84).

d) Wille des Drohenden. Der Drohende muss in subjektiver Hin- 89
sicht den Willen haben, den Bedrohten durch die Ankündigung des Übels zur Abgabe einer Willenserklärung zu bestimmen. Schädigungsvorsatz ist nicht erforderlich, da § 123 die Entschließungsfreiheit schützt, nicht primär das Vermögen.

3. Anfechtbarkeit von Verpflichtungs- und Verfügungsgeschäft

Eine arglistige Täuschung oder Drohung, die das Verpflichtungs- 90
geschäft beeinflusst hat, führt grundsätzlich auch zur Anfechtbarkeit des Verfügungsgeschäfts (Fehleridentität). Dies gilt auch dann, wenn sich der durch Täuschung oder Drohung bedingte Irrtum nicht auf den Inhalt des Verfügungsgeschäfts bezieht, z. B. bei einem Irrtum über die Eigenschaft der Kaufsache. Unerheblich ist auch, ob Grund- und Erfüllungsgeschäft zeitlich zusammenfallen oder nicht. Dieses Ergebnis folgt aus der Abwägung zwischen den Interessen des Getäuschten bzw. Bedrohten und dem Verkehrsinteresse. Der Betroffene soll bei, zum Teil sogar strafbewehrter, Beeinflussung seines Willens sein Eigentum durch die Anfechtung zurückerlangen. Die

---

70 S. *BGH* NJW 2002, 2775 – eine andere Bewertung kann aber gerechtfertigt sein, wenn der Anwalt das Mandat „zur Unzeit" niederlegt und den Mandanten damit während des Prozesses kurzfristig in eine besonders schwierige Lage bringt.
71 *BGH* NJW 1982, 2301.

Durchbrechung des Abstraktionsprinzips rechtfertigt sich aus dem erheblichen Eingriff in die freie Willensentschließung.[72]

91   Dem Getäuschten oder Bedrohten steht es hingegen frei, nur das Verpflichtungsgeschäft anzufechten. Da der juristische Laie bei der Abgabe von Anfechtungserklärungen regelmäßig nicht zwischen Verpflichtungs- und Verfügungsgeschäft differenziert, ist nach der Interessenlage des Erklärenden auszulegen. Eine Anfechtung der Verfügung, durch die er ein Recht erworben hat, z. B. die Anfechtung der Übereignung der Kaufsache durch den arglistig getäuschten Käufer, wird nicht in seinem Interesse liegen, da er dann dieses Recht verliert und nach den strengen Regeln des Eigentümer-Besitzer-Verhältnisses haftet. Bei bloßer Anfechtung des Verpflichtungsgeschäfts muss er die Sache nur nach Bereicherungsrecht herausgeben. Demgegenüber wird derjenige, der ein Recht durch die Verfügung verloren hat, z. B. der Veräußerer, regelmäßig eine Anfechtung auch des Verfügungsgeschäfts anstreben, da er dann gegenüber Dritten dinglichen Schutz genießt und selbst die Ansprüche nach §§ 985 ff. geltend machen kann. Diese Auswirkungen sind bei der **Auslegung** der Anfechtungserklärung zu berücksichtigen.

4. Rechtsfolgen der Anfechtung – vertraglicher Ausschluss

92   Die durch Täuschung oder Drohung beeinflusste Erklärung ist zunächst wirksam, aber anfechtbar. Die Anfechtung führt rückwirkend zur Nichtigkeit, § 142 Abs. 1. Auf die Ausführungen zu den Rechtsfolgen der Anfechtung wegen Irrtums kann insgesamt verwiesen werden, Rn. 61 ff. (s. dort zur Wiederholung insbesondere die Abwicklung des nichtigen Vertrages nach §§ 812 ff. oder §§ 985 ff. – entscheidend dafür ist, ob sich die Anfechtung nach § 123 auf das Verpflichtungs-, das Verfügungsgeschäft oder beide bezieht – und zur Bedeutung des § 142 Abs. 2).

Der wegen arglistiger Täuschung oder Drohung Anfechtende ist nicht verpflichtet, dem Erklärungsempfänger den Vertrauensschaden zu ersetzen. § 122 betrifft nur die Anfechtung wegen Irrtums. Es soll nur derjenige geschützt werden, der auf die Gültigkeit der Erklärung vertraut hat. Für den Empfänger einer durch Täuschung oder Drohung beeinflussten Erklärung trifft das nicht zu, er ist nicht schutzwürdig.

---

72 Vgl. *Grigoleit*, AcP 199 (1999), 380, 406 f.; *Faust*, Allgemeiner Teil, § 22 Rn. 10 (nur auf Kausalität abstellend).

Das Anfechtungsrecht kann nicht durch vertragliche Vereinbarung ausgeschlossen werden, wenn der andere Vertragspartner selbst die Täuschung vorgenommen hat oder eine Person, die nicht Dritter im Sinne von Abs. 2 ist. Der vorsätzlich in die Irre Geführte soll sich nicht im Voraus seines Schutzes durch das Anfechtungsrecht begeben können. Das muss auch gelten, wenn die Täuschung von einem Dritten im Sinne von § 123 II vorgenommen wird und der Vertragspartner davon weiß.[73]

5. Konkurrenzen

Neben dem Anfechtungsrecht aus § 123 kann zugleich eine An- **93** fechtung wegen Irrtums in Betracht kommen, z. B. wenn die arglistige Täuschung einen Eigenschaftsirrtum veranlasst hat. In diesem Fall hat der Anfechtungsberechtigte ein Wahlrecht, auf welchen Anfechtungsgrund er sich berufen will. Die Anfechtung wegen Drohung oder Täuschung wird in der Regel günstiger sein, da sie innerhalb der längeren Frist nach § 124 erklärt werden kann und keine Schadensersatzpflicht nach § 122 zur Folge hat.

Die Möglichkeit der Anfechtung nach § 123 bleibt neben den Vorschriften über **Sach- und Rechtsmängelhaftung** des Kaufs (§§ 434 ff.) bestehen. Der Käufer einer mangelhaften Sache kann bei arglistiger Täuschung den Vertrag nach § 123 anfechten **oder** die Rechte nach §§ 434 ff., 437 geltend machen. Nach Anfechtung scheidet die Geltendmachung von Ansprüchen nach §§ 434 ff. aus, da diese einen wirksamen Vertrag voraussetzen, die Anfechtung aber zur Nichtigkeit führt.

Unabhängig von der Anfechtung nach § 123 kann der Betroffene Schadensersatz wegen unerlaubter Handlung verlangen, § 823 Abs. 2 in Verbindung mit § 263 StGB oder nach § 826. Die Anfechtungsfrist nach § 124 gilt für die **deliktischen Ansprüche** nicht. Eine arglistige Täuschung oder Drohung begründet außerdem häufig neben der Anfechtbarkeit eine Haftung aus *culpa in contrahendo* (§§ 241 Abs. 2, 311 Abs. 2, 280).[74] Der Getäuschte oder Bedrohte kann Schadensersatz, z. B. auch die Aufhebung des Vertrages, §§ 249 ff., fordern. Die Frist des § 124 findet auf diesen Anspruch keine Anwendung.[75] Ansprüche wegen Verletzung vorvertraglicher Pflichten können jedoch

---

73 *BGH* JA 2007, 548; *Flume*, § 19 a. E.; MünchKomm/*Kramer*, § 123 Rn. 28.
74 *BGH* NJW 1991, 1673, 1675; *Larenz/Wolf*, § 37 Rn. 19 ff.
75 H. M.; a. A. *Grigoleit*, Vorvertragliche Informationspflichten, 1997, S. 132 ff., 137 ff.

wiederum durch die Sonderregelung der §§ 434 ff. verdrängt sein, wenn sich die Pflichtverletzung in einem Mangel nach §§ 434, 435 niederschlägt (Verkäufer verschweigt z. B. arglistig einen Sachmangel).[76]

94   **Übersicht 12: Anfechtung nach § 123**

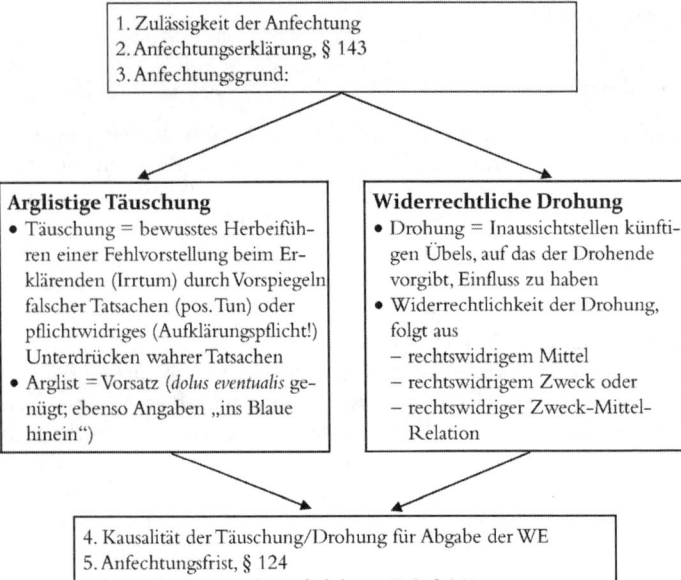

1. Zulässigkeit der Anfechtung
2. Anfechtungserklärung, § 143
3. Anfechtungsgrund:

Arglistige Täuschung
- Täuschung = bewusstes Herbeiführen einer Fehlvorstellung beim Erklärenden (Irrtum) durch Vorspiegeln falscher Tatsachen (pos. Tun) oder pflichtwidriges (Aufklärungspflicht!) Unterdrücken wahrer Tatsachen
- Arglist = Vorsatz (*dolus eventualis* genügt; ebenso Angaben „ins Blaue hinein")

Widerrechtliche Drohung
- Drohung = Inaussichtstellen künftigen Übels, auf das der Drohende vorgibt, Einfluss zu haben
- Widerrechtlichkeit der Drohung, folgt aus
  – rechtswidrigem Mittel
  – rechtswidrigem Zweck oder
  – rechtswidriger Zweck-Mittel-Relation

4. Kausalität der Täuschung/Drohung für Abgabe der WE
5. Anfechtungsfrist, § 124
6. keine Bestätigung des anfechtbaren RG, § 144

Rechtsfolgen:
- **Nichtigkeit** *ex tunc,* § 142 Abs. 1
  (ergreift je nach Interessenlage und Inhalt der Anfechtungserklärung nicht nur Verpflichtungs-, sondern auch Verfügungsgeschäft)
- § 122 nicht anwendbar, da Anfechtungsgegner nicht schutzwürdig

---

76 S. ausführlich *Fleischer,* AcP 200 (2000), 91 ff.

VI. Beiderseitiger Irrtum

Schrifttum: *Köhler,* Die Lehre von der Geschäftsgrundlage als Lehre von der Risikobefreiung, FG 50 Jahre BGH, Bd. 1, 2000, 295 ff.; *Löhnig,* Irrtumsrecht nach der Schuldrechtsmodernisierung, JA 2003, 516 ff.; *Oertmann,* Doppelseitiger Irrtum beim Vertragsschluss, AcP 117 (1919), 275 ff.; *Wieling,* Entwicklung und Dogmatik der Lehre von der Geschäftsgrundlage, Jura 1985, 505 ff.

> **Fall 60:** V hat eine wunderschöne Kette geerbt. Sie beschließt, die Kette an   95
> eine Bekannte zu verkaufen. Bei den Verhandlungen über den Kaufpreis gehen beide davon aus, dass es sich um eine Silberkette handelt. Sie informieren sich über den Wert ähnlicher Silberketten und vereinbaren unter Zugrundelegung dieser Angaben einen Kaufpreis von € 90. Von ihrer Tante erfährt V später, dass diese Kette aus Platin besteht und um ein Mehrfaches wertvoller ist als eine Silberkette. Als K die Kette abholen will, teilt V ihr mit, dass sie am Vertrag nicht festhalten will. Hat K einen Anspruch auf Übereignung der Kette? → Rn. 101.

Die Parteien gehen bei Vertragsschluss regelmäßig von bestimmten   96
gegenwärtigen oder künftigen Umständen aus, die sie bei ihrer Willensbildung und somit bei der Vertragsgestaltung berücksichtigen. Diese Umstände können jedoch aus verschiedenen Gründen unzutreffend sein. Irren beide Parteien **gemeinsam** über einen für sie wesentlichen Umstand, liegt ein beiderseitiger Irrtum vor. Dies kann ein Irrtum nach § 119 Abs. 2, aber auch ein an sich unbeachtlicher Motivirrtum sein. Irren beide Parteien über eine verkehrswesentliche Eigenschaft im Sinne des § 119 Abs. 2, ist die Anwendung der Regelungen über die Irrtumsanfechtung dann unbillig, wenn es vom Zufall abhängt, wer zuerst sein Anfechtungsrecht ausübt und damit zum Ersatz des Vertrauensschadens verpflichtet ist.[77] Dies hängt jedoch ganz vom Einzelfall und seinen Besonderheiten ab. Im Fall 60 hat wirtschaftlich betrachtet nur die V ein Interesse, sich vom Kaufvertrag zu lösen, K wird an dem für sie günstigen Kaufvertrag eher festhalten wollen – für sie war der Irrtum über die Eigenschaft der Kette genommen nicht kausal (sie hätte wohl erst Recht eingewilligt, zu diesem Preis zu kaufen, wenn sie den wahren Wert gekannt hätte). In anderen Fällen können jedoch beide Parteien aus unterschiedli-

---

77 Str. vgl. *Larenz/Wolf,* § 38 Rn. 5; a. A. *Medicus/Petersen,* Bürgerliches Recht, Rn. 162; *Fezer,* Klausurenkurs zum BGB, Allgemeiner Teil, S. 193.

chen Motiven ein Interesse haben, sich vom Vertrag zu lösen und sich deshalb auf den Irrtum zu berufen.

Beispiel: Der wohlhabende Grundstückseigentümer E möchte dem angeschlagenen Gewerbebetrieb G in seiner Heimatgemeinde unter die Arme greifen, Arbeitsplätze erhalten und will dem G deshalb ein für die rentable Fortführung des Unternehmens notwendiges Grundstück besonders günstig verkaufen. E und G gehen dabei bei Vertragsschluss davon aus, dass das Grundstück baurechtlich auch industriell genutzt werden darf. Stellt sich später heraus, dass dies nach den geltenden bau- und immissionsrechtlichen Vorschriften nicht der Fall ist, haben sich beide über eine verkehrswesentliche Eigenschaft des Vertragsgegenstandes geirrt. Beide könnten nach § 119 Abs. 2 anfechten und würden dies ggf. auch tun, weil E den von ihm verfolgten Zweck nicht mehr erreichen kann und G das Grundstück dann nicht nutzen kann und nur unnötige Kosten anfallen könnten. Wer zuerst anficht, müsste dem anderen den Vertrauensschaden ersetzen.

Der Fall des beiderseitigen Irrtums ist gesetzlich nicht geregelt. Im Unterschied zum einseitigen Irrtum, der zur Anfechtung berechtigt, soll nach h. M. grundsätzlich keine der Parteien etwa wegen des enttäuschten Vertrauens auf die Gültigkeit des Vertrages schutzwürdig sein. Vielmehr muss für beide Parteien eine interessengerechte Lösung gefunden werden, da beide gleichermaßen unzutreffende Vorstellungen hatten und den Vertrag nicht oder nicht zu den Konditionen abgeschlossen hätten.

1. Auslegung

97   Zunächst ist zu prüfen, ob sich ein vernünftiges Ergebnis im Wege der **Vertragsauslegung** erreichen lässt. Eine Lösung lässt sich danach finden, wenn der Vertrag nach dem durch ergänzende Vertragsauslegung zu ermittelnden Inhalt bestimmte Anordnungen für den Fall des Nichtvorliegens oder der Änderung der zugrunde gelegten Umstände enthält, § 157.

Beispiel: A gibt dem K im Jahre 1920 in Moskau ein Darlehen über 30.000,– Rubel. Beide gehen davon aus, dass der Rubel 25 Pfennig wert ist, so dass sich R verpflichtet, 7.500,– Mark an A zurückzuzahlen. In Wirklichkeit bekam man für 1 Rubel nur 1 Pfennig. Was kann A von K verlangen?[78] Nach der Vereinbarung sollte das Darlehen in deutscher Währung zurückgezahlt werden. Wegen der Annahme eines unzutreffenden Wechselkurses wurde der Betrag auf 7.500,– Mark festgelegt. Die Erklärung der Parteien lässt sich dahin ausle-

---

78 Beispiel nach RGZ 105, 406 (dort wurde noch eine Anfechtung nach § 119 Abs. 1 angenommen); hierzu auch *Larenz/Wolf*, § 36 Rn. 62 ff.

gen, dass das Darlehen nach dem tatsächlichen Wechselkurs zurückgezahlt werden sollte. K schuldet demnach 300,– Mark.

2. Wegfall bzw. Störung der Geschäftsgrundlage

Für die Fälle, in denen eine Auslegung nicht in Betracht kommt, **98** wurde die Lehre vom Wegfall der Geschäftsgrundlage entwickelt, die eine Anpassung an die wirklichen Verhältnisse ermöglicht. Dieses zunächst richterrechtliche Institut ist seit 1. Januar 2002 in § 313 kodifiziert. Zunächst ist aber immer zu prüfen, ob speziellere Vorschriften (z. B. §§ 311a, 314, §§ 434 ff., 626) einschlägig sind, da dann die allgemeinen Regeln über die Störung der Geschäftsgrundlage keine Anwendung finden.[79] Bei einem gemeinsamen Sachverhaltsirrtum der Parteien über einen Punkt, der keiner Risikosphäre nur einer Partei zuzurechnen ist, geht § 313 Abs. 2 nach h. M. der Irrtumsanfechtung vor.[80] Dies sollte aber nur dann gelten, wenn tatsächlich sonst beide Parteien anfechten könnten und es gilt, Zufallsergebnisse zu vermeiden.

a) Voraussetzungen. Geschäftsgrundlage (§ 313 Abs. 1: „Grund- **99** lage des Vertrags") sind die bei Vertragsschluss zutage getretenen **gemeinsamen** Vorstellungen beider Parteien oder die dem Geschäftsgegner bekannten und von ihm nicht beanstandeten Vorstellungen des anderen Teils vom Vorhandensein oder dem Eintreten bestimmter Umstände, auf denen der Geschäftswille der Parteien aufbaut (die aber nicht selbst Vertragsinhalt werden). Diese irrigen Vorstellungen müssen für den Vertragsabschluss so wesentlich sein, dass keine der Parteien bei Kenntnis der wahren Sachlage den Vertrag geschlossen hätte oder mit Rücksicht auf den anderen Teil redlicher Weise nicht hätte schließen dürfen. Die Störung muss nach § 313 Abs. 1 so erheblich sein, dass der nachteilig betroffenen Partei ein Festhalten am unveränderten Vertrag nicht zumutbar ist.

Rechte wegen der Störung der Geschäftsgrundlage bestehen nicht, wenn **eine der Parteien** erkennbar das Risiko für das Vorliegen oder Nichtvorliegen eines bestimmten Umstandes tragen sollte (§ 313 Abs. 1, letzter Halbs.). Dies ergibt sich aus dem Inhalt des Vertrages,

---

79 Jauernig/*Stadler*, § 313 Rn. 8–13 m. N. Eine ausführliche Darstellung dieses Rechtsinstituts gehört in das Allgemeine Schuldrecht, s. z. B. *Brox/Walker*, Allgemeines Schuldrecht, § 27.
80 *Löhnig*, JA 2003, 516; s. zum Beispiel *OLG Nürnberg* NJW 1996, 1479 (gem. Irrtum über Rechtslage).

dem Vertragszweck und dem dispositiven Recht. Beispielsweise trägt der Käufer einer Sache grundsätzlich das **Verwendungsrisiko**.[81] Kann er die Kaufsache nicht nach seinen Vorstellungen gebrauchen und einsetzen, kommt eine Vertragsanpassung nicht in Betracht. Etwas anderes gilt dann, wenn sich nach dem Vertrag etwas anderes ergibt, z. B. der Verwendungszweck selbst zur Geschäftsgrundlage gehört.

> **Beispiel:** A kauft nach ihrer Verlobung mit B ein Hochzeitskleid. Als sie nach Hause kommt, erfährt sie, dass B sich die Sache inzwischen anders überlegt hat und die Verlobung löst. Hier trägt A – trotz des aus der Natur der Kaufsache offensichtlichen Verwendungszwecks – allein das Verwendungsrisiko für das Kleid, wenn nicht ausnahmsweise mit V etwas anderes vereinbart ist.

100   **b) Rechtsfolgen.** Ziel der Regelung über Störungen der Geschäftsgrundlage ist es, eine Lösung für die Situation zu finden, an die die Parteien nicht gedacht haben. Der Vertrag ist primär durch eine **Anpassung** an die geänderten Verhältnisse weitgehend aufrecht zu erhalten. Es wird geprüft, was die Parteien redlicher Weise vereinbart hätten, wenn sie die tatsächliche Lage gekannt hätten. Im Wege der Vertragsanpassung kann z. B. die Erhöhung oder Minderung der Gegenleistung, die (teilweise) Aufhebung einer Verbindlichkeit oder die Stundung erfolgen. Eine Vertragsauflösung durch Rücktritt (§ 313 Abs. 3) kommt nur in Betracht, wenn eine Anpassung nicht möglich oder einem Vertragsteil unzumutbar wäre.

Die vertraglichen Pflichten werden verändert. Daraus folgt, dass die Berufung auf den Wegfall bzw. die Störung der Geschäftsgrundlage grundsätzlich ausgeschlossen ist, wenn beide Parteien den Vertrag bereits erfüllt haben. Ausnahmen ergeben sich bei nicht hinnehmbarer Unzumutbarkeit.

101   **Lösungsskizze Fall 60 (Rn. 95):**
I. K → V auf Übereignung und Übergabe der Kette aus § 433 Abs. 1 S. 1
Voraussetzung: wirksamer Kaufvertrag
   1. Angebot und Annahme (+)
   2. Nichtigkeit wegen Anfechtung nach §§ 142 Abs. 1, 119 Abs. 2 durch V
     a) Anfechtungserklärung der V nach § 143 Abs. 1 (+)
     b) Anfechtungsgrund nach § 119 Abs. 2 (+), Beschaffenheit der Kette = verkehrswesentliche Eigenschaft, Irrtum der V hierüber

---

[81] Vgl. *BGH* NJW 1984, 1747; ebenso geht das Beschaffungsrisiko regelmäßig zulasten des Verkäufers, *BGH* NJW 1972, 1702.

war kausal. V hätte die Kette bei Kenntnis der Umstände nicht zu diesem Preis verkauft.

c) Anfechtungsfrist nach § 121 (+)

d) Zulässigkeit der Anfechtung aber fraglich: keine Kollision mit Gewährleistungsrecht (hier: kein Sachmangel); aber Ausschluss der Anfechtung wegen des beiderseitigen Irrtums (→ Rn. 96)? Die h. M. könnte hier auf die Regeln über Störungen der Geschäftsgrundlage zurückgreifen, um Zufallsergebnisse zu vermeiden. Diese drohen hier jedoch gar nicht, denn der Irrtum war nur für die Willenserklärung der V kausal, so dass auch nur für sie eine Anfechtung in Betracht kommt. Wenn sie von diesem Anfechtungsrecht Gebrauch macht, erscheint es auch nicht unbillig, dass sie K einen eventuell entstandenen Vertrauensschaden ersetzen muss.

II. **Ergebnis:** K hat keinen Anspruch auf Übereignung der Kette, da der Kaufvertrag nach Anfechtung entfallen ist.

§ 26. Unzulässige Rechtsgeschäfte

I. Gesetzliche Verbote

Schrifttum: *Beater,* Der Gesetzesbegriff von § 134, AcP 197 (1997), 505 ff.; *Köhler,* Schwarzarbeitsverträge – Wirksamkeit, Vergütung, Schadensersatz, JZ 1990, 466 ff.; *Kötz,* Die Ungültigkeit von Verträgen wegen Gesetzes- und Sittenwidrigkeit, RabelsZ 58 (1994), 209 ff.; *Otte,* Die Nichtigkeit letztwilliger Verfügungen wegen Gesetzes- oder Sittenwidrigkeit, Jura 1985, 192 ff.; *Roth,* Geltungserhaltende Reduktion im Privatrecht, JZ 1989, 411 ff.

Fall 61: G bestellt in seiner Stammkneipe um 1.30 Uhr nachts noch ein 1 letztes Bier, das ihm der Wirt W, der noch beim Aufräumen ist, ausnahmsweise bringt. Nach der örtlich geltenden Sperrzeitregelung (Verordnung), müsste das Lokal um 1.00 Uhr schließen und darf danach keine Getränke und Speisen mehr ausschenken. Ist der Kaufvertrag wirksam? (ohne Lösungsskizze)

Fall 62: Bauherr B lässt sich, um Kosten zu sparen, von seinem Bekannten M, der von Beruf Maurer ist, einen Teil seines neuen Einfamilienhauses in Schwarzarbeit bauen. Dabei wird vereinbart, dass M entgegen den Vorschriften des Umsatzsteuergesetzes keine offizielle Rechnung stellt. Nach Abschluss der Arbeiten verlangt M, der – wie B weiß – keine Gewerbeerlaubnis hat und auch nicht in die Handwerksrolle eingetragen ist, von B den vereinbarten Lohn. B möchte, dass M erst einmal vorhandene Mängel seiner Arbeit beseitigt. Zu Recht? (ohne Lösungsskizze)

Die Nichtigkeit eines Rechtsgeschäftes muss sich nicht notwendig auf einen Willensmangel gründen. Sie kann sich auch aus dem Inhalt des Rechtsgeschäftes ergeben. § 134 stellt eine Beschränkung der Privatautonomie dar (s. oben § 3 Rn. 4 ff.).

1. Verstoß gegen ein Verbotsgesetz

2   Nach § 134 ist ein Rechtsgeschäft, das gegen ein gesetzliches Verbot verstößt, nichtig, wenn sich nicht aus dem Gesetz etwas anderes ergibt. Die Vorschrift ordnet damit nur eine Rechtsfolge an, sagt aber selbst nichts darüber, wann ein Rechtsgeschäft oder ein Vertrag verboten ist. § 134 enthält noch nicht einmal eine Definition dessen, was man unter **„Gesetz"** zu verstehen hat. Diese folgt aus Art. 2 EGBGB: „Gesetz im Sinne des Bürgerlichen Gesetzbuchs und dieses Gesetzes ist jede Rechtsnorm". Verbotsgesetz im Sinne von § 134 kann daher jedes Gesetz im materiellen Sinn aus der **gesamten Rechtsordnung** sein – es muss nicht ein Gesetz im formellen Sinne sein.[1] Dies umfasst alle verbindlichen Regelungen in Gesetzen, Rechtsverordnungen, Satzungen, allgemein verbindlichen Tarifverträgen,[2] ausnahmsweise kann sich eine solche Verbotsregelung auch aus Gewohnheitsrecht[3] ergeben. Verbote können sich auch aus dem Europarecht ergeben (z. B. Art. 101 AEUV[4]). Um ein „Verbot" handelt es sich, wenn die jeweilige Vorschrift – ohne die Nichtigkeitsfolge selbst ausdrücklich anzuordnen –, einen bestimmten **Inhalt eines Rechtsgeschäftes** oder dessen **Abschluss** bzw. Vornahme untersagt. Normen, welche nicht nur ein bestimmtes Verhalten oder einen Vertragsinhalt verbieten, sondern auch die Nichtigkeit des Vertrages selbst anordnen, bedürfen darüber hinaus nicht des Rückgriffs auf § 134. Sie sind aber eher selten. Hingegen gibt es gerade außerhalb des BGB und des Zivilrechts eine Reihe von Vorschriften, die Verbote aussprechen und teilweise mit öffentlich-rechtlichen oder strafrechtlichen Sanktionen bewehren. Die zivilrechtliche Rechtsfolge der Unwirksamkeit entsprechender vertraglicher Vereinbarungen folgt dann erst aus § 134.

---

1 Zu dieser Unterscheidung s. *Maurer*, Allgemeines Verwaltungsrecht, 17. Aufl., 2009, § 4 Rn. 12 ff. Es spielt keine Rolle, ob es sich um Bundes- oder Landesrecht handelt, *BGH* WM 2003, 788, 791. Grundrechte entfalten im Privatrecht eine mittelbare Wirkung (oben § 2 V 4), sind jedoch nicht selbst Verbotsgesetz.
2 *BGH* NJW 2000, 1186; *Beckmann*, JZ 2001, 150.
3 Einschränkend insoweit *BGH* NJW 2007, 2106.
4 *BGH* GRUR 1991, 559.

Die Vorschrift dient daher in besonderem Maße der **Einheit bzw. Widerspruchsfreiheit der Rechtsordnung.**[5]

Beispiel: § 259 StGB stellt die Hehlerei, d. h. den Handel mit gestohlener Ware unter Strafe, sagt aber – naturgemäß – nichts über die zivilrechtliche Beurteilung entsprechender Rechtsgeschäfte. Erst aus § 134 folgt, dass der Kaufvertrag zwischen Dieb und Hehler über die gestohlene Ware nichtig ist.

Ob eine Norm ein Verbotsgesetz darstellt, ist durch **Auslegung** zu   3
ermitteln. Häufig lässt sich bereits dem Wortlaut entnehmen, dass die Vornahme eines bestimmten Rechtsgeschäftes missbilligt ist. Ansonsten muss zunächst festgestellt werden, welchen gesetzgeberischen **Zweck** die Verbotsnorm verfolgt. Anschließend ist zu prüfen, ob Sinn und Zweck der Norm bereits durch andere Sanktionen (Bußgeld, Strafe) erreicht werden kann. Demgegenüber tritt die zivilrechtliche Nichtigkeitsfolge nur ein, wenn es das vom Gesetzgeber verfolgte Ziel gebietet, dem Rechtsgeschäft auch die privatrechtliche Wirksamkeit zu versagen. Dementsprechend differenziert man zwischen relativen und absoluten Verboten.

2. Rechtsfolgen des Verstoßes

a) Relative Verbote. Richtet sich das Verbot nur gegen die **äuße-**   4
ren Umstände, beispielsweise gegen den Ort, die Zeit oder die Art und Weise der Vornahme des Rechtsgeschäftes, so ist dieses trotz des Verstoßes grundsätzlich zivilrechtlich wirksam.[6] Entscheidend ist stets der Schutzzweck des jeweiligen Gesetzes.

Im Beispiel der Hehlerei (Rn. 2) verbietet § 259 StGB den Handel mit gestohlener Ware, um eine Aufrechterhaltung der durch die Vortat geschaffenen Vermögenslage zu verhindern (sog. Perpetuierungstheorie). Dies ist selbstverständlich nur effektiv möglich, wenn der Staat in keiner Weise die Hand reicht zur Durchsetzung entsprechender zivilrechtlicher Verträge. Das Verbot betrifft daher nicht nur Umstände, sondern den Inhalt solcher Verträge. Sie sind daher in vollem Umfang unwirksam (absolutes Verbot, s. unten Rn. 7 ff.).

Die Vorschriften der inzwischen in der Gesetzgebungskompetenz   5
der Länder liegenden **Ladenschluss- oder Ladenöffnungsgesetze**[7]

---

5 *Medicus,* Rn. 647.
6 *BGH* NJW-RR 2003, 1203, 1205; NJW 1968, 2286 (Arzneiabgabe ohne Rezept).
7 Das vormalige Bundesgesetz (Ladenschlussgesetz) v. 1.1.1964, neu gefasst 2.6.2003 (BGBl. I S. 744); zuletzt geändert durch G v. 7.7.2005 (BGBl. I S. 1954) gilt nach der Föderalismusreform nur noch, soweit die Bundesländer keine eigene Regelung erlassen.

wenden sich dagegen nur gegen die äußeren Umstände des Vertragsschlusses, insbesondere den Zeitpunkt des Rechtsgeschäfts. Es handelt sich um gewerbepolizeiliche Ordnungsvorschriften. Ein Interesse der Rechtsgemeinschaft, Geschäfte dieser Art zivilrechtlich mit
der Nichtigkeitsfolge zu ahnden, besteht nicht.[8] Hier reichen die in
den Gesetzen selbst vorgesehenen Sanktionen (Bußgeld, z. B. § 15
LadenöffnungsG Baden-Württemberg) zur Wahrung des Gesetzeszweckes. Dasselbe gilt für Verstöße gegen sogenannte Sperrzeitver-
ordnungen im Gaststättengewerbe. Der Kaufvertrag zwischen G
und W im **Fall 61** ist daher trotz des Verstoßes gegen die einschlägige
Regelung wirksam. Die bereits ausgetauschten Leistungen müssen
nicht zurückgegeben werden.[9]

Streitig ist, ob sich aus dem Vertrag ein **Anspruch auf die verbotene Leistung** ergibt. Würde W nach Abschluss des Kaufvertrages das Bier nicht übereignen wollen, so wäre fraglich, ob G auf Erfüllung aus § 433 Abs. 1 S. 1 klagen könnte oder ob nur der vollzogene Leistungsaustausch sanktionslos
bleibt.[10] Die Frage ist von eher theoretischer Bedeutung, da gerade beim Verstoß gegen Ladenöffnungsgesetze und ähnliche Ordnungsvorschriften regelmäßig ein Bargeschäft vorliegt, das sofort vollständig abgewickelt wird. Verneint man das Vorliegen eines Verbotsgesetzes im Sinne von § 134, muss man
den Parteien konsequenterweise aber auch einen Erfüllungsanspruch aus dem
(wirksamen) Vertrag geben.

6   Ähnliches gilt, wenn jemand ohne die nötige **Gewerbeerlaubnis** tätig wird. So hat der Bundesgerichtshof den Maklervertrag, aufgrund
dessen ein Immobilienmakler Verträge vermittelt hatte, obwohl ihm
die notwendige Gewerbeerlaubnis für diese Tätigkeit nach § 34a
GewO fehlte, für wirksam gehalten. Der Gesetzeszweck richte sich
nicht gegen den wirtschaftlichen Erfolg der Maklertätigkeit, die Ahn-
dung als Ordnungswidrigkeit sei daher ausreichend.[11] In anderen,
ähnlich gelagerten Fällen – Verstoß gegen das bis 2008 geltende
Rechtsberatungsgesetz – wurde anders entschieden.[12] Ein sachlicher
Unterschied in der gesetzgeberischen Intention ist aber kaum auszu-
machen – in beiden Fällen soll dem Vertragspartner eine sachgemäße
Leistung sicher sein. Die Beispiele zeigen, dass es bei vielen Verbots-

---

8 So die h. M., s. *Bitter*, § 6 Rn. 29 mit Nachw.
9 RGZ 103, 263, 264.
10 Für die Versagung von Erfüllungsansprüchen *Flume*, § 17 sub 4; krit. *Canaris*, Ge-
    setzliches Verbot und Rechtsgeschäft, 1983, S. 35.
11 BGHZ 78, 269.
12 BGHZ 37, 258; NJW 1995, 3122; 2000, 1560, 1562; vorsichtiger *BGH* NJW 2003,
    3692; ausführlich MünchKomm/*Armbrüster*, § 134 Rn. 92 f.

gesetzen schwer fällt, eine Entscheidung über die Nichtigkeitsfolge zu treffen.

b) Absolute Verbote. Ergibt die Auslegung, dass das Verbot den 7 Regelungsgehalt, d. h. den **Inhalt des Rechtsgeschäftes** betrifft, so ist dieses regelmäßig insgesamt nichtig. Insbesondere beim Verstoß beider Parteien gegen ein Inhaltsverbot wird es in aller Regel mit dem Sinn und Zweck der Norm unvereinbar sein, den wirtschaftlichen Erfolg des verbotenen Geschäftes hinzunehmen. Wendet sich das Verbot demgegenüber nur gegen das Verhalten **einer Partei,** so ist genau zu prüfen, ob das Rechtsgeschäft im Interesse der redlichen Partei nicht doch wirksam sein soll. Nach der Rechtsprechung sind solche Verträge, bei denen nur eine Partei ein gesetzliches Verbot verletzt, in der Regel gültig.[13] Nur wenn es mit dem Verbotszweck unvereinbar wäre, die getroffene Regelung aufrechtzuerhalten, ist das Rechtsgeschäft insgesamt nichtig.

Unter diesem Gesichtspunkt ist die Wirksamkeit der **Abtretung** 8 **von Honorarforderungen** von Ärzten und Anwälten aufgrund des Verkaufs einer Arztpraxis oder Anwaltskanzlei bzw. zum Einzug durch eine gewerbliche Verrechnungsstelle für nichtig gehalten worden. Neben der Abtretung bedarf es regelmäßig auch der Übergabe der Patienten- bzw. Mandantenunterlagen. Ohne Einwilligung der Betroffenen liegt hierin eine rechtswidrige Verletzung der Schweigepflicht des Arztes oder Rechtsanwaltes (§ 203 Abs. 1 Nr. 1, 3 StGB). Dabei handelt es sich um ein klassisches einseitiges Verbot. Die Auslegung ergibt aber, dass die Betroffenen gegen die unbefugte Preisgabe ihrer persönlichen Geheimnisse und Daten nur wirksam geschützt sind, wenn dem entsprechenden Rechtsgeschäft trotzdem die Wirksamkeit versagt wird.[14]

Auch bei Verstößen gegen das **Gesetz zur Bekämpfung der** 9 **Schwarzarbeit (SchwArbG)**[15] differenzierte die Rechtsprechung für die bis zum 1.8.2004 geltende frühere Fassung danach, ob ein einseitiger Verstoß des Unternehmers („Schwarzarbeiters") vorliegt oder auch der Besteller in Kenntnis der Tatsache, dass es sich um „Schwarzarbeit" handelt, einen Vertrag abschließt. Das Schwarzar-

---

13 BGHZ 143, 287; 46, 24, 25; *BGH* NJW 2000, 1186; 1984, 230 (st. Rspr.).
14 *BGH* NJW 1991, 2955 (Abtretung durch Arzt); 1993, 1638 (Abtretung durch Anwalt); 1992, 737 (Patientenunterlagen bei Verkauf der Arztpraxis); 1995, 2026 (Aktenüberlassung bei Kanzleiverkauf).
15 G v. 23.7.2004, zuletzt geändert durch G v. 24.6.2005 (BGBl. I S. 1841).

beitsbekämpfungsgesetz wurde 2004 verschärft[16] und richtet sich seither mit der Definition der Schwarzarbeit in § 1 Abs. 2 auch explizit nicht nur gegen denjenigen, der Schwarzarbeit „leistet", sondern auch gegen den, der sie „ausführen lässt". Die Regelungen dienen der Bekämpfung der Arbeitslosigkeit, der Sicherung des Beitragsaufkommens für die Sozial- und Arbeitslosenversicherung (vgl. § 1 Abs. 2 Nr. 1 SchwarzArbG), aber auch des Steueraufkommens (§ 1 Abs. 2 Nr. 2 SchwarzArbG). Die typische Schwarzarbeit erfolgt günstiger, dafür aber ohne Rechnung und ohne dass der Leistende entsprechende Steuern auf seine Einnahmen abführt (Umsatz-, Einkommensteuer). Aus präventiven Gründen (Abschreckung) kann dieser Zweck nur erreicht werden, wenn entsprechende Werkverträge mit der zivilrechtlichen Nichtigkeitsfolge belegt werden, auch wenn sich dies nicht unmittelbar aus dem SchwarzArbG ergibt.[17] Der Schwarzarbeiter hat dann keinerlei Entgeltansprüche aus dem Vertrag, der Besteller umgekehrt im Falle mangelhafter Arbeit keine Ansprüche wegen mangelhafter Erfüllung.[18] So entschied die Rechtsprechung bereits zur alten Fassung des Gesetzes, wenn beide Parteien den Verstoß kennen.[19] Auch für die Neufassung betont der BGH, dass Nichtigkeit vorliege, wenn der Unternehmer vorsätzlich gegen das Schwarzarbeitsverbot verstoße und der Besteller den Verstoß kenne und bewusst zum eigenen Vorteil nutze. Im **Fall 62** besteht daher kein Werklohnanspruch des M aus § 631.

Allerdings unterlief der Bundesgerichtshof die Präventionswirkung des Verbotes in einer Entscheidung von 1990 in bedenklicher Weise unter Zuhilfenahme von § 242, wenn der „Schwarzarbeiter" vorgeleistet hatte. *Vertragliche* Zahlungsansprüche standen ihm dann wegen der Nichtigkeit des Vertrages nicht zu. Dem Anspruch aus *Bereicherungsrecht* (§ 812 Abs. 1 S. 1, 1. Var. – Leistungskondiktion) stand an sich die Einwendung des § 817 S. 2 entgegen (lesen!). Hatte der Schwarzarbeiter also seine Leistung erbracht, verblieb sie dem Besteller „kostenlos". Der Bundesgerichtshof meinte, dem durch die Vorleistung des Unternehmers begünstigten Besteller käme dann ein ungerechtfertigter Vorteil zu, den man ihm nach Treu und Glauben (§ 242) nicht belassen dürfe. Zum Schutz des regelmäßig schwächeren Unternehmers sei daher der objektive Wert der Werkleistung ggf. unter Abzug für vorhandene

---

16 Lesenswert § 1 Abs. 1 SchwarzArbG, wo ausdrücklich der Gesetzeszweck genannt wird (!): „Zweck des Gesetzes ist die Intensivierung der Bekämpfung der Schwarzarbeit."

17 So für die Neufassung des Gesetzes *BGH* NJW 2013, 3167, 3168 mit Nachw.

18 *BGH* NJW 2013, 3167 ff. mit Nachw. zur älteren Rspr.

19 BGHZ 85, 39, 41; 111, 308, 311; *BGH* NJW 1996, 1812.

Mängel entgegen § 817 S. 2 zu vergüten.[20] Der Entscheidung wurde zu Recht vorgeworfen, dass sie die generalpräventive Wirkung des SchwarzArbG unterlaufe. Hierfür genügt es eben gerade nicht, wenn nur vertragliche Ansprüche ausgeschlossen sind. Nur die Tatsache, dass die vertragliche Abrede und der darauf beruhende Leistungsaustausch *keinerlei* Ansprüche auslösen, wird dem ordnungspolitischen Ziel gerecht.[21] Für den beiderseitigen Gesetzesverstoß ordnet § 817 S. 2 daher konsequent an, dass es bei der von den Parteien geschaffenen Lage bleibt und keine Rückabwicklung erfolgt. Nur diese Risikozuweisung verhindert Vornahme und Durchführung verbotener Rechtsgeschäfte. Dieser Argumentation ist nun auch jüngst der BGH[22] gefolgt und korrigierte die frühere Rechtsprechung: Dem Leistenden könne entgegen der Regelung des § 817 S. 2 nur dann ein Anspruch zustehen, wenn das Verbotsgesetz den Schutz des Leistenden bezwecke. Dies sei beim SchwarzArbG aber gerade nicht der Fall. Er stützt sich weiterhin darauf, dass sich die damalige Ansicht, die Nichtanwendung von § 817 S. 2 hindere die Präventionswirkung des Gesetzes nicht, nicht bewahrheitet habe. Das alarmierende Ausmaß an Schwarzarbeit und die Intention des Gesetzgebers mit dem 2004 verschärften Gesetz müsse daher nun auch zum Ausschluss des Bereicherungsanspruchs des Leistenden führen. Im **Fall 62** kann M daher von B auch nicht aus Bereicherungsrecht (§ 812 Abs. 1 S. 1, 1. Var. i. V. m. § 818 Abs. 3) Wertersatz für die bereits erbrachte Werkleistung verlangen. Dem Anspruch steht die Einwendung des § 817 S. 2 entgegen.

Offen und vom BGH nicht entschieden ist die Folgefrage, ob der Besteller, der bereits geleistet hat, den Werklohn aus Bereicherungsrecht zurückfordern kann. Folgt man dem BGH in seiner nun strikten Anwendung des § 817 S. 2, wird man dies verneinen müssen und hinnehmen, dass bei Vorkasse die vom Gesetz nicht gewollte Vermögensverschiebung eintritt und es dabei bleibt. Wenn der Besteller die Nichtigkeit des Vertrages kannte, greift auch § 814 ein.

Auch die Vorschriften des **Jugendarbeitschutzgesetzes** (JArb- 10 SchG) sind ein Beispiel für absolute Verbote. Die Verbotsnorm des § 8 JArbSchG dient nicht nur dem öffentlichen Interesse, die Arbeitskraft Jugendlicher nicht in unzulässiger Weise ausbeuten zu lassen, sondern auch dem Schutz der betroffenen Jugendlichen selbst. Hier würde eine Strafsanktion allein nicht zum Ziel führen. Bei Wirksamkeit des Arbeitsvertrages wäre der Jugendliche nämlich gerade zur Erfüllung des vom Gesetz missbilligten Vertrages verpflichtet.

Beispiel: Unternehmer U schließt mit dem 16-jährigen J einen Vertrag, in dem sich der Computerexperte J verpflichtet, während der internationalen „Cebit"-Messe jeweils 50 Stunden in der Woche den Stand des U zu betreuen. Die Eltern des J sind damit einverstanden. Der Vertrag verstößt gegen § 8

20 BGHZ 111, 308, 313 f.
21 Zur Kritik s. u. a. *K. Schmidt,* JuS 1991, 73; *Lorenz,* NJW 2013, 3132, 3135.
22 *BGH* BeckRS 2014, 09391 Rn. 25 ff.

Abs. 1 JArbSchG, der verbietet, dass Jugendliche zwischen 15 und 18 Jahren (§ 2 Abs. 2 JArbSchG) mehr als 40 Stunden in der Woche arbeiten. Das Einverständnis der Eltern ändert am Gesetzesverstoß nichts. Zur möglichen Teilnichtigkeit sogleich Rn. 11.

11   c) Teilnichtigkeit. Nach Sinn und Zweck des Verbotsgesetzes kann sich ergeben, dass nicht die Gesamtnichtigkeit, sondern lediglich eine Teilnichtigkeit eintritt. So führt bei Höchstpreisvorschriften der Verstoß nur zur Unwirksamkeit des überhöhten Preises, so dass der Vertrag mit dem zulässigen Preis fortbesteht.[23] Ebenso kann man im Beispiel Rn. 10 zum JArbSchG daran denken, den Vertrag mit der zulässigen Höchststundenzahl von 40 Stunden in der Woche aufrechtzuerhalten.

12   d) Auswirkungen auf das Verfügungsgeschäft. Bei der Prüfung, ob ein Rechtsgeschäft gem. § 134 nichtig ist, muss beachtet werden, dass die Wirksamkeit des Verpflichtungsgeschäftes und die des Erfüllungsgeschäftes grundsätzlich voneinander unabhängig sind (**Abstraktionsprinzip**, s. § 16 Rn. 18 ff.).[24]

13   Ist das Verpflichtungsgeschäft wegen des Verstoßes gegen ein gesetzliches Verbot nichtig, so berührt das die Gültigkeit des Verfügungsgeschäftes zunächst nicht. Anders verhält es sich jedoch, wenn die Auslegung ergibt, dass sich das Verbot auch auf das **Erfüllungsgeschäft** erstreckt. Dies ist etwa der Fall, wenn das Verbot gerade auch die Vermögensverschiebung verhindern soll, wie im Fall der Hehlerei (§ 259 StGB, s. Rn. 2) oder beim verbotenen Handel mit Betäubungsmitteln deren Übereignung.[25] Auch im oben (Rn. 8) erörterten Fall der Abtretung von Honorarforderungen von Ärzten und Anwälten gebietet der Schutz der betroffenen Patienten und Mandanten, dass nicht nur das die Verpflichtung begründende Rechtsgeschäft ganz oder teilweise nichtig ist, sondern gerade auch sein Vollzug (Abtretung nach § 398).[26]

14   Umgekehrt wird die Nichtigkeit des Erfüllungsgeschäftes gemäß § 134 häufig auch zur Nichtigkeit des zugrunde liegenden Verpflichtungsgeschäftes führen.[27] Dies ist eine reine Frage der Auslegung des

---

23 *BGH* NJW 1984, 722, 723. NJW
24 BGHZ 122, 122.
25 Übereignung auch des Kaufpreises nichtig, *BGH* (Strafsenat) NJW 1983, 636.
26 *BGH* NJW 1995, 2915 (Abtretung anwaltlicher Honorarforderung); die Abtretung an einen anderen Rechtsanwalt, der wegen vorheriger Vertretung schon mit allen Umständen vertraut war, ist aber wirksam, s. *BGH* NJW 2005, 507; BGHZ 115, 123, 130 (ärztliche Honorarforderung).
27 *BGH* NJW 1995, 2027; anders jedoch BGHZ 143, 286.

jeweiligen Verbotsgesetzes.[28] § 311a Abs. 1 schreibt ausdrücklich fest, dass auch ein anfängliches Leistungshindernis (gesetzliches Verbot, die vertraglich versprochene Leistung zu erbringen) die Wirksamkeit des Vertrages nicht hindert; vielmehr ist der Schuldner wegen Unmöglichkeit zum Schadensersatz statt der Leistung verpflichtet, wenn er das Leistungshindernis bei Vertragsschluss kannte oder hätte kennen müssen.

Verbietet beispielsweise ein gesetzlich geregeltes Handelsembargo, dass bestimmte Waren (z. B. Kriegswaffen oder waffentaugliches Material) in bestimmte Länder (in Krisengebieten) exportiert werden, so war ein Kaufvertrag, der deutschem Recht unterlag, früher schon nach § 306 a. F. nichtig, wenn eine Bringschuld[29] vereinbart war. Der inländische Verkäufer durfte das Erfüllungsgeschäft (Übereignung am ausländischen Sitz des Käufers) nicht vornehmen. Nach geltender Rechtslage gilt dies nur, wenn das Verbotsgesetz nicht nur die Lieferung, sondern schon den Vertragsschluss verbieten will. In Embargofällen gilt es aber häufig, in erster Linie zu verhindern, dass die Ware tatsächlich in bestimmte Länder gelangt. Hingegen kann es durchaus interessengerecht sein, dass der Verkäufer, wenn er das Lieferverbot kannte oder kennen musste, dem Käufer nach § 311a Abs. 2 Schadensersatz schuldet. Dann wäre nur die Verfügung verbotswidrig, nicht das zugrundeliegende Verpflichtungsgeschäft.

3. Umgehungsgeschäfte

Die Nichtigkeit erfasst auch sog. Umgehungsgeschäfte, die den 15 vom Verbotsgesetz missbilligten Erfolg auf einem Wege zu erreichen suchen, den die Verbotsnorm nicht direkt erfasst. Hierbei ist allerdings besondere Vorsicht geboten. Diesen Geschäften haftet, sofern man sie isoliert betrachtet, **kein Mangel** an. Nur wenn die **Auslegung** der Verbotsnorm ergibt, dass sie den Erfolg des Rechtsgeschäftes schlechthin verhindern will, ist § 134 auch auf das zur Umgehung geschlossene Geschäft anzuwenden. So kann beispielsweise ein Umgehungsgeschäft vorliegen, wenn der arbeitsrechtliche Kündigungsschutz durch einen Aufhebungsvertrag, durch die Befristung des Arbeitsverhältnisses oder durch eine auflösende Bedingung ausge-

---

28 Bis zum 1. Januar 2002 folgte die Nichtigkeit eines auf eine verbotene Leistung gerichteten Verpflichtungsgeschäftes automatisch aus § 306 a. F. Dieser ordnete die Nichtigkeit eines Vertrages an, der von Anfang an auf eine objektiv unmögliche Leistung gerichtet war. Verbot das Gesetz die Erfüllung des Vertrages, war dies ein Fall objektiver rechtlicher Unmöglichkeit, denn niemand ist in der Lage, auf juristisch zulässige Weise der Verpflichtung nachzukommen.
29 Zum Begriff der Bringschuld *Brox/Walker*, Allgemeines Schuldrecht, § 12 Rn. 13.

schaltet wird.[30] Einige Vorschriften normieren teilweise ausdrücklich ein **Umgehungsverbot**, s. § 312k Abs. 1 S. 2. Danach dürfen die verbraucherschützenden Vorschriften bei Verbraucherverträgen und besonderen Vertriebsformen (Direktvertrieb, Fernabsatz) nicht durch „anderweitige Gestaltungen" umgangen werden. Wann im Einzelfall eine solche unzulässige Umgehung vorliegt, muss freilich immer noch unter Heranziehung des Gesetzeszweckes ermittelt werden.

II. Veräußerungsverbote

Schrifttum: *Bülow,* Grundfragen der Verfügungsverbote, JuS 1994, 1 ff.; *Denck,* Die Relativität im Privatrecht, JuS 1981, 9 ff.; *Ruhwedel,* Grundlagen und Rechtswirkungen sogenannter relativer Verfügungsverbote, JuS 1980, 161 ff.

16   **Fall 63:** V hat dem K ein Originalgemälde des zeitgenössischen Künstlers K, dessen Werke ständig im Wert steigen, verkauft, aber noch nicht übereignet. Das Bild hängt noch in der Galerie des V. Trotz des Vermerks „verkauft" gelingt es dem ebenfalls interessierten D, V zu überreden, ihm das Bild zu einem höheren Kaufpreis zu verkaufen. Als K hört, dass das Bild von V ein zweites Mal verkauft, aber noch nicht an D übereignet wurde, ersucht er seinen Anwalt um Rat. Dieser beantragt und erwirkt namens des K beim zuständigen Gericht eine einstweilige Verfügung (§§ 935, 938 Abs. 2 ZPO) gegen V, die diesem die Übereignung des Bildes an D untersagt. Obwohl die Verfügung dem V zugestellt wird, gibt dieser dem D am nächsten Tag das Bild mit den Worten „Jetzt gehört es Ihnen!" mit. Ist D Eigentümer des Bildes geworden? Macht es einen Unterschied, ob D ebenfalls von der gerichtlichen Verfügung wusste? → Rn. 25.

17   Die §§ 135–137 schließen sich inhaltlich und systematisch folgerichtig an die Regelung des § 134 an. Wer gegen ein gesetzliches Veräußerungsverbot verstößt, verletzt ebenfalls eine Verbotsnorm. Die Rechtsfolge wird in § 135 allerdings gegenüber § 134 modifiziert. Es tritt nicht schlechthin Nichtigkeit der verbotswidrigen Verfügung ein, sondern nur gegenüber denjenigen Personen, die durch das gesetzliche Verbot geschützt werden sollen. Die Auswirkungen der §§ 135 ff. sind vornehmlich eine Frage des **Sachenrechts.** Wegen ihres systematischen Standortes im Allgemeinen Teil sollen sie hier – allerdings nur

---

30 Vgl. etwa *BAG* DB 1982, 121.

kurz – behandelt werden. Einzelheiten hierzu sind in den Lehrbüchern zum Sachenrecht nachzulesen.[31]

1. Arten von Veräußerungsverboten

Das Gesetz unterscheidet zunächst einmal zwischen gesetzlichen, **18** behördlichen bzw. gerichtlichen und rechtsgeschäftlichen Veräußerungsverboten. Die unmittelbare Bedeutung von § 135 ist gering, da es jedenfalls im BGB **gesetzliche** Veräußerungsverbote nicht gibt. Seine Rechtsfolgen sind aber wegen des Rückverweises in § 136 wichtig. Unter § 136 fallen **behördliche und gerichtliche** Veräußerungsverbote, also typischerweise auch die im Fall 66 von K erwirkte einstweilige Verfügung des Gerichts, welche dem V die Veräußerung des Gemäldes an D verbietet (Voraussetzung hierfür ist ein Anspruch des K gegen V – § 433 Abs. 1 S. 1 –, dessen Durchsetzung gefährdet ist, so dass eine einstweilige Regelung zum Erhalt des status quo erforderlich ist – hier drohende Übereignung an D).

Weiterhin unterfallen § 136 beispielsweise die Beschlagnahme von Gegenständen in der Zwangsvollstreckung zu Gunsten des Gläubigers sowie strafrechtliche Beschlagnahmen (§ 111c Abs. 5 StPO).

Schließlich regelt § 137 noch, dass die Verfügung über ein veräu- **19** ßerliches Recht nicht **durch Rechtsgeschäft** ausgeschlossen werden kann (S. 1). Die Regelung wird nur verständlich, wenn man zwischen dem schuldrechtlichen Innenverhältnis und der dinglichen Außenwirkung des Verfügungsverbotes unterscheidet. Hätte K im Fall 63 mit V rechtsgeschäftlich ausdrücklich vereinbart, dass V nicht anderweitig über das Gemälde verfügen darf, so wäre V hierdurch sachenrechtlich (§ 929 S. 1) nicht gehindert, das Eigentum wirksam auf D zu übertragen (§ 137 S. 1). Der Rechtsverkehr wäre nämlich ansonsten in hohem Maße beeinträchtigt, wenn ein Erwerber mit rechtsgeschäftlich **vereinbarten Erwerbshindernissen** rechnen müsste. § 137 soll verhindern, dass durch rechtsgeschäftliche Verbote Gegenstände dem Verkehr entzogen werden. Die Verfügungsmacht des von dem Verbot Betroffenen bleibt demnach **im Außenverhältnis unberührt.** Daher könnte D nach § 929 S. 1 Eigentümer werden, V hätte sich jedoch im Innenverhältnis durch die Missachtung der rechtsgeschäftlichen Vereinbarung mit K diesem gegenüber schadensersatzpflichtig gemacht (§ 137 S. 2: die Verpflichtung, nicht zu verfügen, ist als sol-

---

31 Vgl. *Wolf/Wellenhofer*, § 7 Rn. 25, § 18 Rn. 22; *Baur/Stürner*, § 5 Rn. 6 ff., § 20 Rn. 67 ff., § 15 Rn. 31.

che daher wirksam). Dies trägt dem Gedanken der Privatautonomie Rechnung – die Vereinbarung soll nicht gänzlich wirkungslos sein. § 137 gilt grundsätzlich für alle veräußerlichen Rechte (Eigentum an Sachen, Rechtsinhaberschaft an Forderungen und an anderen Rechten). Für die Abtretung von Forderungen trifft § 399 2. Halbs. eine abweichende Regelung und lässt ein vertragliches Abtretungsverbot zu (Gegenausnahme: § 354a HGB).

2. Veräußerungs- bzw. Verfügungsverbote – Verfügungsbeschränkungen

20   §§ 135 ff. sprechen ausdrücklich nur von Veräußerungsverboten, betreffen aber allgemeiner alle Arten von *Verfügungs*verboten (zum Begriff der Verfügung s. § 16 Rn. 11). So regelt § 135 auch in S. 2 allgemein das rechtliche Schicksal der Verfügung, nicht der Veräußerung. Erfasst werden also auch Fälle, in denen dem Eigentümer einer Sache nicht die Übereignung, sondern beispielsweise die Belastung der Sache verboten wird. Des Weiteren ist zwischen Verboten und Beschränkungen zu differenzieren. Im Unterschied zu den Veräußerungs**verboten** wird bei den Verfügungs**beschränkungen** nicht das **rechtliche Dürfen** (Verbot), sondern das rechtliche **Können** (Verfügungsmacht) beschränkt; sie gehen also weiter als bloße Verbote. Beschränkungen der Verfügungsmacht (z. B. §§ 1365 ff.; 1643 ff.; 1804 ff.; 2211) unterfallen weder § 134, noch §§ 135 ff. Entsprechende Anwendung finden §§ 135, 136 aber auf gerichtliche **Erwerbsverbote** (§§ 935, 938 ZPO).[32] Sie können beispielsweise dazu dienen, dass ein formnichtiger Grundstückskaufvertrag (§§ 311b Abs. 1 S. 1, 125 S. 1) nicht durch Auflassung und Eintragung (§§ 873, 925) geheilt und wirksam wird (§ 311b Abs. 1 S. 2).[33]

21   **a) Absolute und relative Verfügungsverbote.** Ein absolutes Verfügungsverbot liegt vor, wenn nicht nur eine bestimmte Person geschützt werden soll. Absolute Veräußerungs- oder Verfügungsverbote fallen unter § 134, nicht unter §§ 135 ff. Ein Geschäft, das gegen ein absolutes Veräußerungsverbot verstößt, ist also nichtig – und zwar **gegenüber jedermann**. Solche Verbote sind heute aber selten. Sie sind teilweise noch im Strafrecht anzutreffen bei der Einziehung und Beschlagnahme von generell gefährlichen Gegenständen (§ 74e

---

32 RGZ 117, 287, 291; *BGH* NJW 1983, 565; *BayObLG* NJW-RR 1997, 913, 914.
33 Vgl. *Bork*, Rn. 1139; *Baur/Stürner*, § 15 Rn. 32.

Abs. 3 i. V. m. § 73e Abs. 2 StGB; § 292 StPO). Gegenüber jedermann, d. h. absolut, wirkt auch der völlige Entzug der Verfügungsbefugnis des Gemeinschuldners im Insolvenzrecht (§§ 80, 81 InsO). Er erfolgt jedoch nicht von Gesetzes wegen, sondern knüpft an die gerichtliche Entscheidung über die Eröffnung des Insolvenzverfahrens an und wird daher nicht von § 134 erfasst. Er fällt aber auch nicht unter § 135, da nicht nur bestimmte Personen geschützt werden sollen (§ 135 Abs. 1 S. 1), sondern die Allgemeinheit.

Relative Veräußerungs- bzw. Verfügungsverbote i. S. v. § 135 Abs. 1 **22** sind gegeben, wenn nur **bestimmte Personen geschützt** werden sollen. Ihre Verletzung führt dann auch nur zu relativer Unwirksamkeit. Das Geschäft ist nur den geschützten Personen gegenüber unwirksam, allen anderen gegenüber aber voll wirksam. Bei den Veräußerungsverboten ist also im Einzelfall zu prüfen, ob tatsächlich nur ein bestimmter Personenkreis geschützt werden soll.

Im **Fall 63** (Rn. 17) ist das gerichtliche Verbot nur zum **Schutz des K** ergangen und unterfällt daher §§ 136, 135; andere Personen sollen nicht geschützt werden. Die verbotswidrige Verfügung des V an D ist daher (gegenüber K) relativ unwirksam. D konnte trotz Vornahme der Übereignung nach § 929 S. 1 kein Eigentum **im Verhältnis zu K** erwerben. K kann sich jederzeit darauf berufen, dass noch V Eigentümer der Sache ist (daher kann er auch weiterhin von V Übereignung nach § 433 Abs. 1 S. 1 verlangen, ohne dass V fehlendes Eigentum – Unmöglichkeit, § 275 – geltend machen könnte). Gegenüber „dem Rest der Welt" gilt D jedoch als wirksamer Eigentümer. Wenn also beispielsweise der Dieb X dem D die Sache wegnehmen oder sie zerstören würde, könnte D gegen ihn nach § 823 Abs. 1 und 2 wegen einer Eigentumsverletzung vorgehen, die Sache aus § 985 herausverlangen. Es liegt „aufgespaltenes Eigentum" vor, dessen Verständnis und Folgen nicht ganz einfach sind. Das Gesetz versucht solche Situationen auch nur ausnahmsweise auftreten zu lassen. Die **Vormerkung** nach **§ 883** im Grundstücksrecht ist ein weiterer Anwendungsfall, bei dem ausnahmsweise relative Unwirksamkeit einer Verfügung auftreten kann.

b) Schutz des gutgläubigen Erwerbers nach § 135 Abs. 2. § 135 **23** Abs. 2 schränkt die relative Unwirksamkeit unter bestimmten Voraussetzungen ein. Die Vorschrift verweist auf die **entsprechende Anwendung** von Vorschriften über den **Erwerb vom Nichtberechtigten.** Soweit das Gesetz also an anderer Stelle den Erwerb z. B. vom Nichteigentümer zulässt, soll nach § 135 Abs. 2 auch der Erwerb vom Eigentümer, der einem Veräußerungsverbot unterliegt, möglich sein. Für bewegliche Sachen finden sich dergleichen Normen in §§ 932 ff. (s. ansonsten z. B. noch §§ 892 ff., 1138, 1155). Sie sind daher mit der

Maßgabe („entsprechend") anzuwenden, dass es für den Erwerber nicht auf den guten Glauben an das Eigentum des Veräußerers ankommt (dieser ist ja Eigentümer), sondern auf die Gutgläubigkeit **bezüglich des Veräußerungsverbotes.** Dabei schadet nach § 932 Abs. 2 (lesen!) positive Kenntnis und grob fahrlässige Unkenntnis vom Veräußerungsverbot.

Dies bedeutet im **Fall 63** (Rn. 17) Folgendes: D kann an sich – im Verhältnis zu K – nicht Eigentümer des Gemäldes werden. Soweit er aber das an V gerichtete Veräußerungsverbot weder kannte, noch Anhaltspunkte hatte, sich danach zu erkundigen, ist er gutgläubig im Sinne von § 932 Abs. 2. Er kann dann entgegen § 135 Abs. 1 nach § 135 Abs. 2 i. V. m. § 932 – auch im Verhältnis zu K – Eigentum erwerben. K muss daher dafür Sorge tragen, dass die einstweilige Verfügung nicht nur dem V, sondern auch dem D zur Kenntnis gebracht wird. So wird dessen Gutgläubigkeit zerstört.

24   **Lösungsskizze Fall 63 (Rn. 17):**

I. Eigentumserwerb des D möglicherweise nach **§ 929 S. 1** (es ist nicht nach Ansprüchen gefragt!)

1. Dingliche Einigung über Eigentumsübergang am Gemälde zwischen D-V:

    a) WE des V (+)

    b) WE des D (+)

2. Übergabe (+)

3. Berechtigung des V: an sich ja, da V Eigentümer des Gemäldes ist (es war noch nicht an K übereignet), aber: einstweilige Verfügung nach § 938 Abs. 2 ZPO bewirkt Veräußerungsverbot nach § 136 für V

4. Rechtsfolge: § 135 → D ist gegenüber K nicht Eigentümer geworden

5. Gutgläubiger Erwerb auch im Verhältnis zu K: §§ 135 Abs. 2, 932

    a) Veräußerung nach § 929 (+)

    b) durch Nichtberechtigten (+), Veräußerungsverbot genügt hier wegen „entsprechender" Anwendung von § 932 (s. Rn. 24)

    c) guter Glaube des D: nur bei fehlender Kenntnis und nicht grobfahrlässiger Unkenntnis von gerichtlichem Veräußerungsverbot (+)

II. **Ergebnis:** Wenn D gutgläubig war, ist er gegenüber jedermann Eigentümer des Gemäldes geworden. Falls er das Verbot kannte oder Umstände außer Acht gelassen hat, die jedermann veranlasst hätten, sich nach einem solchen Verbot zu erkundigen (grobe Fahrlässigkeit), ist er gegenüber K nicht als Eigentümer anzusehen. (K kann dann von V Übereignung an sich verlangen).

III. Sittenwidrige Rechtsgeschäfte

Schrifttum: *Eckert,* Sittenwidrigkeit und Wertewandel, AcP 199 (1999), 337 ff.; *Guckelberger,* Die Drittwirkung der Grundrechte, JuS 2003, 1151 ff.; *Honsell,* Die zivilrechtliche Sanktion der Sittenwidrigkeit, JA 1986, 573 ff.; *Kötz,* Die Ungültigkeit von Verträgen wegen Gesetzes- und Sittenwidrigkeit, RabelsZ 58 (1994), 209 ff.; *Lindacher,* Grundsätzliches zu § 138 BGB, AcP 173 (1973), 124 ff.; *Nieder,* Das Behindertentestament, NJW 1994, 1264 ff.; *Rother,* Sittenwidriges Rechtsgeschäft und sexuelle Liberalisierung, AcP 172 (1972), 498 ff.; *Sasse,* Nichtigkeit letztwilliger Verfügungen gem. § 138 BGB, JA 1996, 160 ff.; *Schmoeckel,* Der maßgebliche Zeitpunkt zur Bestimmung der Sittenwidrigkeit nach § 138 I BGB, AcP 197 (1997), 1 ff.; *Smid,* Rechtliche Schranken der Testierfreiheit aus § 138 I BGB, NJW 1990, 409 ff.; *Zimmermann,* Sittenwidrigkeit und Abstraktion, JR 1985, 48 ff.

Fall 64: A verspricht in einem Inserat in der Münchner Lokalpresse Interessierten zum Zweck des Titelerwerbs die Annahme als Kind durch einen adoptionswilligen Adligen zu vermitteln. B meldet sich und vereinbart mit A, dass dieser ein Adoptionsverfahren vermitteln und durchführen werde gegen Zahlung von € 60.000,–. Nachdem A die adoptionswillige Gräfin G von Y gefunden hat, überweist ihm B vereinbarungsgemäß eine Anzahlung von € 20.000,–. Am Tag vor dem beim Gericht anberaumten Adoptionstermin lässt G mitteilen, sie habe kein Interesse mehr. B verlangt von A Rückzahlung von € 20.000,–. Zu Recht? → Rn. 45. **25**

1. § 138 als Schranke der Privatautonomie

Die von der Rechtsordnung dem Einzelnen verliehene Macht, **26** seine Rechtsbeziehungen autonom zu gestalten, erfordert Sicherungen gegen Missbrauch. Die private Willensmacht soll nur innerhalb bestimmter Schranken wirksam werden. Diese sind durch weltanschauliche und ordnungspolitische Grundentscheidungen vorgegeben. Eine dieser Schranken ist der Wertmaßstab der „guten Sitten" nach § 138. Die Vorschrift ist als weit gefasste **Generalklausel** zur Missbrauchskontrolle in gesetzlich nicht speziell geregelten Grenzbereichen privater Rechtsgestaltung bestimmt und geeignet. Darüber hinaus hat der Maßstab der „guten Sitten" auch in Spezialgesetzen seinen Niederschlag gefunden, so z. B. im Wettbewerbsrecht (§ 1 UWG) und im Arbeitsrecht (§ 13 Abs. 2 KSchG).

2. Die Generalklausel der Sittenwidrigkeit

27   Während bei anderen vom Gesetz verwendeten Begriffen die Rechtsanwendung auf der Linie der Rechtsprechung und Rechtslehre meist zu gesicherten Ergebnissen führt, weil ihr Anwendungsbereich durch Sprachgebrauch, gesetzliche oder richterliche Definition eng umschrieben ist, bietet die Subsumtion eines Sachverhaltes unter den Begriff der Sittenwidrigkeit oft besondere Probleme. Sie ist nicht möglich ohne Hinzuziehung anderer, außerhalb der Norm liegender Kriterien und Wertmaßstäbe. Bei § 138 erschöpft sich der gesamte Tatbestand in dem unbestimmten Rechtsbegriff der „Sittenwidrigkeit".

28   a) Die „Normsetzungsbefugnis" des Richters. Die Rechtsentwicklung der Gegenwart beruht auf der Einsicht, dass die Aufgabe des Richters nicht darauf beschränkt ist, Rechtsvorschriften ausschließlich im Sinne logischer Subsumtion von Lebenssachverhalten unter gesetzliche Tatbestände anzuwenden. Die Gesetze sind lückenhaft. Viele Gesetzesbegriffe und -vorschriften sind bewusst auslegungsbedürftig formuliert. Dazu gehören insbesondere die Generalklauseln. Sie sind ein Stück „offen gelassener Gesetzgebung"[34] bzw. „Delegationsnormen".[35] Damit wird die Tatsache umschrieben, dass in der Generalklausel der Gesetzgeber die Normsetzungsbefugnis auf den Richter überträgt. Ihm fällt die Aufgabe zu, seine Entscheidung anhand von Wertungsmaßstäben zu treffen, die nicht gesetzlich vorgegeben sind.

Im anglo-amerikanischen Recht ist dies der „Normalfall". Die Grundidee des *case law* geht auf die Vorstellung zurück, dass nicht der Gesetzgeber berufen oder in der Lage ist, für alle Anwendungsfälle des Lebens eine abstrakt-generelle Regelung zu formulieren. Vielmehr müsse das, „was Recht ist", im jeweiligen Einzelfall vom Richter „gefunden" werden und sich so das Recht anhand der entschiedenen Fälle nach und nach herauskristallisieren. Es handelt sich also um einen dynamischen „Rechtsschöpfungsprozess", bei dem die historische Tradition, aber auch die Rolle des Richters eine völlig andere ist als nach unserem Verständnis. Hieraus erklärt sich auch die dem kontinental-europäischen Recht (*civil law* im Gegensatz zum *common law*) fremde Bindung der Rechtsprechung an **Präzedenzfälle** im anglo-amerikanischen Recht (*doctrine of stare decises*). Die Ausgangspositionen sind daher in beiden Rechtskreisen völlig verschieden – induktives Problemdenken einerseits, sys-

---

34 *Hedemann*, Die Flucht in die Generalklauseln, 1933, S. 58.
35 *Ph. Heck*, Grundriß des Schuldrechts, 1929, § 4 sub 1.

tematisches Denken in Begriffen und Arbeiten mit Gesetzestexten andererseits. Gleichwohl haben sich die Systeme heute trotz ihres anderen methodischen Ansatzes stark angenähert. Das deutsche Recht etwa billigt dem Richter trotz seiner Bindung an das geschriebene Recht weitgehende Befugnisse zur Rechtsfortbildung zu und lässt ihm über die Generalklauseln eigene „Normsetzungsbefugnis". Ganze Rechtsgebiete wie z. B. das Arbeitskampfrecht sind reines Richterrecht.[36] Umgekehrt wendet sich auch das anglo-amerikanische Recht mehr und mehr vom reinen *case law* ab und kennt heute in weitem Umfang kodifiziertes Recht.[37]

Der Richter muss also bei der Anwendung von § 138 außergesetzliche Stützen für sein Urteil suchen. Dabei hat er auf den Fundus gemeinsamer Wertüberzeugungen, die in der Rechtsgemeinschaft vorhanden sind, zu achten.

Art. 1 Abs. 2 und 3 des schweizerischen ZGB sagen dazu:
„Kann dem Gesetz keine Vorschrift entnommen werden, so soll der Richter nach Gewohnheitsrecht und, wo auch ein solches fehlt, nach der Regel entscheiden, die er als Gesetzgeber aufstellen würde.
Er folgt dabei bewährter Lehre und Überlieferung."

b) Die rechtspolitische Bedeutung der Generalklausel. Die in der 29 Rechtsgemeinschaft herrschenden Wertüberzeugungen können sich wandeln. Begriffe wie „Treu und Glauben" oder „gute Sitten" sind also auch durch ihre Aufnahme in ein Gesetz nicht inhaltlich fixiert. Sie eignen sich als Einfallstore neuen Rechtsdenkens in alte Gesetze.[38] Im gegenwärtigen Rechtssystem, das eine Pluralität konkurrierender Wertüberzeugungen zulässt, ist der Rechtswissenschaft in diesem Zusammenhang die Aufgabe zugewiesen, die politischen Elemente der Rechtsanwendung erkennbar, bewusst und kritisierbar zu machen. Der Richter muss angehalten werden, seine rechtspolitischen Bewertungskriterien offenzulegen.

Im Zusammenhang mit der Lehre von der **Drittwirkung der Grundrechte** ist bereits oben § 2 Rn. 14 f. darauf hingewiesen, dass die Generalklauseln im positiven Sinne auch Eingangstor für die Wertungen des Grundgesetzes sind, die auf diese Weise eine mittelbare

36 *Rüthers/Fischer/Birk,* Rechtstheorie, 7. Aufl., 2013, Rn. 235 ff.
37 Vgl. zu Einzelheiten *Zweigert/Kötz,* § 14 und § 18; *Fikentscher,* Methoden des Rechts IV, 1977, S. 269 ff.; *Rüthers/Fischer/Birk,* Rechtstheorie, a. a. O., Rn. 255 f.
38 Ein Beispiel aus der nationalsozialistischen Rechtsprechung verdeutlicht dies. So entschied *RG* Deutsches Recht 1943, 610: „Die in den völkischen Lebens- und Sittengesetzen beruhende Grundanschauung des Nationalsozialismus hat Allgemeingültigkeit für die Auslegung und die Beurteilung von bestehenden Gesetzen und Verträgen, und von ihr aus bestimmt sich der Inhalt der Begriffe von Treue und Glauben (§§ 157, 242 BGB) und der guten Sitten (§ 138 BGB)."

Wirkung auch zwischen Privaten entfalten können. Einzelheiten und die genauen Voraussetzungen der Grundrechtswirkung sind streitig, insbesondere ist zu beachten, dass den Beteiligten – gegenläufige – Grundrechte zustehen können. Aus den Grundrechten lassen sich daher allenfalls Maßstäbe für eine Konkretisierung der „guten Sitten" gewinnen. Gegebenenfalls bedarf es der Güter- und Interessenabwägung.

Beispiel: Witwer W hat in seinem Testament nur seine Söhne als Erben eingesetzt und seine Tochter T ohne nähere Begründung enterbt. Das Testament darf nicht einfach mit dem Argument, es liege ein Verstoß gegen Art. 3 Abs. 2 GG vor, als sittenwidrig und nichtig angesehen werden, auch wenn Anhaltspunkte für eine geschlechtsspezifische Benachteiligungsabsicht des W bestehen.[39] Der diskriminierenden Behandlung der T gegenüber den Söhnen steht die grundgesetzlich gewährleistete Testierfreiheit des W gegenüber (Art. 14 Abs. 1 GG). Auch im Bewusstsein der Allgemeinheit wird sich kein Grundsatz feststellen lassen, der Eltern in der vermögensmäßigen Behandlung ihrer Kinder geschlechtsspezifische Unterscheidungen verbietet. Eine Gleichbehandlung der eigenen Abkömmlinge ist jedenfalls verfassungsrechtlich nicht geboten und schränkt die Testierfreiheit nicht ein.[40] Das Bundesverfassungsgericht hat auch ausdrücklich festgestellt, dass die Testierfreiheit grundsätzlich die Freiheit umfasse, die Vermögensnachfolge nicht an den allgemeinen gesellschaftlichen Überzeugungen oder den Anschauungen der Mehrheit ausrichten zu müssen.[41]

3. Der Inhalt der Sittenwidrigkeit

30   Der Inhalt der Sittenwidrigkeit ist auch heute schwierig zu bestimmen. Schon in den Motiven[42] wird die Formel vom **„Anstandsgefühl aller billig und gerecht Denkenden"** verwendet, die bis heute von der Rechtsprechung[43] wiederholt wird. Sie ist jedoch insofern nur eine Umbenennung des Problems, als auch diese Formel wieder einer inhaltlichen Präzisierung bedarf. Das ältere Schrifttum verstand § 138 teils als Verweisung auf die Vorschriften der Sittlichkeit und Moral, teils als Sitte im Sinne einer tatsächlich geübten Konvention. Die heute h. L. versucht, den Begriff möglichst weitgehend zu „entmoralisieren". § 138 ist danach nur anzuwenden, wenn die sittliche Durchschnittsauffassung der Rechtsgemeinschaft grob verletzt wird oder

---

39 So i. E. auch *Medicus,* Rn. 694.
40 *BVerfG* NJW 1985, 1455.
41 *BVerfG* NJW 2000, 2495 (dort auch zur Abwägung zwischen Testierfreiheit und Art. 6 GG, wenn das Testament Heiratsklauseln für die Erben enthält).
42 Motive, Bd. II, S. 125.
43 RGZ 80, 219, 221; 97, 253, 255; BGHZ 10, 228, 232; NJW 1991, 913, 914.

umgekehrt formuliert, § 138 verlangt ein Minimum an sittlicher Handlungsweise. Hier wirkt in dem oben beschriebenen Sinne die **objektive Wertordnung des Grundgesetzes** mittelbar auf das Privatrecht ein. Dass sich jedoch in einer pluralistischen Gesellschaft nur noch sehr schwer eine „herrschende Sozialmoral" feststellen lässt, zeigen vor allem die Beispiele aus dem **sexuellen Bereich** (s. unten Rn. 38). So war etwa in der Rechtsprechung streitig, inwieweit Verträge über „Telefonsex" oder die Werbung hierfür sittenwidrig sind (s. unten Rn. 38).[44] Auch das früher von der Rechtsprechung ohne Weiteres als sittenwidrig eingeordnete „Geliebten- (oder Mätressen-) testament" eines verheirateten Erblassers[45] bedarf heute der sorgfältigen Abwägung aller Gesamtumstände. Ob es für die Sittenwidrigkeit ausreicht, wenn – so der Bundesgerichtshof – die Erbeinsetzung maßgeblich deshalb erfolgt, um die geschlechtliche Beziehung zu „belohnen",[46] erscheint doch mehr als fraglich – ganz unabhängig von der tatsächlich kaum aufzuklärenden Motivationslage (zu den Auswirkungen des ProstG s. Rn. 38). Auch das Anmieten eines Doppelzimmers im Hotel durch Nichtverheiratete ist heute sicher nicht mehr sittenwidrig.[47]

Eine gewisse Sicherheit in der Rechtsanwendung lässt sich hier – wie bei § 242 – nur durch das Herausbilden von Fallgruppen erreichen (Rn. 35 ff.). Die Sittenwidrigkeit beurteilt sich dabei jeweils aus einer **Gesamtwürdigung aller objektiven und subjektiven Umstände** des Rechtsgeschäftes, anhand seines Inhalts und der von den Beteiligten verfolgten Motive und Zwecke.[48] So kann ein Rechtsgeschäft schon allein nach seinem **objektiven Inhalt** sittenwidrig sein, wie beispielsweise die rechtsgeschäftliche Einigung über einen „Auftragsmord", früher galt dies nach h. A. auch für den Vertrag über entgeltlichen Geschlechtsverkehr[49] oder dessen öffentlicher Vorführung[50] (s. aber unten Rn. 38). Schon ihrem Inhalt nach sittenwidrig sind auch Verträge, in denen sich jemand verpflichtet, nicht zu heiraten, sich scheiden zu lassen oder nicht am selben Ort wie der geschiedene

31

---

44 Für Sittenwidrigkeit *BGH* NJW 1998, 2895; a. A. *OLG Hamm* NJW 1995, 2797; s. auch die eingangs aufgeführte Literatur.
45 Vgl. noch BGHZ 52, 17.
46 BGHZ 77, 55, 59; krit. schon *Otte,* JA 1985, 192. Keine Sittenwidrigkeit soll nach der Rspr. vorliegen, wenn die Erbeinsetzung primär der finanziellen Absicherung und Versorgung der Geliebten dient.
47 BGHZ 92, 213, 219; a. A. noch *AG Emden* NJW 1975, 1363.
48 BGHZ 141, 361, st. Rspr.
49 *BGH* JZ 1987, 684.
50 *BAG* NJW 1976, 1958; auch heute nicht von ProstG erfasst.

Ehegatte seinen Wohnsitz zu begründen.[51] Inhaltlich neutrale Rechtsgeschäfte wie Kauf-, Darlehens- oder Mietvertrag können aufgrund der ihnen **zugrunde liegenden Motive** sittenwidrig sein, beispielsweise der Kauf einer Waffe in Mordabsicht (s. Rn. 34) oder der Abschluss eines Darlehensvertrages, um den Empfänger zum Verzicht auf sein Umgangsrecht mit dem gemeinsamen Kind oder zum Übertritt in eine andere Religionsgemeinschaft zu veranlassen.

32   Wegen der Wandelbarkeit sittlicher Vorstellungen und Urteile kann es für den Einzelfall entscheidend sein, auf welchen **Zeitpunkt** für die Prüfung nach § 138 Abs. 1 abzustellen ist. Dies ist grundsätzlich die **Vornahme des Rechtsgeschäftes**, also z. B. der Abschluss des Vertrages,[52] bei einseitigen, empfangsbedürftigen Erklärungen deren Zugang. Verstieß das Rechtsgeschäft bei seiner Vornahme gegen § 138 Abs. 1, so kann daraus auch später im Fall des Sitten- bzw. Wertewandels keine Wirksamkeit mehr hergeleitet werden. Umgekehrt ist es aber denkbar, dass ein zunächst gültiges Rechtsgeschäft später als objektiv sittenwidrig angesehen wird. Dann ist fraglich, ob daraus noch auf Erfüllung geklagt werden kann. Nach h. M. soll es auch hier grundsätzlich bei der Beurteilung im Zeitpunkt des Vertragsschlusses bleiben.[53] Allerdings wird in diesen Fällen häufig das Erfüllungsgeschäft als sittenwidrig angesehen werden (hierzu jedoch Rn. 44), dann liegt ein Fall nachträglicher Unmöglichkeit vor, der den Erfüllungsanspruch ausschließt (§ 275 Abs. 1).[54] Des Weiteren ist es denkbar, eine Störung der Geschäftsgrundlage (§ 313) anzunehmen.[55] Auch bei **Testamenten** stellt die Rechtsprechung teilweise auf den Errichtungszeitpunkt ab.[56] Nach h. M. soll ein zunächst sittenwidriges Testament aber bis zum Erbfall (Tod des Erblassers) bei entsprechendem Wandel der Anschauung wirksam werden, um dem Erblasserwillen möglichst zur Verwirklichung zu verhelfen.[57] Richtigerweise ist daher erst auf den Todeszeitpunkt abzustellen.

---

51 *BGH* NJW 1972, 1414.
52 Vgl. BGHZ 126, 226, 240; 125, 206, 209; 123, 281; NJW 2002, 431; ZIP 2006, 997, 999; *Eckert,* AcP 199 (1999), 337 ff.; *Schmoeckel,* AcP 197 (1997), 1 ff.; *Bitter,* § 7 Rn. 54 f.
53 Krit. *Eckert,* AcP 199 (1999), 337, 355 ff.: besser Zeitpunkt des Eintritts der Rechtswirkungen, bei Verträgen führt dies aber nur ausnahmsweise zu anderen Ergebnissen; gegen Erfüllungsanspruch Jauernig/*Mansel,* § 138 Rn. 4.
54 *Bork,* Rn. 1156.
55 BGHZ 126, 226, 241; *BGH* NJW 1993, 3193.
56 BGHZ 20, 71, 73 ff.
57 *Larenz/Wolf,* § 41 Rn. 30; *Bork,* Rn. 1157; *Eckert,* AcP 199 (1999), 337, 357; Jauernig/ *Mansel,* § 138 Rn. 3; a. A. Palandt/*Ellenberger,* § 138 Rn. 9.

4. Subjektive Voraussetzungen nach § 138 Abs. 1

Gründet sich die Sittenwidrigkeit nicht auf den objektiven Inhalt 33 des Rechtsgeschäftes, sondern auf Zweck oder Motiv, so bedarf es zusätzlich eines subjektiven Elementes. Die am Rechtsgeschäft Beteiligten müssen die **Umstände kennen,** welche die Sittenwidrigkeit begründen. Ein **Bewusstsein der Sittenwidrigkeit** des Geschäfts ist dagegen **nicht erforderlich.** Jeder mag ein individuelles Verständnis des sittlich vertretbaren Handelns haben, § 138 Abs. 1 erfordert aber eine „objektivierte", d. h. von den Anschauungen der Allgemeinheit geprägte Prüfung. Grundsätzlich erfordert § 138 Abs. 1 bei Verträgen einen Sittenverstoß **beider** Vertragspartner. Das gilt für Geschäfte, bei denen sich der Sittenverstoß gegen die Allgemeinheit oder gegen einen Dritten richtet. Es genügt ausnahmsweise auch ein einseitiger Verstoß, wenn sich das sittenwidrige Verhalten gegen den anderen – ahnungslosen – Vertragspartner wendet.

Beispiel: Wenn sich A bei V in der Absicht, den B zu töten, ein scharfes Brotmesser kauft, so ist der Vertrag inhaltlich neutral. Die Sittenwidrigkeit folgt allein aus der Absicht des A. Kennt der Verkäufer V diesen inneren Umstand nicht, ist der Vertrag auch nicht nach § 138 Abs. 1 nichtig.

5. Fallgruppen

Die Rechtsprechung hat zu § 138 Abs. 1 eine Reihe von Fallgrup- 34 pen herausgearbeitet. Sie lassen sich allerdings nicht immer exakt voneinander abgrenzen; Überschneidungen sind möglich.

a) Ausnutzen einer Macht- oder Monopolstellung. Wer seine Marktmacht ausnutzt, um zum Nachteil des Vertragspartners bestimmte Vertragsbedingungen durchzusetzen, handelt – auch außerhalb der Regeln über AGB – verwerflich. Setzt z. B. ein Stromversorgungsunternehmen mit lokalem Monopol einen Strompreis fest, der um mehr als 13 % über dem üblichen Tarif liegt, so liegt eine sittenwidrige Ausnutzung der Monopolstellung vor.[58]

b) Knebelungsverträge. Sittenwidrig sind Verträge, welche die 35 persönliche oder wirtschaftliche Bewegungsfreiheit einer Partei insgesamt oder in wesentlichen Teilen lähmen oder übermäßig einschränken. So liegt bei Bierbezugsverträgen zwischen Gastwirt und Brauerei die höchste zulässige Bindung des Gastwirtes bei maximal 20

---

58 *BGH* LM Nr. 4 zu § 138 [Cc].

Jahren.[59] Ein Arbeitgeber darf seine Angestellten durch vertragliche Wettbewerbsverbote auch für die Zeit nach Beendigung des Arbeitsverhältnisses nicht so „knebeln", dass ihnen eine Berufstätigkeit außerhalb des Unternehmens gar nicht mehr möglich ist.[60] Auch die Rechtsprechung des Bundesverfassungsgerichts und des Bundesgerichtshofs zu **Bürgschaftsverpflichtungen** von geschäftsunerfahrenen Personen bzw. **nahen Angehörigen** ohne nennenswertes Einkommen („krasse Überforderung")[61] lässt sich hierunter fassen. Liegt ein Missverhältnis zwischen Leistungsfähigkeit des Bürgen und dem Umfang der eingegangenen Verpflichtung vor, so genügt dies alleine für ein Sittenwidrigkeitsurteil in der Regel nicht. Hinzukommen müssen weitere „erschwerende Umstände", beispielsweise dass der Gläubiger die Gefahren des Geschäfts verharmlost oder die Geschäftsunerfahrenheit bzw. familiäre Bindung des Bürgen („seelische Zwangslage") zum Hauptschuldner ausnutzt.[62] Ein berechtigtes Interesse kann der Gläubiger aber an der Bürgschaft eines Ehegatten, Lebenspartners oder Angehörigen haben, wenn die Gefahr besteht, dass der Schuldner sein Vermögen dem Zugriff des Gläubigers sonst durch Verlagerung auf eben diese Personen entzieht.[63]

36   c) **Gläubigergefährdung und Kredittäuschung.** Sicherungsverträge, durch die sich ein Gläubiger leichtfertig über die Interessen anderer Gläubiger desselben Schuldners hinwegsetzt und sich im Übermaß Sicherungsobjekte verschafft, so dass für andere kaum Haftungsobjekte übrig bleiben, sind sittenwidrig.[64] Dies gilt vor allem auch dann, wenn der Schuldner veranlasst wird, nachfolgende Gläubiger über die Kreditwürdigkeit zu täuschen oder bestehende Verträge mit diesen zu verletzen.[65]

37   d) **Rechtsgeschäftliche Instrumentalisierung bzw. Kommerzialisierung des Intimbereichs.** Unter diese Fallgruppe fielen bislang die Beispiele des Vertrages mit einer Prostituierten oder der Arbeitsvertrag über die öffentliche Vorführung des Geschlechtsverkehrs (oben

---

59 *BGH* NJW 1985, 2693, 2695.
60 *BGH* NJW-RR 1989, 800, 801; NJW 2000, 2585.
61 Zu diesem Begriff s. *BGH* NJW 2000, 1183 f.; 1999, 2587; BGHZ 135, 70.
62 Vgl. *BVerfG* NJW 1994, 36; 1996, 2021; BGHZ 136, 347, 355; NJW 1998, 597, 598 und NJW 2138, 2140; NJW 1999, 135. Überblick bei Jauernig/*Stadler,* § 765 Rn. 4 ff.; *Tiedtke,* NJW 2001, 1015 ff. und NJW 2003, 1359 ff.
63 *BGH* NJW 1999, 58, 60 und NJW 2002, 2229.
64 *BGH* NJW 1995, 1668.
65 So zur Kollision von verlängertem Eigentumsvorbehalt und Globalzession BGHZ 55, 34, 35 und st. Rspr.; s. hierzu *Baur/Stürner,* § 59 VI.

Rn. 31), nach teilweise vertretener Ansicht auch der Vertrag über „Telefonsex" und entsprechende Anzeigenverträge in Zeitungen. Entscheidend für die Wertung nach § 138 Abs. 1 war dabei weniger die moralische Bewertung als eine Folgenabwägung: Gäbe es eine wirksame rechtsgeschäftliche Vereinbarung über sexuelle Handlungen, so entstünde eine entsprechende **Rechtspflicht zur Vornahme sexueller Handlungen,** die kaum gewollt sein kann (auch wenn wegen § 888 Abs. 3 ZPO eine Zwangsvollstreckung natürlich nicht möglich wäre). Mit dem Gesetz zur Regelung der Rechtsverhältnisse der Prostituierten vom Dezember 2001[66] (ProstG) verfolgt der Gesetzgeber das erklärte Ziel, die Prostitution und entgeltliche Verträge über die Vornahme sexueller Handlungen vom Verdikt der Sittenwidrigkeit zu befreien. Gleichzeitig wurden strafrechtliche Sanktionen gelockert, u. a. der Zugang zur Sozialversicherung eröffnet. Verträge zwischen Prostituierten und ihren Kunden sollen den Status zivilrechtlich wirksamer Vereinbarungen haben.[67] Damit soll einem von der Bevölkerung mehrheitlich getragenen Bewertungswandel Rechnung getragen werden. Dieses Anliegen ist richtig, freilich ist die dogmatische Umsetzung dieses Ziels nur bedingt gelungen. Um der Gefahr eines durchsetzbaren Erfüllungsanspruchs gegen die Prostituierte zu begegnen, der nach wie vor rechtlich nicht erwünscht ist,[68] bestimmt § 1 ProstG, dass nur einseitig eine Forderung auf das vereinbarte Entgelt begründet wird, wenn die sexuelle Handlung bereits vorgenommen wurde. Gegenüber einer solchen Forderung bzw. Klage der Prostituierten soll sich der Vertragspartner nur mit dem Einwand, es seien die vereinbarten Handlungen überhaupt noch nicht vorgenommen worden (§ 320: Einrede der Nichterfüllung), der Erfüllung nach § 362 – es ist bereits bezahlt – und der Verjährungseinrede zur Wehr setzen können.

Zumindest in der Begründung problematisch wird allerdings die Abweisung eines Anspruchs auf Vornahme der sexuellen Handlung gegen die Prostituierte. Das ProstG regelt nur einseitig die Voraussetzungen des Entgeltanspruchs. Nach der Gesetzesbegründung soll der wirksam geschlossene Vertrag nur **einseitig verpflichtend** sein und gegen die Prostituierte keinen klagbaren Anspruch geben. Eine solche Erfüllungsklage wird aber weder im Gesetz ausdrücklich ausgeschlossen, noch kann sie unter Berufung auf § 138 Abs. 1 (einseitige „Teilsittenwidrigkeit") abgewiesen werden, dessen Anwen-

---

66 BGBl. 2001 I S. 3983.
67 BT-Drs. 14/5958 S. 2 ff.
68 BT-Drs. 14/5958, S. 4 (Begründung des Gesetzesentwurfs).

dung die Gesetzesbegründung dezidiert verwirft. Die nur einseitige Verpflichtung kommt in der gesetzlichen Regelung nicht deutlich genug zum Ausdruck. Methodisch könnte man einen Umkehrschluss aus § 1 ProstG bemühen: Dort wird eben nur für das Entgelt eine durchsetzbare Forderung begründet. Dies geht aber nicht, ohne dass das ursprüngliche Nichtigkeitsurteil des § 138 Abs. 1 BGB unterschwellig noch „mitschwingt",[69] denn außerhalb der von §§ 134, 138 gezogenen Grenzen sind privatautonom vereinbarte Verträge gerade wirksam und daraus resultierende Ansprüche grundsätzlich durchsetzbar, ohne dass dies – neben §§ 241, 311 Abs. 1 – ausdrücklicher gesetzlicher Regelung bedarf. Das Schweigen des § 1 ProstG zur Erfüllungsklage gegen die Prostituierte ist daher nur eindeutig, wenn man die Motive des Gesetzgebers heranzieht. Auch modernste Gesetze kommen daher nicht ohne historische (!) Interpretation aus.

38   Schon nach alter Rechtslage war fraglich, ob Rechtsgeschäfte im Vorfeld, wie entsprechende Verträge über Kontaktanzeigen von Prostituierten oder Werbeanzeigen für Telefonsex in der Lokalpresse, nichtig sind. Der Bundesgerichtshof ging hier wohl zu weit, wenn er dies als „grob anstößig" bezeichnet, schließlich folgt aus dem wirksamen Vertrag nur die Zahlungspflicht der Inserentin gegenüber dem Presseunternehmen.[70] Erst Recht vor dem Hintergrund des ProstG wird man solchen Verträgen insgesamt die Wirksamkeit nicht mehr versagen können.[71] Auch die Auslegung von § 120 Abs. 1 Nr. 2 OWiG, der es verbietet durch das Verbreiten von Schriften, Ton- oder Bildträgern, Datenspeichern, Abbildungen oder Darstellungen Gelegenheit zu entgeltlichen sexuellen Handlungen anzubieten, anzukündigen, anzupreisen oder Erklärungen solchen Inhalts bekannt zu geben, muss dem Rechnung tragen. Der BGH[72] entschied daher zu Recht für eine restriktive Handhabung der Norm, so dass Verträge über Kontaktanzeigen oder Werbung für Telefonsex nur noch ausnahmsweise bei besonders anstößiger Vorgehensweise nach § 134 BGB nichtig sind.[73] Das ProstG beeinflusst in gleicher Weise die Bewertung des in Rn. 31 erwähnten „Geliebtentestamentes". Wenn sogar die entgeltliche vertragliche Beziehung zu einer Prostituierten nicht mehr anstößig ist, kann auch für eine entsprechende dauerhafte (außereheliche) Beziehung des Erblassers kaum anderes gelten. Die

---

69 Vgl. auch Palandt/*Ellenberger*, § 1 ProstG Rn. 2 (Anhang zu § 138).
70 BGHZ 118, 182, 185, wo allerdings auch noch auf § 134 i. V. m. § 120 OWiG abgestellt ist.
71 *BGH* JA 2008, 384 m. N., NJW 2002, 361; NJW-RR 2002, 1424; Jauernig/*Jauernig*, § 138 Rn. 17.
72 *BGH* NJW 2006, 3490.
73 A. A. noch *Boecken*, Allgemeiner Teil, Rn. 259.

Verwerflichkeit gerade des Entlohnungscharakters durch die testamentarische Einsetzung ist entfallen; die Anstößigkeit müsste ggf. aus anderen Aspekten abgeleitet werden.[74] Bordellpachtverträge waren nach h. M. schon nach altem Recht wirksam, wenn der Betrieb nach § 180a StGB straffrei und der Pachtzins nicht übermäßig hoch war.[75] Mietverträge mit Prostituierten sind nur bei besonderer wirtschaftlicher oder persönlicher Ausbeutung sittenwidrig.

e) Ehe- und Familienordnung. Sittenwidrig können auch vertrag- **38a** liche Regelungen über höchstpersönliche Rechte oder Rechte im Bereich der Ehe- und Familienordnung sein.[76] So ist der Vertrag über das Eingehen einer Scheinehe[77] ebenso als unwirksam angesehen worden wie der vertragliche Ausschluss der Scheidung.[78] Der Bundesgerichtshof misst auch die Vereinbarung von Scheidungsfolgen bei der Eheschließung an §§ 138, 242, wenn sie eine evident einseitig benachteiligende Regelung zulasten eines Ehegatten enthalten.[79] Der Leihmuttervertrag (§§ 13a–d AdVermiG verbieten ausdrücklich dessen Vermittlung; § 1 EmbryonenschutzG verbietet die entsprechenden ärztlichen Handlungen) ist sittenwidrig.[80] Die ehevertragliche Abrede, im Fall der Scheidung wieder den Geburtsnamen anzunehmen, soll hingegen nicht sittenwidrig sein.[81] Auch Vereinbarungen über das Umgangsrecht mit Kindern sind nicht sittenwidrig, solange sie dem Kindeswohl Rechnung tragen.[82]

f) Verleitung zum Vertragsbruch. Grundsätzlich sind Forderun- **39** gen und vertragliche Ansprüche nur relative Rechte, d. h. sie sind nicht absolut – etwa nach § 823 Abs. 1 – gegenüber jedermann geschützt. Dennoch kann das besonders verwerfliche **Einwirken auf einen Vertragspartner** mit dem Ziel, ihn zur Nichteinhaltung eines

---

74 So auch Jauernig/*Mansel*, § 138 Rn. 7.
75 BGHZ 63, 365; beachte nunmehr die Neufassung von § 180a StGB durch das ProstG.
76 Die Fallgruppe ist sehr weitläufig. Hier können nur wenige Beispiele genannt werden.
77 *OLG Düsseldorf* FamRZ 1983, 1023. Das Ausländer- und Aufenthaltsrecht greift hier ergänzend ein und bestimmt eine Mindestdauer der Ehe, die für den Fall des Scheiterns ein eigenes Aufenthaltsrecht des ausländischen Ehepartners begründet. Zu deren Heraufsetzung und zum geplanten Straftatbestand der Zwangsheirat (hier greift dann zivilrechtlich § 134, nicht § 138 ein!) s. den Gesetzentwurf v. 20.1.2011, BT-Drs. 17/4401.
78 BGHZ 97, 304.
79 Vgl. *BGH* NJW 2004, 930; 2005, 2386; 2006, 2331 u. 3142 (Besonderheit: Schwangerschaft bei Eheschließung und Scheidungsvereinbarung); *BVerfG* NJW 2001, 957 u. 2239.
80 *OLG Hamm* NJW 1986, 781.
81 *BGH* FamRZ 2008, 859 (offen lassend, ob dies auch bei Entgelt-Vereinbarung gilt).
82 Vgl. *BGH* NJW 1984, 1952; *OLG Frankfurt a. M.* FamRZ 1986, 596.

geschlossenen Vertrages zu bewegen, unter § 138 bzw. § 826 fallen. Allein die Tatsache, dass ein Dritter mit dem Verkäufer einen zweiten Kaufvertrag über eine Sache abschließt, die bereits verkauft ist (vgl. das Beispiel in Fall 63 Rn. 17), genügt allerdings nicht für die Nichtigkeit des zweiten Vertrages. Hinzukommen muss, dass der Dritte besondere Anreize zum Vertragsbruch anbietet, wie einen erhöhten Kaufpreis und Freistellung des Verkäufers von Schadensersatzansprüchen des Erstkäufers.[83]

40   **g) Schmiergeld-Absprachen.** Heimliche Zuwendungen an Angestellte des Geschäftspartners sind sittenwidrig, wenn dadurch ein günstiger Vertragsabschluss oder eine Bevorzugung gegenüber Konkurrenten herbeigeführt werden soll. Auch der so erzielte Vertrag kann unter § 138 Abs. 1 fallen.[84] Dies gilt auch, wenn Geld versprochen oder gewährt wird, um erst in der Zukunft gegenüber dem Konkurrenten bevorzugt zu werden.[85]

41   **h) Kauf öffentlicher Ämter, Titel oder Adelsprädikate.** Wer ein öffentliches Amt[86] sich gegen Bezahlung eines Entgelts verschafft oder auf diese Weise sich akademische Titel[87] etc. beschafft, handelt sittenwidrig. Er ersetzt die an sich erforderliche Leistung (z. B. Anfertigen einer Dissertation) in verwerflicher Weise durch Geldzahlung. Der „Kauf" von Adelstiteln durch eine Erwachsenenadoption ist nach Zweck und Mittel ebenfalls nach § 138 Abs. 1 nichtig, ebenso wie darauf gerichtete Vermittlungsgeschäfte. Im Fall 64 ist daher der zwischen A und B geschlossene Vertrag unwirksam.

41a   **i) Wucherähnliche Geschäfte.** Fälle, in denen Leistung und Gegenleistung in einem krassen Missverhältnis zu einander stehen, sind nach der Gesetzessystematik eigentlich vom Wuchertatbestand des § 138 Abs. 2 erfasst. Dessen subjektive Merkmale sind jedoch nicht immer erfüllt. Rechtsprechung und Lehre lassen den Rückgriff auf § 138 Abs. 1 zu, wenn neben einem auffälligen Missverhältnis von Leistung und Gegenleistung (z. B. wenn der vertraglich vereinbarte Zins den marktüblichen Zins um 100 % oder mehr als zwölf Pro-

---

83 Vgl. hierzu *BGH* NJW 1992, 2152, 2153.
84 *BGH* NJW 2001, 1067.
85 *BGH* NJW-RR 1990, 442, 443.
86 *BGH* NJW 1994, 187.
87 *BGH* NJW 1994, 187; *OLG Stuttgart* NJW 1996, 665; für Adelsprädikate *BGH* NJW 1997, 47, 48.

zentpunkte überschreitet[88]) weitere sittenwidrige Umstände hinzutreten. Hierfür soll es genügen, dass der wirtschaftlich oder intellektuell überlegene Vertragspartner die Schwäche des anderen ausnutzt.[89] Bei Vorliegen eines besonders krassen Missverhältnisses (Leistung „knapp doppelt so hoch" wie Gegenleistung) wird eine solche verwerfliche Gesinnung von der Rspr. vermutet.[90] Dem vom Vertrag Begünstigten muss das Missverhältnis dabei wenigstens erkennbar gewesen sein.[91] Die Fallgruppe ist angesichts einer reichen Kasuistik nur noch schwer erfassbar. Anders als bei den Wuchergeschäften des § 138 Abs. 2, wo die Nichtigkeit von Verpflichtungs- und Verfügungsgeschäft ausnahmsweise angeordnet ist, erfasst die Nichtigkeit etwa wegen eines völlig überhöhten Kaufpreises nur den Kaufvertrag, nicht aber das dingliche Vollzugsgeschäft, weil insoweit mangels Gegenleistung schon kein „Missverhältnis" vorliegen kann (s. auch Rn. 44).[92]

6. Rechtsfolgen sittenwidriger Rechtsgeschäfte

a) Nichtigkeit. Sittenwidrige Rechtsgeschäfte sind nichtig, also **42** **von Anfang an** unwirksam. Sie können auch grundsätzlich nicht nach § 140 in ein zulässiges Rechtsgeschäft umgedeutet werden, richtet sich der Sittenwidrigkeitsvorwurf doch gerade gegen den Inhalt bzw. Zweck des Rechtsgeschäftes. Eine nachträgliche Heilung durch **Änderung der gesellschaftlichen Vorstellungen** und Wegfall des Sittenwidrigkeitsurteils kommt für Verträge nicht in Betracht, denn maßgeblich ist allein der Zeitpunkt des Abschluss des Vertrages (s. Rn. 33). Eine davon zu unterscheidende Frage ist, ob die Parteien einen zunächst als sittenwidrig bzw. wucherisch angesehenen Vertrag durch **Veränderung des Vertrages** (z. B. des Verhältnisses von Leistung und Gegenleistung – Ermäßigung des überhöhten Kaufpreises) dem Nichtigkeitsurteil wieder entziehen können. Der BGH bejaht grundsätzlich die Möglichkeit der Vertragsänderung bzw. Neuvornahme des Vertrages (mit nicht mehr sittenwidrigem Inhalt), stellt dabei subjektiv strenge Anforderungen an die Wirksamkeit der Änderung. Nur wenn sich die Parteien der Unwirksamkeit des ersten

---

88 Vgl. BGHZ 110, 338, aber auch BGHZ 104, 105; *BGH* NJW 1987, 183.
89 S. BGHZ 80, 156.
90 Vgl. u. a. *BGH* NJW 2007, 2811; 2002, 429 und 3467; 2001, 1127; 1995, 2635.
91 *BGH* NJW 2004, 3553; 2002, 55; NJW-RR 2002, 8. Die Vermutung entfällt u. a. auch, wenn der übervorteilte Teil Kaufmann ist, *BGH* NJW 2003, 2230.
92 *OLG Brandenburg* BeckRS 2011, 06918.

Vertrags bewusst waren und in dieser Kenntnis oder zumindest zur Beseitigung von Zweifeln an der Wirksamkeit den Inhalt ändern, liege eine Vertragsänderung oder Neuvornahme vor.[93] Ermäßigen die Parteien den Kaufpreis aus anderen Gründen, so fehlt es an einem Bestätigungswillen bzw. dem Erklärungsbewusstsein, neue Willenserklärungen abzugeben. Einzelheiten zur Bestätigung nichtiger Rechtsgeschäfte nach § 141 s. § 27 Rn. 12 ff.

Für die Rückabwicklung sittenwidriger Rechtsgeschäfte nach Bereicherungsrecht ist § 817 S. 2 zu beachten, der im Regelfall einer **Rückforderung** erbrachter Leistungen bei beiderseitigem Sittenverstoß entgegensteht. Wer Leistungen auf einen sittenwidrigen Vertrag erbringt, muss nach der Entscheidung des Gesetzgebers bereicherungsrechtlich mit dem endgültigen Verlust der Sache rechnen.

43   **b) Sittenwidrigkeit und arglistige Täuschung oder Drohung.** Die Nichtigkeitsfolge des § 138 Abs. 1 ist von der **Anfechtung nach § 123** (§ 25 Rn. 73 ff.) zu unterscheiden. Die arglistige Täuschung oder Drohung durch einen Vertragspartner ist sittenwidrig, so dass sich beide Vorschriften in ihrem Anwendungsbereich überschneiden und ein entsprechend zustande gekommener Vertrag nichtig sein könnte. Gleichwohl bleibt es bei der bloßen Anfechtbarkeit der entsprechenden Willenserklärung. § 123 hat als **Spezialvorschrift** Vorrang vor § 138 Abs. 1.[94] Der Gesetzgeber wollte dem Getäuschten oder Bedrohten bewusst das Wahlrecht zwischen Anfechtung und Festhalten am anfechtbaren Vertrag (z. B. wenn sich dieser im Nachhinein doch als günstig erweisen sollte) belassen. Das ist allerdings nur der Fall, wenn sich das sittenwidrige Verhalten in Täuschung oder Drohung erschöpft und keine weiteren sittenwidrigen Umstände hinzukommen.

Beispiel: Die Krankenpflegerin K droht ihrem Patienten P, wenn er ihr nicht seinen Sportwagen für € 200,– verkaufe, kümmere sie sich während ihrer ganzen Schichtzeit in dieser Woche nicht um ihn. Daraufhin schließt P mit K den schriftlichen Kaufvertrag. § 138 Abs. 1 ist trotz des sittenwidrigen Verhaltens von K nicht anwendbar. P muss sich entscheiden, ob er gem. § 123 anfechten oder das Geschäft bestehen lassen will.

44   **c) Trennung zwischen Verpflichtungs- und Verfügungsgeschäft.** Während der Wortlaut von § 138 Abs. 2 „... versprechen oder ge-

---

93 *BGH* NJW 2012, 1570, 1572; NJW-RR 2008, 1488, 1490.
94 *BGH* NJW 2008, 982, 983.

währen lässt" nach h. M. darauf schließen lässt, dass ausnahmsweise Verpflichtungs- wie Verfügungsgeschäft vom Nichtigkeitsurteil betroffen sind[95], sind bei der Prüfung, ob ein Rechtsgeschäft gem. § 138 nichtig ist, das Trennungs- und Abstraktionsprinzip zu beachten. Häufig wird nur das Verpflichtungsgeschäft sittenwidrig sein. Dies gilt insbesondere, wenn sich der Verstoß gegen § 138 Abs. 1 aus den Motiven der Beteiligten ergibt. Das Verfügungsgeschäft ist **zweck- und wertneutral**, d. h. sittlich indifferent und hat nach dem Abstraktionsgedanken nur das Ziel, das Verpflichtungsgeschäft zu erfüllen.[96] Rechtsprechung und Lehre wollen teilweise die Nichtigkeitsfolge des § 138 Abs. 1 auf das Verfügungsgeschäft erstrecken, wenn gerade der dingliche Vollzug den Sittenwidrigkeitsvorwurf bewirke oder verstärke.[97] Dies ist mit dem **Abstraktionsprinzip** nicht zu vereinbaren, wenn damit quasi automatisch der Mangel des Verpflichtungs- auf das Verfügungsgeschäft „durchschlägt".[98] In vielen Fällen wird nämlich die Sittenwidrigkeit der reinen Verpflichtung noch „vertieft" durch ihren dinglichen Vollzug, schließlich ändert sich ja allein mit dem Verpflichtungsgeschäft noch nichts an der jeweiligen Rechtslage. So wird im Beispiel oben Rn. 34 der Käufer freilich erst durch die Übereignung des Küchenmessers in die Lage versetzt, den geplanten Mord auszuführen; dennoch kann man es – Kenntnis des Verkäufers von der Mordabsicht vorausgesetzt – bei der Sittenwidrigkeit des Kaufvertrages bewenden lassen. Die Übereignung ist sittlich neutral. Mit der Annahme sittenwidriger Verfügungsgeschäfte ist also **Zurückhaltung** geboten. S. auch Rn. 41a.

Beispiel: Verspricht M seiner schwangeren Freundin F einen neuen Sportwagen für den Fall, dass sie das Kind nach der Geburt zur Adoption freigibt, so ist der Schenkungsvertrag nach § 138 Abs. 1 nichtig (überdies auch ohne notarielle Beurkundung formnichtig, § 518). Fraglich wäre, ob F im Fall der erfolgten Übereignung des Wagens nach § 929 S. 1 Eigentümerin geworden ist (dann wäre immerhin der Formverstoß geheilt!). Der Eigentumsübergang ist jedoch für sich genommen nicht sittlich anstößig, sondern nur die zugrunde liegende Schenkung. Die (hier anstößige) Zweckbestimmung folgt

---

95 *BGH* NJW 1994, 1275; NJW 1990, 384 (für Leistungen erfüllungshalber); NJW 1982, 2767 (für Bestellung von Sicherheiten).
96 Für Sittenwidrigkeit der Verfügung nach ihrem Sinn und Zweck aber *OVG Münster* NJW 1989, 2834; *BGH* NJW 1997, 860. Zutreffend verneinen *BGH* NJW 1988, 2362 und NJW-RR 1992, 593 aber, dass die Sittenwidrigkeit des Bierbezugsvertrages bzw. der Sicherungsabrede automatisch auch die zur Absicherung bewilligte und eingetragene Dienstbarkeit erfasse.
97 Vgl. die Argumentation in *BGH* NJW-RR 1992, 594.
98 *Stadler*, Gestaltungsfreiheit und Verkehrsschutz durch Abstraktion, 1996, S. 137 ff.

grundsätzlich nur aus dem Verpflichtungs-, nicht aus dem Verfügungsgeschäft. Man darf also nicht argumentieren, dass erst die Eigentumsübertragung einen besonderen Anreiz für F schaffe, das Kind nicht zu behalten und deshalb die Sittenwidrigkeit „vertiefe". F ist Eigentümerin des Wagens geworden. Auch einer Rückforderung des M nach § 812 Abs. 1 S. 1, 1. Var. oder § 817 S. 1 steht § 817 S. 2 entgegen.

Bei den **Kreditsicherheiten** (vgl. oben Rn. 37) ist die von der Rechtsprechung regelmäßig bejahte Sittenwidrigkeit der dinglichen Rechtsgeschäfte (Übereignung, Abtretung) und nicht nur des zugrunde liegenden Sicherungsvertrages vor allem dadurch begründet, dass die Sicherungsobjekte dem Vermögen des Schuldners im Hinblick auf den Insolvenzfall zugeordnet bleiben und ihm nicht nur ein Rückübertragungsanspruch aus Bereicherungsrechts zustehen soll. Die Nichtigkeit der Verfügungen dient daher ausnahmsweise dem Schutz Dritter (weitere Gläubiger des Sicherungsgebers) und ist daher vertretbar.[99]

45   Lösungsskizze Fall 64 (Rn. 26) (vgl. *BGH* NJW 1997, 47):

I. B → A auf Rückzahlung von € 20.000,– aus § 812 Abs. 1 S. 1, 1. Var.

1. „etwas erlangt": A hat durch die Überweisung einen Auszahlungsanspruch gegen seine Bank in entsprechender Höhe erlangt.
2. durch Leistung des B (+), bewusste, zweckgerichtete Vermögensvermehrung
3. „ohne rechtlichen Grund": als Rechtsgrund für die Anzahlung käme ein „Vermittlungsvertrag" zwischen A und B in Betracht (entgeltliche Geschäftsbesorgung nach §§ 675, 611; zur Abgrenzung vom Maklervertrag s. *BGH* NJW 1992, 681, 682).
   a) Zustandekommen des Vertrages durch Einigung (+)
   b) Nichtigkeit nach § 138 Abs. 1? Die Voraussetzungen der Erwachsenenadoption regelt § 1767 Abs. 1 („sittliche Rechtfertigung"), sie liegen hier nicht vor. Die entgeltliche Vermittlung einer solchen gesetzeswidrigen Adoption nur zum Zweck des Erwerbs eines Adelstitels („Titelkauf"), nicht aus innerer Verbundenheit verstößt unter Berücksichtigung aller Umstände (Inhalt, Zweck) gegen das Anstandsgefühl aller billig und gerecht Denkenden. A und B waren die entspr. Umstände bekannt.
4. Einwendung nach § 817 S. 2
   a) auch auf allg. Leistungskondiktion anwendbar[100] (+)
   b) Empfänger und Leistender handelten sittenwidrig (+)
   Ergebnis: Kein Rückzahlungsanspruch des B aus Bereicherungsrecht

---

99 So auch die von *Medicus*, Rn. 712 zugelassene Ausnahme vom Abstraktionsprinzip.
100 *BGH* NJW-RR 1993, 1457, 1458.

II. B → A aus §§ 675, 667 1. Var.
Geschäftsbesorgung nach § 675: vereinbart, aber nach § 138 Abs. 1 nichtig (s. o. I 3), daher kein Anspruch auf vertraglicher Grundlage

III. B → A aus §§ 677, 683, 681, 667 1. Var.
Der BGH wendet auf unwirksame Auftragsverhältnisse (sehr str.) Ansprüche aus Geschäftsführung ohne Auftrag (§§ 677 ff.) an[101] (deren Prüfung hier zu weit führen würde) und kommt so zu einem Anspruch auf Rückzahlung des zur Geschäftsausführung überlassenen Geldes. Dies läge hier vor, soweit A das Geld ganz oder teilweise zur Bezahlung der G für die Einwilligung in die Adoption verwenden sollte, worüber der Sachverhalt nichts sagt. § 817 S. 2 ist als Ausnahmevorschrift aus dem Bereicherungsrecht auf diesen Anspruch nicht entsprechend anwendbar.[102] Insoweit könnte sich also ein Anspruch des B ergeben.

7. Wucher

Wucher ist ein besonders geregelter Fall des sittenwidrigen Rechtsgeschäftes. Objektiver Anknüpfungspunkt für den Tatbestand des Wuchers ist ein auffälliges **Missverhältnis** zwischen Leistung und Gegenleistung. Es können daher nur solche Verträge wucherisch und damit nichtig sein, die auf einen Austausch von Leistungen gerichtet sind (Kauf, Miete, Sach- oder Gelddarlehen, Gesellschaften etc.). Maßgeblich für das Vorliegen eines Missverhältnisses ist der objektive Wert der auszutauschenden Leistungen bei Vertragsabschluß.

Beispiele: Grundstückskaufpreis, der doppelt so hoch ist wie Verkehrswert;[103] Zinssatz von 35,3 % für ein Darlehen,[104] Maklerlohn, der das Fünffache des Üblichen beträgt;[105] Jahresmiete für einen Automaten, die mehr als das Doppelte des Anschaffungspreises beträgt.[106]

Dem gleichen Gedanken trägt die römischrechtliche *laesio enormis* Rechnung, die sich meist unabhängig von subjektiven Elementen, dafür aber mit gesetzlich festgelegten Wertgrenzen, noch in einigen Rechtsordnungen erhalten hat: z. B. Frankreich (etwa in Art. 1674 ff. CC für Grundstückskaufverträge, bei denen der Verkäufer weniger als 7/12 des Grundstückswertes erhalten soll); Österreich (§ 934 ABGB, sog. Verkürzung über die Hälfte), ähnlich Italien (Art. 1448 CC).

46

---

101 *BGH* NJW-RR 1993, 200; NJW 1997, 47.
102 So i. E. auch *OLG Stuttgart* NJW 1996, 667.
103 *BGH* NJW 2001, 1128; 2006, 3054.
104 *KG* BB 1974, 1505; *BGH* DB 1976, 766 (54 %); nach *BGH* NJW 2000, 2669; BGHZ 110, 340 darf als „Richtwert" der geforderte Zins bei Kreditverträgen den marktüblichen nicht um mehr als (relativ) 100 % übersteigen.
105 *BGH* DB 1976, 573.
106 *LG Frankfurt a. M.* NJW 1964, 255.

47   **Subjektiv** setzt § 138 Abs. 2 voraus, dass der Wucherer entweder eine (wirtschaftliche,[107] politische, gesundheitliche[108] etc.) Zwangslage des Bewucherten, seinen Mangel an Urteilsvermögen[109] oder seine erhebliche Willensschwäche ausbeutet. Die praktische Bedeutung der Vorschrift ist wegen des **Vorrangs von § 134** jedoch gering. Wuchergeschäfte, die den Tatbestand des § 291 StGB erfüllen, der nahezu identisch ist mit § 138 Abs. 2, fallen unter § 134 und sind schon aus diesem Grunde nichtig. Die Nichtigkeit des Grundgeschäftes erfasst nach dem Wortlaut des § 138 Abs. 2 („oder gewähren lässt") auch das **Verfügungsgeschäft des Bewucherten.** Das Erfüllungsgeschäft des Wucherers bleibt dagegen wirksam. Er hat nur einen Rückforderungsanspruch aus § 812 Abs. 1 S. 1, 1. Var. bzw. § 817 S. 1, der wiederum durch § 817 S. 2 ausgeschlossen sein kann.

Beispiel: So ist etwa die Hingabe (Übereignung des Geldbetrages nach § 929 S. 1) eines wucherischen Darlehens wirksam. Die Rückforderung folgt §§ 812 Abs. 1 S. 1, 1. Var., 817 S. 2 analog. Geleistet war die zeitlich begrenzte Nutzungsmöglichkeit des Darlehensbetrages (§ 488). Aus dem Rechtsgedanken des § 817 S. 2 folgt, dass der Wucherer den Darlehensbetrag deshalb dem Bewucherten bis zum Zeitpunkt belassen muss, der zur Rückzahlung im nichtigen Darlehensvertrag vorgesehen war.[110] Zinsen bekommt er für die Überlassung des Darlehens nicht.[111]

Rechtsgeschäfte, die den Tatbestand des § 138 Abs. 2 nur teilweise erfüllen, können nach § 138 Abs. 1 nichtig sein („wucherähnliches Rechtsgeschäft"); hierzu oben Rn. 41a.

Vertiefende Literatur und weiterführende Hinweise für Examenskandidaten: Zur Zulässigkeit eines Widerrufs nach Fernabsatzregeln trotz Sittenwidrigkeit des Fernabsatzvertrags *BGH* NJW 2010, 610 m Anm. *Petersen,* JZ 2010, 315; *Skamel,* Widerrufsrecht bei nichtigem Fernabsatzvertrag, ZGS 2010, 106; *Ludwig,* Zum Widerrufsrecht bei unwirksamen Verbraucherverträgen, ZGS 2010, 49; *Schreiber,* Nichtigkeit und Gestaltungsrechte – Zur Dogmatik der Doppelwirkungen im Recht, AcP 211 (2011), 35 f.

---

107 *BGH* NJW 1994, 1275 f.
108 *BGH* WM 1981, 1051.
109 S. *BGH* JA 2007, 305 = NJW 2006, 3054: Wer grundsätzlich in der Lage ist, Inhalt und Folgen eines Rechtsgeschäftes einzuschätzen, diese Fähigkeiten im Einzelfall aber nicht einsetzt und deshalb ein völlig unwirtschaftliches Geschäft abschließt (z. B. völlig überteuerter Kauf einer Schlossruine), leidet nicht an einem Mangel des Urteilsvermögens i. S. v. § 138 Abs. 2 BGB.
110 RGZ 161, 52, 56; *BGH* NJW 1995, 1152 (h. M.).
111 BGHZ 99, 333; *BGH* NJW 1995, 1152 f.; auch der Forderung nach dem marktüblichen Zins (§ 818 Abs. 2) steht § 817 S. 2 entgegen; ausführlich *Bork,* Rn. 1175 ff.

IV. Ausländisches Recht

Die europäischen Nachbarrechtsordnungen kennen grundsätzlich **48**
– mit Unterschieden im Detail – Gesetzes- und Sittenwidrigkeit als
Nichtigkeits- oder Beseitigungsgrund für Verträge.[112]
   Im französischen Recht ist gemäß Art. 1131 Code Civil ein Vertrag nichtig, wenn ihm eine *cause illicite* zugrunde liegt. Eine solche
cause illicite liegt gemäß Art. 1133 Code Civil vor, wenn die vertragliche Verpflichtung *prohibée par la loi* oder *contraire aux bonnes
moeurs ou à l'ordre public* ist. Im common law ist ein Vertrag geset-
zeswidrig, wenn er entweder gegen ein geschriebenes Gesetz *(statute)*
oder gegen die gefestigte Rechtsprechung *(common law)* verstößt.[113]
Die Rechtsfolgen variieren – ähnlich wie im deutschen Recht – je
nach Intensität des Verstoßes und Zweck des Verbotes.[114] Im Allgemeinen sind gesetzeswidrige Verträge nichtig, teilweise nimmt die
englische Rechtsprechung aber nur eine fehlende Vollstreckbarkeit
an *(unenforceable).* Sie ist unserer Kategorie unvollkommener Verbindlichkeiten vergleichbar und erfasst beispielsweise wie im deutschen Recht Wettvereinbarungen. Die versprochene Leistung kann
dann vom Gläubiger nicht erzwungen werden, im Falle freiwillig
erbrachter Leistung muss er sie aber nicht zurückerstatten. Rechtsgeschäfte, die gegen die *public policy* verstoßen, sind im *common law*
nichtig. Dies ist zum Beispiel der Fall, wenn ein Vertrag lediglich die
geschlechtliche Hingabe belohnt oder wenn ein Darlehensvertrag
dem Schuldner verbietet, ohne Einverständnis des Darlehensgebers
den Wohn- oder Arbeitsplatz zu wechseln.[115]
   Rechtsprechung und Lehre sind in allen Rechtsordnungen bemüht,
dem Begriff der „guten Sitten" durch die Bildung von Fallgruppen
schärfere Konturen zu verleihen. Sittenwidrigkeit wird in den Nach-

---

112 Der Entwurf des Gemeinsamen Referenzrahmens (oben § 2 VII 3) verzichtet auf
   eigene Regelungen zu Gesetzes- und Sittenwidrigkeit, weil sich vor allem die Gesetzeswidrigkeit aus Materien außerhalb seines Anwendungsbereichs ergibt. Er unterstellt aber deren Nichtigkeit (Introduction no. 34) und enthält eine Anfechtungsre-
   gelung für den Fall, dass u. a. die Unerfahrenheit, wirtschaftliche Notlage oder
   Unwissenheit einer Partei in unlauterer Weise ausgenutzt wurde (Book II, Ch. 7,
   7:207). Eines Missverhältnisses von Leistung und Gegenleistung bedarf es hierfür
   nicht.
113 *Lyall,* S. 231.
114 *Zweigert/Kötz,* § 28 IV; *Kötz,* Europäisches Vertragsrecht I, § 9 IV; *Dübeck,* S. 179;
   Civ. 15.2.1961, Bull. I no. 105; *St. John Shipping Corp. v. Joseph Rank Ltd,* 1 Q. B.
   267.
115 *Horwood* v. *Millar's Timber and Trading Co.* 3, K. B. 305.

barrechtsordnungen fast einhellig in folgenden Fallgruppen anerkannt: Verträge über die Begehung von Straftaten (sofern nicht schon
von der Gesetzeswidrigkeit erfasst), Verträge, die gegen die Sexual-
moral verstoßen und Verträge, die eine Partei übermäßig in ihrer persönlichen und wirtschaftlichen Handlungsfreiheit einschränken. Im
Schweizer Recht wird die vertragliche Einschränkung der wirtschaftlichen Handlungsfreiheit sogar durch eine besondere Vorschrift geregelt, Art. 27 ZGB. Hiervon können beispielsweise betroffen sein
Miet- und Pachtverträge mit sehr langer Laufzeit (ca. 25 Jahre),[116]
aber auch Wettbewerbsverbote sind nur in beschränktem zeitlichem
Umfang zulässig.

49   **Merke:** Die strenge Nichtigkeitsfolge des § 134 tritt nur ein, wenn der
Zweck der Verbotsnorm (jede Rechtsnorm der Gesamtrechtsordnung) lediglich erreicht werden kann, wenn die zivilrechtliche Unwirksamkeit des
Rechtsgeschäftes angenommen wird. Behördliche und gerichtliche Verfügungsverbote (§§ 135, 136) zu Gunsten bestimmter Personen führen bei
Zuwiderhandlungen zu relativen Eigentumsverhältnissen (§ 135). Rechtsgeschäftliche Verfügungsverbote sind – mit Ausnahme von § 399 – nur schuldrechtlich wirksam (§ 137).
Im Rahmen von § 138 Abs. 1 lassen sich praktische Rechtsfälle nicht durch
bloße Subsumtion lösen. Der Begriff der Sittenwidrigkeit muss entsprechend
der jeweils herrschenden gesellschaftspolitischen und ethischen Wertmaßstäbe ausgefüllt werden. Die Sittenwidrigkeit kann sich aus dem objektiven
Inhalt des Rechtsgeschäftes oder aus dessen Zweck und Beweggrund ergeben. Im zuletzt genannten Fall müssen die Beteiligten die die Sittenwidrigkeit begründenden Umstände kennen. Sie müssen jedoch weder im Bewusstsein der Sittenwidrigkeit noch mit Schädigungsabsicht handeln. Häufig lässt
sich die Nichtigkeit nach § 138 Abs. 1 nur aus dem Gesamtcharakter des
Rechtsgeschäfts ableiten (Orientierung an Fallgruppen). Regelmäßig ist wegen des abstrakten und wertneutralen Charakters von Verfügungen nur das
Verpflichtungsgeschäft nichtig (anders § 138 Abs. 2).

---

116 *Kötz*, Europäisches Vetragsrecht I, § 9 III.

Übersicht 13 zu §§ 24–26

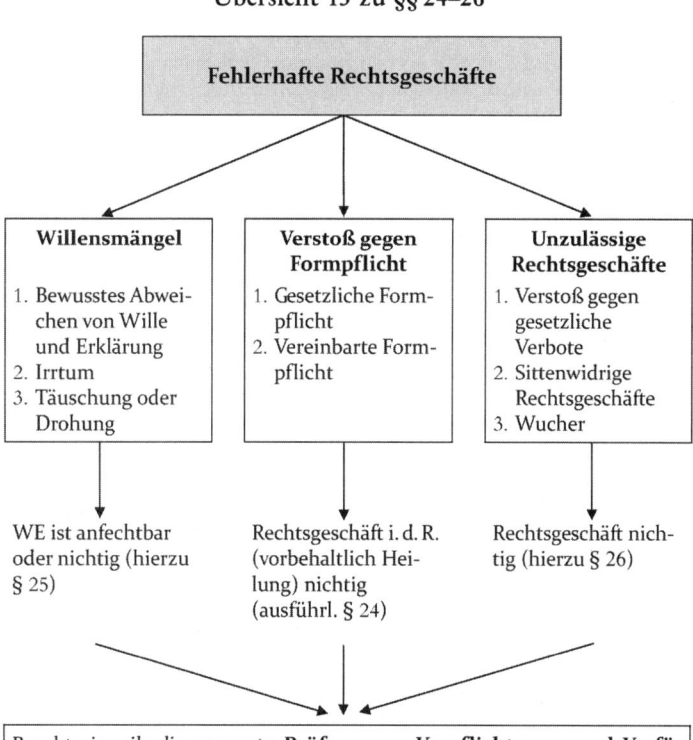

Beache jeweils die **separate Prüfung von Verpflichtungs- und Verfü-**
gungsgeschäft, s. § 25 Rn. 57 ff., 90 f. und § 26 Rn. 12 ff., 44.

§ 27. Aufrechterhaltung von fehlerhaften Rechtsgeschäften

I. Die Teilnichtigkeit

Schrifttum: *Canaris,* Gesamtunwirksamkeit und Teilgültigkeit rechtsgeschäftlicher Regelungen, FS Steindorff, 1990, S. 519 ff.; *Petersen,* Die Teilnichtigkeit, Jura 2010, 419 ff.; *Ulmer,* Offene Fragen zu § 139 BGB, FS Steindorff,
1990, S. 799 ff.

1   **Fall 65:** Die Eltern des 15-jährigen M vermieten schriftlich eine dem M gehörende Wohnung ohne vormundschaftliche Genehmigung für 10 Jahre an den B. Als M das 18. Lebensjahr vollendet hat, möchte er selbst in die Wohnung einziehen. Er verlangt deshalb von B die Herausgabe der Wohnung. Zu Recht? → Rn. 7.

1. Allgemeines

2   Die Nichtigkeit eines Teils eines Rechtsgeschäfts führt in der Regel zur Nichtigkeit des ganzen Rechtsgeschäfts, § 139. Die Vorschrift dient der Verwirklichung der Privatautonomie (§ 3 Rn. 1). Den Parteien soll kein Geschäft aufgedrängt werden, das sie ohne den nichtigen Teil nicht geschlossen hätten.

Der Begriff der Nichtigkeit nach § 139 ist extensiv auszulegen. § 139 gilt für alle Nichtigkeitsgründe, z. B. §§ 125, 138, 142, aber auch für die endgültige Unwirksamkeit, etwa nach verweigerter Genehmigung, s. §§ 108, 177, sowie analog für die schwebende Unwirksamkeit, etwa bei fehlender familiengerichtlicher Genehmigung.

2. Voraussetzungen für Teilnichtigkeit

3   **a) Einheitliches Rechtsgeschäft.** Die Anwendung des § 139 setzt zunächst ein einheitliches Rechtsgeschäft voraus. Entscheidend ist, ob nach dem zum Zeitpunkt der Vornahme des Geschäfts erklärten Willen der Parteien unter Berücksichtigung der Interessen der Beteiligten und der Verkehrssitte die Geschäftsakte miteinander stehen und fallen sollen, sog. **Einheitlichkeitswille.** Die Aufnahme mehrerer Rechtsgeschäfte in einer Urkunde begründet die tatsächliche (widerlegliche) Vermutung für den Einheitlichkeitswillen, die getrennte Beurkundung spricht dagegen. Für die Beurteilung der Einheitlichkeit sind die jeweiligen Umstände des Einzelfalls besonders zu würdigen.

Verpflichtungs- und Verfügungsgeschäft können kein einheitliches Rechtsgeschäft bilden, da andernfalls das **Abstraktionsprinzip** durchbrochen würde.[1] Ein entgegengerichteter Wille der Parteien scheitert an der Wertung des Gesetzes, das sich für die Unabhängigkeit von Grund- und Erfüllungsgeschäft ausgesprochen hat. Insoweit ist die Parteiautonomie eingeschränkt.

---

1 *Jauernig*, JuS 1994, 724; *Baur/Stürner*, § 5 Rn. 56; Staudinger/*Roth*, § 139 Rn. 54; a. A. BGHZ 31, 321, 323; *BGH* NJW-RR 2003, 735 (nur „höchst selten"); Staudinger/*Wiegand*, § 929 Rn. 27; *Eisenhardt*, JZ 1991, 271 ff.; Palandt/*Ellenberger*, § 139 Rn. 7.

b) Teilbarkeit. Der von der Nichtigkeit oder Unwirksamkeit nicht   4
betroffene Teil muss als selbstständiges Rechtsgeschäft Bestand haben
können. Das einheitliche Rechtsgeschäft muss teilbar sein, sonst
kommt selbstverständlich eine Teilnichtigkeit nicht in Betracht. Die
Teilbarkeit eines einheitlichen Rechtsgeschäfts lässt sich am besten in
Fallgruppen verdeutlichen.

(1) Die Teilbarkeit ist zu bejahen, wenn sich die Nichtigkeit auf
Einzelbestimmungen beschränkt. Dies kann bei einem aus mehreren
Verträgen zusammengesetzten einheitlichen Geschäft vorliegen, z. B.
einer der in einer notariellen Urkunde niedergeschriebenen Verträge
ist nichtig, oder auch bei einem aus mehreren Einzelbestimmungen
bestehenden Rechtsgeschäft, z. B. bei nichtiger Klausel in einem Gesellschaftsvertrag oder einer ungültigen Nebenabrede im Kaufvertrag.

(2) Stehen auf einer Seite des Rechtsgeschäfts **mehrere Personen**
und ist das Geschäft nur gegenüber einer Person nichtig, etwa weil
ein Geschäftspartner geschäftsunfähig ist, ist die Teilbarkeit in der
Regel gegeben. Hinsichtlich der anderen Personen gilt § 139. Verbür-
gen sich beispielsweise zwei Freunde am Biertisch schriftlich gegenüber dem Gläubiger für die Schuld des befreundeten Schuldners
(§§ 765, 766) und ist eine der zwei Bürgschaftserklärungen nach
§ 105 Abs. 2 wegen Volltrunkenheit nichtig, gilt für die andere, formgerecht abgegebene Erklärung § 139.

(3) Die Teilbarkeit eines Rechtsgeschäfts ist anzunehmen, wenn die
von beiden Vertragspartnern zu erbringenden Leistungen teilbar sind.
Ist das Rechtsgeschäft wegen des Übermaßes der Leistung oder Gegenleistung, z. B. bezüglich der Höhe oder der Dauer, nichtig, stellt
sich die Frage nach der Zulässigkeit einer geltungserhaltenden Reduktion, d. h. ob die sittenwidrig überhöhte Leistung auf einen angemessenen Umfang herabgesetzt werden kann. Problematisch ist vor
allem die Trennung zwischen dem sittenwidrigen und dem angemessenen Teil.

Ist ein Rechtsgeschäft wegen **überlanger Vertragsdauer** unwirksam, kommt eine Reduzierung der Laufzeit in Betracht, § 139 ist anzuwenden. Beispielsweise kann ein auf 30 Jahre abgeschlossener Bier-
bezugsvertrag begrenzt werden. Ein Miet- oder Pachtvertrag eines
Minderjährigen (vertreten durch seine Eltern oder den Vormund),
der wegen seiner Dauer nach § 1822 Nr. 5 der familiengerichtlichen
Genehmigung bedarf, lässt sich in Zeitabschnitte aufteilen. Der Vertrag ist nur insoweit ungültig, als er die zulässige Dauer überschreitet;
es gilt § 139.

Bei Wucher- und wucherähnlichen Geschäften – eine der beiden Leistung ist wegen übermäßiger Höhe nichtig, § 138 – ist eine Teilbarkeit des Geschäfts in der Regel zu verneinen und eine Aufrechterhaltung mit einer angemessenen Leistung abzulehnen, da dies einen Eingriff in das von den Parteien festzulegende **Äquivalenzverhältnis** darstellt. Etwas anderes gilt jedoch, wenn sich der zulässige Preis normativ ermitteln lässt, z. B. bei Mietwucher (Wohnungsmiete bemisst sich nach dem ortsüblichen Mietzins).

3. Rechtsfolgen

5   Grundsätzlich ist bei Teilnichtigkeit das Rechtsgeschäft im Ganzen nichtig, sog. Totalnichtigkeit. Ausnahmsweise bleibt der vom Nichtigkeits- oder Unwirksamkeitsgrund nicht betroffene Teil des Geschäfts gültig, wenn anzunehmen ist, dass die Parteien dieses Restgeschäft auch ohne den unwirksamen Teil vorgenommen hätten, § 139. Entscheidend ist der **mutmaßliche Wille** der Parteien. Es ist zu ermitteln, wie sie sich bei Kenntnis der Teilnichtigkeit nach Treu und Glauben und unter Berücksichtigung der Verkehrssitte sowie im Hinblick auf den mit dem Geschäft verfolgten Zweck zum Zeitpunkt des Vertragsschlusses entschieden hätten. Das Restgeschäft (ohne den nichtigen Teil) muss dem mutmaßlichen Parteiwillen entsprechen.

4. Ausschluss des § 139

6   § 139 geht davon aus, dass die Parteien für den Fall der Teilnichtigkeit des Rechtsgeschäfts keine Vereinbarung getroffen haben. Liegt dagegen eine Absprache für den Fall der Teilnichtigkeit vor, greift § 139 nicht ein. Hier gilt ausschließlich der **wirkliche Wille** der Parteien, der z. B. durch eine Klausel „bei Nichtigkeit einzelner Teile bleibt der Vertrag im Übrigen wirksam" Ausdruck finden kann.

Zum Teil kann der Zweck einer gesetzlichen Nichtigkeitsregelung die Aufrechterhaltung des Restgeschäfts verlangen, insbesondere wenn die Vorschrift dem Schutz einer Vertragspartei vor nachteiligen Klauseln dient, z. B. §§ 551 Abs. 4, 556a Abs. 3, 556b Abs. 2 S. 2. Nach den §§ 444, 536d, 639 wonach ein Ausschluss oder die Beschränkung der Rechte wegen Sach- oder Rechtsmängeln nichtig ist, wenn der Verkäufer, Vermieter oder Unternehmer den Mangel arglistig verschweigt, soll zum Schutz des Käufers, Mieters oder Bestellers nur diese Klausel unwirksam sein, nicht aber der gesamte Vertrag. Eine Totalnichtigkeit widerspräche der gesetzlichen Intention.

Sondervorschriften gelten im Erbrecht, vgl. §§ 2085, 2298 für die teilweise Unwirksamkeit eines Testaments und den Erbvertrag. Für nichtige Klauseln im Rahmen von AGB gilt § 306 (§ 21 Rn. 30 f.).

Lösungsskizze Fall 65 (Rn. 1):   7

M → B auf Herausgabe der Wohnung aus § 546 Abs. 1

I. Wirksamer Mietvertrag zwischen M und B

  1. WE des B (+)

  2. WE des M: keine Erklärung des M selbst, sondern Erklärung der Eltern, die als gesetzliche Vertreter des M (§ 1629 Abs. 1) für ihn handeln (zur Stellvertretung § 30 Rn. 1 ff.), aber gemäß § 1643 i. V. m. § 1822 Nr. 5 bedarf ein Mietvertrag, der länger als ein Jahr nach dem Eintritt der Volljährigkeit des Minderjährigen fortdauern soll, der Genehmigung des Familiengerichts, diese fehlt hier, so dass der Vertrag schwebend unwirksam ist. Durch die Verweigerung der Genehmigung durch den nunmehr volljährigen M (§ 1829 Abs. 3) wird der Vertrag endgültig unwirksam.

    Ergebnis: Kein wirksamer Mietvertrag, aber denkbar ist

  3. Aufrechterhaltung des Vertrages in bestimmten Teilen, § 139

    a) Anwendbarkeit des § 139 (+)

    b) einheitliches Rechtsgeschäft (+)

    c) Teilbarkeit (+), der Mietvertrag lässt sich hinsichtlich der Leistung und Gegenleistung in Zeitabschnitte aufteilen; da eine familiengerichtliche Genehmigung erst erforderlich ist, wenn der Vertrag eine bestimmte Laufzeit überschreitet, kommt eine Aufrechterhaltung des Vertrages für die zulässige Dauer in Betracht (Rn. 4)

    d) nach dem hypothetischen Parteiwillen von B und M (vertreten durch die Eltern) ist davon auszugehen, dass der Vertrag auch mit kürzerer Dauer (bis zur Vollendung des 19. Lebensjahres des M) geschlossen worden wäre (a. A. vertretbar)

    Ergebnis: Wirksamer Mietvertrag (jedoch befristet bis zur Vollendung des 19. Lebensjahres des M)

  4. Form, § 550 S. 1 (+)

II. Beendigung des Mietvertrages (–), § 542 Abs. 2 – mit Ablauf der Zeit, für das er eingegangen ist, hier nicht nach 10 Jahren, sondern gemäß § 139 ein Jahr nach Eintritt der Volljährigkeit des M; im Übrigen Beendigung des befristeten Mietvertrages nur durch Aufhebungsvertrag oder außerordentliche Kündigung (§ 542 Abs. 1, Abs. 2 Nr. 1), hier (–)

Ergebnis: M hat derzeit keinen Anspruch auf Herausgabe der Wohnung, erst mit Vollendung des 19. Lebensjahrs.

II. Die Umdeutung

Schrifttum: *Kahl,* Grenzen der Umdeutung rechtsgeschäftlicher Erklärungen (§ 140 BGB), Diss. Münster 1985; *Mühlhans,* Die (verkannten?) Auswirkungen der §§ 116, 117 BGB auf die Umdeutung gem. § 140 BGB, NJW 1994, 1049 ff.; *Wieacker,* Zur Theorie der Konversion nichtiger Rechtsgeschäfte, in: FS Hermann Lange, 1992, S. 1017 ff.

8   **Fall 66:** V ist seit 3 Jahren im Geschäft des A als Verkäufer mit einer vertraglichen Kündigungsfrist von 2 Monaten zum Ende eines Kalendermonats beschäftigt. Da ihm seine Arbeit keinen Spaß mehr bereitet, übergibt V dem A im Mai ein Schreiben, wonach er fristlos kündigt. A ist völlig entsetzt und möchte wissen, ob die Kündigung wirksam ist. (ohne Lösungsskizze)

1. Allgemeines

9   Erfüllt ein nichtiges Rechtsgeschäft die Erfordernisse eines anderen Rechtsgeschäfts, so gilt das letztere, wenn anzunehmen ist, dass dessen Geltung bei Kenntnis der Nichtigkeit gewollt sein würde, § 140. Die Umdeutung (Konversion) dient der Verwirklichung des mutmaßlichen Willens der Parteien. Der von ihnen bezweckte Erfolg soll auch dann eintreten, wenn es neben dem gewählten, unzulässigen Weg auch eine rechtlich korrekte Möglichkeit gibt, die zum erstrebten Ziel führt. Die Umdeutung tritt **kraft Gesetzes** ein.

2. Objektive Voraussetzungen der Umdeutung

10   § 140 setzt zunächst die Nichtigkeit des gesamten, ursprünglich gewollten Rechtsgeschäfts voraus. Die Vorschrift gilt für alle Nichtigkeitsgründe, nicht dagegen für anfechtbare (also noch nicht angefochtene) oder schwebend unwirksame Rechtsgeschäfte. Die **Auslegung** geht der Umdeutung vor, d. h. § 140 kommt nicht in Betracht, wenn sich die Gültigkeit des gewollten Rechtsgeschäfts bereits im Wege der Auslegung ergibt.

Das nichtige Rechtsgeschäft muss den Erfordernissen des anderen, zulässigen Rechtsgeschäfts (Ersatzgeschäft) entsprechen. Dies setzt voraus, dass sämtliche Tatbestandsvoraussetzungen des Ersatzgeschäfts erfüllt sind. Insbesondere muss das Ersatzgeschäft selbst wirksam sein, d. h. es darf nicht seinerseits an einem Nichtigkeitsgrund leiden, z. B. wegen Formmangels oder fehlender Geschäftsfähigkeit. Durch das Ersatzgeschäft muss der wirtschaftliche Erfolg im Wesentlichen erreicht werden, es darf jedoch in seinen rechtlichen Wirkungen nicht weiterreichen als das nichtige Geschäft. Dies würde dem mutmaßlichen Willen der Parteien widersprechen (Rn. 11). Eine unwirksame Verpfändung kann beispielsweise nicht in eine Sicherungsübereignung umgedeutet werden.

Eine Umdeutung ist ausgeschlossen, wenn das Gesetz den vom nichtigen Geschäft erstrebten Erfolg missbilligt. Dies ist regelmäßig bei der Nichtigkeit nach § 134 oder § 138 anzunehmen. Ebenso kann der Schutzzweck einer bestimmten, nicht eingehaltenen Formvorschrift der Umdeutung entgegenstehen.

Im **Fall 66** (Rn. 8) ist die fristlose Kündigung des V unwirksam, da es an einem wichtigen Grund im Sinne des § 626 Abs. 1 fehlt. Die Tatsache, dass V keine Lust zur Arbeit hat, rechtfertigt für sich allein keine außerordentliche Kündigung. In Betracht kommt jedoch eine Umdeutung der außerordentlichen in eine **ordentliche Kündigung**. Als Arbeitnehmer kann V ohne die Angabe von Gründen ordentlich, d. h. unter Einhaltung der Frist, kündigen. Die Tatbestandsvoraussetzungen einer ordentlichen Kündigung liegen vor, insbesondere genügt die Kündigung des V der Form des § 623 (Schriftform). Der wirtschaftliche Zweck (Beendigung des Arbeitsverhältnisses) wird erreicht, jedoch unter Einhaltung der vertraglich bestimmten Kündigungsfrist von 2 Monaten zum Monatsende (die Vereinbarung dieser Kündigungsfrist ist zulässig, § 622 Abs. 2, 5). Durch die ordentliche Kündigung wird das Arbeitsverhältnis erst zum 31.7. beendet.

3. Subjektive Voraussetzungen der Umdeutung

Das Ersatzgeschäft muss dem **mutmaßlichen Willen** der Parteien   11 entsprechen. Maßgeblich ist, ob die Parteien im Zeitpunkt des Vertragsschlusses bei Kenntnis der Nichtigkeit und im Hinblick auf den mit dem ursprünglich gewollten, aber nichtigen Rechtsgeschäft verfolgten Zweck das umgedeutete Geschäft vernünftigerweise vorgenommen hätten. Eine Umdeutung scheidet danach aus, wenn davon auszugehen ist, dass einer der Vertragspartner das Ersatzgeschäft nicht abgeschlossen hätte.

Ist ein **wirklicher Wille** der Parteien feststellbar, haben sie etwa bei Vertragsschluss vereinbart, dass im Falle der Nichtigkeit des Geschäfts ein anderes gelten soll, so ist dieser vorrangig. Eine Umdeutung kommt dann nicht in Betracht.

Im **Fall 66** (Rn. 8) wollte V das Arbeitsverhältnis bei A mit sofortiger Wirkung beenden. Die außerordentliche Kündigung ist jedoch unwirksam. In

Hinblick darauf, dass V keine Lust zum Arbeiten hat, entspricht es seinem mutmaßlichen Willen, dass Arbeitsverhältnis in jedem Fall unbedingt aufzulösen, wenn nicht sofort, dann jedenfalls zum nächstmöglichen Termin (31. 7.). Die unwirksame, außerordentliche Kündigung wird in eine ordentliche Kündigung umgedeutet.[2]

III. Die Bestätigung

12   **Fall 67:** B verbürgt sich schriftlich gegenüber dem Gläubiger G für die Schuld seines Freundes S in Höhe von € 50.000,–, da G damit gedroht hat, ihn andernfalls wegen Steuerhinterziehung anzuzeigen. B ficht seine Bürgschaftserklärung nach § 123 an. Einen Monat später hat er Mitleid mit seinem Freund S, der dringend auf den Kredit des G angewiesen ist, und teilt dem G telefonisch mit, dass er sich nun doch, wie ursprünglich vereinbart, als Bürge zur Verfügung stellt. Kann G den B aus dem Bürgschaftsvertrag in Anspruch nehmen? → Rn. 16.

1. Abgrenzung

13   Ein nichtiges Rechtsgeschäft bleibt endgültig unwirksam, auch wenn der Nichtigkeitsgrund später wegfällt. Die Parteien können jedoch ein nichtiges Rechtsgeschäft bestätigen, § 141. Die Bestätigung nach § 141 wirkt als Neuvornahme.

Von der Bestätigung des nichtigen Rechtsgeschäfts nach § 141 ist die Bestätigung eines anfechtbaren und somit noch gültigen Rechtsgeschäfts nach § 144 zu unterscheiden. In diesem Fall verzichtet der Anfechtungsberechtigte lediglich auf sein Anfechtungsrecht (§ 25 Rn. 22). Die Heilung eines unwirksamen Rechtsgeschäfts durch Erfüllung ist ebenfalls streng von der Bestätigung nach § 141 zu trennen. Die Heilung tritt kraft Gesetzes ohne einen Bestätigungswillen der Parteien ein. Mit der Bestätigung nicht zu verwechseln ist schließlich die Genehmigung eines schwebend unwirksamen Vertrages, z. B. § 108. Die Genehmigung wirkt rückwirkend und wird regelmäßig von einem Dritten, etwa dem gesetzlichen Vertreter, vorgenommen.

2. Voraussetzungen

14   Die Bestätigung nach § 141 setzt ein nichtiges Rechtsgeschäft voraus. Der Grund der Nichtigkeit ist gleichgültig. Die Parteien müssen

---

2 *BAG* NJW 1988, 581 f.

das nichtige Geschäft bestätigen. Sie müssen zum einen Kenntnis von der Nichtigkeit haben oder zumindest an der Gültigkeit des Geschäfts zweifeln, sog. **Bestätigungswille** (s. hierzu schon oben Rn. 42). Zum anderen muss dieser Bestätigungswille äußerlich kenntlich sein. Dies kann ausdrücklich, aber auch konkludent durch die Vornahme bestimmter, eindeutiger Handlungen erfolgen.

Die Bestätigung ist als **Neuvornahme** des Geschäfts zu beurteilen, so dass alle Tatbestandsvoraussetzungen und Wirksamkeitserfordernisse des Geschäfts nunmehr erfüllt sein müssen. Es darf kein (weder ein alter noch ein neuer) Nichtigkeitsgrund vorliegen. Ein nach § 138 Abs. 1 nichtiger Vertrag kann nur bestätigt werden, wenn die Gründe für die Sittenwidrigkeit weggefallen sind. Die Bestätigung eines formbedürftigen Geschäfts muss in der **vorgeschriebenen Form** erfolgen. Das gilt selbst dann, wenn die Nichtigkeit des ursprünglichen Geschäfts auf einem anderen Grund als auf einem Formmangel beruhte.[3] Im **Fall 67** bedarf somit die Bestätigung der Bürgschaftserklärung der Form des § 766, auch wenn die ursprüngliche Erklärung formgerecht abgegeben wurde und sich die Nichtigkeit aus § 142 in Verbindung mit § 123 ergab.

3. Rechtsfolgen

Die Bestätigung wirkt als Neuvornahme des Rechtsgeschäfts **nicht** 15 **rückwirkend,** sondern erst ab dem Zeitpunkt der Bestätigung für die Zukunft. Gemäß § 141 Abs. 2 sind die Parteien jedoch im Zweifel schuldrechtlich verpflichtet, einander so zu stellen, wie sie bei anfänglicher Gültigkeit des Geschäfts gestanden hätten.

Lösungsskizze Fall 67 (Rn. 12):   16
G → B auf Zahlung von € 50.000,– aus § 765
I. Wirksamer Bürgschaftsvertrag
  1. Angebot und Annahme (+)
  2. Form: § 766 S. 1 (+)
  3. Nichtigkeit nach § 142 Abs. 1 wegen Anfechtung nach § 123
    a) Anfechtungserklärung des B, § 143 Abs. 1 (+)
    b) Anfechtungsgrund: Drohung durch Inaussichtstellen eines Übels
      (+), hier Anzeige wegen Steuerhinterziehung; widerrechtlich (+),
      da verwerfliche Mittel-Zweck-Relation, selbst wenn Steuerhin-
      terziehung tatsächlich von B begangen
    c) Kausalität (+)

---

3 *BGH* NJW 1985, 2579, 2580; *Larenz/Wolf,* § 44 Rn. 16; a. A. *Medicus,* Rn. 532.

d) Anfechtungsfrist, § 124 (+)

e) keine Bestätigung nach § 144 (+)

Zwischenergebnis: Erklärung ist wegen Anfechtung nach § 123 nichtig

4. aber möglicherweise Bestätigung nach § 141

a) nichtige Erklärung (+), s. 3.

b) Bestätigungswille des B (+)

c) Erklärung des Bestätigungswillens (+), ausdrücklich gegenüber dem G am Telefon

d) Wirksamkeit des neuvorgenommenen Geschäfts

aa) Angebot und Annahme (+)

bb) Form § 766 S. 1 (–), da nur mündlich erklärt – die zunächst bei dem ursprünglichen, nichtigen Geschäft beobachtete Form wird für die Bestätigung nicht konserviert, die Bestätigung muss erneut die Form wahren (Rn. 14). Die neuvorgenommene Bürgschaftserklärung ist somit nach § 125 nichtig, solange keine Heilung nach § 766 S. 2 durch Zahlung an G gegeben ist.

II. **Ergebnis:** G hat keinen Anspruch auf Zahlung von € 50.000,– gegen B.

§ 28. Zustimmungsbedürftige Rechtsgeschäfte

Schrifttum: *K. Schmidt,* Beseitigung der schwebenden Unwirksamkeit durch Verweigerung einer Genehmigung, AcP 189 (1989), 1 ff.; *ders.,* Vertragsnichtigkeit durch Genehmigungsverweigerung, JuS 1995, 102 ff.

I. Bedeutung und Begriff

1   Das Gesetz verlangt für bestimmte Rechtsgeschäfte als Wirksamkeitsvoraussetzung die Zustimmung eines nicht unmittelbar am Geschäft beteiligten Dritten. Die Zustimmung wird zum einen dann für erforderlich gehalten, wenn durch das Geschäft die Interessen eines außenstehenden Dritten berührt werden. Zum Schutz des Dritten muss dieser dem Geschäft zustimmen.

Beispiele: Gemäß § 1365 darf ein Ehegatte (im gesetzlichen Güterstand) nur mit Zustimmung des anderen Ehegatten über sein Vermögen im Ganzen verfügen, gleiches gilt für die Verfügung über Haushaltsgegenstände, § 1369. Diese Vorschriften dienen im Interesse der Familie der Erhaltung der wirtschaftlichen Grundlage der Familie; weitere Beispiele finden sich vor allem im Sachenrecht, s. §§ 876, 1183, 1192, 1255 Abs. 2.

Eine Zustimmung kann auch zum Schutz der handelnden Person erforderlich sein. Hier übt der zustimmende Dritte eine Kontrollfunktion im Interesse des Erklärenden aus.

Beispiele: Geschäfte eines Minderjährigen, die für ihn nicht lediglich rechtlich vorteilhaft sind, bedürfen der Zustimmung des gesetzlichen Vertreters, §§ 107 ff., s. ausführlich § 23 Rn. 7 ff. Die Zustimmungsbedürftigkeit dient dem Schutz des Minderjährigen vor den Gefahren des Rechtsverkehrs. Gleiches gilt für die Geschäfte eines volljährigen Betreuten, soweit ein Einwilligungsvorbehalt angeordnet ist, § 1903, § 23 Rn. 44 ff.

Eine Zustimmung kommt letztlich in Betracht, wenn die Rechtsfolgen eines Geschäfts den Zustimmungsberechtigten selbst treffen.

Beispiele: Handelt jemand ohne Vertretungsmacht für einen anderen, so kann das Geschäft für den anderen dadurch Wirksamkeit erlangen, dass dieser seine Genehmigung erteilt, § 177, s. dazu § 32 Rn. 2 ff. Nach § 185 kann der Berechtigte in eine Verfügung, die ein Nichtberechtigter vorgenommen hat, einwilligen oder diese nachträglich genehmigen mit der Folge, dass die Verfügung wirksam ist bzw. wirksam wird, sog. Verfügungsermächtigung (Rn. 11 ff.).

Ein **zustimmungsbedürftiges Rechtsgeschäft** ist ein Geschäft, für dessen Wirksamkeit das Gesetz die Zustimmung eines Dritten vorschreibt.

Die Wirksamkeit von privaten Rechtsgeschäften ist zum Teil von 2 der **Genehmigung einer Behörde** abhängig. Diese Genehmigungen sind keine Willenserklärungen, sondern Verwaltungsakte, für die ausschließlich die Regeln des öffentlichen Rechts Anwendung finden. Für die familiengerichtliche Genehmigung gelten die §§ 1828 ff., die eine weitgehend abschließende Regelung enthalten.

II. Allgemeine Regeln

Die vorherige Zustimmung, d. h. die Zustimmung, die zeitlich vor 3 dem zustimmungsbedürftigen Rechtsgeschäft erteilt wird, heißt **Einwilligung**, § 183 S. 1. Die nachträgliche Zustimmung, ihre Erteilung folgt dem Geschäft zeitlich nach, wird **Genehmigung** genannt, § 184 Abs. 1.

§ 182 enthält eine allgemeine Regelung für die Zustimmung, also 4 für Einwilligung und Genehmigung. Die Zustimmung ist eine **einseitige, empfangsbedürftige Willenserklärung** und sie ist abstrakt. Die Vorschriften über die Willenserklärung sind anwendbar, es gelten etwa die Vorschriften über den Zugang (§§ 130 ff.), die Anfechtung

(§§ 119 ff.) und die Geschäftsfähigkeit (§§ 104 ff.). Der Erklärende kann danach seine Zustimmung anfechten, wenn sich sein Willensmangel auf die Zustimmung selbst bezieht (nicht auf das zustimmungsbedürftige Rechtsgeschäft).[1]

Die Zustimmung oder ihre Verweigerung kann nach § 182 Abs. 1 sowohl dem einen als auch dem anderen Teil des Rechtsgeschäfts erklärt werden, d. h. gegenüber demjenigen, dessen Erklärung zustimmungsbedürftig ist oder gegenüber dem anderen Geschäftspartner. Diese allgemeine Vorschrift wird ausnahmsweise von spezielleren Regelungen innerhalb der einzelnen Tatbestände verdrängt, z. B. §§ 108 Abs. 2, 177 Abs. 2, 1255.

Die Zustimmung ist grundsätzlich **formfrei** und bedarf nicht der für das zustimmungsbedürftige Rechtsgeschäft vorgesehenen Form, § 182 Abs. 2. Damit kann die Zustimmung zum Abschluss eines Bürgschaftsvertrages (s. § 766 S. 1) oder eines Kaufvertrages über ein Grundstück (s. § 311b Abs. 1 S. 1)[2] formfrei erklärt werden. Es genügt auch schlüssiges Verhalten, soweit der Zustimmungsberechtigte die Zustimmungsbedürftigkeit kannte oder mit ihr rechnen musste und der Erklärungsempfänger das Verhalten eindeutig als Zustimmung verstehen durfte.

5   Ein zustimmungsbedürftiges Rechtsgeschäft, das mit der erforderlichen Einwilligung vorgenommen wird, ist sofort wirksam. Ohne die vorherige Zustimmung (Einwilligung) ist das Geschäft **schwebend unwirksam**. Der Schwebezustand kann durch die Erteilung oder Verweigerung der Genehmigung beendet werden. Das Geschäft wird durch die Genehmigung mit rückwirkender Kraft wirksam, § 184 Abs. 1. Verweigert der zustimmungsberechtigte Dritte die Genehmigung, ist das Rechtsgeschäft endgültig unwirksam.

III. Die Einwilligung

6   Einseitige empfangsbedürftige Rechtsgeschäfte (§ 16 Rn. 4) dürfen grundsätzlich nur mit der Einwilligung des Zustimmungsberechtigten vorgenommen werden. Dies ergibt sich ausdrücklich aus §§ 111, 180, 1367, 1831, gilt jedoch im Übrigen als allgemeiner Rechtsgrundsatz.[3] Ein **Schwebezustand** ist bei einseitigen Erklärungen für den

---

1 BGHZ 111, 339, 347.
2 BGHZ 125, 218, 220.
3 Palandt/*Ellenberger*, § 182 Rn. 5.

Empfänger und für den Rechtsverkehr nicht hinnehmbar. Ohne die erforderliche Einwilligung ist das einseitige Rechtsgeschäft unwirksam. Das Geschäft ist jedoch ausnahmsweise bis zur Erteilung oder Verweigerung der Genehmigung schwebend unwirksam, wenn der Erklärungsempfänger mit der Vornahme des Geschäfts trotz fehlender Einwilligung einverstanden ist, § 180 S. 2 entsprechend (zu § 111 s. bereits § 23 Rn. 20). Ein einseitiges Rechtsgeschäft, das mit der erforderlichen Einwilligung vorgenommen wurde, ist dennoch unwirksam, wenn die Einwilligung nicht in schriftlicher Form vorgelegt wurde und der Erklärungsempfänger das Geschäft aus diesem Grund **unverzüglich zurückweist**, § 182 Abs. 3 i. V. m. § 111 S. 2. Die Zurückweisung ist ausgeschlossen, wenn der Zustimmungsberechtigte den Empfänger von der Einwilligung in Kenntnis gesetzt hatte, § 182 Abs. 3 i. V. m. § 111 S. 3.

Die Einwilligung ist grundsätzlich bis zur wirksamen Vornahme 7 des Rechtsgeschäfts frei widerruflich, § 183 S. 1. Der **Widerruf** ist eine einseitige empfangsbedürftige Willenserklärung und gegenüber dem einen oder anderen Teil des Rechtsgeschäfts zu erklären, § 183 S. 2. Mit der Erklärung des Widerrufs erlischt die Einwilligung. Ein dennoch vorgenommenes zustimmungsbedürftiges Rechtsgeschäft ist bis zur Erteilung oder Verweigerung der Genehmigung schwebend unwirksam. Für die widerrufene Einwilligung gelten zum Schutz des Dritten, der auf eine bestehende Einwilligung vertraut hat, die §§ 170–173 entsprechend (zu diesen Vorschriften s. § 30 Rn. 33 ff.).[4] Der Widerruf der Einwilligung ist ausnahmsweise kraft Gesetzes, z. B. §§ 876 Abs. 2, 1255 Abs. 2, oder durch Rechtsgeschäft, z. B. bei „unwiderruflicher Erklärung" der Einwilligung ausgeschlossen. Die Unwiderruflichkeit der Einwilligung kann sich auch aus dem ihrer Erteilung zugrunde liegenden Rechtsgeschäft ergeben, vor allem wenn sich der Zustimmungsberechtigte zur Einwilligung verpflichtet hatte.

IV. Die Genehmigung

Ein schwebend unwirksames, zustimmungsbedürftiges Rechtsge- 8 schäft wird mit Erteilung der Genehmigung endgültig wirksam. Die Genehmigung wirkt grundsätzlich auf den Zeitpunkt der Vornahme

---

4 Staudinger/*Gursky*, § 183 Rn. 17.

des Rechtsgeschäfts zurück, § 184 Abs. 1. Das Rechtsgeschäft wird so behandelt, als sei es **von Anfang an** wirksam gewesen. Etwas anderes gilt dann, wenn die Parteien etwas Abweichendes vereinbart haben oder sich aus dem Gesetz etwas anderes ergibt. Beispielsweise beginnt die Verjährung für vertragliche Ansprüche erst zum Zeitpunkt der Genehmigung, da andernfalls die Verjährungsfristen verkürzt würden.

9   Bei Erteilung der Genehmigung müssen die Wirksamkeitsvoraussetzungen der Genehmigung vorliegen, insbesondere muss bei der Genehmigung einer Verfügung der Zustimmungsberechtigte zu diesem Zeitpunkt **verfügungsbefugt** sein. Durch zwischenzeitliche Verfügungen verliert der Genehmigende die Verfügungsbefugnis und somit die Genehmigungsbefugnis, so dass die nachfolgende Genehmigung unwirksam und somit wirkungslos ist. Dementsprechend regelt § 184 Abs. 2, dass Verfügungen des Genehmigenden oder eine Zwangsverfügung gegen ihn,[5] die vor Erteilung der Genehmigung getroffen wurden, wirksam bleiben. Die Vorschrift dient dem Schutz Dritter, die aufgrund einer solchen Zwischenverfügung ein Recht erworben haben.

10   Die Genehmigung ist nicht an eine bestimmte Frist gebunden. In den Fällen der §§ 108 Abs. 2, 177 Abs. 2 und 1366 Abs. 3 kann jedoch der Vertragspartner den Zustimmungsberechtigten **zur Erklärung** der Genehmigung **auffordern.** Nach dieser Aufforderung kann die Genehmigung innerhalb einer Frist von 2 Wochen erklärt werden, danach gilt sie als verweigert.

Im Interesse des Geschäftspartners, der auf eine bestimmte Rechtslage vertraut – die Genehmigung beendet den Schwebezustand – und der Sicherheit des Rechtsverkehrs ist eine Genehmigung (im Gegensatz zur Einwilligung) **nicht widerruflich.** Gleiches gilt für die Verweigerung der Genehmigung. Es besteht jedoch in beiden Fällen die Möglichkeit der Anfechtung, soweit sich der Willensmangel auf die Genehmigung oder Verweigerung als solche (zur Verweigerung als Willenserklärung vgl. § 17 Rn. 29) bezieht.

---

5 Verfügungen anderer Personen werden von der Vorschrift nicht erfasst, so dass es in diesem Fall bei der Rückwirkung der Genehmigung bleibt, RGZ 134, 121, 123; BGHZ 70, 299, 302.

V. Die Zustimmung bei der Verfügung durch einen Nichtberechtigten

1. Einleitung

Eine – vorrangig für das Sachenrecht – bedeutsame Regelung enthält § 185. Danach ist die Verfügung eines Nichtberechtigten wirksam, wenn der Berechtigte der Verfügung zustimmt (§ 185 Abs. 1 und Abs. 2 S. 1, 1. Var.) oder ein Fall der Konvaleszenz (Abs. 2 S. 1, 2. und 3. Var.) vorliegt. **Berechtigt** ist derjenige, dem die Verfügungsmacht zusteht. Dies ist regelmäßig der Rechtsinhaber. **Nichtberechtigt** ist spiegelbildlich dazu derjenige, dem die Verfügungsmacht fehlt. Dies kann im Einzelfall auch der Rechtsinhaber, z.B. der Eigentümer sein, wenn ihm die Verfügungsmacht – etwa durch Eröffnung des Insolvenzverfahrens, § 80 InsO – entzogen ist.

Zur Verdeutlichung von § 185 soll folgendes Beispiel dienen: Der Dieb D verkauft und übereignet ein dem E gestohlenes Autoradio für € 50,– an den gutgläubigen K. Das Verpflichtungsgeschäft – der Kaufvertrag zwischen D und K – ist wirksam. Im Schuldrecht ist es unerheblich, ob derjenige, der sich zur Erbringung einer Leistung verpflichtet, auch dazu berechtigt ist. Es ist damit ohne Weiteres möglich, sich zur Übertragung einer fremden Sache zu verpflichten. Kann diese Leistung nicht erbracht werden, tritt eine Haftung nach §§ 275, 280 ff. ein.

Das Verfügungsgeschäft – im Beispielsfall die Übereignung des Radios nach § 929 S. 1 durch Einigung und Übergabe – setzt hingegen voraus, dass es vom Berechtigten vorgenommen wird. Verfügt ein Nichtberechtigter über eine Sache, kommt zum einen der gutgläubige Erwerb des Rechts nach den sachenrechtlichen Vorschriften in Betracht. Im vorliegenden Fall – bei einer Übereignung nach § 929 S. 1 – ist § 932 anwendbar. Dem gutgläubigen Eigentumserwerb vom Nichtberechtigten steht jedoch § 935 entgegen, da das Radio dem Eigentümer gestohlen wurde. Eine zweite Möglichkeit des Eigentumserwerbs vom Nichtberechtigten enthält § 185 Abs. 1 und Abs. 2 S. 1, 1. Var. Danach ist die Verfügung wirksam, wenn der Berechtigte eine Einwilligung oder Genehmigung erteilt.[6]

---

6 An einer solchen Genehmigung kann der Eigentümer ein wirtschaftliches Interesse haben, wenn der Dieb den Gegenstand gewinnbringend veräußert hat. Der Eigentümer

2. Einwilligung und Genehmigung

13   § 185 gilt ausschließlich für Verfügungen (§ 16 Rn. 11 ff.). Verfügt ein Nichtberechtigter im **eigenen Namen** über einen Gegenstand, so ist die Verfügung wirksam, wenn der Berechtigte einwilligt, § 185 Abs. 1. Die Verfügung ist von Anfang an wirksam. Die Vorschrift findet keine Anwendung, wenn der Nichtberechtigte im fremden Namen handelt. In diesem Fall gelten die §§ 164 ff. über die Stellvertretung. Charakteristisch für § 185 ist danach, dass der Verfügende nicht kenntlich macht, dass er über ein fremdes Recht verfügt.

14   Die Verfügung eines Nichtberechtigten wird ebenfalls mit rückwirkender Kraft *(ex tunc)* **wirksam,** wenn der Berechtigte die Verfügung **genehmigt.** Dies gilt selbstverständlich nur dann, wenn der Berechtigte im Zeitpunkt der Genehmigung verfügungsbefugt ist (Rn. 9). Durch Zwischenverfügungen verliert er die Verfügungsbefugnis, so dass zwischenzeitliche, vor der Genehmigung getroffene Verfügungen wirksam bleiben, vgl. § 184 Abs. 2. Die Genehmigung kann auch konkludent erfolgen.

Im **Beispielsfall** (Rn. 12) erwirbt der K das Eigentum am Radio, wenn der Eigentümer die Verfügung des nichtberechtigten D gemäß § 185 Abs. 2 genehmigt. Dies ist vor allem dann sinnvoll, wenn der Dieb das Radio zu einem guten Preis veräußert hat oder der Abnehmer K nicht mehr zu ermitteln ist. E kann nach § 816 Abs. 1 S. 1 vom Nichtberechtigten die Herausgabe des Veräußerungserlöses verlangen. Er muss jedoch vorher die Verfügung des D genehmigen, da die Verfügung ihm gegenüber wirksam sein muss, § 816 Abs. 1. In der Aufforderung des E an den D, den Veräußerungserlös herauszugeben, liegt regelmäßig eine konkludente Genehmigung der Verfügung.

3. Konvaleszenz

15   Die Verfügung eines Nichtberechtigten ist nach § 185 Abs. 2 S. 1, 2. und 3. Var. auch dann wirksam, wenn der Verfügende den Gegenstand erwirbt oder von dem Berechtigten beerbt wird und für Nachlassverbindlichkeiten unbeschränkt haftet. Diese Fälle nennt man Konvaleszenz oder auch Heilung. Eine Rückwirkung ist bei der Konvaleszenz ausgeschlossen, d. h. die Verfügung entfaltet ihre Wirkung erst ab dem Zeitpunkt des heilenden Ereignisses *(ex nunc)*. Von mehreren, einander widersprechenden Verfügungen wird nur die frühere wirksam, es gilt das **Prioritätsprinzip,** § 185 Abs. 2 S. 2.

---

hat nach Genehmigung nämlich über § 816 Abs. 1 Anspruch auf Herausgabe des erlösten Kaufpreises, s. unten Rn. 14.

4. Verpflichtungsermächtigung

§ 185 gilt nicht für Verpflichtungsgeschäfte.[7] Eine Verpflichtungs- **16** ermächtigung gibt es nicht. Es ist somit nicht möglich, im eigenen Namen einen anderen zu verpflichten, auch dann nicht, wenn eine ausdrückliche Ermächtigung dafür vorliegt. Lässt jemand einen anderen für sich im Rechtsverkehr handeln, gelten die Regeln der **Stellvertretung,** §§ 164 ff. Die Stellvertretung setzt jedoch ein Handeln in fremdem Namen voraus (Näheres § 30 Rn. 5 ff.).

---

7 H. M., s. *F. Peters,* AcP 171 (1971), 234 ff. m. N.

9. Kapitel. Die Stellvertretung

§ 29. Bedeutung, Begriff und Abgrenzungen

Schrifttum: *Beuthien,* Zur Theorie der Stellvertretung im Bürgerlichen Recht, FS Medicus, 1999, S. 1 ff.; *Förster,* Stellvertretung – Grundstruktur und neuere Entwicklungen, Jura 2010, 351 ff.; *Petersen,* Stellvertretung und Botenschaft, Jura 2009, 904 ff.

I. Bedeutung

1   Die Rechtsfolgen einer Willenserklärung treffen grundsätzlich den Erklärenden. Er handelt für sich selbst. Daneben besteht jedoch das unabweisbare Bedürfnis, Dritte als Vertreter einzusetzen, die rechtsgeschäftlich „anstelle" des Vertretenen handeln und ihn so berechtigen und verpflichten. Ein modernes Wirtschafts- und Rechtsleben ist nicht möglich, ohne dass andere Person etwa wegen ihrer Sachkunde und Vertrauenswürdigkeit oder zum Zweck der **Arbeitsteilung** mit der Wahrnehmung fremder Interessen im Rechtsverkehr betraut werden. Durch die Einschaltung eines Vertreters wird der rechtsgeschäftliche Wirkungskreis des Vertretenen erheblich erweitert. Für **juristische Personen,** die selbst nicht rechtsgeschäftlich handeln können, sichert die Rechtsfigur der Stellvertretung überhaupt erst ihre Teilnahme am Rechtsverkehr – sie werden durch ihre Organe vertreten. Zum anderen besteht ein Bedürfnis für die Vertretung geschäftsunfähiger oder beschränkt geschäftsfähiger Personen, die nicht in der Lage sind, ihre Angelegenheiten eigenständig zu besorgen.[1] Zu ihrer Hilfe und Unterstützung wird ihnen ein Vertreter zur Seite gestellt, der für sie sämtliche Geschäfte im Rechtsverkehr erledigt.

> Das Institut der **Stellvertretung** ermöglicht die Wahrnehmung der Interessen des Vertretenen durch einen Vertreter.

---

1 Zunehmend an Bedeutung gewinnt z. B. die sog. **Altersvorsorgevollmacht.** Hier wird für den Fall der Gebrechlichkeit infolge Krankheit oder Alters im Voraus eine Vertrauensperson für alle Geschäfte bevollmächtigt, die der Vertreter dann nicht mehr selbst tätigen kann. Sie beugt gem. § 1896 Abs. 2 S. 2 einer Betreuungsanordnung vor; hierzu u. a. *Bühler,* FamRZ 2001, 1585.

II. Begriff

Das bürgerliche Gesetzbuch regelt die Stellvertretung in den **2**
§§ 164 ff. Die **Stellvertretung** ist rechtsgeschäftliches Handeln im
Namen des Vertretenen mit der Wirkung, dass die Rechtsfolgen unmittelbar die Person des Vertretenen treffen. Bei der Abgabe einer
Willenserklärung durch den Vertreter spricht man von **aktiver** Stellvertretung, § 164 Abs. 1, bei der Entgegennahme einer für den Vertretenen bestimmten Erklärung durch den Vertreter von **passiver** Stellvertretung, § 164 Abs. 3.

Das rechtsgeschäftliche Handeln des Vertreters mit Wirkung für
und gegen den Vertretenen setzt insbesondere Vertretungsmacht des
Vertreters voraus. Die Vertretungsmacht ist die Rechtsmacht, einen
anderen bei bestimmten Geschäften im Rechtsverkehr mit unmittelbaren Rechtswirkungen für und gegen ihn zu vertreten. Die Vertretungsmacht kann rechtsgeschäftlich erteilt werden. In diesem Fall
liegt eine **gewillkürte** Vertretung vor. Dagegen ist die **gesetzliche**
Vertretung dadurch gekennzeichnet, dass die Vertretungsmacht unmittelbar auf einer gesetzlichen Vorschrift beruht, z. B. § 1629
Abs. 1, der die Vertretungsmacht der Eltern für ihre Kinder regelt.
Die Vertretungsmacht für die Organwalter einer juristischen Person
ergibt sich aus der gesetzlichen Regelung (z. B. § 26 Abs. 2 BGB,
§ 35 GmbHG, § 78 AktG) i. V. m. deren Satzung.

III. Abgrenzungen

Die Regeln der Stellvertretung, §§ 164 ff., sind nur anwendbar, **3**
wenn der Vertreter durch Handeln **im fremden Namen** offenlegt,
dass er für den Vertretenen rechtsgeschäftlich tätig wird. Die Ver-tre-
tung ist nur ein Teilbereich des Tätigwerdens für einen anderen und
muss somit von ähnlichen Erscheinungsformen abgegrenzt werden.

1. Mittelbare Stellvertretung[2]

Der mittelbare (verdeckte, indirekte) Stellvertreter handelt im **eige-** **4**
nen Namen, aber im Interesse und **für Rechnung des Geschäfts-**
herrn. Die Rechtsfolgen des Rechtsgeschäfts treffen hier allein den

---

2 Vgl. hierzu ausführlich *Hager,* AcP 180 (1980), 239 ff.; *Schwark,* JuS 1980, 777 ff.

mittelbaren Stellvertreter, er wird selbst berechtigt und verpflichtet. Der wirtschaftliche Erfolg soll sich dagegen für den im Hintergrund stehenden Geschäftsherrn realisieren. Es bestehen somit zwei Rechtsverhältnisse: zwischen mittelbarem Stellvertreter und Geschäftspartner einerseits und zwischen mittelbarem Stellvertreter und seinem Geschäftsherrn andererseits. Die mittelbare Stellvertretung ist im bürgerlichen Gesetzbuch nicht geregelt. Sonderregelungen finden sich im HGB. Mittelbarer Stellvertreter ist beispielsweise der Kommissionär, der gewerbsmäßig Waren oder Wertpapiere für Rechnung eines anderen im eigenen Namen kauft und verkauft, § 383 HGB. Die mittelbare Stellvertretung unterscheidet sich von der Stellvertretung nach §§ 164 ff. dadurch, dass der mittelbare Stellvertreter im eigenen Namen handelt und zwischen dem Geschäftsherrn und dem Geschäftspartner keine Rechtsbeziehung entsteht.

Beispiel: K bittet seinen Freund F, ihm ein gutes Turnierpferd zu kaufen. K selbst möchte unerkannt bleiben. F erwirbt bei V – ohne den Namen des K zu erwähnen – die Stute Karla. F stellt die Stute vorübergehend in seinen Stall ein. Zwischen K und F besteht ein Auftragsverhältnis, § 662. Der Kaufvertrag wird zwischen F und V geschlossen, da F im eigenen Namen handelt. Die Übereignung des Pferdes erfolgt zunächst gemäß § 929 S. 1 von V an F. Wenn K möglichst schnell selbst Eigentümer von „Karla" werden möchte, kann der mittelbare Stellvertreter F das Pferd an K gemäß §§ 929, 930 durch antizipierte Einigung und antizipiertes Besitzkonstitut (auch schon vor Erwerb des F von V) bzw. durch Insichgeschäft weiterübereignen. In jedem Fall wird hier aber zunächst F, wenn auch ggf. nur für eine „juristische Sekunde", Eigentümer (sog. Durchgangserwerb).[3]

2. Treuhänder

5   Der Treuhänder handelt ebenfalls im eigenen Namen, er wird jedoch regelmäßig nicht nur für ein bestimmtes Geschäft, sondern langfristig für eine ganze Reihe von Geschäften innerhalb eines Aufgabenkreises oder im Zusammenhang mit der Übertragung eines Rechts tätig. Das Treuhandverhältnis kann verschiedenen Zwecken dienen: Handelt der Treuhänder im eigenen Interesse (z. B. bei Sicherungsübereignung und Sicherungszession) spricht man von einer eigennützigen Treuhand. Ist das Treuhandverhältnis auf die Interessen des Treugebers abgestellt (z. B. Verwaltungstreuhand), liegt eine fremdnützige Treuhand vor. Der Treuhänder hat typischerweise im

---

3 *Baur/Stürner*, § 51 Rn. 42.

Außenverhältnis mehr Rechtsmacht als ihm nach dem Innenverhältnis gegenüber dem Treugeber zusteht. Verletzt der Treuhänder diese im Innenverhältnis begründeten Pflichten, überschreitet er etwa die ihm eingeräumten Befugnisse, ist er dem Treugeber zum Schadensersatz verpflichtet.

Beispiele: Die B-Bank lässt sich zur Sicherheit für ein Darlehen vom Schuldner S dessen Pkw sicherungsübereignen (§§ 929, 930: eigennützige Treuhand). B wird damit (Voll-)Eigentümer, darf aber aufgrund der schuldrechtlichen Vereinbarung mit S über den Pkw natürlich nur unter bestimmten Voraussetzungen verfügen. Im Normalfall soll das Eigentum nach Rückzahlung des Darlehens an S zurück übertragen werden.
Eine uneigennützige Treuhand liegt vor, wenn X für die Dauer eines längeren Auslandsaufenthaltes seine Anteile an einer Kapitalgesellschaft zur treuhänderischen Verwaltung und Ausübung aller Rechte an T überträgt. T wird im Außenverhältnis voll berechtigter Inhaber, ist intern aber durch die Interessenwahrung für X gebunden.

3. Abschlussvermittler

Der Abschlussvermittler vermittelt lediglich ein Rechtsgeschäft für 6 einen anderen. Er handelt weder im eigenen noch im fremden Namen. Seine Aufgabe erschöpft sich darin, Erkundigungen und Auskünfte einzuholen und gegebenenfalls die Vertragsverhandlungen vorzubereiten. Beispielhaft können der Makler gemäß §§ 652 ff. und der Handelsmakler, §§ 93 ff. HGB, genannt werden.

4. Die Ermächtigung

Der Ermächtigte verfügt im eigenen Namen über ein fremdes 7 Recht. Seine Rechtsmacht ist gegenstandsbezogen. S. dazu § 28 Rn. 13.

5. Bote

Im Gegensatz zum Stellvertreter, der eine eigene Willenserklärung 8 abgibt, übermittelt der Bote nur eine fremde Erklärung; er hat keinen eigenen Entscheidungsspielraum, was den Inhalt der Willenserklärung angeht (s. ausführlich § 30 Rn. 2 ff.).

6. Zurechnung nichtrechtsgeschäftlichen Handelns

Die §§ 164 ff. gelten nur für rechtsgeschäftliches Handeln, nicht für 9 **Realakte.** So ist beispielsweise der Besitzerwerb im Rahmen der

Übergabe nach § 929 S. 1 ein Realakt. Eine Zurechnung der tatsächlich erlangten Sachherrschaft für den „Vertretenen" kann – da es nicht um den Austausch von Willenserklärungen geht – nur nach sachenrechtlichen Grundsätzen erfolgen.

Eine Möglichkeit ist die Figur des **Besitzdieners** nach § 855. Danach hat derjenige, der in einem bestimmten Tätigkeitsbereich für einen Geschäftsherrn weisungsabhängig tätig wird, selbst trotz Sachherrschaft gar keinen Besitz an den ihm überlassenen Gegenständen, sondern nur der Geschäftsherr. Eine andere Möglichkeit stellt das **Besitzmittlungsverhältnis** nach § 868 dar, bei dem kraft vertraglicher Vereinbarung eine Person (der unmittelbare Besitzer) einer anderen Person den (mittelbaren) Besitz vermittelt, so dass beide (eine vertikal aufgeteilte) Sachherrschaft haben.

Wird für den dinglichen Erwerb einer Sache auf Erwerberseite also ein Dritter eingeschaltet, so kann er zwar die dingliche Einigungserklärung gemäß § 929 S. 1 als Stellvertreter des Erwerbers gemäß § 164 Abs. 1 abgeben, die Übergabe richtet sich als Tathandlung aber nicht nach §§ 164 ff. Indem der Dritte jedoch die tatsächliche Sachherrschaft an der Kaufsache erlangt, wird dies dem Geschäftsherrn gemäß § 855 zugerechnet, wenn der Dritte gleichzeitig Besitzdiener ist (z. B. Angestellter oder eine sonstige weisungsabhängige Person). Zwischen dem Erwerber und dem Dritten kann aber auch ein Besitzmittlungsverhältnis im Sinne des § 868 vereinbart werden (z. B. ein Verwahrungsvertrag), vermöge dessen der Dritte unmittelbarer Besitzer ist und dem Erwerber den mittelbaren Besitz an der Kaufsache „vermittelt".

Für die Zurechnung des Verhaltens Dritter, das **nicht Willenserklärung oder Realakt** ist, gelten je nach rechtlichem Zusammenhang die §§ 278, 831, 31, 89.

§ 30. Der Tatbestand der Stellvertretung

Schrifttum: *Ahrens,* Die Struktur des unternehmensbezogenen Geschäfts, JA 1997, 895 ff.; *Beuthien,* Gibt es im Stellvertretungsrecht ein Abstraktionsprinzip?, FG 50 Jahre BGH, 2000, 81 ff.; *Binder/Ehlgen,* Anfängerklausur – Zivilrecht, JuS 2011, 426 ff; *Brox,* Die Anfechtung bei der Stellvertretung, JA 1980, 449 ff.; *Einsele,* Inhalt, Schranken und Bedeutung des Offenkundigkeitsprinzips, JZ 1990, 1005 ff.; *Giesen/Hegermann,* Die Stellvertretung, Jura 1991, 357 ff.; *Joussen,* Abgabe und Zugang von Willenserklärungen unter Einschaltung einer Hilfsperson, Jura 2003, 577 ff.; *Knoche,* Die Vollmacht und ihr Verhältnis zu den Rechtsbeziehungen zwischen Vollmachtgeber und Vertreter, JA

1991, 281 ff.; *S. Lorenz*, Grundwissen – Zivilrecht: Stellvertretung, JuS 2010, 382 ff.; *ders.* Grundwissen – Zivilrecht: Die Vollmacht, JuS 2010, 771 ff.; *K. Müller*, Das Geschäft für den, den es angeht, JZ 1982, 777 ff.; *Mock*, Grundfälle zum Stellvertretungsrecht, JuS 2008, 309 ff., 391 ff., 486 ff.; *Pawlowski*, Die gewillkürte Stellvertretung, JZ 1996, 125 ff.; *Petersen*, Bestand und Umfang der Vertretungsmacht, Jura 2003, 310 ff.; *Rösler*, Formbedürftigkeit der Vollmacht, NJW 1999, 1150 ff.; *K. Schmidt*, Offene Stellvertretung, JuS 1987, 425 ff.; *Seif*, Die postmortale Vollmacht, AcP 200 (2000), 192 ff.; *Vogel*, Formvorschriften oder Einschränkungen der Vertretungsmacht?, JuS 1996, 964 ff.; *Weber*, Das Handeln unter fremdem Namen, JA 1996, 426 ff.

Voraussetzungen der Stellvertretung (§ 164 Abs. 1)

1. Zulässigkeit der Stellvertretung
2. Abgabe eigener WE des Vertreters (Abgrenzung zur Botenschaft)
3. Offenkundigkeit der Vertretung
4. Vertretungsmacht für das vorgenommene RG (Vollmacht oder gesetzliche/organschaftliche Vertretungsmacht)

I. Zulässigkeit der Stellvertretung

Die Stellvertretung ist grundsätzlich für die Abgabe und den Zu- 1
gang von Willenserklärungen jeder Art zulässig, § 164 Abs. 1, 3. Dies gilt sowohl für einseitige Willenserklärungen als auch für solche, die auf einen Vertragsschluss gerichtet sind. Auf rechtsgeschäftsähnliche Handlungen, z. B. Mahnung und Fristsetzung, sind die Vorschriften entsprechend anwendbar. Die Stellvertretung ist jedoch aufgrund besonderer Vorschriften – vor allem des Familien- und Erbrechts – bei der Vornahme von **höchstpersönlichen** Rechtsgeschäften ausgeschlossen. Hierher gehören beispielsweise die Eheschließung (§ 1311), die Testamentserrichtung (§ 2064) und der Erbvertrag (§ 2274). Die Stellvertretung kann auch vertraglich abbedungen werden, sogenannte gewillkürte Höchstpersönlichkeit.

II. Eigene Willenserklärung des Vertreters

Der Vertreter muss eine eigene Willenserklärung abgeben. Insoweit 2
unterscheidet sich der Stellvertreter vom **Boten**, der lediglich eine fremde Erklärung übermittelt. Entscheidend für die Abgrenzung

zwischen Boten und Stellvertreter ist das **äußere Auftreten** der Hilfsperson gegenüber dem Erklärungsempfänger. Überbringt die Hilfsperson aus der (objektiven) Sicht des Erklärungsempfängers eine inhaltlich festgelegte fremde Erklärung, liegt Botenschaft vor. Lässt das äußere Auftreten aufgrund einer selbständig formulierten Erklärung auf eine gewisse Entscheidungsfreiheit des Handelnden schließen, so ist von Stellvertretung auszugehen. Dies gilt auch dann, wenn dem Vertreter die Einzelheiten der abzugebenden Erklärung durch den Geschäftsherrn genau vorgegeben waren.

> **Beispiel:** U bittet seine Sekretärin S, beim Großhändler 1.000 Bohrer der Marke X/Größe 4 zu bestellen. S ist Erklärungsbotin, wenn sie die Bestellung einfach so an G weitergibt. Erkundigt sich S jedoch am Telefon vor der Bestellung, ob die Bohrer der Marke X oder Y bei gleichem Härtegrad preislich günstiger sind, kann für G der Eindruck entstehen, als habe S einen eigenen Entscheidungsspielraum für die Bestellung. Dann tritt sie als Stellvertreterin auf – allerdings ohne Vertretungsmacht, denn U wollte sie nur als Botin einsetzen.

3   Die Differenzierung zwischen Bote und Stellvertreter hat verschiedene Auswirkungen. Während der Vertreter wenigstens beschränkt geschäftsfähig sein muss (§ 165), kann auch ein Geschäftsunfähiger, z. B. ein 6-jähriges Kind, als Bote eine fremde Willenserklärung übermitteln. Nur bei der Botenschaft kann der Geschäftsherr im Fall unbewusster Falschübermittlung durch den Erklärungsboten die Erklärung nach § 120 anfechten. Im Übrigen kommt es für einen Anfechtungsgrund nach § 119 auf die Person des Geschäftsherrn an, d. h. ob ihm ein Irrtum unterlaufen ist. Im Fall der Stellvertretung ist für die Anfechtung entscheidend, ob sich der Vertreter – er gibt eine eigene Erklärung ab – geirrt hat, § 166 Abs. 1. Insgesamt muss für die Frage der Kenntnis oder des Kennenmüssens bestimmter Tatsachen und Umstände bei der Botenschaft **auf den Geschäftsherrn** und bei der Stellvertretung **auf den Vertreter** abgestellt werden. Unterschiede zeigen sich auch beim Zugang einer Willenserklärung. Die gegenüber einem Vertreter abgegebene Erklärung geht sofort zu, wenn sie in den Machtbereich des Vertreters gelangt und mit *seiner* Kenntnisnahme zu rechnen ist, bei mündlichen Erklärungen mit ihrer Vernehmung. Wird ein Empfangsbote zwischengeschaltet, kommt es auf die Möglichkeit zumutbarer Kenntnisnahme durch den Geschäftsherrn an (§ 17 Rn. 53).

4   Tritt der Bote nach dem äußeren Erscheinungsbild **weisungswidrig** als Stellvertreter auf oder umgekehrt, so ist dies unerheblich, solange

das Handeln von den internen Weisungen des Geschäftsherrn gedeckt ist. Bestellt die S also im Beispiel Rn. 2 im Ergebnis tatsächlich die von U gewünschten Bohrer, kommt ein entsprechender Vertrag zwischen G und U zustande. Wenn ein Bote – bewusst oder unbewusst – nach außen als Vertreter auftritt und seine Botenmacht überschreitet, gelten die Regeln über die Vertretung ohne Vertretungsmacht, §§ 177 ff. (§ 32 Rn. 1 ff.). Geriert sich der Vertreter als Bote unter Überschreitung seiner Vertretungsmacht, wendet man §§ 177 ff. analog an. § 120 greift in diesem Fall nicht ein, da diese Vorschrift die Einschaltung des Boten auf Veranlassung des Geschäftsherrn sowie eine unbewusste Falschübermittlung voraussetzt (§ 25 Rn. 53 ff.). § 120 ist somit nur anwendbar, wenn der Vertreter als Bote auftritt und *unbewusst* eine falsche – von der Vertretungsmacht nicht gedeckte – Erklärung abgibt.[1]

III. Offenkundigkeit

1. Offenkundigkeitsprinzip

Eine wirksame Stellvertretung setzt voraus, dass der Vertreter die **5** Erklärung **im fremden Namen** abgibt, § 164 Abs. 1. Er muss für den Geschäftspartner erkennbar zum Ausdruck bringen, dass er für einen anderen handelt, d. h. dass die Rechtsfolgen des Geschäfts nicht ihn, sondern den Vertretenen treffen sollen. Das Handeln des Vertreters mit Wirkung für und gegen den Vertretenen muss also offenkundig sein (sog. Offenkundigkeitsprinzip). Die Erklärung, im fremden Namen zu handeln, kann ausdrücklich erfolgen, es genügt aber, wenn sich die Fremdbezogenheit des Geschäfts **aus den Umständen** ergibt, § 164 Abs. 1 S. 2. Dies ist etwa bei den sogenannten **unternehmensbezogenen Geschäften** anzunehmen, die nach dem Willen der Beteiligten im Zweifel für und gegen den Inhaber des Unternehmens wirken sollen.

Beispiel: Wer im Supermarkt einkauft, weiß, dass die Kassiererin in der Regel nicht Inhaber/in des Geschäftes und damit Vertragspartnerin ist, sondern als Vertreterin handelt. Ausdrücklicher Offenkundigkeit beim Vertragsschluss an der Kasse bedarf es daher nicht und der Kunde erwartet sie auch nicht.

Ist für den Geschäftspartner nicht erkennbar, dass der Vertreter für **6** einen anderen handeln will, wird der Vertreter selbst aus dem Ge-

---

1 Einzelheiten bei *Fezer*, Klausurenkurs zum BGB, Allgemeiner Teil, Fall 28, S. 282.

schäft berechtigt und verpflichtet. Es liegt ein Eigengeschäft des Vertreters vor. Er kann seine Willenserklärung auch nicht mit der Begründung anfechten, er habe die Erklärung für einen anderen abgeben wollen, § 164 Abs. 2. Diese Regelung dient dem Interesse des Erklärungsempfängers, der regelmäßig wissen möchte, wer sein Vertragspartner ist. Grundsätzlich ist es auch möglich, dass eine Person gleichzeitig in eigenem Namen und in fremdem Namen handelt – etwa wenn ein Mietvertrag für zwei Mieter abgeschlossen werden soll.[2] Die Offenkundigkeit muss aber auch dann für den Vertretungsteil des Geschäftes gewahrt sein.

2. Ausnahmen

7   Das Offenkundigkeitsprinzip kann im Einzelfall durchbrochen werden, wenn der Geschäftspartner an der Person des Erklärenden kein schutzwürdiges Interesse hat. Eine Ausnahme vom Offenkundigkeitsprinzip ist das **verdeckte Geschäft für den, den es angeht.** Der Erklärende möchte zwar für den Vertretenen handeln, macht dies aber nicht deutlich. Dem Geschäftsgegner ist die Person des Kontrahenten gleichgültig. Das ist vor allem beim dinglichen Rechtserwerb bei Bargeschäften des täglichen Lebens anzunehmen und einfachen Kaufverträgen, bei denen die Person des Käufers für den Verkäufer keine Rolle spielt. Das Geschäft kommt in diesem Fall auch ohne die Aufdeckung der Vertreterstellung unmittelbar mit dem Vertretenen zustande.

Beispiel: Studentin S bittet ihren Freund F, ihr eine Brezel vom Bäcker mitzubringen und gibt F das Geld dafür. F verlangt beim Bäcker B – ohne den Namen der S zu nennen – eine Brezel, bekommt diese und bezahlt. Der Kaufvertrag kommt zwischen B und S zustande. S selbst hat zwar keine Willenserklärung abgegeben, jedoch hat F bewusst als Vertreter für S gehandelt. Die fehlende Offenkundigkeit ist hier unschädlich, da ein „Geschäft für den, den es angeht" vorliegt. B war es letztlich gleichgültig, wer sein Vertragspartner wird, solange er sofort die Gegenleistung erhält.[3] Die dingliche Einigung nach § 929 S. 1 erfolgt ebenfalls zwischen B und S, vertreten durch F. Dem Verkäufer ist es bei Bargeschäften regelmäßig gleichgültig, wer das Eigentum an der Kaufsache erwirbt. Die Übergabe der Brezel an die S bestimmt sich

---

2 Vgl. *BGH* NJW 2009, 3506: Vater schließt Mietvertrag im Studentenwohnheim in eigenem Namen und „i.A.". für seinen Sohn.

3 Die Anwendung der Grundsätze des Geschäfts für den, den es angeht auf das schuldrechtliche Verpflichtungsgeschäft ist streitig, vgl. MünchKomm/*Schramm,* § 164 Rn. 47 ff.; *Medicus/Petersen,* Bürgerliches Recht, Rn. 90.

nicht nach §§ 164 ff., sondern nach § 868 (S erwirbt den mittelbaren Besitz, s. oben § 29 Rn. 9).

Von dieser Fallgruppe ist das **offene** Geschäft für den, den es an- 8 geht zu unterscheiden. Hier tritt der Handelnde erkennbar für einen anderen auf, deckt jedoch dessen Identität nicht auf.

Beispiel: Kunstsammler K möchte seine Sammlung um ein teures Werk des bekannten Malers Sigmar Polke ergänzen, legt aber Wert darauf, in der Öffentlichkeit und den einschlägigen Kreisen nicht als Eigentümer bekannt zu werden. Er bittet deshalb den S, ein entsprechendes Gemälde in der Galerie des G zu erwerben, ohne seinen Namen zu nennen. S tritt daraufhin abredegemäß im Namen eines „unbekannt bleiben wollenden Kunstfreundes" auf.

In diesem Fall bleibt es dem Geschäftspartner natürlich unbenommen, den Abschluss des Vertrages zu verweigern. Hat der Geschäftspartner an der Person des Vertretenen kein Interesse und wird der Vertrag daher geschlossen, handelt der Vertreter für den „unbekannten Geschäftsherrn".[4] Soweit der Vertrag problemlos abgewickelt wird, muss die Identität des Vertretenen auch später nicht offengelegt werden.[5] Der Geschäftspartner kann jedoch unter bestimmten Voraussetzungen ein berechtigtes Interesse an der Offenlegung haben – etwa wenn er sich im obigen Beispiel darauf eingelassen hat, das Gemälde nur gegen eine Anzahlung zu übereignen und der Kaufpreis nicht vollständig bezahlt wird. Nennt der Vertreter trotz Aufforderung des Geschäftspartners, der seinen Zahlungsanspruch gegen den „Hintermann" geltend machen möchte, den Namen des Vertretenen nicht, so haftet er selbst nach § 179 analog (Einzelheiten unten § 32 Rn. 1 ff.).[6]

3. Handeln unter fremdem Namen

Schrifttum: *Larenz*, Verpflichtungsgeschäfte „unter" fremdem Namen, FS H. Lehmann, 1956, S. 234 ff.; *Puppe*, Namenstäuschung und Identitätstäuschung, JuS 1987, 275 ff.; *Weber*, Das Handeln unter fremdem Namen, JA 1996, 426 ff.

Beispiele: Um unerkannt mit seiner Freundin ein schönes Wochenende zu 9 verbringen, mietet M unter dem Namen „Schönfelder" ein Zimmer im Hotel des H.

---

4 Soergel/*Leptien*, vor § 164 Rn. 26.
5 *BGH* JZ 1959, 441, 442.
6 BGHZ 129, 136, 149 f.

Sohn S (19 J.) bestellt am PC seines Vaters im Internet bei einem Anbieter A Bücher, gibt sich dabei als sein Vater V aus und verwendet auch dessen Passwort, das ihn bei dem Anbieter A als V identifiziert.

Vom Handeln im eigenen Namen ist das Handeln unter fremdem Namen zu unterscheiden. Hier verwendet der Erklärende einen **fremden Namen als eigenen,** er gibt sich als eine andere Person aus. Anders als bei der Stellvertretung („Handeln in fremdem Namen") wird dem Vertragspartner also nicht deutlich, dass er es mit zwei Personen (Vertreter-Vertretener) zu tun hat. In diesen Fällen ist fraglich, ob die Erklärung für denjenigen wirkt, der sie tatsächlich abgegeben hat oder für den echten Namensträger. Die Lösung hängt davon ab, ob bei dem konkreten Geschäft der Name als solcher oder die handelnde Person im Vordergrund steht. In Hinblick darauf, dass das Offenkundigkeitsprinzip dem Schutz des Erklärungsgegners dient, kommt es entscheidend darauf an, wie er das Verhalten verstehen durfte und wie groß sein Interesse ist, nur mit einer bestimmten Person Rechtsgeschäfte zu schließen.

Kommt es dem Geschäftspartner auf die Person des wirklich Handelnden an, mit dem er verhandelt, so liegt ein Fall der bloßen **Namenstäuschung** vor. Der Name hat dann für den Erklärungsgegner keine Bedeutung und führt bei ihm nicht zu falschen Identitätsvorstellungen. Das Geschäft kommt dann mit dem Handelnden zustande. Dies ist bei bestimmten Rechtsgeschäften anzunehmen, z.B. Bargeschäfte, Mietvertrag im Hotel, oder beim Auftreten des Handelnden unter einem Allerwelts- oder Phantasienamen, z.B. Müller, Tarzan oder Spiderman. Gleiches gilt bei der Teilnahme an einem Preisausschreiben unter fremdem Namen.

Will der Geschäftspartner hingegen gerade mit dem Namensträger den Vertrag abschließen, etwa weil er diesen als zahlungskräftigen Zeitgenossen kennt oder andere Umstände für einen Vertragsschluss gerade mit dieser Person sprechen, liegt eine Identitätstäuschung vor. Das Geschäft kommt nicht mit dem Handelnden persönlich, mangels Vertretungsmacht aber zunächst auch nicht mit dem Namensträger zustande. Die Vorschriften über die Stellvertretung, §§ 164 ff., insbesondere §§ 177 ff., gelten entsprechend.[7] Der wahre Namensträger hat die Möglichkeit, das Geschäft nachträglich zu genehmigen und somit an sich zu ziehen. Dann ist er aus dem Geschäft berechtigt und verpflichtet. Verweigert er die Genehmigung, haftet der unter fremdem

---

7 *BGH* BeckRS 2011, 14449 Rn. 12.

Namen Handelnde wie ein Vertreter ohne Vertretungsmacht analog § 179 (unten § 32 Rn. 1 ff.).

Im **Beispiel Rn.** 9 kommt ein Mietvertrag zwischen M und H zustande. H will mit der Person den Vertag schließen, die vor ihm steht. Der wirkliche Name interessiert H nicht.

In den Fällen, in denen jemand unter fremdem Namen auftritt und dabei die Kommunikationseinrichtung desjenigen verwendet, dessen Namen er auch missbraucht (PC, Telefon, Mobiltelefon, Faxgerät etc.), wird die Person des Handelnden für den Vertragspartner meist von Bedeutung sein, da regelmäßig gerade kein Bargeschäft vorliegt. Es ist daher nach §§ 164 ff. analog zunächst zu überlegen, ob in der Überlassung der Einrichtung zur Nutzung eine konkludente Vollmacht liegt (eher selten).[8] Überdies können die Grundsätze der Anscheins- oder Duldungsvollmacht eingreifen, wenn Pass- oder Kennwörter an Dritte weitergegeben werden.[9] An einem Duldungstatbestand fehlt es aber, wenn die Zugangsdaten vom Inhaber nicht freiwillig offengelegt werden und er von der Nutzung auch keine Kenntnis hat.[10] Bei einmaligem Auftreten unter fremdem Namen kann auch auf die Anscheinsvollmacht nicht zurückgegriffen werden, da sie in der Regel ein Auftreten als Vertreter von gewisser Dauer und Häufigkeit verlangt (s. § 30 Rn. 4).[11] Nach § 16 Abs. 3 S. 3 TKV i. V. m. § 45i Abs. 4 S. 1 TKG haftet der Anschlussinhaber aber für das vertragliche Entgelt der Kommunikationsleistung (z. B. Telefondienst), wenn er die missbräuchliche Nutzung zu vertreten hat.[12]

Beispiele: (1) Der vermögenslose Axel Müller (A) möchte sich ein Fahrrad kaufen, hat jedoch kein Geld, sich diesen Wunsch zu erfüllen. Er kommt auf die Idee, sich als sein Bruder Bert Müller (B), ein wohlhabender und stadtbekannter Jungunternehmer, auszugeben. Im Geschäft des Händlers H kauft A unter dem Namen des B auf Kredit ein teures Rennrad. Hier liegt eine Identitätstäuschung vor. H kam es bei unbefangener Betrachtung entscheidend darauf an, mit dem zahlungskräftigen B den Vertrag zu schließen, insbesondere

---

8 *Deister*, NJW 2008, 2145.
9 *BGH* BeckRS 2011, 14449: Es genügt für eine Zurechnung hingegen nicht, wenn der Kontoinhaber (z. B. passwortgeschütztes ebay-Mitgliedskonto) nur seine Zugangsdaten nicht hinreichend geschützt hat. Eine zwischen ebay und dem Mitglied vereinbarte AGB-Klausel, welche dem Mitglied die Haftung für alle Aktivitäten des Kontos auferlegt, entfaltet nur im Verhältnis zum Betreiber der Plattform Wirkung, kann aber nicht als Regelung zugunsten potentieller Auktionsteilnehmer angesehen werden, s. Rn. 21).
10 *BGH* aaO (Fn. 8) Rn. 15.
11 *BGH* aaO (Fn. 8) Rn. 18.
12 Einzelheiten hierzu *BGH* NJW 2006, 1971; *Deister*, NJW 2008, 2145; *Lobinger*, JZ 2006, 1073.

hätte er dem vermögenslosen A das Fahrrad nur gegen Barzahlung überlassen. Es gelten die §§ 177 ff. analog. B kann das Geschäft genehmigen, dann muss er den Kaufpreis bezahlen. Andernfalls haftet A analog § 179 nach Wahl des H auf Erfüllung oder Schadensersatz.

(2) Der 16-jährige M bestellt im Internet unter dem Namen seines Vaters V eine CD. Dabei gibt er im „elektronischen Bestellformular" auch das Geburtsdatum des V ein. V erkennt die Täuschung durch M nicht. Hier spricht aus der Sicht des Internetanbieters alles dafür, dass er nur mit Volljährigen Verträge schließen möchte (Eingabeaufforderung zur Altersangabe bei Bestellung!). Auch wenn ihm sonst grundsätzlich die Identität des Kunden gleichgültig sein mag, mit M möchte er keinen Vertrag. Es gelten also auch hier wegen Handelns „unter fremdem Namen" §§ 164 ff. analog.

IV. Vertretungsmacht

Schrifttum: *Kleinhenz,* Der Widerruf der Vollmacht gegenüber beschränkt Geschäftsfähigen, Jura 2007, 810 ff.; *Merkt,* Die dogmatische Zuordnung der Duldungsvollmacht zwischen Rechtsgeschäft und Rechtsscheintatbestand, AcP 204 (2004), 638 ff.; *Petersen,* Die Anfechtung der ausgeübten Innenvollmacht, AcP 201 (2001), 375 ff.; *ders.,* Bestand und Umfang der Vertretungsmacht, Jura 2003, 310 ff.; *Schwarze,* Die Anfechtung der ausgeübten (Innen-) Vollmacht, JZ 2004, 588 ff.; *Zagouras,* Eltern haften für ihre Kinder – R-Gespräche zwischen Anscheinsvollmacht, Widerruf und Wucher, NJW 2006, 2368 ff. S. auch zur Anscheins- und Dulddungsvollmacht die Literatur vor Rn. 41.

10   Die Wirkungen der Stellvertretung gemäß § 164 treten nur ein, wenn der Vertreter mit Vertretungsmacht gehandelt hat. Sie kann dem Vertreter rechtsgeschäftlich erteilt werden oder auf Gesetz beruhen.

1. Rechtsgeschäftliche Vertretungsmacht

11   **a) Erteilung der Vollmacht. aa) Allgemeines.** Die rechtsgeschäftlich erteilte Vertretungsmacht heißt **Vollmacht** (§ 166 Abs. 2). Die Vollmacht berechtigt den Bevollmächtigten, Rechtsgeschäfte mit Wirkung für und gegen den Vertretenen abzuschließen. Sie wird durch einseitige, empfangsbedürftige Willenserklärung, die sogenannte Bevollmächtigung, erteilt. Eine Annahmeerklärung des Empfängers ist nicht erforderlich. Die Vollmacht kann als sog. **Innenvollmacht** gegenüber dem zu Bevollmächtigenden, also dem Vertreter, erklärt werden, § 167 Abs. 1, 1. Var. Dem Vertretenen steht es frei, den potentiellen Geschäftspartner oder sonstige Dritte von der bereits erteilten Vollmacht zu unterrichten (vgl. § 171 Abs. 1, sog. nach außen kund-

gegebene Innenvollmacht). Die Vollmachtserteilung kann aber auch von vornherein gegenüber dem Dritten, dem künftigen Geschäftspartner, erfolgen, § 167 Abs. 1, 2. Var. Hier spricht man von einer **Außenvollmacht.** Anerkannt ist außerdem die Erteilung der Vollmacht durch **öffentliche Bekanntmachung;**[13] sie ist ebenfalls Außenvollmacht und vom Fall des § 171 Abs. 1 zu unterscheiden, bei dem nur die Kundgabe über die schon erfolgte Bevollmächtigung in dieser Weise erfolgt.

bb) Form.

Fall 68: V beauftragt den Makler M mit dem Verkauf seines Grundstücks. 12
Da er mit der Durchführung des ganzen Geschäftes nichts zu tun haben möchte, erteilt er M schriftlich eine unwiderrufliche Vollmacht. M findet schon bald einen Käufer und schließt mit ihm im Namen des V einen notariellen Kaufvertrag ab. Als K die Auflassung und Eintragung im Grundbuch verlangt, weigert sich V, den Kaufvertrag zu erfüllen. Zu Recht? → Rn. 14.

Gemäß § 167 Abs. 2 bedarf die Vollmachtserteilung nicht der 13 Form, welche für das Rechtsgeschäft, zu dessen Vornahme der Vertreter bevollmächtigt wird, bestimmt ist. Die Vollmacht ist somit grundsätzlich **formlos** gültig. Sie kann somit auch konkludent erteilt werden. Eine stillschweigende Vollmachtserteilung ist beispielsweise in der Beauftragung zu sehen, soweit die zu erledigenden Aufgaben eine bestimmte Vollmacht erfordern (zur Unterscheidung von Grundgeschäft und Vollmacht unten Rn. 16).

Ausnahmen von der Formfreiheit ergeben sich aus gesetzlichen Sondervorschriften, z. B. §§ 1945 Abs. 2, 1484 Abs. 2; § 2 Abs. 2 GmbHG, wonach die Vollmacht formbedürftig ist. In anderen Fällen muss die Vollmacht in einer bestimmten Form nachgewiesen werden, z. B. die Prozessvollmacht nach § 80 ZPO oder eine Vollmacht im Zusammenhang mit einer Grundbucheintragung gemäß § 29 GBO, sie ist aber selbst formlos wirksam.

Der Grundsatz des § 167 Abs. 2 wird durchbrochen, wenn die formfreie Erteilung der Vollmacht für ein seinerseits formpflichtiges Vertretergeschäft zu einer **Umgehung des Formzwecks** führen würde. Dies ist insbesondere anzunehmen, wenn sich der Vollmachtgeber durch die Bevollmächtigung bereits endgültig rechtlich oder tatsächlich bindet, wie bei der **unwiderruflichen Vollmacht.** Eine tatsächliche Bindung tritt beispielsweise ein, wenn der Vollmachtge-

---

13 *Brox/Walker*, Allgemeiner Teil des BGB, Rn. 542.

ber bei Scheitern des Geschäftes erhebliche wirtschaftliche Nachteile erleiden würde. In diesen Fällen gebietet es der Zweck der Formvorschrift, vor allem soweit sie Warnfunktion hat, die Wirksamkeit der Vollmachterteilung ebenfalls an die Form des Vertretergeschäfts zu knüpfen und § 167 Abs. 2 insoweit teleologisch zu reduzieren. Somit bedarf etwa die unwiderrufliche Vollmacht zum Erwerb oder Verkauf eines Grundstücks der Form des § 311b Abs. 1 S. 1,[14] die unwiderrufliche Vollmacht zur Erteilung einer Bürgschaftserklärung der Form des § 766 S. 1.[15] Bei Formnichtigkeit der Bevollmächtigung gelten §§ 177 ff. (s. dazu § 32 Rn. 1 ff.).

14 **Lösungsskizze Fall 68 (Rn. 12):**
I. V → K auf Auflassung und Eintragung aus § 433 Abs. 1 S. 1
Voraussetzung: wirksamer Kaufvertrag zwischen V und K
1. WE des K (+)
2. WE des V: V hat keine eigene WE abgegeben, wurde aber möglicherweise von M gemäß §§ 164 ff. wirksam vertreten, so dass ihn die Folgen der Erklärung des M treffen
  a) Zulässigkeit der Stellvertretung (+), kein höchstpersönliches Geschäft
  b) eigene WE des M (+), M handelt mit Entscheidungsspielraum
  c) im Namen des V (+), ausdrücklich
  d) Vertretungsmacht
    aa) Vollmacht in Form der Innenvollmacht § 167 Abs. 1, 1. Var.: V hat M schriftlich bevollmächtigt, das Grundstück für ihn zu veräußern
    bb) Formpflicht: grundsätzlich gilt § 167 Abs. 2, d. h. die Bevollmächtigung ist formfrei möglich, aber aus dem Zweck der für das Vertretergeschäft geltenden Formvorschrift (hier § 311b Abs. 1 S. 1, Grundstückskaufvertrag) folgt, dass eine unwiderruflich erteilte Vollmacht wegen der rechtlichen Bindungswirkung für den Bevollmächtigenden ebenfalls der Form des Rechtsgeschäfts bedarf. Die schriftliche Erklärung des V genügt daher nicht; es hätte der notariellen Beurkundung der Vollmacht bedurft. Sie ist somit unwirksam.
II. **Ergebnis:** Ein wirksamer Kaufvertrag liegt nicht vor, so dass kein Anspruch aus § 433 Abs. 1 S. 1 besteht.

14 BGHZ 89, 41, 47.
15 BGHZ 132, 119, 124 f.

cc) Vollmacht und Grundverhältnis.

Fall 69: Der V beauftragt den 17-jährigen „PC-Fachmann" M, ihm einen 15
Computer zu kaufen. Die Eltern des M sind damit überhaupt nicht einverstanden, da sie fürchten, M könnte sich irgendwie haftbar machen. M erwirbt dennoch im Namen des V einen Computer. Ist ein wirksamer Kaufvertrag zustande gekommen? (ohne Lösungsskizze)

Die Vollmacht, deren Inhalt sich darin erschöpft, einem anderen 16
die Rechtsmacht zur Vornahme eines bestimmten Rechtsgeschäfts
mit Wirkung für und gegen den Vertretenen abzuschließen, ist von
dem ihr zugrunde liegenden Rechtsgeschäft (Grundverhältnis) zwischen dem Vertreter und dem Vertretenen zu unterscheiden. Aus
dem Grundverhältnis ergeben sich die Rechte und Pflichten **im Innenverhältnis** für Vertreter und Vertretenen. Als solche kommen
beispielsweise ein Auftrag (§ 662), ein Geschäftsbesorgungsvertrag
(§ 675) oder ein Dienstvertrag (§ 611) in Betracht. Für Bevollmächtigung und Grundverhältnis gelten grundsätzlich das Trennungs- und
das Abstraktionsprinzip wie für das Verhältnis von Verpflichtungs-
und Verfügungsgeschäft. Die Bevollmächtigung ist daher ein **selbständiges Rechtsgeschäft,** das grundsätzlich vom Grundverhältnis
abstrakt, d. h. unabhängig, ist. Die wirksam erteilte Vollmacht bleibt
danach auch dann bestehen, wenn das zugrunde liegende Rechtsgeschäft nichtig ist.[16] In diesem Fall spricht man von einer **isolierten
Vollmacht.** Nur ausnahmsweise können Bevollmächtigung und
Grundverhältnis zu einem einheitlichen Geschäft im Sinne des § 139
verbunden sein mit der Folge, dass bei Nichtigkeit des Grundverhältnisses auch die Vollmacht erfasst wird (§ 27 Rn. 3 ff.).[17] Zum Schutz
des Geschäftspartners, für den grundsätzlich nur das Außenverhältnis
zwischen ihm und dem Vertretenen maßgeblich ist, muss insoweit
Zurückhaltung geübt werden.

Die Vollmacht steht aber nicht völlig losgelöst neben dem Grundverhältnis. Zum einen muss gegebenenfalls ihr **Umfang** anhand des
Grundgeschäfts ermittelt werden (Rn. 22 ff.), zum anderen durchbricht das Gesetz die Abstraktion für das **Erlöschen** der Vollmacht
(Rn. 29).

---

16 Etwas anderes gilt, wenn Fehleridentität vorliegt, etwa die Verbotsnorm, die zur
Nichtigkeit des Grundgeschäfts führt, sich nach Sinn und Zweck auch gegen die Vollmacht selbst richtet. Dies wurde etwa bei Verstößen gegen das Rechtsberatungsgesetz
(heute Rechtsdienstleistungsgesetz) angenommen, s. *BGH* NJW-RR 2007, 1202;
NJW 2006, 987; 2006, 1952; 2006, 2118.
17 *BGH* ZIP 2007, 16.

17   **Lösung Fall 69 (Rn. 15):** V hat den M zunächst wirksam bevollmächtigt (einer Annahme durch M bedarf es nicht, die Vollmachterteilung ist ein einseitiges Rechtsgeschäft!), insbesondere kann ein Minderjähriger auch Vertreter sein, § 165. Dies folgt aus dem Gedanken, dass der Stellvertreter aus dem Vertretergeschäft selbst nicht unmittelbar verpflichtet wird, es ist für ihn ein rechtlich neutraler Vorgang. Das der Bevollmächtigung zugrunde liegende Rechtsgeschäft – ein Auftrag gemäß § 662 – ist hingegen unwirksam, da es sich insoweit um ein mehrseitiges Rechtsgeschäft handelt, dessen Zustandekommen eine Willenserklärung des M erfordert. Es ist für M nicht lediglich rechtlich vorteilhaft, da er als Beauftragter zur Durchführung des Auftrags verpflichtet ist und diversen Nebenpflichten (Auskunft, Rechnungslegung, Herausgabe des Erlangten) unterliegt; vgl. §§ 662 ff. Die Eltern des M als gesetzliche Vertreter haben nicht zugestimmt, §§ 107 f. In Hinblick darauf, dass die Vollmacht gegenüber dem Grundgeschäft abstrakt ist, hat die Unwirksamkeit des Grundverhältnisses aber keine Auswirkungen auf die Vollmacht. Ein einheitliches Geschäft im Sinne des § 139 kann mangels Anhaltspunkten nicht angenommen werden. Somit hat M mit wirksamer – isolierter – Vollmacht den Kaufvertrag mit Wirkung für und gegen V abgeschlossen.

18   **Merke:** Es ist zwischen den verschiedenen Ebenen der Rechtsbeziehung Stellvertreter-Vertretener zu differenzieren. Die Vollmacht wird im Hinblick auf das Außenverhältnis zwischen dem Vertretenen und dem Geschäftspartner erteilt, sie berechtigt den Vertreter zur Vornahme des Rechtsgeschäfts mit Wirkung für und gegen den Vertretenen. Davon zu unterscheiden ist das Innenverhältnis zwischen Stellvertreter und Vertretenem. Hier liegt der Bevollmächtigung regelmäßig eine vertragliche Beziehung zugrunde. Die Vollmacht ist von diesem Grundverhältnis abstrakt.

b) Umfang der Vollmacht.

19   **Fall 70:** V bittet den F, seinen Gebrauchtwagen zu verkaufen. F findet schon bald einen Käufer und veräußert das Fahrzeug im Namen des V zu einem Preis von € 4.000 an den K.
a) Ist V zur Übereignung des Wagens verpflichtet, wenn er den F ausdrücklich aufgefordert hatte, möglichst einen Preis von wenigstens € 4.500,– zu erzielen?
b) Wie ist die Rechtslage, wenn V zu F gesagt hat, er dürfe den Wagen keinesfalls unter € 4.500,– verkaufen? (ohne Lösungsskizze)

20   **aa) Arten der Vollmacht.** Nach dem Umfang der Vollmacht unterscheidet man zwischen der **Spezial-, Gattungs- und Generalvollmacht.** Die Spezialvollmacht betrifft die Vornahme eines bestimmten, einzelnen Geschäftes. Die Gattungsvollmacht gilt für eine bestimmte Art von Rechtsgeschäften, z. B. wiederkehrende Geschäfte (Bankge-

schäfte) oder Geschäfte innerhalb eines bestimmten Tätigkeitsbereichs (Verwalter, Architekt). Die Generalvollmacht berechtigt zur Vornahme aller Rechtsgeschäfte, bei denen eine Vertretung zulässig ist.

bb) Gesetzliche Bestimmungen. In bestimmten Fällen hat der Ge- **21** setzgeber den Umfang der Vollmacht im Interesse des Rechtsverkehrs festgelegt. Der Prokurist ist beispielsweise nach § 49 HGB zu allen gerichtlichen und außergerichtlichen Geschäften und Rechtshandlungen befugt, die der Betrieb eines Handelsgewerbes mit sich bringt. Eine Beschränkung seiner Vertretungsmacht gegenüber Dritten ist unwirksam, § 50 HGB, während abweichende Vereinbarungen im Innenverhältnis selbstverständlich möglich sind. Diese haben bei Verstoß gegen diese Abrede lediglich eine Schadensersatzpflicht des gegen die Anweisung handelnden Prokuristen wegen Verletzung der Vertragspflichten zur Folge. Der Umfang der Vollmacht ist außerdem bei der Handlungsvollmacht gemäß §§ 54, 55 HGB sowie bei § 56 HGB geregelt. Letztere Vorschrift stellt zugunsten des Rechtsverkehrs die Vermutung[18] auf, dass Personen, die in Läden oder Warenlagern angestellt sind, auch zu Verkäufen und Empfangnahmen bevollmächtigt gelten.

cc) Auslegung. Den Umfang der Vollmacht bestimmt grundsätz- **22** lich der Vollmachtgeber. Bestehen Zweifel hinsichtlich ihres Umfangs, ist die **Bevollmächtigung** nach Treu und Glauben und unter Berücksichtigung der Verkehrssitte auszulegen, §§ 133, 157. Entscheidend ist dabei der objektive Empfängerhorizont. Bei einer Außenvollmacht kommt es somit darauf an, wie ein unbefangener Dritter in der Position des (künftigen) **Geschäftspartners** die Erklärung des Vollmachtgebers unter Einbeziehung sämtlicher – ihm bekannter – Umstände verstehen durfte. Bei der Innenvollmacht ist entsprechend auf die objektivierte Sicht des **Bevollmächtigten** abzustellen. Bei der Auslegung kann hier auch das Grundverhältnis, insbesondere sein Zweck, einbezogen werden.

Weisungen innerhalb des Grundverhältnisses können verschiedene **23** Auswirkungen auf den Umfang der Vollmacht haben. Zum einen

---

18 Die dogmatische Einordnung der Vorschrift ist überaus umstritten (vgl. ausführlich MünchKomm-HGB/*Krebs*, § 56 Rn. 3 ff.) was auf die Normanwendung keine großen Auswirkungen hat. Der BGH hat sich in NJW 1975, 2191 und NJW 1988, 2109 für eine unwiderlegbare Vermutung ausgesprochen. Die Wirkung der Vorschrift geht aber über die Vermutung eines bestimmten Umfangs der Vollmacht hinaus: In Fällen, in denen gar keine Vollmacht erteilt wurde, wird auch deren Bestehen vermutet. Greift § 56 HGB nicht, muss an die Rechtsfiguren der Anscheins- oder Duldungsvollmacht gedacht werden, s. u. Rn. 41 ff.

kann die Anweisung des Bevollmächtigenden an den Vertreter im Innenverhältnis, nur innerhalb eines bestimmten, vorgegebenen Rahmens tätig zu werden, z. B. einen Kaufvertrag nur zu einem bestimmten Höchstpreis abzuschließen, eine **Begrenzung der Vollmacht** selbst darstellen. Verstößt der Vertreter gegen die Vorgaben des Geschäftsherrn, ist sein Handeln nicht von der Vertretungsmacht gedeckt, er handelt als Vertreter **ohne Vertretungsmacht.** Durch das weisungswidrig abgeschlossene Geschäft wird der Vertretene weder berechtigt noch verpflichtet. Die Weisungen im Innenverhältnis können den Umfang der Vollmacht aber auch unberührt lassen. In diesem Fall reicht die Vollmacht im Außenverhältnis, das rechtliche Können, weiter als das aus dem Innenverhältnis folgende rechtliche Dürfen. Durch die Weisung wird der Vertreter **nur im Innenverhältnis** gegenüber dem Vertretenen verpflichtet, weisungsgemäß zu handeln, d. h. von der Vollmacht nur im bestimmten Umfang Gebrauch zu machen. Die Vollmacht selbst ist im Außenverhältnis unbegrenzt. Schließt der Vertreter weisungswidrig ein Geschäft ab, handelt er trotzdem nach außen mit Vertretungsmacht, das Geschäft wirkt für und gegen den Vertretenen. Er ist jedoch im Innenverhältnis gegenüber dem Vertretenen wegen Verletzung der Vertragspflichten schadensersatzpflichtig. Ob im Einzelfall durch die internen Weisungen die Vollmacht begrenzt werden soll oder ob lediglich bei unbeschränkter Vollmacht im Außenverhältnis eine schuldrechtliche Pflicht des Bevollmächtigten im Innenverhältnis begründet werden sollte, muss durch Auslegung ermittelt werden. Fraglich ist, wie die Bevollmächtigung verstanden werden durfte.

24   Im **Fall 70 Var. a** (Rn. 19) ist V zur Übereignung des Fahrzeuges verpflichtet, wenn zwischen ihm und K ein wirksamer Kaufvertrag geschlossen wurde, § 433 Abs. 1. V könnte hierbei durch F wirksam vertreten worden sein, § 164. Die Vertretung ist für dieses (nicht höchstpersönliche) Geschäft zulässig. F hat, da er mit Entscheidungsspielraum gehandelt hat, eine eigene WE im Namen des V abgegeben. Fraglich ist seine Vertretungsmacht. In Betracht kommt die Erteilung einer Vollmacht in Form der Innenvollmacht (die Bevollmächtigung wurde gegenüber F erklärt), § 167 Abs. 1, 1. Var. Problematisch ist, ob die Veräußerung des Wagens für € 4.000,– vom Umfang der Vollmacht erfasst wurde. Er bestimmt sich nach dem Inhalt der Bevollmächtigung, bei der Innenvollmacht kann außerdem das Grundverhältnis mitberücksichtigt werden. F hatte den Auftrag, das Fahrzeug zu verkaufen, er sollte jedoch *möglichst* einen Kaufpreis von € 4.500,– erzielen. Es ist davon auszugehen, dass die Vollmacht von dieser Vorgabe nicht berührt sein sollte. F musste sich lediglich bemühen, einen bestimmten Kaufpreis auszuhandeln. Zwingend war dies für V

nicht. Aufgrund der unbegrenzten Vollmacht wirkt die Erklärung des F für und gegen V, d. h. er ist aufgrund des Kaufvertrags verpflichtet, das Fahrzeug zu übereignen. V kann jedoch, wenn F seine Pflichten aus dem Auftragsverhältnis schuldhaft verletzt hat, Schadensersatz aus § 280 Abs. 1 verlangen. Dazu müsste er F nachweisen, dass er das Fahrzeug auch zu einem besseren Preis hätte veräußern können.

Im **Fall 70 Var. b** ist ebenfalls bei der Auslegung der Bevollmächtigung das Grundverhältnis zu berücksichtigen. F sollte den Wagen *nicht unter* € 4.500,– verkaufen. In diesem Fall ist aufgrund der strengen Anweisung anzunehmen, dass die Vollmacht insoweit begrenzt war und nur einen Verkauf des Wagens für mindestens € 4.500,– erfassen sollte. Der Verkauf für € 4.000,– war damit nicht von der Vollmacht gedeckt, F handelte ohne Vertretungsmacht. V wird aus diesem Geschäft weder berechtigt noch verpflichtet. Er ist somit nicht verpflichtet, das Fahrzeug zu übereignen.

c) **Untervollmacht.** Von einer Untervollmacht spricht man, wenn 25 der Stellvertreter seinerseits einen Vertreter einschaltet. Der Vertreter kann einem Dritten Untervollmacht erteilen, soweit er nach seiner eigenen Vertretungsmacht dazu befugt ist. Diese Befugnis wird – ohne ausdrückliche Regelung – regelmäßig anzunehmen sein, wenn der Vertretene kein erkennbares Interesse an der persönlichen Wahrnehmung der Vertretungsmacht durch den Bevollmächtigten hat. Der Hauptvertreter bevollmächtigt den Untervertreter **im Namen des Vertretenen.** Die wirksame Untervertretung setzt sowohl eine wirksame Vertretungsmacht des Hauptvertreters (Hauptvollmacht), als auch eine wirksame Untervollmacht voraus. Fehlt eine von beiden, handelt der Untervertreter als Vertreter ohne Vertretungsmacht (hierzu § 32 Rn. 10). Der Untervertreter muss im Namen des Vertretenen auftreten, dabei aber nicht notwendigerweise offen legen, dass er in Untervertretung handelt. Die Wirkungen des Rechtsgeschäfts treffen dann **unmittelbar den Vertretenen,** nicht den Hauptvertreter.

Beispiel: Der Architekt A beauftragt und bevollmächtigt seine Sekretärin S, Büromaterial zu besorgen. S erteilt daraufhin dem Auszubildenden L den Auftrag, die Sachen für A zu erwerben. Hier besitzt S eine von A erteilte Hauptvollmacht. Da keine Anhaltspunkte dafür bestehen, dass sie den Einkauf höchstpersönlich tätigen muss (z. B. besondere Sachkunde), konnte S ihrerseits dem L Untervollmacht einräumen (völlig unproblematisch wäre eine reine Botenschaft des L). Kauft L im Namen des A Büromaterial, kommt der Kaufvertrag unmittelbar mit Wirkung für und gegen A zustande. Entscheidend ist, dass der Untervertreter L zum Ausdruck bringt, dass er für den Vertretenen A handelt. Er muss nicht erwähnen, dass er selbst (nur) Untervertreter ist.

26   Daneben wird teilweise auch als Fall der Untervertretung anerkannt, wenn der Hauptvertreter den Untervertreter **im eigenen Namen** bevollmächtigt, für ihn tätig zu werden. Der Unterbevollmäch-
tigte handelt dann im Namen des Hauptvertreters, vertritt diesen
also in seiner Eigenschaft als Vertreter des Hauptvollmachtgebers
bzw. Geschäftsherrn, sog. „Vertreter des Vertreters". Die Rechtsfolgen des Handelns des Untervertreters treffen „gleichsam durch den
Hauptvertreter hindurch" den Geschäftsherrn.[19] Dann würden allerdings die Wirkungen des Geschäftes – ggf. für eine juristische Sekunde – zunächst den Hauptvertreter selbst treffen. Praktische Relevanz hat diese Konstruktion vor allem für den Fall der fehlenden
Hauptvollmacht. Mit der „Vertretung des Vertreters" entfällt für
den Untervertreter nach Ansicht des Bundesgerichtshofs nämlich
die Einstandspflicht nach § 179 für den Fall der fehlenden Hauptvollmacht. Er haftet nur, wenn die Untervollmacht nicht bestand.[20] Im
Übrigen müsste sich der Geschäftspartner an den Hauptvertreter
wenden. Zu Recht lehnt die Literatur die Anerkennung dieser unnötig komplizierten Konstruktion der Untervollmacht ab und belässt es
dabei, dass die Folgen des Geschäfts – soweit der Untervertreter im
Namen des Hauptvertreters handelt – allein und direkt in der Person
des Hauptvertreters eintreten.[21] Legt der Untervertreter seine Stellung (d. h. die Mehrstufigkeit) offen, so soll im Fall der fehlenden
Hauptvollmacht nur der Hauptvertreter nach § 179 haften, da der
Untervertreter bei fehlender Kenntnis von diesem Mangel selbst
schutzwürdig ist. Hat der Untervertreter, ohne das gestufte Vertre-
tungsverhältnis offen zu legen, im Namen des Geschäftsherrn gehandelt, so darf der Geschäftspartner sich auf eine – wie auch immer
konstruierte – wirksame Vertretung verlassen. Da der Hauptvertreter
selbst nicht auftritt, haftet nicht er, sondern der Untervertreter ggf.
auch für Mängel der Hauptvollmacht.[22] Hierzu auch unten § 32
Rn. 10.

27   **d) Erlöschen der Vollmacht.** Erlischt die Vollmacht, fehlt dem Bevollmächtigten die Vertretungsmacht. Handelt er dennoch, gelten die
Regeln über die Vertretung ohne Vertretungsmacht, §§ 177 ff. (§ 32

---

19 BGHZ 32, 250, 254.
20 BGHZ 32, 250, 254 f.; 68, 391, 394 ff.
21 *Larenz/Wolf,* § 47 Rn. 44 m. N.; ausführlich *Petersen,* Jura 1999, 401 ff.; *Medicus,*
    Rn. 951; MünchKomm/*Schramm,* § 167 Rn. 73 f.; *Brox/Walker,* Allgemeiner Teil des
    BGB, Rn. 548.
22 *Larenz/Wolf,* § 49 Rn. 29 ff. m. N.; *Bork,* Rn. 1619 ff. m. N.

Rn. 1 ff.). Das Erlöschen der Vollmacht richtet sich nach deren Inhalt oder nach gesetzlichen Vorschriften, insbesondere § 168.

aa) Erlöschen nach dem Inhalt der Vollmacht. Unter welchen 28 Voraussetzungen eine Vollmacht erlischt, ist in erster Linie ihrem Inhalt zu entnehmen. So kann sie beispielsweise unter einer auflösenden **Bedingung** (§ 158 Abs. 2) erteilt werden, (z. B. Bevollmächtigung bis zur Rückkehr aus dem Krankenhaus) oder zeitlich **befristet** (§ 163) sein (z. B. bis zum Ende des Jahres). Die Vollmacht verliert in diesen Fällen mit Eintritt der Bedingung bzw. mit Fristablauf ihre Wirkung. Wurde sie zu einem bestimmten Zweck erteilt, insbesondere im Fall einer Spezialvollmacht zur Vornahme eines ganz konkreten Rechtsgeschäftes, so erlischt sie, sobald dieser **Zweck erreicht** ist. Die Vollmacht endet dann mit Abschluss des bezweckten Geschäfts oder mit seinem endgültigen Scheitern. Im Fall 70 Var. a (Rn. 19) endet die Vollmacht mit dem wirksamen Abschluss eines Kaufvertrages über den Gebrauchtwagen des V.

bb) Erlöschen mit dem zugrunde liegenden Rechtsgeschäft. Ge- 29 mäß § 168 S. 1 bestimmt sich das Erlöschen der Vollmacht nach dem ihrer Erteilung zugrunde liegenden Rechtsverhältnis. Mit der **Beendigung dieses Grundverhältnisses** erlischt auch die Vollmacht. Der Abstraktionsgrundsatz (Rn. 16) wird insoweit vom Gesetz durchbrochen. Die Beendigung des Grundverhältnisses, z. B. des Auftrags, Geschäftsbesorgungsvertrages oder Dienstvertrages richtet sich nach den jeweiligen Vorschriften. Der Auftrag endet etwa gemäß § 671 durch Widerruf des Auftraggebers oder Kündigung des Beauftragten, ein Geschäftsbesorgungsvertrag durch Kündigung nach §§ 620 ff., 643, 649 und ein Dienstverhältnis nach §§ 620, 626 durch Zeitablauf oder Kündigung.

Die Abhängigkeit der Vollmacht vom zugrunde liegenden Rechtsverhältnis wird beim **Tod des Vollmachtgebers** oder des Bevollmächtigten besonders deutlich. Stirbt der Auftraggeber, erlischt der Auftrag im Zweifel nicht, § 672.[23] Die Vollmacht bleibt grundsätzlich bestehen; sie wird nach dem Tod **postmortale Vollmacht** genannt. Der Beauftragte handelt nunmehr mit Wirkung für und gegen die Erben, welche in vollem Umfang in die vermögensrechtliche Position des Verstorbenen eintreten (§ 1922). Sie können – wie der Erblasser zu Lebzeiten (sogleich Rn. 30) – den Auftrag (§ 671 Abs. 1) und/

---

23 Dies gilt auch bei Eintritt der Geschäftsunfähigkeit des Vollmachtgebers, § 672.

oder die Vollmacht (§ 168 S. 2) jederzeit widerrufen. Dagegen erlöschen Auftrag und Vollmacht mit dem **Tod des Beauftragten**,
§§ 673, 168 S. 1.

30   **cc) Widerruf der Vollmacht.** Die Vollmacht kann **jederzeit** – auch
bei fortbestehendem Grundverhältnis – widerrufen werden, § 168
S. 2. Der Widerruf erfolgt – wie die Bevollmächtigung – durch einseitige, empfangsbedürftige Willenserklärung gegenüber dem Bevollmächtigten oder dem Geschäftspartner, § 168 S. 3 i. V. m. § 167
Abs. 1. Dabei ist es unerheblich, wem gegenüber die Bevollmächtigung erklärt wurde, so dass eine erteilte Innenvollmacht auch gegenüber dem Geschäftspartner widerrufen werden kann und umgekehrt.
Der gute Glaube des Vertragspartners an die Vollmacht wird durch
§§ 170 ff. geschützt (dazu Rn. 33 ff.). Der Widerruf wirkt *ex nunc*.
Hat der Vertreter daher von der Vollmacht schon Gebrauch gemacht,
kann der Widerruf nicht nachträglich die Wirksamkeit des Geschäfts
beseitigen.

Der Widerruf der Vollmacht kann durch vertragliche Vereinbarung
ausgeschlossen werden, § 168 S. 2. Die Unwiderruflichkeit kann sich
auch aus dem Zweck der Vollmacht ergeben, z. B. wenn die Vollmachterteilung im Interesse des Bevollmächtigten liegt und überwiegende Interessen des Vollmachtgebers nicht entgegenstehen.[24] Auch
eine unwiderrufliche Vollmacht darf jederzeit **aus wichtigem Grund**
widerrufen werden. Das Widerrufsrecht kann bei der Generalvollmacht und der isolierten Vollmacht nicht ausgeschlossen werden.[25]

31   **dd) Anfechtung der Vollmachtserteilung.** Die Bevollmächtigung
ist Willenserklärung und somit gemäß §§ 119 ff. anfechtbar. Diese
Möglichkeit ist im konkreten Fall jeweils sorgfältig davon zu unterscheiden, ob auch (oder nur) die Willenserklärung, welche der Vertreter gegenüber dem Vertragspartner abgegeben hat, vom Vertretenen
(s. § 31 Rn. 2) angefochten werden kann. Für eine solche Anfechtung
der „Vertragserklärung" wird es jedoch häufig an einem Willensmangel *des Stellvertreters*, der nach § 166 Abs. 1 notwendig wäre, fehlen.
Dies ist vor allem dann gegeben, wenn dem Vertretenen nur bei der
Erteilung der Vollmacht ein Irrtum unterlief. Möchte V beispielsweise einen seiner beiden Wagen durch den Stellvertreter S verkaufen
lassen, so mag er sich bei Erteilung der Vollmacht vertun und den S

---

24 *BGH* NJW 1991, 439, 441 f.
25 BGHZ 110, 363, 367 zur isolierten Vollmacht.

bitten, den BMW zu verkaufen, obwohl er in Wirklichkeit seinen Porsche meint. Verkauft S daraufhin namens des V den BMW an den K, so ist diese Willenserklärung des S nicht anfechtbar, denn S hat sich bei Abgabe gegenüber K keineswegs geirrt. Er wollte absprachegemäß den BMW verkaufen. In Betracht kommt hier also nur eine **Anfechtung der Bevollmächtigung** des S durch V wegen Irrtums. Bis zur Vornahme des Vertretergeschäfts ist dies unproblematisch, da die Interessen des künftigen Geschäftspartners nicht berührt werden. Wegen der Möglichkeit des Widerrufs nach § 168 S. 2 besteht nur für eine unwiderrufliche Vollmacht ein Bedürfnis für die Anfechtung und im Fall des bereits vorgenommenen Vertretergeschäftes, da der Widerruf nur *ex nunc* wirkt und daher das schon getätigte Rechtsgeschäft nicht mehr beseitigen kann.

Die Anfechtung der Bevollmächtigung ist nach h. M. auch dann zulässig, wenn das Vertretergeschäft bereits getätigt ist.[26] Insoweit ist die Vollmachterteilung nicht anders zu behandeln als andere Willenserklärungen. Die erfolgreiche Anfechtung hat allerdings gravierende Konsequenzen bezüglich der **Haftung**. Ist die Bevollmächtigung des Stellvertreters wie im obigen Beispiel nach §§ 119 Abs. 1, 142 Abs. 1 erfolgreich, hat S nunmehr als Vertreter ohne Vertretungsmacht gehandelt und haftet damit dem K auf Schadensersatz oder Erfüllung nach § 179 (s. ausführlich unten § 32). Ersetzt S dem K den Schaden, kann er sich diesen seinerseits vom anfechtenden V nach § 122 „wieder holen" – es kommt zu einer Haftungskette. Freilich trägt damit K auf einmal das Insolvenzrisiko des S, obwohl S zunächst mit Vollmacht handelte und K sich nur auf Leistungs- oder Zahlungsschwierigkeiten seines Vertragspartners V einstellen musste.[27] Deshalb wird es teilweise als vorzugswürdig angesehen, wenn K direkt von V nach erfolgter Anfechtung Schadensersatz verlangen könnte (z. B. nach § 122). Daher beeinflusst die Haftungsfrage schon die – in Klausuren regelmäßig vorher zu behandelnde Frage – wem gegenüber die Anfechtung überhaupt zu erklären ist. Bei der Innenvollmacht wäre dogmatisch konsequent nur der Bevollmächtigte nach § 143 Abs. 1,

---

26 S. z. B. MünchKomm/*Schramm*, § 167 Rn. 108 ff.; Jauernig/*Mansel*, § 167 Rn. 11; *Bork*, Rn. 1477; a. A. *Brox/Walker*, Allgemeiner Teil des BGB, Rn. 574; *Brox*, JA 1980, 451; *Schwarze*, JZ 2004, 588.

27 Man kann sich aber auch mit guten Gründen auf den Standpunkt stellen, der Dritte sei bei der Anfechtung nicht schutzwürdiger als bei sonstigen Mängeln der Vollmacht. Wenn er sich nicht die Vollmachtsurkunde vorlegen lässt (§ 172, unten Rn. 37), müsse er stets mit deren Unwirksamkeit oder Wegfall rechnen; s. *Bork*, Rn. 1479. Dann bleibt ihm immer nur ein Anspruch aus § 179 gegen den „Vertreter".

3 Anfechtungsgegner; bei der Außenvollmacht genau genommen der Geschäftspartner.[28] Vor dem Hintergrund der Haftungssituation richtet sich nach zutreffender Ansicht die Anfechtungserklärung – unabhängig davon, ob eine Innen- oder Außenvollmacht vorliegt – **an den Geschäftspartner,** da die Anfechtung letztlich das mit ihm geschlossene Vertretergeschäft angreift (§ 143 Abs. 4 analog).[29] Er muss also wenigstens von der Anfechtung erfahren, auch wenn es sich um eine Innenvollmacht handelte und eigentlich der Stellvertreter nach § 143 Abs. 3 Erklärungsempfänger wäre. Um sicher zu gehen, sollte der Vertretene die Anfechtung daher sowohl dem Vertragspartner als auch dem Vertreter zugehen lassen. Infolge der Anfechtung erlischt die Vollmacht mit rückwirkender Kraft, § 142 Abs. 1. Sieht man den Geschäftspartner (im Beispiel also K) als Anfechtungsgegner an, so hat dieser (auch bei der Innenvollmacht) wegen der direkten Anfechtung ihm gegenüber auch einen direkten Anspruch nach § 122 auf Ersatz des Vertrauensschadens gegen den anfechtenden **Vollmachtgeber.**[30] Teilweise wird in der Lit. aber auch bei Anfechtung der Innenvollmacht gegenüber dem Stellvertreter dem Geschäftspartner ein direkter Schadensersatzanspruch aus § 122 gegen den Anfechtenden gegeben.[31]

32   **ee) Sonstige Gründe.** Die Vollmacht erlischt, wenn der Bevollmächtigte geschäftsunfähig wird, arg. § 165. Gleiches gilt, wenn der Bevollmächtigte einseitig verzichtet. Letztlich ist von einem Erlöschen der Vollmacht auszugehen, wenn über das Vermögen des Vollmachtgebers das Insolvenzverfahren eröffnet wird, §§ 80, 81 InsO (s. hierzu § 117 InsO).

e) Die Rechtsscheinvollmacht. aa) Schutz nach §§ 170–173.

33   **Fall 71:** V bevollmächtigt seinen Angestellten A zum Kauf von Büromöbeln beim Großhändler G. Danach teilt V dem Inhaber des Möbelhauses M die Bevollmächtigung des A telefonisch mit. A kauft, da er den G nicht für

---

28 Palandt/*Ellenberger,* § 167 Rn. 3; *Petersen,* AcP 201 (2001), 375, 384.
29 *Medicus/Petersen,* Bürgerliches Recht, Rn. 96; *Medicus,* Rn. 945; *Flume,* § 52 sub 5c und e; *Hübner,* Rn. 1248 f.; sehr str.; a. A. (Anfechtung bei Innenvollmacht gegenüber dem Vertreter) *Bork,* Rn. 1470–1479 m. N.; *Larenz/Wolf,* § 47 Rn. 35; *Lüderitz,* JuS 1976, 765 ff.; Jauernig/*Mansel,* § 167 Rn. 11 (Vertreter oder Dritter); MünchKomm/ *Schramm,* § 167 Rn. 111 m. N.
30 So im Anschluss an *Flume,* § 52 sub 5c im Ergebnis auch *Larenz/Wolf,* § 47 Rn. 36 (Vertretener u. Vertreter sollen als Gesamtschuldner haften); *Medicus/Petersen,* Bürgerliches Recht, Rn. 96; gegen die Schutzwürdigkeit des Vertragspartners *Bork,* Rn. 1479.
31 Palandt/*Ellenberger,* § 167 Rn. 3; MünchKomm/*Schramm,* § 167 Rn. 111.

zuverlässig hält, eigenmächtig und ohne von dem Telefonat des V zu wissen, bei M im Namen des V Möbel im Wert von € 3.000,–. Erst jetzt bemerkt V, dass er den M versehentlich angerufen hat, weil er ihn für den Großhändler G hielt. Er fechtet deshalb seine Erklärung gegenüber M an. Kann M von V den Kaufpreis in Höhe von € 3.000,– verlangen? → Rn. 40.

Für den Geschäftspartner ist es oft nicht erkennbar, ob eine zu- **34** nächst wirksam erteilte Vollmacht noch besteht oder ob sie bereits erloschen ist. Die §§ 170–173 schützen den Geschäftspartner, der auf den **Bestand** einer Vollmacht **vertraut.** Der Vollmachtgeber muss durch die Kundgabe der Bevollmächtigung an den Dritten einen Rechtsschein für das Bestehen einer Vollmacht gesetzt haben. Der Dritte ist selbstverständlich nur schutzwürdig, wenn er das Erlöschen der Vollmacht nicht kannte und auch nicht kennen musste, § 173. Aufgrund des bestehenden Rechtsscheins wird der **gutgläubige** Geschäftspartner so behandelt, als bestünde die Vollmacht noch immer.

§ 170 betrifft die Außenvollmacht. Sie bleibt gegenüber dem Drit- **35** ten solange wirksam, bis ihr Erlöschen vom Vollmachtgeber angezeigt wird. Die Vorschrift erlangt vor allem dann Bedeutung, wenn eine Vollmacht gegenüber dem Bevollmächtigten (§§ 168 S. 3, 167 Abs. 1) widerrufen wird.

Beispiel: V möchte sich ein Reitpferd zulegen. Er erteilt seinem fachkundigen Freund F eine Vollmacht, indem er dem Pferdehändler G mitteilt, dass F berechtigt sei, für ihn ein Pferd zu erwerben. Als es danach zwischen V und F zu Unstimmigkeiten wegen verschiedener Ansichten über die Tierhaltung kommt, verbietet V dem F, für ihn Geschäfte jedweder Art abzuschließen. F kauft dennoch im Namen des V ein Pferd bei G. Hier ist fraglich, ob F mit Vertretungsmacht für V handeln konnte. Zunächst hatte V durch die Erklärung gegenüber G den F bevollmächtigt (Außenvollmacht § 167 Abs. 1, 2. Var.). Diese Bevollmächtigung wurde gegenüber dem Vertreter F jedoch wirksam widerrufen (Rn. 30), §§ 168 S. 3, 167 Abs. 1, 1. Var. Zugunsten von G, der auf die Vollmacht vertraute, gelten aber §§ 170, 173. V hatte das Erlöschen dem gutgläubigen G nicht angezeigt und muss das Geschäft daher gegen sich gelten lassen.

Nach § 171 darf der Dritte, dem die bereits erfolgte Bevollmächti- **36** gung eines anderen mitgeteilt oder durch öffentliche Bekanntmachung **kundgetan** wurde, auf den Fortbestand der Vollmacht vertrauen, solange nicht die Kundgabe in derselben Weise widerrufen wird, wie sie erfolgt ist.

Beispiel: V ermächtigt F durch Innenvollmacht zum Kauf eines Pferdes und teilt dies später dem Pferdehändler G mit. Nach dem Streit widerruft V seine Vollmacht gegenüber F wie in Rn. 35. Dennoch erwirbt F ein Pferd im Namen des V. Auch hier ist die zunächst wirksam erteilte Vollmacht widerrufen worden, §§ 168 S. 3, 167 Abs. 1, 1. Var. Zum Schutz des G greifen jetzt §§ 171, 173 ein. Die Bevollmächtigung des F wurde dem G mitgeteilt und ein entsprechender Rechtsschein gesetzt. G wird solange in seinem Vertrauen auf die bestehende Vollmacht geschützt, bis der Rechtsschein durch Widerruf der Kundgabe, hier durch erneute Mitteilung, beseitigt wird (§ 171 Abs. 2). Eine Mitteilung vom Widerruf der Vollmacht hat der gutgläubige G aber nicht erhalten. Der Vertrag ist zwischen V und G zustande gekommen.

37   § 172 betrifft den Fall, dass der Vollmachtgeber dem Vertreter eine **Vollmachtsurkunde** ausgehändigt und der Vertreter diese dem Dritten vorgelegt hat. Hier ist der Dritte in seinem Vertrauen auf die Urkunde zu schützen. Den Rechtsschein der bestehenden Vollmacht kann der Vollmachtgeber dadurch zerstören, dass er die Vollmachtsurkunde vom Vertreter herausverlangt – hierzu ist der Vertreter nach § 175 verpflichtet – oder die Urkunde für kraftlos erklären lässt, § 176. Die Urkunde muss dem Geschäftspartner vom Vertreter tatsächlich vorgelegt werden, ihre bloße Existenz genügt nicht. Zu beachten ist weiterhin, dass § 172 die **Aushändigung der Urkunde** an den Vertreter voraussetzt und somit seine Anwendung ausgeschlossen ist, wenn die Urkunde dem Vollmachtgeber abhanden gekommen ist.

Beispiel: V erteilt dem F eine Vollmachtsurkunde zum Erwerb des Reitpferdes. Nach dem Zerwürfnis zwischen V und F nimmt V ihm die Urkunde wieder ab und verwahrt sie in seinem Schreibtisch. Da F sich in seiner Ehre gekränkt fühlt, entwendet er kurzerhand die Urkunde und kauft bei G unter Vorlage des Schriftstücks im Namen des V ein Pferd. Die zunächst wirksam erteilte Vollmacht wurde von V auch in diesem Fall zunächst wirksam widerrufen, §§ 168 S. 3, 167 Abs. 1, 1. Var. Gleichwohl konnte durch Vorlage der Vollmachtsurkunde bei G ein Rechtsschein entstehen, der nach § 172 solange besteht, bis die Urkunde zurückgegeben wird oder für kraftlos erklärt wird. Allerdings ist dieser Rechtsschein V nicht zurechenbar, denn die Urkunde wurde F nicht „ausgehändigt", er hat sie sich vielmehr selbst genommen. In diesem Fall ist § 172 nicht anwendbar. F handelte als Vertreter ohne Vertretungsmacht. Es gelten die §§ 177 ff. (§ 32 Rn. 1 ff.).

38   Fraglich ist, ob der bestehende Rechtsschein durch **Anfechtung des Kundgabeaktes** gemäß §§ 119 ff. beseitigt werden kann. Die Kundmachung der Innenvollmacht nach §§ 171, 172 ist keine *Willens*erklärung, sondern eine bloße *Wissens*erklärung. Die Kundgabe ist nicht auf die Herbeiführung von Rechtsfolgen gerichtet, daher

keine Willenserklärung. In Hinblick darauf, dass auch eine Außenvollmacht anfechtbar ist und der durch die Kundgabe veranlasste
Rechtsschein nicht stärker wirken kann als die wirklich erteilte Vollmacht, ist aber eine Anfechtung bei Willensmängeln hinsichtlich der
Kundmachung analog §§ 119 ff. zuzulassen.[32]

Die §§ 170–173 sind nicht nur anwendbar, wenn die zunächst   39
wirksam erteilte Vollmacht erloschen ist, sondern gelten analog auch
dann, wenn die Vollmacht **von Anfang an nicht** oder **nicht wirksam
erteilt** wurde, aber ein Rechtsschein nach den §§ 170, 171 oder § 172
gesetzt wurde.[33]

Lösungsskizze Fall 71 (Rn. 33):   40
M → V auf Zahlung von € 3.000 aus § 433 Abs. 2
I. Wirksamer Kaufvertrag zwischen M und V
  1. WE des M (+)
  2. WE des V: V hat keine eigene WE abgegeben, wurde möglicherweise
    jedoch von A wirksam vertreten, §§ 164 ff.
    a) Zulässigkeit der Stellvertretung (+), kein höchstpersönliches Ge-
      schäft
    b) eigene WE des A (+), A handelt mit Entscheidungsspielraum
    c) im Namen des V (+), ausdrücklich
    d) Vertretungsmacht fraglich
      aa) zunächst wirksame Bevollmächtigung des A, Innenvoll-
        macht, § 167 Abs. 1, 1. Var.; aber die Vollmacht bezog sich
        nur auf Geschäfte mit G; A war nicht berechtigt, den Ver-
        trag mit M zu schließen, Vollmacht (–)
      bb) durch die Mitteilung der Bevollmächtigung des A gegenüber
        M hat V jedoch einen Rechtsschein gesetzt, nach dem der
        gutgläubige M von einer bestehenden Vollmacht des A aus-
        gehen konnte; §§ 171, 173 sind auf eine von vornherein
        nicht erteilte Vollmacht analog anwendbar (Rn. 39), so dass
        der Rechtsschein erst zerstört ist, wenn die Kundgabe wi-
        derrufen wird. Dies ist hier nicht erfolgt. M könnte die
        Kundgabe der Innenvollmacht aber mit der Wirkung des
        § 142 Abs. 1 angefochten haben
        (1) Zulässigkeit der Anfechtung (+), §§ 119 ff. gelten für die
           Kundgabe als Wissenserklärung analog (Rn. 39)
        (2) Anfechtungserklärung gegenüber M, § 143 Abs. 1 (+)

---

32 *Medicus,* Rn. 947; *Medicus/Petersen,* Bürgerliches Recht, Rn. 97; *Bork,* Rn. 1524;
  Soergel/*Leptien,* § 171 Rn. 4; MünchKomm/*Schramm,* § 171 Rn. 8.
33 RGZ 104, 358, 360; BGH NJW 2000, 2270, 2271; Palandt/*Ellenberger,* § 171 Rn. 1;
  a. A. für § 170 MünchKomm/*Schramm,* § 170 Rn. 6.

(3) Anfechtungsgrund: § 119 Abs. 1, 1. Var. – Identitätsirrtum hinsichtlich des Geschäftspartners (§ 25 Rn. 30);
Kausalität (+)
(4) Anfechtungsfrist (+)
(5) kein Ausschluss der Anfechtung (+)

II. **Ergebnis:** V konnte den Kundgabeakt anfechten und somit den Rechtsschein zerstören. Eine Vollmacht des A ist danach ausgeschlossen, A
handelte als Vertreter ohne Vertretungsmacht, §§ 177 ff.

bb) Anscheins- und Duldungsvollmacht.

Schrifttum: *Bürger,* Die Tatbestandsvoraussetzungen der Anscheins- und
Duldungsvollmacht, insbesondere zur „Häufigkeit des Auftretens", Diss. Bie-
lefeld 1992; *Canaris,* Die Vertrauenshaftung im deutschen Privatrecht, 1971;
F. Peters, Zur Geltungsgrundlage der Anscheinsvollmacht, AcP 179 (1979),
214 ff.; *K. Schmidt,* Falsus-procurator-Haftung und Anscheinsvollmacht, FS
Gernhuber, 1993, S. 435 ff.; *Schreiber,* Rechtsschein im Vertretungsrecht, Jura
1997, 104 ff.; s. auch Literatur vor Rn. 10.

41   Die §§ 170–173 erfassen nicht alle Fälle, in denen der Anschein einer bestehenden Vollmacht erweckt wird. Das Vertrauen des Geschäftspartners in die Vollmacht des Vertreters wird jedoch über diese
gesetzlichen Vorschriften hinaus geschützt. Die Rechtsprechung hat
zwei weitere Fallgruppen der **Rechtsscheinsvollmacht** entwickelt:
Duldungs- und Anscheinsvollmacht.

(1) Duldungsvollmacht.

42   **Fall 72:** S ist Sekretärin im Unternehmen des U. Da U sehr oft unterwegs
ist, kauft S – ohne bevollmächtigt zu sein – regelmäßig im Namen des U Büromaterial bei G. U, der von dritter Seite über die Geschäfte der S informiert
wurde, ist mit dem eigenmächtigen Handeln der S nicht einverstanden,
schreitet aber aus Bequemlichkeit und zugunsten des Betriebsklimas nicht
ein. Als die S eines Tages bei G einen exklusiven Füller für € 170,– bestellt,
verweigert U die Bezahlung. Zu Recht? (ohne Lösungsskizze)

43   Eine Duldungsvollmacht liegt vor, wenn der Geschäftsherr das
Handeln eines anderen, nicht zur Vertretung Befugten **kennt und
duldet,** falls der Geschäftsgegner aufgrund dieser Duldung nach
Treu und Glauben auf das Bestehen einer Vollmacht schließen kann
und darf.[34] Entscheidend ist zunächst, dass keine ausdrückliche oder
konkludente Vollmachtserteilung durch den Geschäftsherrn vorliegt.

---

34 *BGH* NJW 1997, 312, 314.

Eine Bevollmächtigung durch schlüssiges Verhalten kann nur dann angenommen werden, wenn der Erklärungsempfänger – bei einer Innenvollmacht der Bevollmächtigte – aus seiner Sicht von der Erteilung einer Vollmacht ausgehen kann. Dies ist regelmäßig nicht der Fall, wenn der unbefugt Handelnde weiß, dass der Geschäftsherr ihn nicht bevollmächtigen will und die Duldung durch den Geschäftsherrn nur auf seine Unentschlossenheit und Schwäche zurückzuführen ist.[35] Des Weiteren muss durch das Verhalten des Vertretenen der Rechtsschein einer Bevollmächtigung gesetzt werden. Dieser **Rechtsschein** muss vom Vertretenen **zurechenbar veranlasst** werden. Diese Veranlassung liegt bei der Duldungsvollmacht darin, dass der Vertretene das Verhalten des vermeintlichen Vertreters kennt, aber nicht dagegen einschreitet, obwohl ihm das möglich wäre. Ein einmaliges Gewährenlassen genügt. Nach h. M. liegt hierin ein Verschuldenselement.[36] Ein fahrlässiges Hervorrufen des Rechtsscheins genügt für die Duldungs- im Gegensatz zur Anscheinsvollmacht jedoch nicht.[37] Schließlich muss der Geschäftsgegner gutgläubig sein, d. h. er darf das Fehlen der Vollmacht weder kennen noch fahrlässig nicht kennen. Liegen diese Voraussetzungen für eine Duldungsvollmacht vor, so muss sich der Geschäftsherr so behandeln lassen, als hätte er eine wirksame Vollmacht erteilt. Er kann sich nicht auf die fehlende Vollmacht berufen.

Die Zurechnung eines Rechtsscheins setzt voraus, dass der duldende Geschäftsherr geschäftsfähig ist, da nur die Bevollmächtigung ersetzt wird, nicht aber die erforderlichen Wirksamkeitsvoraussetzungen. In Hinblick darauf, dass weder eine Willenserklärung noch eine geschäftsähnliche Handlung vorliegt, kommt eine Anfechtung der Rechtsscheinsvollmacht wegen eines Irrtums über deren rechtliche Bedeutung nicht in Betracht.[38]

---

35 *Larenz/Wolf,* § 48 Rn. 22.
36 Soergel/*Leptien,* § 167 Rn. 22; krit. *Bork,* Rn. 1555.
37 Zutreffend *Larenz/Wolf,* § 48 Rn. 28.
38 Soergel/*Leptien,* § 167 Rn. 22, str. Nach a. A. ist die Duldungsvollmacht als rechtsgeschäftliche Vollmachtserteilung durch konkludentes Verhalten anzusehen. Wissen und Dulden des Handelns durch den Unbefugten wird objektiver Erklärungswert beigemessen. In diesem Fall ist eine Anfechtung zulässig. Vgl. *Flume,* § 49 sub 3, 4; *Medicus/Petersen,* Bürgerliches Recht, Rn. 101. Zur weitergehenden Anfechtung „der Duldungsvollmacht" analog § 119 bei Irrtümern, die sich auf den Inhalt des getätigten Rechtsgeschäftes oder den Geschäftsgegenstand beziehen *Fezer,* Klausurenkurs zum BGB, Allgemeiner Teil, Fall 29 S. 297 f.

Voraussetzungen einer Duldungsvollmacht

1. **Rechtsscheinstatbestand:**
   a) Auftreten eines angeblichen Stellvertreters, der in Wirklichkeit keine Vertretungsmacht hat
   b) Objektive Umstände, welche auf bestehende Vollmacht hindeuten (z. B. Benutzen von Briefpapier, Stempel etc.) und wiederholtes Auftreten als Vertreter
2. **Zurechenbarkeit des Rechtsscheins:**
   „Vertretener" kennt das Verhalten des angeblichen Vertreters und unterbindet es nicht, obwohl dies möglich wäre
3. **Gutgläubigkeit des Vertragspartners:**
   keine positive Kenntnis/fahrlässige Unkenntnis von fehlender Vollmacht
4. **Kausalität des Rechtsscheins** für rechtsgeschäftliches Verhalten des Vertragspartners

---

44   Im **Fall 72** (Rn. 42) ist U zur Zahlung von € 170,– verpflichtet, wenn ein wirksamer Kaufvertrag zwischen ihm und G zustande gekommen ist, § 433 Abs. 2. U, der selbst keine Willenserklärung abgegeben hat, muss sich u. U. die Erklärung der S zurechnen lassen, § 164. Problematisch ist in diesem Zusammenhang nur die Vertretungsmacht. S handelte ohne wirksame Vollmacht, insbesondere konnte sie nicht von einer konkludenten Bevollmächtigung durch U ausgehen. §§ 170–172 finden mangels Kundgabeaktes des U gegenüber G keine Anwendung. In Betracht kommt jedoch eine Duldungsvollmacht. S trat bereits wiederholt als Vertreterin des U auf. Dieser Rechtsschein wurde durch U zurechenbar veranlasst, da er wissentlich das Verhalten der S duldete und nicht einschritt, obwohl ihm das möglich gewesen wäre. Der Geschäftsgegner G konnte das Fehlen der Vollmacht nicht kennen. Somit wird U nach den Grundsätzen der Duldungsvollmacht so gestellt, als habe er die S bevollmächtigt. Der Kaufvertrag über den Füller ist somit wirksam. U muss € 170 zahlen.

(2) Anscheinsvollmacht.

45   **Fall 73:** A ist Verkäufer im Buchgeschäft des B und befugt, sämtliche im Geschäft vorrätigen Bücher zu verkaufen. Der Einkauf von Büchern ist ihm jedoch nicht gestattet. Zum Anfang des Wintersemesters bestellt A jedes Jahr bei V unter Verwendung eines Briefbogens mit aufgedrucktem Briefkopf des Buchgeschäfts B im Namen des B 300 Lehrbücher zum Allgemeinen Teil des BGB. B, der sich um die juristische Abteilung nicht besonders kümmert, weiß nichts von den Bestellungen des A, obwohl die Rechnungen des V regelmäßig beglichen wurden. Erst als 100 Bücher nicht verkauft werden können, klärt sich der Sachverhalt auf. Muss B die letzte Lieferung der Bücher bezahlen? (ohne Lösungsskizze)

Von einer Anscheinsvollmacht spricht man, wenn der Geschäfts- **46** herr das Auftreten des Dritten zwar nicht kannte, es aber bei **pflicht-gemäßer Sorgfalt** hätte erkennen können und der Geschäftspartner nach Treu und Glauben annehmen durfte, der Geschäftsherr dulde und billige das Verhalten des Vertreters. Damit genügt nach h. A. das fahrlässige Verursachen des Rechtsscheins.[39] Auch hier fehlt es wie bei der Duldungsvollmacht an einer wirksamen Bevollmächtigung durch den Geschäftsherrn. Durch das Verhalten des vermeintlichen Vertreters muss jedoch der Rechtsschein einer Bevollmächtigung hervorgerufen werden, z. B. durch die Benutzung des Firmenstempels oder des Briefpapiers mit dem Briefkopf der Firma.[40] Dieses Verhalten setzt in der Regel eine gewisse Dauer und Häufigkeit voraus.[41] Der Vertretene muss außerdem seine Sorgfaltspflichten verletzt haben, d. h. er muss die Möglichkeit haben, das rechtsschein-begründende Verhalten vorauszusehen und zu verhindern. Schließ-lich muss der Geschäftsgegner gutgläubig sein. Liegen die Vorausset-zungen für eine Anscheinsvollmacht vor, muss sich der Geschäftsherr behandeln lassen, als habe er eine wirksame Vollmacht erteilt.[42]

Ebenso wie bei der Duldungsvollmacht ist Geschäftsfähigkeit des Vertretenen erforderlich. Eine **Anfechtung** kommt bei der An-scheinsvollmacht ebenso wenig wie bei der Duldungsvollmacht in Betracht, soweit es um einen Irrtum des Vertretenen über die Wir-kungen seines Nichteinschreitens geht.

Im **Fall 73** (Rn. 45) könnte ein Anspruch des V gegen den B aus § 433 Abs. 2 **47** bestehen, wenn ein wirksamer Kaufvertrag zwischen B, vertreten durch A (§ 164), und V vorliegt. Die Voraussetzungen sind gegeben, mit Ausnahme der Tatsache, dass A keine Vollmacht des B zum Einkauf der Bücher hatte. Die §§ 170–172 können zum Schutz des V nicht herangezogen werden; es fehlt an einem Kundgabeakt des B. Möglicherweise liegt eine Anscheins- oder Dul-dungsvollmacht vor. A trat als Vertreter des B auf. Durch die Verwendung der

---

39 BGHZ 5, 111, 116; *Köhler,* Allgemeiner Teil, § 11 Rn. 44; *Brox/Walker,* Allgemeiner Teil des BGB, Rn. 566; *Larenz/Wolf,* § 48 Rn. 28 ff.; Palandt/*Ellenberger,* § 172 Rn. 15.; a. A. *Flume,* § 49 sub 4; für Beschränkung auf Handelsrecht: *Medicus,* Rn. 969 ff., 972; *Canaris,* JZ 1976, 132 f.; Staudinger/*Schilken,* § 167 Rn. 31; *Petersen,* Jura 2003, 310, 313.
40 BGHZ 5, 111, 116.
41 *BGH* BeckRS 2011, 14449 (Urt. v. 11.5.2011, VIII ZR 289/09), Rn. 18; *Petersen,* Jura 2003, 310 ff., 313 m. N.
42 Nach a. A. kann bei der Anscheinsvollmacht die Bevollmächtigung nicht ersetzt wer-den, ein Verschulden bei Vertragsverhandlungen könne nur zu einer Vertrauenshaf-tung nach c. i. c. führen, *Flume,* § 49 sub 3, 4; s. schon die Nachw. zur Gegenansicht Fn. 26 die eine Erfüllungshaftung bei Fahrlässigkeit außerhalb des Handelsrechts in Zweifel zieht.

Briefbögen des B entstand der Rechtsschein, dass A bevollmächtigt sei, die Bestellung abzugeben. Dieser Rechtsschein müsste von B zurechenbar veranlasst
worden sein. Eine Duldungsvollmacht würde voraussetzen, dass B das Verhalten des A kannte und duldete. Dies war hier nicht der Fall. In Betracht kommt
jedoch eine Anscheinsvollmacht. B hätte bei gehöriger verkehrsüblicher Sorgfalt erkennen können, dass A für ihn Bücher einkauft. Zum einen bezahlte er
die vorherigen Lieferungen anstandslos und verursachte somit bei V den Anschein, B sei mit der Bestellung einverstanden. Außerdem musste er die Briefbögen sorgfältig verwahren. B hatte somit die Möglichkeit, das Verhalten des
A zu erkennen und zu verhindern. V ist als gutgläubiger Geschäftspartner
schutzbedürftig. B muss sich nach den Regeln der Anscheinsvollmacht so behandeln lassen, als habe er den A bevollmächtigt. Der Kaufvertrag ist damit
wirksam. B muss den Kaufpreis für die 300 Bücher zahlen.

Voraussetzungen der Anscheinsvollmacht

1. **Rechtsscheinstatbestand:** Anschein der Bevollmächtigung des angeblichen Vertreters, d. h. Vertragspartner schließt aus Verhalten des angeblichen Vertreters, dass „Vertretener" dessen Auftreten kennt und billigt
   (i. d. R. nur bei gewisser Dauer/Häufigkeit)
2. **Zurechenbarkeit des Rechtsscheins:** „Vertretener" könnte bei hinreichender Sorgfalt Verhalten des „Vertreters" kennen und verhindern
3. **Gutgläubigkeit** des Vertragspartners bezüglich fehlender Vollmacht
4. **Kausalität** (s. o. Rn. 43 a. E.)

---

2. Gesetzliche Vertretungsmacht

48   Personen, die ihre Angelegenheiten nicht selbständig besorgen
können und deshalb besonders schutzwürdig sind, erhalten einen **gesetzlichen** Vertreter. Das minderjährige Kind (§ 2) wird von seinen
Eltern vertreten, § 1629 Abs. 1, das Mündel von seinem Vormund,
§ 1793, der Betreute von seinem Betreuer, § 1902. Während die Eltern
ihre Vertretungsmacht unmittelbar aus dem Gesetz ableiten, folgt die
Vertretungsmacht des Vormunds und des Betreuers aus ihrer Bestellung durch das Familiengericht, d. h. aus einem aufgrund Gesetzes er-
lassenen Staatsakts der freiwilligen Gerichtsbarkeit, vgl. §§ 1789 ff.,
1897. Als gesetzliche Vertreter, die durch Bestellung kraft Gesetzes
handeln, können außerdem beispielhaft der Ergänzungspfleger,
§ 1909, der Abwesenheitspfleger, § 1911, sowie der Nachlasspfleger,
§§ 1960 ff., genannt werden.

49   Mit der gesetzlichen Vertretung ist die sogenannte **organschaftliche** Vertretung verwandt. Juristische Personen selbst sind hand-

lungsunfähig. Für sie handeln ihre Organe. Eine von dem Organ, genauer dem Organwalter, der juristischen Person abgegebene Willenserklärung wird als Willenserklärung der juristischen Person angesehen. Organschaftliche Vertreter sind beispielsweise der Vorstand des rechtsfähigen Vereins (§ 26 Abs. 2 S. 1), der Geschäftsführer der GmbH (§ 35 Abs. 1 GmbHG) und der Vorstand der Aktiengesellschaft (§ 78 Abs. 1 AktG).

Sind mehrere Personen zur gesetzlichen Vertretung befugt, findet 50 eine **Gesamtvertretung** statt, d. h. die zur Vertretung berufenen Personen können die aktive Stellvertretung in der Regel nur gemeinschaftlich wahrnehmen,[43] vgl. z. B. § 1629 Abs. 1 S. 2 für die Eltern, §§ 26, 28 Abs. 1 für den eingetragenen Verein, § 78 Abs. 2 S. 1 AktG für den Vorstand der Aktiengesellschaft, § 35 Abs. 2 S. 2 GmbHG. Zur Entgegennahme von Willenserklärungen (passive Stellvertretung) ist jeder gesetzliche Vertreter allein befugt, vgl. § 1629 Abs. 1 S. 2; § 28 Abs. 2; § 35 Abs. 2 S. 3 GmbHG; § 78 Abs. 2 S. 2 AktG.

Für die gesetzliche Vertretung gelten grundsätzlich die §§ 164 ff. Im 51 Hinblick darauf, dass die §§ 167–176 ausschließlich die gewillkürte Vertretung betreffen, ergeben sich jedoch Unterschiede. Der **Umfang** der gesetzlichen Vertretungsmacht ergibt sich regelmäßig aus den gesetzlichen Vorschriften. Die Eltern und der Vormund vertreten das Kind bzw. den Mündel umfassend in allen Angelegenheiten der Personen- und Vermögenssorge (§ 1626 Abs. 1 S. 2). Die Vertretungsmacht des Betreuers oder eines Pflegers beschränkt sich hingegen auf den jeweils festgelegten Aufgabenkreis. Der Umfang der organschaftlichen Vertretungsmacht bestimmt sich primär nach den gesetzlichen Vorschriften und außerdem nach der Satzung der juristischen Person. Die Vertretungsmacht des Vorstands des rechtsfähigen Vereins kann gemäß § 26 Abs. 2 S. 2 mit Außenwirkung begrenzt werden. Dagegen ist gemäß § 37 Abs. 2 GmbHG und § 82 Abs. 1 AktG die Vertretungsbefugnis des Geschäftsführers der GmbH bzw. des Vorstands der Aktiengesellschaft aus Gründen der Rechtssicherheit im Außenverhältnis nicht beschränkbar. Ein **Widerruf** der gesetzlichen Vertretung kommt nicht in Betracht. Auch insoweit regelt das Gesetz die Voraussetzung für die Beendigung der gesetzlichen Vertretung, vgl. §§ 1666 ff.; 1796; 1908i; 27 Abs. 2. Allerdings kann dem Organwalter unter bestimmten Voraussetzungen seine Stellung als

---

43 Gesamtvertretung ist auch bei rechtsgeschäftlicher Bevollmächtigung möglich.

vertretungsbefugtes Organ entzogen werden, indem beispielsweise ein neuer Vorstand gewählt wird.

3. Die Grenzen der Stellvertretung

Schrifttum: *Blomeyer*, Die teleologische Korrektur des § 181 BGB, AcP 172 (1972), 1 ff.; *Honsell*, Das Insichgeschäft nach § 181 BGB: Grundfragen und Anwendungsbereich, JA 1977, 55 ff.; *Hübner*, Grenzen der Zulässigkeit von Insichgeschäften, Jura 1981, 288 ff.; *Kern*, Wesen und Anwendungsbereich des § 181 BGB, JA 1990, 281 ff.; *Petersen*, Bestand und Umfang der Vertretungsmacht, Jura 2003, 310 ff.; *Schmitt-Ott*, Befreiung von § 181 durch einen nicht befreiten Vertreter, ZIP 2007, 943 ff.; *Schott*, Der Mißbrauch der Vertretungsmacht, AcP 171 (1971), 385 ff.; *Westermann*, Mißbrauch der Vertretungsmacht, JA 1981, 521 ff.

52   **Fall 74:** Die vermögende Witwe W hat ihrem Neffen N Vollmacht zur Wahrnehmung sämtlicher Rechtsgeschäfte erteilt, da sie sich ungerne mit Geldangelegenheiten befasst. N, der stark verschuldet ist und dringend einen Kredit benötigt, erteilt seinem Gläubiger G zur Sicherung eines Darlehens im Namen der W eine schriftliche Bürgschaftserklärung für das an ihn ausbezahlte Darlehen. Kann G, der die Situation des N kennt, W aus der Bürgschaft in Anspruch nehmen? (ohne Lösungsskizze)

53   a) **Besondere gesetzliche Beschränkungen der Vertretungsmacht.** Die gesetzliche Vertretungsmacht ist aufgrund besonderer Vorschriften ausgeschlossen oder eingeschränkt. Dies gilt insbesondere dann, wenn die Interessen des Vertretenen gefährdet sind. Eine **Interessenkollision** zwischen dem gesetzlichen Vertreter und dem Vertretenen soll verhindert werden. Grundsätzlich besteht ein Vertretungsverbot für Schenkungen, §§ 1641; 1804; 1908i. Ein Verstoß gegen diese Vorschriften führt – ohne Genehmigungsmöglichkeit – zur Nichtigkeit des Geschäfts, § 134 (str.). Die Vertretungsmacht der Eltern für ihr Kind ist vom Gesetz für weitere Rechtsgeschäfte ausgeschlossen, vgl. § 1629 Abs. 2 S. 1 i. V. m. § 1795 (für den Betreuer vgl. § 1908i; s. auch zur Gesamtbetrachtungslehre bereits oben § 23 Rn. 13). Ein dennoch vorgenommenes Geschäft der Eltern ist schwebend unwirksam und kann von dem zu bestellenden Pfleger (§ 1909) oder dem volljährig gewordenen Minderjährigen[44] genehmigt werden, §§ 177 ff. In anderen gesetzlich geregelten Fällen ist die Vertretungsmacht beschränkt, d. h. besondere Geschäfte bedürfen für ihre Wirksamkeit der gerichtlichen[45] Genehmigung, vgl. §§ 1643 f.;

---

44 Gilt nur für Geschäfte der Eltern (§ 1629) oder des Vormundes (§ 1795).
45 Seit 1.9.09 ist das Familiengericht zuständig (vgl. FamFG).

1819 ff.; 1908i. Ein ohne die erforderliche gerichtliche Zustimmung vorgenommenes Geschäft ist schwebend unwirksam, §§ 1643 Abs. 3; 1829 Abs. 1; 1908i Abs. 1. Der Vertrag wird durch die nachträgliche Genehmigung des Familiengerichts oder des Kindes bzw. Mündels nach Volljährigkeit wirksam; §§ 1643 Abs. 3; 1829 Abs. 1, 3; 1908i Abs. 1.

b) Das Insichgeschäft (§ 181). aa) Begriff. Die Vertretungsmacht 54 ist weiterhin durch die Vorschrift des § 181 beschränkt. Danach ist der (gesetzliche oder gewillkürte) Vertreter nicht berechtigt, Insichgeschäfte vorzunehmen. § 181 unterscheidet zwischen dem Fall des **Selbstkontrahierens,** bei dem der Vertreter im Namen des Vertretenen ein Rechtsgeschäft mit sich selbst im eigenen Namen schließt, und dem Fall der **Mehrfachvertretung,** bei welchem ein Vertreter zwei verschiedene Personen vertritt und zwischen beiden Vertretenen ein Rechtsgeschäft abschließt. Bei einseitigen Rechtsgeschäften ist § 181 anwendbar, wenn Erklärender und Erklärungsempfänger identisch sind.

> **Beispiele:** Ein Fall des Selbstkontrahierens liegt vor, wenn sich der Prokurist selbst ein zinsloses Darlehen aus Firmenmitteln bewilligt oder wenn F bevollmächtigt ist, das Grundstück des V zu verkaufen und das Grundstück selbst erwirbt. Mehrfachvertretung ist gegeben, wenn z. B. der Geschäftsführer der GmbH Wertpapiere der Gesellschaft an seinen minderjährigen Sohn verkauft oder wenn X von A zum Verkauf des Fahrzeugs bevollmächtigt wurde und von B zum Ankauf eines Fahrzeuges und X den Kaufvertrag als Vertreter des A und als Vertreter des B abschließt. Für das einseitige Insichgeschäft kann beispielhaft die Kündigung des Geschäftsführers einer GmbH durch den Geschäftsführer selbst als organschaftlicher Vertreter der GmbH genannt werden.
> Im **Fall 74** (Rn. 52) ist dagegen § 181 nach seinem Wortlaut nicht anwendbar. N handelte nur als Vertreter der W, nicht auch für sich selbst als Vertragspartei (Selbstkontrahieren) oder gleichzeitig als Vertreter des G. Der Bürgschaftsvertrag ist ein einseitig verpflichtender Vertrag zwischen W und G. N war nur auf einer Seite – als Vertreter der Witwe W – am Rechtsgeschäft beteiligt. Gleichwohl hat er natürlich Vorteile aus der Bürgschaft, ohne deren Bestellung er das Darlehen von G nicht oder zu schlechteren Bedingungen bekommen hätte. Es besteht Interessenkollision, nicht aber Personenidentität i. S. v. § 181.

§ 181 dient dem Schutz des Vertretenen beim Selbstkontrahieren 55 und dem Schutz beider Vertretenen bei der Mehrfachvertretung vor **Interessenkollisionen.** Bei der Mitwirkung einer Partei auf beiden

Seiten des Rechtsgeschäfts besteht die Gefahr eines Interessenkonflikts und der Schädigung eines Beteiligten.

56 **bb) Rechtsfolgen.** Der Vertreter überschreitet durch den Abschluss eines Insichgeschäfts seine Vertretungsmacht. Entgegen dem Wortlaut des § 181 ist das Rechtsgeschäft nicht nichtig, sondern gemäß §§ 177 ff. **schwebend unwirksam.**[46] Der Vertretene kann somit entscheiden, ob das Geschäft – trotz des möglichen Interessenkonflikts – wirksam sein soll oder nicht, und entsprechend die Genehmigung erteilen oder verweigern. Für einseitige Rechtsgeschäfte gilt § 180.

57 **cc) Einschränkungen des § 181.** Die Vorschrift des § 181 enthält zwei Ausnahmen vom Verbot des Insichgeschäfts. Das Insichgeschäft ist zum einen wirksam, wenn es dem Vertreter **gestattet** ist. Die Gestattung kann sich aus dem Gesetz (z. B. § 78 Abs. 4 AktG), bei einer aus der Satzung folgenden Vertretungsmacht aus der Satzung oder durch Rechtsgeschäft ergeben. Die rechtsgeschäftliche Gestattung ist u. U. bereits in der Vollmacht enthalten – der Vertretene bevollmächtigt den Vertreter beispielsweise ausdrücklich „unter Befreiung des Verbotes nach § 181" – oder sie wird gesondert durch einseitige Erklärung, § 183, erteilt. Auch aus schlüssigem Verhalten kann im Einzelfall die Gestattung des Insichgeschäftes erfolgen.

58 Zum anderen ist das Insichgeschäft gesetzlich erlaubt, wenn das Geschäft ausschließlich in der **Erfüllung einer Verbindlichkeit** besteht, § 181 letzter Halbs. Dabei kann es sich um eine Verbindlichkeit des Stellvertreters gegenüber dem Vertretenen oder umgekehrt handeln. Eine Interessenkollision kommt hier nicht in Betracht, da die Rechtspflicht in jedem Fall – auch durch den Vertretenen oder den Vertreter selbst – erfüllt werden müsste. Die Verbindlichkeit muss vollwirksam, fällig und einredefrei sein.

> **Beispiel:** Geschäftsführer G der X-GmbH kann durch die Einzahlung von € 10.000,– auf das Konto der GmbH ohne Weiteres eigene Schulden begleichen und umgekehrt durch Zahlung aus dem Vermögen der Gesellschaft an sich selbst eine ihm gegenüber bestehende Schuld der GmbH tilgen.

59 Die Anwendung des § 181 ist neben den gesetzlichen Einschränkungen auch dann ausgeschlossen, wenn das Geschäft dem Vertretenen einen **lediglich rechtlichen Vorteil** bringt.[47] Die Gefahr einer In-

---

46 BGHZ 65, 123, 125; *BGH* NJW 1995, 727, 728.
47 BGHZ 94, 232, 234 ff.; *BGH* NJW 1989, 2542, 2543; *Stürner,* AcP 173 (1973), 442 f.; h. M.; a. A. *Pawlowski,* Rn. 794.

teressenkollision und der Benachteiligung des Vertretenen besteht bei derartigen Geschäften generell nicht, so dass die Einschränkung des § 181 im Wege der teleologischen Reduktion (also gegen den Wortlaut der Regelung) gerechtfertigt ist.[48]

Beispiel: Die Eltern E schenken ihrem 5-jährigen Sohn S zum Geburtstag ein Fahrrad. Hier stehen die Eltern auf beiden Seiten der Rechtsgeschäfte (Schenkungsvertrag und dingliche Übereignung): zum einen handeln sie im eigenen Namen für sich selbst als Schenker und zum anderen treten sie als gesetzliche Vertreter des S gemäß § 1629 Abs. 1 auf. § 181 ist an sich erfüllt, so dass nach dem Wortlaut des Gesetzes für die Schenkung samt Verfügungsgeschäft (§ 929 S. 1) ein Ergänzungspfleger bestellt werden müsste, §§ 1629 Abs. 2, 1795 Abs. 2, 1909. Aufgrund der teleologischen Reduktion wird der Anwendungsbereich des § 181 für rechtlich lediglich vorteilhafte Geschäfte beschränkt. Die Eltern können somit Verpflichtungs- und Verfügungsgeschäft als Stellvertreter vornehmen; beides hat für S nur einen rechtlichen Vorteil (er erwirbt durch die Verfügung das Eigentum, der formnichtige Schenkungsvertrag wird durch den Vollzug geheilt).[49]

Eine allgemeine Einschränkung des § 181 dahingehend, dass das **60** Verbot des Insichgeschäfts für sämtliche Geschäfte, welche für den Vertretenen unbedenklich sind und bei denen kein Interessenkonflikt vorkommt, nicht gilt, scheidet aus. Insbesondere findet keine Prüfung eines möglichen Interessenkonflikts im Einzelfall statt. § 181 will allein die abstrakte Gefahr der Interessenkollision ausschließen, die Feststellung eines konkreten Konflikts ist weder verlangt noch hinreichend. Die Vorschrift knüpft an eine bestimmte **formale Konstellation:** Auf beiden Seiten des Geschäfts ist ein und dieselbe Person beteiligt. Ist diese Voraussetzung erfüllt, findet § 181 Anwendung vorbehaltlich der gesetzlichen Einschränkungen und der teleologischen Reduktion der Vorschrift, die aber nur in Betracht kommt, wenn für bestimmte Rechtsgeschäfte abstrakt betrachtet eine Interessenkollision gar nicht in Betracht kommt.

dd) Erweiterung des § 181. Grundsätzlich wird die Erweiterung **61** des § 181 auf Fälle, die zwar vom Wortlaut der Vorschrift nicht er-

---

48 Nach anderer – wenig überzeugender – Ansicht soll in diesen Fällen § 181 anwendbar sein, aber eine „Gestattung durch Verkehrsübung" vorliegen, s. Jauernig/*Mansel,* § 181 Rn. 9, 7.
49 Zum Sonderproblem der Genehmigung eines nach § 108 BGB schwebend unwirksamen Verfügungsgeschäftes zwischen Minderjährigem und Sorgeberechtigten (rechtlich nachteilige Übertragung von Wohnungseigentum) durch den Sorgeberechtigten selbst s. BGHZ 78, 28 ff. mit krit. Anm. von *Ultsch,* Jura 1998, 524 ff.; *Röthel/Krackhardt,* Jura 2006, 161.

fasst werden, in denen jedoch die Gefahr einer Interessenkollision offensichtlich droht, abgelehnt.[50] Die analoge Anwendung des § 181 bei einem Interessenkonflikt ohne Personenidentität widerspricht den Interessen des Geschäftspartners und der Sicherheit des Rechtsverkehrs. Nur wenn der Vertreter die Anwendung des § 181 und somit das Verbot des Insichgeschäfts durch Umgehung der Personenidentität ausschließen will, ist eine analoge Anwendung des § 181 geboten. Dies ist etwa anzunehmen, wenn der Vertreter einen Untervertreter bestellt und diesem gegenüber das Rechtsgeschäft vornimmt oder für sich selbst einen Vertreter bestellt und mit diesem kontrahiert.[51]

62   Im **Fall 74** (Rn. 52) kann § 181 somit auch nicht analog angewendet werden. Ein Interessenkonflikt liegt zwar offensichtlich vor: N schließt als Vertreter im Namen der W den Bürgschaftsvertrag zur Sicherung der eigenen Schuld; das Rechtsgeschäft kommt allein dem Vertreter N zugute, die Gefahr der Schädigung der Vertretenen W liegt nahe. Eine erweiterte Anwendung des § 181 kommt dennoch nicht in Betracht, da für eine Analogie die Gefahr einer Interessenkollision nicht ausreicht. Ein Fall der Umgehung der Personenidentität, der eine analoge Anwendung rechtfertigen würde, ist nicht gegeben. Schließlich handelt N auch im Rahmen seiner (umfassenden) Vertretungsmacht. Vgl. aber zum Missbrauch der Vertretungsmacht Rn. 63 ff.

63   **c) Der Missbrauch der Vertretungsmacht. aa) Grundsatz.** Von einem Missbrauch der Vertretungsmacht spricht man, wenn der Vertreter die ihm aufgrund des Innenverhältnisses vorgegebenen Grenzen missachtet. Es muss also zwischen der Vertretungsmacht im Außenverhältnis, deren Umfang sich aus den gesetzlichen Regelungen, der Satzung oder der Vollmachtserteilung ergibt (Rn. 20 ff.) und dem zwischen Vertretenen und Vertreter bestehenden Innenverhältnis unterschieden werden. Das Innenverhältnis – bei der Vollmacht ist dies regelmäßig ein Vertrag (Auftrag, Geschäftsbesorgungsvertrag), bei der gesetzlichen Vertretung ein gesetzliches Schuldverhältnis – bestimmt, in welchem Umfang der Vertreter von der Vertretungsmacht Gebrauch machen darf. Die Vertretungsmacht regelt das **rechtliche Können** im Außenverhältnis, während aus dem Innenverhältnis das **rechtliche Dürfen** folgt (s. oben Rn. 15 ff.). Überschreitet der Vertreter die bestehende Vertretungsmacht, gelten die Vorschriften über die Haftung des Vertreters ohne Vertretungsmacht, §§ 177 ff. Handelt der Vertreter dagegen innerhalb seiner Vertretungsmacht, jedoch entgegen seiner aus dem Innenverhältnis folgenden Pflichten, ist der Vertretene

---

50 *Larenz/Wolf*, § 46 Rn. 131 ff.
51 *BGH* NJW 1991, 691, 692; *Larenz/Wolf*, § 46 Rn. 133; *Medicus*, Rn. 962.

grundsätzlich an das Verhalten des Vertreters gebunden. Es liegt eine wirksame Vertretung vor; der Vertretene ist aus dem Vertretergeschäft berechtigt und verpflichtet. Das Risiko des pflichtwidrigen Vertreterhandelns – das Missbrauchsrisiko – trägt der Vertretene. Der Stellvertreter macht sich aber ggf. im Innenverhältnis schadensersatzpflichtig (§ 280 Abs. 1). Die Abstraktheit von Innen- und Außenverhältnis dient dem Schutz des Rechtsverkehrs (vgl. oben Rn. 16).

bb) Unwirksamkeit des Geschäfts. Etwas anderes gilt in Fällen, in **64** denen der Vertreter die ihm gesetzten Grenzen im Innenverhältnis überschreitet und das Vertrauen des Geschäftsgegners auf die bestehende Vertretungsmacht **nicht schützwürdig** erscheint. Es werden zwei Fallgruppen unterschieden.

Wirken der Vertreter und der Geschäftspartner **einverständlich 65 zur Schädigung** des Vertretenen zusammen, so ist das Geschäft bereits nach § 138 Abs. 1 wegen Sittenwidrigkeit nichtig (**Kollusion,** vgl. auch § 26 Rn. 39).[52]

Beispiel: V bevollmächtigt F zum Verkauf einer wertvollen antiken Standuhr. Er bittet den F, die Uhr so gut wie nur möglich, am besten nicht unter € 2.000,– zu verkaufen. D wartet schon lange darauf, den V zu schädigen, da V mit der ehemaligen Freundin des D zusammenlebt. Als F dem D von seinem Auftrag erzählt, einigen sich beide auf einen Kaufpreis von € 100, da auch F mit D noch „eine Rechnung" offen hat. Der Kaufvertrag ist hier nach § 138 Abs. 1 wegen Kollusion nichtig. F handelte zwar im Rahmen der ihm von V erteilten Vollmacht – die Bitte, einen guten Preis zu erzielen, bezog sich nur auf das Innenverhältnis (Rn. 23 f.). F macht jedoch pflichtwidrig von der Vollmacht Gebrauch. Das Missbrauchsrisiko trägt zwar grundsätzlich der vertretene V. In diesem Fall liegt jedoch ein einverständliches Handeln zwischen Vertreter F und Geschäftspartner D vor, mit dem Ziel, den V zu schädigen. Das Geschäft ist somit wegen Kollusion nichtig.

Reichlich umstritten ist die Lösung der Fälle, in denen der Ge- **66** schäftspartner den **Missbrauch der Vertretungsmacht kennt** oder sich das missbräuchliche Handeln des Vertreters aufgrund der Umstände geradezu aufdrängt, **offenkundig** ist, sog. Evidenzfälle.[53] Das **bloße Kennenmüssen** des Geschäftsgegners reicht hierfür nicht aus.[54] Eine entsprechende Erkundigungspflicht im Hinblick auf das

52 H. M., s. etwa MünchKomm/*Schramm*, § 164 Rn. 107; *BGH* NJW 2000, 2896; NJW-RR 1993, 370; a. A. *Larenz/Wolf*, § 46 Rn. 143; *Bork*, Rn. 1575 ff.
53 *BGH* NJW-RR 2004, 247 („grobe Fahrlässigkeit"), NJW 1999, 2883; NJW 2002, 1497; *Medicus*, Rn. 967; *Larenz/Wolf*, § 46 Rn. 142.
54 *Medicus/Petersen*, Bürgerliches Recht, Rn. 116; ausnahmsweise für Erkundigungspflicht beim Vertretenen *BGH* NJW 2002, 1497.

Innenverhältnis widerspräche den Interessen des Rechtsverkehrs. Unerheblich ist, ob der Vertreter seine Vertretungsmacht bewusst missbraucht, entscheidend ist das Vertrauen des Geschäftsgegners.[55] Liegen die genannten Voraussetzungen vor, so sollen nach herrschender Ansicht in der Literatur[56] die Grenzen im Innenverhältnis auch für das Außenverhältnis gelten: Der Vertreter handelt außerhalb seiner Vertretungsmacht, eine wirksame Vertretung findet nicht statt. Es gelten dann die §§ 177 ff., was dem Vertretenen die Möglichkeit der Genehmigung des zunächst schwebend unwirksamen Vertrags gibt. Nach einer vornehmlich in der Rechtsprechung[57] vertretenen Auffassung kommt zwar ein Vertrag zwischen Geschäftspartner und Vertretenem zustande, dieser kann einer Inanspruchnahme aus dem Vertrag aber die Einrede des Rechtsmissbrauchs nach § 242 entgegen halten.[58]

Im **Fall 74** (Rn. 52) kannte der G die Umstände, unter denen N die Bürgschaft als Vertreter im Namen der W abgegeben hat. Somit wusste er auch, dass hier ein Missbrauch der Vertretungsmacht vorliegt, denn im Innenverhältnis hätte die W dem N wohl kaum erlaubt, einen Bürgschaftsvertrag zu schließen – insbesondere weil der stark verschuldete N das Darlehen möglicherweise nicht rechtzeitig zurückzahlt. Die Vollmachterteilung war allein zur Entlastung der W gedacht. Wenn G die W aus der Bürgschaft in Anspruch nimmt (§ 765), kann sie ihm nach Ansicht der Rechtsprechung die Einrede der unzulässigen Rechtsausübung (§ 242) entgegenhalten. Nach Ansicht der Literatur kam schon gar kein Vertrag zustande, es gelten die §§ 177 ff.

---

55 *BGH* NJW 1988, 3012, 3013.
56 Z. B. *Bork*, Rn. 1578 m. w. N.; *Medicus*, Rn. 967.
57 Vgl. BGHZ 50, 112; *BGH* NJW 1988, 3012; NJW 1991 1812; NJW 2002, 1497.
58 Vgl. z. B. *BGH* NJW-RR 2004, 247, 248. In BGHZ 144, 357, 364 wird noch hinzugefügt, dass sich der Vertrag in einer „schwebenden Unwirksamkeit" befinde, der Vertretene könne diesen gem. § 177 Abs. 1 analog genehmigen. Das überzeugt nicht: Wenn man dem Vertretenen gegen die Inanspruchnahme aus dem (wirksamen) Vertrag die Einrede des Rechtsmissbrauchs aus § 242 zugesteht, handelt es sich eher um eine „schwebende Wirksamkeit". § 177 Abs. 1 braucht es nicht, da der Vertretene sich entweder auf seine Einrede berufen oder auf diese verzichten kann. In *BGH* NJW 1968, 1379, 1381 lehnte der BGH denn auch eine Anwendung der §§ 177 ff. auf einen Fall des Missbrauchs der Vertretungsmacht ausdrücklich ab.

Übersicht 14: Stellvertretung

Voraussetzungen	Besonderheiten	Rechtsfolgen	67
1. Zulässigkeit der Stellvertretung	entfällt bei höchstpersönlichen Geschäften	§§ 164 ff. dann nicht anwendbar	
2. **eigene WE** des Vertreters (oder Zugang einer WE an den Vertreter)	Abgrenzung zum Erklärungs- bzw. Empfangsboten, die keinen Entscheidungsspielraum haben	§§ 164 ff. (z. B. bei Realakten oder für Boten) nicht anwendbar	
3. **Offenkundigkeit**	ausdrücklich oder aus den Umständen (§ 164 Abs. 1 S. 2) entbehrlich bei „Geschäft für den, den es angeht" (restriktive Anwendung)	Vertreter ist bei fehlender Offenkundigkeit selbst vertraglich gebunden, § 164 Abs. 2	
4. **Vertretungsmacht** a) gesetzliche oder organschaftliche b) **rechtsgeschäftliche** – Erteilung durch einseitige WE gegenüber Vertreter oder Dritten (§ 167 Abs. 1) – Erlöschen (z. B. durch Widerruf, Erlöschen des Grundverhältnisses) – Umfang	Beschränkung aus Gesetz, z. B. § 181, möglich – grundsätzlich formfrei, § 167 Abs. 2 – Ausn.: gesetzliche Vorschriften, Verstoß gegen Formzweck – beachte die Unabhängigkeit der Vollmacht vom Grundgeschäft und deren Ausnahmen	bei fehlender oder überschrittener Vertretungsmacht gelten die **§§ 177 ff.**, soweit nicht Duldungs- oder Anscheinsvollmacht; bei Formnichtigkeit gelten die §§ 177 ff.	

Voraussetzungen	Besonderheiten	Rechtsfolgen
	– bei fehlender Vertretungsmacht ist Vorliegen einer **Rechtsscheinsvollmacht** zu prüfen (§§ 170–173) – Unterscheidung von Beschränkungen im Außenverhältnis und nur intern wirkenden Weisungen im Innenverhältnis	bei Missbrauch der Vertretungsmacht, den der Geschäftspartner kennt oder der evident ist: Rechtsprechung: Vertrag für Vertretenen grundsätzlich wirksam, aber Vertretener kann § 242 einwenden Literatur: Wegen Missbrauch kam kein Vertrag zustande, was die Anwendbarkeit der §§ 177 ff. zur Folge hat; bei Kollusion gilt nach allgemeiner Meinung § 138 Abs. 1

Vertiefende Literatur und weiterführende Hinweise für Examenskandidaten: *Fehrenbach*, Die Haftung bei Vertretung einer nicht existierenden Person, NJW 2009, 2173 ff.; *BGH* NJW 2010, 891 (Wissenszurechnung und Genehmigung von Stellvertreterhandeln bei Gesamtvertretung in der GbR); zum Missbrauch der Vertretungsmacht: *Vedder*, Neues zum Missbrauch der Vertretungsmacht – Vorsatzerfordernis, Anfechtbarkeit, negatives Interesse, JZ 2008, 1077; *Löhnig*, Treuhand, 2006, S. 653 ff.

4. Stellvertretungsregeln in anderen Rechtsordnungen

68   Die Stellvertretung ist historisch betrachtet erst aus der Naturrechtslehre hervorgegangen. Das römische Recht kannte die Rechtsfigur der Stellvertretung noch nicht.[59] Die gesetzliche Stellvertretung als Regelfall für die Teilnahme Geschäftsunfähiger oder beschränkt geschäftsfähiger Personen hat sich im *Common law* bis heute nicht vollständig durchgesetzt (s. bereits oben § 23 Rn. 41), die rechtsgeschäftliche Vertretung *(agency)* ist etwa in England nach wie vor nicht kodifiziert.[60] Für die rechtsgeschäftlich erteilte Vollmacht hat sich zuerst im deutschen Recht die klare Trennung zwischen Grundgeschäft und Bevollmächtigung herauskristallisiert.[61] Der französische

59 Einzelheiten bei *Kötz*, Europäisches Vertragsrecht I, § 12 A.
60 *Graf von Bernstorff*, § 3 VI.
61 Grundlegend *Laband*, ZHR X (1866), 183 ff.

Code Civil[62] und das österreichische ABGB[63] behandeln Auftrag und Vollmacht noch recht undifferenziert. In der Lehre hat sich aber auch dort die deutliche Trennung beider Rechtsebenen durchgesetzt,[64] wie sie in modernen Kodifikationen etwa dem griechischen, italienischen,[65] schweizerischen[66] und niederländischen[67] Recht schon in der gesetzlichen Systematik klar verankert ist. Inhaltlich setzt die Fremdwirkung des Vertreterverhaltens regelmäßig wie im deutschen Recht vor allem Offenkundigkeit[68] und Vertretungsmacht voraus.[69] Die Regelung im Schweizer Obligationenrecht stimmt teilweise sogar nahezu wortgleich mit §§ 164 ff. BGB überein. Eine Besonderheit des italienischen[70] und des niederländischen[71] Rechts ist die durch eine berechtigte Geschäftsführung ohne Auftrag entstehende Vertretungsmacht. Unterschiede in der Frage, ob die Vollmachtserteilung eine nur einseitige Willenserklärung ist (wie nach § 167 BGB) oder des Einverständnisses seitens des Vertreters bedarf, wirken sich in der Praxis kaum aus, weil der Vertreter spätestens mit dem Tätigwerden für den Vertretenen regelmäßig seine Zustimmung zum Ausdruck bringt.[72] Für Minderjährige ist vielfach ausdrücklich geregelt, dass sie als Stellvertreter eingesetzt werden können.[73] Der überwiegend geltende Grundsatz formfreier Vollmachtserteilung erfährt vielfältige Ausnahmen zum Schutz des Vollmachtgebers und des Rechtsverkehrs.[74] Die Vollmacht ist nach fast allen europäischen Rechtsordnungen jederzeit widerruflich, kann aber rechtsgeschäftlich als unwiderrufliche ausgestaltet werden.[75]

---

62 Vgl. Art. 1984; für das englische Recht gilt ähnliches *Henrich/Huber*, § 3 X.

63 § 1002.

64 S. nur *Ghestin*, in: Leser/Isomura, FS Kitagawa, 1992, 317 ff.; zu vorgeschlagenen Änderungen des Code Civil nach dem Zweiten Weltkrieg, *Kötz*, Europäisches Vertragsrecht I, § 12 B.

65 Art. 1387 ff. CC (Stellvertretung); Art. 1703 ff. CC (Auftrag).

66 Art. 32 ff. OR.

67 Zur Vollmacht s. Art. 3–60 ff. NBW, zum Auftrag vgl. andererseits Art. 7–400 ff. NBW.

68 Meist genügt Offenkundigkeit kraft entsprechender Umstände; das italienische Recht verlangt ein ausdrückliches Handeln in fremdem Namen, *Kindler*, § 10 Rn. 12 m. N. zur Rspr.; zur sog. *undisclosed agency* im englischen Recht s. *Graf von Bernstorff*, § 3 VI 4.

69 Eingehend zu allen Einzelfragen bereits *Müller-Freienfels*, Die Vertretung im Rechtsgeschäft, 1955; s. auch *Basedow*, Das Vertretungsrecht im Spiegel konkurrierender Harmonisierungsentwürfe, RabelsZ 45 (1981), 196 ff.

70 Art. 2031 Abs. 1 CC.

71 Art. 6–201 NBW; eine ähnliche „Not"vertretung kennt das englische Recht, *Henrich/Huber*, § 3 X.

72 So zutreffend *Kötz*, Europäisches Vertragsrecht I, § 12 B I.

73 Art. 3–63 NBW; Art. 213 griech. ZGB; Art. 1389 italien. CC. Das französische Recht regelt nur die Frage der Auftragserteilung positiv in Art. 1990 CC, woraus die h. M. auf die mögliche wirksame Bevollmächtigung schließt.

74 S. zum Art. 493 OR (Bürgschaft); Sec. 53, 53 *Law of Property Act* (Grundstücke); Art. 3–260 Abs. 3 NBW (Hypothekenbestellung). Die für das Vertretergeschäft notwendige Form wird teilweise auf die Vollmachtserteilung erstreckt, s. z. B. Art. 1392 italien. CC; Art. 217 griech. ZGB.

75 Ausnahme: Art. 34 Abs. 2 Schweizer OR erklärt den vorherigen Widerrufsverzicht für unwirksam.

Der *Entwurf des Gemeinsamen Referenzrahmens* enthält ein eigenes Kapitel über die Stellvertretung, Book II Ch. 6, das 12 Vorschriften umfasst. Eine Regelung der Anscheinsvollmacht findet sich z. B. II-6:103 Abs, 3, bei fehlender Vertretungsmacht trifft den Handelnden nach II-6:107 Abs. 2 eine § 179 vergleichbare Schadensersatzpflicht. Schließlich gibt II-6: 109 im Fall der Interessenkollision dem Vertretenen ein Anfechtungsrecht, gem. Abs. 2 sind hiervon auch die Fälle des Insichgeschäftes abgedeckt.

§ 31. Die Wirkungen der Stellvertretung

Schrifttum: *Beuthien,* Zur Wissenszurechnung nach § 166 BGB, NJW 1999, 3585 ff.; *Richardi,* Die Wissensvertretung, AcP 169 (1969), 385 ff.; *Schilken,* Wissenszurechnung im Zivilrecht, 1983; *M. Schultz,* Zur Vertretung im Wissen, NJW 1990, 477 ff.; *W. Schultz,* Nochmals: Die Bedeutung der Kenntnis des Vertretenen beim Vertreterhandeln für juristische Personen und Gesellschaften, NJW 1997, 2093 ff.

I. Wirkungen für und gegen den Vertretenen

1   Liegen die Voraussetzung für eine wirksame Stellvertretung vor, treten die Rechtsfolgen des Geschäfts in der Person des **Vertretenen** ein. Der Vertretene wird aus dem Geschäft berechtigt und verpflichtet, er kann Ansprüche daraus geltend machen und ist seinerseits zur Erfüllung der Forderungen des Geschäftspartners verpflichtet. Der Vertretene wird so behandelt, als hätte er die Erklärung selbst abgegeben oder entgegengenommen. In Hinblick darauf, dass allein den Vertretenen die Wirkungen des Geschäfts treffen, steht ihm das Anfechtungsrecht zu, auch wenn der Vertreter die Erklärung abgegeben hat und in seiner Person Willensmängel vorliegen. Der Vertreter ist nur dann zur Anfechtung – im Namen des Vertretenen – berechtigt, wenn seine Vertretungsmacht auch die Geltendmachung der Anfechtung umfasst. Gleiches gilt für das Widerrufsrecht nach § 355 und andere Gestaltungserklärungen.

II. Kenntnis, Kennenmüssen und Willensmängel

2   Wurden die rechtlichen Folgen einer Willenserklärung durch Willensmängel oder durch die Kenntnis oder das Kennenmüssen gewisser Umstände beeinflusst, so kommt es nicht auf die Person des Ver-

tretenen, sondern auf die des **Vertreters** an, § 166 Abs. 1. Der (gewillkürte, gesetzliche oder organschaftliche) Vertreter ist schließlich derjenige, der rechtsgeschäftlich gehandelt und den entsprechenden Willen gebildet hat.

Willensmängel im Sinne des § 166 betreffen die Fälle der §§ 116–
123. Eine Anfechtung des Vertretergeschäfts – durch den Vertretenen
– wegen Irrtums nach §§ 119 f. ist somit nur möglich, wenn sich der
Vertreter geirrt hat. Unerheblich ist, ob der Vertretene einem Irrtum
unterlegen ist. In diesem Fall ist jedoch bei der gewillkürten Stellvertretung die Anfechtung der Vollmachtserteilung denkbar, wenn der
Irrtum dort unterlaufen ist (§ 30 Rn. 31). Die Anfechtung nach § 123
setzt eine Täuschung oder Bedrohung des Vertreters voraus.

Beispiel: F kauft als Vertreter des K einen Gebrauchtwagen bei V, wobei V
dem F bei der Besichtigung einen falschen Kilometerstand vortäuscht. K kann
den Kaufvertrag nach § 123 wegen arglistiger Täuschung anfechten. Gemäß
§ 166 Abs. 1 kommt es darauf an, dass ein Willensmangel des Vertreters vorliegt, d. h. dass der Vertreter F arglistig getäuscht wurde.

Die **Kenntnis oder das Kennenmüssen** bestimmter Umstände
spielen z. B. eine Rolle beim gutgläubigen Erwerb eines dinglichen
Rechts gemäß §§ 932 ff., 892, beim Ausschluss von Rechten wegen eines Mangels nach §§ 442 Abs. 1, 536b, sowie für die subjektiven Tatbestandsmerkmale in Verbotsgesetzen oder § 138. Entscheidend ist,
ob der Vertreter die Umstände kannte oder fahrlässig nicht kannte.

Beispiel: F kauft als Vertreter des K einen Neuwagen bei V. Dabei erkennt
F, dass der Wagen erhebliche Lackschäden aufweist, die durch Nachlackierung
ausgebessert wurden. Die Rechte des K wegen des Sachmangels (§§ 434, 437)
sind hier nach § 442 Abs. 1 S. 1 ausgeschlossen, da F – auf seine Kenntnis
kommt es nach § 166 Abs. 1 an – den Fehler bei Abschluss des Kaufvertrages
kannte.

§ 166 Abs. 1 ist nach Rechtsprechung und h. L. entsprechend anzuwenden, wenn ein Geschäftsherr Personen einsetzt, die für ihn eigenverantwortlich[1] handeln, ohne ihn rechtsgeschäftlich zu vertreten
(z. B. Entgegennahme – Realakt – von Sachen durch Besitzdiener in
den Besitz des Geschäftsherrn: sog. **Wissensvertreter**).[2] Kommt es
hierbei auf bestimmte Kenntnisse an (etwa nach § 990), so kann der
Zurechnungsgedanke des § 166 herangezogen werden. Dies ist

---

1 Bloße Botenstellung genügt daher nicht, s. *Larenz/Wolf,* § 46 Rn. 103.
2 BGHZ 117, 104, 106; 132, 30, 37; *Larenz/Wolf,* § 46 Rn. 102; Palandt/*Ellenberger,*
§ 166 Rn. 9; Staudinger/*Gursky,* § 990 Rn. 42 f., 48.

grundsätzlich zu billigen, denn § 166 ist Ausdruck eines allgemeinen Rechtsgedankens. Wer andere für sich auftreten und handeln lässt, darf daraus nicht nur Vorteile ziehen, sondern muss das gesamte Verhalten für und gegen sich gelten lassen. Nach anderer Ansicht passt in Fällen deliktsähnlicher Haftung des Geschäftsherrn wegen der Exkulpationsmöglichkeit eine Analogie zu § 831 besser.[3] In **arbeitsteilig organisierten** Behörden und Unternehmen ist grundsätzlich das Wissen aller eigenverantwortlich handelnden Wissensvertreter und Stellvertreter zusammen zu betrachten, infolge der Aufspaltung von Zuständigkeiten soll das Unternehmen nicht besser stehen.[4] Im Einzelfall ist zu prüfen, ob ausnahmsweise keine Pflicht bestand, Informationen weiterzugeben oder zu dokumentieren (§ 242),[5] so dass eine Zurechnung entfällt.

3   Die Vorschrift des § 166 Abs. 1 könnte dazu führen, dass das Institut der Stellvertretung missbraucht wird. Käme es für die Kenntnis und das Kennenmüssen immer ausschließlich auf die Person des Vertreters an, so könnte der Geschäftsherr immer dann, wenn er selbst bösgläubig ist, einen ahnungslosen Vertreter einschalten. Dieser Gefahr wird durch **§ 166 Abs. 2** vorgebeugt. Handelt der rechtsgeschäftlich bestellte Vertreter nach bestimmten Weisungen, so kann sich der Vollmachtgeber bezüglich der Umstände, die er selbst kannte, nicht auf die Unkenntnis des Vertreters berufen. Der Begriff der Weisung ist dabei weit auszulegen; es genügt, wenn der Geschäftsherr den Vertreter zu dem Geschäft veranlasst hat.[6]

Beispiel: A hat sich von ihrer Freundin F einen wertvollen Diamantring ausgeliehen, um ihren neuen Verehrer zu beeindrucken. Als A in finanzielle Schwierigkeiten kommt, beschließt sie, den Ring zu veräußern. Ihre Mutter M, die den ganzen Sachverhalt kennt, hat Interesse am Erwerb des Ringes, weiß aber als Juristin, dass nur ein Gutgläubiger das Eigentum am Ring erwirbt. Deshalb bevollmächtigt sie ihre gutgläubige Haushälterin H, das Geschäft mit A abzuwickeln. H schließt als Vertreterin der M mit A den Kaufvertrag ab, die dingliche Einigung erfolgt und der Ring wird übergeben,

---

3 Jauernig/*Berger,* § 990 Rn. 2; *Roth,* JuS 1997, 710, 711; *Baur/Stürner,* Sachenrecht, 18. Aufl., § 5 Rn. 15; *Medicus/Petersen,* Bürgerliches Recht, Rn. 581; zum Ganzen ausführlich *Gursky,* 20 Probleme aus dem BGB-Eigentümer-Besitzer-Verhältnis, 8. Aufl., S. 64 ff.
4 Probleme können sich daraus ergeben, dass eine Person mit bestimmtem Wissen aus dem Unternehmen oder der Behörde ausscheidet. Nach BGHZ 132, 30 kommt auch hier eine Zurechnung in Betracht, wenn die Behörde (wie regelmäßig) eine Pflicht zur Dokumentation des die Zurechnung betreffenden Wissens traf; vgl. *Medicus,* Rn. 904c.
5 Ausführlich BGHZ 132, 30, 37; NJW 1999, 284; 1995, 2159; 1997, 1917; *Larenz/Wolf,* § 46 4, Rn. 104 ff. m. N.
6 BGHZ 38, 65, 68.

Fraglich ist, ob M Eigentümerin des Rings geworden ist. Dies setzt eine wirksame Übereignung voraus, § 929 S. 1. Einigung (§ 164 Abs. 1) und Übergabe liegen vor, für letztere fungiert H als Besitzdienerin, § 855. In Hinblick darauf, dass A als Nichteigentümerin nicht berechtigt war, den Ring der F zu veräußern, kommt aber nur ein gutgläubiger Erwerb der M in Betracht. Grundsätzlich ist die Kenntnis des Vertreters maßgeblich (§ 166 Abs. 1). H war hier gutgläubig. § 166 Abs. 2 verhindert jedoch, dass sich M auf die Gutgläubigkeit der H berufen kann, da H auf Weisung der M hin tätig wurde.

§ 166 Abs. 2 gilt nach seinem Wortlaut nur für die Kenntnis und das Kennenmüssen. Die Vorschrift ist jedoch auch für **Willensmängel analog** anwendbar.[7] Der Geschäftsherr ist somit beispielsweise dann anfechtungsberechtigt, wenn er durch Täuschung oder Drohung zur Erteilung einer Weisung an den Vertreter veranlasst wurde. Er kann in diesem Fall das Vertretergeschäft nach § 123 anfechten. Hiervon ist die Anfechtung der Bevollmächtigung zu unterscheiden (Rn. 31).

Beispiel: Gebrauchtwagenverkäufer V täuscht den interessierten K anlässlich einer Probefahrt über die Unfallfreiheit des Wagens arglistig. K bittet sich noch Bedenkzeit aus und schickt zwei Tage später seinen durch Innenvollmacht ermächtigten Vertreter S, um den Kauf perfekt zu machen. Das dem S vorgegebene Preislimit ist durch die Überzeugung des K von der Unfallfreiheit des Wagens bestimmt. Hier kann K den Kaufvertrag mit V nach §§ 166 Abs. 2, 123 anfechten. Eine Anfechtung der Vollmachtserteilung nach § 119 kommt nicht in Betracht, da allenfalls ein unbeachtlicher Motivirrtum vorliegt, wenn K die Vollmacht nur im Hinblick auf die Unfallfreiheit des Wagens erteilte.

III. Die Haftung des Vertreters

Schrifttum: *Schimikowski,* Eigenhaftung des Stellvertreters und des Verhandlungsgehilfen, JA 1986, 345 ff.

Der Vertreter, der das Geschäft vorgenommen hat, wird nicht Vertragspartei. Er wird aus dem Geschäft weder berechtigt noch verpflichtet. Die Rechtsfolgen treffen bei wirksamer Stellvertretung allein den Vertretenen. Dieser haftet auch bei vertraglichen Pflichtverletzungen, soweit sie durch den Vertreter begangen wurden. In diesem Fall muss sich der Vertretene das Verhalten des Vertreters über § 278 zurechnen lassen.

4

---

7 BGHZ 51, 145 ff. für arglistige Täuschung; MünchKomm/*Schramm,* § 166 Rn. 59; *Larenz/Wolf,* § 46 Rn. 112; *Medicus,* Rn. 902; a. A. *Schilken,* S. 44 ff.

5   Nur ausnahmsweise kommt eine **persönliche Haftung** des Vertreters (neben dem Vertretenen) aus *culpa in contrahendo* (§§ 311 Abs. 2, 241 Abs. 2) in Betracht.[8] Die bisherige Rechtsprechung ist nunmehr in § 311 Abs. 3 kodifiziert. Es ist zwischen zwei Fallgruppen zu unterscheiden, von denen das Gesetz zwar nur eine ausdrücklich nennt. Es handelt sich aber nicht um eine abschließende Regelung („insbesondere"). Der Vertreter haftet zum einen dann, wenn er die Vertragsverhandlungen im **eigenen wirtschaftlichen Interesse** geführt hat und dabei aus dem Geschäft einen Nutzen dergestalt erstrebt, dass er gleichsam in eigener Sache tätig wurde.[9] Ein nur mittelbares wirtschaftliches Interesse, z. B. an der Provision oder einem sonstigen Entgelt, genügt nicht.[10] Eine Eigenhaftung des Vertreters ist außerdem möglich – so das gesetzliche Beispiel in § 311 Abs. 3 S. 2 –, wenn er als sog. Sachwalter in besonderem Maße **persönliches Vertrauen** des Vertragspartners in Anspruch genommen hat, das über das normale Maß hinausgeht und der andere Teil in diesem Vertrauen enttäuscht wird.[11] Dieses persönliche Vertrauen kann etwa durch herausragende Sachkunde des Vertreters oder durch dessen besondere persönliche Zuverlässigkeit begründet sein. Somit kann die Eigenhaftung insbesondere Kfz-Verkäufer, Anlageberater oder z. B. Versicherungsmakler treffen.[12]

§ 32. Handeln ohne Vertretungsmacht

Schrifttum: *Canaris,* Schadensersatz- und Bereicherungshaftung des Vertretenen bei Vertretung ohne Vertretungsmacht, JuS 1980, 332 ff.; *Häublein,* Entbehrlichkeit von Vertretungsmacht für das Zustandekommen von Verträgen bei Beteiligung eines Vertreters, Jura 2007, 728 ff.; *Hilger,* Zur Haftung des *falsus procurator,* NJW 1986, 2237 ff.; *Martinek,* Der Vertreter ohne Vertretungsmacht *(falsus procurator)* beim Vertragsschluss, JuS 1988, L 17 ff.; *Petersen,* Die Haftung bei der Untervollmacht, Jura 1999, 401 ff.; *ders.* Vertretung ohne Vertretungsmacht, Jura 2010, 904 ff.; *Prölss,* Vertretung ohne Vertretungsmacht, JuS 1985, 577 ff.; JuS 1986, 169 ff.; *Schmidt, K.,* Falsus-procurator-Haftung und Anscheinsvollmacht, FS Gernhuber, 1993, 435 ff.; *van Venrooy,* Zur Dogmatik von § 179 Abs. 3 S. 2 BGB, AcP 181 (1981), 220 ff.

---

8   Vgl. ausführlich *Medicus/Petersen,* Bürgerliches Recht, Rn. 200 ff.
9   RGZ 120, 249 ff.; BGHZ 126, 181, 183 ff.
10   *BGH* NJW 1997, 1233 f.; NJW 1990, 506; NJW-RR 1992, 605.
11   BGHZ 56, 81, 84 f.; *BGH* NJW 1990, 506; NJW-RR 2006, *994; Emmerich,* JuS 2003, 402.
12   *BGH* NJW 1997, 1223; BGHZ 94, 359.

Fall 75: H ist als Gast zu einer Party bei S eingeladen. Als H ankommt, 1
muss er feststellen, dass es wider Erwarten nichts zu Essen gibt, da die von
S bestellte Lieferung des Partyservices ausgeblieben ist. Da er und einige andere Gäste großen Hunger haben, ruft H kurzerhand und ohne Rückspra-
che mit der völlig unentschlossenen S beim Pizzabäcker P an und bestellt
im Namen der S 10 große Pizzen und 5 Salate. Die Sachen werden von P
geliefert, für die Bezahlung verweist H an die S. Zu Recht? (ohne Lösungsskizze)

I. Genehmigung durch den Vertretenen

Handelt der Vertreter im fremden Namen ohne Vertretungsmacht 2
oder überschreitet er den Rahmen der ihm zustehenden Vertretungsmacht, treten die Wirkungen der Stellvertretung nicht ein (oben § 30
Rn. 19 ff.). Die Rechtsfolgen des Geschäfts treffen den Vertretenen
nicht. Der Vertretene hat jedoch die Möglichkeit, das Geschäft nachträglich an sich zu ziehen (§ 177 Abs. 1). Diese Erwägung wird er insbesondere dann in Betracht ziehen, wenn das Geschäft wirtschaftlich
sinnvoll und vernünftig ist. Das Gesetz unterscheidet zwischen Verträgen (§§ 177 f.) und einseitigen Rechtsgeschäften (§ 180).

1. Verträge

Schließt der Vertreter ohne Vertretungsmacht *(falsus procurator)* ei- 3
nen Vertrag ab, so ist der Vertrag zunächst **schwebend unwirksam,**
§ 177 Abs. 1. Der Vertretene kann das Geschäft genehmigen mit der
Wirkung, dass die Rechtsfolgen mit rückwirkender Kraft in seiner
Person eintreten, § 184 Abs. 1. Für die Genehmigung gelten §§ 182,
184 (vgl. ausführlich § 28 Rn. 3 ff., 8 ff.). Danach kann die Genehmigung grundsätzlich gegenüber dem Dritten oder dem Vertreter erklärt werden (beachte aber § 177 Abs. 2, s. sogleich Rn. 4). Sie ist
formfrei, d. h. sie bedarf nicht der für das Vertretergeschäft vorgesehenen Form, § 182 Abs. 2. Dies gilt auch dann, wenn der Vertretene
einen nach § 311b Abs. 1 formbedürftigen Vertrag genehmigt.[1] Aufgrund der **Formfreiheit** kann die Genehmigung auch durch schlüssiges Verhalten erklärt werden.

Bis zur Genehmigung des Vertrages oder deren Verweigerung be- 4
steht ein **Schwebezustand.** Dies ist im Hinblick auf notwendige Dis-

---

1 *Larenz/Wolf,* § 49 Rn. 7 f.

positionen misslich. Deshalb gibt das Gesetz dem Geschäftspartner die Möglichkeit, die entstandene Rechtsunsicherheit über das Schicksal des Vertrages zu beseitigen. Kannte der Geschäftsgegner den Mangel der Vertretungsmacht nicht – nur dann ist er schutzwürdig –, ist er berechtigt, seine Vertragserklärung bis zur Erteilung der Genehmigung zu widerrufen, § 178. Der Widerruf muss erkennen lassen, dass der Vertrag wegen des Vertreterhandelns ohne Vertretungsmacht nicht gelten soll. Der Vertrag ist dann endgültig unwirksam. Der Geschäftspartner kann jedoch auch den Vertretenen zur Erklärung über die Genehmigung auffordern, § 177 Abs. 2. Die Genehmigung oder ihre Verweigerung kann dann nur noch gegenüber dem Geschäftspartner erklärt werden; eine vor der Aufforderung gegenüber dem Vertreter abgegebene Erklärung wird unwirksam. Wird der Vertrag bis zum Ablauf von zwei Wochen nicht genehmigt, gilt die Genehmigung als verweigert. Der Vertrag ist in diesem Fall endgültig unwirksam. Die endgültige Unwirksamkeit des Vertrages tritt außerdem mit der Verweigerung der Genehmigung ein.

Im **Fall 75** (Rn. 1) hat H eine eigene Willenserklärung im Namen der S ohne Vertretungsmacht abgegeben. H handelte als *falsus procurator*. Die Wirkungen des Kaufvertrags treffen somit nicht S, sie ist weder berechtigt noch verpflichtet. Es gelten §§ 177 ff. Der Vertrag ist zunächst schwebend unwirksam. S hat die Möglichkeit, den Vertrag zu genehmigen, § 177 Abs. 1. Dies wird sie dann tun, wenn sie mit der Bestellung letztlich völlig einverstanden ist. Mit Genehmigung des Vertrages treffen die Rechtsfolgen allein S. Sie wird aus dem Vertrag berechtigt und – insbesondere zur Zahlung des Kaufpreises gemäß § 433 Abs. 2 – verpflichtet. Bei fehlender Genehmigung haftet H nach §§ 179 ff., s. Rn. 6 ff.

2. Einseitige Rechtsgeschäfte

5   Einseitige Rechtsgeschäfte, z. B. Kündigung oder Anfechtung, die der Vertreter ohne Vertretungsmacht vornimmt, sind grundsätzlich nichtig und **nicht genehmigungsfahig**, § 180 S. 1. Im Interesse des Geschäftspartners an klaren Rechtsverhältnissen sollen Schwebezustände in diesem Bereich von vornherein vermieden werden. Für einseitige, empfangsbedürftige Erklärungen gelten jedoch Ausnahmen, wenn der Gegner die vom Vertreter behauptete Vertretungsmacht bei Vertragsschluss nicht beanstandet hat oder er damit einverstanden ist, dass der Vertreter ohne Vertretungsmacht handelt, § 180 S. 2. Bei der Passivvertretung – der Empfänger einer Willenserklärung ist Vertreter ohne Vertretungsmacht – gilt eine Ausnahme, soweit der Ver-

treter mit der Vornahme des einseitigen Geschäfts einverstanden war, § 180 S. 3. In diesen drei Ausnahmefällen gelten die Regeln über Verträge (§§ 177–179) entsprechend, d. h. das Geschäft ist zunächst schwebend unwirksam und kann von dem Vertretenen gemäß § 177 genehmigt werden.

II. Haftung des Vertreters

Verweigert der Vertretene die Genehmigung (oder gilt sie gemäß **6** § 177 Abs. 2 als verweigert) ist der vom Vertreter ohne Vertretungsmacht geschlossene Vertrag **endgültig unwirksam.** Der Geschäftsgegner, der davon ausgegangen ist, der Vertrag mit dem Vertretenen sei zustande gekommen, wird in seinem Vertrauen darauf enttäuscht. Gegen den Vertretenen hat er keinerlei vertragliche Ansprüche, wohl aber gegen den Vertreter, der ohne Vertretungsmacht aufgetreten ist und den Eindruck einer wirksamen Stellvertretung erweckt hat, § 179.

Kannte der Vertreter bei Abschluss des Vertrages den Mangel der **7** Vertretungsmacht, so haftet er dem Geschäftsgegner nach dessen Wahl (Wahlschuld gem. §§ 262 ff., str.) auf Erfüllung oder Schadensersatz, § 179 Abs. 1. Verlangt der Geschäftsgegner vom Vertreter **Erfüllung,** so wird dieser dadurch nicht Vertragspartner. Vielmehr entsteht ein gesetzliches Schuldverhältnis, dessen Inhalt allerdings durch den unwirksamen Vertrag bestimmt wird.[2] Der Vertreter hat nach Erbringen der ihm obliegenden Leistung dann auch seinerseits Anspruch auf die Gegenleistung,[3] außerdem stehen ihm Gewährleistungsrechte bzw. die Rechte nach §§ 320 ff. zu.[4] Ebenso kann der Vertreter ohne Vertretungsmacht in diesem Fall **Anfechtungs- und Widerrufsrechte** an Stelle des Vertretenen ausüben.[5] Wäre der Vertretene also wegen Vorliegen eines Fernabsatz- oder Haustürgeschäftes berechtigt gewesen, sich durch Widerruf nach § 355 vom Vertrag

---

2 Vgl. MünchKomm/*Schramm,* § 179 Rn. 32; *Larenz/Wolf,* § 49, Rn. 19; *BAG* NJW 2003, 2554.

3 *BGH* NJW 2001, 3185; *BAG* NJW 2003, 2554; h. L., s. *Larenz/Wolf,* § 49 Rn. 20; *Faust,* Allgemeiner Teil, § 27 Rn. 12; Jauernig/*Mansel,* § 179 Rn. 7; Palandt/*Ellenberger,* § 179 Rn. 5; anders *Medicus,* Rn. 986.

4 Handelt es sich um einen Verbrauchervertrag mit Widerrufsrecht gem. § 355, kann dieses auch der Vertreter ausüben, *BGH* WM 1991, 861; *Bork,* Rn. 1627.

5 *BGH* NJW 2002, 1867 (für den Fall, dass ein Rechtsgeschäft vom Vertretenen wegen eines Irrtums des Vertreters hätte angefochten werden können, trifft den Vertreter dann auch die Haftung aus § 122); NJW-RR 1991, 1075; MünchKomm/*Schramm,* § 179 Rn. 35.

zu lösen, so kommt dieses Recht auch dem Vertreter zu. Es kommt
dabei nur auf die Verbrauchereigenschaft des angeblich Vertretenen
an.[6] Das Widerrufsrecht folgt nicht aus der unmittelbaren Anwendung der Widerrufsvorschriften, denn der Vertreter wird ja, wie wir
gesehen haben, nicht selbst Vertragspartner. Der andere Teil soll jedoch aus der Erfüllungshaftung des Vertreters nach § 179 keine Vorteile ziehen und besser stehen als er bei regulärem Vertragsschluss mit
Vertretungsmacht gestanden hätte. Streitig ist, ob der *falsus procurator* etwa auch dann haftet, wenn der angeblich Vertretene wegen Ver-
mögenslosigkeit nicht hätte erfüllen können. Da der Geschäftspartner
über § 179 nicht besser gestellt werden soll als bei bestehender Vertretungsmacht, wird dies überwiegend zu Recht abgelehnt.[7] Wählt der
Geschäftsgegner den **Schadensersatzanspruch,** so ist der Vertreter
zum Ersatz des Erfüllungsinteresses verpflichtet, d. h. der Geschäftsgegner wird so gestellt, wie er bei Abschluss eines wirksamen Vertrages und dessen gehöriger Erfüllung gestanden hätte (Nichterfüllungs-
schaden). § 179 Abs. 1 normiert eine **verschuldensunabhängige
Garantiehaftung.**[8] Der Anspruch ist auf Geldersatz gerichtet.

H wusste im **Fall 75** (Rn. 1), dass er ohne Vertretungsmacht handelt. Er haftet dem P, sofern S nicht gemäß § 177 Abs. 1 genehmigt, wahlweise auf Erfüllung oder Schadensersatz. P kann somit Erfüllung verlangen, mit der Folge,
dass ein gesetzliches Schuldverhältnis besteht und H nach Lieferung des Es-
sens den Kaufpreis gemäß § 179 Abs. 1 i. V. m. § 433 Abs. 2 zahlen muss.
Wählt P den Schadensersatzanspruch, so hat H das positive Interesse des P
zu ersetzen. Der Kaufpreis ist insoweit als Mindestschaden anzusehen. Sinnvoll ist die Wahl des Erfüllungsanspruchs vor allem dann, wenn es um einen
Sachleistungsanspruch geht (nicht wie hier um den Zahlungsanspruch aus
§ 433 Abs. 2) und der Vertreter in der Lage ist, die Leistung zu erbringen. Ansonsten wird sich der andere Teil besser sofort für den Schadensersatzanspruch entscheiden.

8   Kannte der Vertreter den Mangel der Vertretungsmacht nicht, so ist
er gemäß § 179 Abs. 2 (verschuldensunabhängig) lediglich zum Ersatz
des **Vertrauensschadens** verpflichtet. Der Vertrauensschaden (das
sogenannte negative Interesse) ist durch das Erfüllungsinteresse be-

---

6 Vgl. Palandt/*Ellenberger,* § 179 Rn. 2 „an Stelle des Vertretenen ausüben“.
7 MünchKomm/*Schramm,* § 179 Rn. 34; *Bork,* Rn. 1627; *Faust,* Allgemeiner Teil, § 27
  Rn. 12; a. A. *Medicus,* Rn. 987 m. N.; *Hilger,* NJW 1986, 2237 ff.
8 *BGH* NJW-RR 2005, 268; NJW 2000, 1407. Sie erklärt sich daraus, dass der vermeintliche Vertreter dadurch Vertrauen erweckt hat, dass er konkludent behauptet hat, er
  habe Vollmacht für das vorgenommene Rechtsgeschäft. Hiervon macht § 117 Abs. 3
  InsO eine Ausnahme, solange der Vertreter das Erlöschen seiner Vollmacht infolge
  der Eröffnung des Insolvenzverfahrens über das Vermögen des Vertretenen nicht
  kennt.

grenzt. Der Geschäftspartner ist so zu behandeln, als sei der Vertrag nicht zustande gekommen (vgl. zur ähnlichen Problematik bei § 122 oben § 25 Rn. 65 ff.).

Eine Haftung des Vertreters sowohl nach § 179 Abs. 1 als auch 9 nach Abs. 2 ist **ausgeschlossen,** wenn der Geschäftspartner den Mangel der Vertretungsmacht kannte oder fahrlässig nicht kannte, § 179 Abs. 3 S. 1.[9] Er ist in diesem Fall nicht schutzwürdig, da er nicht von einem wirksamen Vertragsschluss ausgehen konnte. Eine Haftung des Vertreters kommt auch dann nicht in Betracht, wenn der Vertreter nur **beschränkt geschäftsfähig** war und ohne die Zustimmung des gesetzlichen Vertreters gehandelt hat,[10] § 179 Abs. 3 S. 2. Diese Vorschrift dient dem Schutz des minderjährigen Vertreters. Schließlich scheidet eine Haftung des Vertreters ohne Vertretungsmacht aus, wenn der Geschäftspartner seine Vertragserklärung nach § 178 widerrufen und damit eine Genehmigung des Vertrages durch den Vertretenen verhindert hat.[11]

Im **Fall 75** (Rn. 1) ist kein Ausschlussgrund ersichtlich, insbesondere konnte P die fehlende Vertretungsmacht des H nicht erkennen. Somit bleibt es im Fall der verweigerten Genehmigung durch S bei der Haftung des H nach § 179 Abs. 1.

III. Haftung des Untervertreters

Der Untervertreter haftet nach § 179 grundsätzlich bei wirksamer 10 Hauptvollmacht für Mängel der Untervollmacht, d. h. der vom Hauptvertreter gegenüber dem Untervertreter erteilten Vollmacht.[12] Ist dagegen die Untervollmacht deshalb unwirksam, weil auch die vom Vertretenen gegenüber dem Hauptvertreter erteilte Hauptvollmacht unwirksam ist, soll nach der Rspr. alleine der Hauptvertreter haften.[13] Richtigerweise ist nach der Schutzwürdigkeit des Geschäfts-

---

9 Hat der Vertreter angekündigt, er werde die Vollmacht nachreichen, so macht dies nach *BGH* NJW 2000, 1407 den Vertragspartner noch nicht bösgläubig. Er wird hier regelmäßig von einer mündlichen Vollmachterteilung ausgehen dürfen. Eine Erkundigungspflicht trifft ihn nur, wenn besondere Umstände Zweifel an der Vollmacht begründen, *BGH* NJW 2001, 2626.
10 Nach *van Venrooy,* AcP 181, 220 bedarf es einer Zustimmung gerade zur Vertretung ohne Vertretungsmacht, a. A. Soergel/*Leptien,* § 179 Rn. 20; Palandt/*Ellenberger,* § 179 Rn. 4.
11 H. M., MünchKomm/*Schramm,* § 179 Rn. 21; *Larenz/Wolf,* § 49 Rn. 25 m. N.; a. A. *BGH* NJW 1988, 1199 f.
12 Soergel/*Leptien,* § 179 Rn. 3; *Larenz/Wolf,* § 49 Rn. 29 m. N.
13 BGHZ 68, 391, 394 f.

partners und damit danach zu unterscheiden, ob dieser die gestufte Vertretung kannte. Teilt der Untervertreter dem Geschäftspartner daher mit, dass eine mehrstufige Vertretung vorliegt und er seine Vollmacht von der Hauptvollmacht ableitet, nimmt er nur das Vertrauen des Geschäftspartners hinsichtlich einer wirksam erteilten Untervollmacht in Anspruch. Bei Mängeln der Hauptvollmacht haftet dann der Hauptvertreter.[14] Legt der Untervertreter dagegen die Mehrfachvertretung nicht offen, so vertraut der Geschäftspartner nur auf die Vertretungsmacht des Untervertreters. Daher sollte in diesen Fällen auch alleine der Untervertreter, nicht der Hauptvertreter, gem. § 179 haften. Der Untervertreter kann jedoch aus dem Innenverhältnis zum Hauptvertreter einen Anspruch gegen diesen haben, von der Haftung freigestellt zu werden (z. B. bei Verschulden des Hauptvertreters hinsichtlich der unwirksamen Untervollmacht gem. §§ 311 Abs. 2, 280).[15] Hierzu bereits oben § 30 Rn. 26.

---

14 *Larenz/Wolf*, § 49 Rn. 31; Staudinger/*Schilken*, § 167 Rn. 73; *Medicus*, Rn. 996; für Haftung auch des Untervertreters *Brox/Walker*, Allgemeiner Teil des BGB, Rn. 548.
15 *Larenz/Wolf*, § 49 IV 5b, Rn. 32; Jauernig/*Mansel*, § 179 Rn. 3.

Anhang

Fall mit Musterlösung

Der 16-jährige M hat von seinem Taschengeld € 500 angespart und möchte sich davon im Geschäft des V ein Fahrrad kaufen. Die Eltern des M sind mit einem solchen Kauf bei V, den sie als seriösen Kaufmann kennen, einverstanden, da sich die schulischen Leistungen des M in letzter Zeit gebessert haben. Am Vormittag besichtigt M bei V mehrere Fahrräder, kann sich aber noch nicht entscheiden und verlässt das Geschäft daher wieder mit der Bemerkung, er müsse die Angelegenheit noch einmal überdenken. In der Mittagszeit erfahren die Eltern des M von einem Lehrer, dass M seine schlechten Schulnoten nur verschwiegen und öfters unentschuldigt im Unterricht gefehlt hat. Seine Mutter ruft deshalb sofort im Geschäft des V an, trifft dort aber nur dessen zufällig in der Mittagspause anwesende Lebensgefährtin L an. Sie erklärt der L am Telefon, dass der Erwerb eines Fahrrads durch ihren Sohn M von ihr und ihrem Mann zur Zeit nicht gebilligt werde und bittet L, dies dem V auszurichten. L vergisst, den V vom Inhalt des Telefonats zu unterrichten. Als am Nachmittag M wieder im Fahrradgeschäft erscheint und erklärt, er möchte das im Fenster ausgestellte und am Morgen besichtigte Rad der Marke „XY" kaufen, ist V einverstanden. Er gibt M das Fahrrad gegen Aushändigung der Rechnung mit und bittet um Überweisung des Betrages (€ 500) in den nächsten Tagen. Als M mit dem neuen Fahrrad nach Hause kommt, fordern ihn die Eltern auf, das Fahrrad sofort zu V zurückzubringen. V mahnt zwei Wochen später die Zahlung des noch ausstehenden Kaufpreises an.

Aufgabe 1: Hat V gegen M Anspruch auf Zahlung von € 500,–?

Aufgabe 2: Kann V von M Rückgabe des Fahrrades, das sich noch immer bei M befindet, verlangen?

Lösung

Aufgabe 1: Anspruch des V gegen M auf Zahlung von € 500,– aus § 433 Abs. 2

I. Anspruchsentstehung durch Einigung

Voraussetzung wäre zunächst, dass ein wirksamer Kaufvertrag zwischen V und M zustande gekommen ist. Hierzu müssten zwei übereinstimmende, wirksame Willenserklärungen vorliegen.

1. Angebot des V

Die Willenserklärung des V könnte zunächst im Ausstellen des Rades im Schaufenster zu sehen sein. Würde man jedoch davon ausgehen, so könnte eine Vielzahl von Personen dieses Angebot annehmen und V würde sich schadensersatzpflichtig machen, sofern er nicht alle Verträge erfüllen könnte. Beim Ausstellen von Ware in Schaufenstern fehlt daher regelmäßig der Rechtsbindungswille, es handelt sich dabei lediglich um eine *invitatio ad offerendum*.

V könnte des Weiteren bei dem Gespräch am Vormittag ein Angebot abgegeben haben. Hier besichtigt M jedoch lediglich die Fahrräder und verlässt dann das Geschäft. Anhaltspunkte für ein Vertragsangebot durch V sind nicht vorhanden.

2. Angebot des M

M könnte ein Vertragsangebot abgegeben haben. M hat erklärt, daß er das Fahrrad der Marke „XY" kaufen wolle. Aufgrund seiner Minderjährigkeit (§ 2) sind jedoch für die Wirksamkeit dieser Erklärung die §§ 106 ff. zu beachten.

a) Einwilligung der Eltern

Die Erklärung des M wäre wirksam, wenn eine Einwilligung der Eltern vorläge (§ 107). Zunächst waren die Eltern des M aufgrund der angeblich verbesserten schulischen Leistungen zwar mit dem

Kauf einverstanden, es lag also eine Einwilligung (= vorherige Zustimmung, § 183) vor. Allerdings hatten die Eltern diese Einwilligung möglicherweise vor der Abgabe der Erklärung des M am Nachmittag wirksam widerrufen.

aa) Grundsätzlich ist eine Einwilligung bis zur Vornahme des Rechtsgeschäfts widerruflich (§ 183 S. 1). Die Abgabe der Widerrufserklärung erfolgte vor Abschluss des Kaufvertrags am Nachmittag und somit vor Vornahme des Rechtsgeschäfts.

bb) Ein wirksamer Widerruf setzt weiter voraus, dass er gegenüber einer der beiden Vertragsparteien erklärt wurde (§ 183 S. 2) und somit wirksam zugegangen ist. In Betracht kommt hier ein Zugang des Widerrufs bei V.

(1) Der Widerruf wurde durch die Mutter des M am Telefon erklärt. Nach § 1629 Abs. 1 S. 2 sind die Eltern Gesamtvertreter des Kindes und daher müssen sowohl Widerruf als auch Einwilligung grundsätzlich von beiden Elternteilen erklärt werden. Hier erklärt die Mutter gleichzeitig auch absprachegemäß im Namen ihres Mannes den Widerruf der Einwilligung.

(2) Der Widerruf müsste dem V rechtzeitig zugegangen sein.

Eine Erklärung am Telefon gilt als Erklärung unter Anwesenden (arg. ex § 147 Abs. 1 S. 2), es gilt somit die Vernehmungstheorie. L hat hier den Widerruf der Mutter akustisch einwandfrei verstanden.

Der Widerruf wurde allerdings nicht persönlich gegenüber V erklärt. Fraglich ist daher, welche rechtliche Bedeutung die Zwischenschaltung der L hat. Sie könnte zunächst eine Empfangsvertreterin des V sein (§ 164 Abs. 3) mit der Folge, dass die Erklärung der Mutter dem V mit dem Zugang bei L ebenfalls zugegangen wäre. Die L hatte jedoch keine Vertretungsmacht und hat den Widerruf somit nicht als Vertreterin des V entgegengenommen. Die L könnte jedoch Empfangsbotin gewesen sein. Empfangsbote ist jede zur Entgegennahme rechtsgeschäftlicher Erklärungen geeignete und bereite, nach der Organisation des Empfängers bestimmte Person. Die L als erwachsene Angehörige des Haushalts des V ist grundsätzlich geeignet, auch geschäftliche Erklärungen, die am Telefon abgegeben werden, entgegenzunehmen [a. A. vertretbar für Geschäftsbetrieb des V]. Sie nahm bei dem Anruf der Mutter deren Widerruf der Einwilligung auch tatsächlich entgegen und war daher eine geeignete Empfangsbotin. Für den Zugang bei V ist nun der Zeitpunkt entscheidend, zu dem nach regelmäßigem Verlauf der Dinge mit einer Weitergabe und Kenntnisnahme durch den V zu rechnen war. L erhielt den Anruf, während

V Mittagspause machte; es war daher damit zu rechnen, dass L den
Widerruf sofort nach Rückkehr des V diesem ausrichten werde. Die
Tatsache, dass L den Widerruf nicht weitergibt, geht zu Lasten des V.

(3) Der Widerruf der Einwilligung ist dem V somit bei seiner
Rückkehr aus der Mittagspause und daher rechtzeitig vor Abschluss
des Kaufvertrags zugegangen.

cc) **Zwischenergebnis:** Zum Zeitpunkt der Vornahme des Rechtsgeschäfts lag somit keine Einwilligung der Eltern vor.

b) Rechtlich lediglich vorteilhaftes Geschäft

Die Erklärung des M wäre nach § 107 auch dann wirksam, wenn er
durch sie lediglich einen rechtlichen Vorteil erlangt. M wäre jedoch
aus einem wirksamen Kaufvertrag zur Zahlung des Kaufpreises verpflichtet; dies ist ein rechtlicher Nachteil.

c) Genehmigung

Eine von einem Minderjährigen ohne Einwilligung abgegebene Erklärung ist nach § 108 Abs. 1 auch dann von Beginn an wirksam,
wenn die Eltern die Erklärung genehmigen (= nachträglich zustimmen, § 184 Abs. 1). Die Eltern fordern den M aber stattdessen auf,
das Fahrrad zurückzubringen. Eine Genehmigung liegt somit nicht
vor.

d) „Taschengeld"

Damit der Kaufvertrag über das Fahrrad gemäß § 110 wirksam
wäre, müsste zunächst ein ohne die (ausdrückliche) Zustimmung der
Eltern geschlossener Vertrag vorliegen. Wie bereits gezeigt, lag weder
eine Einwilligung noch eine Genehmigung durch die Eltern vor. Das
Taschengeld, mit dem M zahlen möchte, müsste ihm entweder zum
Fahrradkauf oder zur freien Verfügung überlassen worden sein. Da
aus dem Sachverhalt keine anderweitigen Anhaltspunkte zu entnehmen sind, ist davon auszugehen, dass ihm das Taschengeld zur freien
Verfügung überlassen war. Fraglich ist nun jedoch, wie sich der Widerruf der Einwilligung (s. o.) durch die Eltern auf die Anwendbarkeit des § 110 auswirkt. § 110 ist ein besonderer Anwendungsfall der
Einwilligung nach § 107. Wird die Einwilligung i. S. v. § 107 rechtzeitig und wirksam widerrufen, so liegt auch keine konkludente Einwil-

ligung i. S. d. § 110 mehr vor. M durfte daher sein Taschengeld nicht (mehr) zum Kauf eines Fahrrads einsetzen.

[Im Übrigen hätte M die vertragsmäßige Leistung mit den ihm zur Verfügung stehenden Mitteln auch noch nicht bewirkt. „Bewirken" bedeutet die vollständige Erfüllung (§ 362) der geschuldeten Leistung. M hat jedoch den Kaufpreis noch nicht bezahlt, so dass auch aus diesem Grund die Voraussetzungen des § 110 nicht gegeben sind.]

e) Zwischenergebnis

Es liegt somit keine wirksame Willenserklärung des M vor.

II. Ergebnis

Mangels wirksamer Erklärung des M fehlt es an einem Kaufvertrag zwischen M und V; ein Kaufpreisanspruch des V besteht somit nicht.

Aufgabe 2: Anspruch V gegen M auf Rückgabe des Fahrrads

A. Herausgabeanspruch des V gegen M aus § 985

I. Eigentum des V

Um das Fahrrad von M aus § 985 verlangen zu können, müsste V Eigentümer des Fahrrads sein.

Ursprünglich war V Eigentümer des Fahrrads. Dieses Eigentum könnte er aber dadurch verloren haben, dass er das Fahrrad gemäß § 929 S. 1 an M übereignete.

1. Dingliche Einigung

Zunächst müssten sich V und M darüber geeinigt haben, dass das Eigentum an dem Fahrrad von V auf M übergehen soll.

a) V müsste eine auf Übereignung gerichtete Willenserklärung abgegeben haben. V hat dem M das Fahrrad übergeben. Durch diese vorbehaltlose Übergabe des Fahrrads an M hat V konkludent erklärt, das Fahrrad an M übereignen zu wollen.

b) Auch M müsste eine wirksame korrespondierende Willenserklärung abgegeben haben. Durch die Entgegennahme des Fahrrads hat

M das Übereignungsangebot des V angenommen. Fraglich ist, ob die Minderjährigkeit des M die Wirksamkeit dieser Erklärung beeinflusst (§§ 106 ff.). Die Erklärung wäre dann wirksam, wenn eine Einwilligung der Eltern hinsichtlich der Übereignung vorläge (§ 107). Durch die Erklärung der Mutter, dass sie und ihr Mann den Fahrraderwerb durch M nicht billigen, widerruft sie auch die auf die Übereignung gerichtete Einwilligung. Durch die Übereignung könnte M jedoch einen lediglich rechtlichen Vorteil erlangen (§ 107). Durch den Übereignungsvorgang erwirbt M das Eigentum am Fahrrad; die Übereignung ist für M daher lediglich rechtlich vorteilhaft. Seine auf Übereignung gerichtete Erklärung ist somit gemäß § 107 wirksam.

2. Übergabe

V müsste des Weiteren das Fahrrad an M übergeben haben; der Besitz müsste also von V auf M dadurch übergegangen sein, dass M jetzt die tatsächliche Sachherrschaft über das Fahrrad innehat (§ 854). Hier hat M das Fahrrad in Besitz genommen und somit liegt eine Übergabe i. S. v. § 929 S. 1 vor.

3. Berechtigung des V

Schließlich müsste V zur Verfügung über das Fahrrad berechtigt gewesen sein. Mangels anderweitiger Anhaltspunkte im Sachverhalt ist davon auszugehen, dass V selbst Eigentümer des Fahrrads war.

4. Zwischenergebnis

M ist somit Eigentümer des Fahrrads geworden.

> **Wichtig:** Der unwirksame Kaufvertrag spielt in diesem Zusammenhang wegen des Abstraktionsprinzips keine Rolle; er darf daher nicht geprüft werden.

II. Ergebnis

V hat somit sein Eigentum an dem Fahrrad an M verloren und hat daher keinen Herausgabeanspruch gegen M aus § 985.

B. Anspruch des V gegen M auf Rückübereignung des Fahrrads aus § 812 Abs. 1 S. 1, 1. Var.

I. Anspruchsgegner M „etwas erlangt"

Zunächst müsste der Anspruchgegner M „etwas erlangt" haben; d.h. es müsste eine Verbesserung seiner Vermögenslage eingetreten sein. M ist, wie oben gezeigt, Eigentümer des Fahrrads geworden. Dadurch hat sich seine Vermögenslage gebessert und er hat etwas erlangt i. S. v. § 812 Abs. 1 S. 1, 1. Var.

II. Durch Leistung des Anspruchsstellers V

Der Vermögensvorteil bei M müsste durch eine Leistung des V entstanden sein. Leistung ist jede auf bewusste und zweckgerichtete Vermögensmehrung gerichtete Zuwendung. Hier hat V dem M das Fahrrad deshalb übereignet, weil er dachte, aufgrund des (tatsächlich unwirksamen) Kaufvertrags dazu verpflichtet zu sein. Die Übereignung erfolgte also zweckgerichtet zur Erfüllung einer vermeintlichen Verpflichtung. Eine Leistung des V liegt somit vor.

III. Ohne Rechtsgrund

Schließlich müsste V, um einen Rückübereignungsanspruch zu haben, diese Leistung ohne Rechtsgrund erbracht haben. Als Rechtsgrund kommt ein wirksamer Kaufvertrag zwischen V und M in Betracht. Wie bereits oben gezeigt (A.) liegt jedoch kein wirksamer Vertrag zwischen V und M vor; ein Rechtsgrund für die Übereignung war also nicht gegeben.

IV. Ergebnis

M ist nach § 812 Abs. 1 S. 1, 1. Var. verpflichtet, dem V das Fahrrad zurück zu übereignen.

C. Gesamtergebnis

V kann von M zwar deshalb, weil er sein Eigentum an M verloren hat, nicht Herausgabe des Fahrrads nach § 985 verlangen, hat aber einen Anspruch auf Rückübereignung des Fahrrads gemäß § 812 Abs. 1 S. 1, 1. Var.

Glossar

Lateinische Begriffe und deren sinngemäße Bedeutung

ad incertas personas an einen unbestimmten Personenkreis gerichtet (bei Angeboten)
ad infinitum unbegrenzt
causa Rechtsgrund, Ursache (gemeint ist i. d. R. ein dem Verfügungsgeschäft zugrunde liegendes Verpflichtungsgeschäft)
culpa in contrahendo Verschulden beim Vertragsschluss (früher nicht kodifizierte Anspruchsgrundlage aus dem allgemeinen Schuldrecht für Schadensersatzansprüche)
dolo agit, qui petit quod statim redditurus est arglistig verhält sich, wer etwas verlangt, das er sofort wieder zurückgegeben muss (Fallgruppe zu § 242)
error in negotio Irrtum über die Geschäftsart
error in objecto Irrtum über den Vertragsgegenstand
error in persona Irrtum über die Person (des Vertragspartners)
essentialia negotii die wesentlichen Bestandteile des Geschäftes
ex nunc in die Zukunft gerichtet
ex tunc rückwirkend
falsa demonstratio non nocet eine falsche Bezeichnung schadet nicht
falsus procurator Vertreter ohne Vertretungsmacht
in toto im Ganzen
invitatio ad offerendum Aufforderung zur Abgabe von Angeboten
ipso iure von Rechts wegen, kraft gesetzlicher Regelung
lex specialis (leges speciales, Pluralform) sondergesetzliche Regelung
modus acquierendi Art des Erwerbs (bezieht sich auf Verfügungsgeschäfte, etwa auf das Übergabe- oder Eintragungserfordernis)
pactum de non petendo Abmachung, einen Anspruch nicht gerichtlich geltend zu machen
pacta sunt servanda Verträge sind zu halten/zu erfüllen
par conditio creditorum bezeichnet den Gleichbehandlungsgrundsatz für die Gläubiger im Insolvenzfall
protestatio facta contraria non valet widersprüchliches Verhalten, s. auch venire contra factum proprium

sui generis	eigener Art
titulus	Titel (im Sinne von Rechtsgrund, s. causa)
venire contra factum proprium	widersprüchliches Verhalten
vis absoluta	physischer Zwang, körperliche Gewalt (willensausschließende Gewalt)
vis compulsiva	psychischer Zwang (willensbeugende Gewalt)

Sachverzeichnis

Die **fett** gesetzten Zahlen verweisen auf die Paragrafen des Buches,
die mageren auf deren Randnummern.